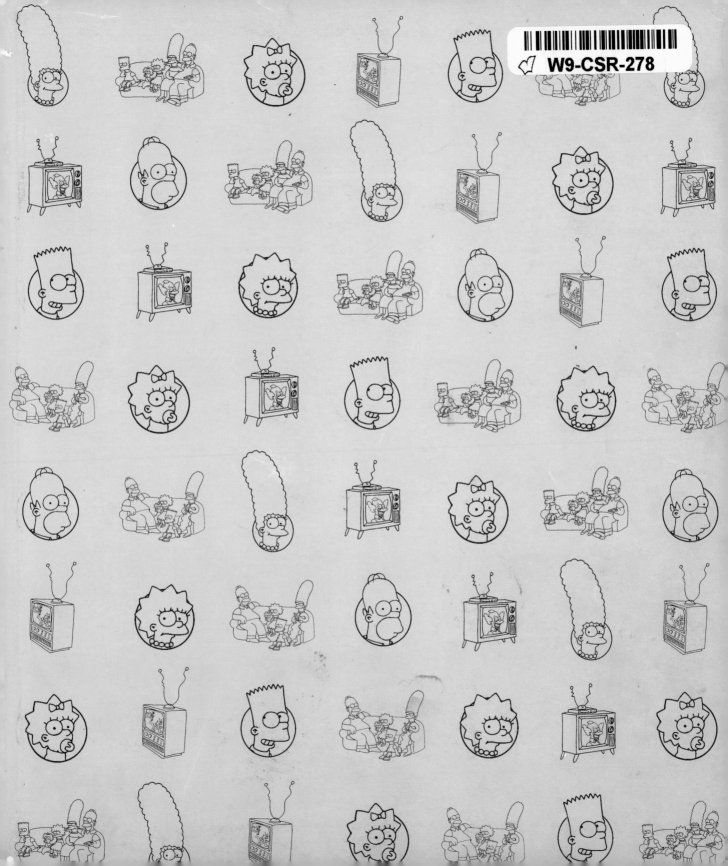

GUÍA COMPLETA

DE

LOS SIMPSON ™

GUÍA COMPLETA

DE
LOS SIMPSON™

Creado por Matt Groening
Editado por Ray Richmond y Antonia Coffman

Ediciones b
GRUPO ZETA

Barcelona • Bogotá • Buenos Aires • Caracas • Madrid • México D. F. • Montevideo • Quito • Santiago de Chile

GUIA COMPLETA DE LOS SIMPSON

Título original: *THE SIMPSONS™: A COMPLETE GUIDE TO OUR FAVORITE FAMILY*

11.ª edición: octubre, 2004

Los Simpson™, creados por Matt Groening, son propiedad registrada y
bajo *copyright* de Twentieth Century Fox Film Corporation.
Usado con permiso. Derechos reservados.

Responsable editorial
Scott M. Gimple

Conceptos / Dirección artística
Mili Smythe

Diseño
Serban Cristescu y Bill Morrison

Diseño por ordenador
Serban Cristescu, Marilyn Frandsen, Binh Phan,
Doug Whaley, Megan Welsh

Colaboradores de redacción
Chip Donnell, Shelly Kale

Colaboradores artísticos
Tim Bavington, Shaun Cashman, Jason Hansen,
Bill Morrison, Phil Ortiz, Cindy Sforza

Asesora legal
Susan M. Grode

© 1997, Matt Groening Productions, Inc.
© 1998, Ediciones B, S.A.
Bailén, 84 - 08009 Barcelona (España)
www.edicionesb.com

Publicado por acuerdo con Haper Collins Publishers, Inc.

Impreso en España - Printed in Spain
ISBN: 84-406-8844-X
Depósito legal: B. 42.818-2004

Impreso por Emegé Industrias Gráficas, S.A.

Agradecimiento especial a:
Annette Anderson, Terry Delegeane, Vyolet Diaz, Jason Ho, Tom Napier,
Film Roman, Chris Ungar y a toda la gente que ha contribuido en
Los Simpson en estos últimos diez años.

También queremos agradecer a Francisco Muñoz su colaboración
en la elaboración de este libro.

EN RECUERDO DE
SNOWBALL I:
ESPERAMOS QUE EN EL CIELO
DE LOS GATOS TE LIMPIEN
LA CAJA CON MÁS FRECUENCIA
DE LO QUE LO HICIMOS
NOSOTROS.

TABLA DE CONTENIDOS

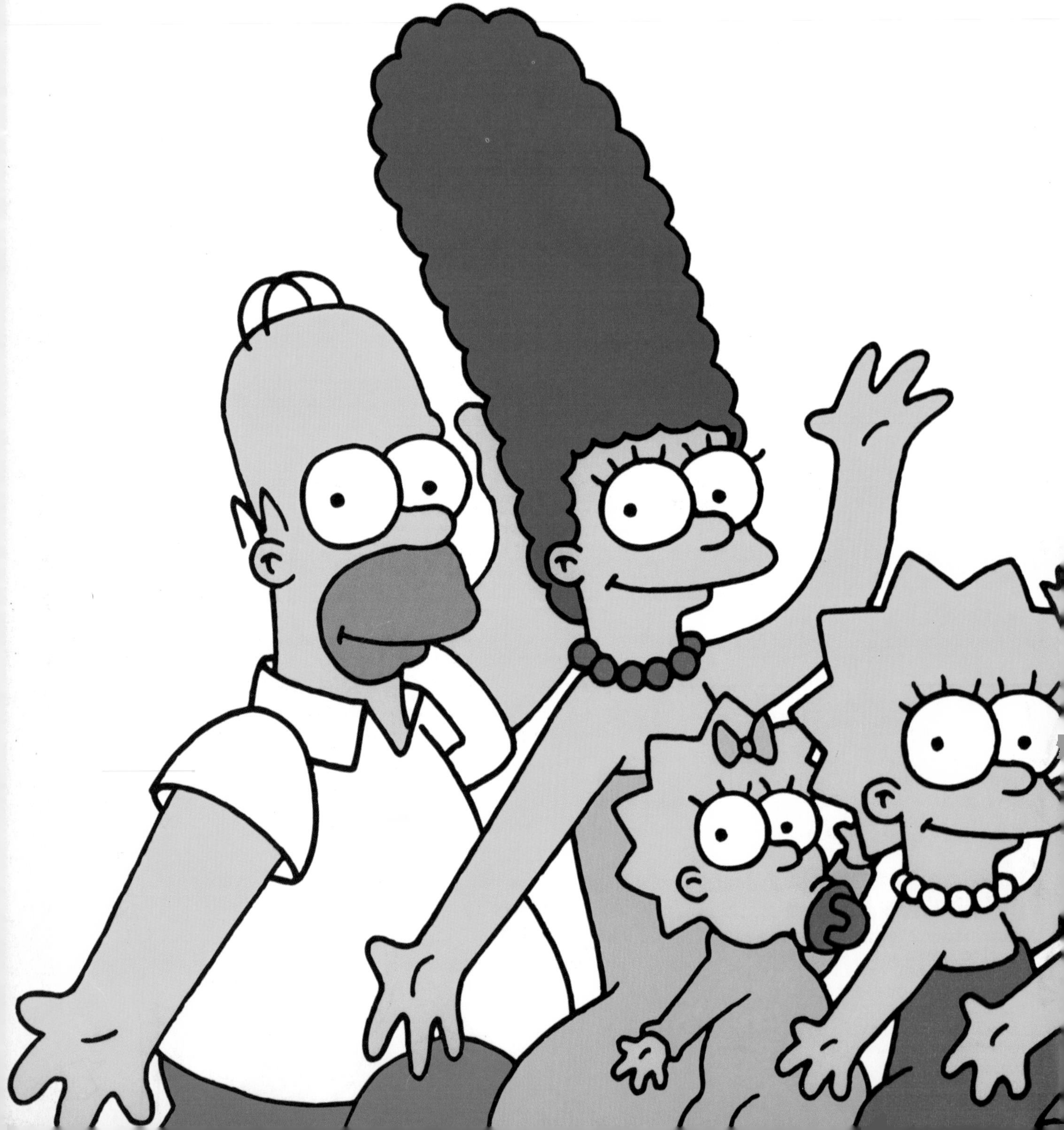

LLAMADA A TODOS LOS SIMPSONMANÍACOS:
UNA INTRODUCCIÓN

Si los Simpson es un programa de televisión que te recompensa cuando le prestas atención (como he señalado en incontables entrevistas), este libro es para esa panda de exaltados y/o muermos que no se detienen y prestan atención. Es una guía completa de todo lo que has visto de "Los Simpson" en la pantalla, llena de detalles sutiles, bromas privadas y frases enojosas. Contiene datos vitales, otros no tan vitales y hechos importantes. Contiene frases memorables, carteles de fondo difíciles de descifrar e, incluso, una recopilación de las famosas bromas que sólo se perciben congelando la imagen. Diablos, esta cosa tiene tanta información que podríamos haberla llamado La Enciclopedia Simpsónica, de no ser porque la gente de marketing creyó que era un título idiota.

Y no preocuparos, ésta no es una de esas guías baratas, prescindibles y aburridas sobre series televisivas populares —ya sabéis, las que están impresas en papel malo, tienen nueve palabras por página, y fotos grises y borrosas—. Nos fijamos en esas guías cuando estábamos preparando este libro y nos reímos mucho. Sabíamos que podíamos hacerlo mejor.

Así que, miles de horas después, tras repasar los episodios una, y otra, y otra vez, tras comprobar cada hecho con los guiones, y los story-boards, y los diseños originales, os ofrecemos el resultado. Os sentiréis felices sabiendo que diecisiete personas se volvieron completamente locas mientras hacíamos este libro, sólo para que pudieras saber sin tener que contar tú mismo, que el pelo de Bart Simpson tiene nueve puntas.

¡Que lo disfrutes!

Tu amigo,
MATT GROENING

HOMER J. SIMPSON

Edad: 36 años.

Peso: Entre 108 y 118 kilos.

Trabajo: Trabajador vago / Inspector de seguridad del sector 7 G, de la Planta de Energía Nuclear de Springfield. (Anteriormente estuvo trabajando en puestos más sencillos.)

Premios: El Premio C. Montgomery Burns por Hazañas Destacadas, en el Campo de la Excelencia (después de que Burns descubriera que era estéril debido a la exposición a las radiaciones), Empleado del Mes de la Planta de Energía Nuclear de Springfield (después de salvar a la Central de un desastre), ganador del Concurso de Eructos de la Planta de Energía Nuclear de Springfield, Premio Grammy por el disco "Outstanding Soul, Spoken Word o Barbershop Album del Año" por su trabajo con los Sol-Fa-Mi-Das. Premio en la reunión del Instituto a la Persona que ha Ganado más Peso, a la que ha Perdido más Pelo, a la mejora en el Olor Corporal y a la persona que ha viajado menos.

Comida favorita: Rosquillas, chuletas de cerdo, Chippos, Hamburguesas Krusty, costillas de cerdo, filetes, pescado a mogollón y cacahuetes tostados con miel.

Bebida favorita: Cerveza Duff.

Enfermedades: Una operación de triple bypass, causado por su desmedido amor a los alimentos mencionados en el apartado Comidas Favoritas.

Pasatiempos favoritos: Estar sentado en el sofá, ante la televisión, bebiendo cerveza.

Tienda favorita: El Kwik-E-Mart, también conocido como El Badulaque, o el Servi-Rapi.

Sus frases: "Ooh...", cuando algo le sorprende, y "Mmm..." cuando se siente tentado por algo.

Anécdotas biográficas: Fue confundido con un "Pies Grandes", fue mascota de los Isótopos de Springfield, estuvo en un sanatorio psiquiátrico. Fue agente de la cantante country Lurleen Lumpkin. Fue propietario del servicio de limpieza de nieve: "Míster Quitanieves". Fue miembro del grupo vocal los "Sol-Fa-Mi-Das". Subió al espacio como astronauta de la NASA. Acusado de acoso sexual por intentar quitar un caramelo con forma de Venus de Milo, del trasero de una canguro. Vecino del ex presidente George Bush. Objetivo de un cañón en el espectáculo en Hullabalooza. Ayudante anónimo del super-terrorista Scorpio, para la costa Este. Subió al ring con el campeón mundial de los pesos pesados. Traficante de alcohol durante la corta Ley seca de Springfield. Flirteó con la homofobia. Prestó su voz a "Rasca y Pica", para el personaje "Poochie".

MARGE SIMPSON

Edad: 34 años.

Talla de zapatos: 38

Papel que desempeña en la familia: Trata de mantener a la familia Simpson unida y bien avenida.

Famosa por: Sus pasteles de malvavisco.

Cosas que se pueden encontrar, ocasionalmente, entre su pelo: Algo de dinero, gatos, tostadoras... y Maggie.

Trabajos: Rompedora profesora de la escuela Elemental de Springfield. Trabajadora en la Planta de Energía Nuclear de Springfield. Camarera de auto-restaurante. Oficial de la Policía de Springfield. Franquiciada de pasteles pretzel.

Antecedentes criminales: Condenada por robar en una tienda.

Admiradores: Artie Ziff, el señor Burns, Moe, y el jugador de los Isótopos de Springfield: Flash Baylor.

Afiliaciones políticas: Colaboró en la campaña de Mary Bailey. Votó dos veces por Jimmy Carter.

Tinte de Pelo: Azul, 56.

Cantante favorito: Tom Jones.

Se excita: Cuando le hacen cosquillas en los codos, y con la cazadora de "Míster Quitanieves" de Homer.

Peculiaridades: No cocina con menos de ocho especias. Opina que las patatas son atractivas. Desmiente haber tenido dos dientes de Milhouse, a pesar de que realmente tuvo dos de ellos. Frecuentemente duerme desnuda. Tiene los pies con membranas interdigitales.

Anécdotas biográficas: Hizo de protagonista en la representación local del musical "¡Oh, tranvía!". Se cree que tuvo un affaire con Jacques. Defendió la idea de llevar a cabo un Festival Cinematográfico en Springfield. Organizó un amplio boicot a "Rasca y Pica", para combatir la violencia en TV. Desarrolló una adicción por el juego. Dejó de querer brevemente a su hijo Bart, después de que éste robase en una tienda. Protagonizó una breve escapada, con persecución policial, con su vecina Ruth Powers. Disfrutó mimándose a sí misma, después de una crisis nerviosa, en el Rancho Relaxo. Venció su miedo a volar, después de asumir el hecho de que su padre era un azafato, y no un piloto comercial, como ella creía. Recibió el encargo del señor Burns de pintar su retrato. Una vez animó a Lisa a que sonriera, a pesar del hecho de que estaba deprimida.

SIMPSON

BART SIMPSON

Edad: 10 años.
Personalidad: Retorcido, inclasificable, odiaescuelas, irreverente, inteligente.
Alias conocidos: Rudiger, El Barto.
Habilidades: Posee un extenso repertorio de chistes y de métodos de venganza, que van desde el vandalismo hasta el fraude internacional. Su especialidad son las llamadas, con juegos de palabras, a la Taberna de Moe.
Descubrimientos: Un cometa que casi destruye Springfield, y "Guiñitos", el pez de tres ojos.
Ídolo: Krusty el Payaso.
Antiguos amores: Jessica Lovejoy, Laura Powers.
Anécdotas biográficas: Decapitó la estatua del fundador de la ciudad Jebediah Springfield. Diezmó el ecosistema australiano con un sapo. Indujo a los habitantes de Springfield a creer que un chico llamado Timmy O´Toole había caído en uno de los pozos de la ciudad. Hizo una pelota con la efigie del Director Skinner. Hizo volar a Agnes Skinner fuera de los aseos, poniendo una bomba en una de las tazas del aseo de los chicos. Fue tomado por un genio después de que se cambiaran los tests de inteligencia suyos con los de Martin Prince. Fue forzado a realizar un intercambio escolar. Creó conflictos conyugales al tomar una foto de Homer, borracho, divirtiéndose ruidosamente con Kashmir, bailarina de la danza del vientre. Lideró una guerra contra un vecino: Nelson Muntz. Disfrutó de una breve carrera como Justiciero. Casi llega a romper con su hermana a raíz de arruinar su centro de mesa, el día de Acción de Gracias. Empató con Todd Flanders en un reñido Concurso de Golf. Salvó la vida del señor Burns, proporcionándole su sangre del infrecuente tipo O-negativo. Lideró una rebelión en el Kampamento Krusty. Ayudó a limpiar el nombre de Krusty, el payaso, y a atrapar a Bob, en un robo en el Badulaque. Se hizo famoso en el programa de Krusty como el chico de "Yo no he sido". Ganó un elefante en un concurso radiofónico. Durante un breve período de tiempo, fue el heredero del señor Burns. Vendió su alma por 5 dólares.

LISA SIMPSON

Edad: 8 años.
Papel que desempeña en la familia: Centro ético y moral del clan Simpson.
Una vez se llamó a sí misma: "La chica más triste del segundo curso."
Toca: El saxofón (y, ocasionalmente, la guitarra).
Primera palabra que pronunció: Bart.
Obsesión: Los ponis.
Primera decepción: El profesor sustituto señor Bergstrom.
Segunda decepción: Nelson Muntz.
Decepción perpetua: Varios actores llamados Corey.
Adiciones superadas: La línea caliente de Corey, y las tabletas Trucker´s Choice Stay-Awake.
Anécdotas biográficas: Apadrinada por el jazzman "Gingivitis" Murphy. Derrotó a su padre cuando éste consiguió, de forma ilegal, la TV por cable. Ganó el concurso de ensayo regional del *Reading Digest*, pero quedó derrotada en el concurso nacional en Washington D.C., después de perder su fe en el Gobierno. Durante breve tiempo fue Miss Springfield Juvenil, hasta que se desilusionó por las obligaciones con el esponsor: Cigarrillos Laramie. Enfadada por la falta de integridad de la nueva muñeca Malibu Stacey, creó otra llamada Lisa Lionheart, que tuvo escaso éxito. Se convirtió en la mejor portera de la liga de hockey. Descubrió que Jebediah Springfield era un pirata. Ayudó al señor Burns a recuperar su perdida fortuna. Superó el segundo curso como primera mujer cadete en la Academia Militar Rommelwood. Se negó a participar en el programa "La Familia Simpson Sonríe - Time Variety Hour".

MAGGIE SIMPSON

Edad: 1 año.
Papel que desempeña en la familia: Es la mejor succionadora de chupete.
Valor económico: Según el escaner del supermercado: 847,63 dólares.
Único verdadero enemigo: Gerald, el bebé con una sola ceja.
Destreza: Baja. Falla con mucha frecuencia.
Primera palabra que pronunció: Papá.
Anécdotas biográficas: Desató a Bart y Lisa que habían caído en las garras de una terrible canguro. Sabe lo que es una "credenza". Es capaz de deletrear "E=MC2", con sus piezas de construcción, y escribe Maggie en su pizarra. De vez en cuando bebe en el plato del perro. Golpeó a Homer con un martillo en la cabeza, y le intentó atacar con un lápiz, imitando lo que había visto en los dibujos animados. Posiblemente salvó la vida de su padre, atrapando una botella de cerveza volando sobre su cabeza. Lideró una rebelión en la escuela infantil de Ayn Rand. Disparó a Charles Montgomery Burns.

SCULLY Y MULDER

Ocupación:
Agentes del FBI, División de Actividades Paranormales.

Nombres de pila:
Dana (Scully) y Fox (Mulder).

Relación:
Platónica (al menos eso dicen).

Letra favorita del alfabeto:
La X.

Comportamiento:
Buscaverdades (Mulder); escéptica (Scully).

Cómo ven a Homer:
Como un paleto que podría perder unos cuantos kilos.

EXPEDIENTE SPRINGFIELD

Episodio 3G01, emitido originalmente el 12.1.97. Guionista: Reid Harrison. Director: Steven Dean Moore.

En un cuento relatado por Leonard Nimoy, Homer bebe mucho en la Taberna de Moe y vuelve a casa entrada la noche. De pronto oye algo raro y se topa con una criatura fantasmal y resplandeciente de ojos saltones y cuerpo retorcido, que sale del bosque. Al llegar a casa, alborotado y temblando, despierta a Marge para contarle lo sucedido, pero la familia cree que todo es producto de lo mucho que ha bebido.

Al día siguiente, el *Springfield Shopper* publica una historia acerca del encuentro de Homer con un OVNI. La historia llega hasta el despacho del FBI de Washington, donde la leen los agentes Scully y Mulder. Mulder convence a su escéptica com-

pañera para que vayan a investigar. Se trasladan a Springfield para entrevistar a Homer y visitar el lugar. Pero como Homer les merece poca credibilidad y encuentran que la gente de Springfield es muy aburrida, no tardan en marcharse.

Bart y Homer se dirigen al lugar del encuentro para grabar en vídeo al alienígena, que vuelve a aparecérseles. Al siguiente viernes, cientos de ciudadanos acuden para ver al alien. Cuando aparece la criatura, Lisa la alumbra con su linterna, revelando su verdadera identidad. Se trata del señor Burns, que ha estado siguiendo un tratamiento para alterar su longevidad de manos del doctor Riviera.

MOMENTOS ESTELARES

"¡Lo vi en una película, donde salía un autobús que tenía que circular por una ciudad a toda velocidad, pues si aminoraba, explotaba! Creo que se titulaba 'El autobús que no podía aminorar'."

El horror: Cuando Homer sale de la Taberna de Moe, pasa por un lado tenebroso de la ciudad. Lanza un grito cuando ve un cartel que dice "Ríndete", pero entonces el viento mueve una rama y lee la inscripción entera, que dice: "Ríndete a la verdad, estás gordo." Y lanza otro grito.

"Su meneo es casi hipnótico." Mulder al ver a Homer haciendo jogging en paños menores sobre una rueda de andar.

"Vale, nos han localizado. ¡Devuélvanlo al Mundo Submarino!" Moe asustado de que el FBI descubra la orca en la trastienda de su taberna.

"No querrás beber cerveza, hijo. Eso es para los papás y los niños con falsos carnets de identidad."

Mulder: Han vuelto a ver otro OVNI en el corazón de América. Creo que tenemos que ir enseguida.
Scully: Oye, Mulder, también tenemos ese envío de drogas y armas ilegales que llega esta noche a Nueva Jersey.
Mulder: No creo que ese asunto sea de la competencia del FBI.

"Echa una ojeada, Lisa. ¿A que no ves ninguna camiseta con la inscripción 'Homer es un tarugo'?" Homer empuñando una camiseta que dice "Homer es un tío listo." Luego se entera de que las camisetas con la inscripción "Homer es un tarugo" se agotaron a los 5 minutos.

"Toda una vida de trabajo en una planta nuclear me ha proporcionado un color verde brillante. Y me ha dejado tan impotente como un comisario pugilístico de Nevada."

Homenajes cinematográficos:

Milhouse echa unos centavos en el videojuego "Waterworld" de Kevin Costner, para satirizar el fiasco económico que representó dicha película. El episodio también hace referencias a *El Resplandor, E. T.* y *Encuentros en la Tercera Fase.*

Mulder: Mire, Homer, queremos que recree todos sus movimientos de la noche del alien.
Homer: Bueno, la noche empezó en el Club Gentleman, donde hablábamos de Wittgenstein mientras jugábamos al backgammon.
Scully: Señor Simpson, mentir al FBI es un delito.
Homer: Estábamos sentados en el coche de Barney, comiendo mostaza. ¿Le gusta más así?

AGENTES MULDER Y SCULLY DEL FBI.

Homer: (Sorbiendo una cerveza Red Tick.) Hum, fuerte, refrescante y algo más que no sabría decir bien.
(La escena se traslada a la fábrica de cerveza Red Tick, donde unos perros están nadando en tanques de cerveza.)
Empleado de la fábrica: Le falta más sabor a perro.

Lisa: ¡Vale, ha llegado el momento de ver mi programa favorito del viernes!
Bart: Lis, ¿has pensado que el viernes es un día más entre el jueves y el sábado y que tu programa favorito nunca es el favorito de la familia?

Lisa: Papá, según la revista Scientific Scéptico, las probabilidades de que una vida extraterrestre entre en contacto con nosotros es de 1 entre 175 millones.
Homer: ¿Y qué?
Lisa: Pues que los que dicen haberlos visto son gente de baja estofa y con trabajos aburridos. Como tú, papá, je, je.

DETALLES QUE QUIZÁ TE HAYAS PERDIDO

Los Simpson tienen un ejemplar de la revista "El Mueble" sobre su mesita de café.

Leonard Nimoy ya salió en el episodio 9F10 "Marge contra el Monorraíl".

El alcoholtest de Moe va desde "Achispado" a "Borrachín" a "Apestoso" a "Boris Yeltsin."

El retrato en la pared del despacho del FBI corresponde a J. Edgar Hoover en un vestido de tirantes.

El titular del *Springfield Shopper* dice del encuentro de Homer con un OVNI: "Un reaccionario ve un platillo volante."

El cartel de la delegación del FBI en Springfield: "60 años invadiendo su intimidad."

LA VERDAD NO ESTÁ AHÍ FUERA
LA VERDAD NO ESTÁ AHÍ FUERA
LA VERDAD NO ESTÁ AHÍ FUERA
LA VERDAD NO ESTÁ AHÍ FUERA
LA VERDAD NO ESTÁ AHÍ FUERA

222

LA GUÍA

En letra grande: el título del episodio. En letra pequeña y en negro: su número de producción, fecha de primera emisión en Estados Unidos, guionista/s, director y, ocasionalmente, el productor ejecutivo.

Resumen del episodio, con los principales acontecimientos.

Una breve biografía de alguno de los personajes secundarios, incluyendo detalles, anécdotas, frases más llamativas.

Imágenes del episodio.

Diálogos divertidos, cambios, letras de algunas canciones, y momentos más destacados del episodio.

El dibujo indica el personaje que dijo la frase que está a su lado.

Homenajes a películas, libros, series de televisión, música, historia universal o elementos de la cultura popular. En cada recuadro se pueden citar uno o varios homenajes.

Carteles, posters, referencias a otros episodios o elementos que sólo puedes haber visto si has pasado la secuencia a cámara lenta.

Este recuadro contiene el gag de la pizarra de este episodio.

LOS CORTOS
por Matt Groening

PRIMERA TEMPORADA

1.-"Buenas Noches." (19.4.87)

Argumento: Mientras Marge y Homer les dan las buenas noches a los niños, Bart pondera filosóficamente los trabajos de la mente, Lisa oye a Marge decir: "No dejes que los chinches te piquen", y le da miedo que se la coman. Maggie, por su parte, escucha a Marge cantar "Rock-a-Bye-baby", y queda traumatizada por la letra.

A destacar: Es la presentación de la Familia Simpson. Un vistazo extremadamente cruel a los personajes.

Marge: (Cantando.): *En la copa de un árbol te dormirás, / y el suave viento te mecerá. / Si quiebra la rama la cuna caerá / y contra el suelo te estamparás.*

2.-"Mirando la TV." (3.5.87)

Argumento: Bart y Lisa discuten sobre lo que quieren ver en la tele. En lo único que están de acuerdo es en impedir que Maggie siga cambiando de canal.

Lisa: ¡Cambia el canal! **Bart:** ¡No! **Lisa:** ¡Cambia el canal! **Bart:** ¡No! **Lisa:** ¡Cambia el canal! **Bart:** ¡No!

3.-"Bart el Saltarín." (10.5.87)

Argumento: Homer siempre quiere que Bart salte a sus brazos, pero el chico sólo lo intenta cuando Homer no está presente.

Cartel: ¡No hacer payasadas locas!

Homer: Salta como nunca lo... ¡Ummm! Salta como nunca... ¿Cuál es el pasado de saltar? ¿Saltó? ¿Saltuvo? ¡Eso no me suena bien!

4.-"Los Canguros de Maggie." (31.5.87)

Argumento: A Bart y a Lisa les piden que cuiden de Maggie, pero ellos pasan del bebé. Maggie recibe una descarga eléctrica, cae por las escaleras, caza una mariposa en el tejado y vuelve a caer.

Lisa: Me parece haber oído un golpe.

Bart: ¡Pues vas a oír otro si no cierras el pico!

5.-"El Chupete." (21.6.87)

Argumento: Bart y Lisa quieren que Maggie deje el chupete. Pero la niña, que tiene una gran cantidad de ellos, no quiere dejar ese hábito.

Bart: ¡Eres una niña depravada!

6.-"Concurso de Eructos." (28.6.87)

Argumento: A pesar de la oposición de Marge, Bart, Lisa y Maggie compiten por ver quién puede hacer el eructo más repugnante.

Cómo vemos a la familia: Muy grotesca.

Marge: ¿Qué pasa con estos eructos? ¿Por qué lo hacéis? ¿Dónde está la gracia?

7.-"Hora de Cenar." (12.7.87)

Argumento: Marge le pone la cena a la familia, pero insiste en que bendigan la mesa antes de comer.

A destacar: Primera vez que podemos ver los modales de la familia en la mesa.

Detalles que quizá te hayas perdido: En el avance del telediario, se dice: "se hunde un autobús y mueren 43 personas, una montaña rusa desbocada decapita a una familia..."

Homer: ¡Buena comida! ¡Buena bebida! ¡Buen Dios... vamos a comer!

SEGUNDA TEMPORADA

8.-"Haciendo Caras." (22.9.87)

Argumento: Bart, Lisa y Maggie se hacen mutuamente caras desagradables, a pesar de que Marge les advierte de que se pueden quedar con esa cara para siempre.

Cómo vemos a la familia: Muy aterrorizadora.

Marge: Os aviso de que, si seguís haciendo esas caras, se os pueden quedar así para siempre.

9.-"El Funeral." (4.10.87)

Argumento: La familia asiste al funeral de Tío Hubert. Bart está excitado ya que va a ver el primer muerto de su vida, pero todo se le pasa cuando ve el ataúd.

Bart: ¡Oh, chico! Nunca he visto un muerto. Apuesto a que su piel es verde, y fría y todo eso. Será igual que un zombie de película... ¡muy real!

10.-"Lo que Piensa Maggie." (11.10.87)

Argumento: Bart y Lisa están sobre la cuna de Maggie, preguntándose en qué estará pensando. Maggie los ve, en primer lugar, como demonios y luego como niños indefensos que se elevan y hacen gracia.

Bart: ¡Guba, guba, gaba! **Lisa:** ¡Eres nuestra hermanita pequeña! **Bart:** ¡Guba, gaba! ¡Guba, gaba! **Lisa:** ¡Una de nosotros! ¡Una de nosotros!

11.-"Fútbol." (18.10.87)

Argumento: Bart se ganará una ración de cereales chocolateados, si consigue atrapar un pase de balón de Homer. Desgraciadamente el pase va a parar a un agujero, y Bart ve desaparecer el juego y los cereales.

Homer y Lisa: ¡Al agujero, Bart, al agujero!

12.-"Castillo de Naipes." (25.10.87)

Argumento: Los intentos de Bart por levantar un castillo de naipes fracasan ante los ruidos de chupeteo de Lisa y Maggie.

Bart: Es un pequeño paso para un niño, pero un gran paso para la infancia.

13.-"La Cena de Bart y Homer." (1.11.87)

Argumento: Mientras las chicas se van al ballet, Homer deja que Bart elija entre dos platos bastante inadecuados para niños.

Bart: ¿Me convertiré en perro si como comida para perro?

14.-"Patrulla Espacial." (8.11.87)

Argumento: Lisa, Bart y Maggie están jugando al Rol, a "Salvar la Tierra". Lisa es la piloto Lisuey. Maggie es su energética ayudante Mageena, y Bart es Bartron, el enloquecido marciano con un jarrón en la cabeza.

Lisa: Habla americano, Bartron. Nosotras las terrícolas no entendemos el idioma marciano.

15.-"El Corte de Pelo de Bart." (15.11.87)

Argumento: Bart acude a un barbero que no sabe qué hacer con su pelo, y termina pelándolo.

Bart: ¿Qué demonios le has hecho a mi cabeza?

16.-"La Tercera Guerra Mundial." (22.11.87)

Argumento: Obsesionado con estar preparado para el Apocalipsis, Homer despierta repetidamente a toda la familia con instrucciones para el caso de un ataque nuclear.

Homer: ¡Despertad todos! ¡Ha estallado la Tercera Guerra Mundial!

17.-"El Crimen Perfecto." (13.12.87)

Argumento: Bart planea robar unas galletas, pensando que culparán a Maggie. Pero se come tantas que queda tendido en el suelo, rodeado de migajas, con lo que él mismo delata al autor de la fechoría.

Marge: ¡Os lo advierto! ¡No se os ocurra tocar esas deliciosas galletas!

18.-"Cuentos de Miedo." (20.12.87)

Argumento: Bart cuenta a Lisa y Maggie historias de miedo que, en la oscuridad, parecen convertirse en realidad.

Bart: Y, entonces, ellos oyeron el ruido del astuto vampiro sorbiendo la sangre de su última víctima.

19.-"El Abuelo y los Niños." (10.1.88)

Argumento: El abuelo está contando batallitas de su época a Bart, Lisa y Maggie. Y cuando se da cuenta de que no le escuchan, finge su propia muerte para captar su atención.

A destacar: Es la primera aparición del abuelo.

Abuelo: Cuando yo era como vosotros, tenía que recorrer 20 millas para ir a la escuela. ¡Y no había chupetes! ¡Teníamos que chupar trozos de árbol! .

20.-"Ir de Pesca." (24.1.88)

Argumento: Bart se olvida de poner la mortadela en la excursión de pesca con Homer, y pone gusanos en el bocadillo de su padre. Después, padre e hijo hacen una excursión por los rápidos.

Bart: Por un segundo me ha parecido que era un indio sin el remo.

21.-"Montando en Monopatín." (7.2.88)

Argumento: A Bart, Lisa y Maggie les gusta rodar por las aceras en sus monopatines, pero no siempre tienen éxito.

Bart: ¡Ah! ¡La brisa, la soledad, el viento silbando a través de tu pelo...!

22.-"Los Paganos." (14.2.88)

Argumento: Mientras los llevan a la Iglesia, Bart, Lisa y Maggie hacen enfadar a sus padres, diciéndoles que quieren volverse paganos.

Lisa: ¡Qué día tan maravillosamente pagano!

23.-"Encerrado." (21.2.88)

Argumento: Bart se mete en el aseo para sus asuntos, y se queda encerrado. Cuando consigue salir, la familia se ha comido su ración de cereales.

Bart: ¡Me rindo! ¡Tengo que hacer mis cosas!

24.-"El Acuario." (28.2.88)

Argumento: En el Acuario, Bart arriesga locamente su vida, intentando hacer cosas en la piscina de los tiburones.

Cartel: "Si estás aquí, es que te has perdido."

Lisa: Bien, los troncos han tenido suerte, aunque no estuviera Bart.

25.-"Retrato de Familia." (6.3.88)

Argumento: Homer intenta juntar a la familia para hacerles un retrato, pero todos sabotean sus esfuerzos por conseguir una foto familiar.

A destacar: Es la primera vez que Homer agarra a Bart por el cuello.

Homer: ¡Vigila la boca, pequeño tonto del culo!

26.-"El Hipo de Bart." (13.3.88)

Argumento: Lisa y Maggie intentan que a Bart se le pase el hipo, recurriendo a métodos que la medicina tradicional no consideraría apropiados.

Lisa: Confidencialmente, Enfermera Maggie, le diré que este tratamiento tiene efectos secundarios.

27.-"El Bote del Dinero." (20.3.88)

Argumento: Lisa, Bart y Marge tratan de evitar la tentación de robar el dinero que Marge pone en el bote.

A destacar: Es la primera vez que los niños Simpson se plantean quebrar uno de los Diez Mandamientos.

El Diablo Bart: ¡Vamos allá, colega!

28.-"El Museo de Arte." (1.5.88)

Argumento: Marge y Homer llevan a los niños a un museo. Después de que Bart mira con ojos tiernos a un cuadro de un desnudo, y de que Lisa juega con una antigua vasija, Marge comprende que los niños son demasiado pequeños para apreciar el arte.

Bart: Tengo que comunicaros una cosa: me aburro.

29.-"Una Historia en el Zoo." (8.5.88)

Argumento: Los Simpson van al zoo, donde Homer y Bart tienen un encuentro muy íntimo con una familia de monos.

Homer: ¡Y mira, aquí tenemos la típica familia de monos! ¡Mirad sus estúpidas expresiones!

TERCERA TEMPORADA

30.-"¡Callad, Simpson!" (6.11.88)

Argumento: El abuelo, Homer y los niños insisten en perdonarse mutuamente. Pero el perdón de Bart a Homer viene condicionado a que éste use desodorante de aliento.

A destacar: Es la primera vez que se cuenta una historia completa, y no partida en 3 o 4 episodios.

Bart: (A Homer.) Te perdonaré, siempre y cuando uses desodorante de aliento.

31.-"El Juego de la Concha." (13.11.88)

Argumento: Bart intenta esconder una galleta que ha robado de la lata, y lo hace bajo un cuenco. Termina usando tres vasijas, como si practicase el juego de la "trila".

Homer: ¡El de en medio! ¡El de en medio!

32.-"El Show de Bart Simpson." (20.11.88)

Argumento: Homer pide a los niños que dejen de ver sus dibujos animados favoritos "Rasca y Pica." Bart desconecta el aparato, se mete en su interior y representa su propio programa.

A destacar: Primera aparición del programa de "Rasca y Pica".

Bart: ¡Uaaah! ¡Allá vamos! ¡Buenas noches, troncos!

33.-"Punching Bolsa." (27.11.88)

Argumento: Una bolsa de entrenamiento de boxeador, con una foto de Homer adherida en ella, inspira a Bart, Lisa y Marge a realizar unas nuevas pruebas de boxeo.

Bart: ¡Pero tú eres tan sólo una chica! **Lisa:** ¡Y tú eres un cerdo sexista! ¡Pásame los guantes!

34.-"Navidades Simpson." (18.12.88)

Argumento: Bart cuenta una historia de vacaciones, del estilo de... "Era la Noche Antes de Navidad", que representa a los niños Simpson intentando dar un vistazo a sus regalos de Navidad.

Homer: ¡Oh, Maggie! ¡Oh, Lisa! ¡Oh, pequeño Bartolomé! ¡Subid ahora mismo las escaleras, antes de que os asesine!

35.-"El Show de Krusty, el Payaso." (15.1.89)

Argumento: Los chicos van a ver en directo el Show de Krusty, el Payaso. Con gran desilusión, Bart descubre que su héroe no es un auténtico payaso, y que se trata de una persona corriente vestida de payaso.

A destacar: Primera aparición de Krusty, el Payaso.

Bart: Ya sabes que yo baso toda mi vida en las enseñanzas de Krusty.

36.-"Bart, el Héroe." (29.1.89)

Argumento: Cuando Bart va a la tienda de dulces a comprar chucherías, sin proponérselo, impide que se cometa un robo, convirtiéndose en un héroe

A destacar: La primera vez en la que Bart se convierte en famoso por algo que hace accidentalmente.

Un detalle que quizá te hayas perdido: El nombre de la tienda Chupo es un homenaje al animador ejecutivo Gabor Csupo, de Klasky/Csupo.

Bart: ¡Ah, yo no quiero dinero! ¡Por eso he pedido que me den el importe de la recompensa en caramelos!

37.-"La Pequeña Fantasía de Bart." (5.2.89)

Argumento: Obligados por la orden de sus padres de recoger su desordenado cuarto, Bart cuenta una historia en la que los niños aparecen como padres, y los padres aparecen como niños.

Homer niño: ¡Tengo un plan! Tú recoges y yo te cuento una historia.

Marge niña: ¡Olvídalo!

38.-"Película Aterradora." (12.2.89)

Argumento: En lugar de ir a ver la película "El Regreso de los Pequeños Elfos Felices", Bart, que no tiene miedo, convence a sus hermanos de ir a ver "La Venganza de los Mutantes Espaciales".

A destacar: La primera aparición de los Pequeños Elfos Felices y de los Mutantes Espaciales.

Lisa: ¡Uf! ¡Bart! Eres igual que Gloomy, el elfo.

39.-"Hipnotismo Hogareño." (19.2.89)

Argumento: Homer y Marge usan la hipnosis para tratar de que Bart, Lisa y Maggie se comporten. Los niños se ponen a actuar como zombis.

Homer: Desde ahora seréis unos buenos chicos.

40.-"Robando en la Tienda." (26.2.89)

Argumento: Bart es atrapado cuando intenta robar una chocolatina de una tienda de dulces.

Marge: La lección es que, finalmente, el crimen daña al criminal.

41.-"Echo Canyon." (12.3.89)

Argumento: Durante unas vacaciones familiares, los Simpson se detienen en Echo Canyon, donde todos se divierten, y donde Bart casi destroza el coche con una piedra.

A destacar: Las primeras vacaciones de la familia.

Bart: ¡No tienes una vaca, Homer!

42.-"La Hora del Baño." (19.3.89)

Argumento: Para hacer más excitante el baño, Bart imita a Jacques Cousteau, pero se deja abierto el grifo del agua...

Bart: (Con acento espeso.) Acompañemos a Bart cuando se sumerge en la profunda salmuera, en busca de la astuta y huidiza manopla.

43.-"La Pesadilla de Bart." (26.3.89)

Argumento: Después de atiborrarse de galletas, Bart tiene una pesadilla en la que

Homer lo sorprende robando galletas e intenta castigarlo.

Homer: ¡Deja esas galletas, muchacho!

44.-"Bart de la Jungla." (16.4.89)

Argumento: Homer se enfurece al ver a Bart, Lisa y Maggie saltando por una jungla de lianas... hecha con las corbatas de Homer.

Lisa: ¡Esto es divertido, Barzonga!

Bart: ¡Adelante, Lisunga!

45.-"Terapia Familiar." (23.4.89)

Argumento: Homer quiere llevar a la familia a un tratamiento, para poder liberarlos de la adicción a los dulces. Homer busca una respuesta para el problema de la familia, diciendo que no se reirán nunca más. La familia comienza a reírse sofocadamente cuando el psicólogo los expulsa a puntapiés de su consulta.

Psicólogo: (A Lisa.) ¿Por qué, pequeña psicótica fronteriza?

46.-"Maggie en Peligro." Capítulo I. (30.4.89)

Argumento: Bart y Lisa se descuidan mientras vigilan a Maggie. Ella sale en el monopatín de Bart, cae a unas alcantarillas, y por allí avanza hacia unas cataratas. El capítulo se detiene allí, hasta la próxima semana.

Maggie: ¡Chup, chup!

47.-"Maggie en Peligro." Emocionante Conclusión. (07.5.89)

Argumento: Maggie sobrevive a su viaje por las cataratas, es arrastrada por un río, atrapada por globos de helio y, al final, detiene su gira en su pequeño parquecito, justo cuando sus padres regresan a casa.

Maggie: ¡Uuuuuf!

48.-"TV Simpson." (14.5.89)

Argumento: Homer envía a Bart fuera de la casa para hacer volar una cometa, pero ésta se engancha en la antena y distorsiona la imagen de la TV. Homer tiene que subir al tejado para repararlo.

Homer: (A Bart.) ¿Por qué no te vas a volar la cometa?

SANTA CLAUS

Estado social:
Perro de los Simpson.

Raza:
Galgo.

Antecedentes:
Siempre pierde en la carrera de
Springfield Downs.

Adoptado:
Desde la última vez que lo pusieron de
patitas en la calle.

Historial:
Volvió a las carreras en una ocasión para
aparearse.

Nombre anterior:
Respondía al nombre de Número 8.

Bebida favorita:
Agua del retrete.

Comidas favoritas:
Gorgojos y entrañas; la mayoría de lo
que come Homer.

Pasatiempo favorito:
Destrozar periódicos; enterrar pequeños
electrodomésticos en el patio trasero.

SIN BLANCA

Marge pregunta a los chicos qué quieren por Navidades. Lisa pide un pony. Bart quiere un tatuaje. Marge se los lleva de tiendas. Bart descubre una caseta de tatuajes y miente acerca de su edad para conseguir un tatuaje de "Madre", en el que sólo se lee "Mad". Marge irrumpe en la caseta y se lo lleva de allí. Se gasta el dinero de los regalos de Navidad en intentar quitarle el tatuaje a Bart y planea servirse de la paga de Homer para comprar regalos, pero el señor Burns no da pagas extras a sus empleados.

Al ver que no tiene dinero para regalos, Homer consigue trabajo como Santa Claus en la galería comercial. Bart va a la galería y da el alta a Santa Claus, quitándole la barba y revelando su identidad. Homer se queda sin trabajo y con sólo 13 dólares. Decide ir al canódromo a apostarlos a un perro, siguiendo el consejo de su amigo Barney Gumble. En el último momento, cambia de idea y apuesta por un perro que se llama "Santa", que queda el último.

Cuando Homer y Bart vuelven del canódromo, el dueño de "Santa" se deshace del perro por haber perdido otra carrera. Bart se entusiasma cuando Homer, a regañadientes, acepta llevarse el perro. Llegan a casa sin regalos de Navidad, pero Marge y Lisa creen que el regalo es el cachorro y están encantadas.

MOMENTOS ESTELARES

"Aquí dice que es para perros, pero como ella no sabe leer..." Homer, al adquirir una chuleta de cerdo de goma para la pequeña Maggie en el Circo de los Valores ("Todo a 5 dólares").

Homer en la escuela de Santa Claus, buscando un nombre para el reno: "Melchor, Oro... Gaspar... y Pienso... el otro ¿Cómo es el otro? Matusalem."

"Mosquis, papá, debes querernos mucho para caer tan bajo." Bart, al enterarse que su padre se ha buscado trabajo de Santa Claus en una tienda de la galería comercial.

"Vamos, papá, éste puede ser el milagro que salve las Navidades de los Simpson. Si algo he aprendido en la tele, es que en Navidad siempre les ocurren milagros a los niños pobres. Le pasó a Oliver Twist, le pasó a Peter Pan, les pasó a los Pitufos y nos pasará a nosotros."

El principio de llevarse cosas: Homer no puede adquirir un árbol navideño, así que se lleva uno del bosque y le persigue una jauría de sabuesos. Cuando llega a casa, su familia se percata de que en el arbolito hay una jaula de pájaros.

"Pase lo que pase no te muevas, no querrás que este cacharro se te acerque demasiado a los ojos o a las ingles." El experto que le quita el tatuaje con un láser.

> **Una frase ya clásica:**
> Bart: *¡Eh, Papá Noel! ¿Qué pasa tío?*
> Homer: *¿Cómo te llamas Bart...er...Bart-tolo-pirolo?*
> Bart: *Yo Bart Simpson, y quién diablos eres tú.*

> **Bart pide un tatuaje por Navidad:**
> Marge: *No te regalaremos un tatuaje por Navidad.*
> Homer: *Sí, si quieres uno, tendrás que pagártelo con el dinero de tu paga.*

NAVIDAD

Episodio 7G08, emitido originalmente el 17.12.89.
Guionista: Mimi Pond.
Director: David Silverman.

Creado por: Matt Groening.
Desarrollado por: James L. Brooks; Matt Groening; Sam Simon.
Productores ejecutivos: James L. Brooks; Matt Groening; Sam Simon.

El coro de niños canta "Jingle Bells" en la fiesta anual de Navidad:

Marge: ¡Qué mono está Bart ! ¡Eh Homer? ¡Y canta como los ángeles!
Bart: (Cantando.) Eh, corred todos y escapad, Batman va a llegar. Como es un poco descuidado un susto os dará.

Día de paga:

Homer: ¿Trece pavos? ¡Oiga un momento!
Clerk: Eso es, 120 dólares brutos, menos, seguridad social, seguro de desempleo, cursillo de formación, compra del disfraz, alquiler de la barba y ahorros de Navidad. Hasta el año que viene.

DETALLES QUE QUIZÁ TE HAYAS PERDIDO

El espectáculo navideño de la Escuela Elemental de Springfield recibe tres estrellas y media según anuncia una reciente reseña sobre el dintel del edificio.

Lisa pide un poni seis veces en su lista de regalos navideños.

Marge aparca su coche en el área "ZZ" de la galería comercial.

Un tatuaje en la caseta de tatuajes del Feliz Marinero, muestra un corazón atreavesado por un puñal.

Junto a la caseta de tatuajes se encuentra la clínica dermatológica del doctor Zitsofsky. Un cartel en la ventana reza: "Se quitan tatuajes con láser."

Perros en la carrera de "Santa": Cuadrúpedo, Torbellino, Fido, Guerrero y Can-can.

Queridos amigos de los Simpson.

*Este año hemos vivido momentos tristes y momentos felices.
Primero los tristes: nuestro gatito Snowball fue inesperadamente atropellado y se fue al cielo de los gatos, pero como la vida continúa compramos un gatito nuevo Snowball II. Y a propósito de que la vida continúa, el abuelo sigue con nosotros, tan cascarrabias como siempre. Maggie ya anda sola, Lisa ha sacado sobresaliente y Bart, bueno, todos queremos a Bart. La magia de esta temporada nos ha emocionado a todos. Homer os manda recuerdos.*

Felices vacaciones,
Los Simpson

Bart dice de Santa Claus:

Marge: Bien, niños. Dadme ya vuestras cartas. Las mandaré al taller de Papá Noel, en el Polo Norte.
Bart: A mí el tío gordo que nos trae los regalos, no se me parece nada a Papá Noel ni en el blanco de los ojos.

Marge: Éste es el mejor regalo de todos.
Homer: ¿Tú crees?
Marge: Sí, es alguien a quien ofrecer nuestro amor. Y asustar a los merodeadores.

BART, EL GENIO

Episodio 7G02, emitido originalmente el 14.1.90. Guionista: Jon Vitti. Director: David Silverman.

Posición:
Presidente listillo de la clase de cuarto grado.

Atrae:
A los bravucones.

C. I.:
216.

Rasgos insoportables:
Chivarse de sus compañeros; corregir la gramática de los compañeros; decir al profe que los alumnos no han entregado todavía sus deberes; adular al director; cocinar al horno pastas de uva para la señora Krabappel.

Rasgos positivos:
No son tan evidentes.

Heridas:
Una vez se rompió el brazo al intentar montar la maqueta de una lanzadera espacial.

Aspiraciones:
Inventar la vacuna contra los microbios.

¡PREGÚNTEME A MÍ, PROFESOR, QUE SOY MUY LISTO!

Ante la perspectiva de suspender un test de inteligencia, Bart cambia su examen por el de Martin Prince. Cuando el psicólogo escolar, el doctor Pryor, considera los resultados, tiene a Bart por un genio, para gozo de Homer y Marge, que inscriben a Bart en una nueva escuela.

En su primer día en el Centro Adelantado de Enseñanza para Niños Superdotados, Bart se encuentra desplazado entre niños tan inteligentes. En casa, empero, disfruta del nuevo interés que le demuestra Homer, que confía en estimular a su hijo con un poco de cultura. Marge compra entradas para la ópera.

Aislado por sus compañeros geniales, Bart visita su antigua escuela, donde es rechazado por sus compañeros, que le consideran "un renegado". Cuando el proyecto científico de Bart está a punto de hacer saltar por los aires a la escuela, éste confiesa al doctor Pryor que el verdadero genio es Martin Prince. Bart vuelve a casa y cuenta a su padre que intercambió exámenes, pero que se alegra de la nueva relación que tiene con él. Homer, fuera de sí, le persigue por toda la casa.

MOMENTOS ESTELARES

NO DERROCHARÉ LA TIZA
NO DERROCHARÉ LA TIZA
NO DERROCHARÉ LA TIZA
NO DERROCHARÉ LA TIZA
NO DERROCHARÉ LA TIZA
NO DERROCHARÉ LA TIZA

La señora Krabappel, preparando a su clase para una evaluación: "No quiero que os preocupéis, este test no influirá en vuestras notas, sólo es para determinar vuestro futuro status social, si lo tenéis."

"Con ese culo es imposible que un toro pueda fallar." (Bart hablando del torero.)

"Pues… vas listo si lo haces, y si no lo haces vas listo." Contribución de Bart a una discusión sobre paradojas.

"Seguro que Einstein se volvió de todos los colores antes de inventar la bombilla." Homer, consolando a Bart cuando su proyecto estalló en clase.

"Bueno, nada hay de malo en que un padre bese a su hijo… supongo. Hala, entra chico y aprovecha el tiempo, que si lo haces puede que un día alcances esa meta con la que los Simpson hemos soñado durante generaciones, ser más listos que alguien."

"No, hijo, aquí no hay pichones." Homer, en la ópera.

"Creo que le ha vuelto la estupidez a Bart." Lisa, explicando a Marge por qué Homer persigue a Bart por toda la casa.

Kwy • ji • bo: Palabra ganadora en el Scrabble de Bart. Según Bart, un kwyjibo es un "tonto, calvo, simiesco y sin barbilla".

"Destapad vuestros pupitres, gente." Cómo se llama al orden en clase en la Escuela de Orientación para niños.

El secreto del genio de Bart:

Homer: Doc, esto no me entra en la cabeza, mi hijo un genio. Es algo que no se me alcanza.
Dr. Pryor: Verá, el nivel de inteligencia de un genio normalmente es el resultado de la herencia y del entorno… (Pryor observa a Homer frunciendo el ceño.) Aunque en algunos casos es un absoluto misterio.

Marge: Bart, hoy es un día muy especial, deberías desayunar algo que te fortaleciera.
Homer: Ésas son bobadas, siempre ha desayunado cereales Frosty Krusty. Alguna sustancia química tendrá para haber hecho que nos haya salido tan superdotado. Lisa, deberías tomarlos tú también.
Marge: ¡Homer!
Homer: Con dos genios en la familia nos aseguraríamos uno de reserva, imagínate que a Bart se le revienten los sesos.

DETALLES QUE QUIZÁ TE HAYAS PERDIDO

Maggie escribe EMCSQU (o E=MC2) con su juego educativo de cubos.

El director Skinner dedica todo un archivo a Bart Simpson.

El nombre de Marcia Wallace sale escrito "Masha" en los créditos.

Entre los libros de la estantería de Bart en su nueva escuela figuran: *Crimen y Castigo*, *Mitos Babilónicos*, *El Paraíso Perdido*, *Moby Dick*, *Platón*, *El Infierno de Dante* y la *Ilíada*.

La familia Simpson asiste a la ópera *Carmen*, anunciada como "Esta noche sólo en ruso".

En el póster de la ópera, el director de orquesta es identificado como Boris Csuposki, juego de palabras del nombre del productor y director de animación Gabor Csupo.

Tras ser declarado un genio, Bart Simpson se encarga de etiquetar todos los graffiti y bocadillos del director Skinner como una obra de arte de "El Director", por Bart Simpson.

Hay un retrato de Bart en una pared del despacho del doctor Pryor, frente a otro retrato de Albert Einstein.

Primera vez que Bart pronuncia una frase obscena:

Martin: Bart, espero que no me guardes un rencor pueril por advertirle al director, yo sólo intentaba erradicar el deterioro del edificio.
Bart: Multiplícate por cero.
Martin: ¿Cómo?

Martin muestra a Skinner el graffiti de Bart:

Skinner: El que haya escrito esto, se acaba de meter en un gran lío.
Martin: Y no sabe ortografía, porque ésta no es la forma más adecuada de escribir esta palabra, aunque creo que últimamente está aceptada por la Real Academia.

LA ODISEA DE HOMER

Episodio 7G03, emitido originalmente el 21.1.90. Guionistas: Jay Kogen y Wallace Wolodarsky. Director: Wesley Archer.

L a señora Krabappel lleva de viaje a la clase de Bart a la planta nuclear de Springfield. Cuando recorren la planta sobre una carreta eléctrica para dar con los chicos, Homer se descuida y se estrella contra una tubería radiactiva, por lo que la central se ve obligada a cerrar.

Homer es despedido por repetidas violaciones de seguridad. Deprimido e incapaz de encontrar otro trabajo, deja una nota de despedida y se dispone a tirarse desde un puente. Lisa encuentra la nota y da la alarma. La familia corre por el puente para salvarle la vida y están a punto de ser atropellados por una camioneta. Homer les salva en el último momento.

Homer se embarca en una cruzada pública para hacer de Springfield un lugar donde vivir mejor. Topes para los coches y carteles con avisos menudean por la ciudad. Cuando se cansa del problema del tráfico, Homer arremete contra la central nuclear, reuniendo numerosos seguidores. Para acabar con el furor público, el señor Burns ofrece a Homer el cargo de supervisor con una paga magnífica. Homer acepta el puesto, diciendo a la gente que vuelva a sus casas, que él se encarga de la seguridad de la planta nuclear.

> NO VOLVERÉ A PATINAR POR LOS PASILLOS
> NO VOLVERÉ A PATINAR POR LOS PASILLOS
> NO VOLVERÉ A PATINAR POR LOS PASILLOS
> NO VOLVERÉ A PATINAR POR LOS PASILLOS

MOMENTOS ESTELARES

"Veo muy difícil que encuentres trabajo, Homer, cómo ibas a pagarme." Moe a Homer, cuando aquél rehúsa fiarle una copa.

> Edad permitida para hacerse tatuajes según Otto: 14.

Bart, acerca de la depresión de Homer: "Todo el día se lo pasa ahí tumbado, igual que una ballena en paro."

 "Yo no soy supervisor técnico, soy técnico supervisor, la realidad es que no he hecho nada que valga la pena en mi vida, sólo soy un don nadie, un inútil."

"Lo pondré donde nadie pueda encontrarlo ni en un millón de años." Un sonriente Joe Fission, tratando el problema de los restos nucleares en un film de propanganda de armas nucleares.

"Vamos, vamos, Homer, algo encontrarás. Has causado muchísimos accidentes nucleares y siempre has salido adelante."

"No podéis depender de mí durante toda la vida. Haceos a la idea de que hay un pequeño Homer Simpson en cada uno de vosotros."

"A diferencia de la mayoría de ustedes, yo no soy un loco."
 Homer, dirigiéndose a la concentración.

"Nuestras vidas están en las manos de personas que no son más inteligentes que nosotros. La mayoría de ellos son incompetentes, y lo sé porque he trabajado codo a codo a su lado, y he jugado a los bolos con ellos, y he visto cómo iban ascendiendo dejándome a mí atrás una y otra vez."

"¡Hola! Aquí la taberna de Moe…"
Moe: Taberna de Moe.
Bart: ¿Está el Sr. Riau?
Moe: ¿Quién?
Bart: Riau, de nombre Smith.
Moe: Un momento, voy a ver. (Llamando.) ¿Hay aquí algún Smithriau?

Homer: Algún día cogerás a ese gamberro.
Moe: No sé, es difícil, cambia de nombre continuamente.

Grupo antinuclear Springfield:
Gente contra la gente pro nuclear.

Anuncio TV n.º 1: La Bartola, el programa de TV para los parados, les seguiremos ofreciendo consejos para ganar la lotería después de esta pausa.
Anuncio TV n.º 2: ¿Parado? ¿Sin empleo? ¿Sobrio? Se ha pasado el día tumbado en casa. Pero ha llegado la hora de Duff. ¡Duff, la cerveza que hace los días pasen volando!
Sintonía: ¡Apaga la sed sin más con cerveza Duff! ¡Duff! ¡Duff!
Homer: ¡Cerveza! Puede ser la solución de momento.

Algunas nuevas señales de Homer:
"Depresión, conduzca amistosamente." "Tope de conducción." "Señal más adelante."

De tal palo tal astilla:
Sherri: Oye, Bart, nuestro papá dice que el tuyo es un incompetente.
Bart: ¿Qué quiere decir "incompetente"?
Terri: Que se pasa el día charlando y tragando rosquillas, en lugar de afanarse en hacer su trabajo.
Bart: Ah, bueno. Creí que es que hablaba mal de él.

Primeras apariciones:
Wendel; el sonriente Joe Fission; Otto.

El jefe Wiggum dirigiéndose al consejo municipal:
Wiggum: Nuestra ciudad se halla sitiada por una especie de vándalo, conocido como El Barto. Los dibujantes de la policía han realizado un retrato robot, si alguno de ustedes sabe algo, póngase en contacto con nosotros. (El retrato robot llega a manos de Bart, que comprueba que se trata de una versión de sí mismo, en más viejo y mal encarado.)
Bart.: Es demasié.

DETALLES QUE QUIZÁ TE HAYAS PERDIDO

Titulares del Springfield Shopper: "¡Simpson exige seguridad!", "Muchos aclaman a Homer Simpson", "¡Homer Simpson vuelve a la carga!", "¡Ojo, que aquí llega Homer!" y "¡El ya está bien de Homer Simpson!"

Un pez con tres ojos nada en el estanque cercano a la planta nuclear.

Un anuncio en la nuclear dice: "Nuestro récord de seguridad: (7) días desde el último accidente."

El boletín de notas de Bart trae una I en Historia y Geografía, otra I en Mates y una D en Educación Física.

Homer redacta su nota de suicidio en un papel encabezado por "Tonterías que tengo que hacer hoy".

EL SEÑOR BURNS

Ocupación:
Rico y antiguo dueño de la planta nuclear de Springfield; el hombre más poderoso de Springfield.

Logros:
Ha sobrevivido a doce recesiones, ocho oleadas de pánico y cinco años de McKinleynomics.

Disfraces del pasado:
Wavy Gravy, Jimbo Jones.

Almuerzo favorito:
Montón de trigo triturado; tostada al vapor; huevo de dodo.

Vergüenza oculta:
Físicamente más débil que un niño.

Apuesta favorita no económica:
Coca-Cola (una caja de).

Miscelánea:
Su dentadura incluye colmillos; en una ocasión tiró los tejos a Marge; en otra ocasión intentó casarse con la madre de Marge.

MÍRALOS, SMITHERS. ¡TIMADORES, VAGOS, INÚTILES! ¡QUÉ POCO SE IMAGINAN QUE SUS DÍAS DE BEBER LA LECHE DE MI UBRE ESTÁN CONTADOS!

¿QUIEREN MATARSE UNOS A OTROS? VALE. ESO ES MUY SALUDABLE.

HOGAR, AGRIDULCE HOGAR

Episodio 7G04, emitido originalmente el 28.1.90. Guionistas: Al Jean y Mike Reiss. Directores: Gregg Banno y Kent Butterworth.

MOMENTOS ESTELARES

Homer, tras ver en la tele el anuncio del doctor Monroe: "¡¿Cuándo voy a aprender? ¡La respuesta a los problemas no está en el fondo de una botella, está en la tele!"

 "¿Sabes, Moe? Mi madre me dijo una vez una cosa que me quedó grabada. Me dijo: 'Homer, eres decepcionante por completo', que Dios bendiga su alma. Qué razón tenía aquella santa mujer."

Marge, al beber el ponche: "No quiero alarmar a nadie, pero creo que este ponche tiene un poquito de alcohol."

Homer, a Dios: "Tú estás en todas partes, Señor, eres omnívoro."

Lisa, cuando la familia recibió el doble del dinero gastado tras ser expulsados de la clínica Monroe: "Más que el dinero es la sensación de habérnoslo ganado."

 "Ras-ca-ta-plán, gracias por el pan."

Homer, a la familia:
"Tenemos que intentar ser una familia mejor."

Homenaje cinematográfico:
En una escena que recuerda *"La Naranja Mecánica"* (1971), los miembros de la familia Simpson están sentados en un laboratorio aséptico, enchufados con electrodos, frente a una serie de botones. Cada uno de ellos tiene la habilidad de provocar un shock en los otros.

Mr. Burns: Están en su casa.
Bart: ¿Has oído eso? Puedes quedarte en calzoncillos y rascarte el culo.

Los Simpson espiando:
(Los Simpson observan a través de una ventana cómo cena una familia feliz.)
Homer: Mirad esos niños, ni peleas ni gritos.
Bart: Ni eruptos.
Lisa: El padre lleva camisa.
Marge: Y tienen servilletas.
Bart: Estos tíos no son normales.

DETALLES QUE QUIZÁ TE HAYAS PERDIDO

Rojo, morado, verde, azul: los colores de los moldes de gelatina que prepara Marge para el picnic de la compañía.

Un cartel de la finca de Burns reza: "Se disparará contra los cazadores furtivos."

Smithers lleva su planta incluso en el picnic.

El doctor Monroe guarda sus mazos de terapia agresiva en un armario de armas.

Homer necesita dinero para la terapia del doctor. Monroe:
Lisa: No, papá, por favor, no empeñes la tele.
Bart: Por favor, papá, todo menos eso.
Marge: ¡Homer! ¿No podemos empeñar mi sortija de compromiso?
Homer: Te lo agradezco pero eso no sirve, necesitamos 150 dólares.

Homer: Lo siento, Marge pero a veces pienso que somos la peor familia de toda la ciudad.
Marge: Pues si quieres nos mudamos a un pueblo más grande.

La letra del elogio musical del vino de Marge y las esposas:
¡Este ponche lo he hecho yo!
¡Venga, hombre, sírvenos!
¡De este ponche bebo yo!
¡Venga, hombre, sírvenos!
¡Por si no ha llegado mi único bol
el vino alegra el corazón!
¡Venga, hombre, sírvenos!

Después de que Burns ve cómo un hijo besa a su padre:
Burns: Ahh, ése es el tipo de familia que me gusta ver. Smithers, apunte su nombre, preveo que ese hombre va a tener un gran futuro en la central.
Homer: Bart, corre, dame un beso.
Bart: ¿Que te bese? Papá, que soy tu hijo.
Homer: Por favor, 5 dólares por un beso.

Mr. Burns: ... y éste debe ser... Brut.
Bart: Bart.
Homer: No le corrijas Brut.

NO DEBO ERUCTAR EN CLASE
NO DEBO ERUCTAR EN CLASE
NO DEBO ERUCTAR EN CLASE
NO DEBO ERUCTAR EN CLASE
NO DEBO ERUCTAR EN CLASE
NO DEBO ERUCTAR EN CLASE

Simpson, Homer
Marge: wife
Lisa: daughter
t: son

Homer lleva a su familia al picnic de la compañía que da su jefe, el señor Burns. Director cruel y tiránico, Burns despide a todo aquel empleado cuyos familiares no se diviertan en la fiesta. Homer se percata de que Burns se siente atraído por una familia cuyos miembros se tratan con cariño y respeto, y se pregunta por qué pesa sobre él la maldición de una familia que no se quiere y no se respeta.

Los Simpson ven a otras familias por la calle. Asomándose a las ventanas de salas de estar, ven a varias familias felices. Convencido de que él y su familia son perdedores natos, Homer hace un alto en la taberna de Moe, donde ve en la tele el anuncio del Centro Terapéutico y Familiar del doctor Marvin Monroe. Cuando se entera que el doctor garantiza la dicha o "dobla el dinero gastado", Homer empeña el televisor y lleva a su familia a la clínica.

Cuando los métodos para civilizar a la familia resultan inútiles, el doctor Monroe recurre a una terapia de choque y enchufa electrodos a los Simpson. Los Simpson se pasan shocks unos a otros. Convencido de que son incurables, el doctor les devuelve su dinero por duplicado. Con 500 dólares en el bolsillo, Homer acompaña a su feliz familia a comprar un nuevo televisor.

BART, EL GENERAL

Episodio 7G05, emitido originalmente el 4.2.90. Guionista: John Swartzwelder. Director: David Silverman.

Bart se pelea con Nelson, el bravucón de la clase, para proteger las magdalenas que Lisa hizo para la señorita Hoover. Nelson vapulea a Bart al salir de clase y dice que le dará otra paliza al día siguiente. En casa, Homer aconseja a Bart que pelee sucio, mientras Marge le sugiere que haga las paces con Nelson. Bart se decide a seguir el consejo de Homer, pero resulta vapuleado una segunda vez. Entonces pide ayuda al miembro más duro de la familia Simpson: el abuelo Simpson.

El abuelo presenta Herman a Bart. Herman es un veterano loco que tiene una tienda de armas. Herman declara la guerra a Nelson y le enseña cómo preparar una ofensiva en toda regla. Bart alista en su tropa a otros chicos maltratados por Nelson. No tardan en rodear a Nelson y sus secuaces, a los que atacan disparando globos de agua.

Aterrorizados, sus enemigos se rinden. Nelson es hecho prisionero, pero amenaza con matar a Bart en cuanto lo desaten. Por fin, Herman convence a Bart y a Nelson de que firmen un armisticio. Marge se acerca con magdalenas y obsequia a todos.

HERMAN

Ocupación:
Dueño de la tienda de armas antiguas Herman.

Ocupación pasada:
Falsificó pantalones vaqueros en el garaje de Homer.

Voz:
Recuerda notablemente a la de George Bush.

Tiene manía:
A los pacifistas.

Posesión más preciada:
Una bomba atómica construida en 1950, para ser usada contra los beatniks.

Metedura de pata más gorda:
Perdió un brazo al sacarlo por la ventana del autobús, desoyendo el consejo elemental de su profesor.

MOMENTOS ESTELARES

"Para que te vayas caliente tío."
Nelson, en la pesadilla de Bart, golpeando a éste en el estómago, cuando yace muerto en su ataúd.

"Estoy disgustado por la forma en que la gente anciana es despreciada en la tele. No todos somos unos 'viva la Virgen', maníacos, obsesionados por el sexo. Algunos sólo somos individuos amargados que recuerdan mejores días en los que la diversión era insípida inocencia."
Extracto de la carta del abuelo a los anunciantes de televisión.

 "La llave de entrada a Springfield, siempre ha sido la calle Elm. Los griegos lo sabían. Los cartagineses lo sabían. Y ahora lo sabes tú."

"Puedes lanzarlos desde un avión, hacerlos desfilar por el borde de un barranco, puedes enviarlos a morir a alguna colina dejada de la mano de Dios. Pero por alguna razón no puedes darles una torta." El abuelo, agarrando a Bart después de que éste pegara a uno de sus soldados.

"Creí que ya nunca volvería a oír los gritos de dolor, ni a ver la mirada de terror en los ojos de un joven."

"A pesar de lo que habéis visto, la guerra ni es divertida ni tiene encanto, no hay vencedores, sólo vencidos, y no hay guerras buenas, salvo excepciones como la Revolución Americana, la Guerra Mundial y la Guerra de las Galaxias. Si queréis aprender más sobre las guerras hay montones de libros en las bibliotecas, con unas sangrientas fotografías estupendas."

El código del recreo:
Marge: *Después de esto, Bart, lo que tienes que hacer es ir derecho a hablar con el director.*
Bart: *Sí, supongo que podría hacerlo.*
Homer: *¿Qué? ¿Y violar el código de honor del recreo? Antes ver a mi hijo muerto.*
Marge: *No digas bobadas, Homer. ¡Qué burradas dices!*
Homer: *El código de honor es sagrado, Marge. Las reglas que les enseñan a ser hombres, a saber, no debes cotillear, ríete siempre de los que son diferentes, nunca debes decir nada hasta no estar seguro.*

Herman: *Cuando salga de la tienda se iniciará un bombardeo masivo por saturación. ¿Tenemos globos de agua?*
Bart: *Doscientas unidades, señor. ¿Le importa que ponga feliz cumpleaños en un lado?*
Herman: *Hombre, preferiría que pusiera... ha llegado tu hora, pero ya no hay tiempo.*

Comadreja n.º 1: *Nelson, estás sangrando.*
Nelson: *No, siempre pasa igual.*
(Nelson se toca la nariz.)
Nelson: *Eh, un momento, es verdad, me está salpicando mi propia sangre.*

Bart: *Nelson, ha habido un error, te explico lo que pasó. Escucha, te vas a partir de risa, mi hermana me hizo unas magdalenas esta mañana...*
Nelson: *Nos veremos junto a la bandera a las 3 horas.*
Comadreja n.º 1: *Y más vale que seas puntual.*
Comadreja n.º 2: *Tiene cuatro palizas concertadas después de la tuya.*

Homenaje cinematográfico:
Cuando Bart entrena a su pelotón, unas trompetas tocan el tema de *Patton*.

Canción de guerra de la tropa de Bart:
En matraca saqué un tres, y yo me merecía un 10./Somos puro pegamento, al que pego lo revienta./Para una que he aprobado, todos dicen que he copiado./Las canciones de ordinario, las rimamos con diccionario.

Skinner: *¡Uh, oh! La campana, a clase todo el mundo. No os hagáis los remolones.*
Nelson: *(A Bart.) A la salida del cole te espero tío.*
Bart: *Pero...*
Skinner: *No, no, ya te he dicho que te espera a la salida. Ahora date prisa, vamos a clase.*

El armisticio de Simpson-Muntz:
Artículo IV: Nelson nunca volverá a alzar su puño en plan de venganza.
Artículo V: Nelson reconoce a Bart el derecho de existir.
Artículo VI: Aunque Nelson no tendrá ningún poder oficial, seguirá siendo el portavoz de los gamberros del barrio.

DETALLES QUE QUIZÁ TE HAYAS PERDIDO

Lisa llama a la profe "Señora Hoover" en vez de "Señorita Hoover".

En su primera "pelea", Nelson pega a Bart doce veces en la cara antes de que Bart pierda el sentido.

Hay escudos y lanzas africanas en la tienda de armas de Herman.

¿LE INTERESAN UNOS AUTÉNTICOS CALZONCILLOS NAZIS?

EL BLUES DE LA MONA LISA

Episodio 7G06, emitido originalmente el 11.2.90. Guionistas: Al Jean y Mike Reiss. Director: Wesley Archer.

Oficio:
Legendario saxofonista local de blues.

Toca:
En el Jazz Hole y en las calles de Springfield.

Familiares:
Primo de un tío lejano del hermano menor de Julius Hibbert, director del orfanato de Shelbyville.

Aprendió el oficio:
A los pies de Willie Witherspoon.

Vergüenza pasada:
Pasó una temporada vistiendo de Hombre Huevo.

Su peor decisión:
Interpretar una pesada y conmovedora versión del himno nacional en los Juegos Isótopos de Springfield.

> EL BLUES NO TRATA DE QUE LO PASES BIEN, SINO DE QUE LO PASES MAL, PERO APROVECHAS LA OCASIÓN PARA GANAR UNOS CUANTOS PAVOS.

Un día Lisa se despierta muy deprimida. Su profesora nota su tristeza y envía una nota a casa de sus padres. Mientras, Homer y Bart están practicando boxeo con un juego de vídeo. Invencible con cuarenta y ocho victorias, a Bart le basta con un asalto para arrancar la cabeza al boxeador de Homer. Mientras Homer está caído y Bart cuenta, Marge entrega a su marido la nota de la profesora de Lisa. Nada de cuanto dicen sus padres consigue sacar a Lisa de su depresión.

Al oír una música, Lisa salta de la cama para enterarse de dónde viene. Se encuentra con un conmovedor saxofonista, Gingivitis Murphy, que está tocando un blues. Murphy enseña a Lisa a expresar su tristeza con el saxofón.

Luego, Marge lleva a Lisa a la escuela y le dice que sonría sienta lo que sienta. Pero ve que Lisa oculta sus sentimientos y que sus compañeros de clase se aprovechan de ella, así que le recomienda que sea ella misma. Y entonces Lisa vuelve a ser feliz.

Mientras, Homer toma lecciones en una casa de videojuegos para desquitarse con su hijo. Cuando empieza a ganar, Marge desenchufa la tele para anunciar la recuperación de Lisa. Aprovechando la oportunidad para mantener su estatus de invencible en el boxeo, Bart anuncia su retirada del ring. Después, los Simpson visitan un club de jazz para oír tocar a Gingivitis Murphy un número de blues escrito por Lisa.

MOMENTOS ESTELARES

El consejo de Marge a Lisa: "Lo que menos importa es cómo te sientas por dentro, lo que cuenta de verdad es lo que manifiestas por fuera. Me lo enseñó mi madre, toma todas tus penas y empújalas hacia abajo todo lo que puedas, hasta más abajo de las rodillas, hasta que andes sobre ellas y, como nunca desentonarás, te invitarán a todas las fiestas y gustarás a todos los chicos... y eso te traerá la felicidad."

La elección de Maggie: A la hora de elegir a quién quiere más, si a Bart o a Lisa, Maggie se decide por el aparato de televisión.

"Yo no fui. Nadie me vio. No pueden demostrarlo."

"Saco de arena humano." Ese mote le pone Bart a Homer cuando juegan al boxeo.

Lisa contra el señor Largo

Sr. Largo: *Lisa, no hay lugar para ese loco jazz en una canción patriótica.*
Lisa: *Pero señor Largo, esto es lo que es mi patria en el fondo.*
Sr. Largo: *¿Qué?*
Lisa: *Esas pobres familias que viven en el coche porque no tienen lugar. Ese granjero de Iowa, cuyas tierras le arrebató la insensible burocrácia. Ese minero de Virginia...*
Sr. Largo: *Todo eso me parece muy bien, Lisa, pero ninguno de esos miserables va a venir al recital de la semana que viene.*

"El Blues del Jamón que Jamás Pude Jamar." La primera canción que Lisa oyó tocar a Gingivitis Murphy.

"Cantas bastante bien, para no ser alguien que tiene verdaderos problemas." Gingivitis Murphy a Lisa.

Marge: *(Después de encontrar a Lisa.) ¡Lisa aléjate ahora mismo de ese músico! (Dirigiéndose a Murphy.) No es nada personal, pero desconfío de los desconocidos.*

Murphy: *Mis amigos me llaman Gingivitis.*
Lisa: *¡Oh! ¿Y cómo le pusieron ese nombre?*
Murphy: *Vamos a ver si sé explicarlo. ¿Has ido alguna vez al dentista?*
Lisa: *Sí.*
Murphy: *Yo, no. Sí, ya sé que debería ir, pero ya tengo bastante sufrimiento en la vida.*

Bart: *Con pantalón rojo y un récord de 48 victorias y ninguna derrota, el indiscutible campeón de esta casa. La Bestia, Bart Simpson. ¡Hurra! Y con pantalón rosa y un récord de 0 victorias y 48 derrotas. Whh... corrijo de humillantes derrotas, todas ellas antes de límite.*
Homer: *Dices siempre las mismas bobadas.*
Bart: *Homer "Saco de Arena" Simpson.*

Letra del Blues de Lisa:

Mi hermano es malo, malo. No hace más que chinchar./Y mi madre en vez de palos, magdalenas encima le da./Mi padre más que un padre parece un chimpacé./Soy la niña más triste del 2.º curso.

DETALLES QUE QUIZÁ TE HAYAS PERDIDO

Lisa se cepilla los dientes con Pasta Basta.

Homer se come una bolsa de Pork Rinds Light.

En la tienda de juegos de vídeos figuran los juegos Cómete Mis Shorts, PAC-RAT II, Pica contra Rasca, Escapa de la Casa de la Abuela y Robert Goulet Destroyer.

Entre lo que vuela por la cafetería con motivo de una pelea, figura una sandía al completo.

Hay trofeos en una vitrina de la sala de estar de los Simpson.

Hay un cuadro de la erupción de un volcán en una pared del salón de los Simpson.

Wendel toca el clarinete en la orquesta de la escuela de enseñanza primaria.

"¡Hola! Aquí la taberna de Moe..."

Bart.: *¿Señor Revés?*
Moe: *¿Cómo?*
Bart: *Revés, de nombre Estal.*
Moe: *Eh... un momento. (Llamando.) ¿Eh, está al revés? Eh... ¿Alguno de ustedes está al revés?*

NO INSTIGARÉ A LA REVOLUCIÓN
NO INSTIGARÉ A LA REVOLUCIÓN
NO INSTIGARÉ A LA REVOLUCIÓN

EL ABOMINABLE HOMBRE DEL BOSQUE

Episodio 7G09, emitido originalmente el 18.2.90. Guionista: John Swartzwelder. Director: Wesley Archer.

BOB

Ocupación:
Trabaja como vendedor de coches (no es el dueño de "Historia Larga").

Perfil:
Vendedor tiburón a tope.

Atuendo:
Lleva sombrero de cowboy y sonrisa taimada.

Intuición:
Reconoce un primo al primer vistazo.

Eslogan:
Antes un amigo... que un negocio.

Su bien más preciado:
Un coche que no sólo tiene antena parabólica... sino también su propio satélite.

H omer siente envidia de la nueva caravana de su vecino y va a ver a Bob, que vende coches de segunda mano, pero son tan caras que tiene que conformarse con una caravana desvencijada. Aun así, se lleva a su familia de excursión, conduciendo por caminos de mala muerte. Pierde el control del vehículo, que se detiene al borde de un acantilado. Su familia se apea poco antes de que la caravana se precipite al vacío. Perdidos en lo desconocido, Homer y Bart se ponen en marcha,

sin percatarse de que la pequeña Maggie gatea tras ellos. Maggie, que les pierde la pista, es adoptada por una familia de osos. Homer y Bart pierden la ropa en un río de aguas turbulentas y usan plantas y barro para cubrirse. Un fotógrafo de la naturaleza toma a Homer por el abominable hombre del bosque y le hace una foto. El bosque no tarda en verse recorrido de buscadores de hombres abominables y tenderetes de souvenirs. Unos periodistas encuentran a Marge y le advierten de la terrible criatura que frecuenta el bosque. Al ver la foto, Marge reconoce a su marido en el grotesco monstruo.

Al borde del agotamiento, Homer es capturado por los cazadores, que le disparan un dardo sedante y lo llevan a un laboratorio para analizarlo. Los científicos lo estudian, pero no saben si se trata de un abominable hombre o de una especie inferior. Permiten a Homer volver con su familia hasta que puedan determinar a qué especie pertenece.

MOMENTOS ESTELARES

"Fíjense en esta maravilla… y la creó el hombre." Bob, turbado, presentando a Súper Monstruo.

El vendedor Bob a Homer, cuando éste se interesa por "La Súper Monstruo": "¿Desde cuándo una sirena es una buena señal? No, señor Simpson, no es buena, es una mala señal. El ordenador me dice… véndele una caravana a este tipo y adiós negocio, te quedarás en calzoncillos. Eso es lo que significa la sirena. Al parecer *La Súper Monstruo* está un pelín fuera de su alcance económico, y digo un pelín siendo muy amable. No podría pagar esa caravana ni aunque viviera un millón de años."

Lo que muestra este episodio: Ned Flanders gana sólo 27 dólares a la semana más que Homer, pero éste saca mayor partido de su crédito.

En la oscuridad del bosque: En torno a una fogata, esperando el regreso de Bart y de Homer, Marge y Lisa hablan. Marge: "Seguro que están bien, ya ves, tú y yo hemos encendido una hoguera y no sabemos nada de naturaleza, imagínate lo que habrá hecho tu padre, con lo experto que es en la montaña."

Presentador de TV, hablando del abominable hombre del bosque: "Pies Grandes, el legendario ser mitad hombre mitad mono, ya no es una leyenda, es muy, muy real. El naturista que filmó estas imágenes quedó muy impresionado por el salvaje aspecto de la tremenda bestia. Así como, por su lenguaje obsceno y sobre todo por su apestante edor. La revista *El Caso de Hoy* ha ofrecido una recompensa de 5.000 dólares a la persona que capture a la bestia con vida. Les iremos informando en siguientes boletines."

Titulares de periódicos: "Me casé con Pies Grandes", "La mujer de Pies Grandes dice: Se llama Homer", y "La dieta de Pies Grandes: Chuletas de cerdo a mogollón."

 "Y no debes actuar como si tuvieras miedo. Los animales huelen el miedo. Y no les gusta."

"Véngame, hijo. Venga mi muerte." Homer, tras ser alcanzado por el dardo de un cazador. Momentos después, ronca ruidosamente.

En el bosque:
Lisa: *No lo olvides, papá, la barra del carro señala la estrella Polar.*
Homer: *Muy bien, Lisa, pero no estamos en clase de astronomía, estamos en el bosque.*

La verdad elusiva:
(Especialistas de todo el mundo celebran una conferencia de prensa.)
Marvin Monroe: *Señoras, señores, distinguidos colegas, después de un extenso reconocimiento biológico y anatómico, lamentamos tener que decirles que las evidencias son insuficientes.*
Científico n.º 1: *Yo digo que no será otra cosa que Pies Grandes en carne y hueso.*
Científico n.º 2: *No, yo no estoy de acuerdo, yo creo que es un hombre, el brillo de sus ojos refleja inteligencia.*
Científico n.º 3: *Oh please, brillan los ojos, qué me dicen de su simiesca frente.*
(Homer y Marge ven la conferencia de prensa en la cama.)
Homer: *En el trabajo los muchachos se lo van a pasar pipa con esto.*

DETALLES QUE QUIZÁ TE HAYAS PERDIDO

El Súper Monstruo tiene: dos pisos, chimenea, cocina al completo, cuatro freidoras: "una para cada parte del pollo", un gran televisor y su propio satélite, El Vanstar I, orbitando al planeta.

Letrero del despacho del vendedor de automóviles: "Fiamos a casi todo el mundo", "Más vale fiar que desconfiar".

En la campaña publicitaria del Abominable se leen cosas como éstas: "Hamburguesas mitad hombre mitad mono" y "Hágase una foto con el Pies Grandes".

NO DIBUJARÉ MUJERES DESNUDAS EN CLASE
NO DIBUJARÉ MUJERES DESNUDAS EN CLASE
NO DIBUJARÉ MUJERES DESNUDAS EN CLASE
NO DIBUJARÉ MUJERES DESNUDAS EN CLASE
NO DIBUJARÉ MUJERES DESNUDAS EN CLASE

LE VOY A HACER UN PRECIO ESPECIAL QUE NO SE LO HAGO A CUALQUIERA… A CUALQUIERA LE COBRO EL DOBLE.

JIMBO JONES

Descripción:
Barriobajero de pelo enmarañado y dientes salidos.

Reputación:
Orgulloso de ser considerado uno de los peores chicos de la escuela.

Compinches:
Dolph y Kearny.

Atuendo:
Siempre se le ha visto llevando una camiseta con una calavera y gorra azul de marinero.

Pasatiempos:
Apalizar a sus compañeros de clase; hurtar cosas del Badulaque; ser echado a patadas de las películas de Mutantes Espaciales.

Récord:
Estuvo encerrado por abogado insultante en el Kampamento Krusty.

Vergüenzas secretas:
Ver culebrones con su madre; la vez aquella en que Moe le humilló.

O SEA, TIRAR PIEDRAS A UNA ESTATUA ES UNA COSA, PERO YO NO CORTARÍA LA CABEZA A UN TÍO QUE SE CARGÓ A UN OSO CON LAS MANOS DESNUDAS.

LA CABEZA CHIFLADA

Episodio 7G07, emitido originalmente el 25.2.90. Guionistas: Al Jean, Mike Reiss, Sam Simon y Matt Groening. Director: Rich Moore.

Una multitud enfurecida persigue a Bart y a Homer por las calles de Springfield. Alguien ha decapitado a la estatua del fundador de la ciudad, Jebediah Springfield. Acorralado por la muchedumbre, Bart pide comprensión y explica lo sucedido el día anterior.

La historia nos cuenta cómo Bart saca 5 dólares a Homer para ir a ver al cine del barrio *Los Mutantes del Espacio IV*. Camino del cine, se topa con una pandilla. Uno de ellos, Jimbo, invita a Bart a colarse en el cine con él y sus amigos. Luego, cuando los gamberros tiran piedras a la estatua de Jebediah, Jimbo comenta que le gustaría que alguien le arrancara la cabeza. Cuando Bart sale en defensa del héroe de la ciudad, Jimbo y sus amigos se ríen de él. Para darles una lección, Bart sale de casa por la noche y decapita a la estatua.

Al día siguiente, todo Springfield se lamenta de la decapitación del fundador de la ciudad. Bart encuentra a Jimbo y sus amigos tan consternados como los demás. Bart, arrepentido, vuelve a su casa y se confiesa a su familia. Cuando Homer escolta a Bart hasta las autoridades, la muchedumbre les acosa. Bart dice a la

gente que lo que ha hecho les ha unido y les ha enseñado a apreciar su herencia. La multitud lo reconoce y perdona a Bart.

MOMENTOS ESTELARES

Homer, en el cielo: "Comprendo que no dejen entrar a los monos salvajes de la selva, pero... ¿A esos otros tan listos que viven entre nosotros, que saben patinar y fuman puros…?"

Lección de historia: La leyenda asegura que Jebediah mató a un oso con sus manos, pero los historiadores modernos parecen haber descubierto pruebas que apuntan a que fue el oso quien lo mató.

Bart: Pues estaba pensando, dime... ¿Es muy importante ser popular?
Homer: Interesante pregunta, ser popular es la cosa más importante del mundo.
Bart: Entonces, alguna vez puedes hacer algo que pienses que está mal, sólo para caerles mejor a otros chicos.
Homer: ¿No te referirás a matar a alguien, verdad que no?

Homenaje cinematográfico:
A la mañana siguiente de la decapitación de la estatua, Bart despierta y ve la cabeza en la cama, a la manera de la cabeza del caballo en *El Padrino*.

ELVIS NO HA RESUCITADO
ELVIS NO HA RESUCITADO
ELVIS NO HA RESUCITADO
ELVIS NO HA RESUCITADO
ELVIS NO HA RESUCITADO
ELVIS NO HA RESUCITADO

Homenaje literario:
La cabeza de la estatua de Jebediah Springfield habla con Bart, representando su conciencia de modo similar al corazón palpitante del cuento de Edgar Allan Poe "El corazón delator".

Lección sobre el cielo:
Bart: Señorita, si eres muy bueno, muy bueno, pero te metes en una pelea horrible y tu pierna se gangrena y te la tienen que amputar, ¿te estará esperando en el cielo?
Señorita: Por última vez, Bart, sí.

"Pero si es el fundador de Springfield. Construyó el primer hospital de la ciudad con troncos y barro. Y si no hubiera sido por él, habrían muerto todos los colonos en la gran ventisca del 48."

La sabiduría de Homer (a Bart): "Un niño que no es travieso es como una bola de los bolos sin núcleo líquido."

Jebediah Obediah Zachariah Jedediah Springfield: Nombre al completo del fundador de Springfield.

Primeras apariciones:
Dolph, Jimbo y Kearny.

DETALLES QUE QUIZÁ TE HAYAS PERDIDO

Antes de ir a la iglesia, Marge saca un cómic del Hombre Radiactivo del bolsillo de la chaqueta de Bart.

Homer tiene una platina de ocho pistas en el coche.

Un miembro de la enfurecida muchedumbre lleva un cartel con un dibujo que semeja la cabeza de Jebediah y un escrito que dice: "¿Me has visto?"

El locutor de rugby en la radio de Homer dice: "Es el regreso más espectacular desde que Lázaro se levantó de su tumba."

Locutor: "Wolodarsky se lleva la pelota a la yarda 5… ¡Oh, se le va a caer!" Referencia al escritor y productor Wallace Wolodarsky.

Un cartel en la iglesia donde el reverendo Lovejoy acaba de dar un sermón en contra de las apuestas, reza: "Bingo: martes noche. Casino Monte Carlo: miércoles. Retiro espiritual: sábado."

Anuncio en el cine: "Los Mutantes del Espacio IV: La trilogía continúa."

Entre las cosas que Jimbo, Dolph y Kearny sustraen del Badulaque está un ejemplar de la revista *Playdude*.

Kearny está sobre el césped, apoyado en un letrero que dice: "No pise la hierba."

Las patillas de Bob salen de una enorme pelambrera afro.

El martillo de Thor:
(Homer sentado en la cocina lee un catálogo de bolos.)
Homer: ¡Emm... éste es el mejor! ¡El martillo de Thor! (Leyendo.) ¿Enviar los bolos a... Valhalla? ¿Lisa?
Lisa: Valhalla, es donde van los vikingos cuando mueren.
Homer: Oh, pues vaya bola.

24

JACQUES, EL ROMPECORAZONES

Episodio 7G11, emitido originalmente el 18.3.90. Guionista: John Swartzwelder. Director: David Silverman.

Para su cumpleaños, Homer regala a Marge una bola de jugar a los bolos con su nombre grabado y adaptada a sus dedos. Sintiendo que no la quiere, Marge se pone a jugar a los bolos para que Homer no se quede con su regalo. En la bolera local, Marge recibe clases de Jacques, profesional de los bolos y donjuán, que la colma de atenciones. Marge va a jugar a los bolos cada noche, dejando a Homer con los chicos, y disfrutando de la compañía de Jacques.

Homer sospecha que algo no va bien, pero es incapaz de decirle a Marge lo que siente. Jacques pide a Marge que se reúna con él en su apartamento y ella acepta. Antes de ir a trabajar, Homer intenta decir a Marge cuánto la quiere y necesita, pero no encuentra las palabras adecuadas.

Camino del apartamento de Jacques, Marge cambia de parecer. Llega a una encrucijada. Un camino lleva a Jacques y el otro a la planta nuclear donde trabajar Homer. Marge toma el camino de la planta nuclear. Un exultante Homer se lleva a su mujer en brazos y abandona el trabajo para hacer el amor a Marge en el coche.

MOMENTOS ESTELARES

"¡Socorro! ¡Ze me ha quedao la ´engua atascada!" Bart, cuando metió la lengua en la batidora eléctrica todavía en movimiento.

Patty a Marge al teléfono: "Nunca te compra algo que quieras tú. Siempre compra algo para él... ¿Recuerdas cuando te regaló el aparejo de pesca?... Y cuando te sorprendió con ese calendario tan vistoso de Madonna."

> **Bart:** Menudo almuerzo hoy, ¿eh, Lis?
> **Lisa:** ¿Oh, Bart, es que no lo entiendes? Esto es lo que los psicólogos llaman sobrecompensación. A mamá le remuerde la conciencia porque su matrimonio es un fracaso.
> **Bart:** No le busques cinco pies al gato, sea lo que sea, nos estamos atiborrando.
> **Lisa:** Bart, he leído lo que le pasa a los niños cuyos padres han dejado de quererse y esas cosas. Pasan por ocho estados diferentes. Y ahora yo estoy en el número tres, miedo, y tú en el dos, negación.

"¿Hubieras preferido que te cortara la mano para llevarla a la tienda?" Homer explicando a Marge por qué los agujeros de la bola no son los adecuados para sus dedos.

La invitación de Jacques: "Es una romántica manera de no desayunar, ni tampoco de almorzar, pero al final te sirven una raja de melón. No te llena tanto como un almuerzo, pero es un magnífico desayuno."

Homer da a conocer sus sentimientos: Homer dice a Marge lo mucho que le impresiona verla hacer bocadillos de crema de cacahuete, pues la crema nunca rebosa los bordes.

"Ríe más alto, más alto, más alto, Marge, y perderás peso."

> **Jacques:** ¿Mimosa?
> **Marge:** (Nerviosa.) Soy una mujer casada, Jacques, no me llames así.

Charla en el restaurante La Chuleta Cantarina:

> **Patty:** Fíjate, se come hasta los cartílagos.
> **Selma:** Hmm. Acabará atragantándose.
> **Patty:** ¿Sabes hacer la respiración boca a boca?
> **Selma:** No.
> **Patty:** Mejor.

Identidad equivocada :

> **Jacques:** Me alegro de conocerla, mademoiselle (mirando la bola)... Homer.
> **Marge:** Oh, no, no. Homer es mi... el nombre de mi bola. Me llamo Marge.
> **Jacques:** Sus dedos son tan finos, tan femeninos, demasiado delgados para la bola que utiliza. Necesita una más ligera, más delicada. Tenga usted, utilice la mía.
> **Marge:** No...no, gracias señor (mirando su bola)... Brunswick.
> **Jacques:** Llámeme Jacques.

> **Marge:** Sabías que yo nunca iba a utilizar esa bola.
> **Homer:** Está bien, si te pones así la devuelve.
> **Marge:** No puedes devolverla, tiene tu nombre grabado.
> **Homer:** Recuerdo de quien te la regaló.
> **Marge:** Homer... voy a quedarme con la bola, es mía.
> **Homer:** Pero si tú no sabes jugar a los bolos.

Homenaje cinematográfico:

A los compases de "Up Where We Belong" de *Oficial y Caballero*, Marge entra en la planta nuclear y abraza a Homer. Éste la toma en brazos y se la lleva, diciendo: "Voy al asiento de atrás de mi coche con la mujer a la que amo y no volveré hasta dentro de 10 minutos."

DETALLES QUE QUIZÁ TE HAYAS PERDIDO

En la galería de Springfield, Homer aparca el coche en un sitio donde se lee "No aparcar aquí" y "No Parking".

Tiendas de la galería en el recorrido de Homer: Casa Internacional de Contestadores, The Jerky Hut (Hoy "Subasta de Salchichas"), La Oreja Perforada, Fajas y Eso, Lencería Fina y el Almacén de Caramelos.

Letrero en el restaurante La Chuleta Cantarina: "Casa de baladas y ensaladas." El logo es un filete que canta con un micrófono a lo Frank Sinatra joven.

Por un momento, cuando Marge y Jacques están fuera, la Luna tiene tres agujeros, como una bola de jugar a los bolos.

El indicador de radiación nuclear se desplaza desde "OK" hasta "Peligro" cuando Homer se lleva a Marge de la planta.

Ocupación:
Profesional e instructor de la bolera de Barney Bowl-A-Rama.

Características:
Alto; acento grueso; meloso.

Pose favorita:
Expresión de lagarto de párpados caídos.

Conocimiento de bolos:
Sabe lo que significa las pequeñas flechas del suelo de madera; sabe cómo hacer un 5-7-10; sabe que las cervezas tienen cuerpo.

Club de fans:
El único jugador de bolos de Springfield que tiene fans.

Honorarios:
40 dólares por lección, pero a Marge sólo le cobra 25.

Decorado:
Abundancia de trofeos por sus proezas amorosas (al menos en la imaginación de Marge).

POR EL MOMENTO MÁS HERMOSO DE LA VIDA... MEJOR QUE UNA PROEZA, MEJOR QUE UN RECUERDO... EL GOZAR DEL MOMENTO POR ANTICIPADO.

HOMER SE VA DE JUERGA

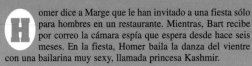

Episodio 7G10, emitido originalmente el 25.3.90. Guionista: Jon Vitti. Director: Rich Moore.

Ocupación:
Profesional de la danza del vientre.

Título:
Reina del Este Misterioso.

Nombre verdadero:
Shawna Tifton.

También conocida como:
April Flowers.

Manía:
Ser grosera con la gente.

Se pirra por:
Sábanas de seda y una cálida chimenea.

Ropa:
A veces le piden que lleve vestidos de pajarito, con grandes alas y un tocado de plumas.

Homer dice a Marge que le han invitado a una fiesta sólo para hombres en un restaurante. Mientras, Bart recibe por correo la cámara espía que espera desde hace seis meses. En la fiesta, Homer baila la danza del vientre con una bailarina muy sexy, llamada princesa Kashmir.

En ausencia de Homer, Marge lleva a los niños a cenar a un restaurante, El Percebe Oxidado, que resulta ser donde se encuentra Homer. Camino del lavabo, Bart se topa con los de la fiesta y ve a su padre bailando con Kashmir. Le hace una foto, que luego entrega a Milhouse, quien hace copias que distribuye entre sus compañeros de clase. Todo Springfield no tarda en tener una foto de Homer con la bailarina, incluso Marge, que echa a Homer de casa.

Homer pide perdón, pero Marge le dice que tiene que enseñar a Bart que no todas las mujeres son objetos sexuales. Homer y Bart salen en busca de Kashmir, a la que encuentran en un espectáculo burlesco tipo Las Vegas. Cuando Homer sube al escenario, la gente le reconoce y le aplaude. Homer acalla al público con un discurso sentimental sobre la importancia de las mujeres para los hombres. Emocionados, los hombres vuelven a sus casas para estar con sus esposas. Marge, que también se encuentra entre la concurrencia, se reúne con Homer y le perdona.

¡BAJE DE MI JAULA! ¡A MI JEFE LE VA A DAR UN ATAQUE!

MOMENTOS ESTELARES

Homer, subiendo a la báscula del lavabo: "¡Oh, mismamente 108 kilos, soy un plomo! ¿Por qué las cosas ricas serán tan deliciosas?"

Primeras fotos de la cámara de Bart: Su ojo, Homer haciendo ejercicios en ropa interior, Marge afeitándose los sobacos, una ardilla aplastada y su propio trasero.

Nuevas palabras: Bart cambia las letras de un letrero que dice "Fuente de bacalao $4.95" y pasa a decir "Rata fría $4.95".

Barney, a Homer, que pasa la noche en su piso cuando Marge le echa de casa: "Si te entra hambre en mitad de la noche, tienes una cerveza abierta en la nevera."

"Magnetismo animal": Así describe Burns el éxito de Homer con el bello sexo.

(Cuando Homer regresa a casa, Marge le enseña la foto en la que él aparece con la bailarina.)
Marge: ¿Qué significa esto?
Homer: Ep...ehhh... ¡No significa nada, Marge! No tienes que buscarle significado. No hay nada entre la princesa Kashmir y yo.
Marge: ¿La princesa, qué?
(Bart, los ve con la foto.)
Bart: ¡Eh, mi foto!
Homer y Marge: ¿Tu foto?
Bart: ¡Oh... Oh!
Homer: ¡Te machaco!
Marge: ¡Grandísimo...!
(Marge agarra a Homer del cuello.)

Marge: ¿Homer, entonces es una despedida de soltero?
Homer: No, no, Marge. Va a ser una cosa muy elegante, té, bollitos, esas cosas.
Marge: ¿Eugene Fisk? ¿No es tu ayudante?
Homer: No, mi supervisor.
Marge: Me dijiste que era tu ayudante.
Homer: ¡Oye, pero bueno! ¿Qué va a ser esto, la exquisición?

(Bart revela la fotografía de Homer bailando con la princesa Kashmir.)
Martin: ¡Santo cielo! ¡Esta foto es única!
Chica: Realmente sensual.
Chico: Los sutiles tonos grises recuerdan a Helmut Newton...
Martin: ¿Quién es esa Sex Symbol?
Bart: Ni idea, pero quien está bailando con ella es mi padre.
Todos: ¡Toma!
Chico: Me recuerda al último trabajo de Diane Arbus.

Apu: Su cara me resulta familiar. ¿Sale usted por la TV o algo así?
Homer: No, debe haberme confundido con Pedro Picapiedra.

"Es un honor tener con nosotros esta noche al hombre que sabe divertirse de verdad: Homer Simpson, el alma de las fiestas." Gulliver Dark, presentando a Homer a la concurrencia.

"¿Y saben una cosa? Por muy ridículo que parezca, me produce más sensación en la cama el dulce aliento de mi mujer en los pelillos de la nuca, que andar metiendo billetes de dólar en el tanga de una extraña."

DETALLES QUE QUIZÁ TE HAYAS PERDIDO

Marge se afeita los sobacos con una máquina de afeitar eléctrica.

En el restaurante El Percebe Oxidado, Maggie chupa un trozo de pescado en vez de su chupete.

Cuando hace su primera aparición, la princesa Kashmir baila.

El precio de la copiadora, que figura delante, dice "5 centavos", pero junto a la ranura se lee "10 centavos".

Hay un oso polar disecado en la oficina del señor Burns.

Exhiben una foto enmarcada de Homer bailando con la princesa Kashmir detrás de Apu en el Badulaque.

En el apartamento abarrotado de Barney hay un póster medio despegado de Farrah Fawcett.

Los antros nocturnos de este episodio incluyen: Florence de Arabia, Moulin Bleu, Boxeo Sexy, Ciudad del Fango y El Salón Zafiro.

NO LLAMARÉ "TÍA BUENA" A LA SEÑORITA
NO LLAMARÉ "TÍA BUENA" A LA SEÑORITA
NO LLAMARÉ "TÍA BUENA" A LA SEÑORIT

VIVA LA VENDIMIA

Episodio 7G13, emitido originalmente el 15.4.90. Guionistas: George Meyer, Sam Simon, John Swartzwelder, Jon Vitti.
Directores: Wesley Archer, Milton Gray.

El director Skinner, que enseña a su madre la escuela, se topa con Bart y sus amigos. Cuando la señora Skinner se ausenta para ir al lavabo, Bart enciende un petardo y lo tira al váter. La señora Skinner sale disparada del inodoro.

Enfurecido por el comportamiento de Bart, Skinner convence a Homer para que lo apunte a un intercambio estudiantil. Bart, encantado, vuela hacia Francia mientras sus padres reciben al estudiante Adil Hoxha, de Albania. Cuando Bart llega a París, sus padres adoptivos Ugolin y César, lo convierten en su esclavo. En Springfield, Adil pide a Homer que lo lleve a la planta nuclear, y una vez allí hace fotos del material confidencial, que envía a Albania.

Ugolin y César obligan a Bart a catar el vino que tratan con anticongelante para comprobar si le daña. Cuando envían a Bart a la tienda a por más anticongelante, Bart, en un francés impecable, pide ayuda a la policía. Mientras, el FBI detecta la señal del satélite que Adil usa para enviar la información y lo detiene. En Francia, también son arrestados Ugolin y César. Bart es aclamado héroe nacional por salvar el inestimable vino francés.

MOMENTOS ESTELARES

Comida que solicita Homer cuando guarda cama: Sandwich de queso a la plancha, salchichas y cóctel de frutas con sirope.

Newsweeque: Revista francesa en cuya portada sale Bart.

Bart, de los franceses: "Así que en Francia básicamente me consideran un genio."

"Au revoir, chorizos." Bart, a César y Ugolin, cuando se los llevan presos.

"No olvides nunca que estás representando a tu amado país. Lo que intento decir es que no montes allí tanto follón como en tu cuarto."

"Puede que su acento os resulte peculiar. Y algún aspecto de su cultura os parecerá absurdo, o incluso ofensivo. Pero yo os ruego que le concedáis el beneficio de la duda, única manera de intentar comprender a estos nativos retrógrados que nos llegan desde el tercer mundo."

"Ah, los franchutes, qué bien se lo montan."

"¿Lo ves? Rosquillas Americanas glaseadas, espolvoreadas y rellenas de frambuesa. Un ejemplo claro de la libertad de elección."

"Pocholito":
Apodo con que nombra la señora Skinner a su hijo, Seymour.

Homer: Me vuelve loco los doce meses del año. Usted libra los meses de verano.
Skinner: Mmm...mmm.

Bon Voyage:
Lisa: ¿Qué sabes tú de Francia?
Bart: Sé que voy a ir y tú no.

Adil: ¿Cómo puedes defender a un país donde el cinco por ciento de la gente controla el noventa y cinco por ciento de la riqueza?
Lisa: Yo defiendo un país, donde la gente piensa y vive como le da la gana.
Adil: ¡Qué va!
Lisa: ¡Es cierto!
Adil: ¡Qué va!
Lisa: ¡Es cierto!
Homer: Por favor, niños, basta de peleas. Tal vez Lisa tenga razón al decir que América es el país de la oportunidad, y Adil al decir que la máquina del capitalismo se engrasa con la sangre de los trabajadores.

Skinner: Sr. y Sra. Simpson, hemos soportado más de lo indecible. No creo que castigarlo o expulsarlo sirva para nada. Mi opinión es que debemos ir considerando la...deportación.
Marge: ¿Deportación? ¿Quiere decir echar a Bart fuera del país?
Homer: Déjale terminar Marge.

Milhouse: ¿Vas a tirarla por el váter?
Bart: Esto me puede. Soy un forofo de lo tradicional.

Bart deportado:
Homer: Un momento, Skinner. ¿Cómo sabemos que algún director en Francia no intenta hacer la misma jugarreta que usted?
Skinner: Bueno, para empezar, a esta casa no vendría un niño francés. Aquí recibirían un albanés.
Homer: ¿De ojos rosas y pestañas blancas?

César: Bebe.
Bart: No, gracias.
César: No te preocupes, estás en Francia. Es tradición que los niños tomen un poco de vino de vez en cuando.
Bart: Sí, pero es que éste tiene anticongelante.
César: ¡Bébelo!

(Subtitulado en francés.)
Bart: ¡Tiene que ayudarme! Dos tipos me hacen trabajar día y noche. No me dan de comer, y me hacen dormir en el suelo. Echan anticongelante en el vino y le han dado mi gorra roja a su burro.
Policía: ¿Anticongelante en el vino? Pero eso es un grave delito.

DETALLES QUE QUIZÁ TE HAYAS PERDIDO

El aeropuerto internacional de Springfield ofrece vuelos directos a Tirana, Albania y a París, como anuncia un altavoz.

Un retrato de Adil cuelga de la pared sobre la cama de Marge y Homer.

Las piernas de Bart acaban moradas de tanto pisar uva.

LOS CHICLES DE AJO SON
DE MAL GUSTO
LOS CHICLES DE AJO SON
DE MAL GUSTO
LOS CHICLES DE AJO SON
DE MAL GUSTO
LOS CHICLES DE AJO SON
DE MAL GUSTO

UGOLIN Y CÉSAR

Ocupación:
Vinicultores franceses malos.

¿Cómo de malos?:
La mar.

Clase de vino:
Chateau Maison.

Su ingrediente secreto:
Anticongelante.

Ejemplos de hospitalidad:
Sus huéspedes duermen en el suelo; los explotan como esclavos en su viñedo; los usan como conejitos de Indias para probar sus vinos.

CUANDO SE DEBILITA MI FE EN DIOS PIENSO EN EL MILAGRO DEL ANTICONGELANTE.

¡CERDO INGRATO!

KRUSTY ENTRA

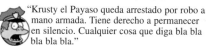

En el Badulaque, Homer asiste a un atraco a cargo de Krusty el Payaso. Identifica al sospechoso y lo detienen. A Krusty lo echan del espectáculo, sustituyéndolo por Bob. Bart se niega a creer en la culpabilidad de su héroe y se dispone a demostrar su inocencia.

Bart vuelve con Lisa al lugar del crimen en busca de pistas. Se dice que Krusty no pudo haber usado el microondas, como mostró la cámara oculta, por llevar un marcapasos. También deducen que Krusty no pudo haber estado leyendo en el revistero, pues es analfabeto. Llegan a la conclusión de que le han incriminado.

MOMENTOS ESTELARES

Homer, al policía que esboza un retrato robot: "Sí, sí, espere. No es el de la televisión. El héroe de mi hijo, ese... Crysty... Cresta... Krusty el payaso."

"Krusty el Payaso queda arrestado por robo a mano armada. Tiene derecho a permanecer en silencio. Cualquier cosa que diga bla bla bla bla bla."

"Es mi ídolo. He basado toda mi vida en las enseñazas de Krusty." Bart, acerca de Krusty.

Noticia en la tele: "Krusty es enchironado."

"¡A la cultura por la lectura!" Eslogan de la campaña de alfabetismo de Krusty.

"Como son regalos de niños, el fuego se propagará deprisa...Así que no os acerquéis demasiado y no os tiréis los humos tóxicos." El reverendo Lovejoy liderando una cruzada contra Krusty.

"Krusty llevaba zapatos enormes, pero sus pies son pequeños como los de las buenas personas." Bart, cuando revela que Bob incriminó a Krusty.

Apu: ¿Qué le ocurre, señor? Nunca le había visto tan decaído, como para comprar tal cantidad de helado de chocolate.
Homer: Estoy decaído porque esta noche vienen a casa a ponernos diapositivas, las hermanas de mi mujer, o como yo las llamo "las chismosas horrorosas".

Krusty: Meta todo el dinero en una bolsa de papel.
Apu: Sí, sí, conozco el procedimiento a seguir en caso de atraco. Trabajo en tienda de alto nivel. ¿Sabe?
(Krusty coge el dinero y huye.)
Apu: (A Homer.) Ya puede emerger de entre las patatas. Su oportunidad para comportarse como un héroe ya ha pasado.

Marge: (A Bart.) Ya sé que parece horrible, cariño, pero...quién sabe, tal vez al final se descubra que es inocente.
Homer: Tierra llamando a Marge. Baja de las nubes, yo estaba presente, ese payaso es, C-U-L-P-A-B-L-E.

Juez: Krusty, ¿se declara inocente?
Krusty: Me declaro culpable, señori... he querido decir inocente, son los nervios de la noche del estreno.

Bart solicita la ayuda de Lisa, para demostrar la inocencia de Krusty.
Bart: Nunca te perdonaré el hacerme decir esto...Porque eres más lista que yo.

SE RÍEN DE MÍ. NO CONMIGO
SE RÍEN DE MÍ. NO CONMIGO
SE RÍEN DE MÍ. NO CONMIGO
SE RÍEN DE MÍ. NO CONMIGO
SE RÍEN DE MÍ. NO CONMIGO
SE RÍEN DE MÍ. NO CONMIGO

EN CHIRONA

Episodio: 7G12,
emitido originalmente el 29.4.90.
Guionistas: Jay Kogen y Wallace
Wolodarsky.
Director: Brad Bird

En un programa en directo de "La Cabalgata de caprichos", Bart señala al culpable: Bob, que era el beneficiado con la caída de Krusty. El impostor, al contrario de Krusty, tenía pies muy grandes para igualar la longitud de sus zapatos. Por eso gritó cuando Homer le pisó un pie. Bart arguye que los pies grandes de las huellas eran de Bob y lo demuestra golpeando los pies con un mazo. Éste confiesa que cargó el muerto a Krusty porque estaba harto de ser el blanco de sus chistes. Krusty queda en libertad y agradece a Bart la ayuda prestada.

Tema musical de Rasca y Pica:

Coro: *"Se pegan, se muerden/se muerden y pegan y muerden/muerden, muerden, muerden, pegan, pegan, pegan./El show del Rasca y Pica."*

DETALLES QUE QUIZÁ TE HAYAS PERDIDO

Escrito en el microondas de el Badulaque: "Si usted usa marcapasos no se acerque a mí."

La conexión Krusty/Elvis: Krusty también se inició en Tupelo, Mississippi.

La portada de *Timely Magazine*: "Krusty, el Caco del Año."

Número de carretes de diapositivas que Patty y Selma se traen de Yucatán:
Ocho.

Ovación introductora de Krusty:

Krusty: *¡Hey, chicos! ¿A quién queréis?*
Audiencia: *¡A Krusty!*
Krusty: *¿Y cuánto me queréis?*
Audiencia: *¡Muchísimo!*
Krusty: *¿Qué haríais si yo dejara de salir en la tele?*
Audiencia: *¡Nos suicidaríamos!*

¡SEGURO QUE LO HA DICHO STEVE ALLEN PARA QUITARME LOS APLAUSOS!

LA BABYSITTER

LA SEÑORA BOTZ

Verdadero nombre:
Lucille Botzcowski.

Conocida como:
Babysitter la Ladrona.

Lleva:
Mucho equipaje.

Alquilada en:
El servicio de Babysitting Niño de Goma y Cochecito de Choque.

Características físicas más notables:
Su pronunciado sarcasmo.

Gustos:
Ganar la entrada a las casas como Babysitter; atar y amordazar a las familias para robarles a placer; remolacha en escabeche.

Contrariedades:
Salir en el informativo "Los más peligrosos de América"; los niños insolentes; las cosas sin valor.

ERES UN CHICO LISTO, BART, ASÍ QUE ESPERO QUE MANTENGAS LA BOCA CERRADA.

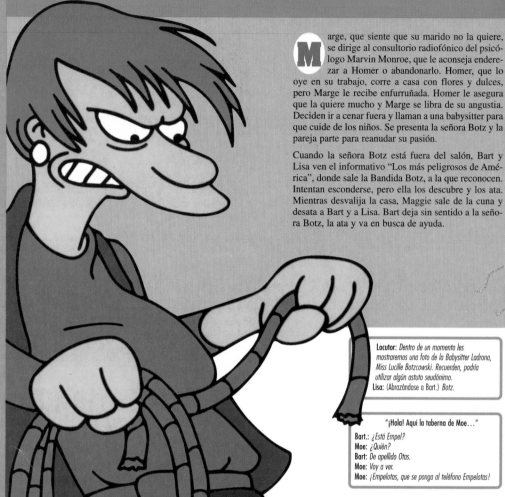

Marge, que siente que su marido no la quiere, se dirige al consultorio radiofónico del psicólogo Marvin Monroe, que le aconseja enderezar a Homer o abandonarlo. Homer, que lo oye en su trabajo, corre a casa con flores y dulces, pero Marge le recibe enfurruñada. Homer le asegura que la quiere mucho y Marge se libra de su angustia. Deciden ir a cenar fuera y llaman a una babysitter para que cuide de los niños. Se presenta la señora Botz y la pareja parte para reanudar su pasión.

Cuando la señora Botz está fuera del salón, Bart y Lisa ven el informativo "Los más peligrosos de América", donde sale la Bandida Botz, a la que reconocen. Intentan esconderse, pero ella los descubre y los ata. Mientras desvalija la casa, Maggie sale de la cuna y desata a Bart y a Lisa. Bart deja sin sentido a la señora Botz, la ata y va en busca de ayuda.

Locutor: *Dentro de un momento les mostraremos una foto de la Babysitter Ladrona, Miss Lucille Botzcowski. Recuerden, podría utilizar algún astuto seudónimo.*
Lisa: *(Abrazándose a Bart.) Botz.*

"¡Hola! Aquí la taberna de Moe…"

Bart.: *¿Está Empel?*
Moe: *¿Quién?*
Bart: *De apellido Otas.*
Moe: *Voy a ver.*
Moe: *¡Empelotas, que se ponga al teléfono Empelotas!*

El segundo intento de los Simpson por conseguir un canguro:

Homer: *Oiga, soy el señor Simpson.*
Recepcionista: *¿No ha llamado su señora hace un segundito?*
Homer: *He dicho Sampson, no Simpson.*

"¡Hola! Aquí la taberna de Moe…"

Bart.: *¿Oiga, está Al?*
Moe: *¿Al?*
Bart: *Sí, Al, de apellido Cólico.*
Moe: *Un momento. Llaman a Al Cólico. ¿Alguno de ustedes es Al-Cólico?*

Radio recepcionista: *Su nombre, edad y problema.*
Marge: *Me llamo Marge, treinta y cuatro años, mi problema es mi marido, ha dejado de escucharme, no me valora, no sé cuánto tiempo voy a ...*
Recepcionista: *Oiga, señora, los lamentos cuando esté en el ente. Si no le importa.*

MOMENTOS ESTELARES

"Esto es lo que yo llamo el momento de la cruda verdad. Para tu marido es como si no existieras." El doctor Marvin Monroe aconsejando a Marge en su consulta de la radio.

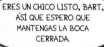 **"Eres un cerdo. Barney es un cerdo. Larry es un cerdo. Todos unos cerdos... la única diferencia es que nosotros de vez en cuando podemos emerger del fango, limpiarnos un poco y comportarnos como individuos."**

"Eres igual que Témpano, el duende que no sabía amar." Lisa, ante el desagrado de Bart por Los Duendes Felices.

La gran noche: Cena en Chez Paree, y noche en la habitación de la pensión La Salita.

Marge tranquilizando a Homer:
"La realidad es que si has criado a tres niños, capaces de dejar fuera de juego a una desconocida, no lo estás haciendo tan mal."

"Homer Simpson, el Tonto del Pueblo."
Subtítulo bajo la foto de Homer en el noticiario televisivo.

ATACA DE NUEVO

Episodio 7G01,
emitido originalmente el 13.5.90.
Guionistas: Matt Groening & Sam Simon.
Directores: David Silverman y Kent Butterworth.

Cuando Marge y Homer regresan a casa, se encuentran a la señora Botz atada y amordazada. Creyendo que es una travesura de los chicos, Homer la desata y le paga tres veces lo acordado. La Bandida se va poco antes de que llegue la policía. Cuando los periodistas le preguntan por qué dejó escapar a la señora Botz, Homer comprende que ha hecho el primo.

DETALLES QUE QUIZÁ TE HAYAS PERDIDO

Tarjetas en la pantalla del show radiofónico de Monroe: "Línea 1: Marge, 34, atrapada en un matrimonio ficticio y sin amor" y "Línea 2: Paul Hsi, 41, Comeúñas (no las suyas).

Bart tiene una fiambrera de Krusty el Payaso.

Lisa tiene una fiambrera de los Duendes Felices.

Bart y Lisa miran el vídeo: "Los Felices Duendecillos conocen al Osito Curioso", para todos los públicos.

Número de veces que Maggie se cae en este episodio: 19.

Hay una foto de un Mutante Espacial (de la serie Mutantes Espaciales) en la pared junto al teléfono de pago que usan Bart y Lisa para llamar a la poli.

El logo del servicio de Babysitting Niño de Goma y Cochecito de Choque es un perro ladrando a una casa en llamas.

El rasurado de Homer dura exactamente 7 segundos. Después ya le sale barba.

Letreros de la planta nuclear: Atención: Zona Radiactiva, Prohibido Fumar, Prohibido Comer, Prohibido Hacer el Burro, 7 Días desde el Último Accidente, En Caso de Fusión, Romper Cristal (el cristal ya está roto).

Bart contra Botz:

Botz: *Venga, críos. Vamos a ver los Felices Duendecillos.*
Bart: *Oiga, señora, hemos visto esos duendecillos más de catorce millones de veces. Por qué no vemos la tele de verdad.*
Botz: *He dicho que vemos el vídeo.*
Bart: *Oigh, eso no es más que material visual recomendado. Mamá nos deja ver lo que nos sale de las napias.*
Botz: *He dicho que vais a ver este vídeo, y vais a hacer lo que digo, o tendré que tomar medidas contigo. Aunque no tengo mucha costumbre de tomar medidas, porque todo el mundo hace lo que yo digo.*

NO GRITARÉ "FUEGO" CON LA
CLASE LLENA DE GENTE
NO GRITARÉ "FUEGO" CON LA
CLASE LLENA DE GENTE
NO GRITARÉ "FUEGO" CON LA
CLASE LLENA DE GENTE

Homer: *Todas son apetitosas, pero voy a tomar esa que flota a mi diestra.*
Maître: *¿Por qué no elige una un poquito más juguetona, monsieur?*
Homer: *¿Por qué?*
Maître: *Bueno, si dijera que está flotando boca abajo, nuestro lema, coma langostas vivas, no cumpliría el mensaje de nuestra propuesta.*

HOMER DICE, "OOH..."

. . . al notar que el alargue de las luces del árbol de Navidad está enredado. (7G08) . . . cuando Bart le arranca la falsa barba de Santa Claus. (7G08) . . . al darse en la cabeza con el marco de la puerta del taller de Santa Claus. (7G08) . . . al responderle Bart: "¿Crees que me voy a tragar eso?", cuando Homer intenta convencerle para que salga de su cuarto. (7G02) . . . cuando los chicos hacen de las suyas en el paseo campestre. (7G04) . . . cuando una pelota le golpea en la cabeza. (7G04) . . . cuando se percata de que ha aplastado las flores de alrededor de su casa. (7G04) . . . cuando Marge le sugiere que se muden a otra población, dado que Homer cree que son la peor familia de la ciudad. (7G04) . . . cuando Lisa le arrebata una magdalena. (7G05) . . . cuando le arrojan globos de agua (dos veces). (7G05) . . . cuando, tras buscar las llaves de la casa por todas partes, se percata de que están en la cerradura. (7G06) . . . cuando Bart le derrota en un videojuego de boxeo. (7G06) . . . en una pesadilla en la que Bart le da una paliza. (7G06) . . . cuando su propio eco le dice que se calle. (7G09) . . . cuando, tras lamentar la muerte de Bart, se entera de que está vivo. (7G09) . . . cuando prueba una cucharada de miel de la buena (dos veces). (7G09) . . . cuando mira un partido de rugby antes de ir a misa. (7G07) . . . cuando un jugador falla. (7G11) . . . cuando se entera de que Patty y Selma vienen a comer. (7G11) . . . cuando no sale premiado su número de lotería. (7G10) . . . cuando se percata de que han colgado en la taberna de Moe su foto bailando con la princesa Kashmir. (7G10) . . . cuando cae y no puede incorporarse. (7G13) . . . cuando Marge le dice que Patty y Selma van a venir de visita. (7G12) . . . cuando muestran en el tribunal un vídeo en el que aparece como un cobarde. (7G12) . . . cuando Bart recupera la vista y pide una tele en su cuarto. (7F03) . . . cuando se percata de que se le ha acabado la salsa tártara. ((7F02) . . . cuando Karl le llama "testa coronada". (7F02) . . . cuando Smithers le dice que tiene que largar su discurso dentro de cinco minutos. (7F02) . . . cuando Marge le cuenta sus planes para la velada. (7F01) . . . cuando Marge le dice que no debe "mover tanto el trasero" al sentarse junto al señor Burns. (7F05) . . . cuando cae en el refugio subterráneo. (7F05) . . . cuando se percata de que se ha quedado sin Duff. (7F08) . . . cuando su pelota de golf sale del campo de juego. (7F08) . . . cuando Bart llama a su putter "el señor Putter". (7F08) . . . cuando Flanders ve a Bart meditando con su putter. (7F08) . . . cuando el "fraid not infinitiy" de Homer es superado por el "fraid not infinity más uno" de Flanders. (7F08) . . . cuando se percata de que Flanders no se siente humillado por tener que llevar el mejor vestido de su mujer. (7F08) . . . cuando se da cuenta de que Patty y Selma están en la puerta. (7F07) . . . cuando Patty y Selma comentan que hasta un cavernícola sabe encender fuego, mientras él se esfuerza en vano por encender la chimenea. (7F07) . . . cuando Lisa toca ruidosamente el saxofón. (7F07) . . . cuando Skinner le informa que el recital al que va a asistir es el primero de una serie. (7F06) . . . cuando Bart hace una falsa promesa. (7F06) . . . cuando cae por el desfiladero de Springfield. (7F06) . . . cuando se entera de que Marge está demasiado ocupada para hacer chuletas de cerdo. (7F09) . . . cuando Marge testifica que no cree que el doctor Nick sea un médico de verdad. (7F10) . . . cuando le dicen que su pan de carne tardará ocho segundos en cocer. (7F11) . . . cuando suena el teléfono mientras está grabando un mensaje en vídeo para Maggie. (7F11) . . . cuando ve a Barney desde la ventana de la cárcel. (7F11) . . . cuando el doctor Hibbert dice a Marge que está embarazada. (7F12) . . . cuando el director Skinner pregunta por Bart. (7F15) . . . cuando se percata de que ha presentado a Patty como Selma a Skinner. (7F15) . . . cuando le da el alto a un soldado en la autopista. (7F16) . . . cuando Santa destroza la sección deportiva del periódico. (7F14) . . . cuando se percata de que Santa se ha escapado. (7F14) . . . cuando Bart le dice a Marge que sus zapatillas Asesinas han costado 125 dólares. (7F18) . . . cuando, queriendo que su familia permanezca unida, se da cuenta de que ha desaparecido. (7F18) . . . cuando se queda atascado en un charco y es atacado por un grupo de niños. (7F18) . . . cuando todos los canales emiten cómo se quedó estancado en el charco. (7F18) . . . cuando le suenan las tripas, justo cuando había decidido seguir una dieta. (7F18) . . . tras ver el retrato desnudo de Marge del señor Burns. (7F18) . . . cuando, tras una tormenta, abre la puerta del coche y sale cantidad

de agua. (7F21) . . . cuando lo único que recibe Bart por donar sangre es una tarjeta de agradecimiento. (7F22) . . . cuando descubre que Bart ha enviado la insultante carta al señor Burns. (7F22) . . . cuando no acierta a pensar en un nombre falso. (7F22) . . . tras ver la cabeza del jefe indio olmeca. (7F22) . . . cuando Lisa le dice que rellenará el cuestionario si deja que le recite algunas de sus poesías. (7F24) . . . cuando recibe una visita inesperada en el momento en que se disponía a comer sus panqueques. (7F24) . . . cuando el empleado de la agencia de cobro de morosos que pregunta por Flanders dice que volverá para ver a Homer. (7F23) . . . cuando Jimbo y Kearney arrojan huevos contra su casa. (8F02) . . . cuando Lisa le dice que ha confundido Mónaco con Marruecos. (8F02) . . . cuando Maggie usa uno de los cuatro deseos de los Simpson para pedir que les traigan un chupete en una limusina. (8F02) . . . cuando, tras su transformación en una caja de sorpresas, una pelota de béisbol le está observando. (8F02) . . . cuando descubre que una cámara de vigilancia le está observando. (8F02) . . . cuando se da en la cabeza con el marco de la puerta de la taberna de Moe (cuatro veces). (8F06) . . . cuando se da cuenta de que no sabe si Lisa tiene un saxo alto o tenor. (8F06) . . . cuando Lisa no le perdona en la heladería de los 5.600 sabores. (8F06) . . . cuando Marge dice que los caballos pueden vivir 30 años como mucho. (8F06) . . . cuando se da cuenta de que Lisa ha escuchado que ha dicho que pensaba hacer algo con ella, con Bart y con Maggie. (8F07) . . . cuando Bart, que conduce la bibicleta de Martin, le adelanta a él que va en coche. (8F07) . . . cuando descubre que Patty se está bebiendo la última cerveza en el pase de diapositivas checoslovacas. (8F08) . . . cuando se contiene para no decirle a Marge que se va a la taberna de Moe. (8F08) . . . cuando la máquina expendedora de la planta nuclear rechaza su arrugado billete de a dólar (dos veces). (8F09) . . . cuando se percata de que él es el negligente inspector de seguridad del que habla Horst. (8F09) . . . cuando Lisa le dice que los alemanes son "eficientes y puntuales y tienen una gran ética". (8F09) . . . cuando las pruebas del embarazo de Marge dan un ambiguo rosa, en vez de azul o morado. (8F10) . . . cuando se entera de que Marge está embarazada de Homer. (8F10) . . . cuando Bart devuelve a Homer el regalo que le ha hecho. (8F11) . . . cuando descubre que se ha acabado el chocolate del helado napolitano (dos veces). (8F11) . . . cuando Homer dice que Bart vino por casualidad en un programa en directo. (8F11) . . . cuando fracasa su equipo de béisbol. (8F12) . . . cuando se percata de que la mujer de la tele que sufre una crisis nerviosa es Marge. (8F14) . . . cuando no acierta a recordar a nadie que se haya hecho rico haciendo trucos con un yo-yo. (8F16) . . . cuando descubre que lleva clavado un pedazo de la caseta del perro (dos veces). (8F16) . . . cuando se le cae la lata de cerveza por tener los dedos pequeños y gruesos. (8F15) . . . cuando ve que le faltan los números 3 y 17 en la apuesta de lotería (dos veces). (8F17) . . . cuando derriban el edificio donde ha colgado todas sus cometas. (8F17) . . . tras perder dos plazas de parking ante el multicine Googoplex de Springfield (dos veces). (8F19) . . . cuando Bart se le escapa agarrándose al ventilador del techo y dando un giro de 180 grados. (8F22) . . . cuando le dicen que se presente en la oficina del señor Burns. (8F23) . . . cuando se entera de que no le ha tocado nada a la lotería (cuatro veces). (8F24) . . . cuando unos patines que han dejado sobre el césped son aspirados por la cortadora. (8F24) . . . cuando ve que Bart es el líder de la revuelta en Kamp Krusty. (8F24) . . . tras conseguir un 7-10 y luego fallar estrepitosamente en la Bolera 2.000 (dos veces). (8F18) . . . cuando se percata de que ha olvidado lo que hacer en caso de incendio. (9F01) . . . cuando ve que una nube de lluvia apaga el fuego del tejado de los Flanders. (9F01) . . . cuando su toga se engancha en un clavo y se desgarra, quedando en paños menores delante de los invitados. (9F04) . . . cuando recuerda que ha olvidado comprar a Bart el regalo de cumpleaños. (9F04) . . . cuando se percata de que se ha liado con la historia de miedo que estaba contando. (9F04) . . . cuando Marge, a la que pide que piense un número entre el 1 y el 50, acierta con el número 37. (9F03) . . . cuando, en el futuro, dentro de 40 años, las entradas de cine para ver la película de Pica y Rasca costarán 650 dólares. (9F03) . . . cuando se entera de que Surly Joe es el único técnico de la ciudad. (9F05) . . . cuando Maggie le roba su galleta. (9F08)

. . . cuando Lisa le llama 'Homer' en vez de 'Papi'. (9F08) . . . cuando el señor Burns cancela el pésame al enterarse de que Homer está vivo. (9F09)

. . . cuando se lía con la canción de "Monorraíl." (9F10)

. . . cuando un descontrolado monorraíl de energía solar vuelve a ponerse en marcha, tras sufrir un parón debido al eclipse solar. (9F10) . . . al pensar en voz alta acerca de la leyenda de la Mujer Cara de Perro, camino del funeral de tía Gladys. (9F11) . . . cuando se percata de que la celebración escolar todavía no ha acabado. (9F13) . . . cuando le arrestan por conducir bebido. (9F14) . . . cuando se entera de que el puesto de presidente del sindicato no es remunerado. (9F15)

. . . cuando le cambia a Bart un bollo por una "cuña deliciosa." (9F15)

. . . cuando el director Dondelinger le toma por un vagabundo. (9F16)

. . . cuando descubre un desatascador atascado en su cabeza durante la reunión de padres en el instituto. (9F16) . . . cuando está a punto de atropellar a Bart y a Marge. (9F18) . . . cuando en respuesta a la pregunta de cómo se llama que le hace Burns, contesta: "Señor Burns." (9F20) . . . cuando tiene un reventón justo después de haber vendido la rueda de recambio en un mercadillo. (9F21) . . . cuando no se le ocurre la letra para una canción. (9F21) . . . cuando una abeja le pica en el trasero. (1F02) . . . cuando abre las cartas universitarias que le niegan el acceso (cuatro veces). (1F02) . . . cuando Marge comprende que Benjamin, Doug y Gary han intercambiado sus notas. (1F02) . . . cuando se desliza sobre el monopatín de Bart y cae por la escalera (dos veces). (1F01) . . . cuando se le convoca en el trabajo para realizar "una faena más dura". (1F01) . . . cuando el vampiro de Burns vuelve de entre los muertos para despedirle. (1F04) . . . cuando se entera de que un almacén de maderas ha sido reducido a cenizas mientras los bomberos no lograban liberarse de las máquinas expendedoras. (1F03) . . . cuando se golpea en el saliente de un acantilado, empujado por un trampolín, al estilo de Coyote y Correcaminos (1F05) . . . cuando, al burlarse de Bart por hacer "muebles de pacotilla", la silla en que está sentado se rompe. (1F06) . . . cuando se percata de que con Bart las tácticas psicológicas no dan resultado. (1F06) . . . cuando se da cuenta de qué teoría sobre las corrientes ha llevado a la barca a la deriva. (1F06) . . . cuando destruye un avión de rescate con una pistola de señales. (1F06)

. . . cuando rescatan al piloto, pero no al grupo de Homer. (1F06)

. . . cuando descubre que Mindy comparte su idea del cielo (beber birra y ver la tele). (1F07) . . . cuando, al llevar las gafas de Henry Kissinger, confunde un triángulo isósceles con un triángulo rectángulo. (1F08)

. . . cuando se entera de que el caco ha robado la tele portátil. (1F09)

. . . cuando, tras romper una lámpara, suelta una letanía de frases hechas. (1F11) . . . cuando es incapaz de rimar en la canción de Apu. (1F10) . . . cuando se entera de que la India se encuentra a 16.000 km. (1F10) . . . cuando se entera de que la herencia de Abe (dólares de plata de 1918 en perfecto estado) ha sido legada a toda la familia y no sólo a él. (1F12) . . . cuando se corta en un dedo en el Puesto de Mando del sargento Thug. (1F12) . . . cuando, tras comprobar que la tele le respeta, la enciende y ve a un hombre que se ríe de él. (1F13) . . . cuando el satélite Fox le golpea en la cabeza. (1F13) . . . cuando aplana las ruedas del coche al entrar en la planta nuclear por la salida. (1F14) . . . cuando descubre por qué nadie quiere limpiar el sótano (dos veces). (1F15)

. . . cuando se estrella contra la estatua de una corza en los pozos de alquitrán de Springfield. (1F15) . . . cuando tira tres cartas durante una partida de poker (dos veces). (1F20) . . . cuando Maggie demuestra conocer la diferencia entre un mono y un aparador. (1F21) . . . cuando construye un cobertizo en vez de una piscina. (1F22) . . . cuando al alcanzar la autopista se encuentra en un atasco, camino de la tierra de Pica y Rasca. (2F01) . . . cuando, el martes, Homer olvida cerrar la puerta de la casa. (2F03) . . . cuando, el miércoles, recuerda no haber cerrado la puerta trasera (dos veces). (2F03) . . . al presentarse como Johnny Carson a una sala vacía. (2F03) . . . al presentarse como David Letterman a una sala vacía. (2F03) . . . al enterarse de que Ned Flanders es amo y señor

indiscutible del mundo. (2F03) . . . al emerger a un mundo diferente, pero al parecer mejor. (2F03) . . . cuando se da cuenta de que le tienen por culpable de un acoso sexual. (2F06) . . . cuando describe al doctor Smith de "Perdido en el espacio" en el sueño de Marge. (2F08) . . . cuando dice a Marge que está acechando a Lenny y Carl. (2F09) . . . al perder 100 dólares al apostar al rojo en Las Vegas. (2F14) . . . cuando se salta una pregunta en el cuestionario del carnet de conducir limusinas. (2F14) . . . cuando escribe "Simpson" en vez de "Sherman" (dos veces). (2F31) . . . tras aprenderse el eslogan de Burns. (2F31) . . . cuando abre una lata de "serpientes de primavera" etiquetadas como "nueces de cerveza". (2F32) . . . cuando los cachorros de galgo se comen sus patatas fritas (ocho veces). (2F18) . . . cuando la bombilla a la que da golpes para animarse se estrella contra su cabeza, rompiéndose. (2F18) . . . cuando Marge le informa que al cantar "Mary tenía un corderito", ha dicho "Mary tenía un clavelito." (2F32)

. . . cuando, al estilo de la serie de TV "Te Quiero, Lucy", divide la casa en dos partes con una raya de tiza, encerrándose él mismo en un rincón. (2F21) . . . cuando Burns no acierta a recordar su nombre, ni siquiera después de que Homer le atacara. (2F16) . . . cuando le detienen por intentar matar al señor Burns. (2F20) . . . cuando, al conducir con las rodillas, se le cae uno de los dos helados. (2F20) . . . justo antes de apuntar con la pistola de Wiggum a la cabeza de Burns. (2F20)

. . . cuando se percata de que ha invitado a Ned a una barbacoa y no a darle un disgusto. (3F03) . . . cuando se entera de que una rosquilla colosal es sólo una rosquilla normal. (3F04) . . . cuando un cubo de tornillos está a punto de descalabrarle. (3F05) . . . cuando da marcha atrás sobre un montón de pinchos en un parking. (3F08) . . . cuando su cerebro le dice: "Has dicho la cosa más inteligente del mundo y nadie la ha oído." (3F09) . . . cuando se da cuenta de que George Bush está delante de él en un autorrestaurante de comida rápida. (3F09)

. . . cuando no entiende la última palabra al charlar un momento con Bush. (3F09) . . . cuando Burns le tira un libro a la cabeza. (3F14)

. . . cuando Smithers le golpea con un teléfono (cuatro veces). (3F14)

. . . cuando Lisa le pregunta: "A quién quieres más, ¿a mí, a Bart o a Maggie?" (3F17) . . . cuando accidentalmente desgarra la ropa de Maggie al querer librarla de una máquina expendedora de periódicos. (3F18) . . . cuando la mecha de su M-320 se consume. (3F22)

. . . cuando un capataz alienígena le azota. (4F02) . . . cuando, durante un ejercicio, Scorpio contesta el teléfono, en vez de sujetar a Homer en su caída. (3F23) . . . cuando Marge le dice que un doctor competente debe dar el visto bueno a su dedicación al boxeo. (4F03) . . . a cámara lenta, cuando Drederick Tatum le sacude en la cabeza. (4F03)

. . . cuando, al escapar junto a Moe, su cabeza choca contra una viga de metal. (4F03) . . . cuando intenta esconderse en un almacén abandonado donde hay mucha animación. (4F05) . . . cuando, tras ingerir un pimiento muy picante e intentar enfriarse la boca con un helado, su ardiente lengua funde el helado. (3F24) . . . al esperar que una lentísima tortuga le comunique un mensaje. (3F24) . . . cuando despierta en el búnker de un campo de golf y es alcanzado en la cabeza por la pelota de Kent Brockman. (3F24)

. . . cuando se entera de que las camisetas con la inscripción "Homer es un tarugo" se han agotado. (3G01) . . . cuando un segundo alud le atrapa a él y al señor Burns al salir de una cabaña aislada por la nieve. (4F10) . . . cuando su cerebro le dice: "Ahora pon cara triste y di "Ooh". (4F12)

¡OOOH!

33

Ocupación:
Profesora de la Escuela Elemental de Springfield.

Estado civil:
Divorciada, pero no desespera (intentó ligarse a Homer y al batería de Aerosmith en la taberna de Moe).

Costumbres:
La han visto fumar dentro de la escuela.

En huelga:
A la cabeza de una huelga, llevó un cartel que decía: "Toca el claxon si te gustan las galletas."

Atuendo favorito:
Falda azul, jersey verde, zapatos azules.

Marca de su comida enlatada favorita:
Chef Corazonsolitario.

Lugar inaccesible:
No puede ir a la biblioteca, porque "todo el mundo apesta".

SEYMOR, LOS NIÑOS ESTÁN JUGANDO OTRA VEZ EN EL AGUJERO.

BART EN SUSPENSO

Episodio 7F03, emitido originalmente el 11.10.90. Guionista: David M. Stern. Director: David Silverman.
Productores ejecutivos: James L. Brooks; Matt Groening; Sam Simon.

La profa de Bart, la señora Krabappel, le advierte que va a suspender historia si no lo hace mejor en el próximo examen. Pero Bart, en vez de estudiar, se dedica a los videojuegos y a ver la tele. Sabiendo que no va a pasar el examen, finge estar enfermo y es enviado a casa. Por la noche llama a Milhouse para que le dé las respuestas del examen. Pero Milhouse le da respuestas equivocadas y suspende.

Cuando le dicen que va a tener que repetir el curso, promete esmerarse. Hace un trato con Martin, que promete ayudarle a estudiar. Pero en vez de ayudarle, Martin se dedica a jugar a videojuegos con sus amigos. La víspera del examen final, Bart pide a Dios que le eche una mano. Al día siguiente sopla una fuerte ventisca y las escuelas cierran. Cuando se dispone a ir a jugar, Lisa recuerda a Bart que ha hecho un trato con Dios, y a regañadientes, se pone a estudiar.

A Bart le ponen otro insuficiente. Frustrado, se enfrenta a la señora Krabappel, a la que convence de que ha estado estudiando. La profesora, impresionada, le sube la nota, de manera que alcanza un aprobado por los pelos. Homer, orgulloso, pega la nota de Bart en la puerta de la nevera.

MOMENTOS ESTELARES

Travesuras de Bart: Bart echa un chorro de salsa en el trasero de Martin, interpretando a Hemingway, y bromea, "¿Te pongo ketchup en el pandero, papá?"

Las orejas de los Simpson: Cuando la señora Krabappel habla, Bart oye: "Bla, bla, bla, bla, bla." Cuando el doctor Pryor habla, Homer oye: "Bla, bla, bla, bla, bla."

Bart expone sus reflexiones sobre "La Isla del Tesoro":
Krabappel: *Bart, ¿has leído el libro?*
Bart: *Señorita Krabappel, usted me ofende. ¿Estamos en redacción o en una caza de brujas?*
Krabappel: *Entonces, sin dudas, podrás decirnos el nombre de ese pirata.*
Bart: *Barbanegra... Capitán Nemo... Capitán Hook... Long John Silver... Pata de Palo... Barbazul.*

Dilación: Antes de estudiar, Bart juega al videojuego "Fuga de Casa de la Abuela" y mira un episodio de Pica y Rasca "Que se coman a Rasca" y luego ve el clásico *Gorila el Conquistador* de la serie Dorada, con Homer.

Doce: Capitales de Estados que acertó Bart en un examen.

Castigo que le imponen a Bart por no haber leído *La Isla del Tesoro*:
No debo ir por la vida fingiendo.

Cómo no ser un pringao:
Bart: *Sólo los pringaos se sientan en la primera fila. A partir de ahora te sentarás atrás, y no sólo en el autobús, también en el cole y en la capilla.*
Martin: *¿Por qué?*
Bart: *Por que así nadie ve nunca lo que estás manejando.*
Martin: *Aaah, creo que ya lo entiendo. La posibilidad de hacer el mal es inversamente proporcional a la proximidad de la figura autoritaria.*

"Parte de este suficiente le pertenece a Dios."

Honores y logros: Lisa tiene muchas notas con sobresaliente en la puerta de la nevera, mientras que Bart sólo tiene el dibujo de un gato que hizo en el primer grado.

"Anoche te oí rezar para que ocurriera esto. Y tus oraciones han sido escuchadas, no soy teóloga, no sé qué o quién es Dios exactamente, sólo sé que es más poderoso que papá y mamá juntos. Y que ahora le debes cantidad."

El alcalde Quimby, anunciando una nueva fiesta: "Declaro al día de hoy 'Día de la Nieve', el día más chachi piruli de la historia de Springfield."

"La Fatalidad" es el nombre de la pluma que la señora Krabappel usa para poner nota.

Mala idea:
Para desbaratar su examen de historia, Sherri y Terri dicen a Bart que los primeros colonizadores de Nueva Inglaterra llegaron a bordo del *Espíritu de St. Louis*, desembarcaron en Acapulco y huyeron de ratas gigantes.

DETALLES QUE QUIZÁ TE HAYAS PERDIDO

Milhouse se sienta en el asiento delantero del autobús.

Hay un póster en la oficina de la enfermera que dice: "Toca el pito... pero el del coche."

Bart lleva una camisa morada en este episodio, en vez de la clásica anaranjada.

La bandera de la escuela de primaria no se mueve pese al viento que sopla.

Bob, el vendedor de coches, y Jacques, el profesor de bolos, cantan junto a todo Springfield "Winter Wonderland".

Dos niños hacen una escultura de hielo de Jebediah entre dos osos.

El doctor Pryor, el director Skinner, la señora Krabappel, Moe y una pelirroja juegan un partido de hockey.

Los nuevos patines de Ben Franklin llevan un escrito que dice: "No patines sobre mí."

NO ANIMARÉ A LOS DEMÁS A VOLAR
NO ANIMARÉ A LOS DEMÁS A VOLAR
NO ANIMARÉ A LOS DEMÁS A VOLAR
NO ANIMARÉ A LOS DEMÁS A VOLAR

Episodio 7F02, emitido originalmente el 18.10.90. Guionista: Jon Vitti. Director: Rich Moore.

Homer descubre un crecepelo milagroso llamado Dimoxinil y corre a comprarlo. Pero se entera de que vale 1.000 dólares. Lenny le convence de falsificar la póliza de seguros de su jefe para que la compañía lo pague. Homer se aplica el fármaco por la noche y a la mañana siguiente amanece con una señora melena. Marge le encuentra excitante. El señor Burns le confunde con un joven enérgico y le asciende. Homer se adjunta un asistente llamado Karl, y con ayuda de éste impresiona a Burns, que le entrega la llave del lavabo de ejecutivos. Smither, envidioso, husmea en el historial de Homer y se entera de lo de la póliza de seguros falsa. Se enfrenta a Homer, pero Karl se echa las culpas y es despedido.

Cuando Bart rompe la loción de crecepelo, Homer vuelve a su calvicie de antes. Karl convence a Homer de que no era su pelo lo que le hacía mejor, sino creer en sí mismo. Homer da una charla a sus compañeros acerca de cómo aumentar su rendimiento, pero como ya no tiene pelo, nadie le toma en serio, y vuelven a relegarle al puesto de antes. En casa, Homer también teme verse rechazado, pero Marge le asegura que le quiere tal como es.

MOMENTOS ESTELARES

> EL ALQUITRÁN NO ES PARA JUGAR
> EL ALQUITRÁN NO ES PARA JUGAR
> EL ALQUITRÁN NO ES PARA JUGAR

Homer: *Sólo soy un tonto.*
Karl: *¡De eso nada, monada!*
Homer: *¿Cómo lo sabes?*
Karl: *¡Porque mi madre me dijo que jamás besara a un tonto!* (Besando a Homer en la boca.)
Homer: *¡Oh, Karl…!*
Karl: *Venga tigre a por ellos, salta.*

En pos del milagro: El señor Burns tiene su propia provisión de Dimoxinil, que se aplica en el cuero cabelludo, diciendo: "¡Bah, aceite de serpiente!"

"Eh, hola. Anoche casualmente vi en la televisión un fascinante documental sobre Rommel, el zorro del desierto. Un hombre que sabía hacer bien las cosas."

"Para evitar que se le congele el cerebro." Explicación de Homer para conseguir que la compañía de seguros pague el Dimoxinil.

La plancha de Bart: Cuando Bart rompe la botella de crecepelo de Dimoxinil, Homer le predice que tres cosas le obsesionarán toda su vida: "Has arruinado a tu padre. Destrozado a tu familia. Y la calvicie es hereditaria."

Reglas del sindicato:
Smithers: *Está en el convenio sindical, señor, por lo menos un ascenso simbólico al año.*
Burns: *Espere. ¿Quién es ese que se come el mundo?*
Smithers: *Pues no sé, tiene un cierto parecido a Homer Simpson. Sólo que… más dinámico y más resuelto.*

"Tan solo ochenta y uno, quizá le cueste creerlo, pero en la primavera de mi vida, mi mayor gloria fue ser un verdadero as de rizos pelirrojos."

Peinados de Homer: A lo largo de este capítulo, el pelo de Homer cambia de un patilludo 1970 semiafro, a un corte al cepillo de los años 50, a un pelo lacio como en los 80, a una melena rematada por una cola de caballo, a un pelo espumoso y desmañado propio de la década de los 90.

Sobre Homer:
Marge: *Está mucho más contento en el trabajo. Bueno y entre nosotras, está mucho más retozón… no os podéis imaginar.*
Patty: *Si lo imagino me muero.*

Homenaje cinematográfico:
Homer recorre las calles celebrando su flamante melena rememorando la película *Qué bello es vivir.*

DETALLES QUE QUIZÁ TE HAYAS PERDIDO

El nombre del crecepelo, Dimoxinil, guarda más de una similaridad con el producto conocido como Minoxidil™.

El contenido del botiquín médico de Homer: "Pelo Maestro", "El Gorila", "Ni un Pelo de Tonto", "El Pelado", "Pelín de Más".

Un cartel de "Su Real Majestad para los Obesos o Desgarbados" dice: "El que rompe, paga."

En el formulario de la póliza, Homer se equivoca y marca el cuadro que dice "Hembra", que luego medio borra para señalar el que dice "Varón".

Homer lee la revista *Playdude* en la peluquería unisex de Jake.

Lo que Karl le dice a Homer:

Karl: *Éste no es su sitio, usted no debería ocupar este puesto. Es un camelo, un charlatán y sólo es cuestión de tiempo que se den cuenta.*
Homer: *¿Quién se lo ha dicho?*
Karl: *Usted me lo dice su forma de encorbar la espalda, su forma de hablar entre susurros, su forma de vestirse con polyester fosforito, adquirido en las rebajas. Quiero ahora que se diga a sí mismo: ¡Yo lo merezco, esto me encanta, soy el mayor milagro de la naturaleza!*

Viendo un programa concurso:

Host: *¿La capital de Dakota del Norte tiene el nombre de qué dirigente alemán?*
Homer: *Hitler.*
Marge: *¿Hitler, Dakota del Norte?*

Ocupación:
Asistente de Homer.

Habla:
Voz áspera que traduce un buen gusto, expresivas habilidades motivacionales.

Especializado en:
Ayudar y consolar a los torpes altos cargos de escaso amor propio; enviar telegramas firmados a sus esposas; y a veces la clásica palmadita en el trasero.

Estado social:
Amigo de muchas chicas del servicio de dactilografia.

Disfruta:
Desayunando en la cama y comprando ropa.

Actitud:
Llegado el caso, se sacrifica con gusto por su jefe y le cede su propio paraguas cuando hay tormenta.

> CON EL TRAJE QUE LLEVAS DEBES SENTIRTE COMO UN PRÍNCIPE. COMO SI LE GRITARAS AL MUNDO: "¡AQUÍ ESTOY! ¡NO ME JUZGUÉIS! ¡QUEREDME!"

LA CASA-ÁRBOL DEL TERROR

Aviso de Marge: "Hola a todos. Halloween es una fiesta muy rara. Yo no la entiendo. Los niños adoran a los espíritus, y toman por diablos... a cosas que ven por la tele y que no deberían ver. Cosas como la de la siguiente media hora. A mis chicos no les asusta nada, pero el show de esta noche –y me lavo las manos– es aterrador. Así que le aconsejo que lleve a los niños a la cama cuanto antes para no tener que escribirnos mañana una carta airada. Gracias por su atención."

LA SECUENCIA INICIAL

En el cementerio de Springfield se ven las tumbas de Ishmael Simpson, Ezekiel Simpson, Cornelius V. Simpson (referencia a Cornelius Vanderbilt), Garfield, Casper el Buen Chico, Elvis, Pon Tu Nombre Aquí, Paul McCartney (juego de palabras con la leyenda de "Paul ha muerto") y Disco.

DETALLES QUE QUIZÁ TE HAYAS PERDIDO

El esqueleto que decora la casa-árbol tiene tres dedos... como los Simpson.

EL TINGLADO

Bart y Lisa se cuentan historias de miedo en la casa-árbol, que Homer escucha desde fuera.

LA CASA DE LA PESADILLA

Los Simpson se mudan a una vieja casa y no tardan en enterarse de por qué era tan barata: está encantada. Las paredes rezuman sangre y una voz les insta a marcharse mientras puedan. Marge quiere irse, pero Homer insiste en quedarse.

Esa noche, Homer, Lisa, Bart y Maggie son poseídos y se persiguen los unos a los otros, empuñando cuchillos y hachas. Marge pide al espíritu de la casa que piense en la manera de que puedan vivir todos juntos. Tras considerar diversas alternativas, la casa explota, autodestruyéndose.

DETALLES QUE QUIZÁ TE HAYAS PERDIDO

Tumbas en el sótano de la casa encantada: Hiawatha, Caballo Loco, Caballo No Tan Loco, Pocahontas, Toro Sentado, Cochise, Tonto, Gerónimo, Sacajawea y Gandhi.

La muñeca conejito parece ser Binky el conejo, personaje de "Vida en el Infierno".

Marge lleva zapatillas con conejitos.

Cuando Bart y Lisa salen de la casa, sus chaquetas flotan sobre ellos.

El pijama de Maggie cambia de color de azul a gris y luego a rosa.

Un foso rodea la nueva casa de los Simpson.

MOMENTOS ESTELARES

"No es problema, traemos un par de curas y..." Homer, intentando convencer a Marge para quedarse en la casa encantada.

"¿Por qué quieres asustarnos? ¿Quieres evitar que seamos amigos tuyos?¿O incluso que te queramos?" Lisa, a la casa.

"Esta familia ha tenido sus diferencias y sus friccioncitas, pero de ahí a enzarzarnos a cuchillazos..."

"Vais a morir y moriréis lentamente. Se os hinchará el estómago, se os retorcerán y hervirán los intestinos, los ojos os estallarán y una horrible sustancia, probablemente vuestro cerebro, comenzará a saliros por la nariz..." La casa, a los Simpson.

Homenajes cinematográficos:

Maggie gira la cabeza completamente, a la manera de *El Exorcista*.
La conducta de la casa encantada y las tumbas del sótano parodian *Poltergeist*.
La sangre rezuma por los muros y la chimenea corre por el salón como en *Terror en Amityville*.
La forma de la casa encantada recuerda a la de *Psicosis*.
La casa encantada implosiona como en *La Caída de la Casa de Usher*.

CÓMO
COCINAR
HUMANOS

Episodio 7F04, emitido originalmente el 24.10.90.
LA CASA DE LA PESADILLA
Guionista: John Swartzwelder.
Director: Wesley Archer.

LOS CONDENADOS ESTÁN HAMBRIENTOS
Guionistas: Jay Kogen y Wallace Wolodarsky.
Director: Rich Moore.

EL CUERVO
Guionistas: Edgard Allan Poe y Sam Simon.
Director: David Silverman.

LOS CONDENADOS ESTÁN HAMBRIENTOS

L os Simpson son raptados por extraterrestres cíclopes. Rumbo a otro planeta, se les dice que son huéspedes de honor. Les agasajan con un banquete en el que se atiborran. Lisa acusa a los alienígenas de querer engordarlos para comérselos. Los extraterrestres se sienten ofendidos. Dan la vuelta a la nave y dejan a los Simpson en su casa. Lisa saca la conclusión de que los únicos monstruos son los Simpson.

MOMENTOS ESTELARES

"Oiga, sé que para ustedes los Simpson somos una especie inferior, pero como nos enfrentamos a este prejuicio a diario, somos felices en nuestro pequeño planeta."

"Escúcheme, criatura estupacial. No hay nadie, lo que se dice nadie, se come a los Simpson."

La sospecha de Lisa: Lisa sospecha que se los comerán cuando lleguen al planeta alienígena. Muestra a su familia un libro titulado *Cómo Cocinar Humanos*. Kang sopla el polvo de la portada y aparece otro título: *Cómo Cocinar para Humanos*. Lisa vuelve a soplar y sale otro título: *Cómo Cocinar 40 humanos*. Sopla Kang y cambia el título: *Cómo Cocinar para 40 Humanos*.

Peso pesado: Cuando el rayo de la nave tira de Homer, el peso de éste hace que la nave caiga a tierra. Entonces disparan un segundo rayo, consiguiendo por fin arrastrar a Homer al interior del artefacto espacial.

Kang: *Y, habéis pensado...*
Kodos: *Sí, que íbamos a comérnoslos.*
Kang: *¡Dios Santo! ¡Lo pensarían en broma!*
Kodos: *¡No, iba en serio!*
Lisa: *¿Y por qué nos están haciendo comer todo el tiempo?*
Kodos: *¿Comer? Nos hemos limitado a ofreceros un suculento banquete, francamente os habéis comportado como cerdos.*
Serak: *He estado en la cocina trabajando como un esclavo para que ahora...*
(Serak rompe a llorar.)
Kodos: *Bueno, si lo que queríais era ver llorar a nuestro cocinero, lo habéis conseguido.*

Kang: *He aquí un sensacional descubrimiento dentro de la tecnología del ocio. Una versión electrónica de vuestro tenis de mesa, las rudimentarias raquetas...*
Bart: *Eso está más visto. ¡Pónganse al día, tíos!*
Homer: *Marge y yo jugábamos a esto mucho antes de casarnos.*
Kodos: *Pero nosotros construimos esta nave espacial.*
Kang: *Los que sean de una raza que domina los viajes intergalácticos, que levanten la mano.*
(Kang y Kodos levantan un tentáculo. Bart lo levanta también, pero Homer se lo baja.)
Kang: *¡Ahí lo tienes!*
Marge: *Perdón. Su juego está muy bien.*

Encuentro de los Simpson con Kang y Kodos:
Kang: *Saludos, terrícolas, yo soy Kang. No tengáis miedo. No os vamos ha hacer nada.*
Marge: *¿Habla nuestro idioma?*
Kang: *No, yo hablo Rigeliano. Pero lo sé por asombrosa coincidencia. Ambos son exactamente iguales.*
Bart: *¿Y qué piensas hacernos, tío?*
Kang: *Kodos y yo, os vamos a llevar a Rigel, un mundo de delicias, donde seduciremos vuestros sentidos y desafiaremos vuestras limitaciones intelectuales.*

Homenajes cinematográficos y televisivos:
El libro de cocina: *Cómo cocinar humanos* parodia un capítulo de "Dimensión Desconocida", titulado "Servir al hombre".
El "ay" que se oye cuando la mosca choca es una burla de la película *La Mosca*.

DETALLES QUE QUIZÁ TE HAYAS PERDIDO

En el delantal de cocina de Homer se lee: "Delantal de la Mafia".

En la tele de la nave espacial sale "El show de Pica y Rasca".

En el enfoque que muestra a Homer y a Marge comentando el banquete, se diría que sus cabezas están puestas sobre sendas bandejas.

EL CUERVO

L isa lee el poema de Edgar Allan Poe. Homer, que escucha, se ve a sí mismo como el narrador, a Marge como Lenore y a Bart como el cuervo.

Tras contarse historias en la casa-árbol, los chicos van a acostarse, durmiendo a pierna suelta. Pero Homer duerme con la luz encendida.

MOMENTOS ESTELARES

"Dijo el cuervo... ¡Multiplícate por cero!" Bart, interrumpiendo al narrador con "¡Multiplícate por cero!" en vez del clásico "¡Nunca más!".

"¡Que estas palabras sean tu despedida, pájaro o demonio!"

Bart: *¡Einstein, que es la noche de brujas! ¡Deja ya ese libro!*
Lisa: *Te diré para tu información que me dispongo a leerte un cuento clásico de terror de Edgar Allan Poe.*
Bart: *Un momento. ¡Eso es un libro de texto!*
Lisa: *No te preocupes, Bart, no aprenderás nada.*

Bart: *Lisa, eso no era de canguelo. Eso no era más que un poema*
Lisa: *Porque fue escrito en 1845 y entonces la gente se asustaba más fácilmente.*
Bart: *Como cuando ves ahora Martes 13, primera parte; ya es ingenua para el nivel actual.*

DETALLES QUE QUIZÁ TE HAYAS PERDIDO

Las volutas de humo que tocan la cabeza de Homer tienen tres dedos y un pulgar, como las manos de los Simpson.

La palabra "Amontillado" aparece en la jarra de Homer, como referencia al cuento "El barril de amontillado".

En "El cuervo", Bart deja caer sobre la cabeza de Homer "El pozo y el péndulo", "El corazón delator" y "La carta hurtada", cuentos todos ellos de Allan Poe.

Identidad:
Pez de tres ojos.

Hábitat:
Las corrientes de agua en torno a la Central Nuclear de Springfield.

Cómo se formó su tercer ojo:
Mutación provocada por el agua contaminada por los vertidos nucleares.

Teoría del señor Burns:
Guiñitos es un nuevo paso en la cadena evolutiva de los peces.

Sabor:
Sólo el Señor Burns podría decirlo.

DOS COCHES EN CADA GARAJE Y TRES OJOS EN CADA PEZ

Episodio 7F01, emitido originalmente el 1.11.90. Guionistas: Sam Simon y John Swartzwelder. Director: Wes Archer

Mientras pescan en las proximidades de la Central Nuclear de Springfield, Bart y Lisa atrapan un pez con tres ojos. La noticia salta a las primeras páginas de los periódicos y un comité de Washington, envía a un equipo que investigue las medidas de seguridad de la Central. A pesar de los intentos de soborno del señor Burns, los investigadores le amenazan con cerrar la Central si no la limpia.

Homer le dice al señor Burns que, si él fuera Gobernador, aprobaría leyes que mantuvieran la Central abierta. Sorprendido porque Homer diga algo con pies y cabeza, el señor Burns se presenta a las elecciones para gobernador. Contrata a asesores y a publicistas para que limpien su imagen. Poco a poco va derrotando a su contrincante, Mary Bailey, a quien Marge permanece fiel. Preguntado por los periodistas sobre el pez de tres ojos, Burns afirma que es la forma en que la Madre Naturaleza realiza su trabajo, y que tres ojos son mejor que dos.

Los asesores de Burns temen que esté perdiendo el contacto con el hombre de la calle, y organizan un acto: Burns irá a cenar a casa de los Simpson. Homer hace prometer a Marge que no dirá nada que deje a su jefe en mal lugar. Cuando las cámaras están grabando, Marge coloca en el plato de Burns el pez de tres ojos. Empujado por uno de sus asesores, Burns prueba un pedacito del pez radiactivo. Lo escupe ante las cámaras de televisión, arruinando su campaña.

MOMENTOS ESTELARES

Violaciones de las normas de seguridad de la Central Nuclear de Springfield. Se usa chicle para sellar grietas en la torre de refrigeración, se usan barras de plutonio como pisapapeles, el puesto de control está desatendido, no hay mantenimiento...

NO HARÉ FOTOCOPIAS DE MI TRASERO
NO HARÉ FOTOCOPIAS DE MI TRASERO
NO HARÉ FOTOCOPIAS DE MI TRASERO
NO HARÉ FOTOCOPIAS DE MI TRASERO

"Mañana tendré los labios cortados." El señor Burns después de verse obligado a sonreír para una toma de televisión.

 "Oooh, una discusión política en la mesa. ¡Me siento como una Kennedy!"

Política de dormitorio: Aunque Marge apoya a Mary Bailey para Gobernador, Homer le pide que haga una buena cena para Burns. Sintiendo que Homer no le dejará expresarse con libertad, ella rechaza sus achuchones.

Cuando están pescando:
Dave Shutton: *¿Cómo te llamas, hijo?*
Bart: *¿Yo? Bart Simpson. Y el del gorro... ¿quién es?*
Dave: *¡Je, je! Soy Dave Shutton. Un periodista de investigación que pasa mucho tiempo en la carretera. Y debo añadir que en mis tiempos no hablábamos así a los mayores.*
Bart: *Pero éstos son mis tiempos y yo sí hablo así.*

Observaciones del señor Burns a la interpretación que han realizado del cuadro "El Kentukiano", de Thomas Hart Benton:
Señor Burns: *¿Por qué se me ven tanto los dientes?*
Danielson: *Porque está sonriendo.*
Burns: *¡Ah! Excelente. Si, éste es el tipo de artimañas por el que yo le voy a pagar. Pe-pe-pero... ¿cómo pondremos al típico Juan Lanas en contra de Mary Bailey?*

Un sutil truco:
Inspector Jefe: *Señor Burns: en mis veinte años de servicio jamás había visto algo tan deplorable.*
Señor Burns: *¡Oh, mire! ¡Vaya! Algún desaprensivo ha dejado miles y miles de dólares encima de esa mesita auxiliar. Smithers, salgamos de mi despacho y esperemos que cuando volvamos ya no esté ahí esa fortunaza.*

Los ánimos de la juventud: Cuando Homer se marcha a trabajar Lisa le dice: "No tires residuos, papá." Y Bart añade: "Y engorda a esos mutantes, Homer!"

El equipo de asesores de Burns: Redactora de discursos, Inventor de chistes, Médico antiaturdimiento, Maquillador, Entrenador personal, Descubridor de Trapos Sucios, Matón Personal, Correbulos y Basurólogo.

 "¡Ah! Comprendo su estrategia: Todos los Juan Lanas y las Marujas de este Estado olvidado de la mano de Dios me verán cenando en casa de uno de mis currifantes. ¡Qué gran día para la prensa!"

 "Querido Dios, como esta comida la hemos pagado nosotros, gracias por nada."

Señor Burns: *He venido a hablaros sobre este amiguito mío: "Guiñitos." Muchos de ustedes se han tragado eso de la mutación genética. Nada más alejado de la verdad. Y esto es así, no porque lo diga yo. Pregúntenle a este actor que representa a Charles Darwin. Pregúntenle.*
Darwin: *Hola, señor Burns.*
Burns: *Hola, Charles. Sea buen chico y hábleles a los televidentes de su teoría de la selección natural.*
Darwin: *Encantado, señor Burns. Ocurre que, a menudo, la Madre Naturaleza mejora a sus criaturas dándoles garras más afiladas, o patas más largas o, como en este caso, un tercer ojo. Y siendo que esta alteración resulta ser beneficiosa, los nuevos animales, contando ya con estas mejoras, siguen reproduciéndose así sobre la Tierra.*
Burns: *Entonces, según usted, este pez podría tener ventajas sobre los demás. De hecho puede que sea una especie de superpez.*
Darwin: *No me importaría tener un tercer ojo. ¿Y a usted?*

DETALLES QUE QUIZÁ TE HAYAS PERDIDO

Monty Burns y Mary Bailey compiten por ser gobernador de un Estado, cuyo nombre no se cita en ningún momento.

Bart pega su recorte de prensa sobre Guiñitos en su libreta, junto al recorte de la "Vandálica Decapitación de un Monumento en la Ciudad", que se narraba en el episodio 7G07: La cabeza chiflada.

Durante la campaña, Burns se coloca sobre un barril que fue usado en la campaña de Dukakis.

Mary Bailey tiene el mismo nombre que el personaje de Dona Reed en ¡Qué bello es vivir!

El eslogan del Estado en que se encuentra Springfield es: "No es simplemente un Estado más."

HOMER, EL BAILÓN

Episodio 7F05, emitido originalmente el 8.11.90. Guionistas: Ken Levine y David Isaacs. Director: Mark Kirkland.

MOMENTOS ESTELARES

Bart leyendo la pelota dedicada, que Marge ha conseguido para él: "Hmmm... Motel Rinconcito de Springfield. Habitación 26... ¿Qué me dices? Flash."

"¡Mirad, niños! ¡Delincuencia callejera!" Homer señalando a un ladrón que está robando el bolso de una señora, cuando llegan a Ciudad Capital.

> **Pluriempleo:**
> Otto, el conductor del autobús escolar, trabaja como conductor nocturno para la Central Nuclear de Springfield, para acontecimientos especiales.

"Marge, esta entrada no sólo me otorga un asiento, sino que me otorga el derecho... no, el deber... de hacer el gamberro públicamente."

El Señor Burns a un empleado de la Central: "¡Bueno, no piense hoy en contaminaciones, y cómase un perrito caliente!"

"¡Ah, Mancini! El mejor amigo de los mascotas." El Pelmazote de Ciudad Capital, valorando los gustos de Homer en música para acompañar mascotas.

Homer contando cómo se sintió bailando ante la multitud: "Y me puse de pie, delante de todo el mundo. Sentía una excitación que no tenía nada que ver con el alcohol. Era la emoción de ir a hacer el ridículo delante de todo el mundo."

"Un Simpson en una camiseta. ¡No creí que viviría para verlo!" Marge viendo las camisetas de Homer Bailón, en venta en el estadio.

Las cosas que dice el público de Ciudad Capital, mientras Homer anima a su ciudad por primera vez: "A lo que menos anima este tipo es a animar", "¡Da lástima tener que hacer el ridículo delante de tanta gente!", "Esas rancias espantapajaradas puede que sirvan en su pueblo, esto es Ciudad Capital!".

> **Homenaje cinematográfico:**
> Discurso de despedida de Homer en la Noche de Homenaje a Homer Bailón, en el que, colocándose la gorra en el corazón, parodia a Lou Gehrig en *El orgullo de los Yanquis:* "... Pero hoy, antes de partir hacia Ciudad Capital, yo me considero la mascota más afortunada sobre la faz de la Tierra!"

Profesión:
Mascota del equipo de béisbol de Ciudad Capital.

Mote:
El Pelmazote, o Pelma.

Es el ídolo de:
Homer Simpson.

Número de uniforme:
0

Peso:
109 kilos vestido, y 89 kilos sin ropa.

Uniforme:
Un gran gorro de visera, con antenas que brotan de su pelo, ojos estrábicos y un cuerpo que parece una pelota de béisbol.

Aspiraciones:
Querría tener una cremallera en la parte delantera de su uniforme.

Mientras se toma una cerveza en el bar de Moe, Homer cuenta las aventuras vividas en las últimas semanas. Y todo comienza con la asistencia a la "Noche del Empleado de la Central Nuclear, su esposa y no más de tres hijos", en el partido de la Liga Local de Béisbol en el Estadio de Springfield. Homer cree que todo está perdido para su equipo, cuando el señor Burns y Smithers se sientan junto a él. Homer se queda sorprendido cuando Burns le invita a una ronda de cerveza, como prueba de compañerismo.

Muy pronto, Homer se emborracha. Los Isótopos de Springfield están perdiendo por tres carreras, cuando un ebrio Homer anima a los jugadores con un improvisado baile, que arrastra al público y lleva al equipo a la victoria. El propietario de los Isótopos ofrece a Homer el puesto de animador, y el equipo sigue ganando. Poco después los Capitales de Ciudad Capital le ofrecen un trabajo. Homer vende cuanto tiene y se traslada a la gran ciudad.

Los problemas comienzan cuando conoce a la mascota de los Capitales: el Pelmazote de Ciudad Capital. Sus formas pueblerinas chocan con la gente de la gran ciudad, y es despedido. Vuelve a Springfield, y la gente de la Taberna de Moe no da importancia a su fracaso, y sí que la da a las aventuras que ha vivido. Homer comprende que, por primera vez en su vida, tiene algo que contar y que la gente quiere escuchar.

DETALLES QUE QUIZÁ TE HAYAS PERDIDO

Los anuncios en el exterior de el Estadio de Springfield dicen: "Su Real Majestad: Vestidos para Caballeros Obesos y Desgarbados", "Caja de Ahorros de Springfield. La más segura entre 1890-1986, y en 1988", "La Taberna de Moe. Lleva este anuncio y tendrás una bebida gratis", "Las chicas no llevan este tipo de lencería", "La Alameda de Springfield", "La Barraca de las Sacudidas".

Helen, la pianista, tiene un martini sobre el piano y fotos de chicos culturistas, clavadas con chinchetas en la pared. Una de las fotos se parece a McBain.

Los Simpson llevan un muñeco de Krusty en el cristal del coche, cuando van a Ciudad Capital.

Ciudad Capital tiene restaurantes con nombres como "El Centavo Vago" (con forma de zapato barato) y "la Comida Francesa Original".

Las camisetas de Homer Bailón se venden a 24,99 dólares por dos camisetas.

Una de las entradas al Estadio de Ciudad Capital dice: "Jugadores y Mascotas".

La canción de Ciudad Capital, tal y como la canta Tony Bennett:

Ven a disfrutar con todos en...
Ciudad Capital.
Tus vecinos te querrán y te saludarán...
en Ciudad Capital.
Hasta un patán se siente rey,
y verás a todos respetarse, igualados por la Ley.
En la gran ciudad, por siempre, tendrás alegría
que se te contagiará de noche y de día.
La gran ciudad... sí
que nunca querrás dejar, ya nunca más querrás.
La amistad y felicidad.
La Capital será tu ciudad.
Ciudad Capital será tu ciudad.

Estrechando lazos con Burns:

Señor Burns: (Cantando.) Bateador, no pierdas la chaveta / vete a hacer puñetas.
Homer: ¡Je,je! Señor, ésa es muy buena...
Burns: Bueno, yo le volvía loco al difunto Gran Connie Mack, con esa frase, en el viejo Shibe Park.
Homer: (Cantando.) ¡Bateas con braguitas, como las niñitas!
Burns: (A Homer.) Hmmm... ¡Bastante grosero! Pero me gusta... ¿Qué le parece si nos refrescamos otro poquito los gaznates?
Homer: ¡Que no nos vendrá mal!
Burns: ¿Qué, Simpsie, iniciamos otra ola?
Homer: ¡Venga, Burnsie...!
(Burns y Homer comienzan a hacer una ola de dos personas.)

¡HEY! LLAMADME EL SIMPLE Y VIEJO PELMA.

EL CLUB DE LOS "PATTEOS" MUERTOS

Episodio 7F08, emitido originalmente el 15.11.90. Guionista: Jeff Martin. Director: Rich Moore.

Su papel en la vida:
Un temeroso de Dios, hijo del temeroso de Dios Ned Flanders.

Motes:
El Capa-Todd, el Empollón, Toddsky.

Religión:
Cristiano hasta la médula de sus huesos.

Deporte:
El minigolf.

Vergüenza oculta:
Una vez se transformó en desordenado, bajo el almibarado poder de Pixi-Stix.

¿CÓMO ES QUE SÓLO VAMOS TRES VECES A LA SEMANA A LA IGLESIA?

MOMENTOS ESTELARES

NO SOY UNA MUJER DE 32 AÑOS
NO SOY UNA MUJER DE 32 AÑOS
NO SOY UNA MUJER DE 32 AÑOS
NO SOY UNA MUJER DE 32 AÑOS

"Bart, como nunca he recibido palabras de apoyo no estoy muy segura de lo que hay que decir, pero allá va: Confío en ti."

"Ha estado restregándome por la nariz, desde que llegué a su casa, que su familia es mejor que mi familia! ¡Que su cerveza viaja muchísimo mas que la mía! ¡Que su hijo y usted son una piña! ¡Y que su mujer tiene el trasero más alto que la mía! ¡Me pone enfermo!"

Homer: ¡Hey, Flanders! De nada sirve rezar. Yo mismo acabo de hacerlo y los dos no vamos a ganar.
Flanders: Nosotros estamos rezando para que nadie sufra ningún daño.
Homer: ¡Bah! ¡Llámalo Jota! ¡Mañana a esta hora llevará puestos unos zapatos de tacón!

Flanders: ¿Sabe, Simpson? Me siento un poco ridículo, pero... ¡qué diantre!... esto me recuerda la residencia de estudiante.
Homer: ¡Uuuh! ¡Y encima el tío está gozando!

La psicología de Homer: Cuando Flanders rechaza la oferta de apuesta de Homer sobre el Torneo de minigolf, diciendo que no le gustan las apuestas, Homer comienza a cloquear como una gallina.

¡Pecho! Bart, Homer y Lisa se desternillan de risa con la emotiva carta de disculpa de Flanders, en la que dice: "... siento una gran tristeza en mi pecho."

"¡Es un golpe imposible! ¡Ni Jack Nicholson podría conseguirlo!"

Los nombres de las mascotas:
Ned Flanders: ¡Aquí está mi pequeña palomita! (Se dan besitos.)
Maude Flanders: ¡Hola, Cabellito de Ángel!

Flanders y Homer están cortando el césped con los vestidos de sus esposas:
Marge: Mmmm... ¡Mi mejor vestido!
Lisa: ¿Por qué tengo la impresión de que algún día tendré que describirle esto a un psiquiatra?

Homer preparando la moral de Bart para enfrentarse a Todd en el campeonato de minigolf.
Bart: Pero papá, si yo nunca he ganado a nada en mi vida.
Homer: Hijo, te lo digo y no te lo repito: Lo importante no es participar.

En la Biblioteca:
Lisa: (Cargando de libros a Bart.) ¡Ah! ¡Aquí está: miniGolf! Y por último, el más importante de todos: el Tao Te Kin, de Lao Tse.
Bart: Lisa, no podemos pagar tantos libros.
Lisa: ¡Bah! ¡Los vamos a usufructuar!
Bart: ¡Ah! ¡Je, je, je!

Homer, violines y nombres de palos:
Homer: Este palo debe de ser para ti lo que un bate para un jugador de béisbol, lo que un violín para un... para... para un... para uno que toque el violín. Así que, venga, ya le estás poniendo un nombre.
Bart: ¿Quéeee?
Homer: ¡Que le pongas un nombre!
Bart: Señor... Palo.
Homer: ¡Huy! ¿No te quieres esforzar un poco más? Ponle un nombre de chica.
Bart: ¡Mamá!
Homer: Tu palo se llamará Charlene.
Bart: ¿Por qué?
Homer: ¡Porque lo digo yo, y basta!

DETALLES QUE QUIZÁ TE HAYAS PERDIDO

La jarra de cerveza en casa de Ned Flanders tiene una inscripción que dice: "Jarra de Macho."

En la parte superior del bloc de notas de Ned, pone: "De la jarra de Ned."

En la memoria del teléfono de Ned Flanders aparecen: Reverendo-Casa, Reverendo-Trabajo, Centro de Reciclaje, Biblioteca Ambulante.

Cuando Homer falla un golpe, salta y mueve los brazos de la misma forma que el mono mecánico sobre una de las pistas de minigolf.

"Para Todd, con cariño, de su padre", es la frase que aparece grabada en el palo de Todd Flanders.

En el Merrie Olde Fun Center, hay un cartel referente al Torneo de Golf, que dice: "Globos gratis para todos los que participen."

Bart tiene un trofeo de esos de: "Día En Que Todos Reciben Un Trofeo."

En el agujero del dinosaurio en miniatura, hay un letrero que dice: "No subirse en la estatua."

Homer es invitado a casa de los Flanders a tomar una cerveza. Homer ve la habitación de los juegos y se da cuenta de que su hijo Todd es un chico brillante y aplicado, que es todo un modelo a imitar. Homer cree que Flanders está pasándole por las narices su estilo de vida, y se enfada. Cuando Bart y Homer van a jugar al minigolf se encuentran con Flanders y su hijo, y Homer alardea de que Bart ganará el torneo. Flanders le dice que no cuente con eso, ya que Todd va a participar.

A pesar de sus esfuerzos, Bart no consigue jugar bien. Lisa nota su angustia y le enseña un antiguo método oriental de concentración. Con sus nuevas técnicas Zen, el juego de Bart mejora sensiblemente. Homer propone una apuesta a Flanders: el padre del chico que no pierda deberá cortar el césped del otro, vestido con el mejor traje de su esposa.

Todd y Bart sienten que tienen que ganar. La puntuación es muy igualada cuando llegan al último hoyo. Para evitar las funestas consecuencias de la derrota, Bart y Todd terminan el juego empatados. Sin un ganador, Homer y Flanders tienen que segar el césped del otro, llevando los vestidos de sus esposas.

BART EN EL DÍA DE ACCIÓN DE GRACIAS

Episodio 7F07, emitido originalmente el 22.11.90. Guionista: George Meyer. Director: David Silverma.

Es el Día de Acción de Gracias en casa de los Simpson, y Lisa ha confeccionado un decorativo centro de mesa. La familia se sienta para dar las gracias junto con Patty, Selma, la madre de Marge y el abuelo. Cuando Lisa va a poner su centro de mesa, discute con Bart sobre dónde debe de ponerlo. En la acalorada discusión, el centro cae sobre la chimenea y se quema. Desolada, Lisa corre escaleras arriba llorando, mientras Marge y Homer envían a Bart a su cuarto, castigado por haber estropeado la fiesta.

Bart se siente injustamente tratado y huye. Deambula solitario por las calles, hasta que encuentra a un vagabundo que va a tomar su cena de Acción de Gracias. Una multitud de cámaras de TV cubren el acontecimiento, entrevistan a Bart, y lo emiten en el noticiario local.

Cuando Homer y Marge ven a su hijo en la tele, llaman a la policía y dicen que Bart se ha escapado. Vuelve hacia casa, aunque no está seguro de querer abandonar esta vida de libertad callejera, se sube al tejado para pensar. Desde allí llama a su espíritu. Comprende que ha hecho mal y pide disculpas. Toda la familia reunida, celebran la cena.

MOMENTOS ESTELARES

"Está roto. Má, está roto. El abrelatas, el abrelatas se acaba de escacharrar." Bart cantando, con la música de "La Cucaracha", sobre el abrelatas, mientras Marge prepara la cena.

Lisa describiendo su centro de mesa: "Un tributo a las mujeres pioneras que hicieron que el nuestro sea un gran país. ¿Ves? Ahí están Georgia O´Keefe, Susan B. Anthony... y ésta es Marjorie Stoneman Douglas. Tu seguro que no has oído hablar de ella, pero se pasó la vida protegiendo la región pantanosa de Florida."

En el descanso del partido: "¡Hurra por Todo!" les invita a rendir homenaje al hemisferio más maravilloso de la Tierra: el hemisferio occidental, el hemisferio más bailarín.

"...Y, te estamos especialmente agradecidos por la energía nuclear, la fuente de energía más limpia y segura después de la solar, pero ésa es aún castillos en el aire. ¡En fin! Y gracias también por los momentos ocasionales de paz y amor que vive nuestra familia. ¡Menos hoy, que ya has visto lo que ha pasado! ¡Oh, señor, seamos sinceros! ¿Somos la familia más patética del universo, o qué?"

Abuelo: Al contrario que su padre. Siempre se dejaba conducir por cualquiera. Siempre. Era como si careciera de voluntad. ¿No es verdad, Homer?
Homer: Sí, papá.

"Alarido del Incomprendido", por Lisa Simpson: (Escribiendo.): "He visto los más exquisitos manjares de mi generación, destrozados por la locura de mi hermano. / Mi alma cortada en rodajas por demonios con pelos de punta..."

"¡Demasiado! Doce pavos y papeo hasta ponerme ciego. ¡Vivan los Barrios Bajos!"

"Os diría algo alentador, pero ya sabéis.... mi voz..." La señora Bouvier cuando se va sin haber localizado a Bart.

Momentos literarios:
El poema de Lisa está tremendamente inspirado en "Aullidos" de Allen Ginsberg. Ella también guarda un libro con sus trabajos, en un estante junto a *On The Road*, de Jack Kerouac, y una colección de poemas de Edgar Allan Poe.

Homer y Bart están viendo el desfile del Día de Acción de Gracias por la TV, en el que salen globos del Reno Renardo y Muffy.
Bart: ...No estaría mal si utilizaran los dibujos animados de los últimos 50 años.
Homer: Hijo, esto es una tradición, si tuvieran que hacer los globos con cada uno de los personajes de dibujos animados que están de moda, .convertirían el desfile en una farsa.

Marge: ¡Mamá! ¡Has podido venir! ¿Qué tal estás?
Mamá: (Con voz susurrante.) Tengo laringitis y me duele al hablar, así que sólo diré una cosa: ¡Nunca haces nada bien!

DETALLES QUE QUIZÁ TE HAYAS PERDIDO

Los jugadores de los Cowboys de Dallas se llaman Jay Kogen y Wallace Wolodarsky, que son los nombres de los productores de los Simpson.

En el Asilo de Ancianos de Springfield puede leerse la frase: "Gracias por no hablar del mundo exterior."

Todos beben vino durante la cena, excepto Homer que bebe una lata de Duff.

En su caminata, Bart pasa por una gran tubería para la lluvia, en la que un vándalo ha escrito: "El Barto."

Uno de los guardas de seguridad de Burns lee *Los Miserables* mientras cena.

Los enchufes de la casa de los Simpson no tienen toma de tierra.

Cuando Bart está en los barrios bajos del pueblo, pasa ante una licorería en la que se puede leer: "¡Sí, Tenemos Rotgut!"

Aunque el tejado de la casa de los Simpsons está claramente inclinado, las pelotas suelen quedar pegadas allí.

NO VOLVERÉ A HACER ESO
CON LA LENGUA
NO VOLVERÉ A HACER ESO
CON LA LENGUA
NO VOLVERÉ A HACER ESO
CON LA LENGUA

Homer va a buscar al abuelo del Asilo de Ancianos:
Homer: Este sitio es deprimente.
Abuelo: Oye, yo vivo aquí.
Homer: Bueno, una vez que te acostumbras seguro que es la monda, pero vámonos.

KENT BROCKMAN

Ocupación:
Ganador de un premio Emmy por sus noticiarios.

Escribe en:
"Springfield Action News", "El Ojo de Springfield", "Línea Clara" y "Mis dos centavos".

Mayor golpe de suerte:
Ganar la lotería y anunciarlo por la radio (posteriormente apareció con un gran medallón de oro al cuello).

Casado con:
Stephanie, la chica del tiempo.

Le gusta:
Los bikinis, los escándalos y el cálido sentimiento que le invade cuando usa un tópico.

Le desagrada:
Ser interrumpido, que le hagan preguntas y que le roben su danés.

SEÑORAS Y CABALLEROS. HE ESTADO EN VIETNAM. AFGANISTÁN E IRAK Y PUEDO ASEGURAR SIN EXAGERAR QUE ESTO ES UN MILLÓN DE VECES PEOR QUE TODOS ELLOS JUNTOS.

BART, EL TEMERARIO

Episodio 7F06, emitido originalmente el 6.12.90. Guionistas: Jay Kogen y Wallace Wolodarsky. Director: Wesley Meyer Archer.

Profesión:
El mayor superhéroe del mundo.

Eslóganes que se le aplican:
El amante del peligro; si no está en acción, está en tracción.

Número de fracturas:
Prácticamente, se ha roto todos los huesos; hasta los de las orejas. El pulgar se lo ha fracturado varias docenas de veces.

Nivel de peligro:
Su número más famoso consiste en saltar sobre un tanque de agua infestado de enormes tiburones blancos antropófagos, anguilas de mortales descargas eléctricas, grandes pirañas, cocodrilos quebrantahuesos... y un feroz león.

Idiomas:
Es capaz de pedir morfina en más de 30 idiomas.

Nivel de confort:
Le gusta estar en el hospital, a causa de los lavados con esponja, y la alimentación por tubos.

Y AHORA ESCUCHEN EL QUE PUEDE SER MI ÚLTIMO CONSEJO: ABROCHARSE EL CINTURÓN DE SEGURIDAD ES SALVAR LA VIDA.

Homer y Bart se enteran de que el Camionosaurio, un gigantesco dinosaurio mecánico que arroja fuego y que ha sido construido con piezas de camión, viene a actuar a Springfield. Homer propone que toda la familia vea el espectáculo, aunque coincida con la noche del recital de saxofón de Lisa. Homer y Bart se sienten ansiosos por verlo y empujan a la familia hacia el espectáculo. Pero se equivocan, entran en la pista, y el coche de los Simpson es destrozado por el Camionosaurio.

En el espectáculo, Bart queda fascinado por los trucos del superhéroe, Capitán Lance Murdock; en uno de los lances, éste cae en el tanque infestado de tiburones –y con un león– logrando una gran ovación. ¡Bart acaba de descubrir su vocación! Re-

presentando su primer truco frente a los chicos de la ciudad, Bart vuela con su tabla de skate, y se estrella contra el suelo. El doctor Hibbert le dice que tenga cuidado, mientras que el capitán Murdock, desde el hospital, le impulsa a vivir al límite.

Con los ánimos que le ha dado Murdock, Bart decide realizar el mayor truco de su vida: saltar sobre la Garganta de Springfield. Homer, que no puede detener a Bart, decide hacerlo él, para que Bart comprenda el peligro que hay. Se monta en el skate de Bart, pero el chico, que sabe que Homer se matará si lo intenta, está de acuerdo en abandonar su carrera de superhéroe. Accidentalmente Homer cae hacia atrás por la rampa. Mientras vuela, siente el placer de volar... pero termina estrellándose en el fondo de la garganta.

MOMENTOS ESTELARES

 "La primera vez que interpreto un solo. Como no vayáis el sábado, os aconsejo que el domingo empecéis a buscar un psicólogo infantil."

En el Concierto:
Director Skinner: Esta noche, de Sorbete.. ¡Ajá, ja, ja!... de Schubert, la Sinfonía Inacabada.
Homer: Bueno, si está inacabada, no durará mucho.

Las huellas del Camionosaurus:
Cuando el coche de los Simpson cae en las fauces del Camionosaurio, en el Rally de los Camiones Monstruos, los desperfectos incluyen: el parabrisas roto, los parachoques hundidos, el radiador perforado y marcas de dentaduras sobre el capó. Por lo menos no parece que haya daños en el chasis.

"¡Oh, destino cruel! ¿Por qué te burlas de mí?"

Voz tele nº 1: Con el sorprendente...
Voz tele nº 2: ... aterrador...
Voz tele nº 3: ... increíble.
Las tres voces: ... ¡Camionosaurio!
Voz tele nº 2: La demente máquina prehistórica de veinte toneladas y cuatro pisos que aplasta coches y despide fuego.
Voz tele nº 1: ¡Una sola noche!
Voz tele nº 2: ¡Una sola noche!
Voz tele nº 3: Una sola noche en la pista de carreras de Springfield el sábado.
Voz tele nº 1: Mejor estar muertos o en la cárcel que perderse este acontecimiento.
Voz tele nº 2: Y si están en la cárcel: ¡fúguense!
Voz tele nº 3: ¡No se lo pierdan!

El buen doctor: El doctor Julius Hibbert aparece por vez primera en este episodio.

La Guardería de los Tres Tontos:
Una de las secciones más horribles del hospital es la destinada a los chicos que se han herido imitando las actuaciones que han visto "en la televisión, el cine y los espectáculos".

Bart: (Al visitar a Lance.) Es un gran honor, Lance. ¿Cómo se siente?
(Lance se queja, y produce todo tipo de gemidos de dolor.)
(Se oye un crujido.)
Lance: Pues... Doctor, otro chasquido.
Doctor Hibbert: Hmmm... Me temo que haya sido el hueso. Bueno, pues ya están todos rotos.

En tracción: El capitán Lance Murdock está tan maltrecho tras el accidente de su Camión Monstruo, que tiene que firmar el autógrafo a Bart, sujetando la pluma con la boca.

"¡Qué agradable es conocer a un joven interesado en el peligro!" El capitán Murdock, desde su cama del hospital, a Bart.

"... pero si resultas herido, o mueres, a pesar de la atención extra que yo recibiría, te echaría de menos."

"¡Qué momento más emocionante! ¡Soy el Rey del Mundo! ¡Yujuuuu, Yujuuuu! ¡Uuuh!" Homer volando sobre la garganta en el skate de Bart.

Marge: Tú eres su padre, Homer. Tendrás que intentar razonar con él.
Homer: ¡Eso no sirve de nada! ¡Está desahuciado!

DETALLES QUE QUIZÁ TE HAYAS PERDIDO

Lisa está leyendo un libro mientras televisan un combate de lucha libre.

Ninguno de los Simpson lleva el cinturón de seguridad en el coche excepto Maggie, cuando el Camionosaurio atrapa el coche con sus fauces.

En la cartelera frente al Estadio Deportivo de Springfield, bajo el rótulo de Camionosaurio, se puede leer: "Domingo: reclamos para oso."

En el Hospital de Springfield, hay un letrero que dice: "Sólo en efectivo."

Cuando Bart se dirige a saltar sobre la Garganta de Springfield, la calavera que hay en su camiseta tiene la parte superior como el pelo de Bart.

Homenaje cinematográfico:
La aparición de Bart a través del calor y del resol, sobre su tabla de skate, para saltar la Garganta de Springfield, es un homenaje a *Lawrence de Arabia*.

NO CONDUCIRÉ EL COCHE DEL DIRE
NO CONDUCIRÉ EL COCHE DEL DIRE
NO CONDUCIRÉ EL COCHE DEL DIRE

RASCA, PICA Y MARGE

Episodio 7F09, emitido originalmente el 20.12.90. Guionista: John Swartzwelder. Director: Jim Reardon.

 aggie ataca a Homer con un martillo, en el sótano. Marge, mientras se pregunta de dónde sacará Maggie sus ideas, se sienta con los chicos para ver los dibujos animados que más les gustan: "El Show de Pica y Rasca." Se queda aterrorizada por la violencia de la serie y escribe una carta a sus creadores.

Como su carta no surte efecto, Marge protesta frente a los estudios de la productora. Pronto, su protesta se convierte en un boicot nacional. Marge aparece hablando por la televisión y pide a los padres que escriban cartas de protesta. Un aluvión de misivas inunda las oficinas de los productores que, al ver que la audiencia disminuye, piden a Marge que les lleve ideas aceptables.

Pica y Rasca pronto se convierten en una pareja muy domesticada, y la audiencia cae en picado. Mientras tanto se expone en el museo el "David" desnudo de Miguel Ángel, y algunas personas piden a Marge que se una a su protesta. Pero ella no encuentra nada censurable en la escultura. Atrapada en un dilema, comprende que se equivocó al protestar contra una forma de libertad de expresión, mientras admite otra.

NO CANTARÉ DIOS BENDIGA
A BART
NO CANTARÉ DIOS BENDIGA
A BART
NO CANTARÉ DIOS BENDIGA
A BART
NO CANTARÉ DIOS BENDIGA
A BART

MOMENTOS ESTELARES

 "¡Mamá! Si nos quitas los dibujos animados no desarrollaremos el sentido del humor, creceremos cual robots."

"Estimados proveedores de violencia gratuita: sé que esto les parecerá tonto, pero opino que los dibujos que ustedes ofrecen a nuestros hijos están influyendo en su comportamiento de un modo negativo. Sí, he dicho negativo. Por favor, intenten bajar el nivel de violencia psicopática dentro de su, por otra parte, excelente programación. Atentamente: Marge Simpson." Carta de Marge a los productores de Rasca y Pica.

"En cuanto a sus comentarios, nuestra investigación nos ha demostrado que la opinión de una sola persona, por muy chiflada que esté, no puede hacer que las cosas cambien..." Roger Myers, dictando su respuesta a Marge.

 "¡Que sí, hombre! Te lo repito, no podré ir en toda la semana. (Escuchando.) Ya te lo he dicho: ¡Me atacó mi hijita! (Escuchando.) ¡Uh! ¡Qué va a ser la peor excusa que he podido encontrar!"

El nuevo tema del "Show de Rasca y Pica": "¡Ellos aman / ellos comparten / ellos comparten y aman y comparten / amor amor amor / compartir compartir compartir. / El Show de Rasca y Picaaaa!"

"Algunas de estas historias son bastante buenas. Y yo estoy aprendiendo mucho sobre los ratones." Homer viendo "El Show de Rasca y Pica".

"Les habla Ken Brockman. Bien venidos a una nueva edición de Smartline. ¿Los dibujos animados generan violencia? La mayoría de ustedes diría: 'No. ¡Qué va! ¡Qué estupidez de pregunta!' Pero hay una mujer que dice: 'Sí' Con nosotros... la señora Marge Simpson."

Roger Meyers II: Esa mujer, esa tía loca, Marge Simpson. Hay que cerrarle la boca, pero... ¿cómo?
Asesor I: ¿Tirándole un yunque?
Asesor II: ¿Un pianazo en la cabeza?

S.N.U.H.: Springfildianos No-violentos Unidos en Hermandad.

Lo que quiere decir realmente S.N.U.H.: "Que-disminuya-la-violencia-en-la-programación-infantil."

El nuevo Rasca y Pica en "Amigos en el Porche":
(Rasca y Pica sentados en el porche).
Rasca: ¿Limonada?
Pica: Si me das...
Rasca: Si la he hecho para ti...
Pica: Eres mi mejor amigo. Aaah... Está en su punto justo.
Rasca: Lo dices por cumplir...
Pica: No. ¡Sabes hacer limonada, Pica!
Rasca: Gracias.

Homer y Marge viendo los dibujos:
Marge: ¿Qué clase de pervertido puede encontrar gracioso eso?
Homer: Jo, Jo, Jo.

Marge: ... pero si es el "David" de Miguel Ángel. Es una obra maestra.
Helen Lovejoy: ¡Una guarrada! Representa unas partes del cuerpo humano que, por muy prácticas que sean, son malignas.
Marge: Yo adoro esa estatua.
Maude Flanders: Ya os dije que era blanda en cuanto al desnudo integral.

Título del escrito de Marge:
Desde la Mente de Marge.

DETALLES QUE QUIZÁ TE HAYAS PERDIDO

El martillo de Homer todavía tiene el precio colgando.

El Director General de Pica y Rasca International tiene un poster de Rasca y Pica anunciando la cerveza Duff, y una botella de colonia Rasca y Pica sobre un archivador.

Carteles en la protesta:
"Protesto porque Rasca y Pica son responsables de que mi marido fuera agredido con un mazo."- Marge.

"No prohíban a Rasca y Pica." - Bart.

"¡Qué vuelva "Caravana"!" - Moe.

"¿Y si revientan a un gato y nadie se ríe?" Pensamiento.

ROGER MYERS

Profesión:
Director General de Pica y Rasca International.

Ocupación:
Arrogante suministrador de violentos dibujos animados.

Disfruta:
Despreciando a los guionistas, sobre todo a los que se han graduado en Harvard.

Creencias:
Una idea revolucionaria no tiene importancia, por muy chiflada que sea.

Odia:
Ser llamado un mercader sin escrúpulos.

LA VIOLENCIA HA EXISTIDO DESDE MUCHO ANTES DE QUE SE INVENTARAN LOS DIBUJOS ANIMADOS.

LIONEL HUTZ

Profesión:
Es el abogado más importante de Springfield.

Educación y cultura:
Ha pasado por Harvard, Yale, el MIT, Oxford, La Sorbona y el Louvre. Ha pasado... pero brevemente.

Dirección:
Vive en un albergue juvenil.

Idioma:
Fundamentalmente la jerga de los abogados.

Herramientas de trabajo:
Es un impulsor del uso del smoking, plumas estilográficas que parecen puros, exquisitas perlas falsas y auténticos sablazos.

Música favorita:
Las sirenas de ambulancia.

¡RESPUESTA EQUIVOCADA! TIENES QUE DECIR QUE NO TE ENCUENTRAS BIEN. Y QUE SIEMPRE TIENES DOLORES.

UN COCHE ATROPELLA A BART

Episodio 7F10, emitido originalmente el 10.1.91. Guionista: John Swartzwelder. Director: Mark Kirkland.

MOMENTOS ESTELARES

"¡Bah! ¡Por los Santos del Cielo! ¡Dele una moneda y sigamos adelante!" El señor Burns, enfadado por estar perdiendo tiempo al haber atropellado a Bart.

Subiendo en el ascensor que va al cielo. Bart atraviesa una nube con su tía Hortensia y su bisabuelo Simpson que, curiosamente, es un chico joven. También ve a su primer gato, Snowball, con marcas de neumáticos a lo largo de su cuerpo.

> **La experiencia extrasensorial de Bart:**
> Bart: ¡Qué pasado! ¡Estoy difunto!
> Voz Celestial: Por favor... sujétense al pasamano. No escupan al vacío. (La misma voz lo repite en varios idiomas, como las azafatas de los aviones.)

El Diablo presentándose a Bart y dándole la bienvenida al Infierno: "Aaaah, quizá no haga falta que me presente. ¡Soy el Demonio! (Lanza una diabólica risita.) Te has ganado la maldición eterna por tu vida repleta de maldades, Bart. ¡Y lo de escupir ya fue la repera!" Bart escapa levitando y cruzando paredes y suelos.

El Infierno aguarda a Bart: Cuando Bart pregunta si puede hacer algo para evitar volver al Infierno, el Diablo le dice: "Oh, sí, pero... es algo que a ti no te va a gustar."

 "¿Médicos? ¡Esos idiotas! Nadie sabe el daño que le han causado a largo plazo. Es posible que tenga usted que desvivirse para que él viva durante la vida que le quede. Eso es lo malo, pero ahora viene lo bueno. Puede sacarle un pastón formidable a esta tragedia."

La declaración del señor Burns ante el tribunal. "Recuerdo que era un día precioso. El sol brillaba. Y yo iba en mi coche camino de un orfanato para regalar unos juguetes. De pronto, el niño incorregible de los Simpson se puso delante y..."

La declaración de Bart ante el tribunal. "Era una hermosa tarde de domingo. Jugaba yo, inocente y despreocupado, como suelen jugar los niños. ¿Cómo sospechar que estaba a punto de ser atropellado por el lujoso Coche Mortal?

 "¡Tú! ¡Mejor así! Los ricos no son felices. Desde el día en que nacen, hasta el día en que mueren, creen que son felices. Mas, créeme... no lo son."

El señor Burns hace una nueva oferta a Homer y Marge: Esta vez son 500.000 dólares. Pero después de escuchar la discusión entre Marge y Homer, a propósito de la oferta, se da cuenta de que Homer ha contratado a un doctor, y retira la propuesta.

> **Homenaje cinematográfico:**
> Cuando Bart recupera la conciencia en el hospital, se da cuenta de que todas las personas que ha visto en su viaje al más allá se parecían a la Dorothy del final de la película *El Mago de Oz.*

> Doctor Nick Riviera: Su chamaco está muy grave, señora. Miren su radiografía. ¿Ven esa mancha oscura de ahí? (Muestra una radiografía de la cabeza de Bart, con pelo incluido.) Es un latigazo.
> Homer: ¡Un latigazo! ¡Oh, no!
> Doctor Nick Riviera: ¿Y piensan que esa mancha que hay aquí es la huella de mi dedo? Pues no, es una traumadura.

> Moe hablando a todos sus clientes, después de la declaración de amor de Homer a Marge:
> Moe: ¡Escuchad, amigos! Durante el próximo cuarto de hora, las jarras un tercio más baratas. (Ovación.) ¡No, no! Una por cliente y cerveza de barril. ¿Eh? ¡No vale repetir!

> Homer: (Admirando los diplomas.) ¡Oh! ¡La de estudios que debe de tener usted, señor Hutz!
> Hutz: (Dándose bombo.) Sí... Harvard, Yale, Oxford, La Sorbona, el Louvre...

DETALLES QUE QUIZÁ TE HAYAS PERDIDO

El lujoso coche de Burns es un Rolls Royce de 1948.

Bart patina ante el Mort's Deli y el Sushi Yes antes de ser atropellado.

El Infierno está inspirado en un famoso cuadro de El Bosco.

El ordenador del Diablo trabaja con sistema operativo Windows.

La oficina de Lionel Hutz se halla en el bloque de pisos en el que está el Yogurt Nook, donde están sentados los dos gemelos narizones.

La oficina del doctor Nick Riviera está situada dos puertas más allá de la de Hutz. Y están separadas por una tienda de chucherías.

Herman se queda conmovido por el testimonio de Bart.

Mientras patina sobre su skate, Bart es atropellado por un coche conducido por el señor Burns. Bart tiene una experiencia extrasensorial de vida después de la muerte, y recobra el conocimiento en el hospital. El abogado Hutz le dice a Homer que le llame si quiere conseguir un montón de dinero. Cuando el señor Burns ofrece a Homer unos miserables 100 dólares como compensación por las heridas de Bart, Homer llama a Hutz.

El abogado le asegura a Homer que puede conseguir una indemnización de un millón de dólares, pero es necesario que en el juicio Bart mienta sobre sus heridas. Hutz también usa el testimonio profesional del doctor Nick Riviera. Cuando Burns comprende que perderá el juicio, ofrece a Simpson y Marge una indemnización de 500.000 dólares. Marge quiere aceptar la oferta, pero Homer no está de acuerdo, ya que quiere el millón.

Los abogados de Burns sientan a Marge en el estrado. Ella jura decir toda la verdad. Incrédulo, Homer la escucha y ve como se esfuma su millón. Sentado en la Taberna de Moe, Homer se pregunta si es posible seguir amando a una mujer que te ha costado un millón de dólares. Marge entra a disculparse. Homer la mira a los ojos y le dice que la ama más que nunca.

NO VENDERÉ LA PROPIEDAD DEL COLEGIO
NO VENDERÉ LA PROPIEDAD DEL COLEGIO
NO VENDERÉ LA PROPIEDAD DEL COLEGIO

UN PEZ, DOS PECES, PEZ FUGU, PEZ AZUL

Episodio 7F11, emitido originalmente el 24.1.91. Guionista: Nell Scovell. Director: Wesley M. Archer.

Homer lleva a su familia al restaurante Sumo Feliz a comer sushi. Después de probar muchas cosas, pide pez fugu, la peligrosa especialidad de sushi: si el cocinero corta mal el pescado, éste se vuelve terriblemente venenoso. Cuando el Maestro Chef ve que el pescado que Homer está comiendo ha sido mal cortado, lo envía directamente al hospital, donde el doctor Hibbert le dice que le quedan 24 horas de vida.

Homer escribe una lista de "cosas que hacer antes de morir" e intenta realizarlas en su último día. Tiene una charla "de hombre a hombre" con Bart, intenta disfrutar de un improvisado concierto de saxo de Lisa, se reconcilia con su padre, se toma una última cerveza con Barney en la Taberna de Moe, se burla de Burns y se lleva a Marge al dormitorio para intimar con ella.

Mientras Marge duerme, Homer se desliza en la habitación de sus hijos para darles el último beso. Luego, se queda dormido en un sillón, escuchando una grabación de la Biblia y pensando que nunca se despertará. A la mañana siguiente Marge ve su cuerpo sin vida. Pero la baba de Homer está caliente y Marge se da cuenta que sigue vivo, y celebran la victoria en su lucha con la muerte. Homer pronto vuelve a estar ante la pantalla de la televisión, tragando cortezas de cerdo.

MOMENTOS ESTELARES

"Señor Simpson-san, iré al grano de arroz. Tenemos razones para creer que ha comido usted... veneno. No asustarse, detrás de carta, plano de camino al hospital." Toshiro, aprendiz de chef en el Sumo Feliz, intentando consolar a Homer.

La pregunta de Marge: Marge pregunta si ellos podrán ver amanecer juntos. Cuando suena su despertador a las seis de la mañana, Homer se gira y sigue durmiendo cinco horas y media más.

Presunto culpable: Cuando Homer le dice a Bart que quiere tener una charla de hombre a hombre con él, Bart se baja los pantalones y se tiende sobre las rodillas de Homer.

Quiero compartir algo contigo. Las tres frases cortas que sacarán tu vida adelante. La primera: "¡No digas que he sido yo!" La segunda: "Oh, buena idea, jefe." Y la tercera: "Estaba así, cuando llegué."

"¡Qué forma de acaparar mis últimos momentos!" Homer va a ver a su padre, para reconciliarse con él, y comienzan a pescar y a jugar...

Sus últimas horas: Después de intimar con Marge, Homer pasa a despedirse de sus hijos, que están durmiendo. Le dice a Maggie que siga así de dulce, a Lisa que sabe que hará que se sienta orgulloso. Y después de pensar durante unos instantes, le dice a Bart que le gustan sus sábanas.

"Ahora que vas a morir": Un prospecto que el doctor Hibbert entrega a Homer.

"¡Oh when the Saints, qué macho es!" Versión de Homer de la canción "Cuando los santos van de Marcha". La canta mientras Lisa toca el saxo por última vez para él.

Lista de cosas que Homer tiene que hacer antes de morir. (Apuntadas en un cuaderno que dice: "Cosas tontas para hacer mañana."):

1. Hacer lista. (Tachado.)
2. Tomar un desayuno sano.
3. Grabar un vídeo para Maggie.
4. Charla de hombre a hombre con Bart.
5. Escuchar a Lisa tocando el saxo.
6. Preparar el funeral.
7. Reconciliarme con papá.
8. Una cerveza en el bar.
9. Hablar mal del jefe.
10. Tumbarme a la bartola.
11. Plantar un árbol.
12. Cena de despedida con mi amada familia.
13. Intimar con Marge.

"¡Hola! Aquí la Taberna de Moe..."

Moe: Taberna de Moe: la casa donde nació el cóctel de paraguaya.
Bart: ¿Señor Topocho? El nombre, Donpi.
Moe: ¡Eh, un segundo! El señor Topocho. Donpi Topocho. ¿No hay por aquí ningún Donpi Topocho?
Moe: (Al teléfono.) ¡Escucha, renacuajo hijo de una pulga! Cuando te eche el guante te voy a...

DETALLES QUE QUIZÁ TE HAYAS PERDIDO

El restaurante El Sumo Feliz está en Elm Street.

Homer se toma un gran Duffahama en El Sumo Feliz.

Cuando Homer se pone a comer trozos de sushi a toda velocidad, siempre le quedan dos piezas en el plato.

Richie Sakai, que se pone a cantar en el karaoke la canción de Cher: "Gypsies, Tramps, and Thieves", se llama como el productor de los Simpson: Richard Sakai.

En la alfombrilla de Flanders se puede leer "Bien venido al país de Flanders". Un cartel en su cuarto trastero dice: "Dios bendiga este desorden."

La mesa del comedor de Barney es un carrete de enrollar cable eléctrico de alta tensión.

Cuando Homer va en coche con Barney, ve al señor Burns:
Homer: ¡Hey, Burns! ¡Multiplícate por cero!
Burns: ¿Quién demonios es ése?
Smithers: No sé... ¡Es Homer Simpson, señor! Ese desgraciado que está en el sector 7-G.
Burns: Simpson... ¿Eh? Le quiero en mi despacho el lunes por la mañana a las nueve en punto. ¡Y a ver quién va a multiplicarse por cero!

NO IRÉ POR EL CAMINO MÁS FÁCIL
NO IRÉ POR EL CAMINO MÁS FÁCIL
NO IRÉ POR EL CAMINO MÁS FÁCIL

AKIRA

Ocupación:
Camarero del restaurante japonés El Sumo Feliz.

Pluriempleo:
Propietario/monitor/profesor de la Academia de Artes Marciales de Springfield.

Es notable en:
Tener una de las peores cabelleras de Springfield.

Profesor de:
Karate... y ojalá nunca lo necesitemos.

Especialidad:
Sabe cuándo se deben de ofrecer huevos crudos de codorniz.

Está buscando:
Un par de nunchakos para zurdos, y será completamente feliz.

PRIMERO TIENES QUE LLENAR TU CABEZA DE SABIDURÍA. LUEGO PUEDES TRITURAR EL HIELO CON LA CABEZA.

Cuando el aparato de TV se estropea, Marge comienza a contarles a los niños cómo se conocieron Homer y ella. Fue en 1974. Homer fumaba cigarrillos y también se "fumaba" las clases, mientras que Marge se había unido al movimiento de Liberación de la Mujer, para quemar sus sostenes. Se conocieron cuando estaban castigados, y él quedó locamente enamorado.

Para impresionar a Marge, Homer se une al equipo de debates políticos de su facultad. Luego le pide a Marge que sea su tutora de francés, y así poderle decir palabras tiernas. Después de aceptar la invitación de Homer al Baile de Fin de Curso, Marge descubre que a Homer no le interesan nada el francés, ni la política, y que sólo está interesado en ella. Le dice que le

odia y acepta la invitación de Artie Ziff para ir a la fiesta. Sin desanimarse, Homer va solo a la fiesta. Más tarde, cuando Artie intenta meterle mano a Marge en el asiento trasero de su coche, Marge le pide que la lleve a casa. Por el camino ve a Homer paseando solitario por el lateral de la carretera, Marge vuelve en su propio coche a recoger a Homer, comprendiendo que es el hombre de su vida.

MOMENTOS ESTELARES

Imagina quién es: Cuando se estropea la tele de los Simpson, están viendo un debate, protagonizado por un señor calvo y por otro grueso, sobre una antigua película. La película pertenece a la saga de McBain.

"¡Inglés! ¡Pffft! ¿Para qué? ¿Quién va a ir a Inglaterra? ¡Venga, vamos a fumar!" Homer a Barney, intentando convencerlo para pirarse de las clases.

Castigo inacabable. Después de que Homer comienza a hablar con Marge en el Aula de Castigados, cada nueva frase que le dice le acarrea otro día más de castigo, pero a él le parece que vale la pena.

¿Y a quién tutoreas? Homer, pidiendo a Marge que sea su tutora.

Recular: Homer introduce un nuevo elemento en el equipo de Debates, para rebatir el argumento final de Artie Ziff.

Podría darte una docena de argumentos altamente convincentes. El primero es de la revista _Time_, con fecha del 8 de enero de 1974: "Los Bailes de Fin de Curso y el Amor: hasta las flores del papel pintado aspiran a tener una cita anual." Artie Ziff intentando explicar a Marge el porqué debería de aceptar su invitación de ir al Baile de Fin de Curso.

Los consejos para La Vida del abuelo:

Abuelo: Y dime... ¿Esa chica tuya está muy buena?
Homer: ¡Aaaaha!
Abuelo: ¿Tiene algo en la cabeza?
Homer: ¡Oh, sí!
Abuelo: ¡Oooh! Hijo, no aspires a tanto. Confórmate con un coche abollado, un trabajo sin futuro y la chica menos atractiva. Ya sé... Ya sé que es culpa mía: debí haberte dado esta charla hace tiempo.

Primera Aparición:

El padre de Marge, el señor Bouvier. Parece que Patty y Selma heredaron de su padre la pasión por fumar, junto con la de murmurar por lo bajinis.

El primer acto de activismo de Marge:

Marge: (Hablando por un altavoz.) _El primer paso es liberarnos de estos... (enseña un sujetador) ...grilletes impuestos por los machos._
Kim: _No creía que fuera tan ardiente._
Marge: _Será porque me dejé dentro un postizo de papel._

Barney: ¡Eh, Estela! ¿Vienes conmigo al Baile de Fin de Curso?
Estela: No iría al Baile de Fin de Curso contigo, ni aunque fueras Elvis Presley.

Tiempos pasados:

Barney: _Te pasas el día comiendo, y no engordas ni un gramo._
Homer: _Es mi metabolismo. Soy uno de los afortunados._

Director Dondelinger: (Quitándoles los cigarrillos de la boca.) _Permítanme. Acaban de ganarse tres días de castigo. Ya saben dónde y cuándo._
Homer / Barney: _A las tres en punto. Aula ciento seis._

Tutor McIntyre: _Homer... ¿Tiene usted ya idea de lo que hará el día que se gradúe?_
Homer: _¿Yo? Ponerme a beber cerveza y pasarme de juerga tooooooda la noche._

El debate:

La señora Bloominstein: (La profesora.) _El tema del debate de este año es "A decisión: ¿El límite de velocidad debería de bajarse a 90 kilómetros por hora?"_
Homer: _¡Eso es ridículo! Sí. Se salvarían unas cuantas vidas, pero millones llegarían tarde._

ÉRAMOS

Episodio 7F12,
emitido originalmente el 31.1.91.
Guionistas: Al Jean, Mike Reiss y Sam Simon.
Director: David Silverman.

ARTIE ZIFF

Cómo es:
Lleva el pelo afro, es un gafotas sabelotodo, y va con Marge al Baile de Fin de Curso.

Es famoso por:
Ser el más astuto miembro del equipo de debates de la Universidad de Springfield.

Vergüenza oculta:
Sus "largas" manos.

Su mayor desafío:
La humildad.

Su mayor hazaña:
Ser elegido Rey de Curso junto con la Reina Marge.

A Homer le llama:
Ignorante.

EN LUGAR DE HABER VOTADO A UN HÉROE ATLÉTICO, O A UNA CARA BONITA, ME HABÉIS ELEGIDO A MÍ, VUESTRO SUPERIOR INTELECTUAL, COMO REY. ¡OS APLAUDO!

NO LLEGARÉ MUY LEJOS CON MI POSTURA
NO LLEGARÉ MUY LEJOS CON MI POSTURA
NO LLEGARÉ MUY LEJOS CON MI POSTURA

Lista de canciones del episodio:

"Close to You" por Los Carpenters, "The Joker" por la Steve Miller Band, "Pick Up the Pieces" por The Average White Band, "Can't Get Enough of Your Love" por Barry White, "Goodbye, Yellow Brick Road" por Elton John y "Do the Hustle" por Van McCoy.

La primera impresión que causó Homer a Selma y Patty:

Selma: *Los pretendientes de Marge cada día son más feos.*
Patty: *Es lo que pasa cuando una se hace la estrecha.*

Cuando la tele se estropea:

Homer: *Está bien, está bien. Llega el doctor Televisión a hacer una pequeña operación.*
Bart: *Creo que ha perdido su paciente, doctor.*

Lo que opina la señora Bouvier de los polvos de maquillaje:

Marge: (Pellizcándose las mejillas.) *¿Por qué no usamos mejor colorete?*
La señora Bouvier: *Las damas se pellizcan, las fulanas usan colorete.*

DETALLES QUE QUIZÁ TE HAYAS PERDIDO

Rainier Wolfcastle es claramente alemán (o austriaco, o suizo), pero su personaje McBain tiene un nombre escocés o irlandés.

A juzgar por los pósters de su pared, Homer es un fan de Pink Floyd y Led Zeppelin.

En 1974 Marge no llevaba el pelo cardado. Comenzó a usarlo así para el baile de Fin de Curso.

La cara del señor Burns figura en la primera página de un folleto informativo sobre la Central Nuclear de Springfield.

Homer y el Abuelo están cenando un cubo lleno de piezas de pollo del Shakespeare Fried Chicken.

El señor Seckofsky perdió un dedo.

En la cubierta de la revista *Ms. Magazine*, de Marge, los titulares dicen:
"Odiándose y citándose: ¿Es posible la unión? ¿Por qué todos los hombres son malos? 25 razones para no afeitarse los brazos."

Cuando Selma le dice a Artie Ziff: "Hola... ¡qué elegante!, él contesta:
"Eso lo ha dicho usted."

El grupo musical Larry Davis Experience toca en el Baile de Fin de Curso, y en los episodios:
7G01: "La babysitter ataca de nuevo" y 7F17 "Dinero viejo".

Ocupación:
Hombre de Dios, Motorista, Consejero matrimonial.

Sus grandes competidores:
La NFL, las acogedoras camas de los domingos y la TV por cable.

Libros/Folletos:
Infierno: Nunca jamás para los Cristianos y *Los Huesos de Satán*.

Afición:
Jugar con trenes.

Vergüenza oculta:
Que su perro haga sus cochinadas en el césped de Ned Flanders.

Palabras de consuelo a los que sufren:
"Ahí, ahí, ahí, ahí" y "Bien, si eso es lo peor que te ha ocurrido hoy, puedes considerarte afortunado".

LA IGLESIA TE LO DA, LA IGLESIA TE LO QUITA.

HOMER CONTRA LISA Y EL OCTAVO MANDAMIENTO
Episodio 7F13, emitido originalmente el 7.2.91. Guionista: Steve Pepoon. Director: Rich Moore.

Homer consigue conectarse ilegalmente a un canal de TV por cable, e invita a sus amigos a ver un importante combate de boxeo. Lisa, que acaba de estudiar el Octavo Mandamiento en clase, teme que su familia vaya al Infierno por piratear la tele por cable.

Lisa solicita los consejos del Reverendo Lovejoy que le dice que se convierta en un ejemplo para todos, negándose a ver la TV por cable. Marge también está preocupada, ya que piensa que ejerce una mala influencia sobre la familia, y quiere desconectarla. Homer, sin embargo, está decidido a ver el combate con sus amigos.

La noche del gran combate, Lisa protesta y es enviada fuera por Homer. Marge sale con ella. Durante la pelea, Homer, siente la llamada de la conciencia y sale junto a su familia. Después de acabar el combate, coge unas tijeras y sube al poste para cortar el cable... dejando a todo el vecindario sumido en una total oscuridad.

MOMENTOS ESTELARES

El Octavo Mandamiento: No robarás.

Flashback al desierto de Sinaí: 1220, A.C. Homer el Ladrón, (cuyo parecido con Homer Simpson es notable) está charlando con sus amigos Hezron, Escultor de Ídolos Falsos, y Zohar, el Adúltero. Moisés baja desde las montañas para leerles los diez mandamientos... que cambiarán sus vidas para siempre. Homer se despierta.

"Es la cosa más deshonesta que me han propuesto en mi vida. Debería arrancarle a usted las orejas, pícaro ladronzuelo." Flanders al hombre de la TV por cable, al escuchar una oferta de conectarle el cable gratis. El hombre del cable sólo le contesta: "Amánsate, Tigre."

"Ahora que ha decidido piratear televisión por cable." Título de un prospecto del hombre del cable.

Del folleto "Ahora que ha decidido piratear televisión por cable", que viene junto al cable ilegal de los Simpson: "Falso: Piratear televisión está mal. Realidad: Las compañías de televisión por cable son sociedades anónimas, lo cual hace que no pase nada.

Falso: Es justo pagar por películas de estreno y de calidad. Realidad: Las películas que se emiten tienen más de dos estrellas y se repiten hasta la náusea."

"Cable: es más maravilloso de lo que me atrevía a esperar."

"¿Por nada al mes? Sí, creo que podemos pagarlo." Homer a Marge, cuando ella pregunta si pueden permitírselo.

"¿Y no se acaba uno acostumbrando, como en un baño de agua caliente?" Bart, después de que en la Escuela parroquial le han explicado que en el Infierno uno se quema día y noche durante toda la eternidad.

"¡Cómo me gustaría ser un adulto para poder violar las normas!"

"Bart, ya no estás en la Escuela parroquial. No digas palabrotas." Marge a Bart, a propósito del uso de la palabra "Demonios".

"Tengo tantas ganas de ver 'Watson contra Tatum II', que hasta estoy dispuesto a ir a la casa de un empleado. Aunque

me lo imagino: un televisor con los bordes grasientos, un perro sarnoso tambaleándose mientras busca en vano un lugar donde morir."

La Velada Nocturna: Cuando vienen los invitados, Homer ha de esconder las cosas que les ha robado, incluyendo las jarras de cerveza de Moe y un ordenador del trabajo. Lisa dice que no verá la televisión como protesta, y Homer la envía fuera.

Homenaje cinematográfico:
Después de averiguar que el hombre del cable hace empalmes ilegales, Homer lo persigue, con la intención de que no se vaya. Es un homenaje a *Con la muerte en los talones*.

NO EMITIRÉ RUIDOS FLATULENTOS EN CLASE
NO EMITIRÉ RUIDOS FLATULENTOS EN CLASE
NO EMITIRÉ RUIDOS FLATULENTOS EN CLASE

Homer: *Míralo de este modo: Cuando desayunaste esta mañana... ¿pagaste algo por el desayuno?*
Lisa: *No...*
Homer: *¿Y has pagado algo por la ropa que llevas?*
Lisa: *No, no...*
Homer: *Pues ya puedes empezar a correr, nena. ¡Voy a llamar al FBI!*
Lisa: *Papá: ese argumento es pueril.*
Homer: *Hombre, gracias.*

Guía Espiritual:
Lisa: *¿Y si un hombre coge pan para dar de comer a su familia hambrienta? ¿También eso es robar?*
Reverendo Lovejoy: *No. Bueno, si no coge luego algo para untarlo, mermelada, por ejemplo.*

DETALLES QUE QUIZÁ TE HAYAS PERDIDO

Homer el ladrón, le roba la bolsa del dinero a Zohar, mientras le da palmaditas en la espalda.

Una planta que hay junto al sofá, crece y muere, mientras los Simpson pasan horas y horas ante la TV.

Pintada en las duchas de la Central Nuclear: "Las duchas descontaminadoras lo lavan todo."

Pintada en el exterior de la iglesia: "Dios, la Auténtica Conexión con el Amor."

Jimbo roba dos veces en las tiendas: en el supermercado, poniéndolas dentro de su anorak, y en el badulaque, donde roba más cosas.

El físico de los dos boxeadores está inspirado en Mike Tyson (Tatum) y Buster Douglas (Watson).

Se puede oír una parte de un episodio de "David y Goliat", donde Goliat advierte de que no se use el coche de papá.

DIRECTOR ENCANTADOR

Episodio 7F15, emitido originalmente el 14.2.91. Guionista: David Stern. Director: Mark Kirkland.

C uando Selma le confiesa a Marge que tiene ganas de casarse, Marge le pide a Homer que encuentre un hombre para ésta. Homer busca, pero no encuentra a nadie lo bastante desesperado como para casarse con Selma. Homer se reúne con el Director Skinner para hablar de los estudios de Bart y, al darse cuenta de que es soltero, lo invita a cenar para que conozca a Selma.

Skinner llega y primero le presentan a Patty. Skinner queda instantáneamente enamorado. Y cuando se citan para salir, Selma se hunde en la desesperación.

Barney observa la falta de empuje de Selma y se ofrece a ayudarla. Cuando Skinner pide a Patty que se case con él, Selma pierde toda esperanza y decide aceptar las aproximaciones de Barney. Patty se da cuenta del efecto que su relación tiene sobre Selma y rechaza la propuesta de Skinner. Rescata a Selma de su compromiso con Barney, y se la lleva a casa.

MOMENTOS ESTELARES

Los cuatro dedos: Homer entra corriendo y le dice excitadamente a Marge: "Tengo que decirte cinco vocablos: *(Contando con los dedos.)* Barbacoa Grasienta de Joe Rechu... *(Pasando a la otra mano.)*… pete."

 "Iré directa al grano. Me estoy haciendo vieja, más gorda y más fea... ¡Por favor! Ayúdame a encontrar a un hombre antes de que sea demasiado tarde."

"No me sorprende. Ella siempre ha sido más afortunada. Es dos minutos más joven, tiene la piel de porcelana y los pechos le llegan hasta el domingo que viene." Selma hablando de Patty.

Contradicción: Incluso aunque ella misma dice que el tetrasulfato de sodio es "altamente cáustico y puede arrancarte la piel a tiras", la señora Krabappel lo vierte sin ningún cuidado en un vasija, cerca de Bart y Martin.

"No sé por qué, la comida sabe mejor cuando giras." El Director Skinner, mientras cena en el Restaurante Giratorio de Springfield.

Manos fuera: Cuando Skinner trata de abrazar a Patty en el cine, mientras ven *Rebelión en el Espacio V*, Patty le espeta: "¡No seas estúpido!"

"Anímate, Homer. Estás haciendo que la 'Hora Feliz' resulte paradójica."

Datos destacados de Patty: Fuma 100 Señoritas Laramie, y su dulce favorito son los caramelos de guinda.

> **Primera Aparición:**
> Hans Moleman (aunque su carné de conducir dice: Ralph Mellish).

> **Marge:** *Homer, prometiste limitarte a chuletas de cerdo seis veces a la semana.*
> **Homer:** *Marge, sólo soy un humano.*

> **Homer:** *¿Que le busque un marido a...? Espera: ¿cuál de las dos es Selma?*
> **Marge:** *Selma es a la que le gustan las películas de Rambo, los angelotes de cerámica y pasear por el parque al sol del otoño.*

> **Selma:** *Ha llegado el momento de vender mi amor, como si fuera tintorro.*
> **Homer:** *Quizá subas al cielo, Selma.*

> **"¡Hola! Aquí la Taberna de Moe..."**
> **Bart:** *Oiga... ¿Está Homer ahí?*
> **Moe:** *¿Homer qué?*
> **Bart:** *Homer... sexual.*
> **Moe:** *No sé. Espere un momento. Voy a ver. (Dirigiéndose a los clientes.) ¡Eh! ¡Homer-sexual! ¡Venga, vamos, alguno de vosotros tiene que ser sexual!*
> **Moe:** *¡No! ¡Oye, tú, maldito crápula! Como te coja algún día voy a hundir mis dientes en tu mejilla y arrancártela de la cara.*

> **Skinner:** *Bueno, Patty, cuénteme más cosas sobre su viaje a Egipto.*
> **Patty:** *No hay mucho más que contar. El Nilo huele a podrido. Y había unos tábanos más gordos que su cabeza.*

DETALLES QUE QUIZÁ TE HAYAS PERDIDO

Marge usa la crema cosmética "¡Vaya, no tienes bigote!" en su hermana Patty.

Desde el Restaurante Giratorio de Springfield se puede ver un motín en la prisión, un hombre amenazando con saltar desde el alféizar de un bloque de pisos, y un cartel anunciador en el que puede leerse "Casa de los Aburridos".

La Hora Feliz en la Taberna de Moe es desde las 5 a las 5,30 de la tarde.

Una joyería de Springfield se llama "Las Joyas de la familia". Otra tiene por nombre: "Choza de la Carne de Saldo", en referencia a "Vida en el infierno".

La pila de Notas sobre la Conducta de Bart incluye apartados sobre Vandalismo, Llegar tarde, Absentismo, Hacer la burla y Comportamientos groseros.

El letrero ante la iglesia dice: "Bodas Peterson" a las 2.00, y "Camino al Cielo" a las 8.00.

Homenajes cinematográficos:

Los intentos de Homer por encontrar en el futuro una potencial pareja para Selma, parodian a *Terminator*.
El Director Skinner dice: "Mañana será otro día de colegio", y está inspirado en *Lo que el viento se llevó* ("Mañana será otro día").
Skinner sube a Patty por las escaleras del campanario, en la forma en que Quasimodo subía a Esmeralda en *El Jorobado de Notre Dame*.
Cuando Skinner sube las escaleras de la escuela, recuerda a la escena final de *Vértigo*, de Hitchcock.

Ocupación:
Director de la Escuela Primaria de Springfield.

Mote:
Spanky.

Residencia:
Todavía vive con su madre.

Educación:
Según los estudiantes, lo sabe todo.

Reputación:
Famoso por sus camisas.

Top Secret:
Se rumorea que lleva peluca.

Le gusta:
El orden, la diligencia, el respeto y la elegancia.

Le desagrada:
El caos, la pereza, la falta de respeto y Bart Simpson.

> HMMMM... QUE DIGAN LO QUE QUIERAN DE LA CAFETERÍA, YO SIGO PENSANDO QUE ÉSTAS SON LAS MEJORES CONGEALBÓNDIGAS QUE EXISTEN.

NO ERUCTARÉ EL HIMNO NACIONAL
NO ERUCTARÉ EL HIMNO NACIONAL
NO ERUCTARÉ EL HIMNO NACIONAL

TIENE DERECHO A PERMANECER MUERTO

Episodio 7F16, emitido originalmente el 21.2.91. Guionista: Jeff Martin. Director: W. M. "Bud" Archer.

HERB POWELL

Nacimiento:
Hermanastro de Homer Simpson, entregado en adopción poco después de nacer.

Hijo de:
Abraham Simpson y un enloquecido carnaval.

Ocupación:
Propietario de la Powell Motors.

Educación:
Se abrió camino en Harvard a base de lavar platos y fregar retretes.

Motivación:
Posee una cordura inapropiada en alguien que lleva sangre de Simpson en las venas.

Verdadera Felicidad:
Considera que radica en el amor y en la familia, no en el dinero.

Motes:
Prefiere que sus sobrinos le llamen Tito Herbito.

¡SOY SIMPLEMENTE UN CHICO SOLITARIO!

MOMENTOS ESTELARES

Pulgar abajo: En la película de McBain, el Abuelo y Jasper quieren que les devuelvan el dinero porque: "La pantalla era muy pequeña, el malo pegajoso, y el hilo argumental muy rebuscado."

Homer bendiciendo la mesa en la cena: "... y sobre todo gracias por la energía nuclear, Señor, que todavía no ha causado ni una sola desgracia comprobada, al menos en este país. Amén."

NO VENDERÉ PARCELAS EN FLORIDA
NO VENDERÉ PARCELAS EN FLORIDA
NO VENDERÉ PARCELAS EN FLORIDA

Leve arritmia: El diagnóstico del doctor Hibbert sobre el abuelo. Pero el abuelo no está de acuerdo en que sea leve, y dice que Hibbert es un matasanos.

"¡Espera-espera-espera-espera-espera-espera! A ver si me he enterado bien: Supón que es Navidad. Tres de la mañana y mis tripas empiezan..." Homer, intentando ver si es cierto que puede comer chuletas de cerdo, en el momento en que lo desee, en casa de Herb.

Nepo-ma-tismo: Powell Motors está cediendo terreno cada día ante sus adversarios japoneses. Sus coches son demasiado poco potentes, demasiado pequeños, y tienen nombres de "tipas griegas harapientas". Herb contrata a Homer para que le ayude a levantar la compañía.

 "¿Conocen esa pelotita que se coloca en la antena para localizar el coche en el parking? Todos los coches deberían de tenerla. Y hay cosas tan llamativas que nunca pasan de moda, como los alerones, las cabinas de cristal, la tapicería de leopardo... ¡Una bocina aquí, aquí y aquí! ¡Nunca encuentro la bocina cuando me enfado! ¡Y quiero que todas toquen "La Cucaracha"!"

El anuncio del "Homer": Un artístico, y etéreo plano muestra a Homer conduciendo a lo largo de la costa, mientras su voz recita: "Toda mi vida he buscado un coche que fuera especial. Fuerte cual gorila, y a la vez suave y flexible como un bambi. ¡Por fin lo he encontrado!"

¡Vaya tela! ¡El bastardo es rico!

Herb: Oye, Marge, háblame un poco de ti.
Marge: Bueno, conocí a Homer en el instituto. Nos casamos y tuvimos tres hijos preciosísimos.
Herb: ¡Oh! Tienes tantas cosas que contarme.
Marge: La verdad es que ya te lo he contado casi todo.

Presentación de Herb a la familia:
Herb: (Al oído de Homer.) ¿Todos dentro del matrimonio?
Homer: Sí, aunque el chico casi se queda fuera.

De la nueva película de "McBain":
Mujer comando: Si ya has puesto fin a esa reunión...
McBain: Ahora me gustaría tener otra reunión... en cama.

Herb: Quiero que tú me ayudes a diseñar un coche. Un coche para todos los Homer Simpson del mundo. Y quiero pagarte por ello doscientos mil dólares al año.
Homer: ¡Y yo quiero dejarte hacerlo!

Homer, el Equitativo:
(Bart y Lisa discuten entre sí.)
Homer: ¿Queréis callar? ¡Ni una sola palabra más! Bart no verá los dibujos animados, y Lisa no irá a la universidad.
(Bart y Lisa se siguen insultando por señas, y Homer se da cuenta.)
Homer: Tampoco quiero pantomimas.

DETALLES QUE QUIZÁ TE HAYAS PERDIDO

Cuando dispara McBain, el hombre tiembla y se agita incluso antes de tener la pistola apuntándole.

El abuelo se agarra a una corbata cuando tiene un ataque al corazón. Maggie atrapa la corbata de Herb cuando se lo encuentra por vez primera.

Cuando era un bebé pequeño, Homer tenía el mismo pelo que de grande.

Marge viste zapatillas de conejito, cuando lleva la bata.

Los Simpson se detienen en una gasolinera de ESEO para que Homer pueda ir a los aseos.

El Director del Orfanato es el primer hermano (perdido hace mucho tiempo) del doctor Hibbert. (Murphy Encías Sangrantes es el segundo.)

Lista de invitados:
El Papa acude a la presentación del nuevo coche de Homer.

Después de sufrir un ligero ataque al corazón, el abuelo confiesa un secreto a Homer: cuando era joven tuvo una relación ilícita, fruto de la cual nació un hijo. Homer siente que ha de localizar a su perdido hermanastro. Se entera de que su nombre actual es Herb Powell y que vive en Detroit. Homer entra en contacto con él, y marcha a Detroit con toda la familia. Al llegar a casa de Herb, descubre que es una grandiosa mansión y que posee una fábrica de coches valorada en muchos millones.

Homer es feliz al saber que tiene un hermanastro rico. Herb comprende que Homer representa al americano medio, y lo contrata para diseñar un coche que guste a los americanos corrientes, y que ayude a su compañía a luchar con la competencia extranjera. Homer se pone a diseñar su coche soñado, pensando en convertirse en un magnate como Herb. Mientras tanto su hermanastro pasa el tiempo con Marge y los chicos, portándose como una persona más familiar de lo que Homer lo ha sido nunca.

El coche de Homer, el "Homer", es un completo fracaso. Herb se arruina y tiene que vender sus posesiones. Maldiciendo el día en que Homer entró en su vida, Herb se marcha en un autobús. Los Simpson vuelven a su casa abatidos. Pero Homer se siente reconfortado cuando Bart le dice que su coche era... **¡dabuten!**

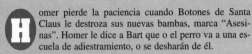

EL SUSPENSO DEL PERRO DE BART

Episodio 7F14, emitido originalmente el 7.3.91. Guionista: Jon Vitti. Director: Jim Reardon.

Homer pierde la paciencia cuando Botones de Santa Claus le destroza sus nuevas bambas, marca "Asesinas". Homer le dice a Bart que o el perro va a una escuela de adiestramiento, o se desharán de él.

Bart lleva a Botones de Santa Claus a la Escuela Canina, pero no aprende. Cuando el perro se come unas nuevas rosquillas de Homer y destroza la colcha recuerdo de la familia, Homer decide que ha llegado el momento de que se vaya. Bart suplica que le dé una nueva oportunidad. Homer accede, siempre y cuando el perro supere los exámenes finales de su escuela.

Bart trabaja incansablemente para adiestrar a su perro, pero sin resultados visibles. Rindiéndose, Bart dice a Santa Claus que si aprende a sentarse, rodar y hablar podrá quedarse con la familia. Repentinamente se sienta, rueda y mueve la cola. Bart le da otras órdenes que el perro también obedece. Al día siguiente Botones de Santa Claus pasa el examen mientras los Simpson lo miran con orgullo.

MOMENTOS ESTELARES

¡Perro malo!: A través del agujero que el perro ha hecho en el periódico, Homer ve cómo Botones de Santa Claus se dispone a zamparse su salchicha y sus huevos, que están sobre la mesa de la cocina.

"¡Oh, sí! ¡Así es! ¿Y sabe? Tienen cintas de velcro, bomba de agua en la parte delantera, podómetro incorporado, talones reflectantes y hasta llevan matrículas personales." Flanders hablando de sus bambas "Asesinas."

Cuando Homer va al kiosco a comprar revistas para Lisa, se encuentra con títulos como: *Sueño Adolescente, Grito Adolescente, Adolescente Ardiente...* y *La Revista para los Chicos No Amenazadores.*

"¡Únete a la conspiración!" Eslogan utilizado en la publicidad de las bambas "Asesinas."

Las paperas de Lisa:

Bart: *¡Ni hablar! ¡Impostora! Si Lisa no va al cole, yo tampoco.*
Lisa: *Si Bart no va al colegio, yo voy al colegio.*
Bart: *Bien... pues... una cosa... (pensando para sí mismo.)... si Lisa va al colegio, entonces voy al colegio. Pero si Lisa se queda yo me quedo, luego si Lisa no va al cole...*
Marge: *Lisa, no lies a tu hermano de esa forma.*

Lisa: *Pídele mis deberes a la señorita Hoover.*
Bart: *¿Deberes? Lisa, malgastaste la varicela, no malgastes también las paperas.*

En casa:

Homer: *¡Aquí están tus revistas! ¿Cuantos de estos tipos se llaman Luis Alfredo?*
Lisa: *¡Oh! Gracias, papá.*

"Lo siento, señor. La garantía no cubre incendios, robos, ni cataclismos de perro." El vendedor de la zapatería a Homer, cuando trata de devolver sus masticadas bambas "Asesinas."

"Pero qué hijo de perra... ¡Enhorabuena!" La señora Winthrop felicita a Botones de Santa Claus después de su graduación.

La colcha de la familia Bouvier: La colcha de cama ha sido confeccionada por la familia Bouvier desde hace cinco generaciones. Su pedazo más antiguo muestra a una hoja de tabaco humanizada que lleva una corona, con la leyenda "Rey Tabaco". Otros pedazos muestran a una mujer disparando a un bisonte, un soldado de la Primera Guerra Mundial herido, una gráfica de ventas cayendo y con el letrero "1929", y el favorito de Marge, "Sigue dándole", con el símbolo del yin y el yang. Lisa añade cosas como el Señor Largo y Gingivitis Murphy.

"Mmm... y encima tienen nueces."

"Como actor, necesito que el blanco de mis ojos esté siempre..."

Botones de Santa Claus destroza la Colcha de la Familia:

Marge: *¡Mi colcha! ¡Seis generaciones rotas!*
Homer: *¡Vamos, Marge! ¡Nena, nena! Marge, no te pongas así. Esto no es el fin del mundo. Todos queríamos esa colcha, pero no se puede estar tan apegado a...*
(Ve su nota de las galletas sobre la cama, rodeada de miguitas.)
Homer: *¡Aaaah! ¡Mi galletaza! ¡Aaaah! ¡Esto no está pasando! ¡Esto no está pasando!*
(Homer entierra su rostro en las manos, hasta que se levanta.)
Homer: *¡Todos a la cocina! ¡Vamos a tener una reunión familiar!*

Homenaje cinematográfico

Cuando Lisa termina la colcha, ella y Marge estiran sus dedos como en *E.T.*

Propiedad de Homer J. Simpson:

"¡No Tocar!" Nota de Homer a los potenciales comedores de sus galletas.

DETALLES QUE QUIZÁ TE HAYAS PERDIDO

Antes de comprarse las "Asesinas", Homer lleva unas bambas deportivas "Converse All Stars", que usa para trabajar.

En la pequeña chapa en el talón de las "Asesinas" de Flanders, pone "Ned".

Martin es el orgulloso propietario de un Shar-pei.

Jacques, el instructor de bolos, tiene un caniche francés.

"Su perro no es el problema. ¡Lo es usted!" Anuncio de la Escuela de Adiestramiento de Perros del Doctor Marvin Monroe, en las Páginas Amarillas.

Según Kent Brockman, la "baby-sitter-asesina" señora Botz (Episodio 7G01), ha escapado de la prisión.

La zapatería de la calle principal de Springfield, tiene los zapatos clasificados por deportes, incluyendo Bocci-bol, kickboxing, crímenes callejeros y vida nocturna.

QUIZÁ SEA UNA MUJER DESTETADA EN LAS VIEJAS TRADICIONES QUE POCO A POCO, CAPADAS CONTRANATURA UNA POR UNA, VAN CAYENDO EN EL POZO DEL OLVIDO.

Episodio 7F17, emitido originalmente el 28.3.91. Guionistas: Jay Kogen y Wallace Wolodarsky. Director: David Silverman.

BEA SIMMONS

Identidad:
Vive en la Residencia para Ancianos Castle, de Springfield.

Medicación habitual:
Abundante.

Forma en la que toma las píldoras:
Seductoramente.

Sigue enamorada de:
El Abuelo Simpson.

Causa de la muerte:
Infarto ventricular o, como dicen algunos, el corazón roto.

Cómo se enteró el abuelo de que se preocupaba por él:
No le hizo llevar el féretro.

> NO HE VENIDO AQUÍ PARA ASUSTARTE. EJERZO DE FANTASMA EN UNA CASA DE TEJAS.

MOMENTOS ESTELARES

"Embraceable You": El abuelo y Bea bailan y tararean esta canción de Gershwin, que interpreta la Larry Davis Dance Kings. (Otras bandas de Davis han aparecido en los episodios 7G01 "La Babysitter ataca de nuevo", y 7F12 "Así como éramos".)

El mundo de la abuela: Hay una tienda en la que venden muñecas, lienzos, jabón de escamas, saquitos olorosos y un poco de todo. El abuelo le compra una toquilla de lana a Bea. El eslogan del almacén es: "Lo mejor de nosotros para las ancianas".

Primera aparición:
En este episodio debuta el Profesor Frink, "un hombre delgado y sudoroso, que lleva gafas de culo de botella".

"Por cierto, hago testamentos." Lionel Hutz después de entregar al abuelo el dinero que le ha dejado Beatrice al morir.

Sacudida: El señor Hazelwood (administrador de la residencia): "… y quiero asegurarle, amigo, que aquí, en el Castillo para Jubilados de Springfield, el dinero sí que es importante. Y con esto quiero decir que hay masajes… y masajes."

Gorro de dormir: La primera cosa que compra el abuelo con el dinero de Bea es un gorro de dormir que llevó Napoleón durante una semana en 1796, justo antes de derrotar a los sardos.

"Desde la boda de este periodista con Stephanie, la mujer del tiempo, no había vuelto a estar este pueblo tan consumido por rumores e insinuaciones… y todo por este hombre. Hoy, un tal Abraham "Abuelo" Simpson, ha anunciado que entregará nada menos que unos cien mil dólares a la persona, o personas, que según él se lo merezcan más… ¿Es el abuelo Simpson un santo moderno? ¿Un rico idiota? ¿O ambas cosas? ¡El tiempo lo dirá!"

Los que están en fila, esperando el dinero del abuelo: Jacques, el doctor Hibbert, un extranjero de pelo azul, Apu, la señora Krabappel, el señor Largo, Krusty, Nelson, el Maestro Chef de El Sumo Feliz, Emily Winthrop, la princesa Kashmir, Actor Secundario Mel, Darth Vader, los Lovejoy, el mayor Quimby, el Joker, un trekkie, Ned y Maude Flanders, el Director Skinner, Kent Brockman Barney.

El conductor del autobús: Otto es el conductor que lleva a los jugadores ancianos al casino. Para cortar las protestas de los pasajeros, les amenaza diciéndoles: "Hey, tranqui carcomas, si no queréis que arroje este trasto al río. ¿Vale?"

"Señor Simpson, me da pavor el día en que piense que no merece la pena humillarse por cien mil dólares."

La República de Platón: El Casino es un edificio gigantesco en medio de la nada, y allí es donde Homer detiene al Abuelo antes de que pierda su fortuna. Se parece al Partenón, excepto en que se halla cubierto de luces de neón. Y se jacta de tener las más desconocidas tragaperras de todo el pueblo.

DETALLES QUE QUIZÁ TE HAYAS PERDIDO

Mientras están dentro del coche en el Safari de Leones con Descuento, Bart mira a un león a los ojos, violando una de las normas del establecimiento.

Un letrero dice: "Dis-Nada-Land." "Ninguna relación con Disneyland, Disney World o cualquier otra cosa de la Walt Disney Company."

Desde que el abuelo se compró el gorro en la Herman's Military Antiques lo lleva puesto durante todo el episodio.

La selección tres del menú telefónico del doctor Marvin Monroe es para gente que está teniendo problemas en "mantener la…"

En una escena inspirada en el cuadro "The Nighthawks" de Edward Hopper, el Abuelo toma café en un bar.

En el Safari de Leones con Descuento:
Bart: ¡Ogh! Me parece que este sitio es una chufa.
Lisa: La mayoría de los bichos están dormidos.
Homer: (Enfadado.) ¡Pues que duerman por la noche! (Toca la bocina un par de veces.)

El Abuelo y Beatrice en su primer encuentro:
Bea: Bueno… ¿Por qué no me habla de usted?
Abuelo: Soy viudo, un hijo, y un enano en funcionamiento.
Bea: Viuda, osteoporosis y trastornos hepáticos.

Bart: El abuelo huele un poco como ese baúl del garaje que tiene el fondo húmedo.
Lisa: ¡Qué va! ¡Huele a laboratorio fotográfico!
Homer: ¡Basta! ¡Se acabó! ¡El abuelo huele como cualquier persona mayor, y huele más a pasillo de hospital que a otra cosa!

Después de que los Simpson dejan al abuelo en el Castillo para Jubilados, tras su visita mensual, éste siente que hay pocos motivos para seguir viviendo. Sin embargo, cuando se encuentra a Beatriz, una hermosa mujer que está en la misma residencia que él, encuentra una razón para vivir. Después de una cita Beatriz y el Abuelo se enamoran. Cuando se entera de que el próximo domingo es el cumpleaños de Beatriz, el abuelo hace planes para celebrarlo. Sin embargo, Homer se lo lleva contra su voluntad, al Safari de Leones con Descuento.

Cuando el abuelo vuelve a la residencia, Beatriz ha muerto. Y en su testamento le deja heredero de toda su fortuna. Apareciendo como un ángel, Beatriz sugiere al abuelo que ayude a los necesitados. Se entrevista con cientos de pobres y comprende que necesita más que los 100.000 dólares que ha heredado. Y se va al casino a jugarse el dinero.

Homer encuentra a su padre en la ruleta, y le salva de perder toda su recién ganada fortuna. Dudando de cómo emplear el dinero, el abuelo se da cuenta de que la residencia necesita reparaciones. Gasta el dinero en lo que le dicta su corazón, es decir en los habitantes del Castillo de Jubilados de Springfield.

> NO ENGRASARÉ LAS PARALELAS DEL GIMNASIO
> NO ENGRASARÉ LAS PARALELAS DEL GIMNASIO
> NO ENGRASARÉ LAS PARALELAS DEL GIMNASIO
> NO ENGRASARÉ LAS PARALELAS DEL GIMNASIO

PINTA CON GRANDEZA

Episodio 7F18, emitido originalmente el 11.4.91. Guionista: Brian K. Roberts. Director: Jim Reardon.

C uando Homer se queda atascado en el tobogán del Parque del Monte Salpica-más, comprende que está gordo y decide hacer régimen. Revolviendo todo el ático en busca de sus pesas, se encuentra con unos viejos cuadros de Ringo Starr, pintados por Marge cuando era estudiante. Después de ver la pintura, Lisa anima a su madre a que vuelva a la escuela y desarrolle sus capacidades artísticas.

Marge se apunta a unas clases, y pinta un cuadro de su orondo marido durmiendo en el sofá en ropa interior. El maestro de Marge, el profesor Lombardo, se enamora del cuadro y lo presenta a la Exposición de Arte de Springfield. Marge gana el

Concurso, y el señor Burns le encarga un retrato suyo para la inauguración de la Sala Burns en el museo local. Mientras inmortaliza a Burns en su casa, Marge lo ve accidentalmente, saliendo de la ducha.

Después de que Burns ridiculiza a Homer por sus intentos de adelgazar, Marge decide que ella no tiene bastante talento para descubrir y retratar la belleza interior de Burns, pero cuando recibe una nota de agradecimiento de Ringo Starr por el antiguo retrato, decide que puede hacerlo. Al día siguiente, en la inauguración, Marge presenta el cuadro de un Burns desnudo y blanquinoso. Al principio Burns se ofende, pero termina por aceptar con humildad su nueva gloria.

MOMENTOS ESTELARES

NO ME ESCONDERÉ TRAS EL
QUINTO MANDAMIENTO
NO ME ESCONDERÉ TRAS EL
QUINTO MANDAMIENTO
NO ME ESCONDERÉ TRAS EL
QUINTO MANDAMIENTO

"Adonis Calvo." El cuadro de Homer durmiendo en ropa interior sobre el sofá, con el que Marge ganó el Primer Premio de la Exposición de Arte de Springfield, el "Adonis Calvo", es premiado, y queda por delante de un cuadro de unos perros jugando al ping-pong y de otro cuadro de un unicornio preguntándose: "¿Por qué?"

"Montón de Basura." El trastero del señor Burns está lleno de cuadros rechazados, bustos de bronce, bajorrelieves y algunas horribles esculturas modernas... todas representándole a él mismo.

¿Quién es Homer Simpson?: Cuando Smithers sugiere que la ganadora del premio, la señora de Homer Simpson, pinte su retrato, Burns pregunta: "¿Quién?"

Las grandes frases de Burns:
Sobre los Beatles: *¿Beatles? ¡Ah, sí! Creo acordarme de sus chillidos desafinados en el viejo programa de Sullivan. ¿En qué estaría pensando Sullivan?*
Sobre Ziggy: *¡Ay, Ziggy! ¿Ganarás algún día?*
A un artista: *¡Basura! ¿A qué escuela puede pertenecer un pintor de brocha gorda tan manazas y miope como usted?*
Sobre la pérdida de peso de Homer: *¡Qué pena me da! Es la cosa más gorda que he visto en mi vida. ¡Y eso que he ido a safaris!*
Cuando pasa el rato en casa de los Simpson: *Otro día en esta pesadilla suburbana y hubiera necesitado calmantes.*

La dieta Estilo-Homer:
Marge: *(Llevándole pastelitos de arroz para cenar.) Bueno, sólo tienen treinta calorías por unidad.*
Homer: *(Cuando las prueba.) Llamando... Llamando... Llamando al sabor. ¿Dónde estás?*
Marge: *Puedes echarle un poquito de alguna cosa, para que te sepa a algo.*
Homer: *(Después de crear un cilindro de varios pisos con crudités, queso, huevos fritos...) Mmmm... ¡Sólo treinta calorías!*

"Yo matriculáreme un curso para guionistas. Ambiciono escribir historia de un joven idealista hindú, con nervios rotos por culpa de atracadores tienda. Yo Llamo: 'La Tienda de los Seis Chorizos'."

"¡Marge! ¡Peso doscientas treinta y nueve libras! ¡Mira! ¡Estoy usando los agujeros que traía el cinturón!"

Nota de agradecimiento de Ringo:
"Querida Marge: gracias por tu fabuloso retrato. Lo he colgado en mi estudio. Tienes mucho talento. En contestación a tu pregunta: sí, tenemos hamburguesas y patatas fritas en Inglaterra, pero las llamamos 'chips'. Besos, Ringo. Posdata: Perdona mi tardanza en contestar."

Burns da las gracias a Marge:
Después de reconocer que no le desagrada el cuadro, el señor Burns agradece a Marge que no haya pintado sus genitales. (Aunque Marge piensa que sí lo ha hecho.)

DETALLES QUE QUIZÁ TE HAYAS PERDIDO

Otto está entre la animada multitud que hace cola en la atracción del H2Whoa.

La fila para el H2Whoo es como un dibujo de Escher.

Los niños que se han lanzado por el tobogán para desatascar a Homer, son rescatados a la vez que él.

Entre los trastos que hay en el ático de los Simpson hay una pegatina de "Burns para Gobernador", "El Gimnasio en una Caja del Doctor Nick Riviera", un balón de fútbol, una camiseta de fútbol con el número diecisiete, y un ejemplar de *¡Buf! Tus músculos pectorales son birriosos.*

Algunos de los cuadros del Montón de Basura estaban colgados en el despacho de Burns, en otros episodios.

En el Concurso Artístico de Springfield hay un cuadro de una lata de sopa.

Un cartel en el Monte Salpica-más dice: "Prohibido hacer Topless."

Otro cartel con un dibujo de Neptuno dice: "¡Cuidado! Te puedes mojar."

Homenajes cinematográficos:
Declaración de Homer: "¡A Dios pongo por testigo de que ya siempre pasaré hambre!", parodiando a Scarlett O'Hara en *Lo que el viento se llevó.*

Sobre un montaje de Homer haciendo ejercicio, se oye una música parecida al tema de *Rocky.*

¡BRAVO! SU OBRA YA PERTENECE A LA ETERNIDAD.

EL SUSTITUTO DE LISA

Episodio 7F19, emitido originalmente el 25.4.91. Guionista: Jon Vitti. Director: Rich Moore.

EL SEÑOR BERGSTROM

Ocupación:
Profesor suplente.

Ficha Psicológica:
Está seguro de que los chicos saben apreciar sus disfraces.

Es conocido por:
Alabar a Ralph Wiggum por ser quién es.

Habilidades:
Tocar la guitarra, contar historias, imitar acentos y su sensibilidad.

Experto en:
Literatura, geología, historia de los vaqueros judíos americanos y música.

SOY EL SEÑOR BERGSTROM, Y PODÉIS HACER CON MI NOMBRE TODOS LOS CHISTES QUE QUERÁIS, AUNQUE YO OS SUGERIRÍA EL DEL "SEÑOR BERGS-ZOTAS".

L a señorita Hoover, profesora de Lisa, se pone enferma y, en su lugar, viene el señor Bergstrom. Mientras tanto, en la clase de Bart se preparan para elegir un Delegado. La señora Krabappel prefiere a Martin Prince. Sherri y Terri prefieren a Bart. Durante el debate con Martin, Bart hace chistes y se gana el apoyo de la clase. Mientras tanto Lisa queda prendada del señor Bergstrom.

Lisa se encuentra en el Museo con el señor Bergstrom y se siente ridiculizada por las múltiples zafiedades que hace Homer. Notando que a Lisa le falla algo en las relaciones con su padre, el señor Bergstrom se lleva aparte a Homer y le sugiere que sea un modelo más positivo. El lunes, en la escuela, Lisa queda destrozada al ver que ha vuelto la señorita Hoover, y que el señor Bergstrom se ha marchado. Convencidos de la victoria de Bart, nadie de su clase vota, excepto Martin y su amigo Wendell. La señora Krabappel proclama con alegría que Martin es el Delegado.

Desolada por la marcha de Bergstrom, Lisa descarga su ira sobre Homer, llamándole orangután. Al ver la rabia de Lisa y el desconsuelo de Bart, Homer asume que ha llegado el momento de actuar como un padre. Habla con Lisa, dándole ánimos y ella se disculpa. Luego va a ver a Bart. Le explica que ser Delegado de la clase no es un trabajo remunerado y que requiere dedicarle mucho tiempo, y así consigue que Bart no esté triste. Aunque es muy temprano, le dice a Marge si se pueden ir ya a la cama, pues está en el momento estelar de su vida.

MOMENTOS ESTELARES

Diagnóstico:

Director Skinner: Es una infección producida por un pequeño parásito llamado garrapata. Si te pícara una garrapata enferma y te succionara la sangre, te infectaría de espiroquetas que, finalmente, se propagarían por la médula y te atacarían el cerebro.
Señorita Hoover: ¡El cerebro! ¡Oh, Dios Santo!
Director Skinner: ¡Vamos, Elisabeth! ¡Adiós!

Diagnóstico II:

Señorita Hoover: Veréis, niños. Resulta que mi infección parasitaria era psicosomática.
Ralph: Eso es que estaba loca.
Janey: No, eso es que estaba fingiendo.
Señorita Hoover: No: era un poco de las dos cosas. A veces, cuando una enfermedad aparece en todas las revistas y en todos los telediarios, es frecuente que uno piense que también la tiene.

Actividades: Bart lleva a clase un vídeo en el que se ve el nacimiento de Snowball II, y que lleva por título: "Cómo nacen los gatos: la cruda verdad." Bart sujeta el mando a distancia y dice a sus horrorizados compañeros de clase: "¡Mirad qué dabuten! Si rebobino, se vuelven a meter para adentro."

El señor Bergstrom corrigiendo la afirmación de Lisa de que "... no había cow-boys judíos": "De todas formas os diré que sí hubo cow-boys judíos: tipos valerosos que gastaban el dinero a manos llenas y disparaban muy bien."

Lisa y la señorita Hoover, hablando del señor Bergstrom:

Señorita Hoover: No ha hecho ni caso de mi programa. ¡Aagh! ¿Qué es lo que os ha enseñado?
Lisa: Que la vida merece ser vivida.

El eslogan de Bart que corea toda la clase: "¡Más amianto! ¡Más amianto! ¡Más amianto!"

Momento histórico: Cuando Martin gana las elecciones, posa con una copia prematuramente impresa del *Fourth Gradian*, cuya cabecera dice: "Simpson derrota al Príncipe", y que parodia la famosa fotografía de Dewey derrotando a Truman.

Homer avergüenza a Lisa en el Museo:

Homer le dice jocosamente al señor Bergstrom que no hace falta pagar la cantidad sugerida.
Después de que el señor Bergstrom explica el proceso de momificación, Homer dice: "¡Qué siniestrez, aunque prefiero que me persiga uno de estos que un hombre-lobo!"
Homer actúa como si hubiera convencido al señor Bergstrom de que le ponga un diez a Lisa, cuando ella realmente se lo ha ganado.

El Orangután:

Lisa: (A Homer.) Sí, usted. ¡Orangután, orangután, orangután, orangutáaaan!
Homer: Pero esta niña no sabe lo que está diciendo.
Bart: Alguien tenía que decirlo algún día, lo que no puedo creer es que haya sido ella.
Homer: ¿Has oído eso, Marge? ¡Tu hija me ha llamado orangután! ¡El más feo, estúpido y maloliente de todos los simios!

El siguiente destino:

El señor Bergstrom se dirige a Ciudad Capital para hacer otra suplencia, cuando Lisa lo localiza.
Lisa: Yo... también le necesito.
El señor Bergstrom: Eso es lo malo de pertenecer a la clase media: las personas que te importan te abandonan por otras que las necesitan aún más.

Primera aparición:

En este episodio se muestra por vez primera la lucha entre Homer y su cerebro.

DETALLES QUE QUIZÁ TE HAYAS PERDIDO

El episodio, aparentemente, transcurre en abril, según el calendario de la pared de la clase de Lisa.

También en las paredes de la clase hay un poster de la Campaña de Lectura de Krusty que dice: "¡Cambia! ¡Lee un libro!"

El Director Skinner llama a la señora Hoover por su nombre de pila, Elizabeth, cuando la está consolando.

Wendell se pone la mano en la boca, como si fuera a vomitar, cuando Bart pone el vídeo del gatito. Desde el episodio 7G03, "La Odisea de Homer", sabemos que Wendel es muy escrupuloso.

El Director Skinner, veterano del Viet-Nam, se cubre inmediatamente cuando el señor Bergstrom entra en clase disparando.

LA GUERRA DE LOS SIMPSON

Episodio 7F20, emitido originalmente el 2.5.91. Guionista: John Swartzwelder. Director: Mark Kirkland.

M arge y Homer organizan una fiesta. Homer se emborracha y se pone en ridículo mirando maliciosamente el escote de Maude Flanders, diciendo inconveniencias y saltando sobre los muebles. Al día siguiente en la iglesia, Marge se apunta a un fin de semana de Retiro Matrimonial, organizado por el Reverendo Lovejoy y su esposa. El abuelo hará de canguro de los niños el fin de semana.

Homer descubre que el retiro se realizará en el Lago Siluro, y se lleva sus aparejos de pesca. Oye hablar de que allí hay un legendario siluro: el General Sherman. Mientras tanto, en casa, ante la debilidad de carácter del abuelo, Bart y Lisa deciden montar una fiesta. En el lago, Homer intenta escurrir el bulto e ir a pescar. Marge está acongojada porque Homer prefiera pescar a salvar su matrimonio. Homer se escabulle, llega al muelle y encuentra una caña de pescar abandonada. La caña se tensa, Homer es arrastrado por el muelle y termina en el lago. Marge, desde la ventana ve a Homer luchando con el pez. Mientras tanto, en casa ha terminado la fiesta de Bart y Lisa, todo queda sucio y desordenado. El abuelo se pone a llorar, ellos se enternecen y se ponen a limpiar a gran velocidad, para no causarle más problemas.

Marge asiste sola al cursillo mientras Homer atrapa su trofeo. Cuando vuelve, Marge le dice que su matrimonio está en grave peligro si él valora más a un pez que a ella. Para demostrarle que la quiere más a ella, Homer devuelve el pez al agua. Marge le perdona y vuelvan a casa encontrándosela en perfecto estado.

MOMENTOS ESTELARES

La música de la fiesta: Al empezar, Homer pone "It´s not Unusual", y más tarde se pueden escuchar: "The Look of Love" y "That´s the Way (Uh Huh Uh Huh) I Like it".

La lista de Marge: "… Se olvida de los cumpleaños, aniversarios, fiestas tanto religiosas como seculares, come con la boca abierta, juega a las cartas y se pasa el tiempo en un bar frecuentado por vagabundos. Se suena la nariz con las toallas y luego las deja en el toallero. Bebe directamente del cartón. Nunca cambia al bebé. Hace ruido con los dientes cuando duerme y se despierta dando graznidos. ¡Ah, no, y tiene la costumbre de rascarse con sus llaves! Bueno, eso es todo. ¡Ah, no! Me da patadas en la cama y me araña con las uñas de sus pies que son largas y amarillas."

Traumatizada: Viene la canguro para ver a los niños que ha de cuidar el fin de semana, y recuerda que en una terrible ocasión anterior, un Bart muy pequeño la atropelló con el coche. Cuando Bart se la encuentra al abrir la puerta, le dice: "¡Oh, oh! ¡Quieres más! ¿No tuviste suficiente?", y la canguro huye despavorida.

Al cuidado del abuelo: Bart y Lisa se aprovechan de la total falta de práctica del abuelo en cuidar niños. Devoran helados y fuman. Cuando el abuelo le pregunta a Bart si está seguro de que puede tomar café, un hipercafeinado Bart le grita: "¿Estás tonto? ¡¡Que síiii!!"

Homer, el Grande: Homer se convierte en una leyenda entre los habituales de la tienda de cebos, por casi haber atrapado al general Sherman. El tendero describe a Homer como: "Medía dos metros de alto. Dos brazos como dos troncos. Sus ojos eran como el acero: fríos y duros. Y tenía una melena rojiza como el fuego del Infierno."

 "Las cinco: pesco al General Sherman a las seis, me lo como a las seis y media, vuelvo a las siete, me meto en la cama y ni una prueba incriminatoria. ¡Je, je! ¡El crimen perfecto!"

Homenaje cinematográfico:
Flanders prepara un combinado imitando los movimientos de la película *Cocktail*.

Receta para un "Ponche a lo Flanders":
Tres gotas de ron, dos dedos de whisky y un poquitín de cassias para darle algo de sabor.

Homenaje literario I:
Cuando Marge pregunta a Homer si es consciente de cómo se ha comportado en la fiesta, el la recuerda como una inteligente conversación, en una sofisticada atmósfera dentro de una aristocrática fiesta de Alta Sociedad.

Homenaje literario II:
John y Gloria son la cuarta pareja en el cursillo. Y discuten como la pareja de *¿Quién teme a Virginia Wolf?*

Homenaje literario III:
La batalla de Homer con el general Sherman recuerda a *Moby Dick* y a *El Viejo y el Mar*.

DETALLES QUE QUIZÁ TE HAYAS PERDIDO

Cuando Marge conecta la radio del coche, para acabar la conversación entre ella y Homer, suena la Mexican Hot Dance. Esta misma canción es usada con el mismo propósito cuando Homer hace planes con un doctor para defraudar a su compañía de seguros, fingiendo una incapacidad. (7F02 "Simpson y Dalila".)

En la fiesta a Barney se le sale la camisa por la bragueta.

Cuando Homer llega a la iglesia, Maude Flanders se asegura de llevar la blusa abotonada hasta el cuello.

Homer pone sus ropas dentro de una bolsa de Cerveza Duff.

En la tienda de cebo, hay una imagen de un hombre con un gran tiburón. También hay un cartel que dice que hay "gusanos" a la venta.

En la fiesta de Bart y Lisa, Nelson está pintando las caras de los niños de color marrón chocolate.

¿Qué es?:
Un pez siluro desproporcionado.

Edad:
Unos cien años.

Peso:
Unos doscientos kilos.

Reside en:
El Lago Siluro.

Deporte:
Compite con las esposas, robándoles el tiempo a sus maridos.

NO VOLVERÉ A HACER NADA
MALO EN MI VIDA
NO VOLVERÉ A HACER NADA
MALO EN MI VIDA
NO VOLVERÉ A HACER NADA
MALO EN MI VIDA

EL CHICO DE LOS CÓMIC-BOOKS

Apariencia:
Un hombre gordo embutido en una camiseta con el dibujo de una amazona.

Ocupación:
Vendedor de comics y toda su parafernalia.

Educación:
Licenciado en folklore y mitología.

Forma de ser:
Sarcástico, hosco, ofensivo y basto.

Le gusta:
Comer y ganar dinero.

Odia:
Moverse del taburete para algo que no sea un ingreso en efectivo.

Su más querida posesión:
Un extraño ejemplar de "Mary Worth", en el que Mary aconseja a una amiga que se suicide.

¡MALDITOS CRÍOS!

Bart acude a la Exposición Anual de Cómics de Springfield y encuentra el número 1 de "El Hombre Radiactivo" en la tienda La Mazmorra del Androide, al precio de 100 dólares. Como no tiene bastante dinero para comprarlo, se busca un trabajo: hacer faenas pesadas para la señora Glick, una antigua conocida de Marge, pero cuando cobra sólo le paga 50 centavos por todo el trabajo que ha hecho. Con únicamente 35 dólares, Bart va a La Mazmorra del Androide para intentar comprar el cómic.

En la tienda, se encuentra con Milhouse y Martin. Les propone que junten su dinero para poder comprar el cómic. Como ninguno de los tres lo quiere perder de vista pasan la noche en la cabaña del árbol de Bart. Martin se mueve durante la noche y Bart, pensando que quiere robar el cómic, lo ata a una silla.

Estalla una tormenta. Milhouse intenta avisar a Marge de que Bart se ha vuelto loco. Bart cree que Milhouse intenta alguna sucia maniobra y le ataca. Milhouse se cae por la puerta de la cabaña y Bart lo sujeta precariamente por la manga. Una ráfaga de viento arrastra el cómic hacia la puerta, y Bart tiene que elegir entre salvar a Milhouse o salvar el cómic. Salva a Milhouse. El cómic es arrastrado fuera de la cabaña y destrozado por un rayo. Bart y sus amigos comprenden que se han quedado sin nada por no saber compartirlo.

MOMENTOS ESTELARES

"¿¡Cien dólares!? ¿Pe-pe-pe-pero... quién lo ha dibujado: Miguel Angelo?". Homer después de que Bart le pide dinero para comprar "El Hombre Radiactivo".

"¿Buscar un trabajo? ¿Hablaban en serio? En ese momento no me di cuenta, pero una pequeña parte de mi infancia se desvanecía... para siempre." Bart hablando como en "Aquellos Maravillosos Años", con la voz de Daniel Stern, acompañado por los primeros compases de "Turn, Turn, Turn".

El calor: Los oficiales Lou y Eddie riñen a Bart cuando él cambia la venta de limonada por cerveza, sin licencia para vender alcohol. Bart consigue convencerles de que no le pongan una multa por ofrecerles un trago en casa.

Retractándose: Cuando Bart convence a Lisa de lo divertido que es el Hombre Radiactivo, Lisa dice: "Retiro lo dicho." Momentos después, el Alcalde Quimby también se retracta, cuando Jimbo le corrige sobre el Hombre Radiactivo, y dice: "¡Bueno, bueno, me he confundido!"

> **Marge:** *Por eso, quizás un trabajo temporal sería la solución.*
> **Bart:** *¡Oh, mamá! No puedo pedirte que trabajes más. Ya tienes bastante con Maggie, y Lisa también te ató al suyo.*
> **Lisa:** *Se refiere a que te busques un trabajo, estúpido.*

> **Homenaje cinematográfico I:**
> Las sospechas que surgen entre los chicos, y la subsiguiente paranoia de Bart, recuerdan a la película clásica: *El tesoro de Sierra Madre.*

> **Homenaje musical:**
> Mientras Bart está buscando dinero bajo un cojín del sofá, está tarareando "We're In The Money", pero con una letra que dice "Quiero dinero / Mucho dinero...".

Y UN CÓMIC

Episodio 7F21,
emitido originalmente el 9.5.91.
Guionista: Jeff Martin.
Director: Wes M. Archer.

DETALLES QUE QUIZÁ TE HAYAS PERDIDO

Uno de los chicos que están en la cola del Salón del Cómic va vestido como Krusty el Payaso.

Bart acosa a Homer para que le dé dinero, de la misma manera que Lisa y Bart acosaron a Homer para ir al Monte Salpica-Más (Episodio 7F18, "Pinta con Grandeza").

Un trabajador inactivo permanece en la caja registradora del Krustyburger fumándose un cigarrillo.

Patty y Selma tienen voz de mujer hasta que empiezan a fumar.

Hay pósters de "Beach Blanket Beethoven" y "Private Surfboarder" en la pared del cuarto de Patty y Selma cuando eran jóvenes.

Bart cambia monedas bolivianas por tres centavos.

Cuando sigue a la nube radiactiva, el Hombre Radiactivo tiene cinco dedos.

En el episodio del Salón, el Chico Atómico dice que no es bastante mayor para fumar. Minutos después, en la Rueda de Prensa, Buddy "El Niño Atómico" Hodges aparece llevando un cigarrillo.

Homenaje cinematográfico II:

La escena en la que la sombra de la señora Glick aparece sobre la temblorosa sombra de Bart, y éste suplica: "¡No! ¡Con yodo no! ¡Quémeme los microbios con una antorcha, o fúndame el brazo, pero yodo no...! ¡YAAAUUUGGGHHH!" está inspirada en la escena de *Lo que el viento se llevó*, en la que amputan la pierna a un soldado.

Un viejo anuncio en blanco y negro del Hombre Radiactivo:

El Hombre Radiactivo: *Aaaah... ¡Estos cigarrillos Laramie me ayudan a templar los nervios para combatir mejor el mal!*
El Niño Atómico: *¡Qué rabia, Hombre Radiactivo! ¡Ojalá fuera ya mayor para poder fumar Laramie!*
El Hombre Radiactivo: *¡Lo siento, Niño Atómico, tendrás que esperar a cumplir los dieciséis!*

Bart: *¡Qué sabrás tú de cómics buenos, si los únicos que lees son los de Casper, el Fantasmita Canijo!*
Lisa: *Creo que es muy triste que confundas la simpatía con la debilidad. Espero que eso no te impida llegar a ser popular algún día.*
Bart: *¿Sabes lo que pienso? Que ese Casper es el fantasma de Richie Rich.*
Lisa: *¡Oye! Pues sí que se parecen...*
Bart: *¿Cómo moriría Richie?*
Lisa: *Quizá se dio cuenta de lo superficial que es ir buscando dinero, y se quitó la vida.*

Un chiste privado:

En la entrada a la Exposición Anual de Cómics, Lisa lee un cartel que dice: "Entrada 8 dólares, 5 si vas disfrazado."
Lisa: *¡Qué pena que no hayamos venido disfrazados de algo!*
Bart: *Llego el momento para el descuento de... (entra en la cabina de teléfono y sale disfrazado)... ¡Bartman!*

No presumiré
No presumiré
No presumiré
No presumiré
No presumiré

DR. HIBBERT

Relación con los Simpson:
Es el médico de cabecera de la familia, y ha asistido al nacimiento de todos sus hijos.

Vicios molestos:
Reír en momentos inoportunos, gastar bromas a las esposas diciendo que sus maridos han fallecido o decir a sus pacientes que tendrá que cortarles las piernas, cuando quiere decir "cortarles los pantalones".

Estilo en el vestir:
Jersey estilo Bill Cosby, trajes estilo *Rocky Horror Picture Show* y un corte de pelo que varía con el tiempo.

NO CREEMOS QUE LLEVAR PIELES SEA UN CRIMEN... PERO PAGARLAS, SÍ QUE LO ES.

SANGRIENTA ENEMISTAD

Al señor Burns le diagnostican que padece hipohenia, una enfermedad que deja a las personas sin la sangre necesaria para seguir viviendo. Desesperado por salvar a su jefe, Smithers reparte entre los empleados de la planta unas peticiones para que los poseedores del grupo doblecero donen sangre. Nadie se ofrece, excepto Homer, que piensa que Burns le recompensará con generosidad. Sin embargo, el tipo de sangre de Homer no es el adecuado, y ofrece como voluntario a Bart.

Después de realizada la transfusión, Burns se siente más vivo que nunca, y envía a Bart una nota de agradecimiento. Homer se siente ultrajado por la pobre recompensa, y manda a Burns una carta muy ofensiva, pero Marge lo detiene antes de que la envíe. A la mañana siguiente, cuando Homer se dispone a romperla, descubre que Bart la ha echado al correo.

Cuando Burns la recibe, jura amargar la vida a Homer, y le pide a Smithers que alguien le propine una paliza, pero Smithers se niega, alegando que no puede hacerle una mala pasada al hombre que ha salvado la vida de su jefe. Burns entra en razón y comprende el buen gesto que ha realizado Homer, así que les envía como regalo una original escultura de la cabeza de un indio Olmeca. Bart cree que es un extraño regalo, pero Homer piensa que se trata de muy poca recompensa por salvar la vida de un hombre.

MOMENTOS ESTELARES

"Érase una vez un león grande y cruel que tenía una espina clavada en una zarpa. Y aquella espina de la zarpa, todo el pueblo quiso sacársela. Pero ninguno tenía fuerza suficiente. Así que llamaron a Hércules, y Hércules empleó toda su hercúlea fuerza, y… ¡premio! Sucedió que entonces el león, lleno de felicidad, le regaló a Hércules un cacharro lleno de riquezas."

«Nadie deja a "Diamante" Joe Quimby en la estacada.» El Alcalde Quimby, después de que Burns no se presente en la inauguración de las medidas de seguridad.

Memoria selectiva: Cuando Smithers le dice a Burns el nombre del chico que le ha salvado la vida, Burns pregunta: "¿Cómo?" Cuando, más tarde, coge a Homer husmeando en la correspondencia que hay en la mesa de su despacho, pregunta: "¿Quién es usted?"

X Tapalatakettle:
El regalo que Burns envía a los Simpson es una escultura de un dios de la Guerra Olmeca, valorado en 32.000 dólares.

«Como siempre, usted ha sido el sobrio "yin", que ha equilibrado mi violento "yang".» El señor Burns perdonando a Smithers por no haber ordenado que le dieran una paliza a Homer.

Un regalo imposible: En el Centro Comercial, Burns tiene problemas para encontrar el regalo adecuado para los Simpson. Las brochas son "demasiado prácticas". Los Tam O'Shanters son "demasiado ñoños". Los artículos del almacén Alabama, mi Dulce Hogar, son "demasiado folclóricos".

"Smithers, de nuevo estoy en plena forma: fresco como una lechuga."

"¡Les compraremos un regalo a los Simpson! ¡Un regalo extravagante! ¡Un regalo loco! ¡Un regalo totalmente impensable! Un regalo superfabuloso y superestruendoso."

NO ME PASARÉ MIS AÑOS ESTUDIANDO DORMIDO
NO ME PASARÉ MIS AÑOS ESTUDIANDO DORMIDO
NO ME PASARÉ MIS AÑOS ESTUDIANDO DORMIDO

Episodio 7F22,
emitido originalmente el 11.8.91.
Guionista: George Meyer.
Director: David Silverman.

Homer: *Marge, eres mi esposa y te quiero con el corazón, pero vives... (con voz de falsete) ...en un mundo de fantasía, con flores, campanitas, y ranas mágicas con sombreritos extraños...*
Bart: *Sí, madre. ¡Nos han chuleao!*

"Hola, aquí la Taberna de Moe…"

Bart: *Oiga... ¿está el señor Partes, de nombre Mis?*
Moe: *Espere, voy a ver. ¡Señor Partes! ¡Don Mis! ¡No hay nadie que haya visto a Mis Partes aquí?*

DETALLES QUE QUIZÁ TE HAYAS PERDIDO

Otto tararea la canción "Iron Man", de Black Sabbath, cuando se está lavando.

El escritor que contrata Burns, es el autor de "Ni hablar, no puedo", "Saliendo del Lodo" y "El incombustible Sadruddin Mahbaradad", y una canción para Sammy Davis Jr.: "Yes I Can."

Mr. Burns se enfada por el hecho de que Homer le ha llamado senil, dentudo, con manchas de vejez y barbilla ausente, pero Homer no ha dicho nada de su aspecto, de sus manchas, ni de su barbilla.

El trasero de Burns puede ser visto cuando vuelve a la vida después de la transfusión. Y también se le ve en el episodio 7F18: "Pinta con Grandeza."

Un mural en la oficina de Correos, que muestra a un galante cartero llevando un paquete entre la nieve, está inspirado en la "Creación de Adán" de Miguel Ángel.

Snowball II, descansa sobre un Xt'Tapalatakettle, cuando se sienta en el salón, al final del episodio.

Homer: *Marge, ¿cuál es mi grupo sanguíneo?*
Marge: *A-positivo.*
Homer: *¡Rayos! Un grupo sanguíneo muy raro, y yo no lo tengo.*
Lisa: *¡Conoces su grupo sanguíneo! ¡Qué romántico!*
Marge: *Una madre lo sabe todo sobre su familia.*
Lisa: *¿Cuál es mi número de zapatos?*
Marge: *Veintinueve.*
Bart: *¿Cuántos dientes tengo?*
Marge: *Dieciséis normales y ocho de leche.*
Homer: *¿Mis orejas?*
Marge: *Talla Súper.*
Lisa: *¿Sortijas?*
Marge: *No quiero que lleves sortijas, es muy cursi. Pero tres.*
Bart: *¿Alergias?*
Marge: *Mantequilla dulce y sucedáneos.*
Bart: *Y...*
Marge: *Al maquillaje que brilla en la oscuridad.*
Bart: *¡Uh! ¡Impresionante!*

Bart: *¡Andá, Otto, tío! ¿Trabajas tú aquí?*
Otto: *Ya te digo. Todos mis amigos estudian durante el día, así que me busqué este curro de saca-sangres diplomado.*
Homer: *¡Venga! ¡Manos a la obra!*
Otto: *¡Vale! Deja que... me desinfecte.*
(Otto saca una toallita mojada de un cubo de residuos y comienza a asearse.)

Bart escribe una carta:

Homer: *(Dictando.) ...*"*¡Es usted un apestoso!*" *¿Puedes volverme a leer ese final?*
Bart: "*Usted apesta.*"
Homer: *Je, je, je. Mejor.* "*Es usted una senil y dentuda momia, con brazos de nena raquítica... que siempre huele a...*"
Bart: *¿Culo de elefante?*
Homer: *(Riéndose.)* "*¡A culo de elefante!*"

HOMER DICE, "MMM..."

"Mmm...malvaviscos"
cuando ve que Marge pone malvaviscos en el molde del pastel Marge´s Jell-O (TM). (7G04)

"Mmm...pastitas"
después de que Marge le ofrece pastas (dos veces). (7G05)

"Mmm...chocolate, ooh... doble chocolate, (glups) crema... triple chocolate"
cuando elige su helado en el Badulaque. (7G12)

"Mmm...cerveza"
después de tomarse el último trago. (7F03)

"Mmm...ooh... nueces de maca-ma-damia"
después de probar unas muestras gratuitas de Cookie Colossus. (7F14)

"Mmm...entremeses"
en la fiesta de Marge. (7F20)

"Mmm...tortitas"
mientras se toma el desayuno en el New Bedlam Rest Home, para gente emocionalmente interesante. (7F24)

"Mmm...dinero"
cuando ve cómo se imprime el dinero en Washington D.C. (8F01)

"Mmm...barbacoa"
después de olfatear la barbacoa de Flanders. (7F23)

"Mmm...morado"
después de probar las migas de las rosquillas. (8F04)

"Mmm...rocíame"
en contestación a comer una rosquilla, cuando su cerebro ha sido implantado en un robot. (8F02)

"Mmm...spaghetti"
al enterarse de que en la clase de Lisa están preparando una cena de "Todos-los-spaghetti-que-te-puedas-comer". (8F02)

"Mmm...cerveza"
después de preferir el bar de Moe frente al King Toot´s Music Store. (8F06)

"Mmm...salado"
después de probar un bistec mientras trabaja en el Badulaque. (8F06)

"Mmm...la Tierra del chocolate"
mientras sueña despierto frente a los nuevos propietarios alemanes de la central de Burns. (8F09)

"Mmm...chocolate"
imaginándose el chocolate en su helado napolitano (tres veces). (8F11)

"Mmm...trocitos de galletas"
cuando compara el juego del fútbol con el topping de un helado. (8F12)

"Mmm...guisantes duros"
después de probar la papilla de Maggie. (8F14)

"Mmm...rosquillas"
al ver las rosquillas en la habitación. (8F13)

"Mmm...patatas chips"
mientras se las está comiendo y el señor Burns lo descubre al ver miguitas en el suelo. (8F13)

"Mmm...morro"
después de preferir la comida de Pequeño Ayudante de Santa Claus a la suya. (8F17)

"Mmm...engordador"
mientras admira sus originales, patentadas, excelsas y celestiales tortitas rodeando a una barra de mantequilla. (8F17)

"Mmm...burguer"
haciendo una asociación de ideas con el nombre y apellido del Magistrado Jefe del Tribunal Supremo: Warren Burger. (9F03)

"Mmm...Soylent Green"
en el cine de Springfield, 40 años en el futuro. (9F03)

"Mmm...gambas"
después de escuchar a Marge como se taponó su garganta y se convulsionaba la última vez que comió gambas. (9F06)

"Mmm...grasa de cerdo"
después de olfatear el terrible hedor que sale de la planta de procesado. (9F08)

"Mmm...jamón"
cuando escucha a Burns diciéndole a Smithers que envíe un jamón, junto con el pésame, a Marge. El espíritu de Homer flota sobre su cuerpo, instantes después de su ataque al corazón. (9F09)

"Mmm...pomelo"
durante una ensoñación en la que le han arrojado un pomelo a la cara. (9F12)

"Mmm...crimen organizado"
durante una fantasía en la que es un jefe de la mafia enriquecido con rosquillas. (9F15)

"Mmm...cerveza"
después de escuchar que el exceso de alcohol puede causar enfermedades en el hígado y cáncer de colon. (9F17)

"Mmm...chocolate"
cuando ve una máquina de chucherías en el hospital. (9F17)

"Mmm...nueces"
después de que la máquina de chucherías cae sobre él y las barritas de chocolate caen en su boca, ahogándole. (9F17)

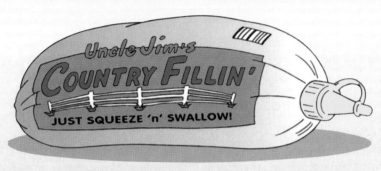

"Mmm...cerveza"
abriendo una lata de cerveza justamente antes de enterarse de que Bart ha sido expulsado. (9F18)

"Mmm...pastel"
en respuesta a la afirmación de Apu de que puede recitar de memoria la receta de 40.000 pasteles. (9F20)

"Mmm...delicioso"
después de que Krusty le tira a la cara un pastel. (9F19)

"Mmm...64 lonchas de queso americano"
cuando está tomándose su tentempié, mientras Burns y Smithers, que han decidido devolver a Bobo, cuelgan del techo de la cocina. (1F01)

"Mmm...rosquillas prohibidas"
después de comerse la última "rosquilla de su alma". (1F04)

"Mmm...cola invisible"
al paso del vendedor con la nueva Crystal Buzz Cola. (1F03)

"Mmm...dulces"
después de ver pasar a un segundo vendedor ambulante. (1F03)

"Mmm...útil"
cuando sueña invitar a dulces y refrescos a todos, el día de la boda de Maggie, y llevando dos máquinas expendedoras a cuestas. (1F03)

"Mmm...un acuerdo comercial"
sobre la compra, por parte de Burns del banco de sangre de Springfield. (1F04)

"Mmm...gratis"
cuando coge una pieza del montón de Toothless Joe´s Bubble Gum Flavored Chewing Product que cubre a Bart y a Milhouse. (1F06)

"Mmm...manzana"
después de probar el pastel que Bart ha puesto como cebo en una de sus trampas. (1F06)

"Mmm... hamburguesas"
después de oler el restaurante Krustyburguer sobre un muelle para repostar gasolina.(1F06)

"Mmm...chili dog"
antes de que Mindy Simmons y él se coman los "chili dogs" y se den un beso al estilo de "La Dama y el Vagabundo". (1F07)

"Mmm... Marge"
después de preferir a Marge antes que a un pavo, en una habitación del hotel de Capital City. (1F07)

"Mmm...medicinas"
después de beberse el líquido que usa la NASA para analizar la capacidad pulmonar. (1F13)

"Mmm...pelucas gratis"
mientras se imagina a sí mismo con el pelo de Marge (1F14)

"Mmm...sacrílego"
después de comerse, por error, el buñuelo de Dios. (1F14)

"Mmm...elefante nuevo"
después de conseguir su propio pájaro, inspirado por Stampy. (1F15)

"Mmm...caramelo"
cuando, después de que Lisa y Bart le empujan a la Springfield Tar Pits, Marge le recuerda la excursión que hizo toda la familia a la fábrica de caramelos. (1F15)

"Mmm...algo"
después de un montón de mmms. (2F33)

"Mmm...boleras nuevas"
después de oler el aroma de los zapatos nuevos de jugar a los bolos, en el Barney´s Bowl-A-Rama. (2F10)

"Mmm...urinarios limpios"
después de poner pastillas desodorantes en los aseos del Barney´s Bowl-A-Rama. (2F10)

"Mmm...inclinada"
después de celebrar que ha puesto su silla inclinada sobre la mesa. (2F14)

"Mmm...nueces de cerveza"
después de comprar una lata de aperitivos llamada "Nueces de Cerveza". (2F31)

"Mmm...bloqueante"
después de probar la pimienta en spray de Marge para los huevos. (2F21)

"Mmm...ralladuras"
después de un cartel en el Lard Lad´s que dice: "Y ahora, con ralladuras." (3F04)

"Mmm...barritas de pescado sin aditivos"
cuando ve peces nadando en una piscina en la tercera dimensión. (3F04)

"Mmm...un club de sandwichs"
en respuesta al consejo de Burns de usar un palo abierto (un "club-sandwich"), en el campo de golf. (3F11)

"Mmm... un punto"
después de tragarse el envoltorio del pastel de boda de Selma y Troy. (3F15)

MICHAEL JACKSON/ LEON KOMPOWSKY

Profesión:
Michael Jackson: Rey del pop, nacido en Gary, Indiana.
Leon Kompowsky: Albañil, nacido en Patterson, Nueva Jersey.

Logros:
Jackson: US Magazine lo llamó el hombre más famoso del mundo. Conocido por su Victory Tour, las canciones *Thriller*, *Billie Jean*, *Beat It*… y por sus acompañantes a los Grammy.
Kompowsky: Siempre estaba de mal humor hasta el día en que empezó a hablar como Michael Jackson; recluido voluntariamente en la Casa de Reposo para Personas Emocionalmente Interesantes.

Conocido por:
Jackson: Ser el creador del paso de baile Moonwalk (Caminando por la Luna).
Kompowsky: Sus paredes de muchos ladrillos.

Cuerpo:
Jackson: Vegetariano. No bebe.
Kompowsky: Paciente mental de 150 kg. de peso.

Y AHORA YO PREGUNTO: ¿QUIÉN ES EL QUE ESTÁ MÁS LOCO AQUÍ?

PAPÁ, LOCO DE ATAR

Episodio 7F24, emitido originalmente el 19.9.91. Guionistas: Al Jean y Mike Reiss. Director: Rich Moore. Productores Ejecutivos: Al Jean y Mike Reiss.

Se acerca el octavo cumpleaños de Lisa y para asegurarse de que a Bart no se le olvide, se lo recuerda. Entretanto, Homer se aterroriza al descubrir que Bart ha metido su gorra roja de la suerte en la lavadora, con las camisas blancas, tiñéndose todas de rosa. Cuando el señor Burns descubre a Homer en uno de los monitores de vigilancia lo toma por un librepensador anarquista. El doctor Monroe le entrega un test de personalidad a Homer para que lo rellene en casa, pero teme que no responderá correctamente a las preguntas. Homer se lo da a Bart para que lo rellene. Cuando Monroe evalúa el test, Homer es ingresado en la Casa de Reposo para Personas Emocionalmente Interesantes.

En el sanatorio, Homer conoce a un enorme hombre blanco que cree ser Michael Jackson, habla como él y baila como él. Como Homer no sabe quién es Michael Jackson, le cree. Michael telefonea a Bart para decirle que Homer está internado en el manicomio y que necesita más que nunca el amor de su familia. Cuando Marge llega para llevarse a Homer, éste invita a Michael a su casa.

Llega el cumpleaños de Lisa, y Bart se ha olvidado de comprarle un regalo. Lisa lo repudia como hermano. Para que se reconcilien, Michael ayuda a Bart a componer una canción de cumpleaños para Lisa. Ésta perdona a Bart y le da las gracias por el mejor regalo que ha tenido en su vida. Michael admite que realmente se llama Leon Kompowsky. Hablando con su voz natural, profunda, Leon se marcha para seguir ayudando a los demás.

  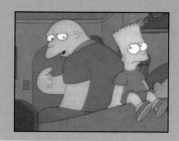

MOMENTOS ESTELARES

El test de personalidad a domicilio de Marvin Monroe: Veinte preguntas que determinan exactamente lo loco o "majareta" que está una persona.

El diagnóstico: Cuando Marge descubre que Homer sufre de "manía persecutoria, paranoia aguda y hostilidad irracional", le dice al médico que si pudiera charlar con él cinco minutos sin mencionar el nombre de Bart, comprobaría que está cuerdo. Ante lo cual, el médico responde: *"¿Quiere decir que existe ese tal Bart? ¡Dios Santo!"*

Poema de Lisa (tal como se lo lee a Homer):
Tuve un gato llamado Copito,
¡Murió! ¡Murió!
Mamá dijo que dormía,
¡Mintió! ¡Mintió!
¿Por qué un día a mi gato perdí?
¿Por qué aquel Chrysler no me pilló a mí?
Tuve un hámster llamado apestoso…

"¡Ey, somos como los Walton! ¡También queremos que termine la Depresión!" Bart, contestando al presidente, George Bush, durante un discurso televisado en el que éste dice: "Necesitamos una nación que esté más cercana a los Walton que a los Simpson."

Smithers, dando instrucciones a los policías de seguridad sobre cómo tratar a Homer: "¡Con cuidado, se puede mear!"

"¡A ver si resulta que mi madre tenía razón!" Marge, al enterarse que Homer está ingresado en un psiquiátrico.

"Crematorio de Joe. Se asan fiambres." Bart, contestando al teléfono cuando llama Michael Jackson. Después, responde: "Taxidermia de Joe. Mátese y lo disecamos."

Canción de Cumpleaños de Lisa:
Lisa, hoy es tu cumple. Doy gracias a Dios, porque era yo solo, no tenía hermanitos, desde entonces fuimos dos. Lisa, hoy es tu cumple. Sé muy feliz, Lisa. Lisa, hoy es tu cumple. Sé muy feliz, Lisa. Te deseo mucha ventura, de todo corazón, te deseamos todos con mucho cariño y el primer beso de un niño. Lisa, hoy es tu cumple. Sé muy feliz, Lisa. Lisa, hoy es tu cumple. Sé muy feliz, Lisa.

Michael: *Soy Michael Jackson, de los Jackson.*
Homer: *Soy Homer Simpson, de los Simpson.*

La participación de Michael: Obligaciones contractuales en el momento de sonorizar el episodio impidieron que el verdadero Michael Jackson se doblase a sí mismo. De ahí el misterioso John Jay Smith.

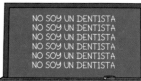

NO SOY UN DENTISTA
NO SOY UN DENTISTA
NO SOY UN DENTISTA
NO SOY UN DENTISTA
NO SOY UN DENTISTA
NO SOY UN DENTISTA

DETALLES QUE QUIZÁ TE HAYAS PERDIDO

Cuando Marge telefonea a la Línea Directa del Nuevo Manicomio y la hacen esperar, se oye la versión muzak de *Crazy*, de Patsy Cline.

En la caja de Cereales Krusty aparece un anuncio de la "Línea Caliente Krusty: 1-909-0-U-KLOWN".

Carteles de la Casa de Reposo para Personas Emocionalmente Interesantes: "¡No tienes por qué estar loco para ser ingresado aquí, pero ayuda!", y "Tu madre no está ingresada aquí, así que límpiate tú mismo".

Habitantes de Springfield que esperan a Michael Jackson: el alcalde Quimby, Moe, el doctor Marvin Monroe, Kent Brockman, el jefe de policía Wiggum, Helen Lovejoy, el abuelo, Patty y Selma, Ned y Todd Flanders, Milhouse, Sherri y Terri, el profesor Lombardo, el doctor Hibbert, Apu, la madre del director Skinner, la princesa Kashmir, Jasper, Willie, el doctor Nick Riviera, Keamy, Wendell, Antoine "Tex" O'Hara, el propietario de Isótopos de Springfield y hombre con el pelo color arco iris y el cartel donde se lee "John 3:16", que siempre intenta aparecer en pantalla durante las retransmisiones deportivas (su verdadero nombre es Rockin'Rollen Stewart).

LA FAMILIA VA A WASHINGTON

Episodio 8F01, emitido originalmente el 26.9.91. Guionista: George Meyer. Director: Wes Archer.

CONGRESISTA BOB ARNOLD

Identidad:
Representante de un estado que no se nombra.

Estilo político:
Corrupto.

Acepta:
Sobornos, peloteo, méritos.

No acepta:
Culpabilidad.

Hundido por:
Operación relámpago que lo cazó aceptando un soborno que permitiría hacer prospecciones petrolíferas en la cabeza de Teddy Roosevelt esculpida en el monte Rushmore.

L isa es elegida como semifinalista en el concurso de redacción "Patriotismo Ardiente" del Reading Digest, y obtiene un viaje a Washington D.C. con todos los gastos pagados. Allí, los Simpson reciben pases especiales de VIPs y hacen un recorrido histórico por la ciudad.

La mañana del concurso, Lisa pasea por un monumento poco conocido y presencia cómo el congresista Bob Arnold recibe el soborno de un grupo de presión. Destrozada su fe en la democracia, rompe la redacción que había preparado para la fase final del concurso.

Lisa decide que debe saberse la verdad y escribe una nueva redacción, donde denuncia al congresista Arnold y condena a los políticos de Washington. Alarmado porque alguien tan joven haya perdido la fe en su país, uno de los jueces informa a un senador, que a su vez notifica las actividades de Arnold al FBI. Éste es inmediatamente puesto bajo vigilancia y arrestado en una operación relámpago. Aunque Lisa pierde el concurso de redacción, recupera su fe en el proceso democrático.

**LOS ESCUPITAJOS NO ENTRAN EN LA LIBERTAD DE EXPRESIÓN
LOS ESCUPITAJOS NO ENTRAN EN LA LIBERTAD DE EXPRESIÓN
LOS ESCUPITAJOS NO ENTRAN EN LA LIBERTAD DE EXPRESIÓN
LOS ESCUPITAJOS NO ENTRAN EN LA LIBERTAD DE EXPRESIÓN**

MOMENTOS ESTELARES

"No creo que en los cheques de verdad se pongan signos de exclamación." Lisa a su padre, que se ha equivocado creyendo que un anuncio de propaganda era un cheque por 1.000.000 de dólares.

"¡Marge, no le busques tres gatos al pie! Sólo son estúpidos dibujos para pasar el rato." Homer, mientras se levanta del sofá enseñando la parte superior del culo por encima de los pantalones.

> **Jerry:** *Verá, congresista, éste es el bosque y parque nacional de Springfield. Y, en resumen, lo que queremos es talarlo.*
> *(Señala un dibujo en el que vemos un bosque oscuro y decrépito, lleno de árboles podridos.)*
> **Jerry:** *Podrá ver en esta fiel representación artística que está lleno de árboles viejos, secos y caducos.*
> *(Pasa la página revelando una escena feliz, con animales bailando y tomando el té en una colina con todos los árboles talados.)*
> **Jerry:** *Nuestra compañía de explotación forestal acabará con toda esa maleza, ayudando de esa forma a la Mater Natura.*
> **Bob Arnold:** *Jerry, usted es un experto en presionar a un político. Y me gustaría concederle el permiso para su explotación, pero... esto no es como enterrar residuos tóxicos. La gente se dará cuenta de que los árboles se han ido.*

"¡Simpson, eh?! Se especificaba claramente que ese puesto debía estar atendido por un analfabeto." El señor Burns, cuando Smithers le dice que la "rata de biblioteca" que está vigilando es Homer Simpson.

Comidas: Usando una receta del Reading Digest, Marge hace "hombrecitos de carne picada" para cenar.

"Cuando América nació aquel día de julio de 1776, el bosque de Springfield era un tierno pimpollar que se abría tembloroso al sol. Y de igual manera que la Madre Naturaleza lo cuidó, nuestra joven nación fue nutriéndose de nobles ideas de igualdad y de justicia. ¿Cómo pensar que unos robles tan robustos o una nación tan poderosa surgirían a partir de algo tan frágil y tan puro?"

"La ciudad de Washington, que fue levantada sobre una inmunda ciénaga hace 200 años, ha cambiado muy poco: apestaba entonces y apesta ahora. La diferencia está en que la fetidez de hoy la produce la peste de la corrupción."

La conclusión de la redacción de Nelson Muntz, de Springfield, durante las finales regionales del concurso Patriotismo Ardiente:
"Quemad la bandera si os parece, pero antes de hacerlo no dejéis de quemar otras cosas, vuestras camisas y pantalones. ¡Quemad el coche! ¡Quemad la tele! ¡Ah, sí, y no olvidéis de quemar la casa, porque todas estas cosas las tenéis gracias a seis barras blancas, siete barras rojas y un mogollón de estrellas!"

"Soy cobarde cual gallina, y como rata soy miedoso. Soy un votante que se abstiene." Parte de una redacción en las eliminatorias regionales de Alabama.

> *(Vestida para el concurso, Lisa entra en la habitación de Homer y Marge mientras están durmiendo.)*
> **Lisa:** *¿Mamá?*
> **Marge:** *Lisa, el concurso no empieza hasta dentro de tres horas.*
> **Lisa:** *No puedo dormir. ¿Quiere alguien visitar el monumento a Winifred Beecher Howe?*
> **Homer:** *¿Quién es ésa?*
> **Lisa:** *Reivindicó los derechos de la mujer. Encabezó la rebelión de las escobas en 1910, y su rostro apareció en las impopulares monedas de 75 ¢.*

> **Faith:** *Lisa, soy Faith Crowley, redactora de patriotismo del Reading Digest.*
> **Homer:** *¡Oh, me encanta su revista! Y la sección de "Cómo Mejorar su Facilidad de Palabra" la encuentro muy, muy, muy... eso.*

DETALLES QUE QUIZÁ TE HAYAS PERDIDO

El lema de la Compañía de Seguridad del Hogar es: "No concedemos préstamos."

Algunos artículos del *Reading Digest*: "¿Podemos confiar en las Bermudas?", "Me llaman Dr. Brote de Soja", "Paseando a la señora Haps".

Las finales regionales del concurso de redacción Patriotismo Ardiente se celebran en el salón de los Veteranos de Guerras Populares de Springfield.

Se ve a quiñitos en el rincón del mapa que muestra Springfield.

Puntuación de la redacción de Lisa: "Originalidad: 10"; "Claridad: 10"; "Organización: 9"; "Patriotismo: 10". Con los cinco puntos extra de recompensa después de que la jueza hable con Homer, su puntuación total es de 44 puntos sobre un total de 40.

La factura de Bart por el servicio de habitaciones del hotel Watergate incluye: "2 Shirley Temple: 14 $"; "2 Ensaladas de Cangrejo: 28,50 $"; "Lavandería: 8,75 $"; "2 Pedicuras: 75,00 $"; "2 Masajes: 150,00 $". Bart también añade una propina de 20 $.

¿TEDDY QUIÉN?

NED FLANDERS

Profesión:
Vendedor de objetos para zurdos.

Estudios:
Doctorado en mixología.

Posesiones más preciadas:
Su barbacoa a butano.

Libro favorito:
La Biblia.

Le irrita:
Los pasajes subrayados por Maude en su Biblia.

> ¡ABSOLUTAMENTE POSITIVO!

CUANDO FLANDERS FRACASÓ

Episodio 7F23, emitido originalmente el 3.10.91. Guionista: John Vitti. Director: Jim Reardon.

MOMENTOS ESTELARES

Homenaje cinematográfico:
Elementos de la escena final, incluyendo la forma en que Ned y Maude están vestidos y que Homer brinda para después cantar, son reminiscencia del final de *"¡Qué Bello es Vivir!"*

Lisa: *Papá, ¿sabes lo que significa Schadenfreude?*
Homer: *No, no sé lo que significa Schadenfreude.*
(sarcástico). Pero dímelo, porque me muero de ganas de saberlo.
Lisa: *Significa "alegría vergonzosa" en alemán, obtener placer del sufrimiento ajeno.*
Homer: *¡Oh, vamos, Lisa! ¡Yo sólo me alegro de que ese tío se caiga de culo!*

"Aunque Flanders sea el tipo más majo del mundo, es un idiota... ¡punto final!"

"¡Bien! ¡Oh, bien! ¡Que te zurzan! ¡Toma del frasco, Carrasco, que me he quedado con el más grande!" Homer, rompiendo un hueso de pollo y pidiendo como deseo que la "estúpida tienda para zurdos" de Flanders cierre por falta de clientes.

"¿Ves, Marge? Tú te metes con la tele y ella te ayuda. Creo que le debes una disculpita a alguien por eso."

"¡Eh, Bartito! ¡Te apetece un filetito?" Homer a Bart, mientras cocina en la barbacoa que era de los Flanders.

"Adelante los zurdos... ¡pasen, pasen, pasen! ¡Aquí hay de todo, y todo para zurdos!" Homer, animando a que la multitud entre en el Zurditorium.

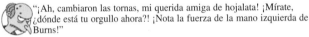
"¡Ah, cambiaron las tornas, mi querida amiga de hojalata! ¡Mírate, ¿dónde está tu orgullo ahora?! ¡Nota la fuerza de la mano izquierda de Burns!"

Clase de karate:
Akira: *Aprenderemos karate para no tener que hacer uso de karate.*
Bart: *Er... Perdone, señor, yo ya sé cómo no hay que pegar a un tío. ¿Por qué no vamos al grano?*

Ned: *El boca a boca está empezando a funcionar.*
Hombre: *¡Oiga, he oído que usted sella el ticket del aparcamiento sin comprar nada!*
Ned: *¡Oh, tan cierto como es de día! O, como decimos por aquí, ¡tan zurdo como es de día!*
Hombre: *¡Pues, sellando!*

Ned destrozado:
Ned: *En momentos como éste, antes acudía a la Biblia a encontrar consuelo, pero... ahora, ni la Biblia me puede ayudar.*
Homer: *¿Por qué no?*
Ned: *Te la vendí por siete centavos.*
Homer: *Ooh...*

Burns: *Smithers, me rindo. Abra usted esta lata.*
Smithers: *De acuerdo. Pero el mérito será siempre suyo.*
(Burns lee una nota del buzón de sugerencias.)
Burns: *Espere, Smithers. Yo abriré esa lata.*
Smithers: *Pero, ¿cómo...?*
Burns: *Se lo explicaré por el camino.*

A NADIE LE GUSTAN
LAS SARDINETAS
A NADIE LE GUSTAN
LAS SARDINETAS
A NADIE LE GUSTAN
LAS SARDINETAS

Ned: *Homer, el vivir en una urbanización asequible nos hizo vecinos, pero tú... nos has hecho amigos.*
Homer: *¡Por Ned Flanders, el zurdo más rico de toda la ciudad!*

Ned: *Si para mañana has terminado, ven a casa con un buen babero. Vamos a echar leña al fuego y toda la carne al asador. Buen apetito.*
Homer: *Descuida... Memo, memo, memo.*

Homer: *¿Qué es lo contrario de sentir "alegría vergonzosa"?*
Lisa: *¡Sentirse amargado!*
Homer: *¡Caray con los alemanes, tienen palabras para todo!*

DETALLES QUE QUIZÁ TE HAYAS PERDIDO

Mientras Homer está viendo los resultados de la Liga de Fútbol Profesional Canadiense, el nombre de los productores Jay Kogen y Wallace Wolodarsky aparecen en la lista de jugadores. También son mencionados como jugadores de los Dallas Cowboys en el episodio 7F07: "Bart en el Día de Acción de Gracias." John Swatzwelder también está en la lista.

La escuela de Akira está en el Centro Comercial de Springfield, junto al Shakespeare's Fried Chicken.

Cuando Homer compra la mayoría de las cosas de Ned, Bart lleva una camiseta donde se lee: "Maude ama a Ned."

Mientras Homer mira la televisión antes de que llegue el cobrador de facturas, se oye un jingle titulado: "Vamos al Bowl-A-Rama de Barney para divertirnos y ejercitarnos."

Ned Flanders invita a los Simpson a una barbacoa. Cuando anuncia que va a dejar su trabajo para abrir una tienda donde venderá objetos para zurdos, Homer desea que fracase. Marge, entretanto, preocupada porque Bart ve demasiada televisión y no hace bastante ejercicio, acepta que reciba lecciones de karate en el Centro Comercial. Cuando Homer lleva a Bart para su primera lección, visita la tienda de Flanders, el Zurditorium, y se alegra al ver que las cosas no le van muy bien. En la clase de karate, Bart descubre que ha de leer libros y trabajar duro, así que prefiere ir a jugar con las máquinas electrónicas.

El negocio de Ned va mal y expone sus pertenencias en el jardín de su casa para conseguir dinero. Homer compra lo mejor prácticamente regalado. Aunque se encuentra con gente que necesita desesperadamente objetos hechos especialmente para zurdos, Homer no les habla del Zurditorium. Mientras, Bart sigue escapándose de las clases de karate y se topa con una pandilla que intenta robarle su saxo a Lisa. Ella le insta a que utilice su conocimiento karateka para ayudarla. Bart intenta escapar y no meterse en líos, pero los matones le dan una paliza.

El deseo de Homer se hace realidad: el negocio de Flanders se hunde. Homer se siente culpable cuando Ned pierde su casa y su familia tiene que trasladarse al coche. Sólo quedan dos días hasta que Flanders sea declarado oficialmente en bancarrota. Homer llama a todos sus amigos zurdos y les habla de la tienda de Ned. Cuando el negocio de Ned empieza a recuperarse, los consumidores satisfechos se unen en un coro para cantar.

BART, EL ASESINO

Episodio 8F03, emitido originalmente el 10.10.91. Guionista: John Swartzwelder. Director: Rich Moore.

Al final de un día particularmente malo, a Bart se le escapa una rueda de su monopatín y pierde el control. Tras bajar casi volando por unas escaleras, se estrella frente al Auténtico Club Social de los Hombres de Negocios, que en realidad es una tapadera de la mafia. Los gángsters, Tony el Gordo, Louie y Joey, se ven impresionados por las agallas de Bart y le ofrecen trabajo en su bar. Marge descubre lo que está haciendo Bart y le pide a Homer que intervenga. Homer visita a los gángsters y le caen tan bien, que les pide si también pueden darle trabajo a Lisa.

Cuando Tony el Gordo descubre que el director Skinner está castigando a Bart a quedarse después de horas de clase, los gángsters le hacen una visita. Al día siguiente, Skinner ha desaparecido. Tras soñar que los gángsters han matado a Skinner, Bart se enfrenta a Tony el Gordo. Cuando llega la policía, Tony el Gordo echa la culpa de la desaparición de Skinner a Bart, que es encerrado y llevado a juicio.

Cuando Bart está a punto de ser condenado, Skinner aparece, contando ante el tribunal que había estado atrapado en su sótano desde que un montón de periódicos le cayó encima la semana anterior. Una vez libre, Bart deja su trabajo, habiendo descubierto que los gángsters son malos amigos.

MOMENTOS ESTELARES

El portavoz de Laramie, Jack Larson, asegura a todos los fumadores de Springfield que el camión que han asaltado no provocará escasez: "Me satisface poder anunciarles que un nuevo cargamento de Laramie con su suave sabor y aroma a tabaco de primera se dirige hacia Springfield, y el conductor ha recibido órdenes de ignorar todas las señales de stop y ceda el paso."

"¿Cuánto se tarda en entregar una pizza?" Marge, preguntándose por qué un camión con el rótulo "Entrega de Pizzas" está frente a la casa desde hace dos semanas, con un radar, un periscopio y una antena en el techo. Justo después de la pregunta de Marge, el camión se marcha.

Una psíquica se une a la búsqueda:

Psíquica: *Veo campanas de boda para Vanna White y Teddy Kennedy...*
Wiggum: *Por favor, Princesa Ópalo, céntrese en el director Skinner.*
Psíquica: *Jefe Wiggum, yo soy mero vehículo de los espíritus.* (hace una pausa) *Willie Nelson nos asombrará cruzando a nado el canal de la Mancha...*
Wiggum: *¿Sí? ¿Willie Nelson?*

Momentos después es reemplazado por un camión con el cartel de Flores By Irene. Las letras FBI son enormes y obvias.

Homenaje cinematográfico:

El trabajo de Bart para Tony el Gordo y sus amigos gángsters parodia la vida del joven Henry Hill en *Uno de los Nuestros.*

"¿Cómo han burlado ustedes a nuestro vigilante de pasillo?" El director Skinner, preguntándose cómo Tony el Gordo y sus compañeros gángsters han podido entrar en su despacho.

Bart: *Oiga, ¿son ustedes ladrones?*
Tony el Gordo: *Bart, mmm... ¿está mal robar una barra de pan para dar de comer a tu familia hambrienta?*
Bart: *No.*
Tony el Gordo: *Pues supón que tienes una familia muy numerosa. ¿Está mal robar un camión de pan para darles de comer?*
Bart: *(Niega con la cabeza.) U-uh.*
Tony el Gordo: *¿Y si a tu familia no le gustara el pan y le gustaran los cigarrillos?*
Bart: *No creo que estaría mal.*
Tony el Gordo: *No. Ahora, ¿y si en lugar de regalárselo, se lo vendieras por un precio que prácticamente es un regalo.? ¿Sería eso un crimen, Bart?*
Bart: *No lo sé.*
Tony el Gordo: *Disfruta de tu regalo.* (Bart abre una caja y saca un traje de terciopelo.)
Bart: *Bravísimo.*

"Por favor, por favor... Yo les aseguro que estamos utilizando los métodos más científicos en el campo de... buscar muertos."

"La Pizarra Ensangrentada: La Historia de Bart Simpson": Título de una miniserie televisiva sobre la experiencia de Bart con los gángsters, con Neil Patrick Harris como Bart Simpson.

"...soy Troy McClure. Probablemente me habréis visto en películas *como La Venganza de Abraham Lincoln* o *La Carreta Más Absurda del Oeste."*

"Tony el Gordo es el cáncer de nuestra hermosa ciudad. Él es el cáncer y yo soy... eh... el que cura el cáncer."

NO DEBEN MEZCLARSE LOS EXPLOSIVOS Y EL COLEGIO
NO DEBEN MEZCLARSE LOS EXPLOSIVOS Y EL COLEGIO
NO DEBEN MEZCLARSE LOS EXPLOSIVOS Y EL COLEGIO

DETALLES QUE QUIZÁ TE HAYAS PERDIDO

Cuando Bart es encerrado en la cárcel, su compañero de celda se parece a Bob, el actor secundario.

El azteca sonriente en el vídeo de Troy McClure sobre la historia del chocolate es casi idéntico a la mascota del equipo de béisbol de los Cleveland Indians.

En el sótano de los Simpson se puede ver un barril grande de residuos nucleares.

Los caballos de la tercera carrera en el Hipódromo de Shelbyville tienen nombre de frases de dibujos animados clásicos, incluyendo "Yabba-Dabba-Doo", "Vi un Lindo Gatito", "¡Oh, ¿no soy apestoso?", "Eso es todo, amigos" o "¿Qué hay de nuevo, viejo?"

Los cereales que Lisa come se llaman Jackie O y en la caja anuncian: "¡Unos pantalones de ciclista en el interior!" Los cereales que Bart elige son Copos de Chocolate Helado Krustys, con el eslogan: "¡Sólo el azúcar tiene más azúcar!"

Profesión:
Gángster.

Cabello:
Liso y peinado hacia atrás.

Guarida:
El Auténtico Club Social de los Hombres de Negocios, con sus socios: Piernas, Louie y Joey.

Transporte:
Limusina.

Literatura favorita:
Las noticias diarias de las carreras de caballos.

Cóctel favorito:
Manhattan.

Arma preferida:
Un revólver calibre 38.

Atracos:
A camiones de cigarrillos.

Se hace el tonto:
Con el jefe Wiggum.

¿QUÉ ES ASESINATO?

SCOTT CHRISTIAN

Profesión:
Periodista televisivo.

Presenta:
La sección del telediario titulada "Carcajada y Media".

Apariencia:
Pulcra.

Aspecto:
Serio.

Sostiene:
Un micrófono con estilo.

> COMENTAREMOS MÁS CASOS DE PURA SUERTE.

DEFINICIÓN DE HOMER

Episodio 8F04, emitido originalmente el 17.10.91. Guionista: Howard Gewirtz. Director: Mark Kirkland.

MOMENTOS ESTELARES

NO HARÉ CHIRRIAR LA TIZA
NO HARÉ CHIRRIAR LA TIZA
NO HARÉ CHIRRIAR LA TIZA
NO HARÉ CHIRRIAR LA TIZA
NO HARÉ CHIRRIAR LA TIZA
NO HARÉ CHIRRIAR LA TIZA

Milhouse: Bart, es que mi madre ya no me deja ser tu amigo. Por eso no te pude invitar a mi fiesta.
Bart: ¿Y yo qué le he hecho a tu madre?
Milhouse: Dice que eres una mala influencia.
Bart: ¿Una mala influencia? ¡Y una mierda! ¿Cuántas veces te he dicho ya que no le hagas caso a tu madre?

"Hatajo de sucias cabras rumiantes." La definición de Amadópolis de sus empleados.

 "Me llamaban carca por enseñar métodos de camuflaje militar. Ahora, yo reiré el último."

La fiesta: Milhouse invita a Sherri, Terri, Martin y Otto a su fiesta de cumpleaños, pero no a Bart.

"Dios mío, si evitas que esta ciudad se convierta en un humeante agujero en el suelo, te prometo ser mejor cristiana... aunque no sé qué más podré hacer yo. Mmm, ¡oh!, en la próxima campaña 'Sostenga a un Pobre de Pie' les llevaré algo que les guste de verdad, en lugar de la típica lata de tomate en oferta."

Smithers: Quizá sea ésta la última oportunidad de decírselo... ¡Le quiero, señor!
Burns: ¡Lo que faltaba! Gracias por hacer que mis últimos momentos sean socialmente embarazosos.

Kent Brockman: La gente opina que puede haber una fusión nuclear.
Señor Burns: ¡Oh, fusión nuclear! Uno de tantos términos ambiguos. Llámelo "fisión de excedentes no deseada".

Marge: Mire usted, sé que Bart es travieso, pero también sé muy bien cómo es en el fondo. Sí, y tiene chispa. Lo cual no es malo... aunque a veces lo impulse a hacer cosas malas.
Señora Van Houten: Verá, Marge. El otro día, Milhouse me dijo que mi pastel de carne era una mierda. Y eso lo ha tenido que aprender de su hijo, porque esas palabrotas no creo que las digan por la tele.

 "Pito, pito, gorgorito. ¿Es Homer un héroe? La respuesta es... no."

El tupé: Burns lleva un postizo en las fotos que da a la prensa.

Por su valentía y habilidad: Homer es recompensado con un jamón, una placa, dos cupones de descuentos, el "pulgar arriba" de Burns y ver su retrato como Empleado del Mes.

 "Bueno, chicos, ya sabéis... Un reactor nuclear es como una mujer. Sólo hay que leer el manual y apretar el botón indicado."

La voz de alarma anuncia un problema en el Sector 7-G:
Burns: ¿7-G? ¡Ay, Dios! ¿Quién está allí de vigilante?
Smithers: Eh... Homer Simpson, señor.
Burns: ¿Simpson, eh? ¿Es capaz? ¿Inteligente?
Smithers: Fue contratado en la campaña Igualdad de Oportunidades.
Burns (amargamente): Gracias, presidente Ford.

Moe: Por lo visto, éste es el fin.
Barney (dándole un trago a su cerveza): ¡A mí me da igual, no podría haber tenido una vida más plena!

Bart: Me he peleado con Milhouse.
Homer: ¡Ese "cuatro ojos" narizotas! ¡No necesitas su amistad!
Lisa: ¡Qué profundo!

Milhouse (por el walkie-talkie): ¡Milhouse a Bart! ¿Quieres jugar conmigo?
Bart: ¿De verdad? ¿Volvemos a ser amigos? ¿La diñó tu madre?

DETALLES QUE QUIZÁ TE HAYAS PERDIDO

Uno de los monitores del despacho de Burns muestra que todos sus obreros tienen un aspecto idéntico.

Las tazas de café de la Central Nuclear de Springfield tienen formas de torres refrigerantes.

Otto "canta" el Frankenstein de Edgar Winters mientras conduce a 120 kms/h. hacia el Badulaque.

Durante la amenaza de fusión, Burns lleva el traje antirradiación de Smithers.

Los residuos radiactivos desbordan de un cubo de basura en la cafetería de la Central.

Bart se siente hundido cuando descubre que Milhouse no lo ha invitado a su fiesta de cumpleaños. Mientras, en la central nuclear, Homer se duerme en su puesto de trabajo sin saber que el núcleo del reactor ha empezado a fundirse. Lo despiertan las sirenas de alarma y le entra el pánico. Con pocos segundos de margen, presiona el botón adecuado por casualidad y salva a la ciudad. Homer se convierte en un héroe, pero se siente un estafador tras recibir una llamada de felicitación de Magic Johnson. Aristóteles Amadópolis, propietario de la Central Nuclear de Shelbyville, pide a Homer que les dé una conferencia a sus empleados.

Bart descubre que Milhouse tiene prohibido jugar con él porque lo consideran una mala influencia. Cuando Marge habla con la madre de Milhouse, la señora Van Houten decide que Bart vuelva a ser amigo de su hijo.

Homer intenta dar su conferencia a los empleados de Amadópolis, pero se hace un lío. Se salva cuando suenan las sirenas de alarma. Todos esperan que Homer solucione el desastre, pero éste no sabe qué hacer. Cierra los ojos y juega a "pito, pito, gorgorito", volviendo a apretar el botón adecuado. No obstante, esta vez todo el mundo se da cuenta de que Homer simplemente ha tenido suerte.

DE TAL PALO, TAL PAYASO

Episodio 8F05, emitido originalmente el 24.10.91. Guionistas: Jay Kogen y Wallace Wolodarsky. Directores: Jeffrey Lynch y Brad Bird.

Mientras cena en casa de los Simpson, Krusty revela una faceta de sí mismo que no es el payaso "feliz" que todos conocen y adoran. Desde que su padre renegó de él por no seguir la tradición rabínica familiar, Krusty se siente hundido. Bart y Lisa comprenden que Krusty necesita reconciliarse con su padre.

El Reverendo Lovejoy, que aparece en un programa semanal de radio con el rabino Krustofski, les da a Bart y a Lisa su dirección. Cuando van a visitarlo, Krustofski les dice que no tiene ningún hijo y les cierra la puerta en las narices. Bart y Lisa intentan razonar con el rabino, buscando una solución incluso en el Talmud, el antiguo texto de sabiduría hebrea. Nada convence al rabino Krustofski de que haga las paces con su hijo.

Cuando Bart cita una frase del cantante Sammy Davis jr., el rabino Krustofski reconoce su error por no haber comprendido a Krusty. Padre e hijo celebran su reconciliación en el programa de Krusty.

MOMENTOS ESTELARES

"¡Sigue haciendo el payaso!" Homer, tras escuchar a Krusty bendecir la mesa en hebreo.

"El sifón es para beber, no para mojar a la gente. Y las tartas son para comer, no para tirarlas a la cara." El padre de Krusty, explicándole al joven Krusty por qué no puede ser payaso.

"Para empezar, mi verdadero nombre no es Krusty el Payaso, sino Herschel Krustofski. Mi padre era rabino. Su padre fue rabino. Y el padre de mi padre... Bueno, ya me entendéis."

"Un hombre que envidia nuestra familia, es un hombre que necesita ayuda."

"Hablemos de Dios." El programa de radio donde participan el reverendo Lovejoy y el rabino Krustofski.

"¡Jo, ese tipo es duro!" Bart, cuando no logra convencer al rabino Krustofski de que debe perdonar a su hijo.

Jamón, salchicha y bacon, con un poco de mayonesa y pan blanco: La composición del bocadillo Krusty el Payaso en la Cafetería de Izzy.

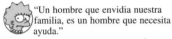

NO DEJARÉ LAS COSAS A ME
NO DEJARÉ LAS COSAS A ME
NO DEJARÉ LAS COSAS A ME
NO DEJARÉ LAS COSAS A ME
NO DEJARÉ LAS COSAS A ME
NO DEJARÉ LAS COSAS A ME

"Disculpa, amigo. No estoy convencido de eso y éste no es el lugar adecuado para discutirlo." El rabino.

Homer tranquilizando a Bart:

Homer: *Hijo, tú no tienes por qué seguir mis pasos.*
Bart: *Tranqui, ni siquiera voy al baño si lo has usado tú.*
Homer: *¡Te voy a...!*

La carta de Bart a Krusty:

Querido Krusty:
Soy Bart Simpson, Fan de Krusty n.º 16.302. Te devuelvo respetuosamente mi carnet. Siempre sospeché que la vida era una pérdida de tiempo. Ahora estoy seguro.
Que te den, Bart Simpson.

Homenaje cinematográfico:

El tema del padre rabino rechazando a su hijo por elegir carrera en el mundo del espectáculo recuerda a *El Cantor de Jazz.*

Bart: *Hemos venido a hablar de su hijo.*
Krustofski: *¡Yo no tengo hijo!*
Bart: *¡Qué rabinada! Hemos venido hasta aquí, y ahora dice que no es él.*
Krustofski: *¡No os lo toméis al pie de la letra!*

Lovejoy: *¿El rabino Krustofski? ¡Pero si contesta conmigo las preguntas en la radio los domingos por la noche!*
Bart: *¿De veras?*
Lisa: *Yo no sabía eso.*
Lovejoy: *¡No me digas! Lo anuncio en mi sermón todos los domingos.*
Bart: *¡Oh, se refiere a "ese" programa de radio...!*
Lisa: *Claaaro. Sí es de lo único que se habla los lunes...*

Letra de la canción de despedida de Krusty:

¡Esto ha sido feno-feno-feno-fenomenal/ nos vamos a marchar/ pero si este payaso aparece mañana muerto en el suelo/ seguirá haciendo este programa desde el cielo.

Bart: *Krusty, ¿aún piensas en tu padre?*
Krusty: *Continuamente. Menos en las carreras, allí estoy trabajando.*

Lisa: *¿Qué es lo que más valoran los rabinos por encima de todo?*
Bart: *¿Esos estúpidos sombreros?*
Lisa: *No, Bart, la sabiduría. Vamos a darle donde más le duele... ¡en mitad de la judaica!*

DETALLES QUE QUIZÁ TE HAYAS PERDIDO

Durante la canción de despedida de Krusty, el cabo Castigo sostiene a un casi Inconsciente Actor Secundario Mel.

En su despacho, Krusty tiene fotos de sí mismo con Alfred Hitchcock y los Beatles.

Krusty y su padre caminan por la calle y ven una cafetería con un cartel donde se lee: "Comidas Grasientas Tanner."

De niño, Krusty se detiene ante una tienda que anuncia: "Artículos de broma, trucos de magia y medicinas."

En la pared de la radio KBBL tienen un disco de oro de la Larry Davis Experience y un póster de Murphy Encías Sangrantes.

En el Cine X de Springfield tienen las siguientes películas en cartel: *Sólo para tu culo, Cocodrilo Sexí* y *Dr. Strangebragas.*

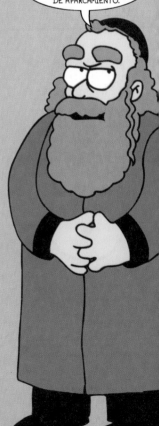

CINCO MARCHAS Y FÁCIL DE MANEJAR. Y SIN PROBLEMAS DE APARCAMIENTO.

LA CASA-ÁRBOL DEL

SECUENCIA DE APERTURA

Mientras retumban truenos y caen rayos, vemos una lápida del Cementerio de Springfield donde se lee: "La Madre de Bambi". Después, a un hippie sentado frente a otra lápida dedicada a "Jim Morrison". En otra está grabado: "Cocina Cajún". Carámbanos cuelgan de una lápida donde puede leerse: "Walt Disney". La última del cementerio dice: "Pierde peso. Pregúntame el Método".

EL ARGUMENTO

A pesar de la advertencia de Marge, Homer y los chicos comen demasiados caramelos, lo que les provoca pesadillas por la noche.

"Hola a todos. Antes del episodio de Halloween del año pasado, les advertí que no se lo dejaran ver a sus hijos, y sin embargo les dejaron. Mmm, bien, pues este episodio es aún mucho peor. Es de más miedo, más violento y está plagadito de tacos y palabrotas. Así que, por favor, acuesten ya a sus hijos y... Claro que si la otra vez no me hicieron caso, dudo que lo hagan hoy. Que disfruten."

Titular de periódico:
"Los monstruos aprueban el plan de esclavitud."

LA PESADILLA DE LISA

Lisa sueña que la familia está de vacaciones en Marruecos, y que Homer compra una pata mágica de mono que concede cuatro deseos. Tras volver a casa, Maggie desea un chupete nuevo, Bart fama y riqueza, y Lisa que haya paz en el mundo.

Dos extraterrestres, Kang y Kodos, se aprovechan del pacifismo terrestre para invadir el planeta y convertir a los humanos en esclavos. Homer utiliza el último deseo para conseguir un bocadillo de pavo y tira la pata de mono, pero Flanders la coge y desea que los extraterrestres desaparezcan. Después, pide que su casa se convierta en un castillo.

Homenaje cinematográfico:
La escena en la que Homer es cogido en el aeropuerto marroquí intentando pasar de contrabando souvenirs pegados a su pecho con cinta adhesiva, parodia la primera escena del contrabando de heroína de *El Expreso de Medianoche*.

MOMENTOS ESTELARES

"Al principio me parecían graciosos, pero ahora no hay quien los aguante." Una mujer, hablando de los Simpson después que Bart ha obtenido fama y fortuna para toda la familia.

"Quiero un sandwich de pavo, en pan negro, con lechuga y mostaza. Y... no quiero que el pavo sea zombi, ni he dicho que quiera convertirme en un pavo. No quiero sorpresas extrañas... ¿entendido?"

"Homer, esa mano amputada tiene algo que no me gusta."
"Antes les tenía manía por todas sus memeces, pero ahora desearía que estuviesen muertos." Un hombre prisionero de Kang y Kodos, cuando los extraterrestres han dominado la Tierra.

(Homer ve una pata de mono en el tenderete de un mercader viejo y harapiento. El mercader le dice a Homer que la pata tiene el poder de conceder deseos.)
Homer: ¿Ah, sí? ¿Cuánto vale?
Mercader: Señor, le aconsejo vivamente no comprar. Detrás de cada deseo acecha un gran infortunio. Yo mismo fui una vez presidente de Argelia.
Homer: Vamos, amigo, no me cuente su vida. ¿Cuánto?

DETALLES QUE QUIZÁ TE HAYAS PERDIDO

En una camiseta de Lisa se lee "Yo besé a Balmoujeloud", juego de palabras con la inscripción de unas camisetas que se vendían en Irlanda y decían: "Yo besé a Blarney Stone".

El fez de Homer tiene la etiqueta del precio colgando.

El contrabando de Homer en el aeropuerto incluye: una taza "Yo (corazón) Marrakesh", un "Toca la bocina si eres marroquí", una hucha en forma de camello y un paquete de cigarrillos Camel.

Una tienda vende mercancía de los Simpson cuando se vuelven ricos y famosos, ofreciendo dos por uno debido a las excesivas existencias.

Algunas tiendas de Springfield: Cubertería Caballar, Caramelos para Pijos, Dentista Semiindoloro y Saldos de Harapos.

"Puede que esa tabla con clavo nos derrotara, pero los humanos no se detendrán ahí. Crearán tablas mayores con clavos mayores, y pronto crearán una tabla tan grande que los destruirá a todos." Kang a Kodos, tras ser expulsados de la Tierra.

Homer: ¡Qué villorrio! ¡¿Cómo viviría la princesa Gracia en un sitio así?!
(Homer contemplando las calles de Marrakesh.)
Lisa: Esto es Marruecos, no Mónaco.

LA PESADILLA DE HOMER

Homer sueña que el señor Burns lo despide y le extirpa el cerebro para colocarlo en un robot que se convertirá en el empleado perfecto. Cuando el experimento fracasa, Burns devuelve el cerebro de Homer a su cráneo. El robot descerebrado cae sobre Burns malhiriéndolo. Para que Burns pueda vivir, Smithers injerta su cabeza en el hombro de Homer. Éste se despierta y descubre aliviado que todo era un sueño. ¿O no? Cuando Homer se mira en el espejo del cuarto de baño, la cabeza de Burns sigue pegada a él.

TERROR II

Episodio 8F02,
emitido originalmente el 31.1.91.
Guionistas: Atroz Al Jean & Mórbido Mike Reiss, Canguelo Jeff Martin,
Jadeante George Meyer, Resbaladizo Sam Simon, Fantasmal John Swartzwelder.
Director: Jim Rondo Reardon.

LA PESADILLA DE BART

Bart sueña que tiene el poder de leer las mentes y hacer que sucedan cosas simplemente pensando en ellas. Cuando la gente de la ciudad tiene malos pensamientos, los convierte en algo grotesco. Todos en Springfield viven temiendo a Bart y obligados a no pensar nada malo sobre él. Cuando Homer hace enfadar a Bart, éste lo convierte en el muñeco de una caja de sorpresas. Marge lleva a Bart y a Homer al Dr. Marvin Monroe, que sugiere que pasen más tiempo juntos. Tras divertirse unos cuantos días, Bart hace que Homer vuelva a ser humano.

MOMENTOS ESTELARES

"Lo ha heredado de tu familia, ¿sabes? En la mía, nunca hubo ningún monstruo." Homer a Marge.

"Bien, chicos, la historia de nuestro país ha sufrido cambios de nuevo para que coincida con las respuestas que Bart dio ayer en el examen. Ahora, América fue descubierta en 1942 por... algún tipo, y nuestro país ya no se llama América, se llama Chorrilandia."

Narrador: Saquen sus propias conclusiones. Springfield, una pequeña ciudad normal, con un monstruo no tan normal. La gente de Springfield tiene que esforzarse en pensar siempre cosas alegres y decir cosas alegres, porque este monstruo lee las mentes. Y cuando se disgusta, puede convertir a la gente en grotescos horrores ambulantes...
(La escena cambia a Jasper, caminando por la ciudad.)
Jasper: Pensamientos alegres, pensamientos alegres... ¡bah, ya empiezo a estar hasta las narices! (Jasper es transformado instantáneamente en una criatura parecida a un perro.)
Narrador: ¿He mencionado que este monstruo es un niño de diez años? Tiene gracia, ¿eh? Seguro que no se lo esperaban.

¡Hola! "Aquí la Taberna de Moe..."
Moe: Taberna de Moe. Enseguida, un momento,... ¡Atención a la parroquia! Soy un cretino con cara de gorila, y un culo gordo y apestoso, y... me encanta besarme el culo.

Monroe: ¿Te gusta que sean atentos contigo?
Bart: ¡Y que lo diga!

DETALLES QUE QUIZÁ TE HAYAS PERDIDO

Bart come copos de cereales crujientes y achocolatados marca Krusty.

Una rata muerta y tres manzanas encima de la mesa de la señorita Krabappel.

Bart escribe "¡Cómete mis pantalones!" en tres de los espacios dedicados a las respuestas del examen de historia. Hace lo mismo en el episodio 8F22, "El amigo de Bart se enamora".

En la puerta delantera de la consulta del Dr. Marvin Monroe se lee: "Miembro de la Asociación Médica de Chorrilandia."

Bart lleva pijamas del payaso Krusty.

Homenaje a series clásicas de televisión:

El argumento de un niño que lee mentes y provoca el caos está sacado directamente de "Una Buena Vida", un episodio de La Dimensión Desconocida protagonizado por Billy Mumy.

Bart: Papá, estos últimos días han sido alucinantes. Ojalá pudiera hacer algo para agradecértelo.
Homer: Bueno, podrías devolverme el cuerpo... si tú quisieras.

MOMENTOS ESTELARES

"¿Sabe, Smithers? Siempre he despreciado la holgazanería del obrero medio. El obrero tiene espíritu de entrega, pero su carne es débil. Así que he decidido sustituir esa carne -que es débil- por acero, que es fuerte. ¡Vea, el mayor adelanto en materia de relaciones laborales desde el gato de nueve colas!" El señor Burns, destapando un robot de más de tres metros de alto y ligeramente parecido a Homer.

"¡Vamos, Smithers! ¡Esto no es ciencia espacial, es neurocirugía!"

"¡Míreme, soy David Crockett!" Burns, bailoteando con el cerebro de Homer sobre su cabeza.

DETALLES QUE QUIZÁ TE HAYAS PERDIDO

En el pasadizo secreto de Burns hay un letrero que dice: "Fíjate dónde pisas."

(Tras devolver el cerebro de Homer a su cabeza, Burns está cosiéndole de nuevo el cráneo.)
Homer: (Todavía dormido.) ¡Ay! ¡Ay! ¡Ay! ¡Ay!
Burns: ¿Quiere dejar de lamentarse?
Smithers: Señor, ¿sabe lo que eso significa?... ¡Que tiene vida!
Burns: ¡Oh, es cierto, Smithers! Le debo una limonada.

Homenaje televisivo:

Johnny Carson aparece por la tele en casa de los Simpson con su disfraz de Karnac el Grande. Sostiene un sobre por encima de su cabeza y dice: "Geraldo Rivera, Madonna y un yak enfermo." Nadie hace ninguna pregunta.

(Burns y Smithers observan a los empleados por los monitores de vigilancia.)
Burns: Lo que no pueden sospechar es que sus días de chuparme la sangre están contados.
Smithers: Entretanto, señor, le sugiero unos cuantos despidos al azar para ir metiéndoles el miedo en el cuerpo.

Homenajes cinematográficos:

El sueño de Homer de un cerebro transplantado parodia las antiguas películas de *Frankenstein*. El final del episodio parodia a *La Cosa con Dos Cabezas*.

MILLICENT

Profesión:
Profesora de equitación en el Establo del Castrado Agradecido.

Se parece a:
Katharine Hepburn.

Le encanta:
Criar ponis.

Le disgusta:
La gente que no sabe apreciar cómo se crían ponis.

Pose de:
Soy muy rica, así que no me hagas perder el tiempo.

También enseña:
A pronunciar correctamente, sin recargo alguno, durante las lecciones de equitación.

> AUNQUE NO OBSERVES CAMBIOS EN MI SERENO ROSTRO, TE ASEGURO QUE SE ME ROMPE EL CORAZÓN.

EL PONI DE LISA

Episodio 8F06, emitido originalmente el 7.11.91. Guionistas: Al Jean y Mike Reiss. Director: Carlos Baeza.

Lisa llama a Homer antes del Concurso de Talentos de la Escuela para pedirle que le compre una lengüeta nueva para su saxo. De camino, Homer se detiene en la Taberna de Moe para tomarse una cerveza y llega tarde a la Escuela. La actuación de Lisa es un desastre. Homer se siente sinceramente mal al comprender que no presta a Lisa la atención suficiente. Decide que la única forma de compensarla es comprarle el poni que siempre ha querido.

A pesar de que Marge le advierte que no pueden permitirse un poni, Homer pide un préstamo en el Servicio de Créditos del Sindicato de la Central. Como ya van muy justos para pagar las facturas, Marge le avisa que no tienen dinero para el establo del caballo. Homer acepta un trabajo en el Badulaque. Ocho horas allí, más su jornada normal en la Central Nuclear, pronto lo convierten en un zombi andante.

Marge le explica a Lisa que Homer tiene dos trabajos para que ella pueda mantener el poni. Y, aunque adora su caballo, Lisa sabe que debe prescindir de él. Así que le da un abrazo de despedida y va al Badulaque para decirle a Homer que no tiene por qué seguir con su segundo trabajo. Le asegura que lo quiere a pesar de todo, y Homer se la lleva a casa subida en sus hombros.

MOMENTOS ESTELARES

"¡Esta cosa no hay quien la aguante!" La cocinera Doris, juzgando el Concurso de Talentos.

 "Quizá debería reconocer mi fracaso, olvidarme de Lisa e intentar hacer las cosas mejor con Maggie."

"Se dormía, robaba y era grosero con los clientes. No obstante, ahí va el mejor empleado que ha habido nunca en un Badulaque." Apu, opinando sobre la breve estancia de Homer en su negocio.

"¿No es adorable? Smithers, al parecer este hombre quiere hacerse un jinete. Se trata de eso, ¿no? ¿No pretenderá comérselo?"

"¡Una cereza! ¡Oh, señor Homer, ¿cómo ha podido caer usted en un truco tan burdo?!" Apu, cuando Homer le miente diciendo que tiene tres Campanas de la Libertad en el billete de lotería "Rasca y Gana".

 "No lo quiero engañar. En este trabajo se reciben balazos."

"Me parece que alguien está un tanto celosilla." Homer, cuando Marge expresa su desagrado por haber comprado el poni.

Lisa: *Papá, es que se ha roto la lengüeta del saxofón y necesito que me compres una.*
Homer: *Oye, ¿no es una de esas cosas que hace mejor tu madre?*
Lisa: *La llamé y debe de haber salido. También se lo pedí al señor Flanders, a la tía Patty, a la tía Selma, al doctor Hibbert, al Reverendo Lovejoy y a ese señor tan majo que cazó la culebra que había en el sótano.*

El nuevo horario de Homer:
"Trabajaré hasta las ocho, vendré a casa, me acostaré cinco minutos, desayunaré, me ducharé, me solazaré diez minutos con el amor de Lisa y me iré a la Central tan fresco como una rosa."

Homenaje cinematográfico:

En un sueño de ciencia-ficción, un Homer homínido se recuesta contra el monolito de *2001, Una Odisea del Espacio,* para dormir. Mientras los otros homínidos descubren las herramientas, Homer inventa la siesta.

Homer: *Vamos, Moe. Sólo tengo cinco minutos antes de que cierren la tienda.*
Moe: *Bueno, ¿y por qué no vas allí antes?*
Homer: *¡Eh! ¿Te digo yo cómo tienes que despachar?*
Moe: *Perdona, Homer.*
Homer: *Moe, si inclinas la jarra se hará menos espuma.*
Moe: *Perdona, Homer.*

(Un camarero de la Heladería de los 5.600 Sabores lleva un enorme helado a Homer y Lisa en una carretilla.)
Camarero: *¿Quién encargó una Montaña Empachosa?*
Homer: *Yo la encargué para mi niña.*
Lisa *(tras una sola cucharada):* *No quiero más.*
Homer: *¡Ouch! ¡Que son ochenta y ocho dólares...!*

Millicent: *Aquí, el poni que menos cuesta son cinco mil dólares.*
Homer: *¿No hay ningún sitio donde vendan ponis baratos que se hayan escapado de casa?*

Marge: *No podemos permitirnos comprar un poni.*
Homer: *Con lo que vale la gasolina, no podemos permitirnos no comprarlo.*

Bart: *¡Eh! ¿Cómo es que Lisa tiene un poni?*
Homer: *Porque había dejado de quererme.*
Bart: *Yo tampoco te quiero. Regálame una moto.*
Homer: *Yo sé que tú sí me quieres, así que de regalos nada.*

Marge: *Debemos renunciar a cualquier clase de lujo.*
Homer: *Por ejemplo, nos pasamos la vida vacunando a Maggie contra cosas que ni siquiera tiene.*
Marge: *Yo estaba pensando que podríamos ahorrar en cerveza.*
Homer: *Eso no va a ninguna parte.*

DETALLES QUE QUIZÁ TE HAYAS PERDIDO

Un calendario del decorado marca el 7 de noviembre, la fecha en que el episodio fue emitido por televisión.

Los Simpson tienen un vídeo con sistema Beta.

Homer busca un poni en una tienda de animales que se llama Todas las Criaturas Grandes y Baratas.

Un cartel dentro de la tienda Todas las Criaturas Grandes y Baratas, dice: "Acarícielo y es suyo."

LOS "BILLETES BART" NO SON DE CURSO LEGAL
LOS "BILLETES BART" NO SON DE CURSO LEGAL
LOS "BILLETES BART" NO SON DE CURSO LEGAL
LOS "BILLETES BART" NO SON DE CURSO LEGAL

SÁBADOS DE TRUENO

Episodio 8F07, emitido originalmente el 14.11.91. Guionistas: Ken Levine y David Isaacs. Director: Jim Reardon.

M arge le da a Homer un test del Instituto Nacional de Paternidad para valorar su actuación como padre. Homer suspende el test y deduce que no es un buen padre. Acepta recibir terapia en el Instituto y, tras una charla aleccionadora con el director, se ofrece a Bart para ayudarle a construir su coche de madera. Bart acepta a regañadientes la ayuda de Homer, pero juntos construyen un bólido de carreras.

En la vuelta de calificación, el coche de Bart ni siquiera cruza la línea de meta. El de Martin, un modelo aerodinámico, gana con facilidad pero pierde el control debido a la velocidad y se estrella. Como Martin se rompe el brazo y no puede participar en la carrera final contra Nelson, le pide a Bart que corra por él, y éste acepta. No obstante, Homer se siente traicionado por la decisión de Bart de conducir el coche de Martin y no el que ambos construyeron, y refunfuña por toda la casa. A pesar de conducir el coche de Martin, Bart no tiene ilusión por la carrera.

Homer vuelve a repasar su test de paternidad y, esta vez, su experiencia ayudando a Bart a construir el bólido de carreras le permite responder correctamente a todas las preguntas. Corre hacia la pista para ver a Bart. Éste lo descubre en las gradas, animándolo, y encorajinado por los gritos de su padre, le gana la carrera a Nelson.

MOMENTOS ESTELARES

 "Como dice el tres veces campeón de Bólidos, Ronnie Beck, 'un edificio en construcción mal vigilado, es una mina de oro'."

 "¡Gracias, Bill Cosby! ¡Has salvado a los Simpson!"

"El Pequeño Rayo." El coche de madera de Bart. Según él mismo: "Es lento, feo y se comporta como un carrito de supermercado."

"El Bólido de Honor." Es el bólido aerodinámico de Martin. Parece una lanzadera espacial y hasta tiene patrocinadores: Mensa, General Dynamics y Tang.

"El Asesino 2.000." El coche de Nelson. Lleva un parachoques robado, un dibujo intimidatorio y alguien encerrado en el maletero.

 "Yo me quedaré aquí, con el Pequeño Rayo fabricado por los Simpson, recordando que por un breve pero feliz momento, tuve un hijo."

"Soy el actor Troy McClure. Quizá me recuerden de series televisivas como 'Buck Henderson, Agente Federal' o 'La Fábrica de Sonrisas de Troy y Compañía'."

Homenaje Musical:
Cuando Bart mira a las gradas y ve que su padre está allí, dándole ánimos para ganar la carrera, se oye el tema de *El Mejor.*

DETALLES QUE QUIZÁ TE HAYAS PERDIDO

En el salón de belleza, Patty, Selma y Marge leen *Chismes* y *Charla Vacía.*

El anuncio del videoclub, dice: "Villa VHS, antes Pueblo Beta."

Las películas del videoclub, incluyen: "Du Du Du", "Siesta en México", "Fútbol Deplorable", "Nenas de Yate", "Frisbee", "Super Jack III", "Muerte por KO", "Sangre sobre el Hielo" y "Las Mejores Lesiones del Fútbol Americano".

El director del Instituto Nacional de Paternidad bebe en una taza de Superpadre.

En la consulta del doctor Hibbert, Chuck espera que le quiten una cubitera de su garganta.

Scoey: ¡Eh, McBain! Si comes tantas salchichas, no vivirás para cobrar tu pensión.
McBain: Scoey, hay que disfrutar de la vida.
Scoey: No, perdona, hay que pensar en el futuro. Mira yo, me jubilo dentro de dos días y mi hija ya va a licenciarse.
McBain: La pequeña Susie se hace mayor.
Scoey: Y en cuanto encerremos a Mendoza, mi esposa y yo daremos la vuelta al mundo como siempre hemos soñado.
(Scoey le enseña a McBain una foto de su esposa junto a un yate. Se llama Vive Para Siempre.)
Scoey: Acabamos de bautizar el barco. Sí, señor, la vida es maravillosa.
(Un "camarero" mete la mano dentro de un pavo relleno y saca una pistola. Cuando Scoey se pone delante de McBain para coger el salero, es frito a balazos.)

En la entrega de trofeos:

Bart: Estaba solo en la pista, pero sabía que fuera me acompañaba alguien en espíritu. Papá, esto es para ti.
Homer: No, hijo. Te lo has ganado.
Martin: Me permito recordaros que fui yo el diseñador del bólido. El conductor es tan sólo un lastre.

Las respuestas de Homer al test del Instituto Nacional de Paternidad:

Marge: Nombre a un amigo de su hijo.
Homer: Er, sí, vamos a ver... mmm, ese gordito medio tonto... mmm, ese "atontao" que siempre lleva las manos en los bolsillos...
Marge: Piden un nombre, Homer, no una vaga descripción.
Homer: Está bien... Hank.
Marge: Hank... ¿Apellido?
Homer: Hank... Jones.
Marge: Homie, te lo has inventado. Segunda pregunta: ¿Quién es el ídolo de su hijo?
Homer: Steve McQueen.
Marge: Homie, ése es el tuyo. Nombre a un padre con el que haya charlado sobre la paternidad.
Homer: Paso.
Marge: ¿Cuáles son los hobbies de su hijo?
Homer: Se pasa el día mascando el cable del teléfono.
Marge: ¡Eso lo hacía cuando tenía dos años!
Homer: Entonces, no tiene hobbies.
Marge: ¡Ah, no? ¡Pues vete al garaje a echar un vistazo!
(Homer se va al garaje y encuentra a Bart trabajando en su bólido.)
Homer: ¡Bart!... ¡Baaart!
Bart: ¿Qué?
Homer: Tú no tienes hobbies, ¿verdad, hijo?
Bart: No, no creo.
Homer: ¡Claro, lo que yo decía!... ¡Un momento, ¿qué estás haciendo?!
Bart: Fabrico un bólido de carreras.
Homer: ¡Oooooh! ¡Pues eso sí es un hobby!
Bart: ¿Un hobby? ¡No me digas!
Homer: ¡Oh, Dios mío! ¡Resulta que no sé nada de mi hijo!
(Homer empieza a sollozar, con Marge, Patty y Selma rodeándolo.)
Homer: ¡Soy un mal padre!
Selma: ¡Y además, estás gordo!
Homer: ¡Y además, estoy gordo!

NELSON

Nombre completo:
Nelson Muntz.

Ocupación:
Matón de la Escuela Primaria de Springfield.

Diversiones favoritas:
Footing caliente (poner una cerilla encendida entre los dedos de los pies de alguien); meter peces en los coches.

Secreto de su éxito:
El engaño.

Compañía:
Dos perros que llevan algunos de sus amigos perversos: Jimbo, Dolph y Kearney.

Ropa:
Camiseta, pantalón corto, chaleco con los bordes deshilachados.

¡JUA, JUA!

EL FLAMEADO DE MOE

l negocio va tan mal en la taberna de Moe, que ni siquiera puede permitirse comprar cerveza. Homer le enseña el "Flameado de Homer", un cóctel de varios licores mezclados con jarabe infantil Krusty para la tos, al que se prende fuego. Es un éxito instantáneo, y la bebida atrae a montones de clientes. Moe lo renombra como "Flameado de Moe" y se queda todo el mérito.

El local de Moe se convierte muy pronto en el más popular de Springfield. El grupo de rock Aerosmith lo convierte en su centro oficial de reuniones. No obstante, Homer cree que se merece un pedazo del pastel y se enfrenta a Moe. Éste se niega a cedérselo.

Incapaz de descubrir el ingrediente secreto del Flameado de Moe, una gigantesca cadena de restaurantes, la Trompa McMareado, le ofrece un millón de dólares por la receta. Cuando Moe está a punto de aceptar el dinero, Homer, furioso, revela el ingrediente misterioso delante de todo el mundo. La Trompa McMareado rompe el contrato. Después, sin rencores, Moe le prepara un "Flameado de Homer" en el bar.

Homenaje a clásicos de televisión:
El personaje de Collette, la camarera, y la canción del "Flameado de Moe" están inspirados en Cheers.

LA ROPA INTERIOR DEBERÍA
LLEVARSE POR DENTRO
LA ROPA INTERIOR DEBERÍA
LLEVARSE POR DENTRO
LA ROPA INTERIOR DEBERÍA
LLEVARSE POR DENTRO

(Cuando Moe está a punto de firmar un contrato millonario con Trompa McMareado, Homer aparece entre las vigas del techo de la taberna completamente enloquecido.)
Homer: *¡Imbéciles! ¡Criaturas patéticas e ingenuas que os ahogáis con los Flameados de Moe! Y todo el tiempo preguntándoos: ¿Cómo era ese cóctel? Pues voy a decíroslo. El ingrediente secreto es...*
Moe: *¡Homer, no!*
Homer: *¡Jarabe! ¡Un simple jarabe infantil, normal y corriente, para la tos!*

MOMENTOS ESTELARES

Jarabe infantil Krusty para la tos: El ingrediente secreto en el Flameado de Homer y el Flameado de Moe.

"¡Uauh, Homer! ¡Es como si se celebrase una fiesta en mi boca y todo el mundo estuviera invitado!" Moe, tras probar por primera vez el Flameado de Homer.

"¿Cómo has podido hacerme esto? Este bar se estaba hundiendo y ha despegado gracias al cóctel que yo inventé. Si hubiera justicia en el mundo, sería mi cara la que estaría estampada en esos retalitos."

"Puede que él inventara la receta, pero la idea de cobrarlo a 6,95 $ fue mía."

¡Hola! Aquí la Taberna de Moe...
Bart: *Sí, quisiera hablar con un amigo. Se llama Gordon Doncul.*
Moe: *Voy a preguntar, un momento. (A los clientes.) ¡Don Culo Gordo! Que alguien busque a un culo gordo aquí o en el servicio.*
(Un hombre se acerca a Moe.)
Hugh: *¡Oh, yo soy Culo Gordo!*
Moe: *Teléfono.*
(Moe le da a Hugh el auricular.)
Hugh: *Diga, soy Culo Gordo.*
Bart: *Ah, hola.*
Hugh: *¿Quién es?*
Bart: *Bart Simpson.*
Hugh: *¿Y qué es lo que deseas, Bart?*
Bart: *Señor, voy a serle franco. Esta llamada era una broma que me ha salido por la culata. Así que voy a colgar.*
Hugh: *Muy bien. Más suerte otra vez.*

Episodio 8F08,
emitido originalmente el 21.1.91.
Guionista : Robert Cohen.
Director: Rich Moore y Alan Smart.

MOE SZYSLAK

Profesión:
Arisco e hipócrita propietario de la taberna de Moe.

Especialidades del local:
Cerveza barata.

Habilidad mezclando cócteles:
Virtualmente inexistente.

Confía en:
Nadie.

Rondas a las que invita la casa:
Nunca.

Lo que le amarga la existencia:
Bart Simpson y su pandilla suelen llamarlo preguntándole por clientes ficticios.

Herencia:
Dice que sus antepasados fueron escanciadores del Zar.

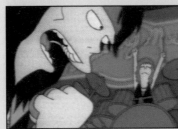

(Mientras Marge lee en la cama, Homer pasea murmurando para sí.)
Marge: Bueno, Homer, tal vez te consuele el hecho de saber que algo creado por ti está haciendo feliz a tanta gente.
Homer: ¡Oh, mírame! ¡Estoy haciendo feliz a la gente! ¡Qué bien, soy un hombre mágico del país feliz de la casa de gominola de la calle de la piruleta!
(Homer sale dando un portazo. Inmediatamente, vuelve a meter la cabeza dentro del dormitorio.)
Homer: ¡Ah, por cierto! Pretendía ser sarcástico.
(Vuelve a dar un portazo.)
Marge: Lo has sido.

La letra de la canción del "Flameado de Moe":

"*Cuando el peso del mundo cae sobre ti/y quieres acabar con tu vida,/tienes facturas pendientes, un empleo sin futuro/y problemas con tu esposa,/no tires la toalla/porque, más abajo de la calle/hay un lugar donde puedes beber y despedirte de tus desgracias./En el Flameado de Moe./Vamos todos al Flameado de Moe./El alcohol en tu copa/te dará calor como un abrazo./Y para ser feliz, basta con un flameado de Moe./Para ser feliz basta con un Flameado de Moe.*"

Harve: Me llamo Harve Bannister. Y trabajo para el emporio de bebida y comida El Trompa McMareado.
Moe: ¿Ah, sí? Oiga, ¿cómo es el señor McMareado en persona?
Harve: Trompa McMareado no existe. Es una mezcla de varios eslóganes publicitarios.

Homer: ¿Qué te pasa, Moe?
Moe: ¡Oh, el negocio va mal! La gente cada vez es más sana y bebe menos. Y si no fuera por el colegio de al lado, nadie usaría ya ni las máquinas de tabaco.
Homer: Sí, todo va mal para todos.
Moe: El incremento de la satisfacción profesional y de la unidad familiar son fatales para un proveedor de sustancias entumecedoras del cerebro.

Collette: ¿Y cuál es el sueldo que ofrece?
Moe: El mínimo, más propinas. Amén de otros beneficios complementarios.
Collette: ¿Cómo cuál?
Moe: Un fin de semana inolvidable en el club de Moe.
Collette: Preferiría pasar las fiestas en sitios más excitantes.
Moe: Me gusta tu estilo, nena. El puesto es tuyo.
Collette: No se arrepentirá.

DETALLES QUE QUIZÁ TE HAYAS PERDIDO

Un machete Bowie, un ojo de cristal, el muñeco de un troll y un frasco de jarabe Krusty para la tos en la caja de "Objetos Perdidos" de la Taberna de Moe.

Moe hace trampas en un solitario.

Un cartel tras la barra dice: "Los barmans lo hacen hasta vomitar."

Los titulares de varias publicaciones que se hacen eco del éxito de Moe con su Flameado de Moe, incluyen: "El Mago de Walnut Street" (Springfield Shopper), "Un Moe para el camino" (Timely), y "¡Atravesando el techo!" (Bar and Stool Magazine).

La panda del Flameado de Moe incluye a Lenny, Carl, Barney, Krusty, el Dr. Nick Riviera, la princesa Kashmir, Ned y Maude Flanders, Jasper, Otto, la señora Krabappel, Kent Brockman y Barney.

El negocio que hay junto al Flameado de Moe es King Toot's Music Store (visto por primera vez en 8F06, "El Poni de Lisa").

Bajo los tablones del suelo del cuarto de Lisa hay una tubería de agua, donde se lee "plomo", aislamiento con el rótulo de "asbesto" y un ratón.

Los derivados del Flameado de Moe que surgen de la noche a la mañana incluyen: Flameado de Meaux, carretilla de mano del Flameado de Moe y el Famoso de Moe.

Cuando Maggie dice "Moe", puede que sea o no la primera palabra que pronuncia, dependiendo de si las alucinaciones cuentan o no. Lo menciona durante una alucinación de Homer, en la que todo el mundo tiene la cara de Moe y pronuncia su nombre. (Maggie también "habla" durante la pesadilla de Bart en 7F07, Bart en El día de Acción de Gracias. Le dice a Bart: "¡Es culpa tuya que no pueda hablar!", pero sus labios no se mueven.)

CUANDO ME HARTE DE TI, UTILIZARÉ TU CABEZA COMO CUBO Y PINTARÉ MI CASA CON TU CEREBRO.

BURNS VENDE LA CENTRAL

Episodio 8F09, emitido originalmente el 5.12.91. Guionista: Jon Vitti. Director: Mark Kirkland.

FRITZ

Quién es:
Uno de los ricos inversores alemanes que compran la central nuclear de Burns.

Es de:
Alemania Occidental, donde tiene una gran compañía. Es socio de un alemán oriental que también es dueño de una gran compañía. Juntos, tienen una grandísima compañía.

Otros planes:
Comprar el equipo de los Angeles Lakers.

Creencia:
Que la cerveza norteamericana es repugnante.

> GOTT IN HIMMEL! ¿QUIÉN PENSAR QUE CENTRAL NUCLEAR SER TRAMPA MORTAL?

MOMENTOS ESTELARES

 "Tal vez la central nuclear me convierta en un corredor de bolsa a jornada completa."

"¡Oh, gracias! No hablo correctamente, pero debo decir que su cerveza es... como se dice, repugnante. ¿Lo he dicho bien? Quiero decir que sólo un cerdo la bebería." Fritz, en la Taberna de Moe, rechazando la oferta de Homer de pagarle una cerveza.

"Mi nombre es Horst. Los nuevos dueños me asignan para hablar con ustedes por mi aspecto menos amenazador. Quizá les recuerde el amable sargento Schultz de la serie de televisión 'Los Héroes de Hogan'." Horst, sentándose a hablar con los trabajadores.

El País del Chocolate: Homer encuentra un tema de interés común durante su charla con los alemanes. Mencionan el chocolate, y Homer sueña despierto en un país donde todo está hecho de chocolate. Homer muerde una farola, un buzón y un perro. Al final del sueño, Homer mira una tienda donde venden chocolate a mitad de precio.

"Ich bin ein Springfielder." Diamante Joe Quimby, dando la bienvenida a los inversores extranjeros.

"¿De qué sirve tener dinero, si no puedes inspirarle temor a tus semejantes? ¡Tengo que recuperar la central!"

Peloteo alemán: Smithers escucha cassettes de audio preparándose ante sus nuevos jefes. La cinta enseña frases como: "Hoy parece más agudo, mein herr."

"Sentimos anunciarles los siguientes despidos, por orden alfabético: Simpson, Homer. Eso es todo." Horst, reorganizando los puestos de trabajo.

"¡Ah, la acongojante risa de los desheredados! Tápese las narices, vamos adentro." Burns entrando en la Taberna de Moe.

Burns: ¡Devuélvanme mi central! ¡Pagaré lo que sea!
Horst: ¿No es una feliz coincidencia? Usted desear comprar y nosotros como locos por vender.
Burns: ¿Desean vender?... ¡Ventaja, Burns!

Burns: Antes verán la Estatua de la Libertad vestida de tirolesa que a un alemán dirigiendo mi central.
Brockman: Entonces, señor, ¿por qué se reúne con ellos?
Burns: Para poder sentarme delante de esas pobres salchichas, mirarles a los ojos y decirles... ¡nein!

"¡Hola! Aquí la Taberna de Moe..."
Moe: Taberna de Moe. Moe al aparato.
Bart: Eh, sí... Oiga, pregunto por el señor Ollas. De nombre Phillip.
Moe: Sí, un minuto, voy a ver... Eh, Phillip Ollas... ¡Phillip Ollas! Venga, chicos, ¿no hay por aquí ningún Phillip Ollas?
Barney: Que yo sepa, uno.
Moe: ¡Grrr! ¡Eres tú otra vez! ¡Escúchame, cuando te pille, voy a utilizar tu cabeza de cubo y voy a pintar mi casa con tu cerebro!

Apodo:
Burns llama a Smithers la reina de su colmena.

Homer metiendo la pata:
Horst: Tenemos intenciones de hablar muy en serio con el Inspector de Seguridad.
Homer: ¡Sí! ¡A ése déle duro!
Lenny: Eh, Homer... ¿no eres tú el Inspector de Seguridad?
Homer: ¡Ouch!

DETALLES QUE QUIZÁ TE HAYAS PERDIDO

Homer saca una tarjeta telefónica de su bocadillo.

El barbero que aparece en la ensoñación de Homer cuando piensa cómo gastar su dinero, aparece en 7F02: "Simpson y Dalila."

Smithers visita la mansión de Burns mientras su antiguo jefe está entre sus panales de abejas y es picado por varias, aunque no reacciona. En el episodio 3F18, "22 Cortos sobre Springfield", Smithers casi se muere al ser picado por una sola abeja.

El logotipo de la central de Burns muestra a una familia cogida de las manos alrededor de un hongo atómico.

Burns y los alemanes cenan y negocian en El Huno Hambriento.

Homer vende sus acciones de la Central Nuclear por 25$, y se gasta el dinero en cerveza. Esa misma noche empiezan a circular rumores sobre la venta de la central y el precio de las acciones se dispara. Al día siguiente todos los compañeros de Homer son ricos, pero el señor Burns vende la central a una compañía alemana por 100 millones de dólares.

Tras la compra, despiden a Homer y éste entra en una depresión. Una noche, mientras está bebiendo en la Taberna de Moe, se encuentra con Burns y Smithers, que se han detenido a tomar una copa y divertirse tras el retiro de Burns. Homer le dice a su antiguo jefe todo lo que piensa mientras que Bart, que ha llegado para llevarse a Homer a casa, le da un pisotón. Otros clientes increpan a Burns, y éste y Smithers tienen que marcharse.

Burns comprende que como no tiene poder ya no le temen, y decide volver a comprar la central. Los alemanes descubren que les costará otros 100 millones poner la central en condiciones y aceptan devolvérsela a Burns por 50 millones. Burns vuelve a contratar a Homer para poder vengarse algún día de él.

LA FUNCIÓN DE NAVIDAD NO ES UNA ESCORIA
LA FUNCIÓN DE NAVIDAD NO ES UNA ESCORIA
LA FUNCIÓN DE NAVIDAD NO ES UNA ESCORIA

ME CASÉ CON MARGE

Episodio 8F10, emitido originalmente el 26.12.91. Guionista: Jeff Martin. Director: Jeffrey Lynch.

Marge va a ver al doctor Hibbert para saber si está embarazada. Mientras la esperan, Homer le cuenta a sus hijos cómo empezó su matrimonio…

Es 1980, y Homer sale con Marge. Una noche, tras ver *El Imperio Contraataca,* hacen el amor. Unas semanas después, Marge descubre que está embarazada. Homer le pide que se case con ella para que sea una mujer decente.

Tras la boda, Homer busca trabajo. Prueba en varios sitios, incluida la central nuclear, pero no lo aceptan en ninguno. Cuando les embargan las cosas del bebé y el anillo de bodas, Homer

decide que Marge está mejor sin él. Se marcha en mitad de la noche, avergonzado, pero no sin dejarle a Marge una carta diciéndole que le enviará todo el dinero que gane. Marge lo va a buscar al "Bebe y Zampa", y le ruega que regrese con ella a casa.

Homer vuelve a la central con renovada determinación, y le dice a Burns que será un perfecto empleado, que se dejará mangonear. Burns lo contrata.

Homer le dice a sus hijos que ellos han sido una bendición, pero cuando Marge llega a casa con la noticia de que no está embarazada, Homer y ella "chocan esos cinco".

JUEZ DE PAZ

Profesión:
Ministro en la capilla de Pete el Rápido.

Estilo:
Insensible.

Tiende a:
No molestarse en aprenderse los nombres de los que está casando.

Forma en que celebra la ceremonia:
A toda pastilla.

Creencias:
Un matrimonio empieza con 10$ en fichas de casino.

MOMENTOS ESTELARES

"¡Eres un tío macho, Homer!" Bart, al descubrir que Marge puede estar embarazada.

"Todo empezó a principios de esa turbulenta década conocida como los años 80. Eran días de idealismo: la candidatura de John Anderson, el éxito de Supertramp… ¡unos días apasionantes para ser joven!" Homer, al empezar su relato.

"Homer, quizá sean las burbujitas, pero hoy te encuentro muy sexy."

"Acabas de chafarte la vida": Título de un folleto que el doctor Hibbert le da a Marge tras decirle que está embarazada.

"Marge, eres tan guapa como la Princesa Leia y tan lista como Yoda."

"Te mereces todo lo mejor del mundo y, aunque puedo proporcionártelo, luego vendrían a embargarlo y me perseguirían como a un perro." Extracto de la carta de despedida de Homer a Marge.

NO ATORMENTARÉ A PERSONAS
EMOCIONALMENTE INESTABLES
NO ATORMENTARÉ A PERSONAS
EMOCIONALMENTE INESTABLES
NO ATORMENTARÉ A PERSONAS
EMOCIONALMENTE INESTABLES

"¡Yujujú! ¡Yujujú! ¡Marge va a casarse conmigo! ¡A chincharse todo el mundo!" Homer, tocando el claxon y encendiendo y apagando las luces del coche cuando Marge acepta casarse con él.

Pete el Rápido: La capilla donde Homer y Marge se casan tras cruzar la frontera del estado. Los recién casados reciben como regalo diez dólares en fichas de casino.

"¡Prrrt! ¡Y me lo dices ahora!" Homer, al saber que trabajar en la central nuclear puede dejarlo estéril.

(Homer y Marge están en el lavabo, mientras Marge lee un pequeño estuche.)
Marge: ¿El Test de Embarazo de Bill el Percebe?… Homer, ¿no deberíamos probar una marca más conocida?
Homer: ¡Pero, Marge, con ésta venía una pipa de maíz de regalo!
Marge: Está bien, pero no sé… "Hola, marinera. Si el agua es azulada, estás embarazada. En cambio, si es morada estás equivocada."
Homer: Bueno, ¿sí?… ¿De qué color es: azul o morada?
Marge: Rosa.
Homer: ¡Mosquis!
Marge: "Y si no hay ningún color, acuda al doctor."

Los trabajos de Homer:
Fabricante de velas en el antiguo poblado de Springfield: Despedido con una patada en el culo por no saber fabricar velas.
Vendedor a domicilio de Cuchillos Afilados: Despedido por cortar accidentalmente a una anciana al estrecharle la mano llevando en ella un cuchillo.
Entrenador de perros en la escuela canina El Cachorro Despiadado: Se marcha. No le gusta que lo ataquen.
Seminario de Millones al Instante: El seminario termina cuando el conferenciante salta por una ventana al oír la sirena de la policía.
Bebe y Zampa: Aprendiz de dependiente.

"¡Homer, deja ya de hacer ruido con esa pluma!" Patty, regañando a Homer mientras escribe su carta de despedida a Marge.

> **Revelado en este episodio:**
> Smithers fue miembro de la fraternidad Alpha Tau.

(Smithers está probando a Homer para un trabajo en la central nuclear.)
Smithers: Hay un problema en el reactor, ¿qué haría?
Homer: ¿Hay un problema con el reactor?
(Homer da un salto en su silla.)
Homer: ¡¡Aaah!! ¡¡Vamos a palmar!!
(Homer sale del cuarto corriendo y gritando.)

DETALLES QUE QUIZÁ TE HAYAS PERDIDO

Homer tiene un volante hecho con eslabones de una cadena.

Marge fue dependienta en un restaurante llamado Burguers de Berger.

Barney y Homer miran una televisión pequeña colocada sobre su mesa de billar.

En 1980, el pelo de Marge no era tan alto como lo es hoy.

En vez de "Hombres" y "Mujeres", los lavabos del Bebe y Zampa están marcados como "Tragos" y "Mordiscos".

El Bebe y Zampa sirve cerveza según el menú para llevar.

Las bodas en Pete el Rápido cuestan 20$. Las fotos, 50$.

¡OTROS!

Profesión:
Empleado de mantenimiento de la Escuela Elemental de Springfield con fuerte acento escocés/jardinero.

Nacionalidad:
Escocesa.

Cabello:
Rojo y desgreñado.

Cejas:
Rojas e incluso más desgreñadas.

Físico:
Musculoso, de un levantador de pesas.

Actitud:
Arisca, especialmente cuando se enfrenta al director Skinner.

Porta:
Un frasco de líquido que da moral.

Herramienta favorita para solucionar los problemas:
Una escopeta del calibre 12.

Bart recibe como regalo de cumpleaños un Micrófono Superstar, que transmite el sonido a través de la onda media radiofónica. Como broma, tira una pequeña radio al fondo de un pozo que hay en medio del pueblo y, haciéndose llamar "Timmy O'Toole", utiliza el micrófono para pedir ayuda. No tarda en reunirse una enorme multitud. El temor aumenta cuando la multitud se da cuenta de que los rescatadores no pueden descender por el pequeño agujero del pozo. Krusty y Sting patrocinan la grabación de un vídeo, "Baja Volando Nuestro Amor al Fondo del Pozo" para conseguir dinero y poder rescatar a Timmy.

Lisa descubre el truco de Bart y le advierte que no se saldrá con la suya. Bart se ríe de ella hasta que recuerda que puso una pegatina en la radio que decía "Propiedad de Bart Simpson". Mientras desciende por el pozo para recuperar la radio, la cuerda es desatada por los dos policías de guardia, Lou y Eddie, dejándolo atrapado de verdad.

Bart les confiesa a Lou y Eddie que "Timmy O'Toole" es él y que sólo quería gastar una broma. Cuando la gente del pueblo

> ¡NO HAY ANIMAL VIVO QUE PUEDA ESCAPAR DE UN ESCOCÉS!

MOMENTOS ESTELARES

Bailarín: Como parte de su regalo de cumpleaños, Bart recibe un cupón con una lección de tango gratis que le da una mujer llamada Rosarita.

"Sí, bueno, yo actué como telonero de Krusty en el 69... si no recuerdo mal, me despidió. Pero esto no tiene nada que ver con eso. Se trata de un niño que ha caído en un hoyo, o algo así, y nuestra obligación es hacer lo que podamos." Sting, explicando su participación en el proyecto del vídeo.

Soluciones:
Hombre-Halcón: *Si lo apresa fácilmente con sus garras, mi Sócrates lo sacará volando hasta un lugar seguro. Observen. (El halcón se aleja volando.) ¡Ya me he quedado sin Sócrates!*
Marinero: *Con este anzuelo y esta tableta de chocolate, pescaré al chaval. Le quitaré las escamas gratis.*
Profesor Frink: *No podemos alcanzarlo, pero... sí podemos congelarlo con nitrógeno líquido para que puedan rescatarlo futuras generaciones.*

Homer y Lisa discuten la naturaleza del heroísmo:
Homer: *Timmy es un verdadero héroe.*
Lisa: *¿Por qué, papá?*
Homer: *Bueno, porque se cayó a un pozo y... y no hay quien lo saque.*
Lisa: *¿Y eso lo convierte en un héroe?*
Homer: *¡Ya es más de lo que has hecho tú!*

Durante la fiesta de cumpleaños de Bart en Wall E. Weasel:
Robot Weasel: *Hola, he oído que es tu cumple. ¿Cuántos cumples?*
Bart: *Pues cumplo...*
Robot Weasel: *¡Estupendo! ¿Quieres que cantemos una canción especial para ti?*
Bart: *¡Rayos, no!*
Robot Weasel: *¡De acuerdo! ¿Preparado, señor Castorotti?*
Señor Castorotti: *¡Preparado! A la una, a las dos...*
Animales-robot: *¡Es tu cumple/Es tu cumple/Es tu cumple/Niña o niño!*

En el parque, saltando a la comba:
Janey Wanda: *Dos, tres, cuatro, seis y ocho/Bart Simpson se cayó a un pozo/Es muy bueno y nos da pena/pero ahora las ratas tendrán su cena.*

"Yo quería hacer algo por ayudar a ese chico. Así que llamé a mi amigo Sting. Me dijo, 'Krusty, ¿cuándo me necesitas?' Yo le dije que el jueves. 'No' –dijo–, 'el jueves estoy ocupado.' Pues entonces, el viernes. 'Imposible, me viene peor todavía. Pero sí podría, si a ti te parece, el sábado.' Perfecto, le dije. *(pausa)* Y ésa es la historia."

BART

Episodio 8F11,
emitido originalmente el 9.1.92.
Guionista: Jon Vitti.
Director: Carlos Baeza.

descubre el truco de Bart, deciden dejarlo en el pozo. Homer oye llorar a Bart y empieza a excavar. Los demás pronto se le unen. Excavando furiosamente, la gente del pueblo trabaja unida para rescatar a Bart.

Lista parcial de los amiguitos de Krusty que cumplen años y pagan 8 $ por ver su nombre en pantalla:

Anna Goodwin, Reagan Gray, Paul Grenville, Jim Greigor, Harriet Hartman, Mike Himes, Julie Hirsch, Janet Hopkins, Cara Hunter, Gracie Jensen, Loretta Kangas, Marilyn Katz, Ken Keeler, John Lanzetta, Lorna Lefever, Marie Lichterman, Iris Lowe, Kim Madrigal, Cammie McGovern, Bill McLain, David Moulton, Mary Myron, Nigel Nelson, J. P. Patches (nombre actual de un viejo programa infantil que se grababa en Seattle), Ted Phillips, Randy Plut, Brady Reed, Kevin Reilly, Pete St. George, Casey Sanders, Matthew Schneider, Patrick Semple, Emma Shannon, Bart Simpson, Larry Stone, Beth Summerlin, Kate Sunberg, Dale Thomas, John Travis, Eric van Buerden, Patrick Verrone, Lee Wallace, Jay Weinstein, Chris White, Jay Wiviott y Henry Yeomans. Varios de ellos escribieron para el Harvard Lampoon.

"Todo es cuestión del presupuesto, señora Simpson. Su hijo ha elegido un mal momento para caerse a un pozo. Si hubiera sido a principios del año fiscal, ya estaría solucionado."

"Una excavación como la de los viejos tiempos. ¡Ya las echaba de menos!" Jasper, siguiendo a la multitud que se dirige al pozo, palas y antorchas en mano.

"La circunferencia del pozo es de 86 cm. Pero, por desgracia, ningún miembro de la policía local es lo bastante delgado como para rescatar al muchacho." Kent Brockman, informando sobre Timmy O'Toole para la televisión.

Homenaje en el emporio de los niños:

Wall E. Weasel, con su frenética combinación de juegos, pizza y viejos personajes en muñecos animatrónicos, parodia a la cadena Chuck E. Cheese Pizza Time Theater.

Homenaje a la industria del disco:

"Baja Volando Nuestro Amor al Fondo del Pozo" está inspirada en las grabaciones "We Are the World" y "USA for Africa", realizadas por famosos.

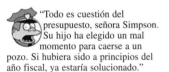

NO ESCULPIRÉ DIOSES
NO ESCULPIRÉ DIOSES
NO ESCULPIRÉ DIOSES
NO ESCULPIRÉ DIOSES
NO ESCULPIRÉ DIOSES
NO ESCULPIRÉ DIOSES

"Creo que estamos desnudos", por Patachula Funky:

La canción que sustituye a "Baja Volando Nuestro Amor al Fondo del Pozo" como número uno.

Marge: *Sting, pareces cansado. Deberías descansar.*
Sting: *Ahora no puedo. Me necesita uno de mis fans.*
Marge: *Si te digo la verdad, nunca he visto a Bart oyendo uno de tus discos.*
Homer: *¡Shhh, Marge! ¡Que cava muy bien!*

Letra de "Baja Volando Nuestro Amor al Fondo del Pozo":

Sting: *Dentro de mi corazón/se ha abierto un agujero de cariño, porque dentro quedó...*
Mel: *...porque dentro quedó, atrapado un niño...*
McBain: *...ayudarte por la tele, queremos lanzar este cantar.*
Cora: *¡Por amor, nuestro amor va a tu encuentro!*
Krusty: *¡A tu encuentro!*
Cora: *¡Para darte un abrazo allí dentro!*
Krusty: *¡Allí dentro!*

DETALLES QUE QUIZÁ TE HAYAS PERDIDO

McBain lleva su pistola en la sesión de grabación de "Baja Volando Nuestro Amor al Fondo del Pozo".

Los vídeojuegos de Wall E. Weasel incluyen: "Larry el Ladrón" (el jugador entra en una tienda de electrónica y consigue puntos por cada artículo que roba), "Pérdida de Tiempo", "Café Demoníaco", "El Toque de la Muerte" y "Tienda de Cómics".

Lisa lee *Chicos No Amenazadores*, una revista que ya había leído antes, en 7F14: "El Suspenso del Perro de Bart."

Junto al pozo, un vendedor vende camisetas con el eslogan: "Yo sobreviví a Timmy O'Toole atrapado dentro de un pozo"; un hombre vende "Dientecillos Dulces de Timmy", a 6 $ la bolsa; en un cartel delante del pozo se lee: "Entrada: 2 $"; y vemos un puesto ambulante de frankfurts, varias atracciones de feria y una noria.

Los presentes en la sesión de grabación de "Baja Volando Nuestro Amor al Fondo del Pozo" se incluyen: (delante) Troy McClure, Scott Christian, Stephanie la Mujer del Tiempo, Bleeding Gums Murphy, El alcalde Diamond Joe Quimby, Krusty, la princesa Kashmir; (detrás): Sting, Actor Secundario Mel, McBain, el doctor Marvin Monroe, el capitán Lance Murdock y la mascota de Capital City.

El anuncio televisivo del Micrófono Superstar está inspirado en los anuncios del Ronco Mr. Microphone de los años 70.

JIMMY "SUAVE" APOLLO

Profesión:
Pronosticador profesional de partidos de rugby.

Aciertos:
52 %.

Accesorio principal:
Un enorme candado que pone sobre la mesa para ilustrar su pista "El Candado de la Suerte".

Aciertos del "Candado de la Suerte":
52 %.

Pros:
Tener razón. No estar equivocado.

Contras:
Estar equivocado. Apostadores compulsivos que necesitan su pronóstico.

PARA EL PRIMER PARTIDO DE HOY, DENVER CONTRA NUEVA INGLATERRA, SON DOS EQUIPOS IGUALADOS. PERO SI USTEDES SON DE ESOS JUGADORES COMPULSIVOS QUE TIENEN QUE APOSTAR POR OBLIGACIÓN... PUES, NO SÉ... EH, DENVER.

LISA, LA ORÁCULO

Episodio 8F12, emitido originalmente el 23.1.92. Guionistas: Jay Kogen y Wallace Wolodarsky. Director: Rich Moore.

Lisa se queja a Marge de que Homer nunca se interesa por lo que hace. Marge le sugiere que se interese por lo que hace su padre. Lisa mira un partido de fútbol americano con Homer, que le pide que elija un equipo para apostar 50 $ por él.

Lisa elige al vencedor y Homer convierte los domingos de toda la temporada de rugby en un "Día del Papi y su Nena". Lisa estudia el juego, y durante ocho semanas acierta siempre el ganador, consiguiendo que su padre gane más y más dinero. Cuando Lisa le pregunta a Homer si pueden ir de excursión el domingo siguiente a la final, él le dice que los "Días del Papi y su Nena" se han terminado hasta la siguiente temporada.

Lisa queda hundida. Homer se siente mal por aprovecharse de ella y se disculpa. Todavía decepcionada, Lisa apuesta en la final. Si gana Washington, querrá a Homer; si gana Buffalo, le odiará. Mientras un nervioso Homer mira el partido en la taberna de Moe, Washington remonta el partido y gana. Al domingo siguiente, Homer y Lisa van de excursión.

MOMENTOS ESTELARES

Sí, señor: Tienda de ropa para niños en las Galerías de Springfield, en la que hacen rebajas y donde Marge lleva a Bart.

Probando la seguridad: Mientras se prueba ropa en el probador del Sí, Señor, vigilado por cámaras electrónicas, Bart coge un pedazo de cartón, escribe en él "¡Que te den...!" y se lo enseña a la cámara, disparando la alarma de seguridad.

"A ver, fútbol... fútbol: erotismo masculino en el... hasta dónde llega tu idiotez... La FIFA en el..." Lisa, mirando las fichas de la biblioteca.

Tocando música: La canción favorita de Lisa es el "Blues de los Cuellos Rotos", según le confiesa al violinista en The Gilded Truffle.

Habilidad paterna de Homer:

Lisa: Papá, te voy a decir quién va a ganar la liga, si es lo que quieres. Pero eso demostrará mi teoría de que lo que a ti te importa es ganar dinero, no estar conmigo.
Homer: Habla.

Marge: ¡Oooh, perfume! "Versatilidad", de Meryl Streep. (El frasco tiene la forma de un Óscar de la Academia.)

Anuncio de Troy McClure: Su nueva serie, "Frágil Mercancía", en la que hace el papel de un policía retirado que comparte su apartamento con un criminal retirado, se presenta después de la final. Promete que: "¡Hacemos una extraña pareja!"

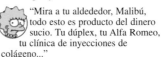 "Mira a tu aldededor, Malibú, todo esto es producto del dinero sucio. Tu dúplex, tu Alfa Romeo, tu clínica de inyecciones de colágeno..."

Ralph Wiggum: ...y cuando el médico me dijo que ya no tenía lombrices, sentí que ése era el día más feliz de mi vida.
Señorita Hoover: Gracias, Ralph, has sido muy gráfico. Lisa Simpson, ¿quieres leernos tu redacción?
Lisa: El día más feliz de mi vida fue hace tres domingos. Sentada sobre las rodillas de mi padre, veía como los Santos encabezaban las apuestas con cuatro puntos y medio, y que necesitaban tres más para ganar y lo consiguieron... ¡fue tan emocionante!
Señorita Hoover: ¡Cielo Santo!

Homer explica lo que es el rugby:

Lisa: ¿Puede haber algo más emocionante que este salvaje ballet que es el fútbol profesional?
Homer: Eh... Verás, a ti te gusta el helado, ¿no?
Lisa: ¡Ajá!
Homer: ¿Y no te gusta más el helado cubierto de chocolate caliente, una montaña de nata, almendrita picada y... esos trocitos de chocolate machacado? ¡Mmm, cuando pillas uno de esos trocitos...!
Lisa: O sea, que apostando haces que algo divertido lo sea aún más.
Homer: ¡Exacto! (sorprendido) ¡Dios mío, cómo estamos de compenetrados tú y yo!

Homer: Moe, quiero apostar 20 $ por Denver.
Moe: Descuida, me encargaré de tu asunto. Jefe Wiggum, ¿me puede pasar ese bloc negro?
Wiggum: Claro, Moe, sólo lo estaba usando de posavasos.

Homenaje cinematográfico:

Cuando Homer dice: "Antes me asqueaba el olor de tus pinreles, pero ahora es el olor de la victoria", está parodiando una frase de *Apocalypse Now*.

Acelerando el corazón:

Marge: Homer, esos aperitivos grasientos, fritos y llenos de sal no pueden ser buenos para tu corazón.
Homer: ¡Pff! ¡Mi corazón va de primera!
(Rápido y brutal zoom al interior del cuerpo de Homer. Plano detalle de su corazón palpitando salvajemente. Vemos una arteria que empieza a hincharse como una pelota. Por fin, se desatasca sola.)
Homer: Y ahora, un traguito de cerveza.

Tras la derrota de Denver:

Jimmy "Suave" Apollo: Es lógico que cuando uno acierta el 52 %, falle el 48 % restante.
Homer: ¿Y por qué no dijiste eso antes?

DETALLES QUE QUIZÁ TE HAYAS PERDIDO

En el bloc negro de apuestas de Moe se leen las siguientes anotaciones: "Barney 5$ por Pittsburgh", "Smitty 12 $ por Nueva Orleans" y "Homer 20 $ por Denver".

Vemos a Herman en la Taberna de Moe sosteniendo un palo de billar, aunque no está nada claro cómo puede jugar con un solo brazo.

La colección de Homer de comida basura, mientras ve los partidos por la tele, incluyen: Nuevas Patatas a la Barbacoa, Cortezas de Cerdo, Ganchitos Salados, Cornetes Crujientes y dos bols de fondue de queso. Una lata de Duff ayuda a deglutirlo todo.

La cena familiar en The Gilded Truffle es su segunda visita al establecimiento. La primera fue en el episodio 8F02, "La Casa-Árbol del Terror II", en el segmento "La Pata de Mono".

HOMER SOLO

Episodio 8F14, emitido originalmente el 6.2.92. Guionista: David Stern. Director: Mark Kirkland.

SEÑOR MONO

Profesión:
Chimpancé entrenado del programa de Krusty el Payaso.

Vicio principal:
Fumador empedernido.

Logro principal:
Volver loco a Krusty.

Disfruta:
Haciendo las cosas que no tiene derecho a hacer.

Aspira a:
Algo más.

MOMENTOS ESTELARES

Los acontecimientos que hacen que Marge estalle: Homer persigue a Bart por toda la casa, rompiendo una lámpara. Bart le pide que encuentre su gorra roja de la suerte. Lisa, que no le ponga pimientos en su almuerzo; y Homer rompe sus pantalones, quiere doble de mortadela y le pide que se lleve su bola de billar para que quiten una chapa de cerveza encajada en uno de los agujeros. Bart y Lisa pierden el autobús. Bart y Lisa se pelean dentro del coche camino del colegio. Maggie lanza los artículos al suelo en el supermercado. Nadie quiere quitar la chapa de cerveza. Como broma, Bill y Marty llaman a un hombre por la radio y le dicen que su esposa ha muerto al atravesar una luna blindada. Maggie derrama su leche sobre la camisa de jugar a bolos de Homer, recién lavada y planchada.

"Soy Troy McClure. Es posible que me recuerden de películas como *Hoy Asesinamos, Mañana Morimos,* o *Gladys, la Mula Feliz.* Pero, hoy, van a verme en mi mejor papel... ¡el de guía de este vídeo sobre Rancho Relaxo!"

> (Homer y los obreros miran la tele, mientras una madre furiosa ha detenido el tráfico en el puente.)
> **Homer:** ¿Qué te pasa? ¿No te da suficiente marcha la socia?
> (Se baja el cristal de la ventanilla del conductor y vemos a una furiosa Marge.)
> **Homer:** ¡Ups!

Homer, el padre soltero: Utiliza una grapadora para ajustarle los pañales a Maggie. Se duerme encima de ella, en el sofá, mientras mira la tele. Le prepara la comida de las 9 de la mañana a las 11,45.

El Último hurra: Antes de marcharse de Rancho Relaxo, Marge le pide al servicio de habitaciones un trozo de pastel de queso, un helado de nata cubierto con chocolate caliente y una botella de tequila.

La radio oficial de Rancho Relaxo: D. J. (por la radio): "Sintonizan Radio Coma... En COMA, música tranquila y sedante. A continuación, les ofrecemos una serie especial de canciones que hablan de nubes."

> **Lucha de Titanes:**
> **Wiggum:** No se preocupe, alcalde. Esa pájara estará cantando La Traviatta antes de la noche.
> **Quimby:** No es usted más que un guardia de la porra. ¡Suéltela!
> **Wiggum:** Pero... ¡ha quebrantado la ley!
> **Quimby:** No me dé lecciones de civismo. ¡Escúcheme, si Marge Simpson va a la cárcel, ya me puedo despedir del voto femenino! ¡Y si no gano, lo arrastraré conmigo en mi caída!
> **Wiggum:** ¡Un consejo, Quimby! ¡No firme cheques que no pueda pagar!
> **Quimby:** ¡No sé si me ha entendido! ¡Le advierto que sé defenderme!
> **Wiggum:** ¡Se le va la fuerza por la boca! ¡Yo soy la ley y el orden!

Tras un horrible día de trabajo, recados y tráfico, Marge pierde su ecuanimidad. Frena su coche en el Puente de Springfield, bloqueando el tráfico en ambas direcciones. Sigue una larga espera, hasta que llevan a Homer para que hable con ella. Marge sale del coche y es inmediatamente arrestada. Temiendo perder a las votantes femeninas, el alcalde Quimby suelta a Marge para atraerse las simpatías de las explotadas amas de casa.

Marge ve un anuncio del Rancho Relaxo y decide que necesita unas vacaciones sola. Deja a Bart y a Lisa con Patty y Selma, y coge un tren. Marge disfruta de su relax, mientras Lisa y Bart intentan sobrevivir al peligro de sus tías. En casa, Homer tiene sus manos muy ocupadas con Maggie.

En mitad de la noche, Maggie se levanta de la cama y se marcha reptando en busca de su madre. A la mañana siguiente, Homer busca por toda la casa, pero no puede encontrarla. Cuando se dispone a ir a la estación para recoger a Marge, el jefe Wiggum aparece con Maggie. Cuando Marge vuelve, la familia jura ayudarla un poco más en el futuro, a cambio de que ella prometa no volver a marcharse nunca más.

> **Marge** (a Patty y Selma): Gracias por quedaros con los niños mientras estoy fuera.
> **Selma:** Vete tranquila.
> **Patty:** ¡Ajá! Y disponemos de la baja por maternidad que nunca vamos a utilizar.

> **Marge:** Homer, necesito unas vacaciones... y me refiero a unas vacaciones yo sola.
> **Homer:** ¿Qué? ¿Nos divorciamos?

> **Locutor de televisión:** *Cuando los exploradores españoles descubrieron un pequeño paraíso escondido entre las montañas de Springfield, lo llamaron Rancho Relaxo. Y aún sigue llamándose así este club de salud de dos estrellas en Springfield. Nade, juegue al tenis o, simplemente, quédese mirando las musarañas. En Rancho Relaxo, usted manda. Recuerde, Relaxo como "relax".*

DETALLES QUE QUIZÁ TE HAYAS PERDIDO

El autobús en el Puente de Springfield está lleno de actores ya vestidos para filmar.

El conductor del autobús lleva una gorra de tabaco Skoal.

En la placa de la matrícula del coche de Krusty se lee: KRUSTY.

El tren de Marge se detiene en Shelbyville, Malas Aguas y Feria de Cráneos y Vacunos, antes de llegar a Rancho Relaxo.

La cabeza de Xt'Tapalatakettle sigue en el sótano de los Simpson.

> NO AZOTARÉ A MIS COLEGAS
> NO AZOTARÉ A MIS COLEGAS
> NO AZOTARÉ A MIS COLEGAS
> NO AZOTARÉ A MIS COLEGAS
> NO AZOTARÉ A MIS COLEGAS
> NO AZOTARÉ A MIS COLEGAS

Cansada de estar sola, la señora Krabappel pone un anuncio personal. Cuando Bart destroza la pecera de la clase con su nuevo yo-yo, ella lo castiga todo un mes. Buscando su confiscado yo-yo en la mesa de la profesora, Bart descubre el anuncio de la señorita Krabappel y piensa en una forma de vengarse. Le envía una carta de amor y firma "Woodrow." La señorita Krabappel la lee y cree que por fin ha encontrado a su gran amor. Envía una respuesta con una foto sexy.

Tras varias cartas y con el romance consolidado, Bart escribe a la señorita Krabappel proponiéndole que Woodrow y ella se conozcan,

dándole una dirección y una hora para la cita. La señorita Krabappel llega puntual, pero el hombre de sus sueños no aparece.

Sintiéndose mal, Bart le cuenta a su familia lo que ha hecho. Marge sugiere que Woodrow escriba a la señorita Krabappel otra carta de despedida, pero que salve lo que queda de su autoestima. Marge, Homer, Bart y Lisa componen una obra maestra de la poesía. Cuando la señorita Krabappel recibe la carta, su ánimo renace.

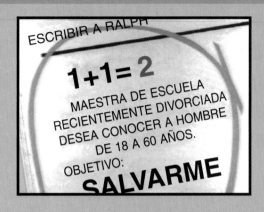

ESCRIBIR A RALPH

1+1= 2

MAESTRA DE ESCUELA RECIENTEMENTE DIVORCIADA DESEA CONOCER A HOMBRE DE 18 A 60 AÑOS.

OBJETIVO:
SALVARME

Puntuación de las distintas ligas de hockey hechas por Gordie Howe, según aparecen al final del episodio:

	Juegos	Goles	Asistencias	Puntos
Liga Nacional de Hockey	1767	801	1049	1850
Asociación Mundial de Hockey	419	174	334	508
Totales de las dos ligas	2186	975	1383	2358

MOMENTOS ESTELARES

"¡Menos mal que vivimos en un mundo con teléfonos, baterías de coche, juguetes y tantas cosas hechas con cinc!" Jimmy, el adolescente protagonista de una película de ciencia ficción de los años 60, proyectada en la clase de Bart.

"¡Qué tío más puñetero!" El Reverendo Lovejoy, colgando el teléfono después de hablar con Ned Flanders sobre las palabrotas que ha dicho Todd.

"Homer, todos soltamos un taco de vez en cuando, hacemos el idiota y nos dejamos llevar. En fin, no quiero ser duro, pero me gustaría que no dijeras tacos delante de mis hijos."

Bart es pillado con las manos en la masa:

(Milhouse habla con Bart en clase.)
Milhouse: ¡Eh, Bart! ¿Has aprendido a hacer algún truco nuevo?
Bart: Sólo uno. Un jueguecito al que yo llamo "Picando el Pico". Primero le doy marcha y... ¡mira!
(Bart lanza el yo-yo y golpea el acuario. Agua y peces se derraman por el suelo. La señorita Krabappel mira el yo-yo, el acuario y sigue el cordel hasta el dedo de Bart.)
Bart: Yo no he sido.

(Las señoritas Hoover y Krabappel están sentadas en la última fila de la Sala de Actos viendo a los campeones de yo-yo del Rey del Giro.)
Señorita Hoover: ¡Dudo mucho del valor educativo de este espectáculo!
Señorita Krabappel: ¡Será uno de los pocos recuerdos agradables que tengan cuando estén despachando gasolina!

AMANTE

Episodio 8F16,
emitido originalmente el 13.2.92.
Guionista: Jon Vitti.
Director: Carlos Baeza.

WOODROW

Alias:
Bart Simpson.

Razón para el engaño:
Vengarse de la profesora por quitarle su yo-yo.

Le gusta:
Hacer manitas, cenar a la luz de las velas, escribir cartas románticas.

Odia:
Los yo-yos.

Está enamorado de:
Edna Krabappel.

SINCERAMENTE, TU CULITO ES UN BOMBÓN.

(Los alumnos de la Escuela Elemental de Springfield están reunidos en la sala de actos. Un hombre juega con su yo-yo en el escenario.)
Ted Carpenter: *Niños, esto es un yo-yo. Parece un rollo, ¿eh? No puede competir con un videojuego... ¿o acaso sí? ¡Os presento a los campeones del Rey del Giro! ¡Míster Asombroso!*
(Un hombre con un mono azul entra en el escenario y maneja seis yo-yos a la vez.)
Ted Carpenter: *¡Chispa!*
(Una mujer con mono azul maneja dos yo-yos y lanza otros dos con las orejas.)
Lisa: *¡Qué guapa es!*
Ted Carpenter: *¡Gravedad Cero!*
(Otro camina como Michael Jackson por el escenario y lanza dos yo-yos hacia el techo.)
Ted Carpenter: *¡La Cobra!*
(Un hombre sale de una cesta de mimbre, abre la boca y lanza un yo-yo con la lengua.)
Bart: *¡Esos tíos deben de ser millonarios!*

La amenaza:

Maude Flanders: *Todd, come un poquito más de menestra.*
Todd: *¡Y un cuerno!*
Maude: *¿Qué es lo que has dicho?*
Todd: *He dicho que no quiero más de esa puñetera menestra.*
Ned Flanders: *¡Se acabó, jovencito! Esta noche te has quedado sin historias de la Biblia.*
(Todd sale del cuarto llorando.)
Maude: *¿No has sido un poco duro con él?*
Ned: *¡Ya conocías mi genio cuando te casaste conmigo!*

Bart busca inspiración:

Anunciante: (en la tele) *Y a continuación, "Dos en Túnez", de nuestro ciclo Teatro Coloreado.*
Tipo a lo Charles Boyer: *¡Oh, mon amour! Mil poetas podrían intentarlo durante siglos y sólo alcanzarían a describir un octavo de tu hermosura.*
Bart: *¡Uauh! ¡Más despacio, franchute! ¡Esas frases son de oro!*

Primera carta de Bart como Woodrow:

"Querida Edna: Es la primera vez que contesto a un anuncio, pero el tuyo me ha parecido irresistible. Me llamo... Woodrow. Me gusta hacer manitas y cenar a la luz de las velas. Y, ¡ah, sí!, odio los yo-yos con toda mi alma."

Lisa: *Tal vez debiéramos escribirle otra carta. Una carta de despedida, pero que le haga sentirse amada.*
Homer: *¡Apártese el personal! Las cartas cariñosas de amor son mi especialidad.*
(Homer rasga una hoja de papel y empieza a escribir.)
Homer: *Querida muñeca: Bien venida a la villa de los tristes. Población: tú.*

La carta de despedida de Woodrow:

Queridísima Edna: debo decirte adiós. ¿Por qué? No puedo decirlo. ¿Adónde voy? No puedo saberlo. ¿Cómo llegaré allí? Aún no lo he decidido. Pero una cosa sí puedo decirte: cada vez que oiga ulular el viento, susurrará un nombre... Edna. Despidámonos con un amor que el eco repetirá durante siglos. - Woodrow

DETALLES QUE QUIZÁ TE HAYAS PERDIDO

En la actuación de los campeones de yo-yo, la señorita Hoover y la señorita Krabappel fuman debajo de un cartel de "Prohibido Fumar".

En el supermercado el Badulaque, la señorita Krabappel compra una lata de "Sopa Para Uno del Chef Corazones Solitarios", con un retrato del chef en el que una lágrima se desliza por su mejilla.

El ejemplar de la *Revista de Springfield* que lee la señorita Krabappel tiene como tema de portada: "Krusty prueba el mejor chile de Springfield." Otro reportaje es: "Hablamos con J. D. Salinger", algo imposible, ya que es conocido que se ha autorrecluido.

Lista de Flanders sobre las posibles malas influencias en su hijo Todd: pegatinas, cómic-books, su abuela, la televisión y su hermano.

En 1978, Homer envió a Marge una postal desde las destilerías Duff, de Capital City, en la que se lee: "El Abrebotellas más Grande del Mundo."

ARISTÓTELES AMADÓPOLIS

Profesión:
Propietario/director de la Central Nuclear de Shelbyville.

Originario de:
Grecia.

Atuendo:
Chaqueta cruzada, camisa con varios botones desabrochados revelando varias cadenas de oro, gafas de sol y un enorme anillo.

Saludo favorito:
Tres besos en las mejillas.

Personalidad:
Humor cambiante.

Cuartel general:
Club de Millonarios de Springfield.

LOS GLADIADORES DE MI CENTRAL NUCLEAR APLASTARÁN A TU EQUIPO COMO SI FUERAN NUEVE UVAS POCHAS.

HOMER, BATEADOR

Episodio 8F13, emitido originalmente el 20.2.92. Guionista: John Swartzwelder. Director: Jim Reardon.

MOMENTOS ESTELARES

2 a 28: La abismal relación victorias/derrotas del equipo de la Central Nuclear de Springfield la temporada anterior.

El pararrayos: Mientras Homer le cuenta a Bart la historia de cómo fabricó su "Bate Maravilloso", admite que, durante una tormenta, se cubrió la cabeza con una gran plancha metálica mientras se refugiaba debajo de un enorme árbol.

Homenaje cinematográfico:
Homer fabrica su "Bate Maravilloso" a partir de la rama de un árbol alcanzado por un rayo, al igual que el de Roy Hobbs en *El Mejor*.

Lo que sucede para que el Dream Team contratado por la Central Nuclear de Springfield quede fuera de combate: Wade Boggs es golpeado por Barney durante una discusión en la Taberna de Moe; José Canseco se quema, mientras rescataba diversos enseres de una casa ardiendo; Roger Clemens es hipnotizado y se piensa que es un pollo; Ken Griffey Jr. tiene gigantismo, provocado por una sobredosis de tónico cerebral; Don Mattingly es expulsado del equipo por el señor Burns por llevar unas patillas que sólo a Burns; Steve Sax es sentenciado a seis cadenas perpetuas por diversos asesinatos cometidos en Nueva York; Mike Scioscia sufre envenenamiento por la radiación; y Ozzie Smith desaparece en otra dimensión en el Lugar Misterioso de Springfield.

Las Reglas del Juego:

Umpire: Nadie podrá salir del campo hasta haberse bebido una cerveza de un trago. Cada tanto, cerveza de un trago. Y también cerveza de un trago en cada turno impar. ¡Oh!, y la cuarta mano es la mano de la cerveza.
Jefe Wiggum (impaciente): ¡Eh, que sabemos jugar a esto!

Carl: ¡Eh, Homer! Tenemos un hombre en cada base. ¿Cuál es esa arma secreta?
Homer: Fijaos bien... ¡Mi bate mágico!
Carl: ¿Eso era?
Lenny: Yo también tengo un bate mágico.
Carl: Y yo unos calzoncillos "embrujaos".

(Smithers se acerca a Mike Scioscia, que está cazando. Scioscia no lo ve y dispara unas cuantas balas. Una de ellas hiere a Smithers.)
Scioscia: ¡Eh, perdone, lo confundí con un ciervo!
Smithers: ¡Je, je! No se preocupe, me ocurre con frecuencia.

Homer: ¿Dónde creéis que vais?
Lisa: Al partido.
Homer: No, no, no... No quiero que me veáis sentado como un trasto inútil.
Bart: Estamos acostumbrados.

Steve Sax: ¿No puedo al menos llamar a un abogado?
Jefe Wiggum: Ves demasiadas películas, Sax.

Burns: He decidido traer unos cuantos jugadores de béisbol profesional. Les daremos empleos de pacotilla en la central y los incluiremos en nuestro equipo: Honus Wagner, Cap Anson, Mordecai "Tres Dedos" Brown...
Smithers: Señor, me temo que esos jugadores ya se hayan jubilado... o fallecido. Ese extremo derecha lleva cien años muerto.
Burns: ¡Qué mala suerte! ¡Está bien, encuéntreme a unos jugadores que estén bien vivos! ¡Busque en los equipos profesionales! ¡En la Liga Americana! ¡La Liga Nacional! ¡La Liga Negra!

DETALLES QUE QUIZÁ TE HAYAS PERDIDO

Marge lleva una gorra de Smilin´Joe Fisión en lo alto de su peinado azul.

Smithers lleva su placa de identificación, incluso mientras está en el terreno de juego o donde sea.

En el tablón de anuncios de la Central Nuclear de Springfield, el póster que enseña cómo se hace la maniobra Heimlich muestra a un hombre que se ahogaba a causa de una langosta entera.

En el Club de Millonarios de Los Altos de Springfield, el letrero de la entrada dice: "Para entrar, hay que tener más de 1.000.000 de dólares." La cifra está grabada en una placa de oro.

"Bowling" Lothario Jacques está entre el público del club de jazz, escuchando el trío de Steve Sax.

Letra de "Hablemos de Béisbol Aficionado".
(Letra de Terry Cashman, con la música de "Hablemos de Béisbol.")

"El señor Burns lo consiguió, / la Central Nuclear ganó. / Con Roger Clemens cacareando todo el rato. / La trágica enfermedad de Mike Scioscia nos hizo sonreír, / mientras Wade Boggs yace sobre el suelo de un bar. / Hablamos de béisbol, desde Maine a San Diego. / Hablamos de béisbol, de Mattingly y Conseco, / de la grotesca cabezota de Ken Griffey, / de Steve Sax y sus problemas con la justicia, / hablamos de Homer, / de Ozzie y del partido. / Hablamos de béisbol, desde Maine a San Diego. / Hablamos de béisbol, de Mattingly y Conseco, / de la grotesca cabezota de Ken Griffey, / de Steve Sax y sus problemas con la justicia, / hablamos de Homer, / de Ozzie y del partido."

Es el primer partido de la temporada y el equipo de béisbol de la Central Nuclear de Springfield y tiene tres carreras en la novena mano. Las bases están tomadas. Homer batea con su bate artesanal y saca la pelota fuera del campo, con lo que ganan el partido. El equipo se mantiene imbatido y, para ganar el campeonato, tendrá que enfrentarse a Shelbyville.

El señor Burns apuesta un millón de dólares con Ari Amadópolis, el propietario del equipo de Shelbyville a que ganará. Para asegurarse, contrata a jugadores profesionales –José Canseco, Don Mattingly, Ken Griffey Jr., Ozzie Smith, Steve Sax, Darryl Strawberry, Roger Clemens, Wade Boggs y Mike Scioscia– para que trabajen en la central y jueguen en su equipo. El día anterior al partido todos –excepto Strawberry– se ven envueltos en incidentes que les impiden jugar, obligando a Burns a utilizar a sus verdaderos empleados.

En el banquillo sólo queda Homer. Con el resultado igualado y las bases tomadas en la novena mano, Burns cambia a Strawberry por Homer, ya que prefiere a un bateador diestro contra un lanzador zurdo. El primer lanzamiento golpea a Homer en la cabeza y éste pierde el conocimiento, lo que equivale a una carrera vencedora. Aunque inconsciente, Homer es llevado en hombros como un héroe.

NO APUNTARÉ A LA CABEZA
NO APUNTARÉ A LA CABEZA
NO APUNTARÉ A LA CABEZA
NO APUNTARÉ A LA CABEZA
NO APUNTARÉ A LA CABEZA
NO APUNTARÉ A LA CABEZA

VOCACIONES SEPARADAS

Episodio 8F15, emitido originalmente el 27.2.92. Guionista: George Meyer. Director: Jeffrey Lynch.

A Lisa se le rompe el corazón cuando un test revela su profesión futura: "ama de casa." El test de Bart dice que debería ser policía. Lisa está dispuesta a demostrar que el test se equivoca y acude a un profesor de música para pedir su opinión. Él le dice que, al haber heredado los dedos rechonchos de su padre, nunca podrá ser muy buena saxofonista. Bart patrulla con los agentes Lou y Eddie para aprender qué es ser policía. Durante la ronda, ayuda a detener a un sospechoso.

Con su sueño destrozado, Lisa pierde interés en ser una buena estudiante. Cuando el director Skinner descubre los nuevos intereses de Bart, lo nombra vigilante de pasillo. Bart no tarda en restaurar el orden en la escuela.

Tras ser castigada por dejar en ridículo a la señorita Hoover, Lisa roba los libros de respuestas de los profesores del colegio. Bart busca al ladrón taquilla por taquilla, pero cuando descubre que la ladrona es Lisa, se autoinculpa. Es depuesto de su cargo como vigilante de pasillo y castigado 600 días. Agradecida a su

hermano, Lisa toca su saxofón fuera de la clase mientras él cumple el castigo.

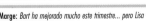

MOMENTOS ESTELARES

Test Normalizado de Aptitud Profesional de Inteligencia Aplicada o NAPIA: Test que les dan a los niños de la Escuela Primaria de Springfield para descubrir sus aptitudes.

EMMA: Ordenador de Iowa que evalúa los NAPIA. Controlado por un anciano en una mecedora y que le golpea con el mango de una escoba cuando se atasca.

"Pues yo seré una famosa intérprete de jazz, lo tengo todo planeado. En mi país no seré apreciada, pero mi personal estilo de tocar el blues volverá locos a los franceses. No caeré en el consumo de drogas, pero tendré varias y ardientes aventuras amorosas... y es posible que muera joven, eso aún no lo he decidido."

"Mira... te seré sincero, Lisa. Y cuando digo sincero, quiero decir hiriente. Has heredado cierta cualidad en los dedos llamada 'rechonchez', transmitida casi siempre por el padre." Profesor de la Escuela de Música del Pequeño Ludwig, explicándole a Lisa por qué nunca será una buena intérprete de blues.

Bart: ¡Eh, chicos! ¡Vamos a pegar tiros a los granjeros!
Lou (riendo): ¡Jo, jo! Las cosas no funcionan así, hijo.
Eddie: Éstos ven películas de McBain y se creen que todo es bang-bang, vamos, todos al suelo.

Eddie (hablando con la central): Uno-Océano-Tango. Perseguimos individuo a la fuga. El coche es... rojo. Matrícula...
(Eddie mira la placa de la matrícula. Dice: "EX CON".)
Eddie: ...Emplasto, Xilófono, Cafeto, Orinal, Nieve.

"Vi cosas terribles cuando estuve en Vietnam, pero no cabe en cabeza humana que alguien pueda profanar a un indefenso puma. No quería decirlo, pero a este colegio lo gobiernan malnacidos." El Director Skinner, tras descubrir que han tirado huevos y envuelto en papel de WC a la mascota de la Escuela.

"Paso de eso." Lisa, después de que la señorita Hoover la regaña por no poner interés.

Bart: La explicación es sencilla. He observado aquí al amigo encargado de mantenimiento quemar hojas sin respetar las leyes contra la contaminación.
Skinner: ¡Ja! ¿Bart Simpson del lado de la ley y el orden? Algo huele a podrido en Dinamarca.
Bart: Exacto. He saboreado lo que es la autoridad y... ¡jo, cómo me gusta!

Marge: Bart ha mejorado mucho este trimestre... pero Lisa ha sacado peores notas.
Homer (quejoso): ¡Oooh! Siempre tenemos un hijo bueno y otro que es un desastre. ¿Por qué no podemos tener los dos buenos?
Marge: Tenemos tres hijos, Homer.
Homer: ¡Maaarge, el perro no cuenta como hijo!
Marge: No, Maggie.
Homer: Oh, sí.

 "Claro que hay orden, pero... ¿a qué precio?"

El castigo de Bart: Quedarse después de clase 600 días escribiendo en la pizarra "No pondré en evidencia la ignorancia del profesorado".

Lisa: Bart, ¿por qué has cargado con la culpa?
Bart: Lis, no quería que desperdiciaras tu vida. Tú tienes cerebro y talento para llegar donde quieras... ¡y cuando llegues, allí estaré yo para sacarte la pasta!

Homenaje cinematográfico:

Cuando el Director Skinner le pregunta a Lisa contra qué se rebela, ella responde: "¿Le hago una lista?", como Marlon Brando en *El Salvaje*. Lisa incluso lleva un palillo en la boca.

> NO VOMITARÉ A MENOS QUE ESTÉ ENFERMO
> NO VOMITARÉ A MENOS QUE ESTÉ ENFERMO
> NO VOMITARÉ A MENOS QUE ESTÉ ENFERMO

DETALLES QUE QUIZÁ TE HAYAS PERDIDO

EMMA, el ordenador está diseñado de forma que parece tener rostro.

Una calavera cuelga de una cadena de la ventanilla trasera del coche de Serpiente.

Una de Las Chicas Frescas de quinto que se hace amiga de Lisa tiene pendientes en forma de calavera.

Las Chicas Frescas de quinto fuman cigarrillos Laramie Jr.

Bart abre la misma taquilla dos veces. Es identificable por el corazón de manzana y el lápiz encima.

Profesión:
Policías de Springfield.

Bebida favorita estando de servicio:
Cerveza.

Bebida aceptada como soborno:
Cerveza.

Talentos:
Abuso de poder, intimidar sospechosos.

Debilidades:
Resolver crímenes, mantener la ley y el orden.

Alegría incomprensible:
Perseguir chicas.

Sus mayores fans:
El jefe Wiggum y Bart.

YA BASTA, CHICO LISTO.

SE BUSCA

Profesión:
Salvador de animales enfermos y heridos.

Personalidad:
Intensa.

Aspecto:
Hermano gemelo de Ben Casey.

Rarezas poco convencionales:
Ocasionalmente, posa como un M.D.; tiene una cesta de baloncesto sobre el cubo de la basura al que tira los animales muertos.

Facturas:
Caras.

EN MOMENTOS ASÍ, ME ALEGRO QUE ME SUSPENDIERAN EN ODONTOLOGÍA.

MUERTE DE PERROS

Episodio 8F17, emitido originalmente el 12.3.92. Guionista: John Swartzwelder. Director: Jim Reardon.

Nadie de la familia Simpson se da cuenta de que El Pequeño Ayudante de Santa Claus está gravemente enfermo. Mientras la familia ve el sorteo de la lote-ría por la tele, el perro se desploma. Lo llevan al hospital y allí averiguan que necesita una operación que cuesta 750 $. Los Simpson no tienen el dinero, pero cuando El Pequeño Ayudante de Santa lame cariñosamente a Homer, deciden buscar la manera de ayudarlo.

Para costear la operación, todos los Simpson han de sacrificar algo. Homer, su cerveza, y Marge, la carne de las comidas. La operación resulta un éxito y El Pequeño Ayudante de Santa se cura completamente. No obstante, los Simpson se ven obligados a llevar una vida austera y empiezan a descargar sus frustraciones en el perro. Una noche, Homer deja la verja abierta, y El Pequeño Ayudante de Santa se escapa. Sintiéndose culpable, la familia lo echa de menos e intenta encontrarlo.

El Pequeño Ayudante de Santa es cazado por los empleados de la Perrera Municipal y llevado a ella. Burns lo encuentra allí y lo adopta como uno de sus perros guardianes. Cuando Bart entra en la mansión de Burns buscando a su perro, El Pequeño Ayudante de Santa se acuerda de él y lo salva de los otros perros. Bart se lleva al galgo a casa, donde le dispensan una calurosa acogida.

Homenaje cinematográfico:
El lavado de cerebro que Burns realiza al Pequeño Ayudante de Santa, manteniéndole los ojos abiertos y obligándole a ver imágenes horrorosas para un perro, recuerda el de *La Naranja Mecánica*.

MOMENTOS ESTELARES

"Bart, necesito números que me den suerte. ¿Qué edad tienes?... ¡Ajá! ¿Cuándo es tu cumple?... ¡No me digas! ¿Y el de Lisa cuándo es?... ¿Qué? ¿Que no sabes cuándo es el de tu hermana? ¿Qué clase de hermano eres tú?" Homer, llamando a casa antes de comprar el billete de lotería.

Fiebre de lotería: Un hombre acude al Badulaque y compra una carretilla de billetes de lotería; en cuanto sale al exterior el viento se los lleva todos. Todas las copias que hay en la Biblioteca Pública del libro *La Lotería*, de Shirley Jackson, se agotan; en realidad, el libro trata de un conformista que se vuelve loco. Skinner quiere comprar libros que expliquen cómo terminó la Guerra de Corea y "libros de matemáticas que no hablen de esa estupidez de la base seis". También sueña con una sala de castigo en la que los niños estén pegados a sus asientos mediante imanes. Homer compra

cincuenta billetes: se imagina que, tras ganar, se convertirá en un gigante recubierto de oro e incrustado de piedras preciosas. Durante el sorteo, el jefe Wiggum responde a una llamada de emergencia y dice: "Se ha equivocado de número. Éste es el cero ochenta y dos." Krusty deja a su público esperando durante el sorteo.

"Lo que yo estoy buscando es un perro de presa al que le guste el saborcillo dulce y picante de la carne humana. ¡Eureka, éste puede ser! Enjuto, veloz, firmes cuartos traseros... ¡me recuerda a mí!"

"Marge, se me ha ocurrido una solución para no suprimir la cerveza. Resumiendo, nos convertiremos en una familia de acróbatas ambulantes."

"¿El gato? ¿Qué es eso?" Homer, cuando Marge le sugiere que acaricie al gato.

Cielo de Perros, Infierno de Perros:
Homer: *Quiero hablaros del lugar más maravilloso que os podáis imaginar: el Cielo de los Perros. En el Cielo de los Perros hay montañas de huesos, y no pueden dar un solo paso sin que haya un culo de otro perro para oler.*
Bart: *¿Hay un Infierno de Perros?*
Homer: *Er... sí, claro. No habría un Cielo si no hubiera un Infierno.*
Bart: *¿Y allí quién va?*
Homer: *Pues... el perro de Hitler, ese otro perro que tenía Nixon... ¿cómo se llamaba? ¿Chester?*
Lisa: *¡Cheques!*
Homer: *Eso. Y también una de las Lassies... aquella que era mala, ya sabéis cuál, la que mordió a Jimmy.*

Burns: (A Smithers) *Los perros son idiotas. Piénselo usted, Smithers. Si yo entrara en su casa y empezase a olisquearle la braguette y a chuparle la nariz, ¿qué diría usted?*
Smithers: *Mmm... ¿Si usted hiciera eso?*

(Homer sueña con lo que haría si ganase la lotería. La escena cambia a la cafetería de la Central Nuclear, donde Lenny se está comiendo una rosquilla. Se oyen unas pisadas gigantescas y una enorme sombra cae sobre él.)
Lenny: *¡Eh, Homer! ¿Qué te has hecho? ¿Te has cortado el pelo?*
(Homer se encuentra ante él. Es enorme y dorado.)
Homer: (Con voz profunda que levanta eco.) *¡Mírame bien, Lenny!*
Lenny: *¡Ah, ya sé lo que es! Te has vuelto el hombre más grande del mundo y... y estás recubierto de oro.*
Homer: *¡De catorce quilates!*

DETALLES QUE QUIZÁ TE HAYAS PERDIDO

Fotos del perro perdido impresas en octavillas son colocadas encima de otras de un desaparecido Skinner. Del episodio 8F03, "Bart, el Asesino".

En la biblioteca se ve un póster que dice: "¡Atrévete! ¡Lee un libro!"

Titular secundario del periódico: "Presidente y estrella de rock intercambian esposas."

Los leones ornamentales que se ven fuera del Hospital Veterinario de Springfield están vendados.

Ned Flanders lleva sus zapatillas deportivas Asesinas. Las compró en el episodio 7F14, "El Suspenso del Perro de Bart".

NO HE VISTO NADA EXTRAÑO EN LA SALA DE PROFESORES
NO HE VISTO NADA EXTRAÑO EN LA SALA DE PROFESORES
NO HE VISTO NADA EXTRAÑO EN LA SALA DE PROFESORES

CORONEL HOMER

Episodio 8F19, emitido originalmente el 26.3.92. Guionista: Matt Groening. Director: Mark Kirkland.

La familia va al cine. Homer y Marge entran a ver *El Asunto Estocolmo*, mientras que Bart y Lisa prefieren una película de monstruos. Homer cuenta el final de la película en voz alta, y el público lo abuchea avergonzando a Marge. Cuando Marge le dice a Homer que se calle, todo el mundo la aplaude avergonzando a Homer. Éste deja a Marge y a los chicos en casa y se va a un bar country en el que escucha cantar una canción de amor a Lurleen, una camarera preciosa.

Varios días después, Homer sigue recordando la canción de Lurleen. Vuelve al bar, se encuentra con la chica y le ofrece grabar su canción en el Centro Comercial. Un empleado que oye la canción les pregunta si puede llevársela a un pariente suyo que trabaja en una radio local. La canción es todo un éxito y Homer se convierte en el representante de Lurleen. Pasa más tiempo con ella que con su esposa y Marge se siente celosa. Lurleen, atraída por Homer, le pide que pase la noche con ella, pero Homer se siente culpable y se marcha.

Comprendiendo que Marge es la mujer que ama, Homer vende el contrato de Lurleen por 50 $, y vuelve a casa con su esposa y su familia. Marge y Homer ven a Lurleen por televisión, mientras canta lo afortunada que es Marge.

NO ORGANIZARÉ MIS PROPIOS
SIMULACROS DE INCENDIO
NO ORGANIZARÉ MIS PROPIOS
SIMULACROS DE INCENDIO
NO ORGANIZARÉ MIS PROPIOS
SIMULACROS DE INCENDIO

MOMENTOS ESTELARES

Hedor: En su camino al Condado de Spittle, Homer pasa por delante de una mofeta, de una fábrica de fertilizantes, de un vertedero municipal, de una mina de azufre y de 60 kms de cloacas a cielo abierto. Intenta contener el aliento durante todo el camino.

 "Chiquita, olvidemos nuestras rencillas y entreguémonos al amor."

 "Aunque lo odie, tengo que decir que lleva un traje divino."

"¡Ya Hoo!" El programa de televisión con personajes típicos del sur de EE.UU. al que es invitada Lurleen.

 "Lurleen, no consigo quitarme tu canción de la cabeza. No me había pasado esto desde que salió la música Bacalao."

Reparto de "¡Ya Hoo!": Yodelin´ Zeke, Bola de Grasa Jackson, Freddy-Boy y Yuma, Cloris Mozelle, El Gran Descamisado, Orville y Hurley, Cappy Maye, Hip Diddler, Rudy y la banda Ya-Hoo de Alcohólicos Recuperados.

 "Aunque me llamen Coronel Homer, yo no soy ningún estúpido militar."

Otras canciones de Lurleen: "Estoy ahogando el pavo con mis lágrimas", "No me mires al escote si no vas en serio", "No te quites la dentadura para besarme" y "No te separes de tu manager".

"Marge, para mentir hace falta uno que mienta y otro que escuche."

Canción de Lurleen:
Estás cansado, vuelves a casa, vuelves de trabajar/ pero no te hace ni caso la princesa de tu hogar / empiezas a notar tu calva, empiezas a engordar / y en tu camión por la autopista, un día te puedes matar / Tu mujer te está mintiendo, mas ¿qué puedes hacer tú? / mira que yo te comprendo, ella no / mira que yo te comprendo, ella no / mira que yo te comprendo, ella no.

Comentarios de Homer durante la película:
"¡Oh, esta película es demasiado complicada!... ¡Uh, el suelo está pegajoso!"
"¿Quién es ese tío?... ¿Qué ha dicho el otro tío, cuando yo he dicho quién es ese tío?"
"¡Vaya un submarino de pega!... ¡Mira, si hasta se ven los hilos!... ¡Oh, un pulpo!"
"¡Ese tipo debe de ser un espía!"
"¡Espera, si ésta me la han contado!... ¡Verás como al final el código secreto es una cancioncilla infantil que le canta su hija!"

Comentarios de Marge a Homer durante la película:
"¡Pues claro que es un espía! ¿No lo has visto salir de la Escuela de Espionaje?"
"¡Cállate ya, Homer! ¡A nadie le interesa lo que tú pienses!"

Homenaje cinematográfico:
Al entrar en el Condado de Spittle, Homer pasa por delante de un chico que toca el banjo en un porche igual que en *Deliverance*.

Películas de los Multicines Springfield (salas 22 a 28):
Freiré tu Cara III.
Hedor en la Habitación 19.
Mutantes del Espacio VI.
Cariño, Choqué Contra un Autobús Escolar.
¡Mira Quién Rebuzna!
El Asunto Estocolmo.
Ernest Corta el Bacalao.

DETALLES QUE QUIZÁ TE HAYAS PERDIDO

El cartel del Royal King Trailer Park dice: "14 días sin tornados."

En *El Asunto Estocolmo*, el Capitolio está justo detrás del Despacho Oval del Presidente.

Alguien lanza una chocolatina a Homer en el cine. Rebota en su cabeza y golpea a Marge.

En el basurero que se cruza Homer, hay una vaca en lo alto de un montón de basura.

Un caballo está atado frente al Cerveza y Bronca.

El Cerveza y Bronca vende cigarrillos Laramie "altos en alquitrán."

Yodelin´ Zeke aparece en el "¡Ya Hoo!" con una venda en su cabeza (en el mismo episodio, antes, le golpearon en el Cerveza y Bronca).

LURLEEN LUMPKIN

Profesión:
Camarera del Cerveza y Bronca; aspirante a cantante country.

Residencia:
Una caravana en el Royal King Trailer Park.

Amigos y familia:
Mamá; Papá; las trillizas; Vonda Mae; Piney Joe.

Prefiere los hombres:
No muy inteligentes; padres de familia calvos.

Mayor talento:
Esconder mensajes de amor en las letras de sus canciones.

Estudios:
Ninguno.

BUENO, CHICOS, ROMPAMOS ALGUNOS CORAZONES.

SELMA

Familia:
Hija de Jacqueline Bouvier, hermana gemela de Patty, y, ambas, hermanas mayores de Marge.

Nombre de su mascota (una iguana):
Jub-Jub.

Marca de cigarrillos:
Laramie.

Trabaja en:
El Departamento de Vehículos a motor.

Pelo:
Ensortijado, grisáceo, con una raya en medio que la distingue de su hermana gemela.

Programa favorito de la TV:
MacGyver.

Su ídolo masculino:
Richard Dean Anderson.

Su antiídolo masculino:
Homer Simpson.

AHORA TRAE MÁS SILLAS VIEJAS, COMO SI FUERAS UN BUEN CUÑADO.

VIUDO NEGRO

Episodio 8F20, emitido originalmente el 8.4.92. Guionista: Jon Vitti. Director: David Silverman.

Selma es madrina de un presidiario y, cuando éste sale de la cárcel, lo invita a casa de los Simpson para que conozca a la familia. Para sorpresa de Bart, el ex presidiario y nuevo galán de Selma es su mortal enemigo, el Actor Secundario Bob. Bob dice que ha emprendido una nueva vida, pero Bart no se lo cree, a pesar de que le ha pedido a Selma que se case con él.

Pese a las objeciones de Bart, Selma se casa con el Actor Secundario Bob y envían una cinta de su Luna de Miel. Mirando el vídeo, Bart observa que el Actor Secundario Bob le toma el pelo a su nueva esposa. Selma está cegada por el amor, y Bart no puede hacer nada, aparte de intuir que aquello no va bien.

Comprendiendo que trama algo malo, Bart y la Policía llegan al hotel justo a tiempo de impedir que Bob realice su mortífero plan.

Bart explica al Actor Secundario Bob y al jefe Wiggum cómo se dio cuenta del plan de Bob. Cuenta que, en el vídeo, Bob exige violentamente una habitación con chimenea. Bart sospecha, ya que Selma perdió el olfato en un accidente con un cohete, y no notaría el gas en la habitación. Bob podría dejar el gas abierto mientras Selma se fuma sus cigarrillos (después de comer y mientras ve su programa favorito de TV, "MacGyver"). Selma provocaría una explosión y Bob heredaría sus ahorros. Mientras la policía se lleva a Bob, jura que volverá.

MOMENTOS ESTELARES

"Conoces el reglamento: los premios del mundo del espectáculo, quedan confiscados. Ni Emmy, ni Oscar, ni siquiera un Golden Globe." El carcelero cuando le confisca el Emmy a Bob.

Al principio: El personaje conocido como "Presidiario", es llamado "Serpiente" por primera vez.

"Pues si un mocoso me enviase a mí a la cárcel, lo primero que haría al salir es averiguar dónde vive, y arrancarle el ombligo de cuajo."

"Con las salchichitas pequeñas siempre quedas bien. Saben tan bien como huelen, y luego vienen con esa salsita roja que parece catsup, que sabe como el catsup.. ¡pero amigo!… ¡no es catsup!"

"Verás: cuando era pequeña estábamos un día jugando con petardos, y uno se me disparó en plenas napias. Desde entonces perdí totalmente el gusto y el olfato." Selma explicando el porqué todas las comidas le saben a corcho ahumado.

LOS RUIDOS DIVERTIDOS NO SON DIVERTIDOS
LOS RUIDOS DIVERTIDOS NO SON DIVERTIDOS
LOS RUIDOS DIVERTIDOS NO SON DIVERTIDOS

 "Así es. Quien me ame debe amar a MacGyver."

"Muy bien, querida: aprovecha para descansar. La boda ha resultado agotadora, y la Luna de Miel va a ser… ¡mortal!." Bob trazando planes para su nueva esposa.

Misterio final: El Actor Secundario Bob pregunta cómo es que la habitación explotó, a pesar de que Bart había venido a impedirlo. El jefe Wiggum le explica que sus hombres y él encendieron unos cigarros para celebrar el trabajo bien hecho.

La propuesta:
Actor Secundario Bob: *Selma… ¿te importa que haga algo atrevido y chocante delante de toda tu familia?*
Selma: *Vale, pero sin lengua.*
Actor Secundario Bob: *Aunque sería como besar un precioso cenicero, no era eso lo que tenía en mente. Selma: ¿quieres casarte conmigo?*
Bart: *Selma… ¡Ese tío es basura!*
Selma: *Llámame: "Señora de Basura."*

Adivina quién viene a cenar:
Patty: *La tía Selma tiene la absurda obsesión de no morir sola… Y tan desesperada estaba que se apuntó a una cosa de cartearse con presos. Su amor es un preso reincidente.*
Bart: *¡Guay! Nos enseñará como asesinar con la bandeja de la comida.*

Lo más selecto de Springfield:
Bart: *Jefe, usted que sabe de esto… ¿Verdad que tampoco confía en Bob?*
Wiggum: *¡Oh! ¡Tranquilo, hijo! ¿Si quisiera cometer un crimen, habría invitado al Número Uno de la Policía? (Hace una pausa) Por cierto… ¿Y mi pistola? ¡Ah, sí, la dejé en la mesa cuando fui por la tarta!*

Las placas de circulación que Bob imprime en la cárcel dicen:
"MUERE, BART", "RIP, BART", "ODIO A BART" y "BART, CADÁVER."

El Factor MacGyver:
Selma: *Ese MacGyver es un genio.*
Actor Secundario Bob: *En primer lugar, no es un genio, es un actor. Y en segundo lugar, no es un buen actor.*
Selma: *¡Mientes! ¡Estás mintiendo!*
Actor Secundario Bob: *No, Selma. Eso es lo que es mentira. Está fundamentado en un buen guión que busca ese aplauso fácil que yo jamás querría.*

Homenaje a un programa:
La reconciliación en directo entre Bob y Krusty, en su Telemaratón contra las Enfermedades Motoras, parodia el dueto de Jerry Lewis y Dean Martin, en uno de los Telemaratones de Jerry Lewis.

DETALLES QUE QUIZÁ TE HAYAS PERDIDO

Selma trabaja con Windows 6 en el Departamento de Vehículos a motor.
Wendell es uno de los que sufren enfermedades motoras en el Telemaratón de Krusty. (El estómago de Wendell fue mencionado por última vez en 7F03, "Bart en suspenso".)
Antes de que Patty anuncie quién es su invitado a cenar, Lisa se imagina que será como el Hombre Elefante.

EL OTTO SHOW

Episodio 8F21, emitido originalmente el 23.4.92. Guionista: Jeff Martin. Director: Wes Archer.

D espués de asistir a un concierto de Spinal Tap, Bart anuncia que quiere convertirse en guitarrista de Heavy Metal. Homer y Marge le animan a que siga su vocación musical, comprándole una guitarra.

Bart practica, pero no consigue dominar el instrumento. Se lleva la guitarra en el bus del colegio. Otto detiene el autobús para tocar algo de música y cuando comprende que se está haciendo tarde reemprende la marcha, pero estrellándose con todo lo que encuentra. Cuando el director Skinner se da cuenta de que Otto no tiene carnet de conducir, lo suspende de empleo y sueldo. Otto intenta sacarse el carnet, pero lo suspenden cuando le pregunta a Patty si siempre ha sido mujer.

Sin trabajo ni dinero, es desahuciado de su apartamento. Bart le dice que puede vivir en el garaje de los Simpson. Otto se encuentra a gusto allí, pero Homer le dice que se vaya. Marge sugiere que vuelva a intentar sacarse el carnet. Pero sólo decide hacerlo cuando Homer le insulta, y Otto quiere pasárselo por las narices. Patty se da cuenta de que Otto disgusta a Homer, y se las arregla para que apruebe.

NO USARÉ LA TORTUGA DE PEONZA
NO USARÉ LA TORTUGA DE PEONZA
NO USARÉ LA TORTUGA DE PEONZA

MOMENTOS ESTELARES

"Esta noche la ciudad llora ya que, por primera vez, un estadio de hockey sobre hielo se ha convertido en un escenario de violencia, al terminar un concierto de Spinal Tap."

En la cazadora de Bart:
Gira mundial de Spinal Tap: Londres, París, Munich y Springfield.

"¡Ocasión! Spinal Tap dándole una patada en el culo a Mu'ammar Gadaffi. ¡Un dólar dos camisetas!" El Chico de los Cómics vendiendo camisetas impresas en el parking del Estadio.

Fantasía rockanrolera de Bart: Está al frente de un importante grupo, y se enfrenta con su manager y su guitarrista (Milhouse) que le dice que ha cambiado. Interpreta un tema titulado "Mis Fans Son Cerdos".

"Aunque me expongo a que mis compañeros me cojan aún más tirria, he de recordarte que deberíamos de haber llegado al cole hace diez minutos."

"Si algo te resulta difícil, no vale la pena que lo hagas. Guarda tu guitarra en tu armario, junto con tu emisora de onda corta, tu traje de karate y tu monociclo, y vamos a entrar en casa a ver la tele."

"Escucha blandengue atasca-lavabos, engulle-galletas y llamador-a-cobro-revertido, quiero que te vayas de mi casa." Ultimátum de Homer a Otto.

Viviendo con Otto:
Toca la guitarra hasta altas horas de la madrugada. Sus pelos atascan el desagüe del lavabo. Asusta a Lisa con historias de terror. Llama a Homer "Blandi-bubb", mientras le clava el dedo en el estómago.

Marge: ¡Éste va a ser el primer concierto de rock de mi hombrecito! ¡Espero que los de Spinal Tap no toquen demasiado fuerte!
Homer: ¡Oh, Marge! Yo he ido a miles de conciertos de Heavy Metal, y no me ha pasado nada. (Marge comienza a decirle algo a Homer, pero éste no oye más que un persistente zumbido.)
Homer: ¡Enterado! ¡Anda, chaval!
Selma: Ahí va Davy Crockett con su gorra de piel de calva. (Carcajadas.)

Spinal Tap, y la Caída del Telón de Acero:
Derek: No creo que nadie se haya beneficiado más de la caída del comunismo que nosotros.
Nigel: Bueno, tal vez las personas que viven en esos países comunistas.
Derek: ¡Oh, sí! ¡No había caído! ¡Tienes razón!

Oficial Lou: Hmmm... ¡Su permiso, amigo!
Otto: ¡Imposible, no lo gasto! Pero si quieren una prueba de identidad, llevo mi nombre bordado en los calzoncillos... (mirándoselos)... ¡Eh, oh! ¡Ahí va, que estos son prestados...
Skinner: ¡Un caso increíble! Suspendido sin sueldo hasta que saque el permiso de conducir y use su propia ropa interior.
Otto: Y mientras... ¿quién conduce?
Skinner: Yo conduje un todo terreno en Vietnam. Creo que sabré manejarme.

Patty: Me llamo Patty. Le voy a examinar. Cuando lo haga bien, usaré el bolígrafo verde. Y cuando lo haga mal, usaré el bolígrafo rojo. ¿Alguna duda?
Otto: Sí, una. ¿Usted siempre ha sido tía? ¡O-oiga, no-no quiero ofenderla, pero usted nació hombre...! ¿Verdad? ¡A mí puede decírmelo, yo soy muy liberal!
Patty: (Tirando el bolígrafo verde.) No lo voy a necesitar.

Bart: Otto, tío... ¿Vives en un contenedor de basura?
Otto: ¡Jo, tío! ¡Si viviera ahí! Un contenedor es una cosa guay, éste sólo es un contenedor para embalajes y residuos.
Bart: ¿Y por qué no vienes a casa conmigo? ¡Puedes dormir en nuestro garaje!
Otto: ¡Un garaje! ¡Ajá! ¡El cielo debe de ser amiguete!

Marge: No ha sido idea nuestra, Homer. Y la Biblia dice: "Cualquier cosa que hagáis a cualquiera de mis hermanos, me lo estaréis haciendo a mí."
Homer: Sí, pero la Biblia también dice eso otro de: "No acojas al gorrón en tu nido."

Bart: ¿Dónde está Otto?
Skinner: ¿Otto? ¡Palíndromo al que no volverás a oír en una temporada!

DETALLES QUE QUIZÁ TE HAYAS PERDIDO

Al encargado de los fuegos artificiales en el concierto, le falta un brazo.

A Skinner le dan las cinco de la tarde, mientras intenta introducirse en el tráfico con el autobús.

Hay monedas de oro y joyas, en la entreplanta de la casa de los Simpson.

Ocupación principal:
Conductor del autobús de la Escuela Elemental de Springfield.

Pluriempleos:
Conductor de las excursiones familiares de la Central de Energía Nuclear de Springfield, del bus de la piscina, del bus de los Jugadores Ancianos del casino de Springfield, de la Ambulancia de los Donantes de sangre.

Canciones favoritas:
"Freebird", "Purple Haze", "Frankenstein" e "Iron Man".

Aficiones literarias:
Biografías de vampiros diurnos.

Su amigo más insólito:
Una serpiente.

Récords como conductor:
Quince accidentes, y ninguno de ellos fatal.

EL ÚNICO EMPLEO QUE SE ME DA ES CONDUCIR EL AUTOBÚS. Y AHORA, EL JEFE DICE QUE NECESITO UN PAPELAJO PARA HACERLO.

EL AMIGO DE BART SE ENAMORA

Episodio 8F22, emitido originalmente el 7.5.92. Guionistas: Jay Kogen y Wallace Wolodarsky. Director: Jim Reardon.

Posición social en Springfield:

"Cuatrojos" compinche de Bart, compañero de clase en el 4.º Grado.

Principal maltratador:

Nelson Muntz.

Colecciona:

Cómics de Joe Bazooka.

Amiga principal:

Samantha Stanky.

Primera adquisición humana:

El alma de Bart por 5 dólares.

MI PAPÁ ES UNA GRANDE Y PRECIOSA RUEDA TRASERA EN LA FÁBRICA DE CRUJIDOS.

MOMENTOS ESTELARES

Homenaje cinematográfico:

La primera escena, con Bart tratando de robar el bote de monedas de Homer, parodia a la primera escena de *En Busca del Arca Perdida*.

Bart: *Puedes leer tebeos con nosotros. A ver qué hay aquí... por aquí... ¡Eeeh! ¡"El Hombre Radiactivo contra la Bruja de los Pantanos"!*
Samantha: *¿No tienes ningún tebeo de chicas, como: "Bonnie Craine, La Chica Abogado" o "Punkin y Dunkin, las Bellas Gemelas", "La Nena de los Calcetines Caídos"?*
Bart: *No, pero mi hermana tiene montones de esas gilichorradas.*

"Acabamos de llegar de Phoenix. Mi padre es el dueño de una empresa de Seguridad. Vinimos a Springfield, atraídos por su alto índice de criminalidad. Todos mis amigos están en Phoenix." Samantha presentándose a su clase.

"La Guía de Fuzzy Bunny Sobre Ya Sabéis Qué": La película de educación sexual, de 1971, que se proyectó en la clase de la señora Krabappel.

¡Sorpresa!: El día de la boda de Fuzzy Bunny y Fluffy Bunny podemos ver que Fuzzy es judío, ya que lleva un yarmucle en la coronilla y pisa cristales.

"Ella está fingiendo". La señora Krabappel fumando un cigarrillo, y comentando la noche de bodas de Fuzzy Bunny y Fluffy Bunny.

"¡Hola, soy el actor Troy McClure. Puede que vosotros, niños, me recordéis de otros cortos educativos, como: *'Pintura con Plomo'*, *'Deliciosa pero Mortal'* y *'¡Aquí llega el Sistema Métrico!'*."

Homer Simpson. Nació con 4 kg. Murió con 180 kg: Texto de la lápida de Homer, en la ensoñación de Lisa. Mientras Marge llora y exclama: "¡Ojalá nunca hubieran inventado el queso frito!"

"¿Sabían ustedes que 34 millones de americanos adultos son obesos, y que su exceso de grasa podría rellenar las dos quintas partes del Gran Cañón del Colorado? Tal vez no les parezca mucho pero... recuerden que ese cañón es un gran cañón."

"Cincuenta Rosarios por un Beso":

Es el castigo que imponen en el nuevo colegio católico de Samantha, por besar a un chico.

"Ésta es la primera vez que alguien se sienta a mi lado desde que conseguí, gracias a mis presiones, que alargaran el horario escolar veinte minutos."

"En la indulgencia está la clave. Sin embargo, ese triplete de natillas no ha mermado mi determinación." Homer después de los comentarios de Marge, de que esa noche ha repetido postre tres veces.

"¿Cómo ha podido suceder? Empezamos como Romeo y Julieta. ¿Cómo ha podido acabar en tragedia?"

"Marge... ¿dónde está... esa cosa... eso que se usa... ¡taca!... para comer...?" Homer pidiendo una cuchara, después de dejar de escuchar las cintas de vocabulario.

NO TIRARÉ DE LAS COLETAS
NO TIRARÉ DE LAS COLETAS
NO TIRARÉ DE LAS COLETAS
NO TIRARÉ DE LAS COLETAS
NO TIRARÉ DE LAS COLETAS
NO TIRARÉ DE LAS COLETAS

DETALLES QUE QUIZÁ TE HAYAS PERDIDO

Aparece una referencia a la cadena de tiendas "Todo a Cien", en el episodio 7G08, "Sin Blanca Navidad."

Sólo hay calderilla en el bote de monedas de Homer, en el que pone: "Cambio de Homer. ¡NO TOCAR!."

Al corregir el examen de Bart, la señorita Krabappel escribe el comentario: "Muy insuficiente, incluso para ti." Bart ha contestado a tres de las preguntas: "Comerme los pantalones cortos."

Cuando Milhouse y Samantha se besan por vez primera, sus cuerpos forman un corazón.

Les películas que exhiben en los Multicines de Springfield son: *Rip Roaring Reverend, Sing, Monkey, Sing, Space Mutants VII* y *Hot-Grits-A-Flyin.*

Una chica nueva, Samantha Stanky, viene a vivir al vecindario, y va a la clase de Bart y Milhouse. Al salir de la escuela, un afligido Milhouse la acompaña a casa. Bart se queda sorprendido cuando aparece con Samantha en la cabaña del árbol. Bart va en busca de unos cómics para chicas en el cuarto de Lisa y, al volver, se horroriza al ver que se están besando.

Mientras tanto, Lisa está preocupada porque la inmensa capacidad tragadora de Homer le está acortando la vida. Convence a Marge para que compre cintas de cassette con órdenes subliminales para perder peso. Pero no se dan cuenta de que les envían cintas de vocabulario. Homer se queda dormido con ellas puestas y, al despertar, se expresa muy bien.

Para desesperación de Bart, Samantha y Milhouse se pasan el día juntos. Celoso y sintiéndose excluido, Bart se chiva al padre de ella de la relación entre ambos. El señor Stanky prohíbe a Samantha que vea a Milhouse, y la traslada a un colegio católico para chicas. Mientras tanto, después de dos semanas de escuchar vocabulario, Homer aumenta su peso, y tira las cintas. Rápidamente pierde sus recién adquiridas habilidades verbales y tiene problemas para recordar las palabras mas simples. Bart confiesa a Milhouse que él fue quien se chivó, y se pelean. Después, visitan a Samantha en el Colegio St. Sebastian. Bart se disculpa y ella y Milhouse se besan por última vez.

HERMANO, ¿ME PRESTAS DOS MONEDAS?

Episodio 8F23, emitido originalmente el 27.8.92. Guionista: John Swartzwelder. Director: Rich Moore.

Profesión:
Científico Loco.

Apariencia:
Pelo desarreglado, gafas delgadas, delantal blanco.

Ritmo vocal:
Fastidioso.

Deficiencias:
Realiza inventos que nunca funcionan.

Fracasos anteriores:
Construir robots para proteger al señor Burns que se vuelven violentos hacia el jefe, y explotan; volar la Taberna de Moe mientras intentaba desviar un cometa que se dirigía a Springfield; hacer estallar accidentalmente un avión teledirigido arrojando a su propio hijo a través de la ventana.

Un reconocimiento médico rutinario revela que el esperma de Homer ha quedado dañado por la exposición a la radiactividad. Temiendo una demanda judicial, los abogados del señor Burns le sugieren que ofrezca dinero a Homer, a cambio de que no interponga una demanda contra la Central. Para conseguir que Homer acepte los 2.000 dólares y firme la renuncia, Burns le dice que el dinero es por ganar el "Primer Premio Anual Montgomery Burns" por su Sobresaliente Labor en el Campo de la Excelencia.

Mientras tanto el hermanastro de Homer, Herb, que se ha convertido en un vagabundo desde que se arruinó por culpa del diseño del coche de Homer, está buscando inversores para un nuevo invento. Tras recordarle a la familia que Homer es culpable de su hundimiento, Herb le pide los 2.000 dólares para fabricar un traductor de bebés, un artilugio que convierta los balbuceos de los recién nacidos en frases comprensibles por todos los que le rodeen. Homer le da el dinero, en vez de comprar una silla de masaje, y el invento se convierte en un éxito que proporciona notables beneficios económicos.

Rico de nuevo, Herb le devuelve los 2.000 a Homer y compra regalos para toda la familia: un carnet de socio de la Asociación Nacional de Armas para Bart, una lavadora y una secadora para Marge y la silla de masajes para Homer. Y también perdona a Homer por arruinarle.

MOMENTOS ESTELARES

Uno de los vagabundos, amigo de Herb, le cuenta su vida al grupo:
"Yo antes era rico. Tenía la cadena de masajes Mickey Mouse, hasta que los buitres de Disney me la hicieron cerrar." Les dije: "Cambiaré el logotipo por un Mickey con los pantalones subidos." ¡Bah! "Hay tipos con los que es imposible razonar."

"¿Por qué ha tenido que pasar justo cuando se celebra la Gran Gala de la Tele, en la que las estrellas brillan con luz propia?"

"Antes de empezar, quiero que quede una cosa muy clara. Me darán su consejo legal, porque para eso les pago. Pero son unas sanguijuelas que viven de los problemas ajenos, de los divorcios, de la desgracia y el sufrimiento… ¡Ah! Hmmm… ¡Estoy divagando! ¿Le apetece a alguien un café?"

Homenaje al Rock clásico:
La frase de Homer: "S´cuse me while I kiss the sky", está sacada de la canción "Purple Haze", de Jimi Hendrix.

Homer, pensando en comprar la silla vibradora Derritecolumnas 2000:
"Marge, siempre he tenido una sensación de vacío en mi interior. He intentado llenarlo con la familia, la religión, la comunidad… ¡Pero no había salida! Creo que este sillón es la respuesta."

Herb explicando cómo funciona su traductor de bebés: "Mide la intensidad, la frecuencia y la urgencia del llanto del bebé. Le dice a la persona que está cerca, en su propio idioma, qué exactamente lo que el bebé quiere decir."

> **La Idea:**
> Herb: Señora, acaba de darme una idea sensacional… ¡Muchas gracias!
> Madre: Por favor, no me mate.
> Herb: ¡Le doy mi palabra!

> Cantantes: Es el Primer Premio Anual Montgomery Burns…
> Cantantes Masculinos: (Cantando.) … por la sobresaliente labor…
> Cantantes Femeninos: (Cantando.) …en el campo de la…
> Cantantes: (Cantando.) …¡Excelencia!
> (El señor Burns en el escenario, con smoking, y aplaudiendo.)
> Burns: Bien… ¡Ellos son Bonita Wolff y la Sociedad Zapato Deportivo de la Central Nuclear!

> Homer: ¡Vale, Herb! Yo te presto los 2.000 pavos, pero tienes que perdonarme y tratarme como un hermano.
> Herb: No.
> Homer: Pues entonces regálame el pajarito ese.

Desde "Tienes que cambiarme" hasta "¿Por qué no me quitas ya ese disco?".

"¡Éste es el mejor invento del mundo que he visto! ¡Ganarás millones de dólares!" Homer hablando sobre el pajarito que bebe agua y se incorpora, un juguete que Herb ha dejado sobre la mesa.

> **Momento cinematográfico:**
> El psicodélico sueño que tiene Homer mientras está probando la silla Derritecolumnas 2000, es un homenaje a la penúltima secuencia de la película. "2001: Una Odisea del Espacio".

> Marge: ¿Qué tal en la Central, cariño?
> Homer: ¡Bueno! Ya sabes… Que si póngase ahí… abra eso… tire de aquí… inclínese… extienda aquello… vuelva la cabeza… tosa…

DETALLES QUE QUIZÁ TE HAYAS PERDIDO

Se ven dientes volando cuando Joe Frazier golpea a Barney, en el exterior del bar.

Uno de los espermas de Homer tiene tres ojos, como Guiñitos, el pez mutante.

Uno de los vagabundos de la hoguera viste como el personaje vagabundo de Charlot, cuando se comía la bota. Otro de los vagabundos es un payaso.

Los vagones del tren llevan anuncios de "Ácido Sulfúrico Krusty" y "Esponjosas Almohadas".

Un letrero en la Feria del Bebé, Congreso de Gemelos, dice: "¡Trillizos No!"

Herb posee un "Osciloscopio menos 4", que marca los osciloscopios.

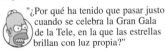

NO FINGIRÉ HABER SIDO SECUESTRADO
NO FINGIRÉ HABER SIDO SECUESTRADO
NO FINGIRÉ HABER SIDO SECUESTRADO
SECUESTRADO

SIÉNTENSE PARA OÍR ESTO, CABALLEROS: SEGÚN EL ANÁLISIS CROMATOGRÁFICO, EL INGREDIENTE SECRETO ES… ¿AMOR? ¿QUIÉN HA ESTADO JUGANDO CON LA MÁQUINA?

LOS GAGS DEL SOFÁ

7GO2, 7G07.-La familia entra apresuradamente y se lanza sobre el sofá. Bart sale un momento y vuelve segundos después, derrumbándose ante la TV cuando empiezan los créditos. **7G03, 7G10.**-La familia entra corriendo y se apretujan sobre el sofá, hundiéndolo. **7G04, 7G13.**-La familia entra a la carrera y se tira sobre el sofá. Homer se levanta un momento y aterriza en el suelo. **7GO6, 7G12.**-La familia entra apresuradamente y se lanza sobre el sofá. Maggie salta por el aire y aterriza en brazos de Marge. **7GO9, 7G01.**-La familia entra corriendo y se sienta en el sofá. No hay chiste. **7F03, 7F12, 7F22, 9F06.**-La familia entra corriendo y cuando se tira sobre el sofá, se hunde a atravás del suelo. **7FO2, 7F13, 7F23.**-La familia baila un cha-cha-chá, primero en una dirección y luego en la otra, con los brazos extendidos. Se tiran a la vez sobre el sofá, con los brazos aún abiertos. **7F01, 7F15.**-La familia entra corriendo. Cuando se sienta en el sofá, éste se convierte en una cama. **7F05, 7F16.**-La familia entra apresuradamente y se sienta en el sofá, excepto Maggie, a la que no vemos. Poco después su cabeza aparece entre el pelo de Marge. **7F08, 7F14.**-Toda la familia entra apresuradamente y se lanza sobre el sofá, incluidos Ayudante de Santa Claus y Snowball II. **7F07, 7F17.**-La familia entra corriendo. Despiertan y asustan al abuelo, que está durmiendo en el sofá. **7F06, 7F18.**-La familia entra apresuradamente y se lanza sobre el sofá, que se inclina por el lado de Homer. Maggie sale volando por los aires y aterriza en un cojín en el suelo. **7F09, 7F19, 8F03, 8F14.**-La familia entra corriendo y se encuentra con que no hay sofá. **7F10, 7F20.**-La familia entra apresuradamente y se lanza sobre el sofá. Homer los estruja uno a uno, hasta quedar él solo sentado en el sofá. **7F11, 7F21.**-La familia entra a la carrera y se lanza sobre el sofá, que se vuelca cuando se sienta.

bebiéndose una lata de cerveza. Se escapa por una trampa del suelo cuando la familia corre hacia el sofá. **8F05, 8F15.**-La familia entra a la carrera. Después de que Homer, Marge, Lisa y Maggie se sientan, entra Bart y se sienta en sus regazos. **8F06, 8F17.**-La familia entra apresuradamente y Homer se tumba en el sofá. Todos se sientan encima de él. **8F07, 8F19.**-La familia entra apresuradamente. Se sienta en el sofá, y se hunden en los almohadones. **8F08, 8F20.**-La familia entra y se encuentra con un par de ladrones llevándose el sofá. Sin importarles, saltan sobre él, pero los ladrones los tiran al suelo antes de llevarse el sofá. **8F09, 8F21, 3F31.**-Ayudante de Santa Claus gruñe sobre el sofá. La familia se larga cabizbaja. **8F10, 8F23.**-La familia entra corriendo y se lanza con saltos mortales sobre el sofá. Maggie falla y, cuando todos están sentados, extienden los brazos. **8F11.**-La familia entra apresuradamente, se lanza sobre el sofá, y comienza a botar, intercambiando sus posiciones con cada rebote. **8F13.**-La familia entra. Todos excepto Maggie, se golpean en la cabeza y caen inconscientes, formando un montón. Maggie sube al sofá ella sola. **8F24.**-La familia entra, pero no puede sentarse porque los Picapiedra ocupan el sofá. **8F18, 9F15, 3F31.**-La familia entra y se sienta en el sofá, pero éste se transforma en un monstruo y los devora. **9F01, 9F12.** La familia entra deprisa y se sienta en el sofá. Éste gira 180 grados, escondiéndose dentro de un compartimento secreto, y aparece una réplica exacta del sofá y de la pared. **9F02, 9F14, 3F31.**-La familia entra y Maggie acelera en un sprint, cortando la cinta, y dando la vuelta para sentarse corriendo. **9F04.**-Los esqueletos de la familia se lanzan en montón sobre el sofá. Marge lleva una mecha blanca como la Novia de Frankenstein. **9F03.**-La familia entra apresuradamente y el sofá se deshincha. **9F05, 9F17.**-La familia entra

corriendo y se sienta. Todos tienen la cabeza de otro, y se las intercambian hasta que cada cabeza está con su correspondiente cuerpo. **9F07, 9F18.**-La familia entra deprisa y, en lugar del sofá, hay una pequeña silla que Homer y Marge comparten. Los chicos se sientan en sus regazos. **9F08, 9F13, 9F16, 9F22, 2F08, 3F31.**-La familia entra apresuradamente. Baila como un ballet, se les unen unos Rockettes, un grupo de animales de circo (con elefantes equilibristas), trapecistas, tragafuegos, magos y Pequeño Ayudante de Santa Claus, que salta por un aro, mientras suena la típica música de los circos. **9F09, 9F20, 3F31.**-Una versión enana de la familia entra y comienza a escalar el sofá. Bart ayuda a Maggie. **9F10, 3F31.**-La familia entra y se sienta, todo Springfield se les une delante del aparato de TV. **9F11, 9F19.**-La familia entra y, antes de que se siente, cae una red que los atrapa y los barre fuera. **9F21.**-En la primera toma, la familia entra apresuradamente, chocan y se rompen como si fueran de cristal. Entra Ayudante de Santa Claus y mira las piezas. En la segunda choca, se mezclan y se convierte en una masa con cinco cabezas. En la tercera chocan y explotan, dejando manchado el suelo. El chupete de Maggie cae al suelo. **1F02, 1F12, 2F33, 3F31.**-La familia entra y se sienta en el sofá. Son machacados por un gigantesco pie. **1F01.** La familia entra apresuradamente y se encuentra con sus dobles sentados en el sofá. **1F04.**-La familia zombie entra por el suelo del salón, y se sienta. Un cuadro sobre el sofá muestra a un barco rodeado de tiburones. **1F03.**-La familia entra deprisa y atraviesa la pared, que ha sido pintada para asemejarse al salón. Sus siluetas permanecen. **1F05, 1F13.**-La familia entra y se encuentra a un hombre muy grande en el sofá. **1F06, 1F15, 2F04.**-Entran cinco pares de ojos y ocupan sus posiciones. Se enciende la luz. La familia está sentada en el sofá, inclinan las cabezas hacia delante y se ponen los ojos en sus órbitas. **1F07, 1F19.**-La familia entra y se sienta antes de darse cuenta de que el sofá está en el plató del presentador de TV, David Letterman, que gira en su silla para mirarla de frente. **1F08, 1F21.**-La familia entra. Chocan y se rompen como si fueran de cristal. Entra Botones de Santa Claus y mira las piezas. **1F09, 1F20.**-La familia entra apresuradamente, choca y explota, dejando manchado el suelo. El chupete de Maggie cae al suelo. **1F11.**-La familia entra apresuradamente, choca, se mezcla y se convierte en una masa con cinco cabezas. **1F10.**-Homer, Marge, Bart y Lisa, suben por detrás del sofá. Maggie sube desde el almohadón central. **1F14.**-La familia entra.

Maggie cae hacia atrás, y reaparece por la parte de sentarse. **7F24, 8F22.**-La familia entra corriendo y salta sobre el sofá, que se cae de espaldas, tirándola contra la pared. **8F01, 8F12.**-La familia entra apresuradamente y se lanza sobre el sofá. Se oye un gemido, y Homer se saca a Pequeño Ayudante de Santa Claus de debajo de él. **8F04, 8F16.**-La familia entra apresuradamente y se encuentra en el sofá a un alienígena tipo pulpo, con cuatro brazos y un ojo,

Hay dos sofás. Los miembros de la familia se parten en dos y ocupan los dos sofás. 1F16.-La familia entra rebotando como pelotas en el salón y adopta sus formas habituales cuando se sientan en el sofá. 1F18.-La familia entra apresuradamente. Homer ve el logotipo de la Fox en la esquina de la pantalla. Lo toma y lo pisotea. La familia se une. 1F22, 2F12. La familia está sentada en el aire. Llega el sofá y se pone sobre ellos. Se chafa por el peso. 1F17, 2F13, 3F31.-La familia entra nadando, y se sube al sofá. Bart lleva gafas y tubo de bucear. 2F01, 2F14.-La familia se materializa sobre el sofá, como si vinieran desde la nave Enterprise, de la serie de TV: Star Trek. 2F03.-Una familia de fantasmas Simpson entra en el salón, con partes del cuerpo intercambiadas. Se sienta y se cambian las partes, atravesando el cuerpo de los demás. 2F05, 2F15.-La familia entra, se sienta, y el sofá fluye a través de ellos. Sus cabezas se unen hasta alcanzar el techo. 2F06, 2F18, 3F31.-La familia entra y se acechar al sofá, que retrocede. 2F07, 2F16.-La familia entra y, como si fueran personajes de Hanna y Barbera, persigue al sofá delante de un escenario que se repite. 2F09, 2F19, 3F31.-La perspectiva del salón está distorsionado, como si fuera un dibujo de Cornelius Escher. Los miembros de la familia llegan andando al salón por el techo y las paredes, hasta que se sientan. 2F10, 2F21.-Vemos a Homer a través del cañón de una pistola, caminando hacia el sofá, como en las presentaciones de las películas de James Bond. Se gira hacia nosotros y dispara su pistola. La pantalla se vuelve roja. 2F11, 2F22, 3F31.-La familia entra. Todo está en blanco y negro. La familia lleva guantes blancos, como si fueran personajes de dibujos animados de los años veinte, y hacen una inclinación ante el aparato de TV. 2F31, 2F32, 3F31.-La familia entra y se sienta en el sofá. Sus tamaños están invertidos: Homer es el más pequeño, y Maggie la más grande. 2F20.-La familia entra, el sofá se aparta a un lado y una fila de policías aparece tras ellos, como si fuera un telón. 2F17, 3F12, 3F22.-Una hoja de fax de los Simpson, a tamaño natural, aparece entre los cojines. Es arrancada y cae al suelo. 3F02, 3F14. Los Simpson conducen por el salón, sobre pequeños coches. Llevan capuchas en la cabeza, como si fueran sepultureros. Aparcan ante la TV. 3F01, 3F13.-Homer, Marge, Bart, Lisa, Maggie, el Abuelo, Pequeño Ayudante de Santa Claus y Snowball II aparecen en su propio recuadro, como si fueran "La Tribu de los Brady". El salón está en el recuadro central. Cada miembro sale de su recuadro y se va al sofá, excepto el Abuelo, que se queda durmiendo en el suyo. 3F03, 3F16. Aparece la familia en blanco y negro.

Desde el techo descienden unos artilugios que los colorean. 3F04.-Los miembros de la familia caen, de uno en uno, desde el techo sobre el sofá, colgando de una cuerda y con los ojos muy abiertos. 3F05, 3F15.-La familia entra como si fueran juguetes. Suben al sofá cada uno con su propio medio de propulsión. Homer y Marge caminando, pero Homer se cae. Lisa salta sobre el sofá y Maggie sobre ella. Bart rueda hacia el sofá. 3F06, 3F17. Una máquina de recoger bolos barre a Snowball II del sofá, dejándolo libre para la familia. 3F08, 3F18.-La familia entra como si fueran Monos de Mar. Nadan hacia un sofá hecho de conchas, y miran un cofre del tesoro, en lugar del aparato de TV. 3F07, 3F19.-La familia entra y se sienta en el sofá. Homer se levanta y quita un tapón de desagüe. Cuando lo hace toda la familia es succionada. 3F10.-La familia entra apresuradamente y se sienta en el sofá. La cámara se mueve hacia la derecha, y se aproxima al interior de un agujero de ratón, donde vemos a una familia de cinco miembros, como los Simpson, que va a sentarse en su propio sofá. 3F09, 3F20.-Las cabezas de la familia están colgadas en la pared, como trofeos de caza, excepto Homer que está de alfombra. Entra un cazador, se sienta en el sofá, deja su rifle y enciende la pipa. 3F11, 3F21.-Entra la familia. Todo en la habitación parece iluminado por neones. Homer enciende la luz y todo vuelve a su color normal. 4F02.-El Inexorable Cosechador está sentado en el sofá. Cuando entra la familia, cada uno piensa en su muerte. El Cosechador apoya un pie sobre el cadáver de Homer. 3F23, 3F24.-La familia se lanza en paracaídas sobre el sofá, pero el paracaídas de Homer no se abre y aterriza en el suelo. 4F03, 4F15.-El salón es una llanura del Oeste. La familia entra vestida de vaquero y se sienta en el sofá. El sofá se pierde en el horizonte, como si fuera un caballo. 4F05, 4F09.-La familia flota en la habitación como pompas de jabón que estallan al entrar en contacto con el sofá. 4F06, 4F12.-Entra la familia y se coloca como los Beatles en la cubierta de su disco "Sargent Pepper's Lonely Heart Club Band." Homer es Paul. Toda la gente de Springfield está en el salón. Entre los personajes que hay tras ellos, vemos sus antiguas versiones, cuando aparecían en "The Tracey Ullman Show." Al fondo está el busto de Jebediah Springfield, Guiñitos, una botella de "Tónico Revitalizador Patentado de Simpson e Hijo", un muñeco del Pequeño Elfo Feliz, una bola de jugar a los bolos, varias latas de Duff, comida variada y rosquillas formando la palabra Simpson. 4F04, 4F19. Entra la familia. La imagen de Bart se proyecta intermitentemente como si fuera una TV estropeada. Homer lo ajusta con el

mando. 4F01, 4F14, 4F21.-El salón está boca abajo. La familia entra, se sienta, y se cae al techo. 4F18.-Entra la familia. Hay una máquina automática de vender sofás. Homer pone una moneda y no ocurre nada. Homer la golpea hasta que sale un sofá. 3G01.-Homer, Marge, Lisa y Bart entran volando en la habitación, llevando cohetes a las espaldas, y aterrizando en el sofá. Maggie se acerca, haciendo acrobacias, y aterriza en el regazo de Marge. 4F08, 4F17.-El salón es una mesa de feria, llena de agujeros por las que aparecen alternativamente las cabezas de los Simpson, que son hundidas por un mazo gigante. 4F10, 4F16.-Entra la familia, el sofá está extendido, y el abuelo duerme sobre él. Doblan el sofá con el abuelo dentro, y se sientan encima. 3G03.-La familia no entra. El sofá está vacío. En la puerta delantera, Homer lucha con la cerradura y machaca la puerta. Su frustrada familia está con él. 4F11.-Se ve una pantalla de ordenador. En una esquina se ve el logotipo de "America Onlink". Hay dos iconos con la etiqueta: "Cargar familia" y "Salida". En el otro lado de la pantalla hay un gráfico del salón de los Simpson, cubierto por una ventana de mensajes que dice: "Cargando los dibujos. Espere, por favor. Recibiendo unidades 1 a 5." La barra de avance progresa lentamente. Se oprime varias veces la ventana de "salida". 4F13.-La TV y el sofá son unos barcos en el mar. La familia entra, llevando impermeables amarillos de marino. Se sienta en el sofá, pero una ola los arroja al mar. Un aparato de TV emerge del agua.

KAMPAMENTO KRUSTY

Episodio 8F24, emitido originalmente el 24.9.92. Guionista: David M. Stern. Director: Mark Kirkland. Productores ejecutivos: Al Jean y Mike Reiss.

Posiciones:
Mostrencos, colegas y ayudantes de Jimbo Jones.

Trabajo:
Monitores del Kampamento Krusty.

Se les ve en:
Robando en el Leftorium o, más frecuentemente, en el Badulaque.

Rasgos inesperados de su personalidad:
Tener en alta consideración al fundador de la ciudad, Jebediah Springfield.

Actos reprobables:
Vapulearon a Bart en su propia casa.

Homer hace un pacto con Bart. Si Bart saca "Suficiente" de media en sus notas, podrá ir al Kampamento Krusty este verano. Si no lo consigue, se quedará en casa. Al final de curso recibe un suspenso generalizado, pero lo cambia por una matrícula. Muestra las notas a Homer, que sabe que Bart las ha falsificado, pero como desea un verano tranquilo, le deja ir.

Lisa, Bart y sus amigos llegan al campamento que es dirigido por un tiránico señor Black y su cuadrilla de secuaces: Dolph, Jimbo y Kearney. Los chicos esperan divertirse pero, en lugar de eso, son sometidos a agotadores ejercicios, unas precarias condiciones de vida y muy mala alimentación. Mientras los chicos lo están pasando mal, Homer y Marge disfrutan al máximo. A Homer incluso le está creciendo el pelo y ha perdido peso.

El señor Black trata infructuosamente de engañar a los chicos, haciendo pasar por Krusty a un tipo que recuerda a Barney. Bart encabeza una revuelta. Krusty se entera de que su campamento está siendo arruinado y vuela desde Wimbledon para disculparse. Embarca a los chicos en un bus y se los lleva a la localidad más feliz del planeta: Tijuana.

> ¡HEY, SIMPSON! DILE A TU MADRE QUE SUS GALLETAS APESTAN.

MOMENTOS ESTELARES

"Hijo, cuando uno quiere algo en esta vida ha de luchar por ello. ¡Y vale ya, que van a dar los números de la Loto!"

"¡Así tendrás un In-suficiente verano!" La señora Krabappel insensible ante los intentos de Bart de que cambie sus notas, para poder ir al Kampamento Krusty.

"El Kampamento Krusty se levanta sobre un auténtico cementerio indio, podéis tirar al arco, fabricar carteras... ¡Lo que os dé la gana! ¡Y para los gorditos, mi especial programa de Dieta y Humillación… consigue estos resultados!"

Sello de homologación de los productos Krusty: Puede aparecer en relojes que se calientan extraordinariamente cuando están enchufados, y en objetos que provocan cortocircuitos y descargas.

En el interior de la sombría cabaña de Bart y Lisa:
Lisa: Esto quizás es un poco más rústico de lo que yo esperaba.
Bart: ¡A mí no me preocupa! ¿Y sabes por qué? ¡Por este sello de homologación! (Bart muestra una pegatina con la cara de Krusty.) ¡Sólo está en los productos que están a la altura de las exigencias personales de Krusty, el Payaso!

> ESTE CASTIGO NO ES NI
> ABURRIDO NI ÚTIL
> ESTE CASTIGO NO ES NI
> ABURRIDO NI ÚTIL
> ESTE CASTIGO NO ES NI
> ABURRIDO NI ÚTIL

La carta de Lisa a sus padres:
"Queridos papás: Desde que he conocido el Kampamento Krusty ya no temo al Infierno. Nuestros paseos por la naturaleza se han convertido en siniestras marchas en pos de la muerte. El centro de artesanía es, en realidad, un taller propio de las novelas de Dickens. Bart logra superar el día a día, apoyándose en su inquebrantable fe de que Krusty, el Payaso, nos va a visitar. Pero yo soy mucho más pesimista. No estoy segura de que os llegue esta carta, pues las líneas de comunicación han sido cortadas. Estoy deslumbrada por el esfuerzo que me cuesta escribir, así que termino diciendo: ¡SALVADNOS! ¡SALVADNOS CUANTO ANTES!"

"¡Esto es una estafa! ¡Y no es la primera vez que me estafa Krusty! ¡Tengo taquicardia por culpa del complejo vitamínico Krusty! ¡A mi calculadora "Krusty" le falta el siete! ¡Y su autobiografía era partidista y estaba llena de flagrantes omisiones...! ¡Pero esta vez ha ido demasiado lejos!"

Los horrores del Kampamento Krusty:
(Bart está asando algo oscuro en una hoguera.)
Bart: ¿Pero no son para hacer una barbacoa?
Dolph: ¡Cierra el pico y cómete la piña!
(Lisa permanece de pie, en el borde del muelle, mirando a una canoa agitada por un río embravecido.)
Lisa: ¿E-e-estás seguro de que no hay riesgo?
Kearney: Compruébalo tú misma, niña.
(Dolph sirve a Lisa un plato de gachas.)
Lisa: No me digas que son gachas.
Dolph: No lo creas. Éstas son "Sucedáneo de Gachas Krusty". Nueve de cada diez huérfanos no notan que hay diferencia.

Bart: ¡Oh, no, señorita Krabappel! Si no tengo una media de "Suficiente", mi padre no me dejará ir al Kampamento Krusty.
Señorita Krabappel: Bueno, es una injusticia hacia los demás niños, pero... ¡en fin!
Bart: ¡Se agradece, muñeca! (Le da un palmetazo en el trasero.)
Señorita Krabappel: ¡Ja, ja, ja! ¡Oh, Bart Simpson! ¡Te voy a echar mucho de menos!
Director Skinner: (Por el altavoz.) ¡Atención todos: os habla el director Skinner. Confío en que no hayáis olvidado vuestras herramientas de destrucción... ¡Acabad con todas estas cosas! (Suena el tema: "School's Out" de Alice Cooper, mientras estudiantes y personal de la escuela destrozan el edificio.) ¡Que alguien acerque una antorcha a estos expedientes! ¡Rapidito! (Bart coge una grúa, dotada de una bola y comienza a golpear la escuela... cuando se despierta.)

Homenajes cinematográficos:
Lisa soborna, con una botella de licor, a un extranjero a caballo para que lleve su carta a casa, como Meryl Streep en *La Mujer del Teniente Francés*.
El Kampamento Krusty, después de derruido, es similar al campamento de Kurtz en *Apocalypse Now*.

DETALLES QUE QUIZÁ TE HAYAS PERDIDO

El bus pasa ante un poste totémico con caras de indios. Tiene un cartel que dice: "El Kampamento Krusty más Krusty del mundo."

Hay un cartel de "¡Da un giro! ¡Lávalo!" en el aula de Lisa.

Los chicos tiran la basura al suelo, a pesar de que hay un cartel que dice: "Por favor, usad las papeleras."

Un chico raya el lateral del autobús (se parece mucho al chico que rayó la fábrica "Ah Fudge" en el episodio 8F03, "Bart, el asesino").

El caballo en el anuncio de la tele de Krusty es un caballo de exhibición, con la crin trenzada.

UN TRANVÍA LLAMADO MARGE

Episodio 8F18, emitido originalmente el 1.10.92. Guionista: Jeff Martin. Director: Rich Moore.

LLEWELLYN SINCLAIR

Ocupación:
Enfant terrible, que ha dirigido varias obras teatrales en Springfield.

Experiencia teatral:
Tres éxitos en el escenario y tres ataques al corazón (no descarta el cuarto).

Su mayor éxito:
"Viva la Fiesta de Chanukah."

Sus placeres:
La cama y una botella de Amaretto.

Temperamento:
Entre irritable y tempestuoso.

Anonadado por:
La incompetencia teatral; Maggie y Homer.

Estilo de vestir:
Túnicas para gordos.

Marge se está preparando para una prueba de una versión musical de "Un Tranvía Llamado Deseo", que se representará en el Centro Municipal de Springfield. En la audición, Ned Flanders es escogido para el papel de Stanley Kowalski, el vago y grosero marido de Stella. El director de la obra, Llewellyn Sinclair, no encuentra a alguien lo bastante frágil y ardiente para el papel de Blanche DuBois, hasta que oye a Marge, hablando por teléfono con Homer. Sinclair le da el papel. Cuando Maggie se convierte en una distracción durante los ensayos, Marge la lleva a una guardería: la Ayn Rand School, regentada por la hermana de Sinclair.

Marge ensaya sus frases, pero no consigue encontrar el tono dramático adecuado a su papel. Necesita el apoyo de Homer, pero él se despreocupa completamente de ella. Furiosa por la total indiferencia de Homer, Marge recita sus frases con una nueva determinación. Su repentino enfado le proporciona la rabia que necesitaba para interpretar el papel de Blanche.

Mientras tanto, en la guardería, Maggie lidera una revuelta para recuperar los chupetes de los niños, que les han sido quitados. Homer, Bart, Lisa y Maggie se van a ver la representación de Marge. Homer queda muy afectado por la obra. Y, al terminar, va a los camerinos y le dice a Marge que ha estado genial, y admite que él se ha visto representado en Stanley. Abraza a su esposa, mostrándole su apoyo.

MOMENTOS ESTELARES

"En directo, desde la preciosa ciudad de Laughlin, Nevada: Concurso de Miss Joven América. Ofrecido a todos ustedes por 'Versatilidad', de Meryl Streep. Huela como la Streep por muy poquitín."

"**Toma, tu destroza-cráneos.**" Ned mostrando a Marge cómo tiene que romper una botella en la obra.

"**¿Sabe lo que dice un bebé cuando pide un biberón? Dice: 'Soy un parásito'. Nuestro objetivo es desarrollar el biberón interior.**" La señorita Sinclair explicándole a Marge la filosofía de su guardería.

"No entiendo por qué Blanche amenaza a Stanley con una botella rota. ¿No podría tomar sus abusos con un poquito de sentido del humor?"

Marge: Interpreto a una antigua belleza sureña que es conducida a la locura por su brutal cuñado Stanley.
Lisa: ¡Cucurucho! ¡Mi madre actriz, me siento como la hija de Henry Fonda.

Homer: ... por qué, si me importa un bledo, no puedo fingir que me interesa. Aunque ya soy experto en fingir interés por tus raritas aficiones.
Marge: (Comenzando a enfadarse.) ¿De qué aficiones raritas hablas?
Homer: Pues me refiero al parto, clases de pintura... ¡esas cosas!
Marge: ¿Y por qué no lo dijiste en su momento?
Homer: Tú sabes que no haría nada que hiriese tus sentimientos.

Homenaje cinematográfico I:
Cuando se rompe la lengueta de la lata, Homer se queda en medio del jardín delantero, y grita: "¡Marge!", igual que hacía Marlon Brando en la película: *Un Tranvía Llamado Deseo.*

Homenaje cinematográfico II:
Maggie y los otros niños planean recuperar sus chupetes, en dos escenas que imitan a la película *La Gran Evasión.*

Homenaje cinematográfico III:
Homer se lleva a Maggie de la guardería la noche de la representación. Los otros niños gatean por allí. El único sonido es el de la succión de los chupetes. Homer se mueve entre los niños, como lo hacía Rod Taylor en la última secuencia de *Los Pájaros.*

Presentando al Jurado:
Troy McClure: ... el señor Bozwell, el hombre que está detrás de esas terribles listas de "Peor Vestidos". Señor Bozwell... denos un pequeño anticipo de la lista de este año.
Señor Bozwell: Mención para Goldie Hawn. Se presentó a las pruebas de Majorettes hace treinta años. ¡Hay que saber envejecer! ¿No?
Bart (riéndose): ¡Qué mala lechuga!

La letra de "¡Oh! ¡Tranvía!":

*Antes de que hubiera Estadio
donde juegan las estrellas,
nido era esta ciudad de maleantes
y ésta era su cantinela.*

*¡Nueva Orleans!
Hogar de piratas y fulanas.*

*Si el infierno
quieres conocer,
tendrás que viajar,
para luego gozar,
de Sodoma y Gomorra,
del Mississippi... ¡gloria!*

*Ratas malolientes...
¡Nueva Orleans!
Defectuosos clientes...
¡Nueva Orleans!
Corrupta y nauseabunda...
¡Nueva Orleans!*

El reparto de "¡Oh! ¡Tranvía!":

Blanche: Marge
Stanley: Ned
Stella: Helen Lovejoy
Steve, el chico de los periódicos: Apu
Pablo: Otto (*)
Mitch: Lionel Hutz (**)
Coro: Jefe Wiggum, Jasper, Herman

(*) Posteriormente reemplazado por Llewellyn Sinclair.
(**) Y va a presentar una querella contra el director, en nombre de todos aquellos que han sido discriminados de la obra.

DETALLES QUE QUIZÁ TE HAYAS PERDIDO

Apu se quita la camiseta en la prueba para el papel de Stanley, mostrando sus cicatrices de balazos.

La señorita Sinclair está leyendo *The Fountainhead Diet*, mientras Maggie prepara el rescate de los chupetes.

Alfred Hitchcock camina por delante de la guardería, cuando Homer sale de recoger a Maggie.

Según el letrero, "¡Oh! ¡Tranvía!" sólo se representará una noche.

NO ME LLAMO DOCTOR MUERTE
NO ME LLAMO DOCTOR MUERTE
NO ME LLAMO DOCTOR MUERTE
NO ME LLAMO DOCTOR MUERTE
NO ME LLAMO DOCTOR MUERTE
NO ME LLAMO DOCTOR MUERTE

SEÑORA SIMPSON, SI LO QUE PRETENDE ES QUE ME SALGA LA BILIS POR LA BOCA... ¡MISIÓN CUMPLIDA!

DIOS

Vestido favorito:
Ropa suelta y sandalias cómodas.

Le desagrada:
El Reverendo Lovejoy.

Peculiaridades:
Tiene un frontón, en lugar de puerta frontal, para entrar en casa.

Descripción de Homer:
Dentadura perfecta, olía bien, lo que se dice un tipo con clase.

Experto en:
Religión y el significado de la vida.

> BIEN, DISCÚLPAME. TENGO QUE APARECERME EN NUEVA TORTILLA. MÉXICO.

HOMER EL HEREJE

Episodio 9F01, emitido originalmente el 8.10.92. Guionista: George Meyer. Director: Jim Reardon.

Homer se queda en casa, mientras Marge y los chicos van a la iglesia. Se aprovecha de esta libertad, paseándose por la casa en ropa interior, haciendo sus galletas favoritas y viendo la tele. Homer se lo pasa tan bien, que decide quedarse en casa todos los domingos por la mañana.

Homer le dice a Marge que abandona la iglesia y que practicará su propia religión. Marge se queda afligida, pero esa noche, Homer sueña que Dios autoriza su nueva fe. El siguiente domingo por la mañana, Homer vuelve a quedarse en casa, saca su vieja colección de la revista *Playdude* y enciende un cigarro. Se queda dormido y el cigarrillo provoca que la casa se incendie.

Homer queda atrapado entre las llamas, pero Flanders, desafiando con valentía las llamas y el calor, consigue rescatarlo y ponerlo a salvo, fuera de casa. El Reverendo Lovejoy le asegura a Homer que Dios no está contra él, pero afirma que se encuentra en los corazones de las personas que le han salvado la vida y el hogar. Homer renuncia a su nueva religión y el siguiente domingo va a la iglesia, donde se queda dormido en la primera fila.

MOMENTOS ESTELARES

Homer, el jefe: Teniendo la casa a su disposición, Homer asalta la nevera diciendo: "Un momento ideal para preparar mis alucinantes goffres de la era espacial. Veamos: goffres... pasta para goffres... vainilla..." Pone todo el revoltijo en la máquina de hacer goffres, limpiando el sobrante que sobresale, con el dedo. "Hmmm... ¡Goffre líquido!", dice cuando lo prueba. Abre el molde, extrae su creación, envuelve con ella una barra de mantequilla y toma un poquito. "Mmm... engorda", afirma.

(Después de bailar en calzoncillos, preparar unos goffres, ganar un concurso radiofónico y ver un partido de fútbol, se encuentra un centavo.)
Homer: ¿Será éste el día más feliz de mi vida?
(Sobre la cabeza de Homer aparece una nube, en la que podemos ver los recuerdos del día de su boda, y otra imagen en la que vemos dando saltos de alegría, en torno a un camión-cisterna de cerveza, que ha volcado y del que sale un chorro de cerveza.)

Marge: No puedo creer que no quieras volver a la iglesia.
Homer: ¿Por qué es tan importante ir a ese edificio todos los domingos? ¿No está Dios en todas partes?
Bart: ¡Amén, hermano!

Homenajes cinematográficos:

Mientras salva a Homer, el suelo se hunde bajo los pies de Flanders, como sucede en la película *Llamaradas*. Homer baila en ropa interior, como Tom Cruise en *Risky Business*.

"La Fiesta de... Hmmm... Aforo Máximo." Homer avisando que se toma un día de vacaciones, mientras mira un letrero en la Taberna de Moe.

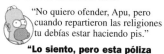 **"No quiero ofender, Apu, pero cuando repartieron las religiones tú debías estar haciendo pis."**

"Lo siento, pero esta póliza sólo cubre pérdidas reales, no las fantasías." El agente de seguros a Homer, que afirma haber perdido un Picasso y su colección de coches antiguos, en el incendio.

Marge: Te ruego que no me hagas elegir entre mi hombre y mi Dios, porque puedes no ganar.
Homer: ¡Ya estás otra vez! Siempre te pones de parte de los demás: Flanders, la Compañía del Agua... ahora Dios...

Homer charla con Dios:
Homer: Yo no soy malo. Trabajo muchísimo, y quiero a mis hijos. ¿Por qué debo pasarme medio domingo oyendo que voy a ir al infierno?
Dios: Hmmm... ¡Tienes razón! Hay momentos en los que yo mismo preferiría estar viendo un buen partido. ¿Sigue St. Louis teniendo equipo?
Homer: No. Se mudaron a Phoenix.

Homer: Apu, veo que no estás en la iglesia.
Apu: ¡Claro que sí! ¡Le he instalado una capilla a Ganesha, el Dios de la Sabiduría Terrenal, en la Sala de Empleados!
Homer: ¡Ah, Ganesha! ¿Un cacahuete?
Apu: ¡No le ofrezca cacahuetes a mi Dios!

Bart: ¡Hey! ¿Dónde está Homer?
Marge: Tu padre... descansa.
Bart: ¿Por qué tiene resaca? ¿Por qué lo han despedido? ¡Dame más pistas!

DETALLES QUE QUIZÁ TE HAYAS PERDIDO

A pesar de que está helando en el exterior, ninguno de los Simpson que va a la iglesia se abriga para salir de allí.

En la secuencia del primer sueño de Homer, Dios tiene cuatro dedos y un pulgar. En el último sueño de Homer, casi al final del episodio, Dios sólo tiene tres.

Homer babea mientras sueña con Dios.

El título del sermón que dan ese día en la iglesia es: "Cuando Homer Conoció a Satán."

De acuerdo a las imágenes iniciales de Homer, éste nació por los pies.

La madre de Milhouse está en el Cuerpo de Bomberos Voluntarios de Springfield.

Krusty: ¡Hola, hermano! Estoy haciendo una colecta para la Hermandad de Payasos Judíos. El año pasado, los tornados acabaron con la vida de 75 payasos judíos. El peor incidente ocurrió durante la Convención en Lubbock, Tejas. Zapatones y pelucas quedaron diseminados por doquier. (Llorando.) ¡Fue terrible!
Homer: ¡Un momento! ¿Esto es un rollo religioso?
Krusty: De payasos religiosos, sí.
Homer: ¡Se siente!
Krusty: ¡Bendito seas...!
(Homer le da con la puerta en las narices.)

NO DIFAMARÉ A NEW ORLEANS
NO DIFAMARÉ A NEW ORLEANS
NO DIFAMARÉ A NEW ORLEANS
NO DIFAMARÉ A NEW ORLEANS
NO DIFAMARÉ A NEW ORLEANS
NO DIFAMARÉ A NEW ORLEANS*

* Algunas personas de New Orleans se molestaron por la canción sobre su ciudad que se escucha en el episodio "Un Tranvía Llamado Marge."

LISA, LA REINA DE LA BELLEZA

Episodio 9F02, emitido originalmente el 15.10.92. Guionista: Jeff Martin. Director: Mark Kirkland.

Durante el Carnaval en el colegio, un dibujante hace una caricatura de Lisa. Cuando ella la ve, se queda aterrorizada con su apariencia física y se le desarrolla un complejo de inferioridad. Mientras tanto Homer gana una entrada para montar en el Zepelín Duff.

Viendo que Lisa se siente insegura sobre su aspecto, la apunta al Concurso de Miss Springfield Junior, vendiendo para ello su entrada para el Zepelín Duff por 250 dólares.

Lisa no quiere participar en el Concurso, pero cuando Marge le informa de que Homer ha vendido su entrada porque la quiere, termina accediendo. Marge lleva a Lisa a un Salón de Belleza, para un tratamiento completo que restaure su confianza. El Jurado termina eligiendo a la profesional Amber Dempsey como Miss Springfield Junior, quedando Lisa como finalista.

Cuando Amber recibe la descarga de un rayo, Lisa ocupa su lugar y se convierte en la imagen de los Cigarrillos Laramie. Mientras va sobre la carroza de Laramie, en el desfile de Springfield, Lisa comprende que el tabaco es malo. Los patrocinadores la destituyen de su título. En absoluto desilusionada, Lisa agradece a Homer que le haya ayudado a encontrar su auténtica belleza.

MOMENTOS ESTELARES

Trilero: Bart organiza una trila, un juego ilegal de cartas, y cuando Skinner lo descubre, se evapora tras una nube de humo.

"¡Qué rica la asadura de cordero: corazón, gaznate y bofe, cocidos dentro de la tripa! ¡Hay qué cosa más rica! ¡Además, todo lo cura... la asadura!"

"Apoyo completamente este acontecimiento... o producto." Krusty dando apoyo televisivo al Concurso de Miss Springfield Junior.

"Versatilidad Junior." En la misma semana en que Amber Dempsey fue elegida "Princesa del Puerco", también fue coronada como "Miss Kosher Junior".

"Y, luego, yo te enseñaré un par de trucos. Pegarte el bañador al trasero con esparadrapo, ponerte vaselina en los dientes para sonreír... y el antiquísimo arte del relleno."

"Recibiendo cumplidos, las mujeres son como monstruos sedientos de sangre. Siempre quieren más... más... ¡Más! ¡Y si se lo das, puedes recibir a cambio muchas cosas buenas!"

(Un abogado y un par de guardaespaldas se enfrentan al director Skinner, durante el carnaval de la escuela, a propósito de haber bautizado el recinto como "El Rincón Más Feliz de la Tierra".)
Abogado: Director Skinner: "El Rincón Más Feliz de la Tierra" es un eslogan que ya está registrado por Disneylandia.
Skinner: ¡Ah! Pero señores, sólo se trata de un pequeño carnaval escolar.
Abogado: Se está buscando un pleito de los gordos. ¡Ha cometido un grave error, Skinner!
Skinner: Bueno... usted también: ha conseguido enfadar a un ex Boina Verde.
(Skinner golpea en los ojos a uno de los gorilas, y al abogado en el pecho. Uno de los gorilas huye, pero Skinner coge el maletín del abogado y se lo arroja a la cabeza, dejándolo tendido en el suelo.)
Skinner: (Al estilo de James Bond.) Hmmm... ¡Se acabó la patente!

Krusty cantando al final del Concurso: "E-es Lisa que perdió / y de ingrata suerte / T de Tú, eres la mejor. / T de Tú, eres la mejor."

Bob Hope, actuando en Fort Springfield: "¡Hola, soy Bob Hope, alias «¿Qué pinto yo en Springfield Hope?» ¿Eh? ¿Qué me decís del alcalde Quimby? ¡Menudo golferas! Sus pelotas de golf pasan más tiempo bajo el agua, que Greg Louganis."

"¡Oh, Lisa! Tú no eres así. Sólo serías así, si fueras un personaje de dibujos animados." Homer intentando consolar a Lisa, que ha salido fea en una caricatura.

Homer: Eres más rica que un bombón.
Lisa: Eso es lo que siempre dicen los papás.
(El abuelo pasa por allí.)
Homer: Papá... ¿Soy más guapo que un bombón?
Abuelo: ¡No! ¡Eres más feo que el culo de una mona!
Homer: ¿Lo ves?

Homer prueba en el "Adivino su edad y su peso":
Adivino: Yo diría que... 53 años... y unos 200 kilos de peso.
Homer: ¡Je, je! ¡Ni una! Treinta y seis años, y cien kilitos.

El anuncio del Concurso Miss Springfield Junior:
Jack Larson: Tu hija podría ser coronada Miss Springfield Junior por nuestro presentador, el dicharachero Krusty, el Payaso.
Niña de la TV: ¡Qué sensación! ¡Soy tan feliz como el fumador que da su primera calada en la mañana!

DETALLES QUE QUIZÁ TE HAYAS PERDIDO

La atracción del carnaval que maneja Otto, y que causa el accidente, está instalada junto al Colegio, y puede ser vista allí durante todo el episodio, cada vez que veamos la Escuela de Springfield.

En el carnaval de la Escuela Elemental de Springfield hay varios carteles: "Asadura de Cordero: 50 C.", "El Paralizador", "La Casa Encantada de Jimbo", "Caricaturas a 3 dólares" y "El Rincón Más Feliz de la Tierra" (este último referido al propio carnaval).

En el anuncio para el Concurso de Miss Springfield Junior el presentador tira una niña al aire, a la que luego recoge en brazos, pero la última vez que lo hace la niña no baja.

Cuando Lisa está en el Salón de Belleza rechaza que la peinen al estilo de la Princesa Leia, al estilo de Grace Jones, al estilo de Bo Derek... e incluso rechaza un peinado estilo Marge Simpson.

Homer: Moe... ¿Tú te has sentido feo alguna vez?
Moe: Mmmm... no.

Vocación:
Profesional Junior en todo tipo de Concursos de Belleza. Se le considera la Jack Nicklaus del circuito de Juniors.

Aspecto físico:
Esponjoso pelo rubio, revoloteantes pestañas y deslumbradora sonrisa.

Prendas favoritas:
Vestido lleno de lentejuelas y cuello de piel de armiño.

Coste estimado de sus hoyuelos:
5.000 dólares cada uno.

Vergüenza oculta:
Sus pestañas son implantadas.

¡HOLA! SOY AMBER DEMPSEY, Y CUANDO SEA MAYOR, QUIERO SER UN DULCE TROZO DE TARTA.

"Buenas noches. Me han pedido que les advierta que el programa de hoy es de mucho miedo. Y puede que luego sus hijos tengan pesadillas. Verán: hay mucho quejica suelto por ahí, y mucho meapilas que pueden sentirse ofendidos. Si es usted uno de ellos, le aconsejo que apague su televisor. ¡Venga, atrévase! ¡Coc-coc-corico!"

LA SECUENCIA DE APERTURA

En las lápidas que se ven en el cementerio de Springfield, se lee: "Clase de Drexel", "Estoy con ese estúpido", "R. Buckminster Fuller", "Lápiz de Labios" y "Obrero Americano". La lápida del "Obrero Americano" se parte cuando la cámara pasa ante ella.

EL ESCENARIO

La reunión en la que los Simpson cuentan estas terroríficas historias, tiene lugar durante una noche de Halloween.

EL MUÑECO SIN PIEDAD

La historia comienza en el momento en que Homer le compra un Muñeco Krusty a Bart, como regalo de cumpleaños. Cuando Bart estira de la cuerda del muñeco, éste sonríe y dice: "Soy Krusty, el Payaso, y te quiero mucho." Pero cuando Homer está a solas con el muñeco, éste habla por sí mismo, y amenaza con matarle. Aterrorizado, Homer suplica a la familia que mantengan el muñeco lejos de él. La familia cree que Homer se imagina cosas, hasta que Marge ve al muñeco intentando ahogar a Homer en el plato del perro. El reparador de muñecos Krusty, les explica que tenía mal colocada la palanca "Bueno/Malo". Relajado, Homer convierte al muñeco en su esclavo personal.

MOMENTOS ESTELARES

Muñeco de Krusty: *¡Soy Krusty, el Payaso, y voy a matarte!*
Homer: *¡Je, je, je! ¡Y lo ha dicho sin tirarle de la cuerda!*
Muñeco de Krusty: *¡He dicho que voy a matarte a ti, Homer Simpson!*

Kent Brockman: *Y, en cuanto al medio ambiente, los científicos han afirmado que la contaminación de Springfield sólo es perjudicial para niños y ancianos.*
Homer: *¡Yujuuuu!*

(Las manos del encargado tienden un muñeco de Krusty a Homer.)
Encargado: *Llévese éste, pero cuidado, sobre él pesa una horrible maldición.*
Homer: *¡Oooh! ¡Eso es malo!*
Encargado: *Con derecho a una tarrina de yogurlado.*
Homer: *¡Eso es bueno!*
Encargado: *El yogurlado también está maldito.*
Homer: *¡Eso es malo!*
Encargado: *Pero puede elegir el sabor que guste.*
Homer: *¡Eso es bueno!*
Encargado: *El yogurlado contiene aromatizante artificial.*
(Homer permanece impasible ante el encargado, sin saber lo que significan sus últimas palabras.)
Encargado: *¡Eso es malo!*

"La Tienda del Mal, que todo lo tiene." La tienda en la que Homer compra el regalo de cumpleaños de Bart.

"Tengo artículos prohibidos de lugares en los que el hombre no osa aventurarse. También tengo yogur helado, al que llamo Yogurlado." El encargado de la Tienda del Mal, a Homer.

"Ahí va el último y frágil lazo que te unía a la heterosexualidad." Patty cuando Homer cruza la cocina corriendo desnudo.

"¡Sí! Aquí está tu problema: alguien lo ha puesto en 'malo'." El reparador de muñecos Krusty indicando a los Homer dónde se halla el problema.

"El muñeco quiere matarme y el tostador se ha reído de mí." Homer a Marge cuando entra en la cocina, dando tumbos, y con el muñeco Krusty agarrado a su cabeza.

DETALLES QUE QUIZÁ TE HAYAS PERDIDO

La garra de mono que aparece en el episodio 8F02, "La Casa-Árbol del Terror II", puede ser vista en la estantería de la Tienda del Mal.

El número de teléfono de la línea caliente de Krusty es 1-900-NO-NOS-DENUNCIE.

En un cartel en la estantería de la Tienda del Mal, se puede leer: "20 % rayón, 80 % cabeza encogida."

Homenaje a clásicos de TV:

Un muñeco de Krusty que es bueno para el niño, pero maligno para el padre del niño, es una parodia del clásico episodio "Muñeco viviente" de las "Historias de la Zona Crepuscular" ("Me llamo Tina Parlante y te quiero mucho"), protagonizada por Telly Savalas.

TERROR III

Episodio 9F04,
emitido originalmente el 29.10.92.
Guionistas: El atroz Al Jean, el morboso Mike Reiss, Johnny "Catástrofes" Kogen, el pervertido Wallace Wolodarsky, el espantoso Sam Simon y el vicioso Jack Vitti.
Director: el sangriento Carlos Baeza.

KING HOMER

El abuelo arranca una historia ambientada en 1930, que comienza cuando el señor Burns y Smithers preparan una expedición para capturar un monstruoso mono: King Homer. Se llevan a Marge como reclamo. Llegan a las Islas Mono, Smithers lo deja aturdido con una bomba de gas, y lo llevan a Manhattan para presentarlo como un espectáculo en Broadway. King Homer se libera de sus cadenas y escala el Empire State Building. Sin respiración al llegar al segundo piso, cae del rascacielos y se estrella contra el asfalto. A Marge le da lástima, y se casa con él.

DETALLES QUE QUIZÁ TE HAYAS PERDIDO

La edición del 19 de noviembre de 1938 del *Springfield Shopper* informa que Marge se ha casado con un mono. Los titulares dicen: "Mujer se casa con mono". Otro titular dice: "Ha Nacido Dick Cavett." El artículo incluye una foto de Dick Cavett adulto, aunque haya nacido ese día. Pero en los primeros giros del periódico pone "Ha nacido Woody Allen", y se ve una foto de Woody Allen adulto.

Los gritos del jefe de la Isla: "Mosi tatupu, Mosi tatupu", se pueden traducir como: "La mujer del cabello azul, será un buen sacrificio." En realidad los nativos samoanos Mosi Tatupu, fueron unos atletas de los años 70 que, posteriormente, hicieron carrera en la NFL, con los New England Patriots.

MOMENTOS ESTELARES

"Smithers, la oportunidad es única. Si lo cazamos vivo podremos llevarlo a Broadway. Si muere, podremos hacer mono en pepitoria."

"Esos granos son de colesterol. ¡Deberías comer más verduras, y menos personas!"

Antes de que parta el barco:

(Marge pide que le dejen unirse a la expedición.)
Burns: ¿Qué opina, Smithers?
Smithers: Que mujeres y marineros no son buena mezcla.
Burns: ¡Ya sabía que diría eso!

Capitán Otto: ¡Hey! ¿Quién es el susodicho Homer?
Burns: Un simio prehistórico que mide 15 metros, o un truco publicitario de la agencia de viajes Islas Monos. Nos da igual, bajaremos a tierra.

C. Montgomery Burns; Showman:

Dave Shutton: ¿Qué va a ofrecernos hoy, señor Burns?
Burns: Podrán contemplar al simio durante unas tres horas, y luego cerraremos con la comedia étnica de Doogan y Dershowitz.
Dave Shutton: ¡Ah! ¡Sensacional!

Homenaje cinematográfico:

Todo este corto, dentro del episodio, es una parodia del *King Kong* original.

MARQUE "Z" PARA "ZOMBIES"

Bart cuenta una historia de gente maldita. En la biblioteca, Bart tropieza con un libro que explica cómo devolver la vida a los muertos. Intenta resucitar a su gato Snowball I, pero en lugar de hacerlo resucita a las personas que han fallecido en los últimos siglos. Los zombies salen de sus tumbas buscando cerebros humanos vivos. Recorren Springfield a la búsqueda de alimentos. Finalmente atacan a los Simpson. Homer se ofrece para salvar a su familia, pero los zombies lo rechazan por no tener cerebro. Finalmente, Bart localiza el hechizo que devuelve a los zombies a sus tumbas.

MOMENTOS ESTELARES

"Lisa, ellos prefieren ser llamados Muertos Vivientes."
Bart hablando de los zombies.

"¡Toma ya, Washington! ¡Muerde el polvo, Einstein! ¡Se acabó la función, Shakespeare!" Homer disparando y abatiendo zombies de la historia.

Homenaje cinematográfico:

Esta historia, sobre zombies que emergen de la tierra para devorar carne humana y órganos, parodia un clásico del cine de terror: *La Noche de los Muertos Vivientes*, de George Romero.

Bart: Desde la A de alimento, a la Z de zoo, el Diccionario Desplegable del Bebé, nos ofrece veintinueve páginas de emociones alfabéticas.
Señorita Krabappel: Bart... ¿No me digas que has sido capaz de leerte un libro para preescolares?
Bart: Bueno... casi del todo.

Bart: ¡Papá has matado al zombi de Flanders!
Homer: ¿Era un zombi?

DETALLES QUE QUIZÁ TE HAYAS PERDIDO

Las lápidas del cementerio de mascotas incluyen una lápida con un adorno en forma de hueso, una estatua de un hámster subido a una rueda, un dibujo de una langosta con la inscripción: "Comida por error," y lápidas a algunos personajes de dibujos animados de corta duración: "Pez de la Policía", "Criaturas Capitales" y "Perro Familiar".

En el cementerio, cuando Bart devuelve la vida a los zombies, lleva sobre la cabeza el álbum de Michael Jackson "Thriller". En el videoclip de este álbum se podía ver a zombies saliendo de sus tumbas.

Un zombi sale de una tumba cuya lápida dice "Jay Kogen." Jay Kogen es un guionista y productor de "Los Simpson".

Para despertar a los zombies, Bart dice: "¡Cullen, Rayburn, Narz, Trebek!", que son los nombres de cuatro juegos, y "Zabar, Kresge, Caldor, Walmart", que son los nombres de cuatro tiendas.

Bart convierte a Lisa en un caracol cuando pronuncia la invocación: "¡Kolchak, Mannix, Bannacek, Dano!" (Todos ellos policías de la tele de los años setenta.) Los zombies vuelven a sus orígenes cuando recita: "¡Trojan, Ramses, Magnum, Sheik!", que son nombres de marcas de preservativos.

Episodio 9F03, emitido originalmente el 3.11.92. Guionista: John Swartzwelder. Director: Rich Moore.

RASCA Y PICA DE 1920

Nacidos:
1928.

Muertos:
Interminablemente.

Aparición:
En blanco y negro.

Primer Episodio:
"El Gato Feliz", en la que sólo aparecía Rasca, y que no tuvo éxito.

Primer encuentro de ambos:
"El barquito de Pica."

Primera arma amenazante:
Una metralleta de tambor, que Pica utiliza repetidamente para dispararle a Rasca en las rodillas.

Segunda arma amenazante:
Una caldera en la que Pica conduce a Rasca, cerrando la puerta antes de que acabe de entrar todo el cuerpo.

a noche de la reunión de los padres y profesores, le dicen a Marge que Bart necesita una severa disciplina en el hogar, si desean que llegue a ser un adulto respetable. Marge y Homer están de acuerdo en que deben de ser más severos con Bart. A la primera trastada que hace, Marge lo envía a su cuarto sin cenar. Cuando el hambriento Bart está a punto de prometer que cambiará de forma de ser, Homer le sube un trozo de pizza, anulando la labor de Marge.

Marge y Homer encargan a Bart que se cuide de Maggie. La niña se escapa de casa, se monta en el coche y se pone a conducir, chocando contra la cárcel de Springfield. Esta vez, Homer decide castigar a Bart: se quedará sin ver la película de Rasca y Pica.

Bart está destrozado por ser el único niño de Springfield que no ha visto la película. Meses después reconoce que Homer le ha ganado, pero su padre le dice que han ganado ambos. Nos vamos al futuro y vemos que Homer lleva a su hijo –que es Presidente del Tribunal Supremo– a ver la película de Rasca y Pica.

MOMENTOS ESTELARES

"**Diario de a bordo del capitán. Año estelar 6051: Anoche me costó mucho conciliar el sueño. Mi hernia está haciendo de las suyas. La nave está llena de corrientes y humedad. Me quejo pero nadie me escucha.**" Un anciano Capitán Kirk de *Star Trek XII - hecho polvo.*

 "Bart ha cometido las siguientes atrocidades: sintetizar un laxante a partir de guisantes y zanahorias, sustituir mis píldoras anticonceptivas por anises..."

Sangre y más sangre: Una valla anunciadora de la película de Pica y Rasca, muestra a Pica con una cámara filmadora cortando el cuello de Rasca, provocando que caiga la cabeza y que dos chorros de sangre salpiquen por todas partes. Uno de los chorros cae en un descapotable en el que van unos recién casados. Se quedan horrorizados hasta darse cuenta de lo que es, momento en el que se ponen a reír.

"Pero antes, vayamos atrás: retrocedamos al año 1928. Año en el que hubo quien presenció a Al Capone bailando el charlestón, subido al mástil de una bandera. También fue el año en el que apareció el primer corto de Rasca, titulado 'El Gato Feliz'. La película tuvo escasa acogida, pero al año siguiente Rasca formó equipo con un pequeño ratón enloquecido llamado Pica. Y así pasarían a la historia."

Las mil perrerías que Pica hace a Rasca durante el trailer de presentación de *Rasca y Pica: la Película:* Meterle los dedos en los ojos, afeitarle la cabeza por el medio, escribir en su cara con un rotulador indeleble, disparar con un lanzallamas cuyo fuego entra por una oreja y sale por la otra, hacerle las orejas de burro, volarle la tapa de los sesos con un cañón, y saltar dentro de su calavera, esparciendo trozos de cerebro por todas partes.

 "¡Mosquis! ¡Presidente del Supremo! Con qué peces gordos se codearía: John Marshall, Charles Evans Hughes, Warren Berger... Mmmm... ¡Burger!"

Bart: ¿Qué tal?
Lisa: No ha sido pan tan.
Bart: Di la verdad.
Lisa: *Es la peli más alucinante que he visto en mi vida. Y no veas la cantidad de actores famosos que trabajaban: Dustin Hoffman, Michael Jackson... no utilizaban sus verdaderos nombres, pero estaba claro que eran ellos.*

NO ENTERRARÉ AL CHICO NUEVO
NO ENTERRARÉ AL CHICO NUEVO
NO ENTERRARÉ AL CHICO
NO ENTERRARÉ AL CHIC
NO ENTERRARÉ AL

DETALLES QUE QUIZÁ TE HAYAS PERDIDO

Entre los que esperan en la cola para entrar a ver *Rasca y Pica: la película*, están Milhouse, Martin, Ned y Rod Flanders, Otto en un saco de dormir, Abe y Jasper jugando a las damas, y Wendell.

En el cartel de la furgoneta de los helados, puede leerse: "Nativos Helados Americanos." (Anteriormente "El Loco Cucurucho del Gran Jefe.")

Míster T aparece en la cubierta de la "Teleguía" que Homer leía a Lisa cuando era bebé.

Dentro de cuarenta años, el cartel de "No le vendan entradas a este chico" todavía sigue puesto en la taquilla del Teatro Azteca.

En el futuro, en el Teatro Azteca, se vende "Soylent Green".

Homenaje a los Dibujos Animados clásicos:

El primer corto de Rasca y Pica, se titula "El barquito de Pica", y es una parodia del primer corto de Mickey Mouse: "El barquito de Mickey."

Marge: ¡Homer! ¿Quieres que tu hijo llegue a ser Presidente del Tribunal Supremo? ¿O que trabaje en un cutre club de strip-tease?
Homer: ¿No puede hacer las dos cosas, como Earl Warren?
Marge: Earl Warren no hizo nunca strip-tease.
Homer: ¿Quién es la ingenua ahora?

Homer: ¡Como no hables como Dios manda, tendremos que meterte en un asilo!
Abuelo: ¡Ya me habéis metido en un asilo!
Homer: Pues te trasladaremos a ese que salió en los sucesos.
Abuelo: ¡Qué bueno!

¡¡¡AHHHHHH!!!

¡OH, MI! ¡OH, MÍO!

MARGE CONSIGUE UN EMPLEO

Episodio 9F05, emitido originalmente el 5.11.92. Guionistas: Bill Oakley y Josh Weinstein. Director: Jeff Lynch.

SURLY JOE

Ocupación:
Fundador y Director de "Reparición de Cimientos Surly Joe".

Apariencia:
Realmente, no es tan malhumorado como parece.

Fuma:
Cigarrillos.

Detalles sorprendentes:
Regala gratuitamente elementos de fontanería de escaso valor.

Cómo consigue atraer a los Springfieldanos:
Es el único reparador de cimientos de la ciudad.

La casa de los Simpson tiene un fallo en los cimientos y se hunde por un lado, y la reparación les costará 8.500 dólares. Marge quiere conseguir un puesto en la Central Nuclear, para reunir el dinero de la reparación.

Marge embellece, con la ayuda de Lisa, su currículum, que incluye conocimientos de Swahili. Impresionado, Smithers la contrata en el acto. Mientras tanto, en la escuela, Bart se hace pasar por enfermo, para librarse de un examen. El abuelo, que vigila a los chicos mientras Marge está trabajando, le recuerda la historia de "Pedrito y el Lobo." Pero como Bart no la ha leído, cree que no le afecta.

En la Central Nuclear, el señor Burns cae enamorado de Marge, y ordena a Smithers que organice una romántica cena para los dos. Para ayudar a que el señor Burns disfrute de una inolvidable noche, Smithers secuestra a Tom Jones, para que les amenice la velada. Un lobo se escapa del "Programa de Krusty, el Payaso" y va a parar al colegio. Bart grita "¡Lobo!", pero la señorita Krabappel lo ignora. Mientras tanto, Burns descubre que Marge está casada, y la despide. Homer defiende a Marge. Impresionado, Burns invita a Homer y Marge a disfrutar la romántica velada en su mansión, mientras Tom Jones, encadenado con grilletes, canta para ellos.

NO ENSEÑARÉ A OTROS A VOLAR
NO ENSEÑARÉ A OTROS A VOLAR
NO ENSEÑARÉ A OTROS A VOLAR
NO ENSEÑARÉ A OTROS A VOLAR
NO ENSEÑARÉ A OTROS A VOLAR
NO ENSEÑARÉ A OTROS A VOLAR

MOMENTOS ESTELARES

 "¡Hola! Soy Troy McClure. Es posible que me recuerden de otros vídeos como 'Guardar navíos de guerra en naftalina' y 'Cave su propia fosa... y ahorre!'."

Homenaje musical en la retirada de Jack Marley:
Aquí hay un hombre, / un cierto hombre, / cuya presencia, / cuya esencia, / se hacen de notar. / ¿Sabéis quién es? / ¡El señor Burns! / Hazle cosquillas / y él hará: ¡Ja, ja, ja! / Si vales miles, / el vale más. / ¡El señor Burns! / ¡El señor Burns! / ¡Es Monty Burns! / ¡El señor Burns! / ¡Monty le llaman sus amigos, / para ustedes señor Burns!

"No te entrometerás en los chanchullos de tu marido." Homer inventándose una cita de la Biblia, para que Marge no solicite el puesto de Jack Marley en la Central Nuclear.

Tiborowski: Trabajador que no habla inglés, al cual Homer le echa la culpa de todos sus errores.

"¡Un termómetro oral! ¡Piensa en cosas calientes, hijo, porque está bastante frío!"

Sinónimos de Burns para referirse a sus empleados: "Vagabundos... Sacacuartos... Descerebrados."

Sinónimo de Burns para referirse a Marge: "¡Fascinante!"

"Anoche volví a soñar con ella, Smithers. ¿Nunca ha soñado que entra por la ventana el ser amado?" Burns explicándole sus fantasías a Smithers. Éste, a su vez, se imagina a Burns entrando por la ventana de su dormitorio y posándose sobre su cama.

Willie al rescate: Bart es salvado cuando Willie grita: "¡Hey, lobito, deja los entremeses! ¡Empieza ya por el primer plato!" Willie lucha con el lobo, y lo vence. Luego se animan tomando un poco de whisky, mientras le dice: "No te deprimas por esto. Llevo luchando contra lobos desde que eras un cachorro de teta."

"Ya estoy acostumbrado a que asciendan a mis amigos, a mis compañeros, a Tiborowski... ¿Pero también a mi propia esposa?" Homer hablando con Marge.

Domadora de animales: *Y éste es un lobo de los bosques de Alaska. Pesa 120 kilos, y con sus dientes puede arrancar una farola de cuajo. ¡Se altera cuando oye ruidos fuertes!*
Krusty: *¿"Fuertes"? ¡Ésa era nuestra palabra secreta de hoy!*
(Suenan las sirenas, se encienden letreros luminosos con la palabra "Fuertes". Se elevan, flotando, globos hacia el techo. Los niños del público gritan salvajemente. El lobo, aterrorizado, escapa por una puerta.)
Domadora de animales: *¡Ay, Dios!*

Surly Joe: *Me temo que toda el ala oeste de la casa se está hundiendo. Le saldrá por unos... 8.500.*
Homer: *(Sorprendido.) ¡Y un cuerno! ¡Hay más reparadores de cimientos en la ciudad!*
(Homer abre las "Páginas Amarillas" y busca un reparador de cimientos: "Surly Joe. El Único de la Ciudad".)

(Ned Flanders pasa ante la ventana fumando en pipa. Camina con una extraña inclinación, así como el humo de su pipa, que sale con un ángulo de 45 grados.)
Flanders: *¿Qué tal, vecino? ¡Je, je! ¡Magnífico día! ¡Voy a aprovechar para quemar las zarzas!*
Homer: *¡No contesto! ¡Ocupado!*
Flanders: *¡Hasta lueguito!*
Marge: *¿No le has notado un poco inclinado?*
Homer: *Formará parte de los planes de Dios.*
Marge: *¡Si es que un lado de la casa se está hundiendo!*

(Sentada en la cocina, Marge lee el currículum que Lisa ha preparado para ella.)
Marge: *Chófer, costurera... ¿cuidadora de grandes mamíferos?*
Homer: *¡Marge! ¿Has visto mi fiambrera?*
Marge: *¡Hmmm...! ¡Ya lo entiendo!*
Lisa: *¡Mamá! Esperan que mientas un poquito.*
Marge: *¿Yo he trabajado para la Administración Carter?*
Lisa: *Bueno... ¡votaste por él dos veces!*
Marge: *Lisa... ¡puede oírte alguien!*

DETALLES QUE QUIZÁ TE HAYAS PERDIDO

La famosa foto de Burns y Elvis está en el despacho de Smithers.
Tom Jones actúa en el Copper Slipper de Las Vegas.

YA SABE QUE EL PROBLEMA DE AQUÍ SON LOS ESCAPES DE AGUA.

LA CHICA NUEVA DEL BARRIO

Episodio 9F06, emitido originalmente el 12.11.92. Guionista: Conan O´Brien. Director: Wes Archer.

LAURA POWERS

Ocupación:
Adolescente canguro rompecorazones.

Juego favorito:
Confundirse con las mentalidades de Dolph y Kearney.

Bromas:
Picanos y Pitos Mojados.

Rango (de acuerdo con los galones de su cazadora):
Cabo.

Le gustan los chicos:
Apuestos rebeldes que pasan de la norma establecida.

MI EDUCACIÓN FUE MUY ESTRICTA.

MOMENTOS ESTELARES

"¡Hey, a veces a uno le gusta tener la piel lo más amarillenta posible." Bart, tomando un baño, antes de que Laura venga a hacerles de canguro.

"Le dio por salir con aquella panda del Libro Guinness de los Récords. De pronto, no disponía de tiempo para mí. ¡Oooh! ¡Me puse una barba de 7 kilos de avispas por ella, pero no dio resultado."** El abuelo hablando de su fallido romance con la mujer más vieja del mundo.

"¡No creas que iba a matarte, sólo iba a rajarte un poco!" Moe apiadándose de Jimbo Jones.

"Me he puesto los pantalones anchos, para nada. ¡Nada!" Homer desilusionado porque ya no puede ir al "Todo Lo Que Puedan Comer-Especial" del "Holandés Frito".

Homenaje cinematográfico:
La escena en el Juzgado, en la cual los carteros desfilan con sacas y sacas de cartas para Santa Claus, es una parodia de la película: *Milagro en la calle 34.*

Marge: *¿Qué me dice del pan? ¿También lleva pescado?*
Camarero: *Sí.*
Marge: *Pues menos mal que llevo unos toffes en el bolso...*
Camarero: *Excelente elección. ¿Y el caballero?*
Homer: *¡Todo lo que me dé! ¡Todo lo que me dé!*
Camarero: *Muy bien. Cuando esté listo coja un plato...*
(Homer atiborrando su plato.)

(Homer consulta con Lionel Hutz en el "¡No puedo creer que sea un Despacho de Abogados!")
Homer: *Todo lo que puedan comer! ¡Je!*
Hutz: *Señor Simpson, éste es el caso más descarado de publicidad fraudulenta desde que demandé la película La Historia Interminable.*
Homer: *¿Entonces cree que ganaría?*
Hutz: *Homer... No utilizo la palabra héroe muy a menudo... ¡pero usted es un héroe inigualable en la Historia de América!*

"¡Hola! Aquí la Taberna de Moe..."
(Moe contesta una llamada del teléfono.)
Moe: *Espere, voy a preguntar. (Se dirige a los clientes.) ¡Untiobe Suconazo? Pregunta por Untiobe Suconazo. ¿No hay nadie que sea Untiobe Suconazo?*

Laura: *¡Soy tan feliz, que tenía que contárselo a alguien! ¡Tengo novio!*
(Bart se imagina una escena en la que Laura hunde su mano en su pecho y le arranca el corazón.)
Laura: *¡Ya no necesitarás esto!*
(Laura arroja el palpitante corazón de Bart a una papelera.)

Ruth Powers: *Tuve mis reservas sobre mudarnos a Springfield, y más después del artículo publicado en el Times: La Peor Ciudad de América.*
Marge: *¡Allí salía una foto de nuestra casa!*

Lionel Hutz: *Señora Simpson, ¿qué fue lo que hicieron usted y su marido después de que los echaran del restaurante?*
Marge: *Pues... nos fuimos derechos a casa.*
Lionel Hutz: *Señora, está bajo juramento.*
Marge: *Estuvimos dando vueltas hasta las tres de la mañana, buscando otro restaurante de los de "Coma Todo El Pescado Que Pueda".*
Hutz: *Y como no encontraron ninguno...*
Marge: *¡Nos fuimos a pescar!*
(Marge rompe a llorar.)
Hutz: *(Al jurado.) ¿Creen que se comportaría así un hombre después de haber comido todo el pescado que pudiera?*

"¡Hola! Aquí la Taberna de Moe..."
Laura: *¡Hola! Querría hablar con la señora Chondo, de nombre... Estoyca.*
(Moe se pone el teléfono al oído.)
Moe: *Estoyca Chondo. ¡Un segundo! Estoyca Chondo. ¡Estoyca Chondo! ¡Vamos, señora, creo que esto va por usted! Estoyca Chondo!*

DETALLES QUE QUIZÁ TE HAYAS PERDIDO

Las Powers usan la casa "Mozos de Mudanza Torpes" para su traslado.

Las cosas que Marge da a Ruth Powers como Bienvenida de los Habitantes de Springfield incluyen una "Cesta de Bienvenida", un paño de "El Almacén de los Agarradores", un cupón para "Un Tatuaje gratis por cada eliminación de un tatuaje", y un vídeo porno titulado "El Culo" (Clasificado XXX).

Laura encarga la comida al restaurante "Dos Tipos de Kabul".

Mientras el Director Skinner está esperando para entrar en el aseo, lleva en la mano un ejemplar del *El Director Moderno*.

Bart le dice a Moe que la dirección de los Simpson es el 1094 de Evergreen Terrace.

NO TRAERÉ UNA OVEJA A CLASE
NO TRAERÉ UNA OVEJA A CLASE
NO TRAERÉ UNA OVEJA A CLASE
NO TRAERÉ UNA OVEJA A CLASE
NO TRAERÉ UNA OVEJA A CLASE
NO TRAERÉ UNA OVEJA A CLASE

Bart se enamora de su atractiva nueva vecina, Laura Powers, que hace de canguro a los Simpson, mientras Homer y Marge disfrutan en el "Todo Lo Que Puedan Comer - Especial" del "Holandés Frito". Cuando Homer casi acaba con todas las viandas del restaurante, el capitán McCallister lo expulsa antes de que haya terminado de comer.

Ofendido, Homer decide denunciarlo y contrata a Lionel Hutz para que lleve el caso. Entre tanto Laura llama a la ventana de Bart con un bonito vestido. Bart cree que ha venido a declararle su amor, pero Laura sólo quiere decirle a Bart que tiene novio: Jimbo Jones.

El caso de Homer llega a Juicio y Laura vuelve a hacer de canguro. El Capitán llega a un acuerdo extrajudicial, y coloca a Homer tras una ventana del restaurante, presentándolo como "Pozo-Sin Fondo. Un cruel error de la naturaleza." En casa de los Simpson, Laura ha invitado a Jimbo. Para deshacerse de él definitivamente, Bart gasta una broma telefónica a Moe, y le dice que es Jimbo Jones, dándole la dirección de los Simpson. Moe va corriendo, y cuando se dispone a despedazarlo con un cuchillo, Jimbo comienza a llorar y suplicar. Moe lo deja, y Laura rompe con Jimbo, al dejar de verlo como un valiente rebelde. Finalmente, Laura y Bart vuelven a gastar una nueva broma telefónica a Moe.

EL SEÑOR QUITANIEVES

Episodio 9F07, emitido originalmente el 19.11.92. Guionista: Jon Vitti. Director: Jim Reardon.

Cuando Homer vuelve a casa desde la Taberna de Moe, en medio de un gran temporal de nieve, choca con el coche de la familia que está aparcado en la calzada. Ambos vehículos quedan destrozados. Homer acude al salón del automóvil para comprar un coche. Después de ver a Adam West con su Batmóvil, compra un súper lujoso quitanieves, y se introduce en el negocio como "Míster Quitanieves". Pone un anuncio en la televisión, en horario de madrugada, y su negocio se dispara. Gracias a Homer, la vida no se detiene en Springfield durante el temporal de nieve.

En la Taberna de Moe, Barney se lamenta de su vida, Homer le impulsa a autocontrolarse y a hacer algo por él mismo, igual que ha hecho él. A la mañana siguiente, Homer descubre que Barney también se ha comprado un quitanieves. Después de emitir su anuncio del "Rey de los Quitanieves", en el que colabora Linda Rondstat, Barney le arrebata todos los clientes a Homer.

Para vengarse, Homer llama al "Rey de los Quitanieves" y le dice que vaya a limpiar el "Pico de las Viudas". Barney acepta el trabajo, pero no regresa. Los negocios de Homer vuelven a prosperar, cuando se entera de que Barney ha sido sepultado por una avalancha. Homer se siente culpable y, con su quitanieves, salva la vida de Barney. Pero, precisamente cuando han decidido ser socios, en lugar de competidores, los fabricantes de los quitanieves se los retiran por no pagar los plazos.

MOMENTOS ESTELARES

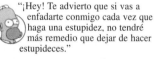

"En directo, desde la maravillosa isla de Molokai, Hawai, porque ya no somos sólo para leprosos..." "¡El Carnaval de Estrellas!" Soy su anfitrión: Troy McClure. Tal vez me recuerden de películas como '*Las Eróticas Aventuras de Hércules*' y '*Marcar A para Asesinamiento*'. Veremos hoy a Angela Lansbury caminar sobre carbones encendidos. ¡Profunda emoción!"

"¡Hey! Te advierto que si vas a enfadarte conmigo cada vez que haga una estupidez, no tendré más remedio que dejar de hacer estupideces."

"¡Beeh! ¡Que no se hubieran dejado secuestrar!" Moe explicando por qué no invitó a cerveza a los recién liberados rehenes de los iraníes.

La canción de "Míster Quitanieves":
"Noticias breves. Ya está aquí, ya llego, para usted, Míster Quitanieves."

El liquidador: El hombre de la compañía de seguros necesita saber qué tipo de local es Moe´s. Homer no quiere confesar que ha estado bebiendo y le dice: "Bueno, sí, se trata de un sexshop! ¡Estuve comprando pornografía!"

Homenaje cinematográfico:

Después de que Homer despeja el camino para que el autobús escolar pueda llevar a los niños a clase, Bart es atacado con bolas de nieve, al estilo de Sonny Corleone en *El Padrino*.

(Barney se marcha de casa de los Flanders, después de haber limpiado la entrada de su camino al garaje.)
Flanders: ¡Gracias, Rey Mago de los Quitanieves!
(Homer llega muy enfadada.)
Homer: ¡Flanders, creía que eras cliente mío!
Flanders: (Sintiéndose culpable.) ¡Oh, Homer! ¿Por qué no vuelves a quitarla, tío?
(Ned saca unos billetes.)
Homer: ¡Olvídalo, tío! ¡No creas que necesito tu caridad! ¡Me quedaré con la pasta, pero no pienso quitarte la nieve!

"¿Es posible que esta ola de calor sea consecuencia del temible Efecto Invernadero? ¡Pues si esta contaminación es el precio por disfrutar de una temperatura de 20 grados, discúlpenme, pero me quedo con mi viejo Pontiac."

Reverendo Lovejoy: Hoy tiene un empeño especial en leer una Epístola de San Pablo, Homer Simpson.
Homer: Señor, en tu infinita sabiduría sabes que quien necesite un quitanieves debe de llamar a: Klondike 5-3226
Reverendo Lovejoy: ¡Homer! ¡Por Dios! ¡No se rebaje tanto!
Homer: ¡Mucho mas he rebajado los precios!

(En las escaleras del Ayuntamiento se está celebrando una ceremonia en la que se van a retirar la Llave de la Ciudad a Homer, para entregársela a Barney.)
Quimby: Ha tomado el relevo una nueva generación de... chicas quitanieves... (A Homer.) ¡Vamos, déme la llave!
(Quimby forcejea con Homer para quitársela. Se ven mordeduras en la llave.)
Quimby: ¡Está toda mordida!
Homer: Creía que estaba rellena de chocolate. ¡Venía envuelta en papel de plata!
Quimby: ¡Que va a ir envuelta!

UN ERUCTO NO ES UNA RESPUESTA
UN ERUCTO NO ES UNA RESPUESTA
UN ERUCTO NO ES UNA RESPUESTA

Moe: ¡Linda Rondstat! ¿Cómo la conseguiste?
Barney: ¡Bah! ¡Llevábamos tiempo buscando un proyecto en el que colaborar!

DETALLES QUE QUIZÁ TE HAYAS PERDIDO

"Automóviles Vaclav El Loco": ésa es la tienda de venta de coches en la que Homer busca algo para reemplazar su accidentado vehículo.

Homer abolla el volante del coche con la cabeza, cuando choca durante la nevada.

El cartel del Salón del Automóvil de Springfield, dice: "Saludamos al Obrero Americano."

Las canciones del álbum del capitán McAllister incluyen los temas: "Un sopapo, atízale un sopapo", "Rema, rema, rema, guapa", "Marinero, no te canses de remar".

Cuando Homer necesita un nuevo anuncio para la tele, acude a la Agencia Publicitaria MacMahon y Tate, la compañía publicitaria en la que trabajaba Darren Stevens, en "Hechizada", la vieja serie de la TV.

Linda Rondstat va vestida de mariachi cuando aparece en el anuncio de Barney.

¡UH! ¡OH! MI CORAZÓN SE HA PARADO. ¡AH! ¡AQUÍ VUELVE!

LA PRIMERA PALABRA DE LISA

Episodio 9F08, emitido originalmente el 3.12.92. Guionista: Jeff Martin. Director: Mark Kirkland.

BART BEBÉ - 1983

Residencia:
El barrio Lower East Side de Springfield.

Hermanos:
Ninguno.

Nivel de astucia:
Está desarrollado.

Actividades favoritas:
Saltar sobre su padre mientras éste duerme; sorber spaghettis él solito; ir desnudo por todas partes; y balancearse en la cuerda del tendedero, durante muchas horas, a bastantes metros de altura sobre el suelo.

Energía:
Inagotable.

Los Simpson impulsan a Maggie a que diga su primera palabra. Homer trata en vano que diga "Papá", pero ella tan sólo erupta. Marge recuerda que las primeras palabras de Bart fueron "¡Ay, caramba!". Cuando Lisa pregunta cuál fue su primera palabra, Marge empieza a recordar 1983, cuando ella se enteró de que estaba embarazada de Lisa.

Con un segundo bebé en camino, Homer y Marge comienzan a buscar una casa más grande. El año 1983 dio paso al año 1984, con la celebración de los Juegos Olímpicos. Krustyburger ofrecía hamburguesas gratis a los que encontraran una medalla de oro en un cartón de un concurso, coincidiendo con una medalla de oro para los USA. Pero los cartones sólo incluían los juegos en los que solían ganar a los soviéticos. Los americanos ganaron casi todas las especialidades, ya que los rusos boicotearon las Olimpiadas. Y Homer se puso ciego de comer hamburguesas gratis.

Cuando finalmente nace Lisa, Bart lo pasa mal, debido a los celos y decide irse de casa. Pero cuando Lisa entra en su dormitorio y pronuncia su primera palabra: "Bart", él decide no hacerlo. Homer intenta que Lisa diga "Papá", pero ella sólo dice "Homer". De vuelta al presente, Homer lleva a Maggie a la cuna, apaga la luz y la deja sola en el cuarto. Entonces Maggie dice su primera palabra: "Papá".

¡SOY GRANDE! ¡SOY GRANDE! ¡TODOS ME QUIEREN! ¡SOY GRANDE!

MOMENTOS ESTELARES

"¡Ay, caramba!" Fue la palabra que pronunció Bart, a los 10 meses, viendo a sus padres jugueteando en la cama.

"Esto ocurrió durante aquella inolvidable primavera de 1983: la señora Pac-Man hizo filigranas por los derechos de la mujer, el joven Joe Piscopo nos enseñaba a reír." Marge contando cómo Lisa pronunció su primera palabra.

Stickball™, Mumblety Peg™, Kick the Can™. Eran los juegos de consola mas populares en el Lower East Side de Springfield en 1983.

"Soy un Botijo" y **"La Araña Itsy-Bitsy":** Son las dos canciones, entremezcladas, que interpreta Bart cuando Patty le ofrece un dólar.

"Tres semanas." Homer contando el tiempo que tardó en empaquetar al abuelo al asilo, después de decirle que venda su casa, le dé el dinero y se vaya a vivir con ellos.

"Os contaré lo de cuando me quedé encerrado en la caja fuerte del banco con el señor Mooney. Fue otro de mis planes descabellados. ¡Un momento! ¡No, eso es de una serie que he visto!"

"No fue tarea fácil cuidar de una mujer embarazada y de un niño problemático, pero a pesar de eso, no había quien me quitara mis ocho horitas de televisión."

44 millones de dólares: El importe que Krusty se arriesga a perder en su Promoción Olímpica de las hamburguesas, al haber decidido la URSS hacer un boicot.

El primo de Homer:

Marge: Homer, vamos a necesitar una casa mayor.
Homer: ¡No, qué va! Lo tengo yo todo pensado. El bebé dormirá en la cuna de Bart, y Bart con nosotros hasta que cumpla los veintiuno.
Marge: ¿No se volverá rarito?
Homer: Ahí tienes a mi primo Mario.
Marge: ¿Qué primo tuyo se llama Mario?
Homer: Se convirtió en María en el 76, y se unió a una secta. Creo que se llama Madre Shububu, ahora.

El hombre de la Inmobiliaria: En cuanto se acostumbren al olor de manteca derretida se preguntarán cómo pudieron vivir sin él.
Homer: Hmmm... ¡Mantecada!

La hora de la cena en casa de los Flanders. Rod y Todd piensan en el menú.
Rod: ¡Qué bien, hay hígado!
Todd: ¡Con la de hierro que tiene!

Krusty filmando su olímpico anuncio de Krustyburger:

Krusty: (En la tele.) ¡Hey, chicos! ¡El verano está a la vuelta de la esquina, y la Krustyburguesa de Super Aliens Letales será el Bocata de las Olimpiadas del 84! (Pasamos al plató donde se rueda el anuncio.)
Director: Y... ¡corten!
Krusty: ¡Buaaaagh! (Escupe la hamburguesa) ¡Fsuup! ¡Me he tragado, sin querer, un poco! (Da un trago de una cantimplora que le tiende su ayudante.) ¡Ahora me sabrá la boca a eso, durante ocho días!

LA PROFESORA NO ES UNA LEPROSA
LA PROFESORA NO ES UNA LEPROSA
LA PROFESORA NO ES UNA LEPROSA
LEPROSA

Homenaje cinematográfico:

En el episodio de Pica y Rasca, "Los 100 metros Lisiados", la música está tomada de la banda sonora, compuesta por Vangelis, de la película *Carros de Fuego*.

DETALLES QUE QUIZÁ TE HAYAS PERDIDO

La hamburguesa de Krusty es el Bocadillo Oficial de las Olimpiadas de 1984.

En el flash-back de 1984, Homer todavía conduce el coche verde que tenía cuando era estudiante y que pudimos ver en el episodio 7F12: "Así como éramos."

Incluso pensando que Abe aparece más joven durante su charla con Homer, en el flash back de 1984, el retrato que Homer y Marge tienen en su primer apartamento lo muestra como en la actualidad.

Homer y Marge buscan su casa en la "Inmobiliaria Pescado Apestoso", cuyo lema es: "Con un nombre tan horrible, tenemos que ser buenos".

Krusty, el Payaso, es descrito como un analfabeto en el episodio 7G12, "Krusty entra en chirona", de 1990. Pero sin embargo, es capaz de leer una noticia sobre el boicot de los soviéticos a los Juegos Olímpicos de 1984.

EL TRIPLE BYPASS DE HOMER

Episodio 9F09, emitido originalmente el 17.12.92. Guionistas: Gary Apple y Michael Carrington. Director: David Silverman.

Mientras va conduciendo su coche, Homer escucha unos extraños ruidos. Lleva el vehículo al mecánico, quien le dice que el coche está bien, y le informa de que el ruido proviene de su corazón. El señor Burns atrapa a Homer comiendo rosquillas en lugar de trabajar, le llama al despacho y le asusta lanzándole todo tipo de improperios. Cuando le dice que está despedido, Homer sufre un infarto.

Después de que le expliquen que ha sufrido un leve ataque al corazón, le informan de que la operación de trasplante coronario cuesta 40.000 dólares. Sin dinero para pagarla, Homer intenta hacerse un seguro. Pero cuando está a punto de firmar la póliza, sufre un nuevo ataque, y se le rescinden. Después de oír un anuncio por televisión, del doctor Nick Riviera, en que se compromete a realizar todo tipo de operaciones por 129,95 dólares, Homer va al hospital, convencido de que no tiene nada que perder.

Para informarse de cómo realizar la operación, el doctor Riviera alquila un vídeo de medicina. Sin embargo, la parte más importante de la operación tiene grabada encima otra cosa. Homer se despide de la familia y les da sus últimos consejos. Un inseguro doctor Riviera se prepara a cortar con el bisturí, pero no sabe por dónde hacerlo. Lisa, desde el público, le da las instrucciones necesarias. Homer pronto se recupera y vuelve a ser el mismo.

MOMENTOS ESTELARES

"Aquí Papá Oso: orden de busca y captura de un sospechoso que conduce un... bueno, conduce un coche. Se dirige hacia... ese sitio. ¡Sí, hombre, ese sitio donde venden chili! ¡Ah! Y muy importante: no lleva sombrero."

"Recuerde su juramento de hipopótamo." Homer, tratando de convencer al doctor Hibbert de que deje de pellizcarle y hacerle cosquillas.

"Señor: tengo que darte las gracias por los tebeos, por los patitos recién nacidos, y por Sudando por los Clásicos, volúmenes uno, dos y cuatro!"

"¡Oh, no! ¿Y si la pringan? ¡Me quedaré sin padre.... por algún tiempo!" Bart cuando Homer le dice que tienen que operarle.

"Dicen que la peor tragedia que puede haber para un padre es sobrevivir a su hijo, pero eso es algo que todavía no he llegado a comprender. ¡La verdad es que a mí me parece estupendo!"

Homer: Chicos, tengo algo que deciros.
Marge: ¡Oh, Homer! No sé si debes. Podría afectarles.
Bart: Nada puede afectarnos: somos la generación de los televisivos.
Lisa: No sentimos ni pena, ni alegría.
Homer: ¿De veras? ¿Y qué tal os va?
Lisa: ¡Baaah!

EL CAFÉ NO ES PARA NIÑOS
EL CAFÉ NO ES PARA NIÑOS
EL CAFÉ NO ES PARA NIÑOS
EL CAFÉ NO ES PARA NIÑOS
EL CAFÉ NO ES PARA NIÑOS
EL CAFÉ NO ES PARA NIÑOS

Barney cuando visita a Homer en el hospital: "Al principio, cuando supe lo de tu operación, estaba en contra, pero luego me dije: ¡Bueno! Si Homer quiere ser mujer, él sabrá por qué."

El doctor Nick entrando en el quirófano-anfiteatro: "Bueno: si algo saliera mal, no mezclemos la Ley con estas cosas. En primer lugar, yo me lavo las manos."

"¿Qué es eso que le has puesto, huevón?" La última cosa que Homer oye decir al doctor Riviera antes de sucumbir a los efectos de la anestesia.

> **El tema de "Polis en Springfield":**
>
> *Polis malos. Polis malos. / Polis malos. Polis malos. / Los polis de Springfield ya no aguantan más. / Por lo poco que ganan se portarán mal. / Los polis de Springfield le van a zurrar. / Polis malos. Polis malos. / Polis malos. Polis malos.*

> (El señor Burns observa, a través de uno de sus monitores, que Homer está devorando rosquillas.)
> **Señor Burns:** *Mírelo, atiborrándose a rosquillas durante su jornada. Pero siga, siga atiborrándose. No sabe que se acerca lentamente a la rosquilla envenenada. (Se ríe malignamente.) Porque hay una envenenada... ¿Verdad, Smithers?*
> **Smithers:** *Hmmm. ¡No, señor! Lo discutí con nuestros abogados y lo consideran asesinato.*
> **Señor Burns:** *¡Maldita sea su estampa!*

> (Después de que el señor Burns abronca a Homer en su despacho, Homer sufre un infarto y su espíritu sale de su cuerpo.)
> **Smithers:** *Señor Burns... creo que ha muerto.*
> **Burns:** *¡Oh, Dios! Envíele un jamón a la viuda.*
> **El espíritu de Homer:** *¡Hmmm...! ¡Jamón!*
> (El espíritu de Homer regresa a su cuerpo, y abre los ojos.)
> **Smithers:** *No, espere, aún respira.*
> **Burns:** *Entonces, cancele lo del jamón.*
> **Homer:** *¡Oigh!*

> **Homer:** *Se oye como una serie de golpecillos irregulares.*
> **Dependiente de la gasolinera:** *Hmmm... es su corazón, y suena a últimos latidos.*
> **Homer:** *¡Uf, qué susto! ¡Creí que era la transmisión!*

DETALLES QUE QUIZÁ TE HAYAS PERDIDO

La matrícula de Snake es la "EXPRESIDIARIO". También se ven vacas en el jardín de su casa.

La Compañía de Seguros Viuda Feliz tiene un cartel de neón en el que se ve a una mujer llevando flores a una tumba, y que termina bailando sobre ella, y haciendo juegos malabares con monedas.

El rabino al que Homer le pide dinero es el Rabino Krustofski, que es el padre de Krusty, al que se presentó en el episodio 8F05, titulado "De tal palo, tal Payaso".

Los polis Eddie y Lou extraen de la barba de Jasper: un cuchillo, unas nudilleras metálicas, una pistola y una granada.

Durante la secuencia de "Polis en Springfield" puede verse en el auto-cine están proyectando *"Mutantes Espaciales".*

Los muñecos que Homer utiliza para describir su operación coronaria se parecen a Akbar y Jeff, de "Vida en el infierno", pero sin gorro.

LYLE LANLEY

Ocupación:
Vendedor que habla muy deprisa. Estafador.

Su estafa favorita:
Vender sistemas de monorraíles defectuosos, e infestados de zarigüeyas, a pequeñas localidades como Ogdenville, North Haverbrook y Brockway... y la lista continúa.

Vive a costa de:
La ignorancia de los pueblerinos.

Atuendo:
Traje, canotier y pajarita.

Expresión:
Untuosamente complaciente.

Teme a:
Los periodistas de investigación, particularmente a los que usan cámaras ocultas.

UN PUEBLO CON DINERO. ES COMO UNA MULA CON UN YO-YO.

MOMENTOS ESTELARES

¡Yaba-Daba-Du!: Homer se desliza por una tubería y cae dentro de su coche, a través de la ventanilla abierta, al igual que hace Pedro Picapiedra, que se desliza por la cola de su dinosaurio-grúa, y cae en su coche de piedra sin ventanillas.

"No, que tantos niños calvos ya despiertan sospechas." El señor Burns después de que Smithers le pregunte si van a dejar tirados los barriles de residuos nucleares en un colegio.

Gigantescas hormigas mecánicas teledirigidas destruyen la Escuela Elemental de Springfield: Es el sueño de Bart, sobre la forma de emplear los 3 millones de dólares de Burns.

El Modelo Positivo: Bart le dice a Homer que le gustaría ser conductor de monorraíl, siguiendo su ejemplo. Homer le dice: "¿En vez de Bart, quieres llamarte Homer Junior? ¡Tus amigos podrían llamarte Ho-Ju!"

"Yo creo que esta nave superará la velocidad de la luz." Ésta es la frase que Leonard Nimoy, maestro de Ceremonias en la inauguración de la Estación Central del Monorraíl de Springfield, pronuncia en el acto inaugural.

"Larga y próspera vida": El Alcalde Quimby le contesta a Leonard Nimoy: "¡Que la fuerza te acompañe!" Un sorprendido Nimoy replica: "¿Es que no me conoce?", y Quimby replica: "¡Claro que sí! ¿No salía usted en Con Ocho Basta?"

A la grande la llamo "Mordiscos": Homer comentando con su familia la presencia de un grupo de zarigüeyas en la cabina del monorraíl.

"¡Rosquillas! Dime si hay algo para lo que no sirvan, hijo!" Homer después de que su artesanal ancla se haya clavado en la gigantesca rosquilla del anuncio que hay sobre una tienda.

Canción de Inicio de Homer (con la música de "Los Picapiedra"):

Homer: (conduciendo su coche a la salida del trabajo)
"¡Simpson! ¡Homer Simpson! ¡El tío más grande que la historia ha dao! ¡No es la estrella de Springfield, pues más que estrella es un estrellao…"

Todavía otro sueño:

Homer: Marge, quiero ser conductor de monorraíles.
Marge: ¡Homer, no!
Homer: ¡Es el sueño de mi vida!
Marge: ¡El sueño de tu vida era atravesar un campo de béisbol en mitad de un partido, y ya lo hiciste el año pasado. ¿Recuerdas?
Marge señala un cuadro en la pared, con una página enmarcada del sección de deportes de un periódico, con una foto en la que se ve a Homer cruzando el campo de juego durante un partido. Los titulares dicen: "Idiota fastidia el partido. Springfield pierde."

La canción del Monorraíl:

Lyle Lanley: No hay nada en el mundo como un genuino y auténtico tren eléctrico monorraíl de seis vagones. ¿Qué he dicho?
Ned Flanders: Monorraíl.
Lyle Lanley: ¿Cómo se llama?
Patty y Selma: Monorraíl.
Lyle Lanley: ¡Eso es: monorraíl!
La señorita Hoover: ¿No dará mucho alboroto?
Lyle Lanley: Verá, señora: yo ni lo noto.
Apu: ¿Y no puede ser que se doble el raíl?
Lyle Lanley: Eso es imposible, mi amigo …
Barney: ¿Qué van a hacer los descerebrados?
Lyle Lanley: ¡Les contrataremos como empleados!
Abe: ¿No le enviará a usted el mismo diablo?
Lyle Lanley: No, señor, y sé de qué hablo.
El Jefe Wiggum: Se me ha quedado la anilla pendiente.
Lyle Lanley: Use mi navaja, señor agente. Señores: Springfield no tiene elección. Levanten sus manos y entren en acción.
Todos: ¡Monorraíl!
Lanley: ¡Más alto!
Todos: ¡Monorraíl!
Lanley: ¡Otra vez!
Todos: ¡Monorraíl!
Marge: ¡Ha destrozado todo el asfalto!
Bart: ¡Lo siento, mamá, ya ha dicho que alto!
Todos: ¡Monorraíl! ¡Monorraíl! ¡Monorraíl! ¡Monorraíl!
(Terminando con una floritura de ballet.)
Homer: ¡Mono… ¡Huy!

EL MONORRAÍL

Episodio 9F10,
emitido originalmente el 14.1.93.
Guionista: Conan O´Brien.
Director: Rich Moore.

El señor Burns es atrapado arrojando residuos altamente tóxicos de la Central Nuclear en un parque, y es multado con 3 millones de dólares. Los habitantes de Springfield se reúnen en el Ayuntamiento para decidir el destino que se va a dar al dinero. Lyle Lanley, un forastero de palabra rápida, les convence de que necesitan un monorraíl que dé categoría a Springfield. Embaucados por el vendedor todos votan a favor del monorraíl, excepto Marge.

Mientras Homer se matricula en la academia de conductores de monorraíl, Marge quiere hablar con Lanley y acude a su oficina. Allí descubre la agenda del vendedor, con dibujos que demuestran que éste se ha quedado la mayor parte del dinero del proyecto. Va a una de las localidades donde Lanley vendió sus monorraíles, North Haverbrook, y observa que, en la actualidad, es un pueblo casi abandonado a causa del monorraíl defectuoso que les instaló. Marge vuelve a Springfield para avisar a los demás.

Pero ya es tarde. Homer ya se ha puesto al frente del monorraíl en su viaje inaugural, con Leonard Nimoy y un grupo de selectos pasajeros. Lanley parte para el aeropuerto llevándose el dinero de la gente. Lanzado a toda velocidad, el monorraíl escapa a todos los controles. Homer confecciona una rudimentaria ancla y la arroja por la ventana. El monorraíl se detiene... pero no antes de destrozar buena parte de la ciudad.

Número de veces que han disparado a Apu en este año, haciéndole perder días de trabajo:

Ocho.

Homenajes cinematográficos:

Lyle Lanley canta y actúa como el viajante vendedor Profesor Harold Hill en *The Music Man*, excepto por el hecho de que Hill va a River City, Iowa, y no a Springfield. Y porque Hill quiere hacer una banda de chicos y no un monorraíl. "La Canción del Monorraíl" también contiene elementos de "Trouble", el tema central de *The Music Man*.

La escena en la que el señor Burns y Smithers se preparan para deshacerse de los residuos nucleares está acompañada por una recreación de "Axel F (El Tema de Axel)", de la serie "Canción Triste de Hill Street". Una adaptación similar fue utilizada en el episodio 8F15: "Vocaciones separadas."

El razonamiento de Homer:

Marge: *Sigo pensando que ese dinero debería de emplearse en la calle principal.*
Homer: *¡Haber compuesto tú una canción como ésa!*

Una canción country:

(Kent Brockman hace una breve entrevista a la ajada cantante Lurleen Lumpkin, que acaba de salir de una cura de desintoxicación.)
Brockman: *¿Cómo te va, Lurleen?*
Lumpkin: *Bueno, anoche dormí en una cuneta.*

El que está sentado junto a Nimoy:

Leonard Nimoy: *Tenemos eclipse: el ballet cósmico... sigue su curso.*
El hombre sentado junto a Nimoy: *¿Alguien quiere cambiar de asiento?*

DETALLES QUE QUIZÁ TE HAYAS PERDIDO

En el gag del sillón aparecen: Homer, Marge, Bart, Lisa y Maggie, Patty, Selma, Herman, Jasper, el Abuelo, Krusty, Apu, el señor Burns, Smithers, el Director Skinner, la señorita Krabappel, la señorita Hoover, una chica en bikini, Barney, el doctor Hibbert, Moe, Kent Brockman, Martin, Milhouse, Nelson y Otto.

Entre los que asisten a la recepción en el Ayuntamiento de Springfield se encuentran: la recepcionista del Rubber Baby Buggy Bumper Babysitting Service (7G01, "La Babysitter ataca de nuevo"), la imagen animada del productor de los Simpson: Richard Sakai, la señorita Mellon y el psicólogo escolar del distrito, Doctor J. Loren Pryor (ambos aparecían en el episodio 7G02, "Bart el genio").

El señor Burns intenta disimular su identidad en la reunión del Ayuntamiento, de una manera bastante pobre, haciéndose llamar "señor Bruns".

Un árbol en el parque tiene grabado un corazón con las iniciales "M. B. + H. S.", que podría ser, o quizá no: Marge Bouvier + Homer Simpson.

En la cocina de los Simpson, mientras leen la noticia de la reunión en el Ayuntamiento, hay colgada una postal del dinosaurio de los Picapiedra.

La voz de Lyle Lanley ya ha aparecido en otros personajes, como es el caso de Lionel Hutz y el actor Troy McClure.

Hay un cartel en el Swampy´s Liquor, en la calle Principal que dice: "Duff habló aquí".

En otra tienda de la calle Principal, hay un cartel que dice: "Pizza a tiras".

Homer conduce su coche por la calle Principal y dice: "¡Yujuuu! ¡Mira cómo se levanta el asfalto!", igual que dice: "¡Yujuuu! ¡Mira cómo se derrite el asfalto!" en el episodio 9F09, "El Triple Bypass de Homer".

NO COMERÉ COSAS POR DINERO
NO COMERÉ COSAS POR DINERO
NO COMERÉ COSAS POR DINERO
NO COMERÉ COSAS POR DINERO
NO COMERÉ COSAS POR DINERO
NO COMERÉ COSAS POR DINERO

LA ELECCIÓN DE SELMA

Episodio 9F11, emitido originalmente el 21.1.93. Guionista: David M. Stern. Director: Carlos Baeza.

PATTY

Ocupación:
Es funcionaria, como su hermana Selma.

Voz:
Profunda, grave, cavernosa.

Vicio favorito:
Cigarrillos... ¡montones de cigarrillos!

Peculiaridades:
Aburrir a los demás con minuciosas muestras de sus viajes por el extranjero. Considera que un beso es algo repulsivo.

Cumple el papel de marido:
Su hermana Selma.

Habilidades:
Le crecen rápidamente los pelos de las piernas, insulta con mucha facilidad a su cuñado.

Le gusta:
Hacer cosquillas en los pies de sus sobrinos.

Odia:
Perderse McGyver.

> RICHARD DEAN ANDERSON ESTARÁ ESTA NOCHE EN MIS SUEÑOS.

MOMENTOS ESTELARES

No pensar en voz alta: En el coche Patty menciona que la leyenda de tía Gladys vivirá eternamente. Homer piensa: "Sí... ¡La leyenda de la mujer con cara de perro!" Y lo encuentra tan divertido que, sin darse cuenta, lo repite en voz alta: "¡La leyenda de la mujer con cara de perro! ¡Je, je! ¡Eso es bueno!"

La canción de "La Pequeña Tierra de Duff":
"¡Duff para mí! ¡Duff para ti! ¡Cerveza Duff te hará feliz!" (Se repite infinitamente.)

"¿Que es una mujer? ¡Qué horror!" El reverendo en el Funeral de "El Fiambre Afortunado". "Funerales con Alegría", después de que le corrigen, ya que estaba dando el sermón como si el muerto fuera hombre.

"¡Quiero tener un hijo antes de que sea demasiado tarde! ¡Aprovechad, chicos! ¡Os podéis poner las botas, gratis!" Selma filmando su vídeo para la Agencia de Contactos "Pocas Expectativas".

"¡Y viene un Premio Nobel! ¡Y un jugador de la NBA! ¡Uuh! ¡Un actor de la serie 'Dallas'!" Marge consultando el catálogo de los "101 Papás Congelados", del Banco de Esperma.

"¡Oooh! ¡Un banco! Niños... ¿qué os parece si le traéis a la tía Selma una birrita?"

La Montaña Rusa: Bart consigue subirse en la atracción aunque es demasiado bajo. Cuando desciende la barra de seguridad, Bart no queda sujeto, pero dice: "¡Uah! ¡Ya empezamos!"

En la cena: Homer trata de hacer un laberinto que pone "Para Niños". Termina el recorrido en la boca de un cocodrilo y, enfadado, hace una bola de papel que tira al suelo, donde podemos ver sus muchos otros intentos fallidos. La camarera se acerca y le pregunta: "¿Otro mantel individual, señor?" Homer se pone serio y dice: "Por favor."

(Al entrar en los "Jardines Duff", Lisa y Bart ven varios hombres disfrazados de botellas de cerveza.)
Lisa: (Sorprendida.) ¡Mirad, son los Siete Enanitos!
Bart: ¡Mira: el Achispado y el Mareado!
Lisa: ¡Y ése es el Arisco! ¡Y Arrepentido!

Visita cancelada:
Homer: ¡Pero yo quiero ir a los "Jardines Duff"! ¡Quiero ir ahora!
Marge: ¡Homer! ¡Vamos! ¡No hagas pucheros!
Homer: ¡No estoy haciendo pucheros! ¡Es que estoy de luto! ¡Estúpida muerta!

Selma visita a la Princesa Ópalo: "Pociones, Mal de Ojo, Fax":
Princesa Ópalo: Una gota de esta Poción de Amor y poseerás a cuantos hombres desees.
(La Princesa prueba una gota de su poción.)
Selma: ¿De veras? ¿Y cuáles son sus ingredientes secretos?
Princesa Ópalo: Básicamente aceite de maíz y alcohol de quemar. ¡Tendrá suerte si no se le cae el pelo!
(La Princesa Ópalo mira la botella de la que ha bebido, y que lleva una etiqueta que dice: Suero de la Verdad.)

Bart cuelga de la barra de seguridad de la Montaña Rusa:
Selma: Pero, hombre... ¿No puede hacer algo?
Arisco: A Arisco sólo le preocupa una persona: ¡Arisco!
Selma: ¡Perdón, Arisco!
Arisco: ¡Largo!

Homer: ¿Qué tenemos qué decir cuando lleguemos a las taquillas?
Bart y Lisa: ¡Menores de seis!
Homer: ¡Y yo estudiante universitario!

Lisa: Tía Selma, a fuerza de ser presuntuosa... ¿has pensando en hacerte la inseminación artificial?
Homer: ¡Hay que estar muy desesperado para hacérselo con un robot!

Marge: Niños, tengo una mala noticia que daros. Vuestra tía-abuela Gladys... ha fallecido.
Bart: (Intentando recordar.) Gladys... Gladys... ¿Más bien baja, pelo azul y un bulto en la frente?
Marge: No cielo, Gladys se parecía mucho a vuestra tía Patty.
(Bart sufre un estremecimiento, mientras la recuerda.)
Bart: Sí parece que la estoy viendo...

DETALLES QUE QUIZÁ TE HAYAS PERDIDO

Hay un cartel en la Funeraria "El Fiambre Afortunado. Funerales con Alegría", que dice: "Nosotros ponemos la alegría en el Funeral."

En este episodio se produce la primera alucinación inducida de Lisa. La segunda, que está inspirada en el "Submarino Amarillo", ocurrirá en el episodio 9F15. "Última salida a Springfield".

En el Desfile Luminoso de Duff, la Estatua de la Libertad se bebe una cerveza Duff.

Marge se entera de que acaba de fallecer su tía Gladys y de que el funeral se celebrará el día en que la familia pensaba ir a los "Jardines Duff", un parque de atracciones recién inaugurado. Posponen la excursión. Después de la ceremonia, Lionel Hutz les muestra un vídeo con las últimas voluntades de tía Gladys. Entre la herencia que se reparten, hay un consejo para Patty y Selma: que tengan un hijo y así no pasarán solitarias el resto de sus días.

Selma decide que quiere tener un bebé, pero lo mejor que encuentra es Hans Moleman, y no lo acepta porque es demasiado feo para ser el padre de sus hijos. Como última posibilidad piensa en el Banco de Esperma. Homer se despierta enfermo el día en que han de ir a los "Jardines Duff". Marge pide a Selma que lleve a los niños a los Jardines, mientras ella cuida a Homer, esperando que Selma comprenda lo que es ser madre.

Bart y Lisa agotan a Selma. Bart queda atrapado, colgando en el vacío, en lo alto de una Montaña Rusa, y Lisa sufre alucinaciones por probar el agua de la "Pequeña Tierra de Duff". El día supone una de las peores pesadillas en la vida de Selma. Feliz de poder devolver a Bart y Lisa en casa, decide que se siente incapaz de criar a unos niños. Y en lugar de eso adopta a Jub-Jub, la iguana de tía Gladys.

NO DIRÉ, EN BROMA, QUE "ESTÁ MUERTA"
NO DIRÉ, EN BROMA, QUE "ESTÁ MUERTA"
NO DIRÉ, EN BROMA, QUE "ESTÁ MUERTA"

HERMANO DEL MISMO PLANETA

Episodio 9F12, emitido originalmente el 4.2.93. Guionista: Jon Vitti. Director: Jeff Lynch.

Homer se olvida de recoger a Bart después del entrenamiento de fútbol. Deseando tener un padre mejor, Bart llama al teléfono de un anuncio de la tele, "Los Hermanos Mayores", de una organización que ofrece compañía a los chicos que carecen de modelos adultos positivos. Bart se presenta como un hijo no deseado y, sin saberlo Homer, se le asigna un Hermano Mayor llamado Tom. Los dos se hacen buenos amigos y disfrutan con todas las cosas que Homer debería de haber hecho.

Marge se encuentra con que Lisa ha estado llamando a una línea telefónica 906, para escuchar a Corey. Su ídolo juvenil favorito. Lisa promete no volver a llamar, pero no puede controlarse. Decide fijarse metas alcanzables, y se marca las 12 de la noche, como hora antes de la cual no puede llamar. Contando los minutos, y luchando contra la tentación, Lisa pierde finalmente la batalla y toma el teléfono. Cuando Marge entra en la cocina, se la encuentra dormida con el teléfono en el oído. Al asir el aparato para escuchar lo que dice, oye una voz de computadora que anuncia la hora que es. Marge sonríe.

Cuando Homer descubre que Bart tiene un Hermano Mayor, decide darle una lección. Se inscribe en la organización y se convierte en Hermano Mayor de un niño pequeño llamado Pepi. Juntos, hacen todas las cosas que a Homer le gustaría hacer. En el Acuario, Bart y Tom se encuentran con Homer y Pepi. Creyendo que Homer es un mal padre, Tom le golpea. Bart le dice a Homer que nunca pretendió que le hicieran daño, y terminan restableciendo lazos padre-hijo. Tom se convierte en el Hermano Mayor de Pepi.

PEPI

Estatus económico:
Desprotegido.

Sorprendido por:
Las puertas eléctricas de los garajes y la sabiduría de Homer.

Su más reciente descubrimiento:
Que las ballenas no son realmente mamíferos.

Sexo:
M.

Pelo:
Negro.

Ojos:
Grandes.

PAPI HOMER... ¡ERES TAN CULTIVADO!

MOMENTOS ESTELARES

"Hijo, sé que ahora mismo estás enfadado conmigo, y yo también lo estoy. ¿Qué quieres? ¿Que nos dediquemos a discutir quién se olvidó de recoger a quién, hasta que pasen las burras de la leche? Digamos que los dos nos olvidamos, y se acabó el tema."

Típicos mensajes grabados en la línea de Corey: "He aquí unas cuantas palabras que riman con minuto: Bruto, culto, bulto, macuto, diminuto…" y "Veamos qué dice el periódico de hoy: Canadá vacila ante el pacto comercial".

"Parece que no duele, pero duele mucho." Homer, caído de espaldas sobre una boca de agua para los bomberos, después de pelear con Tom.

Trabajadora de la Agencia: ¿Y qué motivos le impulsan a solicitar un hermano pequeño?
El cerebro de Homer: ¡No digas: Venganza! ¡No digas: Venganza!
Homer: Eh… ¡Venganza!
El cerebro de Homer: ¡Anda y vete a la porra!
(La trabajadora de la agencia pone una X en la casilla venganza. Hay otras casillas como: rencor, malicia, aburrimiento, provecho…)
Trabajadora de la Agencia: ¡Bien venido a bordo, señor Simpson!

Homer: Le diré, para su información, que soy su padre.
Tom: ¿Su padre? ¿El jugador borracho?
Homer: (Retador.) Exacto, y usted… ¿quién es?

EL TUPÉ DEL DIRECTOR NO ES UN DISCO VOLADOR
EL TUPÉ DEL DIRECTOR NO ES UN DISCO VOLADOR
EL TUPÉ DEL DIRECTOR NO ES UN DISCO VOLADOR

De nuevo como Padre e Hijo:

Bart: Papá… ¿recuerdas cuando Tom te cogió por el cuello, y gritaste: "¡Soy hemofílico!", te soltó y le arreste una patada en la espalda?
Homer: Je, je, je… sí.
Bart: ¿Cuándo me enseñarás a hacerlo?
Homer: ¡Ahora mismo! Primero: tienes que chillar como una nena, y no dejar de llorar hasta que se dé la vuelta asqueado. Ése es el momento de cocearle en la espalda.

Homenaje cinematográfico:

Milhouse escribe en la pared: "Recoge a Bart", escribiendo al revés, como para ser leído en un espejo, tal y como hacía el niño de la película *El Resplandor*.

Homer: ¡Hola, hijo! ¿Dónde has estado?
Bart: Jugando con Milhouse.
Homer: De eso nada. Has estado de juerga por ahí con ese hermanito mayor que te ha salido. ¡Di la verdad! ¡Di la verdad! ¡Quiero que me mires!
Bart: Homer… no es para tanto. ¡Te lo estás tomando muy a pecho!
Homer: ¿Cómo quieres que me lo tome? ¿Prefieres que te diga: "Bart, diviértete. Aquí te estaré esperando"? Lo siento, hijo, eso no puedo hacerlo.
Bart: Y… ¿qué vas a hacer, entonces?
Homer: ¡Je, je! ¡Ya lo verás!

Bart: Verás… he estado pensando. Te has enrollado dabuten conmigo, pero estoy seguro de que hay otros chicos que te necesitan más que yo.
Tom: Bart… ¡te daría un beso!… si los Hermanos Mayores no me hubiesen obligado a jurar por escrito que no lo haría.

Investigación Policial:

Lou: Un par de individuos zurrándose en el acuario, jefe.
Wiggum: ¿Siguen vendiendo aquellos plátanos helados?
Lou: Eso creo…
Wiggum: Pues vamos.

DETALLES QUE QUIZÁ TE HAYAS PERDIDO

La mujer que conduce el coche, y que Bart piensa que puede ser Homer que viene a recogerle, se parece mucho a éste, pero llevando una peluca gris en la cabeza.

Uno de los artículos en la revista *Chicos No-Amenazantes* es: "Encuéntrate con Joey."

En las proximidades de la casa de Pepi, se puede ver un cartel con alguien parecido a Krusty y unos extraños signos gráficos, como si fueran letras.

Las diferentes partidas en el presupuesto de la Escuela Elemental de Springfield: Bellas Artes, Doris, Ciencia, Historia, Música y Arte, Comida Caliente, Custodia, Patio de Recreo….

Actividades escolares:

Bart: De mayor, me gustaría pilotar un F - 14 como mi héroe, Tom. Me ha prestado esta nueva arma llamada Disruptor de Neuronas.
(Bart aprieta el gatillo y un rayo alcanza a Martin, que cae al suelo, convulsionándose.)
Señorita Krabappel: No estará muerto… ¿Verdad, Bart?
Bart: No, pero yo no le pondría deberes durante este curso.
Señorita Krabappel: Muy bien, Bart. ¡Gracias!
Bart: ¡Agradézcaselo a un aumento sin precedentes del presupuesto militar!

RALPH WIGGUM

Edad:
Ocho años.

Estudios:
Primer Curso de Cuarto Grado.

Le gusta:
Dormir, actuar.

Relaciones:
Su padre es el Jefe de Policía.

Su día más feliz:
Cuando el doctor le dijo que nunca más tendría lombrices.

Alimento favorito:
Chucherías y dulces.

Vergüenza:
Sus padres no le permiten usar las tijeras, ni el horno.

Su error más frecuente:
El punto.

EL ALIENTO DE MI GATO HUELE A COMIDA DE GATO.

YO AMO A LISA

Episodio 9F13, emitido originalmente el 11.2.93. Guionista: Frank Mula. Director: Wes Archer.

Es el Día de San Valentín en la clase de Lisa, todos reciben tarjetas, menos Ralph. Compadeciéndose de él, Lisa firma una tarjeta y se la da. Ralph, instantáneamente, queda prendado de ella. Al salir de clase la acompaña a casa, pero Lisa lo único que siente por él es lástima. Ella intenta hacérselo saber en la escuela, pero son elegidos para representar juntos una obra de teatro.

Lisa está desesperada con Ralph, y cuando él le propone ir juntos al Programa Aniversario de Krusty, Lisa no sabe qué hacer. Tiene muchas ganas de ir, pero no quiere darle esperanzas. Homer le dice que vaya y disfrute del espectáculo. A la llegada al teatro Lisa está obsesionada por no ser vista junto a Ralph. Durante el show, Krusty habla con el público y, al llegar a Ralph, éste presenta a Lisa como su novia. Lisa, horrorizada, estalla y dice que el único motivo por el que le dio una tarjeta de San Valentín fue porque le daba pena. A Ralph se le rompe el corazón.

Lisa comprende que ha ridiculizado a Ralph delante de todo el mundo. Quiere disculparse, pero no encuentra el momento antes de la representación teatral que han de realizar juntos. Ralph consigue transformar su dolor en una magnífica representación y logra el favor del público. Después de la función, todas las niñas acuden junto a Ralph. Entonces, Lisa le entrega otra tarjeta diciendo que quiere que sean amigos.

MOMENTOS ESTELARES

"Y en tu compañía / Mira qué alegría / ¡Qué feliz me siento yo / ¡Uauh! ¡Uauh! ¡Uauh!" Flanders canta una serenata a su esposa, vestido de corazón.

> *Señorita Hoover: Tengo hecho el reparto para la función del Día del Presidente. Martha Washington será interpretada por Lisa Simpson. Y George Washington será interpretado por Ralph Wiggum.*
> *Rex: ¿Qué? ¡Esto es intolerable! ¡Todo el mundo sabe que soy el mejor actor de este ridículo colegio!*
> *Hoover: ¡Siéntate, Rex!*
> *Rex: ¡No quiero sentarme! ¡Alguien la ha sobornado, vaca tramposa!*
> *Hoover: ¡Absurdo, Rex! Lo hace Ralph con todo merecimiento.*
> *(La señorita Hoover se acerca a la ventana y hace una seña a Wiggum, abriendo y cerrando la persiana varias veces.)*
> *Wiggum: ¡La señal convenida! Podéis quitarle el cepo, muchachos.*

"Estas seis palabras: No soy gay, pero lo intentaré." Homer explicando a Lisa lo que puede decirle a Ralph para romper con él.

"Bart: ¿Interpretas al loco Booth, o te comportas como un maníaco?" La señorita Hoover a Bart.

"En el guión pone que tengo que hacerte ver las estrellas con esto." Krusty, con un martillo, a su ayudante Raheem.

> *Conversación en la cocina:*
> *Conductor de camión: ¿Dónde los dejo, señora?*
> *Cocinera Doris: ¡Ahí mismo, en el suelo!*
> *Conductor de camión: ¡Son corazones de vaca!*
> *Cocinera Doris: Tú, preocúpate del tuyo.*
> *(El conductor del camión oprime una palanca y cientos de corazones de vaca caen al suelo.)*

"¡Y ahora, escúchame! ¡No me gustas! ¡Nunca me has gustado! ¡Te regalé aquella estúpida tarjeta de San Valentín porque nadie quería hacerlo!" Lisa haciendo trizas el corazón de Ralph.

 "¡Buenas noches! ¡Bien venidos todos a una maravillosa velada de teatro, y de cómo se deja todo recogido!"

 "No lloré cuando ahorcaron a mi padre por robar un maldito cerdo. ¡Pero lloraré ahora!"

> **"Somos los Mediocres Presidentes" (letra de la canción):**
>
> *Nuestra Presidencia, en la historia se pierde. / Mi efigie en mil monedas, muy raro que no recuerde. / Es Taylor, y éste es Tyler, y es Fillmore, y éste es Hayes. / Es William Henry Harrison. "Sólo treinta días duré." / ¡Qué poco dice cualquiera de él. / ¡Qué fácil que de la historia se nos saque/ y se nos pueda olvidar / en U. S. A.!*

DETALLES QUE QUIZÁ TE HAYAS PERDIDO

Lisa borra el nombre de alguien de la carta, antes de firmarla y dársela a Ralph.

En el folleto de la Prueba de Embarazo de Krusty, se lee: "Puede provocar lesiones en el feto."

"¡Eres muy Chu-chu-chu-chulí!" Felicitación de Lisa a Ralph el Día de San Valentín. Y tiene un dibujo de un tren.

> Lisa: Ralph cree que me gusta. Yo sólo le regalé la tarjeta porque me da mucha lástima.
> Homer: ¡Ah! ¡Bendita lástima! ¿Qué habría sido de mi vida amorosa sin ella?
> Lisa: ¿Qué puedes decirle a un chico para que sepa que no te interesa?
> Marge: Cuando yo me...
> Homer: ¡Deja que me ocupe yo, Marge! Me lo sé de memoria: "Me gustas como amigo." "Deberíamos de salir con otras personas", "No hablas mi idioma", "Mi corazón está ocupado", "No quiero matarte, pero lo haré."

> Bart: Tenemos que ir como sea.
> Lisa: ¡Olvídate! Para conseguir entradas, papá tendría que pertenecer a la élite intelectual de Springfield.
> (Entra Homer llevando un cepillo de dientes que ha cogido de la basura de Flanders.)
> Homer: ¡Mira que tirar un cepillo de dientes que aún funciona! ¡Vaya con Flanders!

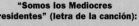

NO LLAMARÉ "CABEZA DE PATATA" AL DIRECTOR
NO LLAMARÉ "CABEZA DE PATATA" AL DIRECTOR
NO LLAMARÉ "CABEZA DE PATATA" AL DIRECTOR

SIN DUFF

Episodio 9F14, emitido originalmente el 18.2.93. Guionista: David M. Stern. Director: Jim Reardon.

Homer es arrestado por conducir borracho después de una visita, con Barney, a la Fábrica de Cervezas Duff. Le retiran el permiso de conducir, y le exigen que vaya a reuniones de Alcohólicos Anónimos. Mientras tanto, Bart ha golpeado al Director Skinner con un gigantesco tomate que Lisa ha cultivado como experimento científico para el Concurso Escolar de Ciencias. Como venganza, Lisa comienza un trabajo sobre quién es menos inteligente, si su hermano mayor o los hámsteres. El hámster supera las pruebas, mientras que Bart fracasa de forma miserable. Regresando a casa de una reunión de Alcohólicos Anónimos, Homer acepta la sugerencia de Marge de que deje de beber cerveza durante un mes.

Bart descubre el plan de Lisa para humillarle en el Concurso Escolar de Ciencias. Roba el hámster y lo viste con un diminuto uniforme de aviador, para un experimento que demuestre que los hámsteres pueden pilotar aviones.

Homer consigue resistirse a las tentaciones, y pasa todo un mes sin beber nada, pero al terminar los treinta días se va a la Taberna de Moe para tomarse una cerveza. Sin embargo, al ver el estado en el que se encuentran los bebedores habituales de Moe, deja su cerveza y se va a buscar la bicicleta para dar un paseo con Marge.

LOS PECES DORADOS NO
REBOTAN
LOS PECES DORADOS NO
REBOTAN
LOS PECES DORADOS NO
REBOTAN

MOMENTOS ESTELARES

"Bien, Edna, para tener una escuela en la que no hay niños asiáticos, creo que nos ha quedado un buen Concurso Escolar de Ciencias." El Director Skinner a Edna Krabappel.

"Esto va en contra de todas las normas. ¡Y me encanta!" El Director Skinner, bailando bajo los efectos del rayo de Bart, en el sueño del niño.

"¡Hola! Soy el actor Troy McClure. Es probable que me recuerden de otros documentales, como 'Las Aventuras de Alicia a través del Espejo Retrovisor' y 'La Decapitación de Larry Piesdeplomo'."

"Cazar ardillas con escopeta de perdigones." El experimento de Nelson Muntz en el Concurso Escolar de Ciencias.

 "Marge, me voy a ver a Moe. Envía a los niños con los vecinos, por si vuelvo haciendo 'eses'."

Phil, controlador de calidad de la Fábrica de Cervezas Duff encuentra las siguientes cosas en las botellas de Duff: Ratones, una rata, una jeringuilla, una nariz...

Cosas que no ha encontrado:
Dentaduras, un pez, un cuello de botella roto y la cabeza de Adolf Hitler.

> (Homer permanece de pie ante la mesa del desayuno.)
> Homer: ¡Bueno: es hora de ir al tajo!
> El cerebro de Homer: No tienen ni idea de que pienso escaquearme para ir a la Fábrica de Cervezas Duff.
> Homer: Fichar a las nueve, y largarse a las cinco. ¡Vaya un plan!
> El cerebro de Homer: ¡Je, je, je! ¡No sospechan nada!
> Homer: Bueno, me voy a la central. ¡Y luego a la Fábrica de Cerveza!
> El cerebro de Homer: ¡No sé si esto lo he dicho en voz alta!
> Homer: ¡Corre: invéntate una mentira!
> Marge: ¡Homer! ¿Vas o a ir a la Fábrica de Cervezas?
> Homer: ¡Aaaauuugh!

Tipos de Duff:
Duff, Duff sin Alcohol, Duff Seca, Duff de Frambuesa, Duff Anti-Sarro, Duff Negra, Duff Para Damas…

Homenaje cinematográfico:
Al final del episodio Homer pasea a Marge sobre el manillar de su bicicleta, mientras ambos cantan "Gotas de Lluvia sobre mi cabeza", en una parodia de *Dos Hombres y Un Destino*.

La letra de "Era una Cerveza Muy Buena." (Con música de "It Was A Very Good Year").
Desde que era chiquitín. / Llevo bebiendo cerveza. / Para poderla adquirir. / Usaba un falso carnet. / A nombre de tal McGee. / Y me entusiasmaba Queen. / Desde que era chiquitín.

> Lisa: ¡Quiero que me dé el hámster más inteligente que tenga!
> El Dueño: ¡Muy bien! Éste escribe novelas de misterio bajo el seudónimo de J. D. McGregor.

La Prueba del Alcohol:
> (Homer permanece de pie, tocándose la nariz, y con los ojos cerrados.)
> Homer: "V, W, X, Y... Ya que las letras me aprendí (salta sobre el otro pie) quiero que jueguen junto a mí.
> Eddie: Impecable.
> Lou: También hubiera valido: "Dime qué piensas de mí", chico.

> Lisa: He cultivado un tomate futurista, empleando como fertilizante esteroides anabólicos.
> Bart: ¿Cómo los que ayudan a nuestros olímpicos a alcanzar cotas insospechadas?
> Lisa: Exactamente: creo que este tomate podría acabar con el hambre en el mundo.

Homer escapa de la Central Nuclear:
> Homer: (Leyendo el plano.) Si de la araña te deseas librar, un versículo de la Biblia debes recitar. ¡No cometerás... eh... oh...!
> (Homer le tira una piedra a la araña, dejándola sin sentido, y salta a la calle a través de una ventana que no tiene cristal.)

DETALLES QUE QUIZÁ TE HAYAS PERDIDO

Según el Permiso de Conducir de Homer, C4043243, anulado por la Jueza, Homer mide 1,76, pesa 108 kilos, tiene los ojos azules y es calvo. Nació el 12 de Mayo de 1956. En el episodio 7F02, se decía que nació en el 55.

En un cartel de la época de la Ley Seca, en la Cervecería Duff, se puede leer: "¿La Prohibición no te deja beber? Bebe el Tónico Reconstituyente del Doctor Duff."

En un cartel de la época de McCarthy se lee: "Sabía que era comunista, porque no bebía Duff."

El Estado que aparece en el Permiso de Conducir de Homer es el NT.

Duff, Duff sin Alcohol y Duff Seca, son tres tanques que se llenan de una tubería común en la Cervecería Duff, indicando que son tres nombres diferentes para el mismo producto.

Lisa dice "Yo precisamente estaba pensando un chiste que vi sobre la 'Cabeza de Herman." Se trata de una referencia a Yeardley Smith, la voz que dobla a Lisa y algunas de las estrellas de las comedias de la Fox.

CARL

Posición:
Es el supervisor de Homer en la Planta Nuclear de Springfield, Sector 7G, y activista sindical.

Mejor amigo:
El trabajador zumbado Lenny.

Aparición:
Homer consideró su candidatura como pretendiente para Selma.

Disfruta con:
Una rosquilla de vez en cuando. Pero no tan de vez en cuando como Homer.

Le gusta:
Ser agitador sindical y ganar a Homer al poker.

No le gusta:
El tratamiento injusto de la gerencia, y cuando alguien se le come la última rosquilla.

YA SABES: ESOS ALEMANES NO SON TAN MALOS.

ÚLTIMA SALIDA A SPRINGFIELD

Episodio 9F15, emitido originalmente el 11.3.93. Guionistas: Jay Kogen y Wallace Wolodarsky. Director: Mark Kirkland.

El líder sindical que representa a los trabajadores de la Central Nuclear desaparece, dejándolos sin un delegado que renegocie su convenio. Aprovechándose de la situación, el señor Burns les quita el Seguro Dental a los trabajadores, a cambio de un barril de cerveza. Los empleados de la Central están de acuerdo en aceptar el trato, incluido Homer, hasta que se da cuenta de que eso le supondrá tener que pagar la ortodoncia de Lisa. En una asamblea, propone a sus compañeros que rechacen la propuesta. Consigue convencerlos y, eufóricos, culminan la asamblea nombrándolo nuevo delegado sindical.

Sin la cobertura del Seguro Dental, Marge elige para Lisa el más barato de todos los modelos, que es basto y grotesco. Burns, incapaz de engañar o atraer a Homer hacia sus propuestas de negociación, jura machacarlo. Los trabajadores votan ir a la huelga.

Burns lleva adelante sus planes y juega todas sus cartas, apagando la Central, y dejando sin luz a la ciudad, pero los trabajadores aguantan con firmeza. Comprendiendo que no puede enfrentarse al fuerte liderazgo de Homer, Burns accede a volver a darles el Seguro Dental, si Homer presenta la dimisión como delegado sindical. Homer está de acuerdo, y Lisa obtiene un aparato dental nuevo y estéticamente más agradable.

MOMENTOS ESTELARES

"¡No puede tratarnos de esta forma! Un día crearemos un sindicato, y obtendremos el trato justo que nos merecemos. ¡Acapararemos el poder! ¡Seremos corruptos y pelotas, y los japoneses nos comerán con patatas!" Un trabajador hablando con el abuelo de Burns, cuando dos gorilas se lo llevan a rastras por haber robado seis átomos.

La propuesta de Burns: El dueño de la Central Nuclear les ofrece a los trabajadores darle un barril de cerveza gratis para las asambleas sindicales, a cambio de renunciar al seguro dental.

El hombre del sindicato: Homer pertenece a la Hermandad Internacional de Bailarines de Jazz, Maestros Reposteros y Técnicos Nucleares.

"Lisa y Marge, este aparato es invisible, indoloro y despide periódicamente el embriagador perfume 'Obsession... para dientes', de Calvin Klein." El doctor Wolfe mostrando su último modelo de prótesis dental.

"Hoy en 'Mi Día Inteligente': 'La Huelga en la Central: ¿Paparruchada o Alarma General?' Con nosotros el dueño de la Central, C. M. Burns; el líder sindicalista, Homer Simpson; y nuestra perenne tertuliana doctora Joyce Brothers."

Doctor: Wolfe: *Creo que la pequeña Lisa va a necesitar un aparato.*
Lisa: *¡Oh, no! ¡Me convertirá en marginada social! ¡O peor aún!*

La Canción de Protesta de Lisa:

Venid aquí, chicos / que os quiero yo hablar / del gran héroe Homer / y el malvado Burns. / Lucha hasta la muerte / reivindica el destino / si lo dejas a la suerte / puedes darte por vencido. / Nos manifestaremos / como hicimos ayer/ la fábrica es tuya / pero nuestro el poder.

Los versos de lamento de Burns:

Mírelos, a pesar de haberlos envuelto en la oscuridad / no están tristes: todavía cantan. / Y sin exprimidores. / Cantan sin batidoras, / cantan sin licuadoras, / sin lavadoras / ni afeitadoras.

Doctor Wolfe: *¿Cuándo te los cepillas?*
Ralph: *Tres veces al día, señor.*
Doctor Wolfe: *¿Quieres convertir mi consulta en el Reino de la Mentira?*
Ralph: *Perdón, no me los cepillo. ¡Nunca me los cepillo!*
Doctor Wolfe: *Veamos este libro de ilustraciones: El Gran Libro de las Sonrisas Británicas.*
(Ralph horrorizado con los amarillentos dientes podridos que va viendo página tras página, intenta no mirar el libro.)
Ralph: *¡Basta! ¡Baaastaaa!!*

Homenaje cinematográfico:

Cuando Lisa se mira el aparato de ortodoncia en el consultorio del doctor Wolfe, rompe el espejo, igual que hacía el Joker en *Batman*.

¿Quién es Homer Simpson?

Burns: *¿Quién es ese agitador, Smithers?*
Smithers: *Es Homer Simpson, señor.*
Burns: *Simpson... ¿Es contratado hace poco?*
Smithers: *¡Je, je! Ese es el que frustró su campaña para Gobernador, atropelló usted a su hijo, le salvó a la Central de la hecatombe, su mujer le retrató a usted desnudo...*
Burns: *¿Sí? Pues no me suena...*

DETALLES QUE QUIZÁ TE HAYAS PERDIDO

Sobre el edificio del consultorio del Doctor Wolfe hay un gran cartel que dice: "Dentista Indoloro. Antes dentista doloroso."

Los Clubs eróticos del Barrio Chino de Springfield, se llaman: "Desnudos A Las Once", "La Rana Cachonda" y "Adam & Adam".

Cuando Lisa flota dentro de su psicodélico-anestésico sueño, vemos la palabra ODIO emergiendo del sol. (En la película original decía: AMOR.)

Burns: *No tenemos por qué ser adversarios, Homer. Ambos deseamos un convenio justo.*
El cerebro de Homer: *¿Por qué es tan amable conmigo el señor Burns?*
Burns: *Si usted me rasca la espalda, luego yo se la rasco a usted.*
El cerebro de Homer: *¡Un momento! ¿Me estará tirando los tejos?*
Burns: *¡En fin! El que yo le deslice algo en el bolsillo... ¿Qué tiene de malo?*
El cerebro de Homer: *¡Sí, sí! ¡Me los está tirando!*
Burns: *¡Ya sabe! Los convenios hacen extraños compañeros de cama. ¡Je, je, je!*
(Burns le guiña un ojo a Homer.)
(El cerebro de Homer grita.)
Homer: *Lo siento, señor Burns. A mí no me gustan los tejemanejes impúdicos. Me siento halagado, y hasta puede que sienta curiosidad, pero la respuesta es: ¡no!*

EL BARRO NO ES UNO DE LOS 4 GRUPOS DE ALIMENTOS
EL BARRO NO ES UNO DE L
4 GRUPOS DE ALIMENT
EL BARRO NO ES UNO D
4 GRUPOS DE ALIME
EL BARRO NO ES UNO D
4 GRUPOS DE ALI

Episodio 9F17, emitido originalmente el 1.4.93. Guionista: Jon Vitti. (Con la ayuda de Al Jean y Mike Reiss, Jay Kogen y Wallace Wolodarsky, John Swartzwelder, Jeff Martin, George Meyer y Nell Scovell.) Director: Carlos Baeza.

Es el Día de los Inocentes. Homer sustituye la leche de la nevera por leche cortada. Bart se la bebe. Jurando vengarse, se lleva una de las latas de cerveza de Homer y la agita con una máquina de alta velocidad de una ferretería. Luego la deja en la nevera. Cuando Homer la abre, se produce una violenta explosión que destroza la casa e inunda el cielo de cerveza.

Homer es llevado al hospital y examinado por Rayos-X. El doctor observa varias lesiones en la cabeza. Marge recuerda alguna de las veces que Homer ha estado a un paso de la muerte. Los demás Simpson también recuerdan algunos contratiempos pasados.

Homer intenta sacar una chocolatina de una máquina automática, que cae sobre él, lastimándolo y provocando que entre en coma. Bart está arrepentido, y confiesa que ha sido él quien ha puesto la lata de cerveza en la nevera. Eso hace revivir a Homer, que intenta estrangular a Bart.

NADIE ESTÁ INTERESADO EN MIS CALZONCILLOS
NADIE ESTÁ INTERESADO EN MIS CALZONCILLOS
NADIE ESTÁ INTERESADO EN MIS CALZONCILLOS

MOMENTOS ESTELARES

"No gastarías ni una inocentada a tu madre, aunque tuvieras una máquina de hacer inocentadas."

"Revives veranos olvidados, vuelves a besar a las chicas. Es como esas películas de la tele, en la que salen trocitos de otros episodios." El abuelo describiendo cómo es el estado de coma.

"Y por algo menos de 20 dólares extra, puedo darle a Homer un baño anti-pulgas." El veterinario se lo dice a la familia Simpson.

Homenaje cinematográfico:
El intento de Barney de ahogar a Homer con la almohada (y su posterior huida del hospital) es una parodia de la última escena de la película *Alguien voló sobre el nido del cuco*.

Episodios y escenas (por orden de aparición):

7G11. *"Jacques el Rompecorazones."* Bart tira una bola de béisbol y golpea a su padre en la cabeza.
8F13. *"Homer, bateador."* Jugando al béisbol, recibe otro pelotazo en la cabeza.
8F06. *"El poni de Lisa."* En su garaje, una sierra circular le cae en la cabeza. También se queda dormido con la cabeza entre las puertas mecánicas del Badulaque.
7F09. *"Rasca, Pica y Marge."* Maggie le golpea en la cabeza con un mazo.
7G04. *"Hogar, Agridulce Hogar."* Homer y los demás Simpson se dan descargas eléctricas entre sí, en la terapia familiar del doctor Marvin Monroe.
7F06. *"Bart, el Temerario."* Homer salta en skate por la Garganta de Springfield. Se cae y se golpea contra las rocas, cuando lo recogen en ambulancia, vuelve a caerse por el precipicio.
8F17. *"Muerte de perros."* El veterinario fracasa en el intento de salvar a un hámster, y lo arroja a la basura... tras pasarlo por una cesta de basket.
7G09. *"El Abominable Hombre del Bosque."* Homer y Bart se pierden en el bosque.
7F04. *"La Casa-Árbol del Terror."* Los Simpson son abducidos por un platillo volante.
7F09. *"Rasca, Pica y Marge."* Rasca golpea a Pica en la espalda, sacándole los ojos. Cuando Pica los busca, a tientas, Rasca le pone en las manos dos pequeñas bombas, que Pica se coloca en las fosas oculares, pensando que son sus ojos. Su cabeza estalla.
7F11. *"Un pez, dos peces, pez fugu, pez azul."* Marge hace una visita sorpresa a Homer en la Central Nuclear.
8F09. *"Burns vende la Central."* Homer vaga por la Tierra del Chocolate.
8F06. *"El poni de Lisa."* Un soñoliento Homer conduce por Duermelandia, en una secuencia onírica, rodeado de camas rodantes.
8F17. *"Muerte de perros."* Homer le pide dinero a Burns para una operación de su perro. Dos gorilas lo sacan del despacho de Burns.
7F11. *"Un pez, dos peces, pez fugu, pez azul."* Lisa interpreta "When The Saints Go Marching In", al saxo, para Homer.
8F22. *"El amigo de Bart se enamora."* Bart intenta apoderarse del bote de monedas de Homer, en el más puro estilo de Indiana Jones.
7G05. *"Bart, el General."* Bart rueda dentro de un cubo de basura, después de haberse golpeado.
7F21. *"Tres hombres y un cómic."* Homer vigila a Bart y Milhouse en la Cabaña del Árbol.
7F11. *"Un pez, dos peces, pez fugu, pez azul."* Homer da una lección a Bart de cómo afeitarse.

"Señora Simpson, me temo que su marido haya muerto." El doctor Hibbert gastándole una broma a Marge en el Día de los Inocentes.

Locutor de televisión: *A continuación un consejo de salud pública: el exceso de alcohol puede provocar daños en el hígado y cáncer de recto.*
Homer: *¡Hmmm... cerveza!*

(Cuando va con el Jefe Wiggum en el coche, Lou ve una explosión lejana.)
Lou: *Parece que ha habido una explosión en casa de los Simpson.*
Wiggum: *¡Bah! Eso está a dos manzanas de aquí.*
Lou: *Creo que sale cerveza por la chimenea.*
Wiggum: *Me acercaré a pie. ¡Tú pide refuerzos!*
Lou: *(Por la radio.) Necesitamos panchitos. Repito: panchitos.*

DETALLES QUE QUIZÁ TE HAYAS PERDIDO

Durante la secuencia en los que los Simpson aparecen como paganos, la Lisa-pagana no participa en la ceremonia.

Cuando Bart hace subir la temperatura de casa, para provocar la sed de Homer y que éste vaya a la nevera a por una Duff, hay varias cosas que se derriten, entre ellas un disco de Leo Sayer de finales de los años 70.

El número de chocolatinas que caen directamente en la boca de Homer, cuando queda atrapado y herido por la máquina expendedora, es de 10.

El número de veces que Homer dice: "¡Ooh!", en la sucesión de episodios, es: 32.

El número de episodios diferentes de los que se han utilizado secuencias (aparte de los "¡Ooh!") es: 14.

EL CHICO DE LA CARA GRANUJIENTA

Lugares en los que ha trabajado:
Krustyburger, Gulp'N'Blow, Lard Lad, I.R.S. Burger, la Estación de Acceso Público de Springfield, el casino de Burns.

Apariencia:
Forrado de granos.

Habla:
Gritando, y con un sorprendente tono.

Capacidad de raciocinio:
Dudosa.

Habilidades:
Ninguna evidente.

ESTOY INTERESADO EN LOS AHORROS A LARGA DISTANCIA. MUY INTERESADO.

Después de ver un episodio de "Rasca y Pica" especialmente flojo, Bart y Lisa deciden escribir un guión. Sin embargo, el productor de la serie lo rechaza porque sus autores son dos niños. Sin desanimarse, ponen el nombre del abuelo como autor, y los productores lo contratan como guionista de la serie.

Mientras tanto, se acerca la fecha de la fiesta de los antiguos alumnos del Instituto de Marge y Homer. Sólo Marge recibe la invitación, y Homer le confiesa que suspendió una asignatura. Sin embargo, acude junto a Marge a la reunión, y recibe varios premios jocosos... que le son retirados cuando el profesor Dondelinger desvela su secreto. Homer decide volver a clases nocturnas y conseguir el título.

El abuelo gana un premio por el guión de "Rasca y Pica." Después de que Brooke Shields le entrega la estatuilla, el Abuelo confiesa que nunca había visto, hasta esa noche, un episodio de "Rasca y Pica", y que cree que la serie es demasiado violenta. En casa, un orgulloso Homer muestra a Marge su título de graduación.

Al final del episodio hay un cortometraje titulado "Las Aventuras de Ned Flanders", protagonizado por Ned y su familia.

MOMENTOS ESTELARES

Latinajit-is: Se dicen dos "latinajos" en este episodio. El primero cuando Krusty habla con el chef invitado a su programa, y dice: "Nast-is de judío." Y el segundo, cuando Homer le dice a Marge: "No empieces ahora con tu tecnitit-is nuclearit-is."

"Cuando le echo un ojo a su revista, no veo ni una cara arrugada, ni una sola sonrisa desdentada. ¡Qué vergüenza!" Carta de protesta del abuelo a la revista *Novias Modernas*.

"No puedo creer que me lo comiera entero." La frase de Homer en el Álbum del Instituto.

 "Cuando no estoy seguro de algo, consulto con mis calzoncillos. Ellos tienen la respuesta a todas mis preguntas."

"¿A esto lo llama un guión? Si yo vomitara en un tintero y lo enviara a un manicomio, conseguiría algo mejor."

Premios ganados por Homer en la Reunión Escolar: Al antiguo alumno que más ha engordado, a la victoria sobre el olor corporal, a la persona que se haya esforzado menos para llegar hasta aquí.

"Descubrí otra comida entre el almuerzo y la merienda." Homer explicando cómo ha engordado tanto desde que salió del instituto.

Ciencias y Tecnología 1A:
La asignatura que Homer suspendió.

Lisa: *O a lo mejor es que no nos toman en serio por ser dos niños. ¿Y si lo firmamos con el nombre de un adulto?*
Bart: *¡El del abuelo! ¡Siempre está en Babia! ¡Le robaron y dejó que utilizaran todo un año su tarjeta!*

Homer: *Cerebro mío, yo no te gusto a ti, y tú a mí tampoco, pero si no me ayudas en ésta, prometo destrozarte a golpes de cerveza.*
El cerebro de Homer: *¡Trato hecho!*

Lisa: *Mira, creo que hay una forma mejor de dilucidarlo: a "Piedra-Papel y Tijeras".*
El cerebro de Lisa: *¡Qué penita me da Bart: siempre elige piedra!*
El cerebro de Bart: *¡La piedra es lo mejor! ¡Nada puede vencerla!*
Bart: *¡Piedra!*
Lisa: *¡Papel!*
Bart: *¡Oy!*

El cerebro de Homer: *Se acabó, Homer. Es hora de confesar el terrible secreto de tu pasado.*
Homer: *Marge, me he comido esos jabones de colores que compraste para el baño.*
Marge: *¡Pero, Homer!*
El cerebro de Homer: *¡No, el otro secreto!*
Homer: *Marge, no conseguí graduarme en el instituto.*
Marge: *¡Pero eso no explica por qué te comiste los jabones! ¡Bueno... quizá sí!*

DETALLES QUE QUIZÁ TE HAYAS PERDIDO

El episodio de Rasca y Pica "Mareado y Contusionado" fue escrito por Milt Fineburg y Hy Levine.

Lisa lee un libro titulado *Cómo hacerse rico escribiendo guiones de dibujos animados*, escrito por el guionista de los Simpson, John Swartzwelder.

En el despacho de Roger Meyers Jr. hay un anuncio de cerveza Duff, con Pica y Rasca.

Cuando Krusty presenta el episodio "Chillidos en el Centro Comercial", se le pueden contabilizar 27 parches de nicotina.

En el cartel del Centro Municipal de Springfield puede leerse: "Viernes: Premios a los Mejores Dibujos Animados del Año."

Entre el público asistente a los Premios a los Mejores Dibujos Animados del Año se puede ver a muchos guionistas de los Simpson, así como a Matt Groening.

La orquesta interpreta una parte del tema de "Los Simpson" cuando Abe gana el premio por su trabajo en "Rasca y Pica".

NO VENDERÉ CURAS MILAGROSAS
NO VENDERÉ CURAS MILAGROSAS
NO VENDERÉ CURAS MILAGROSAS
NO VENDERÉ CURAS MILAGROSAS
NO VENDERÉ CURAS MILAGROSAS
NO VENDERÉ CURAS MILAGROSAS

Letra de la canción "Las Aventuras de Ned Flanders":

Coro: *Las gallinas aman a los gallos, / las ocas aman a los gansos, / todos los demás aman a Ned Flanders.*
Homer: *Yo no.*
Coro: *Todos los que cuentan aman a Ned Flanders.*

Episodio 9F16,
emitido originalmente el 15.4.93.
Guionista: Adam I. Lapidus.
Director: Rich Moore.

EL ABUELO

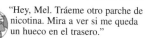
"Hey, Mel. Tráeme otro parche de nicotina. Mira a ver si me queda un hueco en el trasero."

"Gracias por este premio. Es admirable que en este gran país, el hombre que un día disparó contra Teddy Roosevelt se reconcilie con la gente." Abe Simpson ensayando el discurso de aceptación del premio.

Los otros nominados para el Premio al Mejor Guión de Dibujos Animados: "Strondar, Señor de Akom", por el episodio "La Boda"; "Héroe en Acción", por el episodio "Cómo comprar un Héroe en Acción", y "Ren y Stimpy", por un próximo estreno.

> Dondelinger: *Voy a quemar ahora esta rosquilla para que podáis ver cuántas calorías tiene.*
> Homer: *¡Nooooo!*
> Dondelinger: *Esta llama tan brillante y azul, indica que era excepcionalmente dulce.*
> Homer: *(Lloriqueando.) ¡Esto es una pesadilla!*

> Lisa: *Por eso pusimos tu nombre en el guión, y lo enviamos.*
> Bart: *¿No te extrañó que te dieran un cheque sin haber hecho absolutamente nada?*
> Abuelo: *Supuse que los demócratas habían vuelto al poder.*

> (Bart y Lisa ven a Homer entrando en el salón intentando quitarse un desatascador de desagües que lleva adherido a la cabeza.)
> Bart: *¿Qué nombre te vas a poner cuando seas mayor?*
> Lisa: *Lois Sanborn.*
> Bart: *(Señalándose con el dedo.) Steve Bennett.*

> "Amad a Dios":
> Ned: *¡Cortad el rollo, chicos, es hora de la misa!*
> Todd: *Hoy no pensamos ir a misa.*
> Ned: *¿Eh? ¿Qué? ¡A ver: dadme una buena razón!*
> Todd: *Es sábado.*
> Ned: *¡Oooh!*

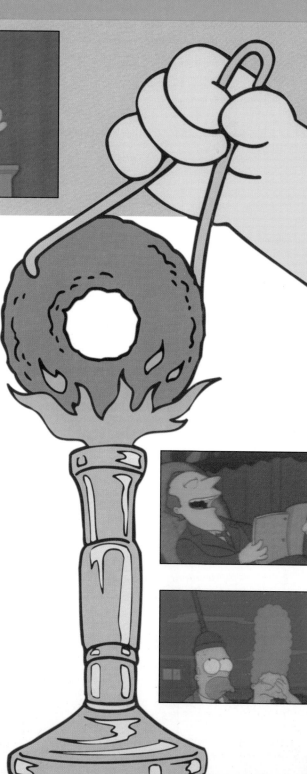

Ocupación:
Jubilado de guardia nocturno de un almacén de arándanos; es el patriarca de los Simpson.

Residencia:
Castillo del Jubilado de Springfield. (Donde los más ancianos pueden ocultarse de lo inevitable.)

Atuendo:
Corbata tejana de medallón y gorro de dormir, excepto cuando asiste a un funeral, o a una entrega de premios.

Medicación:
Dos píldoras rojas para los espasmos de la espalda, y una amarilla para la arritmia.

Evita:
Las escaleras y llevar bastón.

Tienda favorita:
Antigüedades Militares Herman.

Pasatiempo que más le gusta:
Dar cabezadas.

Pasatiempo que menos le gusta:
Pasar un rato con su familia.

PUEDO VESTIRME YO SOLO.

EL DÍA DEL APALEAMIENTO

Episodio 9F18, emitido originalmente el 29.4.93. Guionista: John Swartzwelder. Director: Jeff Lynch.

RICHARD NIXON

Ocupación:
Fue Presidente de Estados Unidos.

Mote:
Ricardito el Tramposo.

Afiliación Política:
Republicano.

Relación con Springfield:
Ha participado en la matanza de serpientes con palos en el "Día del Apaleamiento". Vendió su alma al Diablo Flanders. Bart, en una ocasión, hizo una imitación de él, usando el culo. Intentó ganarse el favor de los votantes diciendo que bebía cerveza Duff.

YO... TAMBIÉN... EH... QUIERO EXPRESAR MI AFICIÓN POR ESA CERVEZA EN PARTICULAR.

MOMENTOS ESTELARES

La inspección del Superintendente Chalmers incluye: contar el número de estrellas de la bandera, y probar la arena del parque infantil para asegurarse de que no hay orina.

Nelson: *¿Os imagináis todo el colegio sin un solo gamberro que le dé vida?*
Jimbo: *Sin nadie que les atice a los empollones, y niños gastándose lo de la comida en comida.*
Nelson: *¡Yo no lo aguanto!*

Salidas laborales para un expulsado de la enseñanza elemental: Ser un limpiabotas (como en el siglo XIX), o ser catador de aditivos alimenticios peligrosos.

"Pero antes echemos un vistazo a una de nuestras fiestas, tachada de desagradable y pueril, por un puñado de paletos: ¡el Día del Apaleamiento!"

"¡Estad alerta, niños! ¡Podría adoptar otras formas!" El señor Ogden expulsando a Bart de la Escuela Cristiana de Springfield.

Skinner: *¿Me juzgarían muy severamente si me deshiciera de la llave?*
El jardinero Willie: *No, pero la Comisión de Padres le ablandaría el culo.*
Skinner: *Sabio consejo, Willie. Pero sobraba la grosería.*
El jardinero Willie: *Sí, señor. Es más cursi que los calzoncillos almidonados.*

"¿Se la deforma? ¿Por qué no me lo has dicho? Entonces debería de llamarse Johnny el Deformado." Bart, aceptando la propuesta de Marge de leer un libro que lleva por título: *Johnny Tremain.*

"Yo ya soy un anciano. Odio todo, salvo 'Curvas Peligrosas'. Por cierto, la están poniendo."

La canción de "Hoy es el Día del Apaleamiento", con la música de "O Christmas Tree".

"Hoy es el Dí. / Hoy es el Dí. / Día del Apaleamiento. / Palos daremos a mogollón / hasta que escupan su corazón. / Y nos liaremos a estacazos / hasta romperles el espinazo.

"Comprimir tu rabia hasta convertirla en una amarga pelotita, y soltarla en el momento adecuado. Como el día que aticé al árbitro con una botella de whisky." Homer explicándole a Lisa cómo debe de canalizar la rabia que le provoca el Día del Apaleamiento.

Lisa: *Papá, por favor, por última vez, te lo suplico: no te rebajes al nivel de esa chusma.*
Homer: *Lisa, quizá formando parte de esa chusma pueda encaminarla hacia objetivos más elevados. ¡Bueno! ¿Dónde está mi sombrerazo de vaquero y mi bocina?*

Fuerte Sensato: Así llamado después de que sus ocupantes aceptaran la oferta del enemigo, de entregar al capitán a cambio de salvar sus vidas.

(Lisa sentada en el despacho del Reverendo Lovejoy, esperando sus consejos.)
Lovejoy: (Leyendo.) *Y dijo el Señor: "Apalead a los animales que se arrastran sobre sus vientres, y vuestra acción servirá de ejemplo para muchos otros." ¿Lo ves, Lisa? ¡Hasta el Señor aprueba el Día del Apaleamiento!*
Lisa: *Déjeme ver eso.*
Lovejoy: *No.*

"Amigos, que ustedes lo apaleen bien." Miss Springfield inaugurando el Día del Apaleamiento.

Señor Ogden: *Bien, Bart, ya que eres nuevo, podrías obsequiarnos con un salmo.*
Bart: *¿Qué le parece: "Judías, Judías, Legumbre Musical"?*
Señor Ogden: *Bueno, las judías eran la base de alimentación de los israelitas. ¡Adelante!*

Skinner: *¿Le apetece un poco de gelatina, señor? Lleva una uva dentro...*
Chalmers: *¡Bueno! Uno no es de piedra...*

(Bart le pregunta al abuelo sobre cuando se hizo pasar por cabaretera en Alemania, durante la Segunda Guerra Mundial.)
Bart: *¡Abuelo! ¡Eso no es verdad...!*
Abuelo: *¡Bueno... no del todo! ¡Tuve que ir de mujer durante parte de los cuarenta! ¡Menudos modelitos había entonces!*

DETALLES QUE QUIZÁ TE HAYAS PERDIDO

Bob Woodward es el autor del libro "La Verdad Sobre el Día del Apaleamiento".

En el cartel de la Escuela Cristiana de Springfield, puede leerse: "Le devolvemos la diversión al Dogma Fundamentalista."

Lisa toca el bajo eléctrico para acompañar a Barry White. También tocó la guitarra en el episodio 9F15: "Última salida a Springfield."

Barry White también aparece en el episodio 9F19, "Krusty es Kancelado".

El coche largo que entra en el parking de Homer, que cobra 10 dólares por eje, tiene 10 ejes.

Preparándose para una inspección por sorpresa del Superintendente Chalmers, el Director Skinner encierra a Bart, Jimbo, Dolph, Kearney y Nelson, en los sótanos del colegio. Pero Bart se escapa, se lleva el tractor del jardinero Willie para dar una vuelta y termina embistiendo al Superintendente. Skinner lo expulsa del colegio.

Lisa está horrorizada porque se acerca el "Día del Apaleamiento", en el cual los habitantes de la localidad golpean a las culebras hasta matarlas. Marge decide encargarse personalmente de la educación de Bart, y monta una clase en el garaje. Bart lee *Johnny Tremain* y decide acompañar a Marge a la Ciudad Vieja de Springfield.

Llega el Día del Apaleamiento, y Lisa suplica a Homer que no participe, pero él no quiere escucharla. Con la ayuda de la voz de bajo de Barry White, Bart y Lisa esconden a todas las culebras en su casa. Cuando llega la multitud de apaleadores, Bart les dice que el origen de la fiesta está en el apaleamiento de los irlandeses. Para recompensar a Bart por sus estudios, Skinner le permite volver al colegio.

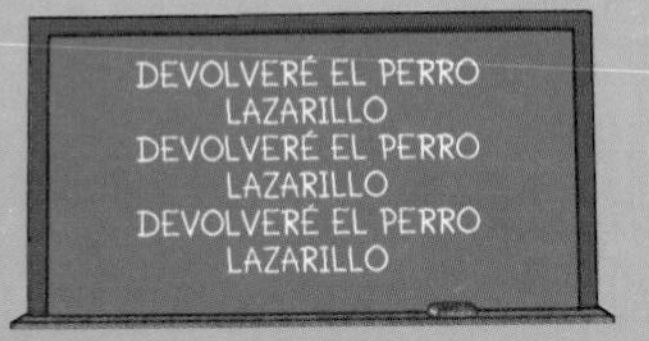
DEVOLVERÉ EL PERRO LAZARILLO
DEVOLVERÉ EL PERRO LAZARILLO
DEVOLVERÉ EL PERRO LAZARILLO

MARGE ENCADENADA

Episodio 9F20, emitido originalmente el 5.6.93. Guionistas: Bill Oakley y Josh Weinstein. Director: Jim Reardon.

L a peste asiática golpea Springfield y Homer, Bart, Lisa y el abuelo son alcanzados, dependiendo de Marge para los cuidados diarios. Mientras hace la compra en el Badulaque, se olvida de pagar una botella de whisky para el abuelo, y es arrestada por ladrona.

Homer contrata a Lionel Hutz para defender a Marge. El Jurado la encuentra culpable, y es condenada a treinta días de cárcel.

Entre barrotes, la ausencia de Marge se hace sentir en la casa y en el Rastrillo Benéfico. Sin sus famosos merengues, la Comisión del Parque de Springfield no consigue recaudar el dinero suficiente para pagar una estatua de Abraham Lincoln. En lugar de eso, compran una de Jimmy Carter. Cuando se inaugura la estatua, la gente se rebela. Marge, es finalmente liberada, todo el pueblo le da la bienvenida, y se lamentan por no haber confiado en ella.

ANNIE TATUAJES

Identidad:
Una mujer completamente tatuada.

Principal rasgo para identificarla:
Lleva un póster desplegable de la revista *Mad*, tatuado en la espalda.

Piel:
Colorida.

Personalidad:
Intensa.

Dice:
Muy pocas cosas, dejando que sus tatuajes hablen por ella.

MOMENTOS ESTELARES

"Hola, querido mundo. Soy Troy McClure, protagonista de películas como: 'P de Psicópata' y 'La Desaparición de la Nuca del Presidente'. Pero hoy he venido a hablarles de un asombroso y reciente invento."

"Lo que dicen de la tele es cierto: si ves la televisión, sufrirás condenación." Ned Flanders convencido de que Dios le está castigando con la gripe asiática por ver "Casados con Hijos".

"¡Mamá, tráeme una pastilla con morfina!" Bart, en la cama con gripe, a Marge.

"¡Señora Simpson! No ha pagado usted esta botella de whisky Coronel Kentucky del Badulaque."

"¡Salga con las manos en alto, dos tazas de café, un ambientador para coche del signo Capricornio, y algo que lleve coco rallado!"

Hutz: No se preocupe, señora Simpson. Yo... ¡Oh! ¡Oh!... hemos topado con el Juez Snyder.
Marge: ¿Eso es malo?
Hutz: Verá... es que me tiene enfilada... desde que casi atropellé a su perro.
Marge: ¿Sólo por eso?
Hutz: Bueno, sustituya la palabra "casi" por "repetidas veces", y la palabra "perro" por "hijo".

Hutz: Bien, señor Nahasapeemapetilon, si es ése su verdadero nombre... ¿A usted no se le ha olvidado nada nunca?
Apu: No. Y de hecho puedo darle de memoria la receta de 40.000 pasteles, y todos son número uno.
Homer: Mmm.... pasteles.

"A partir de ahora usaré el cotilleo para hacer el bien, en lugar del mal." Helen Lovejoy dando la bienvenida a Marge a su regreso a Springfield.

"Señor Apu: la señora Simpson afirma que olvidó que llevaba encima aquella botella de... delicioso whisky... el más dorado de los dorados licores... tan tentador... ¿Qué dices? ¿Qué quieres que te pruebe? ¡Pero si estoy en mitad de un juicio!"

(Dentro del cuerpo de Bart, los glóbulos blancos se enfrentan a unos virus.)
Glóbulo blanco 1: Sargento, hemos recibido orden de rendirnos al virus.
Glóbulo blanco 2: Sí. Hoy es día de colegio. ¡Vamos a deponer las armas!
(Los virus atacan y exterminan a los glóbulos blancos.)
Virus: ¡Oh, genial! ¡Vamos a fabricar pus!

(Burns encuentra a Homer comiendo un bocadillo en su cámara antigerminéfila de alta seguridad.)
Burns: ¿Eh? ¿Quién demonios es usted?
El cerebro de Homer: ¡Tranquilo! ¡Invéntate una buena excusa!
Homer: Mi nombre es señor Burns.
El cerebro de Homer: ¡Ooh!

Homer: Apu, quiero que retires la denuncia que le has puesto a mi mujer.
Apu: No se ofenda, pero esa choriza... ¡ya está en el trullo!
Homer: ¡Oh, vamos! ¡Soy tu mejor cliente!
Apu: Lo siento, señor Homer, pero son las enormas del Badulaque, de la Asociación de Padres y de ha Acuerdo de Defensa Dinámica: castigar a los ladrones con todo el erigor de la Ley.

Marge: Soy Marge, tu nueva compañera de celda.
Phillips: Yo soy Phillips. Me llaman así por matar a mi marido con un destornillador Phillips.

Se desvela en este episodio:
Marge tiene tres juanetes en un dedo.

Fiscal: Señoras y señores del Jurado. ¿A quién consideran ustedes más atractivo: a Tom Cruise o a Mel Gibson?
Juez: ¿Adónde pretende llegar?
Fiscal: Señoría, estoy tan sumamente convencido de la culpabilidad de Marge Simpson, que puedo perder el tiempo haciendo una encuesta sobre tíos macizos.

DETALLES QUE QUIZÁ TE HAYAS PERDIDO

Cuando los trabajadores japoneses hablan y ríen, sus diálogos están doblados.

Según un cartel que puede verse cuando se llevan el Badulaque, México está a 678 millas de Springfield.

El escudo del Alcalde dice: "Corruptus in Extremis."

En la Prisión de Mujeres de Springfield, hay un cartel que dice: "Una Cárcel para Mujeres."

En las cercanías de la caravana para las Visitas Conyugales, hay un cartel que dice: "Cuidado con el ñiana-ñiaca, que la vagoneta rueda."

Después de cambiarle el peinado a la estatua de Jimmy Carter, también cambian la placa y en lugar de "Malasia Eternamente", ponen "Marge Eternamente".

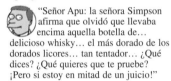

NO TENGO INMUNIDAD DIPLOMÁTICA
NO TENGO INMUNIDAD DIPLOMÁTICA
NO TENGO INMUNIDAD DIPLOMÁTICA

GABBO

Ocupación:
Muñeco del ventrílocuo Arthur Crandall. Supervalorada estrella de la televisión.

Aspecto:
Sus bisagras son visibles.

Conducta:
Divertida y sorprendente.

Talento para:
Lo mismo se marca un baile, que hace una publicidad.

¡SOY UN CHICO MUY PERVERSO!

KRUSTY ES

Los ciudadanos de Springfield son bombardeados por una campaña publicitaria que anuncia la llegada de Gabbo, un muñeco de ventrílocuo que se parece a Howdy Doody, y que habla como Jerry Lewis. El ventrílocuo Arthur Crandall y Gabbo aparecen en la televisión a la misma hora que el Programa de Krusty, el Payaso. Bart y Lisa temen que esta competición acabe con la carrera del payaso. Cuando la audiencia de Krusty cae en picado, cancelan su programa.

Los esfuerzos de Krusty por encontrar un trabajo, incluso de ganar dinero apostando en las carreras, terminan fracasando.

Decidido a acabar con Gabbo, Bart se desliza dentro del estudio, y conecta una cámara cuando Gabbo está hablando mal de sus espectadores. Bart y Lisa proponen relanzar la carrera de Krusty, emitiendo un Programa Especial, que contará con la actuación de conocidas estrellas.

Contactan con Bette Midler, Hugh Hefner, Elizabeth Taylor y los Red Hot Chili Peppers. Todos, menos la Taylor, están de acuerdo en aparecer en el programa de Krusty. Con la ayuda adicional de Johnny Carson y Luke Perry, el Especial es un gran éxito, y el Programa de Krusty vuelve a ser emitido.

MOMENTOS ESTELARES

 "La gente no para de decir 'Gabbo esto', 'Gabbo aquello', no oigo a nadie decir: 'Jericó esto', o 'Jericó aquello'."

 "Bueno, chicos. Ahora tendría que poneros un episodio de 'Rasca y Pica', pero se han pasado al programa de ese Gabbo. Pero tengo el gato y el ratón más queridos en la Europa del Este: 'Proletario y Parásito'."

"Admito haber utilizado las arcas municipales para asesinar a mis adversarios pero, como diría Gabbo: ¡Soy un chico muy perverso!"

 "¡Ah, Rex Morgan, Doctor en Medicina. Tiene un remedio infalible contra la gripe!"

 "Treinta y cinco años en el negocio del espectáculo y ya nadie se acuerda de mí. Como tampoco de aquel otro fulano... de aquel otro... ya sabéis... aquel tipo... que siempre llevaba corbata..."

Bart: Deberíamos destruir a Gabbo, lo mismo que él ha destruido a Krusty.
Lisa: El fin no justifica los medios, Bart.
Bart: Naturalmente
Lisa: No, señor.
Bart: Naturalmente.
Lisa: No, señor.
Bart: Naturalmente.
Lisa: ¡Papá!
Homer: El fin justifica todo, Lisa.

(Krusty trata de conseguir que Mel deje el trabajo en "El Atracón. Visto y No Visto".)
Krusty: ¡Tienes que volver conmigo, Mel! ¡Somos un equipo!
Mel: No, Krusty. Tú me tratas como a una zapatilla. La última fue echarme nitrógeno líquido dentro de los pantalones, y luego pegarme con un martillo en mis partes.

¡Aaaaay!: Luke Perry es disparado por el cañón de Krusty. Sale impulsado rompiendo una ventana del estudio, atraviesa el Museo del Papel de Lija, a través de una pirámide de botellas de ácido sulfúrico en el Badulaque, y entra en una fábrica de almohadas, donde tiene un feliz aterrizaje. El edificio es demolido con él en su interior.

"En directo, desde el muelle de Springfield, en donde los desagües se encuentran con la arena... ¡Los Cuadrados de Springfield!" Texto de presentación del programa "Los Cuadrados de Springfield".

Krusty: He tenido mucha competencia, y siempre he salido ganador: series, concursos, Joey Bishop...
La señorita Pennycandy: ¡Y no olvides el Especial de las Olimpíadas!
Krusty: ¡Ah, sí! ¡A ese Especial le hice papilla!

Bart: No sabía que conocieras a Luke Perry.
Krusty: ¿A ése? ¡Ese inútil de mi hermanastro!
Lisa: ¡Y una gran estrella de la tele!
Krusty: Siíi... ¡De la Fox! ¡Bah!

Lisa: ¡Krusty! ¿Puede saberse qué has hecho?
Krusty: Pensé que debía ponerme en forma, así que me he alimentado a base de batidos.
Lisa: ¿De esos batidos de régimen?
Krusty: ¡Uh, oh!

Bart: Este gracioso personajillo puede conquistar al público. Lo único que necesita es un gancho.
Gabbo: ¡Soy un chico muy perverso!
Bart: ¡Je, es de los míos!

Gabbo: Y como todos los días, llegó la hora de las bromas pesadas y patentadas de Gabbo. ¡Oh, me encantan!
Bart: No puedo creerlo. Esto se lo ha plagiado a Krusty.
Lisa: Sí, y Krusty se lo había plagiado a Steve Allen.

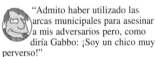
NO COBRARÉ POR ENTRAR EN EL BAÑO
NO COBRARÉ POR ENTRAR EN EL BAÑO
NO COBRARÉ POR ENTRAR EN EL BAÑO

DETALLES QUE QUIZÁ TE HAYAS PERDIDO

El chiste de Gabbo: "¡Ah! ¡Qué a gusto sin esos Hijos de P...!", que dice cuando ya no está en el aire (que luego repite Kent Brockman), está tomado de un programa infantil de los años 50, en el cual el presentador preguntaba: "¿Estamos en el aire?", y luego añadía: "Me gustaría estar otra semana sin esos Hijos de P..." Él no sabía que estaba en el aire, y era despedido.

En el titular del *Springfield Variety* se puede leer: "Gabbo Fabuloso, Krusty Oxidado."

Después de que Quimby confiesa haber usado los Fondos Municipales para financiar el asesinato de sus enemigos, el *Springfield Shopper* escribe el siguiente titular: "Triunfo aplastante de Quimby en las elecciones." Y, en letra más pequeña: "Aparecen dos cadáveres más, en el muelle de Springfield."

El cartel de "Retirada de Basura, por cortesía de Bette Midler" está inspirado en los carteles auténticos de las autopistas de Los Ángeles.

El titular del *Springfield Shopper* dice: "Hoy se emite el Especial de Krusty." Y más abajo dice: "Gabbo emitirá hoy una Operación 'Chico Real'."

La máquina del Test del Amor, que hay en la Taberna de Moe, tiene varias categorías, de mayor a menor: "Tamales Calientes", "Casanova", "Hubba, Hubba", "Pescado Templado" y "Pescado Congelado".

KANCELADO

Episodio 9F19,
emitido originalmente el 13.5.93.
Guionista: John Swartzwelder.
Director: David Silverman.

Gabbo se presenta:

Gabbo: *¡Vais a quererme! / ¡Vais a adorarme! / ¡Hago de todo! / ¡Y no muy mal!*
(Gabbo salta al suelo desde las rodillas de Arthur Crandall.)
Gabbo: *¡Lo mismo me marco un baile!*
(Comienza a bailar salvajemente.)
Gabbo: *Que hago una publicidad... Hagamos una pausa en este excelente partido, para hablar de las salchichas de puro cerdo: el Granjero Dan.*
(Gabbo lanza monedas al público.)
Gabbo: *¡Igual regalo dinero, / que del tiempo soy viajero!*
(Desaparece en el aire, y reaparece junto a uno de los anglosajones que primero llegaron a América.)
(Entran cantando unos soldados de juguete.)
Soldados de juguete: *¡Vais a quererlo!*
(Entran cantando unos cosacos de juguete.)
Cosacos de juguete: *¡Vais a adorarlo!*
(Se abre el telón y vemos a unos payasos y bailarinas de juguete que cantan y bailan a coro, junto a una orquesta de juguete.)
Todos: *¡Porque Gabbo es el mejooooooor!*
(Cinco aviones salen de detrás del telón, dejando estelas de colores.)

Krusty y Johnny en el Programa Especial:

Krusty: *¡Bueno, Johnny! ¿Qué nos vas a ofrecer: un chiste, un juego de magia?*
Johnny Carson: *Pensaba levantar este Buick Skylark, del 87, por encima de mi cabeza.*
(Johnny camina hacia el coche, lo levanta sobre su cabeza y sorprende a la audiencia.)
Krusty: *¡Hala! ¡Huy, Johnny, eres increíble!*
Johnny Carson: *¿Tú crees? ¡Pues esto no es nada!*
(Hace que el coche dé vueltas sobre su cabeza mientras canta ópera.)

Krusty: *¡He vuelto a ser una estrella! ¡No sé cómo agradecéroslo, chicos!*
Bart: *No importa, Krusty.*
Lisa: *¡Desde ahora, tus camisas nos costarán la mitad!*
Krusty: *¿Quéee? ¡Este chollo es inaceptable! ¡Ni hablar! ¡Bah! ¡Qué demonios! ¡Os lo merecéis! ¡Gracias, chicos!*

(Krusty está entre bambalinas, mirando la actuación de los Red Hot Chili Peppers.)
Krusty: *¡Mira que cantar en ropa interior! ¡Qué poca vergüenza!*
Director de Escena: *¡Treinta segundos para el número del mal olor!*
Krusty: *¡Una piruleta más grande!*

Krusty y los Red Hot Chili Peppers:

Krusty: *¡Chicos...! La productora no aprueba algunas de vuestras letras. ¿Os importaría cambiarlas un poco?*
Anthony: *¡Ni lo sueñes, payaso!*
Chad: *Las letras son como hijos nuestros: no se cambian.*
Krusty: *Bueno, está bien. Pero donde decís: "Tengo lo que tengo y voy a metértelo..." ¿No podríais decir: "Me gustaría abrazarte y darte un beso?"*
Flea: *¡Eh! ¡Queda mucho mejor!*
Arik: *¡Y a todo el mundo le encantará!*

CARTELES DE SPRINGFIELD Y ALREDEDORES

Esta noche, en ruso. Póster publicitario de la ópera "Carmen", que van a ver los Simpson. El director que se ve en el póster es Boris Csuposki, alusión al nombre del productor y director de animación de "Los Simpson", Gabor Csupo. (7G02)

Nuestro récord de seguridad: [7] días desde el último accidente. Escrito de la Planta Nuclear de Springfield. (7G03)

Se disparará sobre los furtivos. Letrero en la entrada de la finca de Burns. (7G04)

Damos crédito a todos; crédito bueno, crédito malo, bancarrota. Carteles en el despacho de Bob. (7G09)

Hamburguesas mitad hombre mitad mono; fotografíese con Pies Grandes. Pancartas que indican la llegada al paraje de Pies Grandes. (7G09)

Florence de Arabia; Moulin bleu; Boxeo Sexy; Ciudad del Fango; El Salón Zafiro. Salas de desnudos. (7G10)

Ojo, radiactividad. Cartel en el suelo de la Planta Nuclear de Springfield. (7G11)

Sírvase café a su gusto. 25 centavos la taza. Escrito en el recipiente donde se mantiene caliente el café, en la Planta Nuclear. (7F02)

Lo que se rompe, se paga. Cartel en el interior de la tienda de ropa Royal Majesty, para advertencia de los caballeros obesos o desgarbados. (7F02)

Caja de Ahorros desde 1890-1988, 1988. Cartel del banco. (7F05)

Un trofeo para todo el mundo. Uno de los trofeos que Bart tiene en su estante. (7F08)

¿Y si explota un gato y nadie se ríe? Cartel en una manifestación contra "El show de Pica y Rasca". (7F09)

Si no encuentras un león con descuento, te esperamos en África. Cláusula del León Safari. (7F17)

¡No tiene que estar loco para que lo metan aquí, pero estarlo ayuda! Tu madre no está aquí, de manera que haz limpieza tú mismo. Cartel del sanatorio para los emocionalmente interesantes. (7F24)

Psicólogo de Chorri-landia. Letrero en la puerta del gabinete del doctor Marvin Monroe. (8F02)

El camino recto hacia la limpieza. Escrito en la chaqueta que lleva el hombre que recoge los cigarrillos de Bart. (8F03)

Sólo para tus muslos; Tócala otra vez, Sam; El doctor en paños menores. Títulos de películas no toleradas para menores. (8F05)

Todas las criaturas grandes y baratas. Cartel de la tienda de animales, donde Homer acude en primer lugar para comprar un poni a Lisa. (8F06)

Huesos de goma, acarícielo y es suyo. Cartel de la tienda donde venden los mejores bichos y los más baratos. (8F06)

Chicos no amenazadores. El título de una revista que lee Lisa. (8F11, 7F14)

Les empujamos la risa por la garganta. Eslogan de la pizzería E. Weasel's. (8F11)

Cuando la lógica se va de vacaciones; todas las leyes de la naturaleza no significan nada. El eslogan del lugar misterioso de Springfield. (8F13)

Ernest necesita un riñón. Título de la película que echan en el cine Azteca. (8F16)

La ciencia explicada muy muy sencillamente. Título del libro que lee Bart que explica cómo al gas puede prendérsele fuego. (8F20)

¡Local desratizado! Rótulo que puede leerse en el local donde se celebra la elección de Miss Springfield. (9F02)

Inmobiliaria Pescado Apestoso. Nombre de la inmobiliaria a la que se dirigen Homer y Marge para encontrar su primera casa. (9F08)

Con un nombre tan malo, tenemos que ser buenos. Divisa de la inmobiliaria Pescado Apestoso. (9F08)

Dentista indoloro (Antiguo dentista doloroso). Rótulo del gabinete del dentista. (9F15)

Desnudos a las once; La rana cachonda. Títulos de películas no aptas para menores del cine de Springfield. (9F15)

Entra en las malas tierras: Las persecuciones a toda velocidad por la ruta Diamond. Cartel de la autopista. (1F03)

Toda clase de calcomanías; La coma y el punto G; El goloso; Récord de vídeos piratas; Abierto

toda la noche; Reservas; Bateadores; Cubiertas de bicicleta. Clamorosos locales nocturnos para chicos y letreros que Bart ve en la excitada noche que pasa en la ciudad. (1F06)

El esperma del amor; Se lo haría a cualquiera. Títulos de películas no aptas para menores. (1F08)

Siete días sin beber me dejan para el arrastre. Letrero junto al bar en el sótano de los Flanders. ((1F09)

Petroquímica Petrochen. Cartel delante de la fábrica de Malibu Stacy. (1F12)

Productores orgullosos de prolipopileno cáustico y Malibu Stacy. Cartel más pequeño frente a la fábrica de Malibu Stacy. (1F12)

No derramar mercurio sin permiso. Cartel en el lago Springfield. (1F14)

Pozos de brea prehistóricos de Springfield. El mejor entretenimiento - Time Magazine. Cartel de los pozos de alquitrán de Springfield. (1F15)

Lionel Hutz (también experto en calzado). Anuncio para ofrecer los servicios de Lionel Hutz. (1F16)

Deprogramadores cerebrales Conformco, filial de las Galletas de la señora Fields. Cartel en el exterior de la oficina que visitan Homer y Marge (1F16)

Equipo de manipulación de relojes. Nombre del juego que usa Bart para hacer ir más deprisa las campanas de la escuela de Springfield. (1F19).

Entran ignaros y salen ilustrados. Cartel en la puerta del anexo de la Educación para Adultos. (1F20).

Apartamentos Hal Roach. Vida de reposo en el distrito del cementerio. Cartel de los Apartamentos Hal Roach. (1F21).

Boda privada. Vaya a rezar a otra parte. Letrero en la Primera Iglesia de Springfield. (1F21).

Baile de la tercera edad. Letrero en el centro comunitario de Springfield. (1F21).

No afiliados al planeta Venus. Mensaje en el Salón de Novias Venus. (1F21).

¡Tiburones de la Piscina! El comprador es colega nuestro. Cartel de Tiburones de la Pisicina, tienda de piscinas. (1F22).

Cuero bastardo y viajero. Escrito en la riñonera de Bart. (2F01).

Centro de Contraeducación. Donde la elite se conoce para acabar de fastidiarse. Cartel del Centro de Contraeducación. (2F03).

Bien venidos al Congreso de dulces y raticidas con forma de caramelo. Escritos en las respectivas casetas de la convención. (2F06).

Compre dos libros y llévese uno. Cartel colgado en el exterior de una librería que se llama: ¡Libros, libros y más libros! (2F07).

Sexo erótico limpio; Cómo seducir al perezoso y guarro de tu marido; Un burdel como tiene que ser; Obra sexual; Rebaje peso haciendo el sexo. Títulos de libros sobre el sexo de la librería ¡Libros, libros y más libros! (2F07).

Le dije que no tirara eso por el retrete. El eslogan publicitario del taller de fontanería. (2F09).

¡Extra! ¡Extra! Bart nombrado mayor máquina sexual del mundo. El titular de un periódico sensacionalista. (2F14).

Operando gracias a la lentitud del sistema de apelaciones. Frase que se lee en la Planta Nuclear de Springfield. (2F15).

Construyendo un mañana mejor... para él. Eslogan de la compañía constructora de Burns. (2F16).

Tienda de mascotas de Springfield: "Nuestros mascotas caben por el desagüe". Cartel de la tienda de animales de Springfield. (2F18).

Canódromo de Springfield: Imagine que son caballitos. Letrero que se lee en el canódromo de Springfield. (2F18).

8.00: Fumigación de árboles frutales / 8.15: Orquesta semiclásica / 8.30: Fumigación, / segundo pase. Cartel del parque Jebediah de Springfield. (2F21).

Magacín Cebo para Osos; Saltador de Rocas: El magacín para la gente que gusta de saltar de roca en roca; Los enamorados del peligro; Magacín del motocrós; Magacín del comecristales. Títulos de magacines peligrosos. (2F21).

KJAZZ-152: Los americanos no se equivocan. El cartel de KJAZZ. (2F32).

Venga por los funerales, quédese por la empanada. Cartel del cementerio de Springfield. (2F32).

¡50 millones de fumadores no pueden estar equivocados! Anuncio de la agencia de publicidad. (3F04).

Cuando la bomba H no basta. Eslogan del laboratorio de armas bacteriológicas. (3F06).

En honor del nacimiento de Nuestro Salvador, Try-N-Save está abierto en Navidad. Cartel colgado en Try-N-Save. (3F07).

Hogar de las palizas con pastillas de jabón. Cartel en el reformatorio. (3F07).

Fuerzas aéreas de EE.UU. (No afiliada a U.S. AIR). Escrito de la base aérea de Estados Unidos. (3F08).

Duff y las Fuerzas Aéreas: 50 años volando alto. Cartel en el stand de la cerveza Duff. (3F08).

No se aceptan parchises. Escrito en los panfletos donados con fines caritativos. (3F09).

Curiosee a sus anchas. Invitación para entrar en el mercado de la moda de ocasión. (3F11).

No puedo creer que esto sea un bufete de abogados. El nombre del bufete de abogados de Lionel Hultz. (3F16).

Pida por nuestra sábana de alquiler. Escrito en la marquesina del peor hotel del Oeste, donde se alojó Roger Myers tras perder su fortuna. (3F16).

Nada de mañana, se cobra por adelantado. Nueva tarjeta de Lionel Hutz. (3F16).

Luz roja, Boris Yeltsin; luz amarilla, hediondo; luz morada, como una cuba; luz verde, achispado. Resultados de la prueba de alcoholismo de Moe. ("Yeltsin" es el no va más de la borrachera.) (3G01).

Un reaccionario ve un platillo volante. Titular del *Springfield Shopper* donde se explica que Homer ha visto a un OVNI. (3G01).

Invadiendo su vida privada durante 60 años. Escrito en la filial del FBI de Springfield. (3G01).

Tío alienígena: Necesita dos entradas para Pearl Jam. Cartel de Jimbo Jones. (3G01).

Homer tenía razón; No hay pollos alienígenas gordos; Homer es un primo. Menajes en camisetas a la venta. (3G01).

Ahora 40 % más pintoresco. Escrito en el molino de sidra del histórico monte Swartzwelder. (4F05).

ME BAJO LOS PANTALONES POR COMIDA

EL CUARTETO VOCAL DE HOMER

Episodio 9F21, emitido originalmente el 30.9.93. Guionista: Jeff Martin. Director: Mark Kirkland. Productor Ejecutivo: David Mirkin.

NIGEL

Ocupación:
Descubridor de estrellas; hacedor de fortunas; no llevar sombrero.

Forma de trabajar:
Husmear por los bares de pequeñas localidades, en busca de nuevos talentos desconocidos.

País de origen:
Gran Bretaña.

Descripción:
Larga cabellera morena, recogida en una coleta trasera, traje azul, camisa roja, corbata blanca, pañuelo rojo y blanco.

CABALLEROS. ACABÁIS JUSTAMENTE DE GRABAR VUESTRO PRIMER NÚMERO UNO.

MOMENTOS ESTELARES

"Bien venidos al Mercadillo de Intercambio de Springfield. Ich bin ein cliente del Mercadillo de Intercambio."

"Yo llevé uno igual en un Centro de Internamiento del Viet-Cong. Jamás pensé que volvería a verlo. Aún me cabe." Skinner, encontrando una máscara de hierro en la que pone: "Prisionero 24601."

"Basura. Basura. ¡Bah! El avión está boca abajo. ¿Stra-di-qué?" Homer rebuscando en la caja del señor Glick, y despreciando la Declaración de la Independencia de Estados Unidos, un número uno del "Action Comics", una plancha de sellos difíciles y un violín de Stradivarius.

"El caso es que sucedió durante el mágico verano del 85. El maduro Joe Piscopo abandonó 'Saturday Night Live' para conquistar Hollywood. La revista 'People Express' introdujo a una generación de catetos en los viajes en avión, y yo estaba en un cuarteto vocal."

"El Rock estaba ya estancado. 'Achy Breaky Heart' no se editaría hasta siete años después. Algo tenía que llenar el vacío y, naturalmente, fuimos los grupos vocales." Homer comenzando a contar su historia.

"Suena neoyorquino." Nigel explicando sus razones de por qué el Jefe Wiggum debe de abandonar el grupo.

"Vale. ¿Por qué no? ¿Dónde estará mi mondadientes?" Barney, a cuatro patas en el WC de caballeros, aceptando la oferta de cantar con el grupo de Homer.

"¡Y el Grammy al mejor Grupo Vocal de Música Soul, y Mejor LP del Año es para los... Sol-Fa-Mi-Das!" David Crosby anunciando el Ganador de los 29 Premios Anuales Grammy.

Homer: ¡Jamás olvidaré mis cinco semanas y media en la cumbre!
Bart: ¡Vaya! ¡Menuda historia!
Lisa: ¡Pero aquí hay cosas que no entiendo! ¿Cómo es que todo esto no lo hemos sabido hasta hoy?
Bart: ¿Y qué pasó con la pasta que ganaste?
Lisa: ¿Por qué no has colgado tu disco de oro?
Bart: ¿Desde cuándo sabes tú componer?
Homer: Todas esas preguntas tienen su respuesta, pero tendréis que esperar hasta otro día.

El Nombre:
Skinner: Ha de ser un nombre ingenioso, que cuanto más lo oigas, menos gracia te haga.
Apu: ¿Qué os parece los "Sol-Fa-Mi-Das"?
Skinner: Perfecto.
Homer: Los "Sol-Fa-Mi-Das".

Lisa: No entiendo por qué no seguís siendo famosos.
Bart: ¿Metisteis la pata como los Beatles, y dijisteis que erais más conocidos que Jesús?
Homer: ¡Qué casualidad! ¡Era el título de nuestro segundo L.P.!

La letra de "Bebé a Bordo":
Cómo me mola el cartel. / Bebé a bordo, / en el cristal de mi coche. / Quiero viajar / con mi bebé. / Ya no puedo ir en el coche sin él. / Bebé a bordo, / dice el cartel. / Ya no puedo ir en el coche sin él / y es que está francamente bien / es un viaje hacia el Edén, / si está a bordo mi bebé.

Homer: Y pronto conoceríamos una importante regla del mundo del espectáculo: ¡Todo lo que sube, debe bajar!
Lisa: ¿Sí? ¿Y qué me dices de Bob Hope, que es famoso desde hace más de 50 años?
Bart: Y Sinatra.
Homer: La cuestión es que nos estábamos cansando ya de...
Lisa: Dean Martin sigue gustando.
Bart: Como Tom Jones.
Homer: ¡Ya vale!

Bart: Papá... ¿cuándo grabaste un L.P.?
Homer: Me sorprende que no lo recuerdes, hijo. Eso fue sólo hace ocho años.
Bart: Papá, gracias a la tele no recuerdo ni qué pasó hace ocho minutos.

(Apu se presenta a Nigel.)
Apu: Apu Nahasapeemapetilon.
Nigel: ¡Bah! Eso no cabe en los carteles. A partir de ahora serás Apu Du Beaumarchais.
Apu: Será deshonrar a mis antepasados y a mis Dioses, pero vale.

DETALLES QUE QUIZÁ TE HAYAS PERDIDO

En su mesa del Mercadillo de Intercambios, Marge tiene a la venta su "Adonis Calvo", un retrato de Ringo Starr, y un cuadro de Burns. (Todos ellos aparecen en el episodio 7F18: "Pinta con Grandeza".) También tiene la marina que habitualmente está colgada encima del sofá.
David Crosby también aparece en el episodio 9F20, "Marge Encadenada".

Bart y Lisa, dando vueltas por el Mercado de Intercambio se encuentran con un viejo disco, con una foto de Homer en la cubierta. Homer les cuenta cómo, en el verano del 85, junto al Jefe Wiggum, el Director Skinner y Apu, formaron un cuarteto vocal.

A sugerencia de su manager, Nigel, reemplazaron a Wiggum por Barney, que tenía una maravillosa voz de tenor. Se hicieron llamar los "Sol-Fa-Mi-Das". Inspirado por Marge, Homer compuso una canción: "Bebé a bordo", que se convirtió en un superventas. El álbum del grupo recibió un Premio Grammy, y se convirtieron en el centro de una grandiosa campaña de merchandising. Homer, incluso llegó a encontrarse con George Harrison.

El meteórico ascenso de la banda duró poco. Marge se quejaba de que Homer estaba constantemente de gira, y a ella le costaba mucho criar a los niños en solitario. Entre los miembros del grupo comenzaron a nacer desacuerdos sobre las letras de las canciones, y enemistades personales. Barney salía con una artista conceptual japonesa, llamada Kako, cosa que los demás veían con desagrado. Después de cinco semanas y media, la banda se deshizo...

Homer termina de contar la historia y, sintiéndose nostálgico, se reúne con los otros miembros de la banda en la terraza de la Taberna de Moe.

NUNCA ME CREARÉ ENEMIGOS
NUNCA ME CREARÉ ENEMIGOS
NUNCA ME CREARÉ ENEMIGOS
NUNCA ME CREARÉ ENEMIGOS
NUNCA ME CREARÉ ENEMIGOS
NUNCA ME CREARÉ ENEMIGOS

EL CABO DEL MIEDO

Episodio 9F22, emitido originalmente el 7.10.93. Guionista: Jon Vitti. Director: Rich Moore.

Bart recibe una carta anónima, escrita con sangre, amenazándolo de muerte. Se vuelve paranoico, incluso llegando a sospechar de los miembros de su propia familia. En realidad el autor de las cartas es el Actor Secundario Bob, desde la prisión. Pero pronto le dejan en libertad condicional, y planea su venganza contra Bart por haberle enviado a la cárcel.

El Actor Secundario Bob lanza una campaña para aterrorizar a Bart. Homer y Marge piden ayuda al F.B.I. que les recomienda que la familia se acoja al Programa de Protección de Testigos, y los envía al Lago del Terror, una urbanización fuera de Springfield. Agarrado a los bajos del coche, el Actor Secundario Bob acompaña a los Simpson a su nueva vida.

Rebautizados ahora como "Los Thompson", les dan un yate como nueva residencia. La noche de su llegada, Actor Secundario Bob ata y amordaza a todos, excepto a Bart, suelta las amarras de la barca, y entra en su camarote, planeando matarle. Bart escapa por la ventana, pero es acorralado por Bob, en la popa del barco. Como último deseo, Bart solicita que le cante toda la banda sonora de "H. M.

S. Pinafore". Mientras Bob lo hace, el barco llega a Springfield, donde el Jefe Wiggum lo arresta.

> INTENTO DE ASESINATO. HONESTAMENTE... ¿QUÉ QUIERE DECIR ESO? ¿DAN UN PREMIO NOBEL POR UN ATENTADO QUÍMICO?

MOMENTOS ESTELARES

"¡Ay, Madre! ¡Alguien quiere matarme! ¡Ah, no, espera! ¡Esto es para Bart!" Homer abriendo accidentalmente una de las cartas de Bob, dirigida a Bart.

"¿Quién puede querer matarme? ¡Soy el 'Daniel el Travieso' de esta centuria!"

"¡No es alemán! Significa: 'El Bart, el'." Actor Secundario Bob, explicando su tatuaje en el pecho en el que dice: "Muere Bart, muere."

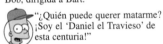

"¡El Actor Secundario Bob no tiene vergüenza: me llamó Jefe Ligón!"

Milhouse a Bart: "He estado investigando. Sé que las niñas te llaman 'Bartolo Gordito', y que Nelson pretende bajarte los pantalones, pero nadie quiere matarte."

"¡Uuuh! ¡Yo quiero llamarme John Elway!" La elección de Homer de una nueva identidad.

El Arresto:
Jefe Wiggum: *¡Alto! Actor Secundario Bob... ¡Queda detenido!*
Bob: *¡Por las barbas de Belcebú!*
Jefe Wiggum: *¡AH... sí! ¡Fue suerte que la corriente les trajera a este burdel!*
Bart: *Sabía que tenía que hacer tiempo, así que le pedí que me cantara las canciones de "H. M. S. Pinafore".*
Homer: *¡Uuuh! ¡Tengo un hijo que es la astucia personificada!*
Bart: *¡Lleváoslo, muchachos!*
Jefe Wiggum: *¡Eeh! ¡Aquí soy yo el que manda!*
Lou: *¿Qué ha dicho, jefe?*
Jefe Wiggum: *¡Lo que ha dicho éste!*

"Yo seré Gus, el adorable deshollinador: limpio como una patena, astuto como un zorro, el mejor de Westminster." Bart expresando su deseo de una nueva identidad.

"El Cabo del Miedo, El Lago del Terror, Nuevos Horrores, Sangre Vil." Opciones que les dan a los Simpson de nuevos emplazamientos, en los que puedan llevar una vida segura.

La audición:
El abogado de Burns: *Robert... Si le soltáramos ahora, ¿sería una amenaza para ese tal Bart Simpson?*
Bob, el Actor Secundario: *¿Bart Simpson? ¡Bah! ¿Ese endiablado pícaro que desbarató dos veces mis malvados planes, enviándome a este húmedo e infernal agujero chorreante de meados?*
Oficial: *Ha dicho "húmedo e infernal agujero chorreante de meados", pudiendo decir "incómoda estancia llena de pipí".*
Bob, el Actor Secundario: *Lo retiro alegremente.*

DETALLES QUE QUIZÁ TE HAYAS PERDIDO

Bob, el actor Secundario escribe una nota a "Vida en estos Estados Unidos", una sección del "Selecciones del Reader's Digest".

Todas las notas están escritas por Bob, excepto la de "Te voy a matar, Escoria", que la escribió Homer cuando Bob le tatuó en el trasero: "Carga Ancha."

Los diferentes tatuajes de Bob: "Muere, Bart, Muere", "¡Ay, tío!" (con la cabeza de Bart sobre una tabla de skate), una calavera y unas tibias, AMOR (en una mano) y ODIO (en la otra mano).

Bob se golpea con nueve rastrillos, cuando llega a la nueva residencia de los Thompson.

Homenaje cinematográfico:
El episodio caricaturiza la película *El Cabo del miedo.* Y también contiene elementos de *Psicosis,* cuando Bob, busca alojamiento en el Motel Bates del Lago del Terror.

Lisa: *¡Bart, creo que lo he resuelto! Dime, ¿a quién llevas años gastándole bromitas por teléfono?*
Bart: *¿A Linda Lavin?*
Lisa: *No, alguien que se lo merezca menos que ella.*

Jefe Wiggum: *Me gustaría ayudarla, señora, pero... no creo que haya una Ley que prohíba escribir cartas amenazadoras...*
Marge: *¡Pues yo creo que sí que la hay!*
Jefe Wiggum: *¡Ja! Cuando quiera recibir lecciones de Derecho...*
Lou: *¡Jefe, ella tiene razón!*
Jefe Wiggum: *¡Bien! Pues mira qué gracia... ¡Claro que también está prohibido meterse ardillas en los pantalones para hacer apuestas de resistencia.!*

UNA FREIDORA DE BAR NO ES UN JUGUETE
UNA FREIDORA DE BAR NO ES UN JUGUETE
UNA FREIDORA DE BAR NO ES UN JUGUETE
UNA FREIDORA DE BAR NO ES UN JUGUETE

BENJAMIN, DOUG Y GARY

Posición en la comunidad:
Estudiantes muy empollones en física, y compañeros de dormitorio en la Universidad de Springfield.

Señas de identidad:
Benjamin lleva una calculadora en la cadera. Doug es grueso y lleva un bolsillo con protectores. Gary lleva gafas de pasta negra y tiene la voz más peculiar de todos.

Juego favorito:
Estar en solitario en el ordenador.

Les gusta:
Los chistes de *Monty Python*, las reuniones de aficionados a la serie de TV *Star Trek*, y las lonchas de queso americano.

Les molesta:
La gente pesada que, en Internet, se empeña en decir que el capitán Picard es mejor que el capitán Kirk, ambos de *Star Trek*.

SEÑOR SIMPSON. NOS SANGRA LA NARIZ.

HOMER ASISTE A LA UNIVERSIDAD
Episodio 1F02, emitido originalmente el 14.10.93. Guionista: Conan O´Brien. Director: Jim Reardon.

La Comisión Reguladora Nuclear hace una inspección por sorpresa en la planta nuclear de Springfield. Durante un simulacro de emergencia en la vagoneta de los inspectores, Homer, sin proponérselo, provoca una fusión nuclear. Los agentes de la CRN le dicen a Burns que el trabajo de Homer debe de ser realizado por alguien con conocimientos universitarios de física nuclear. Homer pide la admisión en varias universidades, pero todas lo rechazan. Burns consigue que lo admitan en la Universidad de Springfield.

Después de que Homer provoca un accidente en la clase de física nuclear, el profesor recomienda que sea tutorado por tres chicos muy empollones: Gary, Doug y Benjamin. Pero Homer le da la vuelta a la situación y los arrastra a la gamberrada de secuestrar la mascota de una cercana universidad: la Springfield A&M. Los empollones son atrapados y expulsados por el Decano.

Homer traza un plan para que los chicos sean readmitidos, pero el plan falla y el Decano es atropellado. En el hospital, Homer le confiesa que la idea de secuestrar a la mascota fue suya, y los chicos son readmitidos. Cuando Homer falla en su examen final, los empollones cambian sus notas en el ordenador, otorgándole un sobresaliente. Marge se entera y le dice a Homer que debe repetir curso.

MOMENTOS ESTELARES

"Debe haber algún error. Aquí... fabricamos... ¡galletas! Las extracrujientes y exquisitas galletas caseras del señor Burns." El señor Burns a los inspectores de la Comisión Reguladora Nuclear.

"Los sabuesos de la seguridad pública. ¡Vida deleznable la suya!"

"Recuerdo que ésa fue la vez que más vomité. Y cambió mi vida para siempre." Homer terminando de rellenar su formulario de admisión para una Universidad.

Por qué Homer no entró en la Universidad cuando era joven:
Porque cuando ya casi estaba admitido, y sólo le faltaba firmar la solicitud de ingreso, salió al exterior a intentar quedarse con un jamón que había robado un perro.

"Bravo, Bitterman... ese joven será un perfecto fichaje para mi gabinete: Secretario de Parrandas." El Presidente de Estados Unidos al Decano, después de que Corey y Nerdlinger hayan hecho detonar una bomba de sostenes, cubriendo el campus de ropa interior femenina. Secuencia de la película: *Escuela de Buenas Domingas.*

"Marge, intenta comprenderlo. Hay dos tipos de estudiantes: los fuertes y los gilís. ¡Como atleta es mi deber hacerle la vida imposible a los gilís!"

"Has ganado una batallita, Decano... pero la guerra aún no ha terminado."

"¡Uauh! ¡No nos permitirán emitir otra vez este episodio, ni en un millón de años!" Krusty hablando del episodio de dibujos animados, de los que Bart y Lisa se han perdido el final.

"¡Yujuuu! ¡Soy universitario! ¡Ya no necesito mi diploma del Insti!"

Homer, intentando rellenar la solicitud de admisión a la Universidad:

Lisa: *Papá, no dejes que esos formularios te echen atrás. A ver...* (leyendo) *"Cita tus tres libros favoritos y di cómo influyeron en tu vida."*
Homer: *¿La "Teleguía" es un libro?*
Lisa: *No.*
Homer: *¿"Víbora"?*
Lisa: *No.*
Homer: *"Yo", de Katherine Hepburn.*
Lisa: *¡No!*
Homer: (Sollozando.) *¡Aaah! ¡Qué desastre!*

DETALLES QUE QUIZÁ TE HAYAS PERDIDO

Cubriendo las paredes del dormitorio de Homer y Marge durante sus días universitarios, hay pósters de pies de bailarina, de W. C. Fields jugando a las cartas y de Albert Einstein sacando la lengua.

Un cartel en la entrada de la Universidad A & M de Springfield dice: *"Si estudias aquí, ya deberías estar en casa."*

En el despacho del Decano hay un póster del disco *"Dark Side of the Moon"* de Pink Floyd.

Los créditos que aparecen al final del episodio incluyen imágenes de Homer haciendo esquí acuático, un Homer desnudo siendo azotado por los veteranos, Nixon llevando un sostén en la cabeza, y de Homer empujando al Decano dentro de la piscina.

Homer: *Chicos, quiero que me tutoréis en física.*
Doug: *Has venido al lugar adecuado. Si de algo sabemos nosotros es de ciencia...*
Benjamin: *Y mates.*
Gary: *Y de números cómicos de Monty Python.*
Los tres al unísono: *"Somos los caballeros de... Nee... Nee... Nee... Nee... Nee..."*
Homer: *¡Je, je! "Nee..."*

(Brillando intensamente, la caravana del simulador del Comité Regulador Nuclear, se hunde en la tierra. Homer reaparece escalando las paredes del cráter, con un brillo verde intenso.)
Homer: (Con ferocidad.) *Destruiré... a... la... Humanidad...*
(Suena la alarma de su reloj, y desaparece su brillo verde.)
Homer: *Hmmm... ¡hora del bocata!*

Profesor: *Daré una lección explicativa de repaso, después de cada clase, para aquellos que quieran quedarse.*
Homer: *¿Es obligatorio?*
Profesor: *No.*
Homer: *Pues dale un besito de despedida, a lo que se mueve.*
(Homer abandona el aula a la carrera y poco después se le puede ver a través de la ventana persiguiendo ardillas.)

Homenajes televisivos:
Los empollones viven en la habitación 222, el nombre de una popular serie de la TV.

El señor Burns intenta sobornar a los inspectores nucleares ofreciéndoles una lavadora o una secadora, que les muestra Smithers, o una caja de contenido desconocido. Como en el famoso concurso "Hagamos un Trato".

Agente de la CRN: *Aún no sé cómo se provocó la fusión. No había material nuclear en la unidad...*
Señor Burns: *¡Bueno, está bien! Hablemos de sobornos... ¡Vean! Pueden elegir entre la lavadora o la secadora que les muestra el atractivo Smithers, o pueden cambiar ambas cosas por lo que hay en esta caja...*
Agente de la CRN: *¡La caja! ¡La caja!*

CIUDADANO BURNS

Episodio 1F01, emitido originalmente el 18.3.93. Guionista: John Swartzwelder. Director: David Silverman.

L lega el cumpleaños del señor Burns. Deprimido, lo único que realmente desea es su perdido osito de la infancia: Bobo.

Pese a todo, Smithers le organiza una grandiosa fiesta con grandes estadistas, y consigue que Los Ramones interpreten el "Cumpleaños Feliz" para él. Cuando Homer hace una parodia de su jefe, éste ordena que feroces policías golpeen a los asistentes.

Bart acude al Badulaque a comprar una bolsa de hielo para los golpes de Homer. En una de las bolsas, encuentra un andrajoso osito, que regala a Maggie. Cuando Homer se da cuenta de que ese osito es Bobo, se lo ofrece a Burns a cambio de una exorbitante suma. Burns está de acuerdo, pero Homer comprende lo mucho que quiere Maggie al osito, y rechaza la oferta.

Burns y Smithers tratan en vano de robar a Bobo. También fracasan en su intento de poner a todos los habitantes de Springfield en contra de los Simpson. Finalmente, Burns se rinde, y aconseja a Maggie que nunca se deshaga del osito. Sintiendo pena de Burns, Maggie se lo devuelve.

MOMENTOS ESTELARES

La fantasía de Smithers sobre su regalo de cumpleaños: El señor Burns sale del interior de una tarta, vestido únicamente con una banda, y canta "Feliz día, señor Smithers", tal y como lo hacía Marilyn Monroe.

"¡Aparta de mí, fracasado!" George Bush a Jimmy Carter, después de ser ambos rechazados de la fiesta de Burns.

"Mmmm... 64 lonchas de queso americano." Homer haciendo un resopón nocturno.

La conquista de la televisión por el señor Burns: "Como ve, Simpson, me he adueñado de los setenta y ocho canales. No podrá ver ninguno de sus programas favoritos, hasta que ceda. ¿Qué es lo que ha dicho? ¿Que puede seguir viviendo sin tele mientras tenga cerveza? ¡Error! ¡He retenido toda la cerveza que venía hacia Springfield! Esta ciudad se quedará reseca, y si algún aficionado a tomársela en la barra tiene algo que objetar, que hable con Homer Simpson."

Los programas de TV interrumpidos por Burns:

"El Dinosaurio Barney", "El Sistema de Tránsito de Soul" y "El Programa del Abejorro".

DETALLES QUE QUIZÁ TE HAYAS PERDIDO

Letreros que se pueden ver en el exterior de la Mansión de Burns: "Prohibido El Paso", "Verja Electrificada", "Se dispara a los intrusos" y "Gatitos gratis: razón aquí".

El dibujo de Burns por Hirschfeld, que se ve en la fiesta, lleva el nombre de "Nina" en el pelo. (Hirschfeld ponía el nombre de su hija en todas sus caricaturas.)

Cuando Homer sale al escenario, se pueden oír unos compases del tema de Los Simpson.

Una versión de "Do You Know Where You´re Going To?" se puede oír como música de fondo durante la fiesta.

(Burns espía a Homer a través de un monitor de vigilancia.)
Burns: ¿Quién es ese hombre que les hace tanta gracia, Smithers?
Smithers: Homer Simpson, señor. Uno de esos palurdos del Sector 7-G.
Burns: Quiero que ese Homer Simpson haga un número cómico en mi fiesta. Le sacaré partido a su subjetiva visión de la vida moderna.

Burns: (En su delirio.) ¡Mi osito! ¡Mi osito! ¡Quiero mi osito! ¿Dónde estás? ¡Bobo! ¡Bobo! (Hablando a Smithers.) ¡Ah! ¡Ah, es usted! El orinal está debajo de la almohada.
Smithers: ¿Quién es... Bobo, señor?
Burns: ¿Bobo? Habré querido decir... "Lobo", el sheriff Lobo. ¡Jamás debieron retirar esa serie!

El viaje de Bobo:

- El oso yace en la nieve y es arrastrado por la corriente de agua cuando se produce el deshielo.
- 1927 - Nueva York. El oso queda retenido en la ribera del río, y es cogido por Charles Lindbergh, que lo lleva a París en su *Espíritu de San Luis*. Lindbergh lo arroja a la enfervorecida multitud, y lo atrapa Hitler.
- 1945 - Berlín. Hitler sentado en su búnker. Se oyen explosiones muy próximas.
- 1957 - Polo Norte. El osito, dentro de un bloque de hielo, está sobre el submarino nuclear *Nautilus*.
- 1993. El oso es recogido por los miembros de una expedición polar.
- 1993 - Springfield. El oso es vendido al Badulaque, dentro de un bloque de hielo.
- Bart descubre a Bobo. "¡Mosquis! ¡Si es un oso! ¡Hey, apesta! ¡Debe de estar podrido! ¡Para ti!"

Bart: ¡Hey, Apu! ¡Esta bolsa de hielo tiene una cabeza dentro!
Apu: ¡Uuuh! ¡Una bolsa con cabeza! ¡Doblemente rico! ¡Es hielo inteligente!

Señor Burns: ¡Ah, sí! ¡Siento no poder darle una gran recompensa, porque ando escaso de efectivo! (Se derrumba el techo sobre él, con una cascada de dinero y joyas.) Ya ve que la casa se está cayendo de vieja. Pero, en fin, estoy seguro de que llegaremos a un acuerdo.

Homenaje cinematográfico:

La primera escena en la mansión de Burns, y la escena en la que el señor Burns rompe su bola de nieve, son una parodia de la película *Ciudadano Kane*. Los guardias que hay en el exterior de la mansión de Burns, desfilan y cantan al estilo de los guardias de *El Mago de Oz*.

Burns consigue a Bobo:

Burns: ¿Para mí? ¿Bobo? ¡Ay, Smithers, soy feliz! ¡Ha sucedido algo asombroso! ¡Me siento feliz! ¡Tome nota, a partir de ahora seré bueno y amable con todo el mundo!
Smithers: ¡Lo siento, señor, pero no tengo lápiz!
Burns: No importa. Seguro que no se me olvida.

Los Ramones insultan al señor Burns:

Burns: Liquídeme a los Rolling Stones.
Smithers: Pero señor, no eran...
Burns: ¡No me discuta!

EL BURNS DEL FUTURO

Se le ve en:
El año 10000 después de Cristo, cuando los simios dominan la Tierra, y todos los esclavos se parecían a Homer.

Tipo de forma vital:
Cuerpo de cyber-robot, con cabeza humana.

Expectativas vitales:
Parece inmortal.

Características:
Supervelocidad, brazos superextensibles.

Punto débil:
Pierde a su robot todos los siglos.

Asistentes:
Su fiel cyber-perro Smithers.

LA CASA-ÁRBOL DEL

LA PRIMERA SECUENCIA

Los titulares comienzan en el cementerio de Springfield en cuyas lápidas pueden leerse inscripciones tales como: "Elvis, acéptalo", "Un presupuesto cuadrado" y "Sutil sátira política". En otra lápida puede leerse "Violencia en Televisión", y está recibiendo balazos.

LA EXPLICACIÓN

Bart y los otros miembros de la familia Simpson van a presentar tres terroríficas historias basadas en los cuadros expuestos en un fantasmagórico museo.

Marge buscando a sus padres:

(Bart, vestido con traje y corbata, camina por un museo en el que hay cuadros famosos en los que aparecen los Simpson.)
Bart: Cuadros. Imágenes muertas en pringosas pinturas. Pero, por la noche, van a adquirir vida propia, y a convertirse en puertas del infierno, tan aterradoras, horribles y espantosas...
Marge: Bart debes advertir que este episodio es de mucho miedo y que quizá prefieran ver el concierto de "La Guerra de los Mundos" que se emite por la 2.
Bart: Sí, madre.

EL DEMONIO Y HOMER SIMPSON

En la Planta Nuclear, Homer dice que vendería su alma por una rosquilla. Es visitado por el Demonio, bajo la forma de Ned Flanders, que acepta la propuesta de Homer. Esa noche, cuando Homer se traga el último pedacito de rosquilla, aparece el Demonio para reclamar el cumplimiento del pacto. Marge y Lisa protestan, pidiendo un juicio justo para Homer. Satán acepta y convoca al Tribunal para medianoche. Marge convence al Jurado de los Condenados, de que el alma de Homer es propiedad de ella, y no del Demonio.

MOMENTOS ESTELARES

Querido Homer: Te debo una rosquilla de emergencia. Firmado: Homer. Homer leyendo la nota que encuentra dentro de su manual de Procedimiento de Emergencia.

¡Maldito, siempre tiene que adelantárseme! Homer hablando de él mismo.

"¡Hola, Bart!" Un indiferente demonio Flanders a Bart, después que un vórtice hacia el Infierno aparezca en el suelo de la cocina.

"Señor Simpson, no se preocupe. Anoche vi 'Matlock' en un bar. Habían quitado el sonido, pero creo que pillé la idea."

(Burns y Smithers ven a Homer charlando con Flanders a través de la cámara de TV de seguridad.)
Burns: ¿Quién es ese de patas de cabra? Me gusta el corte de esa capa.
Smithers: El Príncipe de las Sombras. Lo tiene citado a las 11.

El Pacto:
Homer: Vendería mi alma al Diablo por una rosquilla.
El Diablo Flanders: Bueno, eso puede hacerse.
Homer: ¡Flanders! ¿Eres tú el demonio?
El Diablo Flanders: Siempre es quien menos se espera.

"¡Oh, estos norteamericanos ya están con sus juicios justos. ¡Cuánto más fácil resulta esto en México!" El Demonio Flanders después de que Lisa pide un juicio para intentar salvar el alma de Homer.

El Jurado de los Condenados:
Benedict Arnold, Lizzie Borden, Richard Nixon, John Wilkes Booth, el pirata Barbanegra, John Dillinger y la principal alineación de los Flyers de Filadelfia del 76.

El Demonio Flanders: Ahora, simplemente, reclamo lo que es mío.
El Señor Hutz: Sin duda un discurso muy convincente, señores. Pero yo pregunto: ¿Qué es un contrato? Según el diccionario un contrato es un acuerdo legal I-rrompible. ¿No lo cogen?: I-rrompible. Perdonen, he de ir al servicio.

(Barbanegra mira la parte posterior de una foto de la boda de Homer y Marge.)
Barbanegra: ¡Ah! Es una especie de mapa del tesoro...
Benedict Arnold: ¡Idiota! ¡Tú no sabes leer!
Barbanegra: ¡Reconózcolo! Y por eso, para compensarlo, me volví libertino.

DETALLES QUE QUIZÁ TE HAYAS PERDIDO

El "Suspenso" de Bart está puesto en la puerta del frigorífico.

El señor Hutz se peina el pelo con un tenedor.

TERROR IV

Episodio 3F04, emitido originalmente el 30.10.95.
Guionistas: "Vigilante" Conan O'Brien, "El Último" Bill Oakley, "El Heredero de" Josh Weinstein, Greg "¡Sigue Vivo!" Daniels, "El Desfigurado" Dan McGrath y "Bilioso" Bill Canterbury.
Director: David "Huesos Resecos" Silverman.

TERROR A METRO Y MEDIO

Todavía nervioso por una pesadilla en la que el autobús escolar se estrellaba, Bart sube al bus, junto a Lisa, en medio de una tormenta. Mientras circulan por la carretera, él ve a un demoníaco gremlin arrancando trozos de la carrocería. Cuando los otros chicos miran por la ventanilla, no ven nada. Bart vigila y ve que el monstruo quita los tornillos que sujetan las ruedas. Abre la ventana de emergencia, y consigue expulsar al gremlin con una bengala.

DETALLES QUE QUIZÁ TE HAYAS PERDIDO

Uter, de ascendencia germánica, lleva todas sus golosinas del mismo origen.

Los mazapanes Joy Joy de Uter están enriquecidos con yodo.

MOMENTOS ESTELARES

"¡Hola, Simpson! Voy en autobús porque mi madre me ha escondido las llaves del coche por hablar por teléfono con una mujer. Reconozco que ha hecho bien."

Las cosas a las que teme Milhouse, si se acerca a la ventana del bus: El Coco, la Bruja Piruja e incluso el temible Hombre del Saco.

"¡Ah, qué mono! Mira cómo quiere sacarme los ojos..." Ned Flanders después de recoger del suelo al gremlin herido. Lo acuna.

> **Bart:** ¡Otto, tienes que hacer algo! ¡Hay un gremlin en ese lado del autobús!
> (Otto mira y ve a Hans Moleman conduciendo su AMC Gremlin.)
> **Otto:** ¡Eso no es problema, Bart, tío! ¡Te lo dejo frito, pero ya!
> (Otto embiste al coche de Moleman.)

> **Bart:** ¡No, no, es cierto! ¡Llevamos un monstruo en el autobús!
> **Skinner:** El único monstruo que hay aquí es la falta del debido respeto a las normas.

> **Bart:** ¿Se convence? ¡Tenía yo razón! ¡Se lo dije!
> **Skinner:** Tuvieras o no razón, tu conducta sigue siendo intolerable. Ojalá el pasarte el resto de tu vida en un manicomio te enseñe buenos modales.
> **Nelson:** ¡Ja, ja!

Homenaje cinematográfico:
Este episodio parodia a uno muy conocido de "Historias de la Zona Crepuscular" (Terror a 5.000 pies), interpretado por William Shatner, y que transcurre en un avión en lugar de un autobús.

EL DRÁCULA DE BART SIMPSON

Después de cerrar un trato para comprar el Banco de Sangre de Springfield, el señor Burns invita a los Simpson a su castillo de Pennsylvania. Lisa sospecha que Burns es un vampiro. En el castillo, Burns se apodera de Bart. Más tarde, esa misma noche, Lisa es despertada por Bart y sus amigos vampiros que flotan al otro lado de su ventana. Homer y Marge creen que su hijo es uno de los no-muertos. Lisa les dice que la única forma de salvar a Bart es matar al vampiro jefe, el señor Burns. Aunque Homer clava una estaca en el corazón de su jefe, Bart sigue siendo un vampiro. Horrorizada, Lisa descubre que su madre es la auténtica jefe de los vampiros.

MOMENTOS ESTELARES

"Creemos enfrentarnos a un ser sobrenatural, probablemente una momia. Como precaución he ordenado que sea destruida la Sala de Arte Egipcio del Museo." Wiggum hablando a la prensa a propósito de un campesino que ha sido encontrado desangrado y con dos marcas de dientes en el cuello.

"Lisa, habla bien y no seas desconfiada. ¿Os lavasteis bien el cuello, como dijo el señor Burns?" Marge a toda la familia cuando acuden a una invitación del señor Burns, para cenar a medianoche.

Matar al jefe: Lisa le dice a Homer que la única forma de salvar a Bart es matar al Vampiro jefe: al señor Burns. Homer replica: "También es mi jefe. ¿Me atreveré a realizar el sueño americano?"

"¡Aay, Papá! ¡Eso es la ingle!" Lisa a Homer, cuando se equivoca al intentar clavar una estaca en el corazón del vampiro Burns.

"Bueno, fuera de esta casa yo tengo mi vida propia." Marge a su familia, explicándoles que ella es el vampiro jefe.

> **La graciosa salida de Homer Simpson:**
> **Homer:** ¡Uuh, ponche!
> **Lisa:** (Olfateándolo.) ¡Ooigh, papá! ¡Esto es sangre!
> **Homer:** Dilo todo: sangre gratis.

> **Lisa:** ¡Mamá, papá! El señor Burns es un vampiro, y tiene a Bart.
> **Burns:** Pero si Bart está aquí.
> **Bart:** (Con voz monocorde.) Hola, madre. Hola, padre. Os eché de menos durante mi ausencia sin incidentes.
> **Homer:** Esta Lisa siempre con historias: que si Bart es un vampiro, que si la cerveza mata el cerebro, en fin regresemos al... a ese edificio... donde dormimos y vemos la tele...

DETALLES QUE QUIZÁ TE HAYAS PERDIDO

Tras el sofá de los Simpson, está el cuadro de unos perros jugando al póker, que se ve al principio del episodio.

Eddie, el policía, arroja al fuego una copia de la Mona Lisa, cuando el Jefe Wiggum ordena destruir la Sala de Arte Egipcio del Museo de Springfield.

El letrero de neón que aparece en la mansión del señor Burns, dice: "A la habitación secreta del vampiro. Prohibido el ajo."

El prólogo del Libro "Sí, Soy un Vampiro" de Monty Burns, está escrito por Steve Allen.

Lisa se echa encima una copa de sangre y también mancha a Bart, pero cuando se levantan de la mesa y caminan por el pasillo, su ropa está limpia.

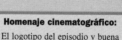

Homenaje cinematográfico:
El logotipo del episodio y buena parte del argumento son una parodia de la película "Drácula" de Francis Ford Coppola, que adaptaba el libro de Bram Stoker.

Situación:
Divorciada, madre sin pareja.

Hija:
Laura Powers, hace tiempo fue el amor de Jimbo Jones.

Estilo:
Desafiante, poco convencional.

Motivo del divorcio:
Lo único que hacía su marido era comer, dormir y beber cerveza.

Vehículo:
Un Thunderbird convertible de 1966, robado a su ex marido.

Tribu:
Caliente.

> SERÁ MEJOR QUE ESTÉ EN CASA CON MI HIJA, ANTES DE QUE EMPIECE LA SESIÓN DE CINE X.

MARGE SE DA A LA FUGA

Episodio 1F03, emitido originalmente el 4.11.93. Guionista: Bill Canterbury. Director: Mark Kirkland.

MOMENTOS ESTELARES

Canción del ballet de Homer: Homer se imagina que está en el ballet. Pero su imagen mental es la de estar en el circo viendo a un oso con un fez en la cabeza, montado en un carrito eléctrico y haciendo círculos sobre la pista. Homer canta música de circo mientras lo imagina.

 "¡Hola! Soy Troy McClure. Me recordarán de otros maratones televisivos, como 'Acabemos con la Gota 88', o 'Salvemos la casa de Tony Orlando...'."

> **"Hacer siempre lo contrario de lo que sugiera Bart."**
> Mensaje escrito en una tarjeta que Homer lleva en el bolsillo de la chaqueta.

"Propiedad de Ned Flanders": Figura en un cartel pegado a la lijadora eléctrica que Homer presta a su vecina Ruth Powers. Homer añade: "Pero recuerda que es mía."

"¡Hey! ¿Puedo ir a vomitar al servicio? Haré una consumición." Barney a un camarero de la cafetería Joe Temblón.

"¡No! He retirado los juegos. La gente bebe menos cuando juega." Moe respondiendo a Homer, cuando éste le pide los dardos para jugar.

"Oh... Eh... Umhh... estoy en una carretera... no mal asfaltada... hay algún árbol.... o arbusto... estoy directamente bajo... ¡el sol!" El Jefe Wiggum dando su posición a la central.

 "Marge, perdona que no haya sido un marido mejor, perdóname por aquella vez que preparé salsa en la bañera, y por utilizar tu vestido de novia para encerar el coche... Perdóname de... bueno, de todo lo que he hecho desde que nos casamos."

Homer, el Valiente:
Carl: *Ten cuidado Homer, conozco a un hombre que perdió así un brazo.*
Homer: *¡Je! Eso son cuentos de viejas...*
(El brazo de Homer se introduce en la máquina de bebidas, sorteando los mecanismos. Vemos los huesos de un brazo que sostiene una lata en la mano.)

El ballet del osito:
Carl: *¡Eh, Homer! ¿Una birra antes de ir a casa?*
Homer: *(Con amargura.) No puedo: tengo que llevar a mi señora al ballet.*
Lenny: *¡Ah! Eso del oso en un cochecito... ¿eh?*

Ruth: *¡Ay! ¡Cómo os envidio a Homer y a ti!*
Marge: *Gracias, Ruth... ¿por qué?*
Ruth: *Si hubieras conocido a mi ex lo comprenderías. No hacía más que comer, dormir y beber cerveza.*
Marge: *Y por eso ya...*

Homenaje al Lago Wobegon:
La primera secuencia, representando al humorista que los Simpson no encuentran divertido, parodia a Garrison Keillor y su programa en la radio y televisión pública de Minnesota: "A Prairie Home Companion."

Wiggum y Homer, a la caza:
(Wiggum y Homer se están friendo unos huevos sobre el motor del coche.)
Wiggum: *Hmmm... Huevos fritos en el motor. Si consigo que no se cuaje la yema, ya verás qué bueno.*
(Marge y Ruth pasan rugiendo en el coche.)
Homer: *¡Son ellas!*
Wiggum: *¡Silencio, que no oigo los huevos!*

DETALLES QUE QUIZÁ TE HAYAS PERDIDO

Las voluntarias para recoger donativos en la Maratón televisiva están haciendo calceta, leyendo, dormitando o mirando al vacío mientras esperan la llamada telefónica de algún donante.

Los donativos recibidos en el programa de la televisión pública son tan sólo de "0.000.023,58" dólares, un poco más de 23 pavos.

El cartel del exterior de la Springfield High School dice: "Esta noche Ballet profesional. Mañana cerrado para reparar la fuga de gas."

El letrero de neón de la cafetería Joe Temblón, muestra a una mano temblorosa sujetando una taza de café de la que saltan gotas.

El cartel de la autopista dice: "Están entrando en las Malas Tierras. Los cazadores de alta velocidad usan Diamond Lane."

El encuentro de Marge con el Alcalde Quimby en el club nocturno y la alegación de éste de que se encuentra junto a sus dos sobrinos, hace referencia al presunto incidente de violación que protagonizaron Teddy Kennedy y William Kennedy Smith.

Ruth pone la canción "Welcome to the Jungle", de Guns N'Roses, en el radiocassette de su coche.

Los brazos de Homer quedan atrapados en dos máquinas expendedoras y no puede llevar a Marge al ballet, así que ella invita a su vecina, la divorciada Ruth Powers. Las dos mujeres se lo pasan en grande y disfrutan de su salida. La tarde siguiente Ruth se presenta en vaqueros y chupa de cuero, al volante de un T-Bird convertible de 1966.

Homer también quiere salir y contrata como canguro al abogado Lionel Hutz. Mientras tanto Marge y Ruth visitan varios antros nocturnos, antes de ir al letrero de Springfield desde el que se divisa toda la ciudad. Homer llega poco después de que ellas se hayan ido y se encuentra con Jefe Wiggum que se ofrece a llevarlo a casa. Cuando van en el coche, Wiggum quiere multar a Ruth por una infracción menor, pero ésta acelera mientras confiesa a Marge que es un coche robado a su ex marido.

Con Homer tumbado melancólicamente en el asiento trasero, Wiggum comienza la persecución. Pronto se le unen otros coches de la policía. Ruth quiere dejar a Marge, pero ella se siente solidaria, gira el volante del coche y se adentran en el desierto. Homer coge un altavoz y se disculpa ante Marge por ser un mal marido. Marge y Ruth detienen el coche al borde del precipicio, pero Wiggum y Homer saltan por él y aterrizan en una montaña de basura.

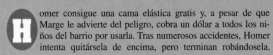

EL NIÑO QUE HAY EN BART

Episodio 1F05, emitido originalmente el 11.11.93. Guionista: George Meyer. Director Bob Anderson.

Homer consigue una cama elástica gratis y, a pesar de que Marge le advierte del peligro, cobra un dólar a todos los niños del barrio por usarla. Tras numerosos accidentes, Homer intenta quitársela de encima, pero terminan robándosela.

Marge compra un vídeo de autoayuda para sí misma y para Homer, y éste le promete mejorar sus relaciones. Tras ver el vídeo, se comunican mejor y sus tensiones disminuyen. Cuando el presentador del vídeo, Brad Goodman, llega a Springfield, Marge y Homer deciden que toda la familia debería acudir a su seminario "El Niño Que Llevamos Dentro." Brad sube a Bart al escenario como ejemplo de niño completamente desinhibido y recomienda que todos sigan su ejemplo.

El pueblo de Springfield libera sus represiones. Al darse cuenta de que su rebeldía ya no es la única, Bart se deprime. En el "Festival Haz lo que te dé la Gana" todo el pueblo se descontrola y los habitantes del pueblo culpan a Bart por los desastres. Convertidos en una turba, persiguen a Bart, pero pronto pierden el interés y se marchan a beber.

BRAD GOODMAN

Profesión:
Guru de autoayuda con voz suave.

Descripción:
Alto, guapo y ligeramente agromegálico.

Alias:
El Hombre que colocó la palabra "jo" en "me-jo-rar".

Libro:
Controlar tu Estar Bien.

Vídeo:
"Ajustando tu Ego-Estato."

Estudios/ Credenciales:
Licenciado en dolor y penas. (Ninguna.)

Accesibilidad:
Tiene un anuncio de 24 horas en el canal 77.

> TODOS USTEDES VAN A EMPEZAR A VIVIR... ¡A VIVIR DE VERDAD!

MOMENTOS ESTELARES

Desórdenes en "La Personalidad del Arco Iris", según Brad Goodman:
Depresión, insomnio, verborrea, ojos erráticos, indecisión, desinterés, mangoneos, caídas incontrolables, Desórdenes Sacrílegos Geriátricos o DSG y regañones crónicos.

 "Hola. Soy Troy McClure. Tal vez me recuerden por vídeos de autoayuda como *Fume Hasta la Tumba* o *No sea Inseguro, Estúpido*. Pues hoy estoy aquí para hablarles del único camino hacia la salud mental. Exacto, me refiero a Brad Goodman y su... 'cómo-se-llame'."

"¡Si me nombráis alcalde, mi primera medida será mataros a todos y arrasar la ciudad hasta los cimientos!"

"Lis, ¿has visto que hoy soy un dios?" Bart, cuando todo el pueblo actúa como él.

Enseñanzas de Goodman:
Marge: Ese vídeo me ha abierto los ojos. He comprendido que soy co-culpable pasivo-agresiva. Al regañarte por hacer alguna tontería, sólo consigo fomentar tu trayectoria.
Homer: Y eso me hace caer en una espiral de vergüenza.
Marge: ¡Exactamente! A partir de ahora, voy a regañar menos y divertirme más.

Todos airean sus problemas en el seminario:
Quimby: ¡Yo no sé comprometerme en una relación!
Burns: ¡Soy demasiado bueno!
Apu: ¡Yo tengo problemas con...!
Lenny: (Interrumpiéndolo.) ¡Yo siempre estoy interrumpiendo!

Homenaje cinematográfico:
Los niños heridos en la cama elástica son colocados en hileras, como los soldados heridos en *Lo que el Viento se Llevó*.

Patty: Lo que tienes es la tensión por las nubes.
Selma: Y esta muestra de orina no me gusta ni pizca.
Patty: Estás al borde de una depre. ¡Necesitas a Brad Goodman!

Goodman: ¿Qué te ha movido a hacer ese comentario?
Bart: Y yo qué sé.
Goodman: Sólo querías expresar tus sentimientos, ¿por qué?
Bart: Porque me salió de ahí.
Goodman: ¡Maravilloso, ¿no?! ¡No podía haberlo expresado mejor, "porque le salió de ahí" nos ha dicho! Señores, este jovencito es precisamente el niño del que yo les hablaba.

Bart: Lis, ahora todo el mundo se comporta como yo. ¿Por qué son tan muermos?
Lisa: Sencillo, Bart. Te habías definido como un rebelde. Y en ausencia de un medio represivo, la gente imita tu cliché social.
Bart: Entiendo.

Más enseñanzas de Goodman:
Marge: Homer, ¿te has comido toda la bandeja de magdalenas?
Bart: ¡Oh, oh! ¡Homer, te la vas a cargar!
Homer: ¡Oh, Marge, cuán avergonzado me siento ahora!
Marge: Y yo veo que te sientes avergonzado.
Homer: Y yo siento que me sientes avergonzado.
Marge: Y yo siento disgusto y frustración, pero también tolerancia.
Homer: ¡Cómo me alivia oírte decir eso!
Marge: Bien, me alegra que lo hayamos hablado.
Homer: Y a mí también.

(Homer, Bart y Lisa juegan con la cama elástica, mientras Marge los mira.)
Lisa: Papá, este simple gesto casi compensa todos estos años de dudosa tutela.
Bart: ¡Me pasaré toda mi vida haciendo esto!
Lisa: ¡Yo celebraré aquí mi boda!
Marge: No sé si es muy buena idea.

DETALLES QUE QUIZÁ TE HAYAS PERDIDO

Krusty vive en el 534 de Center Street.

Nelson lanza bolas de barro en la imaginaria Homerlandia de Homer.

En el "Festival Haz lo que te dé la Gana", en lo alto de su peinado, Marge lleva una gorra de béisbol con la visera hacia atrás.

Rayos de sol que parecen rayos divinos surgen de entre las nubes cuando Rod se pregunta: "¿Qué hemos hecho para enfadar al Señor?"

En la sección de "objetos gratis" del *Springfield Shopper*, uno de los anuncios dice: "Regalo bomba Fat Boy. Llama a Herman al K19-4327." Herman también intenta vender bombas atómicas en el episodio 9F21, "El Cuarteto vocal de Homer", y en el 1F09, "Homer el Vigilante".

CAPITÁN DE BARCO

Nombre verdadero:
Capitán McCallister.

Profesión:
Empresario de Springfield.

Empresas:
El restaurante "Holandés Errante" (antes El Percebe Oxidado); Discos de viejas canciones marineras como "Blow the Man Down" e "In the Navy".

Vergüenza secreta:
Lionel Hutz demostró que no es un verdadero capitán de barco.

Sueño:
Navegar alrededor del mundo en tres barcos, buscando tesoros.

¡AAHRR! ¿NECESITAN MÁS TÉ HELADO?

EXPLORADOR

MOMENTOS ESTELARES

"¡Ah, por fin un poco de tranquilidad para leer algunas de mis obras favoritas! ¡Cacahuetes con miel! Ingredientes: sal, edulcorantes artificiales, rayadura de cacahuete... ¡Mmmm!" Homer leyendo la etiqueta de un envase en el sofá.

"Mi cena con André." El videojuego favorito de Martin. Tiene tres controles: Comentario Ingenioso, Cuéntame Más y Elección Adecuada.

 "Bueno, veréis, he cometido un terrible error. Entré casualmente en el Centro de Reclutamiento de los Exploradores, pero lo hecho, hecho está. Yo me alisté, y yo me desalistaré."

Los Diez "Síes" y los Quinientos "Noes" de La Seguridad con Navajas: Libro que lee Bart para poder tener una.

> **Marge:** Homer, voy a salir a comprar algo para la cena.
> **Homer:** ¿Chuletas?
> **Marge:** Andamos muy justos para...
> **Homer:** ¿Chuletas?
> **Marge:** Mmm... Claro, chuletas.

El comienzo:
Apu: ¿Qué se les ofrece a estos amiguitos?
Milhouse: Apu, ponnos un Superfresisuisse.
Bart: Un Fresisuisse que esté hecho totalmente de sirope.
Apu: ¿Totalmente...? ¡Glubs! ¿Un Superfresisuisse todo de sirope? ¡Es imposible! ¡Nunca se ha hecho algo así!
(Bart pone el billete encima del mostrador.)
Bart: Procura esmerarte.
Apu: ¡Oh, cielos!

> **Bart:** Vale, somos jóvenes, ricos y llenos de azúcar. ¿Qué hacemos?
> **Milhouse:** ¡Hagamos locuras al estilo Broadway!

La Mañana Siguiente:
Lisa: Tsch, tsch. ¿Remordimientos de un adicto al azúcar?
Bart: No puedo acordarme de nada.
Lisa: ¿En serio? ¿Ni siquiera de esto?
(Lisa retira las sábanas de golpe y vemos a Bart completamente uniformado de Explorador Junior.)
Bart: ¡Aaaah! ¡Oh, no! ¡He debido enrolarme en los Exploradores Junior!
Lisa: Es la elite de los pazguatos.

> **Marge:** Ya sé que piensas que los Exploradores Junior son nobles y "anticuados", pero hacen cosas divertidas, como homenajes a la bandera y cantar canciones.
> **Homer:** Marge, no desmoralices al chico. Es importante saber escabullirse de las cosas. Es lo que nos diferencia de los animales. (Pausa.) Excepto de las comadrejas.

(Bart se dispone a asistir a una reunión de los Exploradores Junior.)
Bart: ¡Hola, alternativa a un examen!
(Entra. Ned Flanders, uniformado, se encuentra en medio de un montón de niños también uniformados.)
Flanders: ¡Caramba, si es Bart Simpson! Pasa, llegas a tiempo para "El Día del Baño con Esponja a Nuestros Mayores".
(Ned se hace a un lado y vemos a Jasper en una bañera.)
Jasper: ¡Pero cuidado cuando llegues a ciertas partes!

"No me dé las gracias a mí... ¡déselas al cortaplumas!" El doctor Hibbert, respondiendo a un hombre al que acaba de salvar la vida practicándole una apendicitis con su navaja de bolsillo.

 "¡Mosquis! ¡Siempre hay alguien pasándolo pipa con una navaja!

"No hagas lo que hace Donny... ¿No podrían ser más claros?" Bart, leyendo su manual sobre las navajas.

(Bart entra en el salón, llevando su uniforme de Explorador Junior.)
Homer: ¿Qué tal tu entrenamiento para memos? ¿Te han enseñado ya a cantarle a las flores? ¿Ya fabricas muebles inútiles con troncos de árboles?
(El sillón donde se sienta Homer se hunde.)
Homer: ¡Oh, estúpida venganza ecologista!
Bart: Estamos organizando una excursión por el río para padres e hijos.

DE INCÓGNITO

Episodio 1F06,
emitido originalmente el 18.11.93.
Guionista: Dan McGrath.
Director: Jeffrey Lynch.

Bart y Milhouse se encuentran 20$ y piden un Superfresisuisse en el supermercado de Apu. Empiezan a alucinar debido al alto contendio de azúcar del batido y se gastan el resto del dinero en una juerga nocturna en la ciudad. A la mañana siguiente, Bart despierta con "resaca" y se da cuenta de que en el frenesí de la noche anterior se ha unido a los Exploradores Junior, una organización tipo boy-scouts.

Bart descubre que pertenecer al grupo tiene sus ventajas. Se salva de un examen sorpresa por asistir a una de sus reuniones y puede llevar una navaja de bolsillo. Homer se une a Bart para un descenso por el río de padres e hijos, a pesar de que Bart teme que su padre lo deje en ridículo. Cuando Homer se equivoca al guiarlos por los rápidos del río, el grupo termina en plena mar.

A medida que avanza el día, Homer se vuelve histérico y devora la mayoría de las raciones. Cuando deja caer una navaja del ejército suizo en la balsa, el sol incide en su lupa y quema el plástico creando un agujero. Mientras se hunden, Homer huele a hamburguesas y llegan hasta un Krustyburguer construido en una plataforma petrolífera. Bart abraza a Homer y le dice lo orgulloso que está de él.

"¡Hombre, pero si es el líder de la Patrulla de los Giliexploradores, empollando sus lecciones para cursis!" Homer al encontrar a Bart estudiando su manual.

Sauce Llorón: Rango que consigue Bart, cuando recibe su navaja de entrenamiento de goma.

"¡Aaarg! ¡No sé qué puede haber pasado!" El capitán McCallister, cuando la balsa a la que llama "la mejor embarcación que surcará las aguas de este río" se hunde de repente al botarla.

"¿Crema protectora en la naricilla?" Flanders ofreciendo a Homer protector solar.

"Adiós, salchichita." Ned a la salchicha de queso que utilizan como cebo para pescar.

"Estas bengalas no son como las de tus excursiones parroquiales. ¡Éstas son de verdad!" Homer tras quitarle la bengala a Ned. Cuando la dispara, en vez de atraer la atención de un avión que los sobrevuela, lo derriba accidentalmente.

(Bart y Ned van en la parte delantera de la balsa.)
Ned: *Ahora sabemos por qué se llaman rápidos y no lentos, ¿eh?*
(Bart se ríe. Homer lo ve.)
Homer: *¡Hijo, que eres mi hijo!*

DETALLES QUE QUIZÁ TE HAYAS PERDIDO

Durante la secuencia de las "locuras nocturnas en la ciudad", se ven carteles y anuncios entre los que se incluyen: "Negocio de Modelos", "Calificación Triple-G", "Golosinas", "Discos de Contrabando", "Videojuegos toda la Noche", "Libros", "Béisbol" y "Bicicletas con Toldo".

Todo el mundo hace cola para el juego Terminator.

Bart gana insignias en Tiro con Arco, Recaudador de Cuotas, Embalsamamiento, Preguntas sobre la Tele y Falsificación de Insignias.

En el despacho del jefe Wiggum se ve un cartel de "Se Busca" con la foto de Tony el Gordo.

Letra de la canción de Springfield:

Bart y Milhouse: *¡Springfield, Springfield! / ¡Es una gran ciudad! / ¡Colegios, taxis y Centro Comercial! / ¡Los perros malos a la perrera van! / ¡Springfield, Springfield! / ¡Springfield, Springfield!*
Marinero: *¡New York, New York!*
Bart: *¿Nueva York? Creo que por allá.*
Marinera: *¡Gracias, chicos!*
Bart y Milhouse: *¡Es una graaaan ciudad!*

Ned: *¡Holita, explorador Bart! ¡Listo para la reunioncita?*
Bart: *¡Por supuestito!*
Ned: *¡Estupendito!*

En la balsa:

Homer: *¡Flanders, tengo los calcetines sucios! ¡Agua para lavarlos!*
Ned: *¿Otra vez, Homer? Tenemos que racionar el agua, es nuestra única esperanza.*
Homer: *¡Oh, perdona, señor Racionalotodo! ¿Dónde te crees que estamos? ¿En qué crees que flotamos? Ya conoces el poema: "De agua rodeados, echemos un buen trago."*

Psicología "simpsoniana":

Bart (pensando en voz alta): *Bueno, como Homer no querrá ir, tú se lo pides y te dirá que no. Y entonces, será culpa suya.*
Homer (pensando en voz alta): *No quiero ir, así que le diré que sí.*
Cerebro de Homer: *Espera, ¿seguro que es eso lo que tienes que decir?*
Homer: *¡Cállate, cerebro, o te clavo un algodón en los oídos!*

LA ÚLTIMA TENTACIÓN DE HOMER

Episodio 1F07, emitido originalmente el 9.12.93. Guionista: Frank Mula. Director: Carlos Baeza.

Profesión:
Ingeniera de la Central Nuclear de Springfield; tentadora.

Transporte:
Motocicleta.

Culpas:
No apartarse de la mente de Homer y hacerle cometer cosas estúpidas.

Capricho:
Enamorarse en los lugares más extraños.

Mayor misterio:
Mantener una silueta esbelta, a pesar de su pasión por la comida basura.

QUISIERA ACOSTARME UN POQUITO ANTES DE COMER.

Bart va al médico para un examen ocular y descubre que no sólo necesita gafas, sino crema medicinal para su pelo y zapatos ortopédicos para sus pies. Abandona el consultorio con todo el aspecto de un empollón. Entretanto, en la Central, el señor Burns contrata a una nueva empleada, Mindy. Homer se siente instantáneamente atraído por ella.

Homer y Mindy descubren que tienen mucho en común: su gusto por las rosquillas, la cerveza, la televisión y echarse una siesta antes de comer. Cuando la cabina telefónica que está utilizando se vuelca en la acera, Homer pierde el conocimiento y ve a su ángel guardián, que le enseña lo que hubiera sido su vida de haberse casado con Mindy y no con Marge. Más tarde, Burns designa a Homer y a Mindy para que representen a la Central en la Convención Nacional de Energía de Capital City. Mientras, tras dos semanas de llevar gafas, crema y zapatos, Bart se enfrenta a los que le han estado pegando por ser un empollón. Vuelven a darle una paliza.

A pesar de sus buenas intenciones, Homer disfruta del tiempo que pasa con Mindy. Hacen un pedido juntos al servicio de habitaciones, insultan a la vez a los participantes en la Convención y ganan una romántica cena para dos en un restaurante chino. Tras la cena, vuelven al cuarto de Homer. No obstante, en vez de ceder a la tentación, Homer llama a Marge para que se reúna con él en el hotel.

MOMENTOS ESTELARES

"¡Me parece fantástica esa idea! ¿Alguna cosa más? ¿Escudos antirradiación de verdadero plomo? ¿Otros urinarios tal vez?... ¡Tenga, Smithers, arrójele esto!" Burns respondiendo a la solicitud de Charlie de tener una salida de emergencia de verdad.

Pensamientos "no eróticos" de Homer para apartar de su mente a Mindy:

Patty y Selma depilándose las piernas.
Barney con un bikini rojo a topos.

Canción de Homer (con la música de "Mandy"): "¡Oh, Mindy! ¡Un día te entregaste a este menda!/ ¡Pero te dije que no, mi prenda!/ Un beso, dame sólo eso/ Pero te dije que…"

(Bart termina de pintar las líneas que delimitan las plazas de aparcamiento en la Escuela Elemental de Springfield. Sosteniendo todavía el bote de pintura y la brocha, Milhouse y él contemplan su trabajo.)
Bart: *La belleza está en que cada plaza mide 30 cms. menos de ancho. Inapreciable para el ojo humano, pero en ello consiste el juego.*
Milhouse: *Sólo verlo me da pavor, pero no puedo apartar la mirada.*
(En ese momento, llegan todos los profesores y ocupan sus espacios reservados. Ninguno puede abrir las puertas.)
Skinner (a la señorita Krabappel, golpeándole la puerta del coche con la suya): *¿No ve que ha aparcado demasiado cerca? ¡Mueva el coche!*
Krabappel: *¡Estoy dentro de las líneas! ¡Si le pica algo, cuénteselo a su madre!*
Skinner: *Descuide. Claro que se lo contaré.*

"¡Ouch! ¡Muchas gracias, señora! Mi voz se ha vuelto como loca con ese protector. Ya me siento mucho mejor, señora con pinta de médico-científica." Bart, a lo Jerry Lewis, tras haberle rociado su garganta con esprai en la OMH.

"Hallarás la felicidad con un nuevo amor." Mensaje que encuentra Homer dentro de su galleta de la suerte, tras la cena gratis que ganan Mindy y él.

"Hasta los chinos están en mi contra." Homer tras leer el mensaje.

La charla con Mindy:

Homer: *Eh... Bueno, vamos a charlar un poco. Descubriremos que no tenemos nada en común...*
Mindy: *Yo no hablo comiendo.*
Homer: *¡Ahh, mis favoritas! ¡Rosquillas de frambuesa con glaseado doble!*
Mindy: *¡Doble glaseado! (Ruido gutural de disfrute.)*
Homer: *¡Huy! Vale, tenemos una cosa en común. ¿Sabes lo que adoro más?... ¡Beber cerveza mientras veo la tele!*
Mindy: *Yo, no. Eso para mí es el paraíso.*
Homer: *¡Huy! Igual que para mí.*
Mindy: *¿De veras? Creo que me va a encantar trabajar a tu lado. Bueno, he de irme. Quiero acostarme un poquito antes de comer.*
Homer: *¡Aaah! ¡Tentaciones! Seguro que también piensa que Ziggy es un moralista.*

MUCHO TRABAJO Y POCA
DIVERSIÓN HACEN DE BART UN
NIÑO ABURRIDO
MUCHO TRABAJO Y POCA
DIVERSIÓN HACEN DE BART UN
NIÑO ABURRIDO

DETALLES QUE QUIZÁ TE HAYAS PERDIDO

Cuando Homer intenta descifrar el mensaje para Mindy que se escribió en la mano, lo leen tan mal que parece entonar un canto budista.

"Como se vio en `60 minutos´", cartel de la Central Nuclear de Springfield en la Convención de Energía.

Unas cuantas notas de la canción de Capital City (cantada por Tony Bennett en el episodio 7F05, "Homer el Bailón") suenan al principio de la escena de esa ciudad.

"Libre de la enfermedad del legionario desde 1990." Cartel en el hotel Plaza de Capital City.

Mindy: *¿Qué te sucede?*
Homer: *Que vamos a hacer el amor...*
Mindy: *Oh, bueno... no hay por qué hacerlo.*
Homer: *Sí, hay que hacerlo. Me lo dijo la galleta del postre.*
Mindy: *Los postres no siempre tienen razón.*
Homer: *¡Pero son tan dulces...!*

Homenaje al Arte Renacentista:
En una de las alucinaciones amorosas de Homer, ve a Mindy como la Venus de *El Nacimiento de Venus*, de Botticelli.

Sueño de Homer:

Homer: *¡Coronel Klink! ¿Recibió alguna de mis cartas?*
Ángel: *No soy el coronel Klink, solamente he adoptado su forma.*
Homer: *¡Je, je, je! ¿Sabe que Hogan se ha liado a cavar túneles?*

SPRINGFIELD (O CÓMO APRENDÍ A AMAR EL JUEGO LEGALIZADO)

Episodio 1F08, emitido originalmente el 16.12.93. Guionistas: Bill Oakley y Josh Weinstein. Director: Wes Archer.

ERNST Y GUNTER

Profesión:
Domadores de leones.

Estado financiero:
Ricos.

Acento:
Extranjero.

Trajes:
Chillones.

Habilidad principal:
Entrenar tigres albinos en monocicletas.

Springfield sufre un colapso económico. El gobierno cierra Fort Springfield y el señor Burns despide a muchos empleados. En la Asamblea Municipal, el director Skinner sugiere que legalicen el juego como forma de traer dinero a la ciudad. El plan es aceptado, y todo cambia de la noche a la mañana.

El señor Burns construye su propio casino en la zona portuaria de Springfield y le da trabajo a Homer como croupier en una mesa de blackjack. Bart convierte su casita del árbol en un casino y anima a los otros niños a que jueguen. Poco a poco, Marge se vuelve adicta a las tragaperras y no le hace caso a su familia. El señor Burns se vuelve todavía más rico y, como Howard Hughes, se vuelve paranoico con los gérmenes.

Lisa se da cuenta de que Marge es una ludópata y hace que le prometa que la ayudará a coser un traje para el Concurso Geográfico, pero Marge se olvida jugando en el casino. Homer va a buscarla y ella, por fin, admite que tiene un serio problema de ludopatía.

MOMENTOS ESTELARES

"¡Mmm!... No, al cabezahueca no. Quizá nos sea útil." El señor Burns hablando de Homer, mientras decide qué empleados echa.

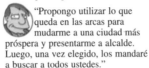

"Propongo utilizar lo que queda en las arcas para mudarme a una ciudad más próspera y presentarme a alcalde. Luego, una vez elegido, los mandaré a buscar a todos ustedes."

Puntos de vista: Marge sugiere que Lisa se disfrace de estado de Nevada para el Concurso de Geografía, en honor a la legalización del juego en Springfield. Lisa protesta, diciendo que "Nevada me hace el trasero muy gordo".

Mandíbula de cristal: Otto se encuentra con Gerry Cooney (ex campeón de los pesos pesados) el relaciones públicas del casino. Como cree que lo está molestando, le da un puñetazo en la mandíbula y el campeón cae redondo al suelo.

La Memoria Fotográfica de Homer: Pensando que Marge se opuso a la legalización del juego, Homer recuerda la reunión. En su imagen, Marge tiene el pelo verde, Apu tiene tres cabezas y el propio cuerpo de Homer es fuerte y musculoso.

"¿Qué tal? ¡Eh, me alegro de verte! ¡Trae a tus amigos! ¡Eh, hola, ¿qué tal?! ¡Bonita chaqueta!" Bart como dueño de casino.

Mira quién habla: Barney ve que Marge vuelve inmediatamente a las tragaperras tras entregarle a Maggie, que ha estado a punto de ser devorada por una tigresa, y exclama: "¡Qué forma de comportarse más compulsiva!" Al ver a una camarera con una bandeja, grita: "¡Uauh, cerveza gratis!" Vacía en un santiamén las tres copas de la bandeja, una de las cuales contenía monedas. Mientras Barney empieza a vomitar las monedas, una mujer se abalanza sobre él con su cubo de monedas gritando: "¡Este tipo da premios!"

Perdiendo la chaveta:

(Burns se deja crecer el pelo, la barba y las uñas, como Howard Hughes, y le dice a Smithers que acaba de diseñar un nuevo avión llamado Alce Pulcro, que llevará a 200 pasajeros desde el aeropuerto de Nueva York al Congo Belga en 17 minutos.)
Smithers: *Una maqueta muy linda, señor.*
Burns: *¿Maqueta?*

(Homer encuentra un par de gafas de pasta negra dentro de la taza de un retrete. Se las pone y apunta con un dedo a su frente, como el Espantapájaros al final de *El Mago de Oz.*)
Homer: *El cuadrado de la hipotenusa es igual a la suma de los cuadrados de los catetos en un triángulo isósceles.*
Hombre en el retrete: *¡En un triángulo rectángulo, idiota!*
Homer: *¡Huy!*

La Confesión:
Homer: *Marge, quiero que admitas que tienes un problema con el juego.*
Marge: *Lo admito, Homer, tienes razón. Quizá deba buscar ayuda profesional.*
Homer: *¡Nooo, eso es muy caro! Simplemente, no lo vuelvas a hacer.*

Homenaje cinematográfico:
La escena en la mesa de blackjack entre Homer y un autista parodia *Rain Man.*

Burns: *¡Oh, mi amada Central, la echo de menos! ¡Bah, a la porra todo! ¡La maquinilla! ¡Prepáreme un baño! ¡Y quíteme estas cajas de pañuelos de los pies!*
Smithers: *Sí, señor. ¿Y las muestras de orina?*
Burns: *¡Ooh, conservémoslas!*

Otro sueño de toda la vida:
Homer: *Me han dado un empleo en el casino. Ya sabes que el sueño de mi vida es ser croupier en una mesa de blackjack.*
Marge: *El sueño de tu vida era concursar en el Gong Show y ya lo hiciste en el 77, ¿recuerdas?*

DETALLES QUE QUIZÁ TE HAYAS PERDIDO

Las películas porno *La Fuerza del Esperma* y *Lo Haré con Cualquiera* son títulos que parodian películas producidas por James L. Brooks, *La Fuerza del Cariño* y *Haré lo que Quiera.* Brooks es productor ejecutivo de Los Simpson.

Los gérmenes que bailan en el rostro de Smithers susurran: "Los masones controlan el país".

"Esta noche: Milhouse. La próxima semana: Una Noche con Jimbo." Cartel del casino de Bart en la casita del árbol.

Entre los objetos lanzados al aire para celebrar la decisión de legalizar el juego en Springfield hay: un bolso, un cepillo para el pelo, dentaduras postizas y un montón de sombreros.

Además de presentar a Robert Goulet, el casino del señor Burns alberga la Expo 1993 de Cemento y Asfalto.

APLAUSOS, POR FAVOR, PARA ANASTASIA. ADORA EL ESPECTÁCULO, LE GUSTA MUCHO MÁS QUE LA SELVA SALVAJE.

NO GRITARÉ SPRINGFIELD SÓLO PARA QUE ME APLAUDAN

HOMER, EL VIGILANTE

Episodio 1F09, emitido originalmente el 6.1.94. Guionista: Jon Vitti. Director: Rich Moore.

MOLLOY

Profesión:
Ladrón Felino.

Momento de los robos:
Roba a la gente de Springfield mientras duerme.

Descripción:
Elegante, suave, está entre los más inteligentes de todo Springfield.

Residencia:
Castillo del Retiro de Springfield. Calabozos de Springfield.

Ropa:
Tonos negros para confundirse en la oscuridad. Zapatillas deportivas.

Hobbies:
"Coleccionar" los circonios cúbicos más grandes del mundo.

SINCERAMENTE, LAMENTO LAS MOLESTIAS QUE LES HAYA CAUSADO, Y SI HE ROBADO SUS BIENES MATERIALES, LES ASEGURO QUE SU QUERIDA CIUDAD A MÍ ME HA ROBADO EL CORAZÓN.

Una mañana, los Simpson despiertan y descubren que les han robado. Y que ha sido parte de una serie atribuidas al Ladrón Felino de Springfield. Los habitantes se arman e instalan dispositivos de seguridad. La Patrulla de Barrio elige a Homer como líder.

El grupo de Homer patrulla las calles, pero sus miembros quebrantan más leyes que ladrones capturan. Durante una entrevista en el programa Línea Inteligente, de Kent Brockman, Homer recibe una llamada del Ladrón Felino amenazando con robar el mayor circonio cúbico del mundo en el Museo de Springfield. Homer vigila el museo, pero lo distraen unos niños que beben cerveza. Al unirse a ellos acaba borracho, y el ladrón roba el circonio.

El abuelo dice que el Ladrón Felino es el señor Molloy, uno de los residentes de su asilo de ancianos. Mientras los ciudadanos asaltan el asilo buscando lo que les han robado, el jefe Wiggum arresta a Molloy, pero logra escapar de la cárcel enviando a todo el pueblo en una búsqueda del tesoro, en pos del dinero escondido bajo una enorme "T".

MOMENTOS ESTELARES

Entrando con facilidad: El Ladrón Felino lleva instrumentos sofisticados para entrar en casa de los Simpson, pero ve que las llaves están en la puerta. En el llavero se lee: "Homer".

La tarjeta de visita del ladrón: "Ha sido usted desvalijado por el Ladrón Felino de Springfield."

"¡Lisa, nunca jamás te pares en mitad de un baile!" Homer a Lisa, cuando Lisa le muestra lo patético que resulta tocar música con una jarra.

"¡Gracias por venir! ¡Le espero en el infierno!" Apu, en el tejado del Badulaque, llevando una escopeta.

Jimbo se alista:

Jimbo: *¡Eh, sois La Patrulla esa de los Borrachos! ¿Puedo alistarme?*
Homer: *No lo sé. ¿Podrías con un saco de picaportes?*
Jimbo: *¡Sí podría!*
Homer: *Aceptado. Toma el saco.*
Moe: *Y búscate tú los picaportes.*

"¡Oh, papá! Has hecho cosas muy buenas, pero ya eres un hombre muy viejo. Y los viejos son un estorbo."

"¡Ay, Dios! ¡Menores bebiendo cerveza sin permiso!" Homer distrayéndose de su vigilancia en el museo.

"Bien, señor Molloy. Ya ve que el gato ha sido cazado por la persona que dijo que lo cazaría."

Homer leyendo la nota de Molloy: "Lo lamento, pero no hay ningún tesoro. He aprovechado este tiempo para fugarme de la cárcel. Un saludo cariñoso… ¡Oh, no logro entender la firma!"

Flanders también:

Flanders: *¡Hola, holita, vecinitos!*
Homer: *Nos han robado. Vete. Infierno.*
Flanders: *¡Oh, vaya, también a vosotros! A mí me robó mis toallas de playa del Sudario de Turín.*

(Homer ojea el *Springfield Shopper*. En el titular se lee "Robado el circonio". De subtítulo, "Simpson durmiendo de guardia".)
Homer: *¡Durmiendo de guardia! ¡No estaba dormido, estaba trompa!*
Bart: (Con ternura:) *Yo te creo, papá.*

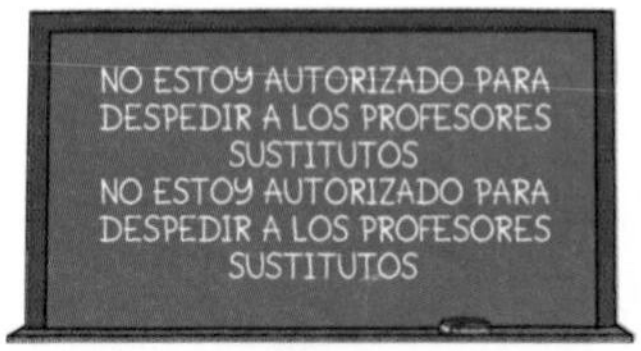
NO ESTOY AUTORIZADO PARA DESPEDIR A LOS PROFESORES SUSTITUTOS
NO ESTOY AUTORIZADO PARA DESPEDIR A LOS PROFESORES SUSTITUTOS

Sin seguro:

Lisa: *Nos cubrirá el seguro, ¿no, mamá?*
Marge: *Homer, dile a tu hija lo que compraste cuando te mandé a pagar el seguro.*
Homer: *¡Malditas judías mágicas!*
Marge: *¡No culpes a las judías!*

Homenaje cinematográfico:

Molloy envía a todo Springfield a una caza de un tesoro enterrado bajo una gigantesca letra, como en *El Mundo está Loco, Loco, Loco...* El final de la secuencia parodia la película, su música y la búsqueda enloquecida del dinero, recreando la escena en la que Phil Silvers se cae a un río con su convertible.

"Línea Inteligente", con Kent Brockman:

Kent: *¿Qué me dice, que en lugar de prevenir delitos lo que hace su grupo es cometerlos?*
Homer: *¡Oh, Kent! ¡Le mentiría si le dijera que mis hombres son unos santos varones!*
(Brockman hace una larga pausa.)
Brockman: *Tocado.*

DETALLES QUE QUIZÁ TE HAYAS PERDIDO

Fotos de la señora Botz y de Tony el Gordo siguen en el tablón de anuncios de la comisaría.

Un cartel en el sótano de Flanders, dice: "Siete días sin beber me dejan débil."

Palabras talladas en el frontis del Museo de Springfield: "verdad", "sabiduría" y "tienda de regalos".

BART SE HACE FAMOSO

Episodio 1F11, emitido el 3.2.94. Guionista: John Swartzwelder. Directora: Susie Dietter.

La clase de Bart hace una excursión escolar a una fábrica de cajas de la localidad. Aburrido, Bart se escapa a unos cercanos estudios de televisión, donde se graba "El Show de Krusty, el Payaso". Después de que Krusty se enfada con su ayudante por no traerle una caracola, Bart le roba una a Kent Brockman y se la lleva a Krusty. El agradecido payaso contrata a Bart como ayudante.

Pero trabajar para Krusty no es tal y como Bart esperaba. Cuando está a punto de dejarlo, Krusty le ofrece decir una línea en un sketch. Bart acepta. Al salir a escena, tropieza y causa un auténtico desastre, ante el que sólo se le ocurre decir: "Yo no he sido." La gente se ríe salvajemente de su salida, y Bart se convierte instantáneamente en famoso.

Gracias a su frase "Yo no he sido", la imagen de Bart aparece en numerosos productos. Incluso sale en el "Show de Conan O´Brien" para demostrar que no se trata de una moda. Bart intenta hacer su mejor representación en el Show de Krusty pero, cuando llega el momento, nadie se ríe. Krusty le explica que su fama ha terminado, atribuyéndolo a la inconstante naturaleza del mundo del espectáculo.

> MIS DEBERES NO HAN SIDO
> ROBADOS POR UN HOMBRE
> ARMADO
> MIS DEBERES NO HAN SIDO
> ROBADOS POR UN HOMBRE
> ARMADO

MOMENTOS ESTELARES

"Esto es una fábrica de sueños, el lugar en donde nacen la magia y la fantasía. Corre a limpiarme el cuarto de baño. Anda, entra ahí. ¡Uuuuh! No sé en qué estaba pensando ayer por la noche." Krusty mostrándole a Bart el exacto significado de "empezar desde abajo".

Créditos diminutos: El nombre de Bart aparece tan pequeño en los créditos del programa de Krusty, que sus amigos leen "Brad Storch", o "Betty Symington".

 "En las noticias de las once les hablaremos de cierto refresco que se ha descubierto que es mortal. No les diremos cuál hasta después de los deportes y del tiempo, con el divertido Sonny Storm…"

El fenómeno: "Yo no he sido." Bart, a partir de esa frase, se hace famoso: aparece en un grupo de baile, una serie de discos de rap y una autobiografía.

"¡Oh, no te preocupes, muchacho! Estás acabado, eso es todo… Sí, suele ocurrir: así es el espectáculo. Hoy eres el tipo más importante que existe, y mañana sólo eres un patán que trabaja en una fábrica de cajas…"

Se oye varias veces: Un desmotivado operario del programa de Krusty le dice a Bart: "Desearía estar muerto." También lo dice Bart cuando Krusty le pide que deje sus huellas en un candelabro.

La aburrida Fábrica de Cajas:

Milhouse: ¿Tienen golosinas algunas de las cajas que hay aquí?
Ejecutivo de la Fábrica: No.
Milhouse: Y.. ¿tendrán alguna vez?
Ejecutivo de la Fábrica: No, sólo hacemos cajas para guardar clavos. ¿Alguna otra pregunta?
Martin: ¿Cuándo tendremos ocasión de ver una caja terminada?
Ejecutivo de la Fábrica: Bueno, aquí no las ensamblamos. Lo hacen en Flint, Michigan.
Bart: ¿Se ha amputado la mano alguno de los obreros con una máquina…
Ejecutivo de la Fábrica: No.
Bart: …y luego la mano se ha ido ella sola estrangulando a la gente?
Ejecutivo de la Fábrica: No, nunca ocurrió eso.
Bart: ¿Y nadie se ha saltado un ojo?
Ejecutivo de la Fábrica: No sé qué concepto tienes tú de una fábrica, pero aquí sólo hacemos cajas.

La promoción de Bart:

Krusty: ¡Bart, te necesito para un sketch!
Bart: ¿Quieres que salga en el programa?
Krusty: Es sólo una frase. Tenía que decirla Mel, pero está muerto.
Bart: ¿Muerto?
Krusty: O enfermo. No sé qué me ha dicho. El caso es que tienes que salir y decir: "Estoy esperando el autobús." Luego estoy cinco minutos tirándote tartas. ¿Entendido?
Bart: (Ensayando.) Estoy esperando el autobús.
Krusty: ¡Qué gracioso! ¡Andando!

El Show de Conan O'Brien:

Bart: Conan, yo podría hablar de muchas cosas. No soy un genio de una sola frase. ¿Sabías que hay una zona de la selva tropical, del tamaño de Kansas, que se incendia cada…?
Conan: Di tu frase.

La caracola:

Bart: ¡Aquí tienes una, Krusty!
Krusty: ¡Dame, dame, dame, dame! (Se la comienza a comer.) ¡Riquísima!? ¿Dónde estaba?
Bart: Se la robé a Kent Brockman.
Krusty: ¡Genial! (Parando de comer.) Este… ¿No la habría tocado?
Bart: No.
Krusty: Buen trabajo, crío. ¿Cómo te llamas?
Bart: Soy Bart Simpson, te libré de la cárcel… también logré que te reencontraras con tu padre… y salvé tu carrera, tío. ¿No recuerdas tu reaparición?
Krusty: Sí, pero… ¿qué has hecho por mí últimamente?
Bart: Conseguirte la caracola.
Krusty: Y es algo que nunca olvidaré.

Lisa: ¡Olvídalo! Si alguna vez me hago famosa, quiero que sea por algo, no por una de esas modas odiosas.
Bart: ¿Una moda odiosa?
Homer: ¡Ah! No te apures hijo, lo mismo decían de ese gafotas que se llama Urkle… ¡Cómo me gustaría cogerle por banda!

DETALLES QUE QUIZÁ TE HAYAS PERDIDO

La melodía que silba Bart, y que Marge encuentra crispante, es el tema de Los Simpson.
La audiencia de Krusty se comporta como la que acude a "Arsenio".
Mientras Bart graba su disco de música rap pueden verse discos de oro de Gingivitis Murphy y de la Larry Davis Experience, colgados en la pared del estudio.
La señora Quimby recuerda a Jackie-O, cuando aparece vestida con su traje rosa de Channel y su sombrero de botones de hotel.

Ocupación:
Comediante de éxito internacional.

País de origen:
México.

Talentos:
Ser golpeado, pellizcado, machacado, estrujado, atrapado y exprimido por diferentes objetos, haciendo que resulte divertido.

Primera aparición en TV:
Canal Ocho.

Mascotas:
Un pequeño chihuahua, con la cabeza del tamaño de un cohete quemado.

> ¡AY, AY, AY!
> ¡NO ME GUSTA!

HOMER Y APU

Episodio 1F10, emitido originalmente el 10.2.94. Guionista: Greg Daniels. Director: Mark Kirkland.

APU

Nombre completo:
Apu Nahasapeemapetilon.

Profesión:
Empleado del Badulaque.

Política económica:
Abusiva, abusiva, abusiva.

País de origen:
La India.

Recuerdo horroroso:
Pensar que era una onza de chocolate tras trabajar 96 horas seguidas.

Situación legal:
Alienígena semilegal.

Dieta:
Vegetariano estricto: nada de carne, de leche o de huevos.

> CONOZCO EL ESTILO DEL ATRACO A MANO ARMADA. TRABAJO EN EL LUGAR APROPIADO, ¿SABE?

MOMENTOS ESTELARES

"¡Oh, retortijones!... ¡Tripas rotas!... ¡No me queda tiempo!... ¡He de terminarlo!" Homer devorando jamón pasado en el sofá.

El actor James Woods, explicando por qué quiere trabajar en el Badulaque: "La verdad, en mi próxima película tengo que hacer de un dependiente de supermercado muy torturado y me gusta investigar mis papeles para meterme en ellos. Cuando hice *Sólo Ante la Ley*, estuve en un despacho de abogados durante dos meses. Y para la película *Chaplin* tuve mucha suerte, pues logré viajar en el tiempo hasta los años 20 y... ¡Oh, perdón, creo que estoy hablando demasiado!"

> **Letra de la canción "¡Adiós al Badulaque!":**
>
> *Ya sea en un iglú, una choza, un cobertizo/ una cúpula geodésica/ no he vivido en otra estructura/ que más haya querido llamar mi hogar... Cretinos parecían cuando vine a vivir aquí.../ Luego, Maggie a mí me conquistó/ Marge a mí me enamoró/ Lisa con filosofía/ me enseñó a aguantarse un día.../ Comer por ahorrarse pelas/ se pilló una salmonela... ¡Adiós al Badulaque! Y ya no sigo más, que no es fácil de rimar.../ ¡Adiós al Badulaque!* (Marge.): *¡Si llevas miññaque!* (Lisa.): *¡Te dará mucho empaque!* (Bart.): *¡Con esto y doy jaque!* (Homer.): *¡Yo tengo mucho saque!* (Todos.): *¡Adiós al Badulaque!* (Apu.): *¡Adiós!*

 "Apu... Por si te sirve de algo, te diré que la vida es una aplastante derrota tras otra, hasta que acabas deseando que se muera Flanders."

"¡Ah, el abrasador beso de plomo! Te echaba de menos... digo, creo que me muero." Apu, tras salvarle la vida a James Woods.

Cliente 1: *¿Me da un sello de 29 centavos?*
Apu: *¡Un dólar ochenta y cinco!* (Timbre de la caja.)
Cliente 2: *Cóbreme dos dólares de gasolina.*
Apu: *¡Cuatro con veinte!* (Timbre de la caja.)
Martin: *¿Qué valen caramelos de 10 centavos?*
Apu: *Asombrosamente caros.*

Cliente Insatisfecho:
Homer: *¡Me puse malo con tu carne!*
Apu: *¡Cuánto lo siento! ¿Acepta dos kilos de gambas congeladas?*
Homer: *¡No están congeladas y huelen raro!*
Apu: *Vale, cuatro kilos.*
Homer: (Aceptando.): *¡Yujújúu!*

(Homer mira un programa de televisión donde actúa un cómico.)
Cómico: *¡Obsérvenlo, los negritos conducen así!* (Adopta la postura de quien conduce muy echado hacia atrás, con sólo una mano en el volante.) *¡Mientras que los blancos conducen así!* (Adopta la postura de quien conduce pegado al parabrisas, con las dos manos en el volante.)
Homer (Riendo.): *¡Es verdad, qué pánfilos somos!*

Homer, reportero secreto:
Brockman: *¿Está dispuesto a desenmascarar en secreto a ese sinvergüenza?*
Homer: *¡Ni hablar! ¡Ni hablar! ¡Ya puede ir buscándose a otro pardillo! ¡Yo no voy a llevar encima un montón de cables!*
Brockman: *Vale, de acuerdo. ¿Y llevaría una cámara oculta y un micrófono?*
Homer: *¡Ah, eso sí!*

(Homer y Apu se acercan a un Badulaque majestuoso en la India, empotrado en una montaña.)
Apu: *¡Ahí está el primer Badulaque de la historia!*
Homer: *No tiene muy buenos accesos.*
Apu: *¿Tiene siempre que quejarse de todo?*

Conversación Espiritual:
Presidente: *Podéis formular tres preguntas.*
Apu: *¡Fantástico, porque sólo necesito una!*
Homer (Interrumpiendo.): *¿Es realmente el presi de los badulaques?*
Presidente: *Sí.*
Homer: *¿En serio?*
Presidente: *Sí.*
Homer: *¿Tú?*
Presidente: *Sí. Que mis tres respuestas sirvan para orientaros.*
Apu: *Pero, si yo...*
Presidente: *Gracias. Volved.*

DETALLES QUE QUIZÁ TE HAYAS PERDIDO

El Badulaque no acepta cheques de los siguientes personajes: el jefe Wiggum, el Reverendo Lovejoy, Homer J. Simpson, Homer S. Simpson, H. J. Simpson, Homer Simpson, Homer J. Fong.

Cartel en el primer Badulaque del mundo: "El maestro lo sabe todo, menos la combinación de la caja."

La lata de sopa de pollo en el Badulaque está infectada de botulismo.

En el Badulaque, Apu pone en oferta el jamón pasado en vez de tirarlo. Homer lo compra, se lo come y acaba en el hospital. Lisa le dice a Homer que debe denunciar a Apu, y aquél cuenta lo ocurrido en "Ladre en Respuesta con Kent Brockman". Apu es despedido por la compañía tras un reportaje en el que Homer ayuda a descubrir los manejos de Apu.

Éste le dice a Homer que desea enmendarse convirtiéndose en su criado personal. Mientras Apu trabaja para los Simpson, el actor James Woods lo suple en el Badulaque. Apu disfruta con la familia, pero añora su Badulaque.

Homer acepta acompañar a Apu a la Oficina Central de la Compañía, en la India, para ayudarle a recuperar su trabajo. El benevolente Presidente y Administrador General de la compañía les permite hacer tres preguntas, pero Homer interviene impidiendo que Apu sea readmitido. Apu vuelve finalmente al Badulaque, donde salva la vida de James Woods cuando pretendían atracarlo. Eternamente agradecido, Woods intercede para que Apu recupere su trabajo.

NO JUGARÉ EN EL PATIO DE LOS PEQUEÑOS
NO JUGARÉ EN EL PATIO DE LOS PEQUEÑOS
NO JUGARÉ EN EL PATIO DE LOS PEQUEÑOS
NO JUGARÉ EN EL PATIO DE LOS PEQUEÑOS
NO JUGARÉ EN EL PATIO DE LOS PEQUEÑOS

LISA CONTRA STACY MALIBU

Episodio 1F12, emitido originalmente el 17.2.94. Guionistas: Bill Oakley y Josh Weinstein. Director: Jeff Lynch.

Consciente de su mortalidad, el abuelo decide dar su herencia a su familia, mientras aún sigue vivo. Homer coge al abuelo y van al Centro Comercial para comprarse regalos para todos. Lisa elige una muñeca Stacy Malibu parlante, pero descubre que la muñeca sólo repite frases vacías, que refuerzan los estereotipos sexistas.

Marge lleva a Lisa a la fábrica de Stacy Malibu, pero Lisa sólo recibe respuestas convencionales. Con ayuda de Smithers, Lisa localiza a Stacy Lovell, la recluida creadora de Stacy Malibu. Mientras tanto el abuelo se siente un inútil y está cansado de quejarse de la vida, así que se pone a trabajar en un Krustyburger.

Lisa convence a Lovell para que desafíen a las grandes compañías jugueteras y creen una nueva muñeca que desarrolle las ideas en las que ambas creen. La muñeca es bautizada como "Lisa Corazón de León". Los fabricantes de Stacy Malibu responden lanzando la "Stacy Malibu Plus", la misma muñeca de siempre, pero con un sombrero nuevo. En el Krustyburger, el abuelo comprende que debe de estar al otro lado del mostrador, junto a sus compañeros ancianos.

El día del lanzamiento de "Lisa Corazón de León", las niñas prefieren a la nueva Stacy, ignorando a "Lisa Corazón de León". Lisa termina pensando que si su muñeca ha impresionado a una sola niña, sus esfuerzos habrán merecido la pena.

MOMENTOS ESTELARES

"¿Qué quieres como comida? Si has estado tres semanas hablando de Matlock, incluso le has robado sus píldoras..."

"¡Hey, cara de mula! ¡Quita tus pezuñas de ese juego de complementos de verano!" Lisa peleándose con otras niñas para conseguir muñecas en los almacenes "El Valle de las Muñecas", en Kidstown USA.

Los desvaríos del abuelo: "¡Bah! Debisteis comprar algo más útil, como un mosquitero o un órgano musical. Tengo sed. ¡Beber! ¡Pues yo huelo a mostaza! Vaya un barrio que tenéis, qué gente más fea. ¡Oh! ¡Mirad ése! ¡Ay! Este glaucoma no me deja ver nada. ¡Vosotros sí que sois demócratas!

"¡Miradme! ¡He rejuvenecido!" El abuelo poco antes de salir despedido de la bicicleta y caer en una fosa recién excavada.

Un hecho: Waylon Smithers es el propietario de la mayor colección mundial de Stacy Malibu.

"Quiero más salsa secreta. ¡Poned esta mayonesa al sol!" El señor Peterson, el juvenil gerente del Krustyburger, a sus trabajadores.

"Varón de raza blanca, entre 18 a 49. Todo el mundo me hace caso, por muy bobas que sean mis sugerencias."

"¡Tengo una solución: usted y yo crearemos nuestra propia muñeca parlante! Con la sabiduría de Gertrude Stein, el diseño de Cathy Guisewite, la tenacidad de Nina Totenberg y el sentido común de Elizabeth Katy Stanton. Y, como colofón, la imponente presencia física de Eleanor Roosevelt."

Bart sugiere nombres para la nueva muñeca de Lisa y Stacy.
"Charlatana" la muñeca de las cursis, "Wendy la Estrecha", "la Fea Doris", "Hortensia Cara de Mula", "Lisa la Viperina", "Lisa Cubo-de-Basura".

Lisa juega con su nueva Stacy Malibu:

Lisa: ¡Vamos, Stacy! Llevo toda una vida esperando oírte hablar. ¿No tienes nada interesante que decir? (Lisa vuelve a estirar de la cuerda.)
Stacy Malibu: A mí no me preguntes, sólo soy una chica. ¡Ji, ji, ji!
Bart: Tiene toda la razón, hermana.
Lisa: No tiene gracia. Millones de niñas pensarán que ésta es la forma adecuada de comportarse, que nunca serán otra cosa que lindos adoquines, cuya única meta es pescar un marido rico y pasarse el día al teléfono comentando, con las cabezas huecas de sus amigas, lo fantástico que es ser mona y tener un marido rico.
Bart: Es lo que yo iba a decir.

Homenaje cinematográfico:

La canción "We Love You, Matlock" es una parodia de la canción *We Love You, Conrad*, una canción de *Bye Bye Birdie*. Por otra parte, cuando Homer salta sobre las teclas gigantes del piano, actúa como en la película *Big*.

DETALLES QUE QUIZÁ TE HAYAS PERDIDO

Las tiendas del Centro Comercial de Springfield, tienen nombres como "Casa de la No-Devolución", "Simplemente Zapatos", "Todo Lencería de una talla", "El Izquierdárium", "Diseños Origami", "Precisamente Videos", "El Rincón del Yogur" o "La Ciudad de los Niños". (No afiliada al correccional de la Ciudad de los Niños.)

Se puede ver a Bart en una foto de la *Springfield Gazette*, asistiendo a una manifestación proderechos de los gays.

Un letrero frente a la Fábrica Stacy Malibu, pone: "Petroquim Petroquímica Corporation." Y otro cartel más pequeño dice: "Orgullosos Fabricantes de Polipropileno Cáustico y Stacy Malibu."

Claire Harper: Bueno, aquí acaba la visita. Si alguien quiere hacer alguna pregunta, para mí será un placer....
Lisa: Sí, por favor.
Claire Harper: ¿Sí?
Lisa: La actitud marcadamente sexista de la que hace gala Stacy: ¿es intencionada o se trata solamente de un error?
Harper: (Se ríe.) Puedes creer que somos muy escrupulosos respecto a esos temas.
(Un hombre abre una puerta, tras la que se ve a un grupo de ejecutivos masculinos.)
Ejecutivo: (Con silbidos admirativos.) Hoyuelos, coge un bloc y mueve tu impresionante trasero hasta aquí.
Harper: (Carcajadas.) ¡Oooh! ¡Cómo eres! (Más carcajadas.)
Ejecutivo: ¡Bah! ¡No finjas que no te gusta!

ME HICIERON ABANDONAR LA COMPAÑÍA EN EL 74. DIJERON QUE MI FORMA DE PENSAR NO ERA NADA PRODUCTIVA. BUENO, POR ESO... Y PORQUE ESTABA DESVIANDO FONDOS AL VIETCONG.

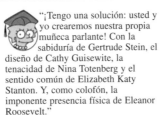

HOMER EN EL ESPACIO

os científicos de la NASA piensan que su agencia ha perdido el interés del público. Comprendiendo que los "palurdos currantes" se sienten más identificados con las tele-comedias, los científicos se afanan en encontrar a un "palurdo currante". Sus plegarias obtienen respuesta cuando Homer llama a la administración para protestar porque televisan los lanzamientos.

La NASA ofrece a Homer y Barney una oportunidad para unirse a la próxima misión. Cuando comprenden que sólo uno de los dos será el elegido, comienzan a competir. Barney deja de beber y rápidamente se pone a punto, adelgaza y está más motivado. Y consigue ganar el puesto. Pero cuando celebra la elección, brindando con champagne no alcohólico, rebrota su antigua personalidad, y Homer es elegido, por abandono de su competidor.

Una vez en el espacio, junto a los astronautas Buzz Aldrin y Race Banyon, Homer derrama una bolsa de patatas fritas, y choca con un terrario de hormigas que

llevan para un experimento. Las patatas y las hormigas dañan los mandos del panel de instrumentos. El músico James Taylor interpreta una canción para el público, y luego sugiere que los astronautas hagan el vacío en la nave. El plan funciona hasta que Homer se suelta y es aspirado al exterior, rompiendo la manivela de la astronave. Consigue cerrar la puerta usando una inanimada barra de carbón, gracias a lo cual la nave regresa a salvo a la Tierra.

MOMENTOS ESTELARES

¿Por qué Homer cree que va a ganar el Premio del Empleado de la Semana?:
La Regla Sindical número 26 dice que: "Todo empleado debe ganar el Premio al Empleado de la Semana al menos una vez, sin importar su incompetencia, obesidad u olor corporal."

"Manitos, aplastemos a los luchadores por la libertad, antes de que empiece la estación de lluvias, y recuerden le regalaré un flamante burro al que me traiga la cabeza del coronel Montoya."
El señor Burns, un poco confundido, en su proclamación del Empleado de la Semana.

"¿Inanimada? ¡Inanimada es como te voy a dejar!"

La admisión de Homer: Para que la NASA comprenda que él es quien les ha telefoneado, les pide que llamen al FBI donde Homer tiene antecedentes por llamar por teléfono.

"Señores, los dos han trabajado duro. Podría decirse que los dos han ganado. Pero si nos ponemos a concretar: Barney ha ganado." Stillwater dándoles la noticia de la elección a Homer y Barney.

Irónico aterrizaje: Barney se convierte en un monstruo después de brindar con champagne noalcohólico. Se pone una mochila aerotransportadora y vuela hasta quedarse sin combustible, cayendo sobre el tejado de una fábrica de almohadones. Barney rebota sobre el tejado y cae desde él, hasta la carretera, donde un camión de dulces le pasa por encima.

"Señores… hemos… perdido la conexión, pero lo que hemos visto habla por sí sólo. El Corvair ha sido aparentemente invadido —conquistado, si lo prefieren— por… monstruosas hormigas espaciales. Desde nuestra posición es difícil saber si devorarán a los terrícolas, o sólo los esclavizarán. Una cosa es segura: nadie podrá detenerlas y pronto vendrán. Un servidor da la bienvenida a nuestros nuevos amos... y recuerdo a las hormigas que con mi prestigio en la televisión puedo resultarles muy útil a la hora de reunir obreros para sus túneles de azúcar."

"Bueno, este servidor... es posible que se precipitara un poco hace un rato, y desea reafirmar su lealtad a la patria y a su humano presidente. Puede que no sea perfecto, pero es el mejor que tenemos. Por ahora." Kent Brockman disculpándose por dar la bienvenida a los invasores del espacio.

(El abuelo y Lisa contemplando el regreso de Homer por la televisión.)
Lisa: ¡Vamos, papá! ¡Yo sé que puedes!
Abuelo: ¿Cómo no va a poder, si está en la tele?

Homenaje cinematográfico:
Varias escenas del episodio parodian a *Elegidos para la Gloria*, incluyendo cuando Homer y Barney hacen su entrenamiento, y cuando la tripulación canta al regreso.

El científico Doctor Babcock: *Señor, tenemos un grave problema con esta misión. El índice de audiencia es el más bajo de la historia.*
Jack Stillwater, Ejecutivo de la NASA: (Leyendo.) *¡Oh, santo cielo! ¡Esto es un desastre! Por detrás de los villancicos.*

EXTERIOR

Episodio 1F13,
emitido originalmente el 24.2.94.
Guionista: David Mirkin.
Director: Carlos Baeza.

"¿Sabes, Homer? Cuando me enteré de esto tuyo, sufrí un amplio abanico de emociones. Me sentí nerviosa, luego ansiosa, luego recelosa, luego aprensiva, luego casi soñolienta, luego preocupada... y atribulada después. Hasta que he comprendido que ser un hombre del espacio es, de verdad, lo tuyo."

"Es verdad, Marge. Como cuando tuve ocasión de conocer al señor T en el súper. Me pasé todo el día diciendo: "Iré dentro de un rato. Iré dentro de un rato", y cuando llegué allí... me dijeron que se acababa de ir. Le pregunté a un empleado que si volvería alguna vez, y me contestó que no. ¡Pues no permitiré que vuelva a pasarme igual! ¡Me voy a espaciar ahora mismo!" Homer, respondiéndole a Marge que le anima a no dejar pasar esta oportunidad única en la vida.

Comentario de James Taylor:
"Hormigas... ¿Eh? Tuvimos un problema con las hormigas este verano. Le pedí a Garfunkel que trajera el compresor. Creamos el vacío en el exterior de la casa y las hicimos salir volando por la puerta principal. Pero claro, a los tecnócratas de la NASA no les interesan soluciones pueblerinas."

"Sí, es posible que debiera estar... ¿Cómo dijiste?"

Homer: *Nadie me respeta en el trabajo...*
Marge: *Nosotros te respetamos.*
(Bart, a escondidas, escribe en la nuca de Homer: INSERTAR CEREBRO AQUÍ.)

Stillwater: *¡Señores: perderemos a los patrocinadores! ¡América ya no está interesada en la exploración espacial!*
Babcock: *Quizá deberíamos hacer público el gran secreto: los chimpancés que enviamos al espacio y que regresaron superinteligentes.*
(Se gira un sillón y vemos a un chimpancé con traje, patines y fumando en pipa.)
Chimpancé: *(Con acento arrogante.) No, no creo que debamos sacarlo a la luz.*

Periodista: *Una pregunta al Chef de Barbacoa. ¿Y no cree que hay un riesgo inherente en el hecho de enviar al espacio a civiles sin preparación?*
Homer: *Voy a contestarle. El único peligro sería que nos enviasen a ese terrorífico planeta de simios que...*
(Homer se queda pensativo unos instantes y comprende algo.)
Homer: *Un momento... ¿Estatua de la Libertad? ¡Ése era nuestro planeta! ¡Malditos! ¡Lo habéis fastidiado! ¡Malditos! ¡Idos al Infierno!*

Buzz Aldrin: *¿Qué, Barney? Nos han dicho que eres un hacha...*
Homer: *La competición aún no ha terminado, Buzz. Si es así como te llamas. Creo que aún faltan algunas pruebas, como la competición de trajes de baño.*
Aldrin: *No hay ninguna competición de trajes de baño, Homer.*
Homer: *¿Y me he afeitado la zona del bikini para nada?*

Stillwater: *(Suspirando.) Bueno, Homer: lo declaro ganador a usted por abandono.*
Homer: *(Contento.) ¿Abandono? ¡Yuuuju! ¡Las dos palabras más dulces de nuestro idioma: aban... dono.*

DETALLES QUE QUIZÁ TE HAYAS PERDIDO

A la entrada de la base de lanzamiento hay un cartel en el que se lee: "CABO CAÑAVERAL. Anteriormente CABO KENNEDY. Anteriormente CABO ARBUCKLE."

Homer sabe los números de teléfono de la NASA y del presidente Clinton.

Homer acude a la rueda de prensa de la NASA, con su delantal de CHEF DE BARBACOA.

La lanzadera espacial se llama "Corvair". El Chevrolet Corvair, de los años 60, fue considerado uno de los coches menos seguros en carretera.

Homer llama al presidente Clinton y le dice: "Me imagino que si alguien sabe dónde comprar naranjadas es..." Esta frase puede, o no puede, tener un doble sentido.

HOMER AMA A FLANDERS

Episodio 1F14, emitido originalmente el 24.2.94. Guionista: David Richardson. Director: Wes Archer.

ROD FLANDERS

Rama familiar:
Es el hijo menor de los Flanders de Springfield.

Su idea sobre la blasfemia:
El perro que habla en "David y Goliat".

Sus influencias más positivas:
Su familia y la Biblia.

Sus peores influencias:
Homer y Bart Simpson.

Mayor milagro:
No haber sido golpeado por Jimbo, Dolph, Kearney ni Nelson.

PAPÁ, ¿PUEDO UNGIR LA LLAGA DE SU PIE?

Homer intenta conseguir entradas para un partido de fútbol americano, pero no lo logra. Ned Flanders gana dos entradas en un concurso de la radio, e invita a Homer. Desesperado, éste acepta. Flanders le invita a la merienda, e incluso consigue que el mejor jugador del partido regale a Homer el balón con el que han jugado. Asombrado por la generosidad de Flanders, abandona su miedo a que le vean con él, y se hace amigo de Ned y su familia.

Marge se da cuenta de que Homer no hace caso de su propia familia. Homer prepara un viaje de fin de semana con las dos familias, pero éstas no congenian. Cuando los Simpson inician una batalla de comida, Ned le dice a Maude lo mucho que odia a su vecino.

Al volver a casa, Homer no es consciente de la animosidad de Ned. Va a su casa para jugar al golf, pero todos los Flanders huyen en el coche. La policía los detiene por exceso de velocidad. Ned es sometido a unas pruebas de sobriedad ante la desaprobadora mirada de la gente de Springfield. En la iglesia, Ned insulta a Homer, ante el escándalo de los feligreses. Pero Homer sale en su defensa y convence a todo el mundo de que le den una nueva oportunidad. A la semana siguiente, todo vuelve a la normalidad y Homer sigue despreciando a Flanders.

MOMENTOS ESTELARES

"¡Chiripita! ¡Esto es lo que se llama chiripa! Oiga... ¿cuál es el valor de las entraditas, para incluirlo en mi declaración?" Flanders al ganar dos entradas para el fútbol en un programa de la radio.

"Además... ¿qué tiene de especial ese partido? No es sino un capítulo más en la absurda rivalidad entre Springfield y Shelbyville. ¿Construyen un minicentro comercial? ¡Nosotros un maxicentro! ¿Preparan la pizza mayor del mundo? ¡Nosotros incendiamos su Ayuntamiento!"

El sombrero de los nachos: El aperitivo que Ned compra a Homer en el partido. Consiste en un gigantesco sombrero mexicano hecho de tortita, con salsa de nacho en la parte superior.

"¡Springfield! ¡Springfield! ¡Aquí tenéis los de Shelbyville, para que lo beséis!" Homer gritando al público, antes de recibir una lata de cerveza en la cabeza.

"Bendice al tendero que nos vendió la comida, y al intermediario que duplicó el precio, y no te olvides de los decididos muchachos del matadero."

NO SOY DELICIOSAMENTE DESCARADO
NO SOY DELICIOSAMENTE DESCARADO
NO SOY DELICIOSAMENTE DESCARADO
NO SOY DELICIOSAMENTE DESCARADO

"¡Nos vamos! A Todd se le ha metido ensaladilla en un ojo." Flanders a Homer, después de la batalla de comida que han iniciado los Simpson.

"¡Eh, Flanders! ¡Aquí! ¡Os he reservado unos asientos de muerte!" Homer llamando a Ned en la iglesia.

"¡Oh! ¿Es que no lo ven? ¡Este hombre no es un héroe: es un ser de lo más desagradable!" Ned Flanders, incapaz de aguantarse, insulta a Homer en la iglesia.

"¡Quietos! ¡Quietos! ¡Quietooos! ¡Oh! ¿Cómo se atreven a hablar así de Ned? Es un hombre cariñoso y amable. ¡Hasta quizá, incluso más que yo! No digo que nunca haya perdido la paciencia con él. ¡Incluso le he sacudido! Pero este hombre siempre ha puesto todas las mejillas de su cuerpo. Si todos fuéramos como Ned Flanders... ¿para qué querríamos el cielo? ¡Ya viviríamos en él!"

Homer ama a Flanders:

Homer: ¡Quiero que todo el mundo sepa que... (sacando la cabeza por la ventanilla del coche) éste es Ned Flanders, y es mi amigo!
Lenny: ¿Qué ha dicho?
Carl: No he entendido. ¡No sé que de un higo!

Comentarios sobre Ned:

Helen Lovejoy: ¡Vaya! Ned Flanders tiene envidia.
Moe: ¡Claro! Como toma tanto estimulante.
El abuelo: ¡Sacrifiquémoslo a nuestro Dios! En los años treinta hacíamos esas cosas.

Homenajes cinematográficos:

"¿Dónde está ahora tu mesías, Flanders?" Es una frase que parodia a otra de *Los Diez Mandamientos*.
Homer se agarra al coche de Flanders, con los palos de golf, como en una escena de *El Juicio Final*.

Flanders es detenido por exceso de velocidad:

Flanders: ¡Ay! Se lo repito, agente: ¡no me he atiborrado de estimulantes!
Wiggum: Sí. Ya, ya...
(Momentos después Flanders pierde el equilibrio en la prueba de habilidad, despistado al ver pasar el autobús de la iglesia.) **Wiggum:** ¿No había tomado estimulantes? ¡Cazado! (Al estilo de Edward G. Robinson.) ¿Qué? ¿Donde está ahora tu mesías, Flanders? ¡Anda!

DETALLES QUE QUIZÁ TE HAYAS PERDIDO

El titular del Springfield Shopper dice "Gran Hombre Gordo con un Gran Corazón Gordo", y debajo pone: "Pequeño Hombre Delgado, Acusado de Robo a Mano Armada."

En el cartel de la Iglesia Comunitaria de Springfield, hay un segundo texto que dice: "Los cartones de bingo más baratos de la ciudad."

En el comedor de caridad, en el que trabaja como voluntario Ned Flanders, hay un cartel que dice: "Albergue Helter. Fundador: Padre James Helter."

El barco de Flanders se llama: "Gracias por el barco, Señor II."

El letrero del lago Springfield dice: "Prohibido verter mercurio sin autorización."

La matrícula del coche de Flanders es la JHN 143. Podría referirse a San Juan 14:3, del Nuevo Testamento.

En la pared del cuarto de la tele de Flanders está colgada "La Última Cena" de Leonardo Da Vinci.

A BART LE REGALAN UN ELEFANTE

Episodio 1F15, emitido originalmente el 31.3.94. Guionista: John Swartzwelder. Director: Jim Reardon.

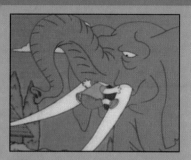

uando Bart gana un concurso de la radio KBBL, los presentadores, Bill y Marty, le dan a elegir entre dos premios: 10.000 dólares o un elefante africano. ¡Y Bart elige el elefante! Sorprendidos al no creer que nadie elegiría el animal, Bill y Marty no tienen un elefante, y ofrecen a Bart una gran variedad de regalos, pero él los rechaza. Sus trabajos peligran, así que terminan por conseguir un elefante y enviarlo a casa de los Simpson.

Bart le pone de nombre Apisonadora, y lo ata a un poste del patio trasero. Lisa va repitiendo que mantener al animal fuera de la jungla es algo cruel. Mientras que Homer está horrorizado porque el elefante está rompiendo la casa y come mucho. Bart ofrece paseos sobre Apisonadora, a los niños, a 2 dólares, pero Homer decide que no pueden mantenerlo, y lo vende a un traficante de marfil. Antes de que el traficante se lo lleve, Bart lo deja libre.

Apisonadora deja un reguero de destrucción a lo largo del pueblo. Bart insiste que entreguen al animal a un refugio, pero Homer no quiere renunciar a los miles de dólares del traficante. Homer termina cayendo en un pozo de brea, y está en peligro de perecer, cuando Apisonadora lo rescata. Homer, agradecido por haberle salvado la vida, entrega a Apisonadora al refugio de animales.

MOMENTOS ESTELARES

 "Hijo, es un evento deportivo: no se trata de ganar o de perder, si no de cuánto te puedes emborrachar."

"¡Bart! ¡Con 10.000 dólares seríamos millonarios, y podríamos comprar cosas útiles como… amor!" Homer tratando de convencer a Bart de que elija los 10.000 dólares.

"¡A tu habitación!" Homer después de que Lisa les dice que está mal encerrar a un animal.

 "¡Estoy cansado! ¡Tengo hambre! ¿No podríamos comprar otra casa?"

"¿No es ésa la pregunta que todos nos hacemos en la vida? ¿Dónde está mi elefante? Yo, desde luego, me la hago."

"¡Claro! Para ti todo es una crueldad: tenerlo encadenado en el patio, es cruel. Tirarle del rabo, es cruel. Gritarle al oído, es cruel. ¡Para ti todo es cruel! ¡Pues, perdona, hija, si soy cruel!"

"¡Qué monos!" Botones de Santa Claus y Snowball II cruzan la habitación caminando sobre unas pelotas para llamar la atención de la familia Simpson.

El cartel de Bart: "Ver el elefante: 1 $. Dar un paseo: 2 $."

Primera aparición de Cletus, el palurdo sin barbilla. Lisa defiende el mal genio de Apisonadora, diciendo: "Sí, pero usted también estaría de mal humor si la hubieran sacado de su hábitat y se viera rodeada de una pandilla de palurdos." Cletus se acerca y dice: "¡Hey, mamá! Mira a esa niña, tiene el pelo de punta… ¡Ooigh!"

Ver el elefante: 100 $. Dar un paseo: 500 $. Las nuevas tarifas de Homer.

El señor Almanegra, sin negar que sea un traficante de marfil: "Pequeña… he tenido muchos empleos en mi vida: ballenero, golpeador de focas, presidente de la Fox Televisión y, como todos, he traficado alguna vez con marfil."

Homenaje cinematográfico:
Apisonadora curiosea el salón de casa de los Simpson mirando por la ventana, igual que lo hacía el Tiranosaurio Rex dentro del coche en *Parque Jurásico*.

Lisa: Papá, creo que es un traficante de marfil. Tiene botas de marfil, sombrero de marfil, y apostaría a que ese cheque es de marfil.
Homer: Lisa, un tipo con tanto marfil es menos probable que le haga daño a Apisonadora, que uno que no sepa ni lo que es eso.

El señor Almanegra: Volveré por la mañana a recogerlo.
Homer: Tenga las llaves.
El señor Almanegra: Los elefantes no tienen llaves.
Homer: ¡Aaah! Entonces me las quedo…

Homer: Tendrás que hacer frente a estas facturas con tu paga.
Bart: Tendrás que subírmela a 1.000 dólares semanales.
Homer: ¡Ya lo había pensado, "listillo"!

DETALLES QUE QUIZÁ TE HAYAS PERDIDO

La atestada y sucia casa de los Simpson tiene: pizza y pisadas en el techo, huevos estrellados en las paredes, un sandwich en la escalera, la bola de jugar a los bolos de Homer en la nevera, y calzoncillos en la barandilla de la escalera y en el frigorífico.

Los Carteles de la Convención Republicana, cuando Apisonadora cruza entre ellos, dicen: "Queremos lo peor para todos" y "Somos sencillamente malos".

Los Carteles de la Convención Demócrata, cuando Apisonadora cruza entre ellos, dicen: "Odiamos la vida" y "No podemos gobernar".

Cartel en el Museo de Reproducciones: "Pozos de Brea de Springfield". Lo mejor en entretenimiento con brea *"Time Magazine"*.

MEJOR DEJAR LOS TRASPLANTES DE ÓRGANOS A LOS PROFESIONALES
MEJOR DEJAR LOS TRASPLANTES DE ÓRGANOS A LOS PROFESIONALES

APISONADORA

Identidad:
Auténtico y genuino elefante africano, ganado por Bart en el "Bill & Marty Show" de la radio KBBL.

Huele:
A elefante.

Piensa:
Que es una persona.

Odia:
Ser encadenado en el patio trasero.

Desea:
La compañía de otros elefantes.

Come:
De todo.

Coste diario de su comida:
300 dólares.

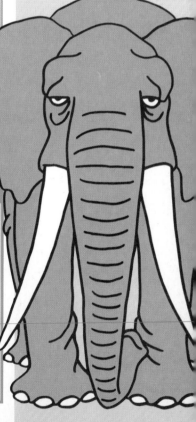

EL HEREDERO DE BURNS

Episodio 1F16, emitido originalmente el 14.4.94. Guionistas: Jack Richdale. Director: Mark Kirkland.

Ocupación:
Actores contratados para una simulación.

Último trabajo:
El señor Burns les encargó que suplantasen a la familia Simpson.

Técnica:
Utilizan diálogos escritos para convencer a Bart de que su padre, madre y hermanas no le quieren.

Error fundamental:
Creer que esto es un auténtico trabajo.

Nivel de habilidad:
Pobre.

Fidelidad al personaje:
Discutible.

D espués de casi ahogarse en la bañera, el señor Burns se da cuenta de que carece de heredero, y se lanza a la búsqueda de un niño que pueda heredar su vasta fortuna. Homer prepara a Bart para la prueba. Leyendo las palabras que Homer le ha dado en una tarjeta, Bart parece estúpido. Humillado, se dedica a destrozar la mansión de Burns. Impresionado por su maldad, Burns lo elige para ser su heredero.

Bart pasa algún tiempo en la mansión de Burns, donde éste le concede todos los deseos y caprichos. Cuando Bart vuelve a su casa, mimado e insoportable, Homer intenta castigarle. Negándose a obedecer, Bart se va a vivir con Burns. Homer y Marge contratan a Hutz para recuperar la custodia de su hijo, pero pierden el juicio.

Burns trata de convencer a Bart de que su familia no le echa en falta. Incluso contrata actores para que representen a unos Simpson que no quieren a Bart, que cae en la trampa, y llama "Papá" a Burns. Como signo de completa lealtad, Burns pide a Bart que despida a Homer de su trabajo. Bart decide volver con su familia, y aprieta un dispositivo que envía a Burns a los oscuros sótanos de la mansión.

¡LO LAMENTO! TENGO PROBLEMAS CON ESTE PERSONAJE. SE SUPONE QUE SUFRE CIERTA LESIÓN NEUROLÓGICA, COMO EN RAIN MAN O DESPERTARES.

MOMENTOS ESTELARES

Una experiencia cercana a la muerte: Cuando el señor Burns se hunde en la bañera, debido al peso de una esponja depositada sobre su sombrero, toda su vida desfila ante sus ojos. Un bebé Burns está tomándose un biberón que le da la niñera, hasta que escupe le leche y despide a la niñera. Un juvenil Monty dispara a los pies de un vagabundo obligándole a que baile, el hombre lo hace hasta que Burns deja de disparar para cargar el arma. Por último Burns va en un barco de Greenpeace, disfrazado con una peluca hippy, agujerea el barco mientras dice: "¡Claro que sí, idiotas! El hombre en quien confiabais no alucina." Tira su guitarra por la borda y añade: "Y todo este tiempo, lo único que fumaba era inofensivo tabaco."

(Cuando Bart le dice al señor Burns que quiere volver a casa, Burns le muestra un monitor que está supuestamente conectado a una cámara en el hogar de los Simpson, y podemos ver a los Simpson en el sofá.)
Homer: (Con acento argentino.) Ché... ¿Sabés que no echo de menos nada a Bart?
Marge: Yo me alegro de que se haya ido.
Lisa: Yo también.
Homer: (Tirando el sandwich al suelo.) ¡Ay!
Bart: (Al señor Burns.) Quizá sea mi imaginación, pero... ¡No sé! Hay algo en ellos que no me cuadra...

"Smithers... ¿ha pensado que si hubiera muerto no habría nadie que continuase mi legado? Debido a mi agenda, y a mi aletargado esperma, nunca he tenido heredero."

"¡Hola! ¿Señor... Kurns? Yo querer mente... dinero ahora. ¡Yo enfermo!" Bart leyendo la nota que le ha dado Homer en la prueba.

"Es perfecto para mamar de mi teta proverrial." El señor Burns después de ver una muestra de la maldad de Bart.

El hombre de la pizza: Bart pide que Krusty el Payaso le traiga una pizza a la mansión. Y le pregunta cómo puede ser que esté actuando en directo en la tele, y repartiendo pizzas al mismo tiempo. Krusty le explica que en la tele han programado un viejo refrito, y que nadie lo notará, porque se emitió el día en que se invadieron las islas Malvinas.

"He parlamentado con todos los jueces de este Estado. Y, a veces, como abogado."

Las cosas que Bart atropella cuando conduce su nuevo coche deportivo rojo: Una boca de incendios, un buzón de correos lleno, varias balas de paja, una tarjeta de la "Aldea de Navidad", varios bastones de caramelo, siluetas de renos, un elfo y un candelabro judío.

Homenaje Cinematográfico:

Un pilluelo dice a Burns: "Señor, hoy es Nochebuena", parodiando una escena con Ebeneezer Scrooge en *A Christmas Carol*.

La prueba:

Milhouse: No tengo nada que ofrecerle, salvo mi amor.
Burns: Dejé muy claro que nada de repipís.
Milhouse: Pues mamá dice que soy muy rica.
Burns: ¡Otro!
Nelson: ¡Déme su herencia o le doy un mamporro que lo escorrobollo!
Burns: ¡Oh! ¡Me gusta su energía! ¡Apúntelo en la "Pre."
Martin: (Cantando.) ¡Clanc, clanc, clanc! Hizo el tranvíaaa. La campana hizo ¡Ping! El violín hizo ¡Pin, pin!... (Aparece Nelson y le da un puñetazo.)
Burns: Gracias. Un punto extra al bruto.

DETALLES QUE QUIZÁ TE HAYAS PERDIDO

Algunas tiendas del Centro Comercial de Springfield: "Zapatos para Nenes", "El Crematorio", "Chicles por Menos" y "Lionel Hutz, abogado". (También reparación experta de calzado.)

El Motel la Tijereta Feliz tiene un cartel que dice: "Nuestras buhardillas ahora sin cuerpos."

Cartel: "Conformco. Desprogramadores mentales. Filial de Las Galletas de la señora Field."

La canción "Let's All Go to the Lobby" (Yo me voy por mi izquierda) que interpreta el señor Burns en el cine, está basada en la música de un anuncio de snaks, que se pasaba en los cines en los años 60 y 70.

Durante su espectáculo, Krusty lee una edición de 1982 de un TelePrompTer, aunque se supone que no sabe leer.

LOS PACTOS NO SE ACABAN DICIENDO ¡SALVE SATÁN!
LOS PACTOS NO SE ACABAN DICIENDO ¡SALVE SATÁN!
LOS PACTOS NO SE ACABAN DICIENDO ¡SALVE SATÁN!
LOS PACTOS NO SE ACABAN DICIENDO ¡SALVE SATÁN!

LA CANCIÓN RUDA DEL DULCE SEYMOUR SKINNER

Episodio 1F18, emitido originalmente el 27.4.94. Guionistas: Bill Oakley y Josh Weinstein. Director: Bob Anderson.

Bart lleva a Ayudante de Santa Claus al colegio para la clase de "Enseña y Cuenta." Cuando el perro se escapa por los conductos del aire, envían a atraparlo al jardinero Willie. Ambos se quedan colgando en uno de los tubos y han de ser rescatados por los Bomberos. El Superintendente Chalmers presencia la debacle, despide al Director Skinner, y nombra para cubrir su puesto a Ned Flanders.

Bart se siente responsable del despido de Skinner, y cuando éste le invita a su casa, los dos se hacen amigos. Bart le explica a Skinner que la escuela hace aguas por todas partes, bajo el régimen disciplinario de Flanders.

Skinner se vuelve a alistar en el ejército. Perdido su nuevo amigo, Bart trama un plan para que despidan a Flanders y Skinner recupere su puesto, denunciando el débil carácter de Flanders. A Chalmers no le importa nada el caos imperante, pero cuando oye a Flanders hablar de "Dios" por los altavoces, le despide por introducir oraciones en la escuela. Skinner abandona su puesto en el ejército y vuelve al frente de la escuela.

MOMENTOS ESTELARES

"Sé… sé que los padres de Weinstein se han disgustado, superintendente. Pero... pero... suponía que sólo era una excusa. Parecía que se lo hubiera inventado "Yon-kipur.''… ¡Je, je, je!"

"Dije que abrieran espacio a Escocia, no que fuera una escoria." Willie después de aterrizar sobre el Superintendente Chalmers.

"Bart, mira. Ha entrado el Director Skinner. Debe de haberse vuelto loco: no lleva traje, ni corbata, ni nada…"

"Muy bien, sinvergüenzas: abrid vuestras orejas porque sólo lo diré una vez. Desde ahora las cosas serán muy, muy distintas aquí… con vuestro nuevo director: Ned Flanders." Leopoldo hablando a los chicos de la escuela.

"Fue tomada poco antes de que recibiera un balazo en la espalda. Cosa muy extraña porque fue durante el Show de Bob Hope. Estaba intentando convencer a Joey Heatherton de que se pusiera unos pantalones." Skinner mostrando una foto de Vietnam a Bart.

"Eso es lo que necesitas, Bart. Todos necesitamos a nuestra Némesis: Sherlock Holmes al Doctor Moriarty, Mountain Dew a su Mello Yello, hasta Maggie necesita a su bebé de una sola ceja."

"Dios no tiene cabida entre estas paredes, como no la tiene la realidad de las religiones organizadas. Simpson: serás complacido. Flanders ya es historia." Chalmers después de oír decir a Ned: "Gracias al Señor", por los altavoces.

Homenaje cinematográfico:
La escena en la que Willie está buscando a Ayudante de Santa Claus en los conductos del Aire, y el Director Skinner lo controla por el monitor del radar, es una parodia de *Alien*.

Superintendente Chalmers: *¡Seymour: está despedido!*
Skinner: *Perdone… ¿ha… ha dicho que estoy poseído?*
Superintendente Chalmers: *No, que está despedido.*
Skinner: *¡Ah! ¡Hmm! ¡Eso es peor!*

El nuevo trabajo de Skinner:
Recluta 1: *¡Hola! ¿Dónde reparten las granadas?*
Recluta 2: *¿A que ya no hay que ir a los retretes en público? ¿A que no?*

Nelson en el "Enseña y Cuenta":
Nelson: *Los ingredientes eran:* (Leyendo.) *tomates frescos triturados, agua, sal y benzoato sódico como elemento conservante. Como ya he dicho, y si no me equivoco, este bote contenía salsa de tomate.*
Señora Krabappel: *Gracias, Nelson. Ya puedes guardar el bote hasta la semana que viene.*

(Bart levanta la caja, mostrando a Ayudante de Santa Claus.)
Señora Krabappel: *Oh, ¡qué cosa más mona! Bonito… ¿quieres una galletita de las que ha traído Martín?*
Martín: *¡Mis delicias de pasas!*

Skinner: *Willie, entre ahí y sáquelo.*
El jardinero Willie: *¿Qué? ¡Por lo visto se le han derretido los sesos! Yo no quepo en un conducto tan estrecho, señor... Mascamenta.*
Skinner: *¡Pues engrásese y entre! Señor... señor... ¡señor Escurrebultos!*
El jardinero Willie: *¡Oooh! ¡Buena respuesta!*

Bart: *¡Éste es el plan! Cuando Chalmers venga a hacer su próxima inspección y vea el caos que reina en el cole, tendrá que despedir a Ned en el acto.*
Skinner: *Sin embargo sigue habiendo un interrogante: ¿cómo salgo yo del Ejército?*
Bart: *¡Qué chorribobada! ¡Tírele los tejos a un oficial!*
Skinner: *Dicho y hecho. Digo... dicho.*

DETALLES QUE QUIZÁ TE HAYAS PERDIDO

La frase: "¡Ah! Se cree persona" que dice la señora Krabappel después de que Ayudante de Santa Claus estornude, es parecida a la que dicen sobre Apisonadora en el episodio "A Bart le regalan un elefante".

La cocinera del colegio, Doris, saca la carne de una lata que dice: "Carne de caballo: Ahora con más criadillas."

En la barbacoa, el Director Skinner lleva un delantal que dice: "Los Directores lo Hacen Nueve Meses al Año."

El cartel en el exterior del Fuerte de Springfield dice: Hogar del Proyecto Secreto de Apertura del Correo Civil.

Cuando Skinner habla por teléfono con Chalmers, tiene manchas de sudor en los sobacos.

NO CELEBRARÉ ANIVERSARIOS SIN SENTIDO
NO CELEBRARÉ ANIVERSARIOS SIN SENTIDO
NO CELEBRARÉ ANIVERSARIOS SIN SENTIDO

SUPERINTENDENTE CHALMERS

Ocupación:
Superintendente de las escuelas de Springfield.

Conducta:
Todo lo amenazadora que puede serlo en la enseñanza pública.

Lugar que menos le gusta:
La Escuela Elemental de Springfield.

Director que menos le gusta:
El Director Skinner.

Frecuentemente grita:
"¡Skinner!"

Sorprendente hallazgo:
En ocasiones se traga las excusas que le da Skinner.

Citas:
La madre de Skinner.

¡ESTE COLEGIO ME TIENE HARTO…! ¡HARTO!, SKINNER ¡DE LAS BAJAS NOTAS Y DE LAS CLASES Y CLASES LLENAS DE NIÑOS FEOS!

FREDDY QUIMBY

Ocupación:
Práctica del golf, del tenis, y todo tipo de prácticas en general.

Puesto en la sociedad:
Tan alta que sólo se le ve por Springfield cuando queda con alguna chica.

Se siente orgulloso de:
No haber terminado sus estudios secundarios, salir con chicas de pago, y no trabajar para ganarse la vida.

Benefactor:
Daisy, la nunca vista matriarca de los Quimby.

Peculiaridades:
Tiene un aire de Nueva Inglaterra en su tono nasal de hablar, el acento y su animadversión al caldo.

Deuda impagada:
A Bart Simpson por limpiar su nombre.

PENSAR QUE HE CONSEGUIDO TODO ESTO A PESAR DE DEJAR LOS ESTUDIOS EN CUARTO.

Bart falsifica una nota de Marge, en la que dice que ha de salir antes del colegio para ir al dentista. El Director Skinner examina la nota y sospecha. Sigue a Bart a través de todo el pueblo. Pero el chico escapa saltando dentro del coche de Freddy Quimby, el sobrino de 18 años del alcalde. Llegan a la Fiesta de Cumpleaños de Freddy y se esconde bajo una mesa, desde donde es testigo de una discusión entre Freddy y un camarero.

Freddy es acusado de haber golpeado al camarero y Homer es seleccionado como miembro del jurado. Bart confiesa a Lisa que él vio todo lo que ocurrió y puede probar que Freddy Quimby es inocente, pero si él testifica Skinner lo expulsará por hacer novillos.

Todos los miembros del jurado están de acuerdo en que Freddy es culpable, excepto Homer, que disfru-

MOMENTOS ESTELARES

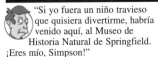 "Si yo fuera un niño travieso que quisiera divertirme, habría venido aquí, al Museo de Historia Natural de Springfield. ¡Eres mío, Simpson!"

"Su marca de chicle doble-menta. Intentando gozar el doble, ¿eh, Bart? ¡Pues tendrás doble castigo! ¡Ojalá hubiera alguien cerca para oírme!" Skinner encontrando un pista de la ruta de Bart.

"¡Mosquis! ¡Es el cuadrado de arroz inflado más grande que he visto! ¡Jo, los ricos cómo saben vivir!" Bart cuando se esconde en la cocina de Quimby.

"Sé que puedes leerme el pensamiento, Bart. Te lo recuerdo, como descubra que hiciste novillos te voy a escoñar. Sí. Has oído bien. Pienso palabras que jamás pronunciaría." Skinner comunicándose telepáticamente con Bart, desde el estrado del jurado.

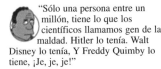 "Sólo una persona entre un millón, tiene lo que los científicos llamamos gen de la maldad. Hitler lo tenía. Walt Disney lo tenía, Y Freddy Quimby lo tiene. ¡Je, je, je!"

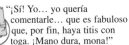 "¡Sí! Yo... yo quería comentarle... que es fabuloso que, por fin, haya titis con toga. ¡Mano dura, mona!"

Señorita Krabappel: Bueno, niños, ya tenéis las nuevas sillas ultraposturificadas, diseñadas por eminentes posturólogos, para erradicar los hombros caídos en el año 3000.
Martin: Señorita Krabappel: esta silla da espasmos en la columna...
Señorita Krabappel: Ya sé que ahora resultarán un poco incómodas, pero con el tiempo vuestro esqueleto os lo agradecerá.
Milhouse: He perdido la sensibilidad del lado izquierdo de mi cuerpo...

El abogado de Quimby: Señor Quimby: ¿Agredió usted al señor Lacoste?
Freddy: Claro que no. Amo a todos y a cada uno de los seres vivos de la creación.
Abogado: Y por tanto usted nunca perdería los estribos por algo tan trivial como es la pronunciación de la palabra caldó.
Freddy: ¡Es caldo! ¡Caldo! ¡Yo te mato! ¡Mataré a todos y especialmente a los del jurado!

SABÍA DEMASIADO

Episodio 1F19,
Emitido originalmente el 5.5.94.
Guionista: John Swartzwelder.
Director: Jeffrey Lynch.

ta estando alojado en un hotel, con servicio de habitaciones gratis y televisión por cable. Lisa convence a Bart para que testifique. Bart declara que Freddy nunca tocó al camarero, y que éste resbaló en la cocina y se hirió él mismo. Se anulan los cargos contra Quimby. Skinner felicita a Bart por su bravura, y sólo lo castiga cuatro meses.

Lo que realmente le ocurre al camarero:

Resbala sobre una pieza de arroz inflado, y se golpea en la cara contra una hilera de sartenes. Esto le hace retroceder y se golpea la cabeza contra el microondas. Mete una mano en la batidora y la otra en la tostadora. Luego cae en el horno y se le derrama en la espalda una olla de agua hirviendo. Grita y cae hacia atrás, entrando en un trastero en el que pone: "Trampas para ratones." El camarero reaparece cubierto de trampas de pies a cabeza, y choca contra una pila de copas de vino, trastabillando por la habitación, y cayendo finalmente al suelo.

HAY UN MONTÓN DE NEGOCIOS
COMO LOS NEGOCIOS DEL
ESPECTÁCULO
HAY UN MONTÓN DE NEGOCIOS
COMO LOS NEGOCIOS DEL
ESPECTÁCULO

Homer, el Jurado:

Homer: ¿Qué significa "aislado"?
Skinner: Sí, señor: un punto muerto. El jurado debe ser recluido en un hotel, para que no pueda comunicarse con nadie.
Homer: ¿Qué significa "punto muerto"?
Skinner: Es cuando el jurado no se pone de acuerdo.
Homer: ¿Y "si"?
Skinner: Es una conjunción que significa: "En caso de" o "A condición de que".
Homer: O sea que, "si" no votamos todos lo mismo, entramos en un "punto muerto" y seremos "aislados" en el Hotel Palace de Springfield...
Patty: Eso no va a suceder, Homer.
Jasper: Votemos, estoy sintiendo el hígado.
Homer: ...en donde tendremos habitación, comida, piscina y tele gratis. ¡Uuuh! ¡Todo gratis!
Skinner: La Justicia no es un asunto frívolo, Simpson, y nada, o muy poco, tiene que ver con el turismo. Así que, votemos.

En el teatro AZTEC:

Bart: Si yo fuera menor de diecisiete, estaría en el colegio. ¿No?
Vendedor de entradas: Eso digo yo: disfrute con Boob-O-Rama, señor.

El asunto del caldo:

Freddy: ¿Eh? ¿Qué cuernos es esto?
Camarero: Es un caldó.
Freddy: Espera, ven aquí. Dilo bien alto, para que todos te oigan. ¡Vamos, dilo!
Camarero: ¡Ejem! Caldó.
Freddy: (Se ríe.) "Caldó." "Caldó." ¡Es caldo! ¡Dilo bien!
Camarero: Caldó.
Freddy: (Se ríe mas.) ¡Vuelve aquí, no he terminado de humillarte!

DETALLES QUE QUIZÁ TE HAYAS PERDIDO

En este episodio Apu deja anulado a Skinner por segunda vez. La primera ocurrió en 1F18 "La canción ruda del dulce Seymour Skinner".

Bart tiene el "Equipo manipulador de Relojes".

Un letrero en la valla del complejo Quimby dice: "Jueves, día de las Señoritas."

Matt Groening es el dibujante que aparece en el juicio.

Springfield Shopper. Titular: "El sobrino de Quimby acusado de agresión." Subtitular: "Chowder mal pronunciado."

EL AMANTE DE MADAME BOUVIER

Episodio 1F21, emitido originalmente el 12.5.94. Guionista: Bill Oakley y Josh Weinstein. Director: Wes Archer.

Identidad:
Madre de Marge, Patty y Selma.

Residencia:
Apartamentos Hal Roach, "Vida de Jubilado en el corazón del Distrito del Cementerio."

Lleva:
Dentadura, y un chal gris que le hace parecer la hija de Marge.

Intento de alcanzar la fama:
Es el origen de la gruñona familia Bouvier, y fue una chica muy adelantada en su juventud.

Momento más violento de su vida:
Cuando la detuvieron por escándalo público en 1923.

Amigas de la juventud:
Zelda Fitzgerald, Frances Farmer y la pequeña Sylvia Plath.

Canción favorita:
"Moonlight Serenade" (Serenata a la luz de la Luna, de Glenn Miller.

Su mayor pesar:
Tener a Homer como yerno.

AUN A RIESGO DE PERDER LA VOZ, DÉJAME DECIR SÓLO UNA COSA MÁS: ¡LAMENTO HABER VENIDO!

MOMENTOS ESTELARES

El regreso del niño con una ceja: Durante la Fiesta de cumpleaños de Maggie, pasa ante la casa. Maggie y él se aguantan la mirada. Algo similar sucedió en el episodio 1F18 "La canción ruda del dulce Seymour Skinner".

 "Me recuerdas a una poesía que ya se fue de mi memoria, a una canción que quizá nunca existió, y a un lugar en el que no estoy seguro de haber estado."

"Si él se casa con tu madre, tú y yo seremos hermanos. Piensa en tus hijos: serán unos monstruos de piel rosada, ojos azules y cinco dedos en cada mano."

"¡Hola, soy Troy McClure! Quizá me recuerden de películas como *El secuestro de Super-Barco 79* e *Hydro, el hombre con los Brazos Hidráulicos*."

"Cariño, cómo se me anquilosa la rótula según hablamos, voy a ser breve: ¡Casémonos!"
Propuesta de matrimonio del señor Burns a la señora Bouvier.

Homenaje Cinematográfico:
El señor Burns y la señora Bouvier se van a casar en la Primera Iglesia de Springfield, y el abuelo comienza a llamarla desde la ventana del cuarto del organista. El abuelo y la señora Bouvier salen corriendo y se montan en un mini-bús, mientras suena algo parecido a "Los Sonidos del Silencio." Es una clarísima parodia de la película *El Graduado*.

Sobre los Créditos del final del episodio se oye esta canción, con la música de "Los Sonidos del Silencio":

Hola, abuelo, viejo amigo. / Tus días laboriosos han llegado a su fin. / Tus hazañas han sido tristes y aburridas. / Cuentan historias que merecen ser ignoradas. / Cuando estás solo, las palabras de tus ronquidos... / ...resuenan con eco por el pasillo del asilo,... / ...porque nadie.../...puede soportar el sonido del abuelo.

Troy: *¡En la próxima hora de la Cadena del Comprador Compulsivo, tendrán ocasión de poseer un dibujo de "Rasca y Pica", la pareja del mundo de los dibujos animados querida por todo el mundo, incluso por los cínicos miembros de la Generación X!*
El chico de la Generación X: *(Haciendo el gesto de las comillas con los dedos.) ¡Pfft! ¡Ya! ¡Ya! Me alucina...*
Roger Meyers, Junior: *Me complace ofrecer a tus telespectadores estas secuencias de animación, pintadas a mano, garantizándoles categóricamente que cada una de ellas se revalorizará en un... ciento por ciento.*
Voz del anuncio: *No se garantiza.*

(El abuelo, habiendo sido rechazado por la señora Bouvier, vuelve a casa en solitario por la acera, caminando bajo las farolas y quitándose el sombrero dice:
Abuelo: *Buenas noches, madame Bouvier, estés donde quiera que estés.*
(Aparecen repentinamente un abogado y sus dos guardaespaldas.)
Abogado: *Señor Simpson, represento los derechos de Jimmy Durante. Traigo una orden judicial para que ponga fin a esta imitación no autorizada. Chicos...*
(Los gorilas arrebatan el sombrero al abuelo, y lo pisotean.)
Abuelo: *¡Vaya! ¿Habría preferido que me tumbara en la calle hasta quedarme muerto?*
Abogado: *¿Qué quiere decir muerto? ¿Quedarme muerto? ¡Sí, eso sería legal!*

Homer: *Marge... ¿desde cuándo los ancianos necesitan compañía? Lo que necesitan es ser aislados, para que se pueda estudiar qué nutrientes se les pueden extraer para nuestro uso personal.*
Marge: *¿Quieres dejar de leer ese panfleto de Ross Perot?*

La canción de "Sé Elegante, Es Un Consejo":
Homer: *Lo que tienes que hacer / si un beso tú le quieres dar / es emplear el disimulo / para acercarte a ella más.* (Homer hace como que se estira, para pasarle la mano por el hombro.)
Abuelo: *¡Bah! ¡Ya entiendo! Y si siguiendo tu consejo / me acerco a ella con dulzura / tras tirarle los tejos... / se me rendirá. ¡No hay duda!* (El abuelo repite el movimiento de Homer.)
Homer: *Y otro consejo...*
Abuelo: *No actuar como un viejo. ¿Eh?*

DETALLES QUE QUIZÁ TE HAYAS PERDIDO

Letrero: Hal Roach Apartaments. "Vida de Jubilado en el corazón del Distrito del Cementerio."

Cartel en la Primera Iglesia de Springfield: Boda Privada. Las Adoraciones en otra parte.

El Restaurante en el que cenan Homer, Marge, el abuelo y la señora Bouvier es el: Super-Buffet. "El Puerco-Cerdo."

El cartel del Centro Comunitario de Springfield dice: "Hoy Baile de la Tercera Edad."

Red Breen y su Banda of Some Esteem, interpretan el tema de Glenn Miller: "Moonlight Serenade", el de Benny Goodman "Sing! Sing! Sing!" en el Centro Comunitario de Springfield.

Patty, Selma, la señora Bouvier y el abuelo acuden a celebrar el primer cumpleaños de Maggie. Después de la fiesta, Marge le dice a Homer que su madre y el padre de él parecen muy solitarios. Deciden llevarlos a cenar juntos, esperando que nazca una relación entre ellos. Después de cenar van al apartamento de la señora Bouvier, y el abuelo ve unas fotos de ella cuando era joven, quedándose enamorado.

Mientras tanto, Bart encarga, usando la tarjeta de crédito de Homer, un celuloide de animación de Pica y Rasca, que han anunciado por la tele. Pero cuando llega el envío, sólo se ve un trozo de brazo de Rasca. El abuelo lleva a la señora Bouvier a un baile de la Tercera Edad. El señor Burns se interpone entre ellos y pasa toda la velada bailando con la señora Bouvier. El abuelo queda con el corazón destrozado.

Al día siguiente, el señor Burns llega a casa de los Simpson para recoger a la señora Bouvier. Bart le hace chantaje para conseguir el dinero que ha empleado en el celuloide y devolvérselo a Homer. El señor Burns se declara a la señora Bouvier, y ésta acepta a pesar de las advertencias de Marge. Durante la boda, el señor Burns golpea a Bart cuando a éste se le cae el anillo. Desagradablemente sorprendida por la actuación de Burns, la señora Bouvier se marcha de la iglesia con el abuelo, anunciando que ha decidido no casarse con nadie.

NO VOLVERÉ A REALIZAR RETRANSMISIONES SIN LA AUTORIZACIÓN EXPRESA Y POR ESCRITO DE LA LIGA DE BÉISBOL DE PRIMERA DIVISIÓN

SECRETOS DE UN MATRIMONIO CON ÉXITO

Episodio 1F20, emitido originalmente el 19.5.94. Guionista: Greg Daniels. Director: Carlos Baeza.

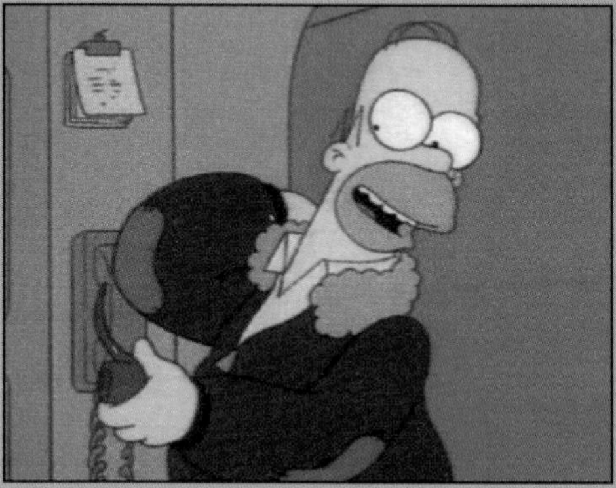

Cuando los compañeros de poker le dicen a Homer que es un poco "lento", Marge le sugiere que se apunte a algún curso de Educación para Adultos, para desarrollar su inteligencia. Los amigos de Homer son profesores, y él los quiere imitar dando clases. Termina siendo contratado para un curso sobre matrimonios. Entusiasta en su arranque, Homer descubre muy pronto que no sabe cómo llevar adelante una clase. Cuando sus alumnos comienzan a abandonar el aula, Homer revela los secretos íntimos de su matrimonio. ¡Y sus alumnos comienzan a prestarle mucha atención!

Marge se da cuenta de que Homer está contando sus intimidades. Y le dice muy seriamente que no quiere que la gente sepa detalles de su vida conyugal, pero Homer es incapaz de contenerse. Cuando Moe le pregunta cosas íntimas a Homer, en presencia de Marge, ésta termina expulsándolo de casa.

Marge rehúsa perdonar a Homer, diciéndole que ha traicionado su confianza. Homer se va a vivir temporalmente a la cabaña del árbol de Bart, confiando en que Marge cederá en breve. El reverendo Lovejoy impulsa a Marge a que se divorcie, pero Homer abre su corazón ante ella, y le promete que nunca más volverá a traicionar su confianza. Conmovida por la sinceridad de Homer, Marge le perdona.

ADMINISTRADOR DEL CENTRO DE EDUCACIÓN PARA ADULTOS

Ocupación:
Educador de descolgados.

Conducta:
Divagante.

Peculiaridades:
Un pequeño defecto bucal, que le hace difícil pronunciar la palabra Simpson.

Cree:
Que es imposible que alguien pueda distinguir lo que es mantequilla, de lo que parece que es mantequilla.

También cree que:
Homer tiene los elementos necesarios para ser un profesor aceptable.

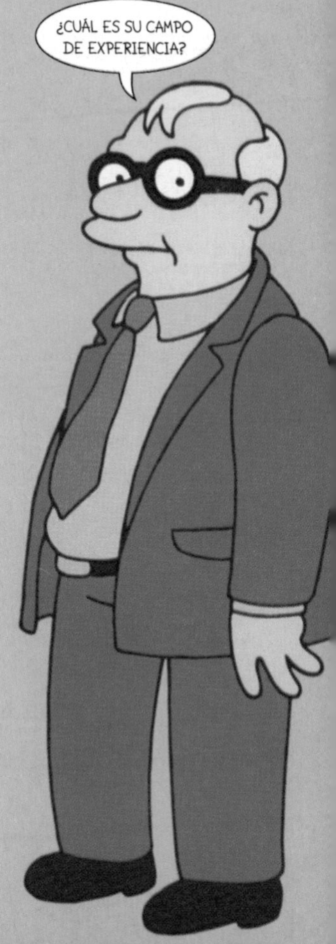
¿CUÁL ES SU CAMPO DE EXPERIENCIA?

MOMENTOS ESTELARES

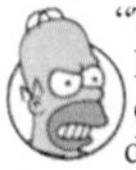

"Tú no sabes lo que es una clase. Marge, soy yo el que se juega el cuello todos los días. Y no estoy desvariando. Eres tú la que desvaría. Desvaría este sistema monstruoso. Y… ¿sabes?... te diré la verdad. ¡Tú no sabes afrontar la verdad! Cuando alargues la mano, y te la encuentres toda manchada de mocos, que antes eran la cara de tu amigo, sabrás lo que tienes que hacer. ¡Olvídalo, Marge, es Chinatown!"

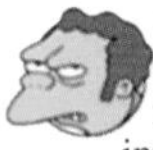

"¡Ejem! ¡Uh! ¡Hola, Marge! He oído que tú y Homer habéis roto, así que te declaro mi sana intención de ocupar su territorio. Son para ti. Unas margaritas."

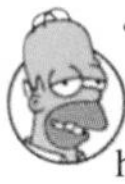

"Marge, no te lo vas a creer: he traído a toda la clase. Quiero que observen el espectáculo humano que es nuestra vida."

El enfado de Marge - 1

Marge: *¡Homer! ¡No me hace gracia que cuentes nuestros secretos personales en clase!*
Homer: *¡Marge! Yo no he contado nada personal.*
Marge: *Hoy en el Badulaque todos sabían que me tiño el pelo.*
Homer: *Ésos son tus secretos.*

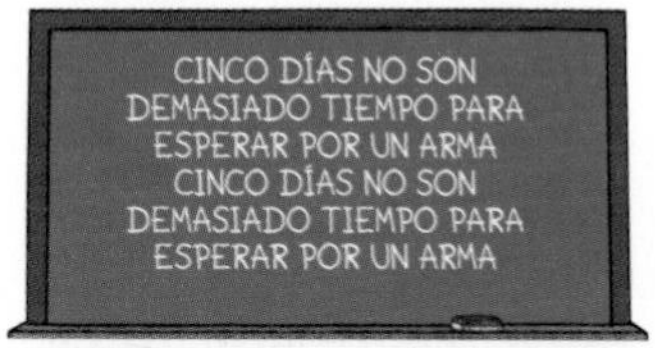
CINCO DÍAS NO SON DEMASIADO TIEMPO PARA ESPERAR POR UN ARMA
CINCO DÍAS NO SON DEMASIADO TIEMPO PARA ESPERAR POR UN ARMA

El nuevo intento de Homer:

Homer: *Yo... ¡Eh!... Puedo contarles una historia sobre dos recién casados. La esposa de esta pareja tiene un interesante capricho en el dormitorio, siempre se vuelve loca de deseo cuando su marido le mordisquea los codos.*
La señorita Krabappel: *¡Queremos nombres!*
Homer: *Bueno, los llamaremos "señor X" y "señora Y". Y el señor X, le dice, "Marge, si esto no te pone a 100 por hora, yo no me llamo Homer J. Simpson."*

Homer lo intenta:

Homer: *¡Sí, eso es! ¡Ya sé qué puedo ofrecerte que nadie más puede, completa y total dependencia!*
Marge: *¡Homer, eso no es algo bueno!*
Homer: *¿Bromeas? ¡Es fantástico, maravilloso! Marge, te necesito más que nadie de este o de otros planetas, podría necesitarte. ¡Necesito que me cuides... que me soportes! ¡Y sobre todo, necesito que me quieras... como te quiero yo!*
Marge: *Mmmmmm... ¿Y cómo sé que puedo confiar en ti? ¿Cómo?*
Homer: *Marge, mírame. Llevamos separados un día y ya voy más sucio que un cerdo. Dentro de unas horas habré muerto. No puedo permitirme perder tu confianza...*
Marge: *He de admitir que sabes hacer que una chica se sienta imprescindible...*
Homer: *¡Verás cuando mis alumnos se enteren de esto! ¡Era broma!*

Lo que enseñan en los Anexos de Educación para Adultos:

Patty y Selma: *"Convierta a un hombre en barro en sus manos."*
Moe: *"Baile Funk como defensa personal."*
Lenny: *"Cómo mascar tabaco."*
Hans Moleman: *"Cómo comer naranjas."*

El consejo de Lovejoy:

Lovejoy: *Pida el divorcio.*
Marge: *Pero... ¿eso no es pecado?*
Lovejoy: *Pero, Marge, casi todo es pecado.* (Toma la Biblia.) *¿Se ha sentado alguna vez a leer esto? Técnicamente nos está prohibido hasta ir al baño.*

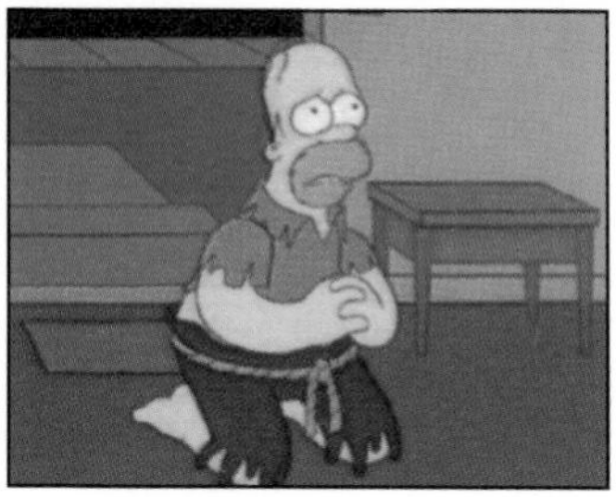

Representando el espectáculo:

Homer: *Y qué tal mi pequeño deportista, ¿has cazado ya hoy algún escarabajo?*
Bart: *No, pero Milhouse y yo fuimos a robar cartas a un furgón de correos.*
Homer: *Hijo, sé que es con tu mejor intención, pero no está bien hacer eso.*
Bart: *¿Pero qué dices, papá? ¡Si fuiste tú quien nos dasafió a hacerlo!*
Homer: *¡Te voy a...!* (Coge a Bart por el pescuezo.)

DETALLES QUE QUIZÁ TE HAYAS PERDIDO

En la cabaña del árbol, Homer duerme dentro de un saco, en el que puede leerse: "U.S. Mail."

Las tiendas que recuerdan a Marge sus problemas con Homer son: "Hogar Roto. Reparación de Chimeneas", "Heladería Divorciolandia" y "Recuerdos Dolorosos. Suministros para Fiestas".

El seminario de Lenny sobre "Cómo mascar tabaco" tiene como alumnos a: Otto, el jardinero Willie, Abe Simpson, el capitán McCallister, Hans Moleman, Jasper y el Viejo Hombre Loco.

Amor ardiente. Rasca descansa en una hamaca. Cuando se pone bocabajo, Pica le arroja una flecha incendiada en el trasero. La flecha se hunde y Rasca da un salto, entre llamas, gritando. (7G12, "Krusty entra en chirona") **Rasca troceado.** Empuñando un estoque, Rasca persigue a Pica. Pica atrapa a Rasca en una guillotina y le

corta la cabeza. Luego introduce un cartucho de dinamita en la boca de la cabeza guillotinada de Rasca. El cartucho explota y de la cabeza de Rasca sólo vemos la calavera. (7F03, "Bart en suspenso") **Atrápame a ese minino.** Pica enciende la mecha de una pelota de rugby y la arroja en dirección a Rasca. Rasca recoge la pelota, que le explota en las manos. Cuando el desafortunado gato yace en un cráter, varios fornidos jugadores de rugby se le echan encima. (7F09, "Rasca, Pica y Marge") **Accidentes culinarios.** Pica y Rasca se golpean fieramente con ablandadores de carne. Pica inmoviliza a Rasca con unos cuchillos de cocina e intenta apuñalarlo mientras Rasca se debate como un loco. Por fin Pica le clava un cuchillo en el corazón. Seguidamente, Pica persigue a Rasca con una licuadora eléctrica. (7F09, "Rasca, Pica y Marge") **Mensajero de la muerte.** Cuando llaman a la puerta, Rasca la abre y se encuentra con Pica disfrazado de mensajero. Pica dispara un bazoka a Rasca. Cuando el humo de disipa, la carne ha desaparecido de la cara de Rasca y sólo vemos su calavera. Más tarde, Pica golpea a Rasca en la cabeza pero por detrás, sacándole de golpe los globos oculares. Cuando Rasca se pone a buscarlos, Pica le tiende dos cerezas-bombas. Al peinarse ante el espejo, Rasca se percata de que se trata de dos bombas y lanza un grito de terror. Y entonces le explota la cabeza. (7F09, "Rasca, Pica y Marge") **Amigos en el porche.** Sentados en sendas sillas mecedoras, Pica y Rasca comparten una jarra de limonada. (7F09, "Rasca, Pica y Marge") **Batido, maldito batido.** Pica trabaja como camarero. Rasca está sentado ante el mostrador y quiere pedir algo, pero Pica le agarra y le mete en una licuadora. Luego vierte su cuerpo licuado en el interior de un vaso alto y grande de limonada. (7F16, "Tienes derecho a permanecer muerto") **Explota al gato despacio.** Pica da a Rasca una bomba que va dentro de una caja, y ata la caja con la lengua de Rasca. Cuando éste traga la caja, la bomba le arranca la cabeza. Cuando la cabeza cae al suelo, queda ensartada en un sombrero picudo. (7F24, "Papá, loco de atar") **O sole miau.** Rasca se come un plato de espaguetis de Pica, con una bomba que reemplaza a una albóndiga. Rasca se da cuenta de lo que se ha comido, y aterrorizado, sale por la puerta como una bala, cortándose la cabeza. Cuando su cuerpo explota, un camarero perro que pasa por allí tropieza con la cabeza y se estrella contra el suelo. (7F23, "Cuando Flanders fracasó") **El sonido de los silenciadores.** Con su metralleta Thompson, Pica dispara cientos de balas contra siete gatos con aspecto de duros que están jugando a las cartas. Cuando dispara por última vez, del arma sale la palabra "Fin". (8F03, "Bart el asesino") **Comiendo con Pica.** En el restaurante de Pica, éste sirve una bebida para Rasca y otra para él. Rasca se bebe de golpe la suya y entonces se da cuenta de que ha engullido ácido. Cuando el cuerpo de Rasca explota, Pica arroja el vaso de ácido a la cara de Rasca. Cegado, Rasca sale corriendo del restaurante, para ser

atropellado por un tranvía. (8F04, "Definición de Homer") **Campo de gritos.** Una cosechadora se abalanza sobre Rasca y su hijo que están jugando a que te pillo en un trigal. Pica y su hijo están coduciendo la cosechadora y ven la sangre que salpica el parabrisas. Después, Pica y su hijo juegan con la cabeza de Rasca. (8F05, "De tal palo, tal payaso") **La casa del dolor o este viejo ratón.** Pica ata a Rasca a un poste en una casa que está construyendo. Clava un clavo que sujeta la cabeza de Rasca con el poste y cuelga arriba una foto de ambos, Pica y Rasca, sonriendo. (8F09, "Burns vende la Central") **Fiebre de gato homicida.** Dedicado a Tommy O'Toole, nos presenta a Rasca que encuentra una nota en su dormitorio que dice: "¡Adiós, mundo cruel!" Por la ventana ve a Rasca que se tira a un pozo del patio. Cuando Rasca baja al pozo para rescatar a Pica, ve a éste sentado en un ladrillo. Y entonces Rasca se cae al pozo, yendo a parar a las fauces de un cocodrilo. Luego, un Rasca convertido en angelito que toca la lira sale flotando del pozo, pero Pica le dispara a la cabeza. (8F11, "Radio Bart") **Me van a enterrar por la mañana.** Pica celebra la boda de Rasca. Cuando éste besa a su novia, Pica se quita su sombrero de ala rígida y lo arroja sobre la señora Rasca. El sombrero le corta el cuello y el cuerpo cae al suelo. Rasca abre los ojos y se horroriza al ver lo que le ha ocurrido a su novia. Luego el sombrero se abate sobre él, decapitándole a su vez. Pica conduce su coche de recién casados, llevando las cabezas atadas al parachoques trasero, a manera de latas. (8F22, "El amigo de Bart se enamora") **Despegue hacia la Luna.** Mientras Rasca lee en su mecedora, Pica le ata la lengua a un cohete cuyo destino es la Luna. La lengua de Rasca queda enredada en la Luna, deteniendo el vuelo del cohete. Cuando Rasca se percata de lo que está sucediendo, la

Luna se abalanza sobre su casa. Rasca se esconde en el armario, pero la casa resulta aplastada. La Misión de Control Ratonil celebra el éxito de la empresa. (9F01, "Homer, el hereje") **El barquito de Pica.** En un barco de vapor, Pica destroza las rótulas de Rasca disparándole con una metralleta. Rasca se tiene que arrastrar, dejando un reguero de sangre. Pica le mete la cabeza en el horno del barco de vapor y saca una calavera carbonizada. (9F03, "Pica y Rasca, la Película") **Los cien metros lisiados.** Rasca, que representa al equipo olímpico americano, se coloca en la línea de salida para la carrera de las cien yardas. Pica le clava la cola al terreno poco antes de que se oiga el disparo de salida. Rasca intenta correr, pero no puede. Por último, su esqueleto sale de dentro del cuerpo y su carne y músculos caen al suelo. El esqueleto de Rasca gana una medalla de oro y aparece en una caja de Wheaties. El episodio concluye con un mensaje: "Buena suerte a todos nuestros atletas, de parte de Pica y Rasca, la pareja oficial de dibujos animados del equipo olímpico 1984." (9F08, "La primera palabra de Lisa") **Gati Gati Bang Bang.** En una bolera, Pica sujeta la nariz de Rasca en el regreso automático de las bolas. Enciende la mecha de una bomba y la arroja a la pista. Rasca intenta librarse del mecanismo de regreso cortándose la lengua con una sierra de arco, pero la bomba le alcanza antes de que pueda escapar y lo hace pedazos. Pica vende los ligamentos e intestinos de Rasca a varios perros hambrientos. (9F12, "Hermano del mismo planeta") **El sangriento día de San Valentín.** Por San Valentín, Rasca regala una tarjeta a

Pica. Éste, que no tiene ningún regalo para Rasca, va y le arranca el corazón, lo envuelve en un papel y se lo entrega. Rasca se lleva a casa su corazón, lo coloca sobre un paño y se pone a leer la nota, por la que se entera de que necesita un corazón para vivir, pero muere antes de poder metérselo dentro. (9F13, "Yo amo a Lisa") **Mareado y contusionado.** Pica pega a Rasca en la cabeza cuatro veces con un martillo. Luego, ambos se vuelven hacia la cámara para comunicar su mensaje: "Chicos: Decid No a las drogas" (9F16, "La tapadera") **La pequeña barbería de los horrores.** El dibujo animado de Bart y Lisa muestra a Pica y Rasca en una barbería, donde Pica cubre la cabeza de Rasca con salsa de barbacoa y coloca encima un buen puñado de hormigas carnívoras. Rasca grita mientras Pica sube el sillón donde está sentado, haciéndolo girar hasta el techo. Su cabeza se estrella contra una tele que está mirando Elvis, que dice: "Bah, ese show no vale nada" y dispara contra la tele. (9F16, "La tapadera") **Chillidos en el centro comercial.** Pica clava los pies de Rasca a la escalera mecánica de una galería comercial. Cuando Rasca llega arriba, es engullido por la máquina, que le arranca la piel. Pica recoge la piel y la vende a una peletería. Una mujer altanera sale de la tienda luciendo la piel de Rasca. Un despellejado Rasca se enfrenta a ella y recupera su piel, que se echa sobre el hombro a la manera de una estola. Cuando sale de la galería comercial, una manifestación de ecologistas antipieles se le echa encima, golpeándole con sus pancartas. (9F16, "La tapadera") **Sin título, con Oliver Stone como director invitado.** Película en blanco y negro que presenta a Rasca, conducido por en medio de una muchedumbre a lo Lee Harvey Oswald. De pronto aparece Rasca y le dispara. (9F18, "El día del apaleamiento") **La fuerza de los gérmenes.** Rasca entra en la consulta del doctor Pica y lee en la pizarra: "Menú de hoy: operación de amígdalas." Pica coge un tejido del interior de la garganta de Rasca, lo ata a un ladrillo y lo arroja por la ventana. El peso del ladrillo arranca los órganos de Rasca, que salta por la ventana para recuperarlos, pero en el proceso se impala en un cacto. (9F20, "Marge encadenada") **Extráeme lo que quieras.** Pica se encuentra ante una tienda cuyo letrero reza: "Estilizamos a tu mascota por 75 pavos." Luego vemos bien enfocado el letrero, que en realidad dice: "Estirilizamos a tu mascota". Rasca entra en la tienda y dos perros le agarran y lo atan a una camilla. El doctor Pica entra luego y enciende el rayo estirilizador, que

PICA Y RASCA

poco a poco se va acercando a la entrepierna de Rasca. Desesperado, Rasca intenta desenchufar la máquina con su lengua. Y lo consigue justo a tiempo. Pero el doctor vuelva a enchufarla y el láser recorre todo el cuerpo de Rasca, haciéndolo rodajas. (9F22, "El cabo del miedo") **Quemando la casa.** Rasca ata a Pica a un poste y le mete cartuchos de dinamita en las orejas y bajo los párpados. Le hace una barba y una chistera con plástico explosivo y le cuelga de las orejas un par de granadas a la manera de pendientes. Apunta con dos misiles nucleares a sus ojos, enciende la mecha, llama a un taxi y se aleja a toda velocidad. Mientras Pica forcejea por librarse, Lisa

comenta: "El propósito de mi vida es asistir a un momento como éste." Bart y Lisa se cogen la mano. Cuando la mecha está a punto de prender la dinamita, la pantalla se pone negra. Gary ha desenchufado la tele y dice: "Necesitamos la toma de corriente para nuestra clavija." Bart y Lisa le gritan a Gary que vuelva a enchufar la tele, pero cuando Gary lo hace el dibujo animado ha concluido. (1F02, "Homer asiste a la Universidad") **¡Ahhhh, la Naturaleza!** Rasca está sentado junto a una hoguera, rasgueando una guitarra, mientras Pica está asando un dulce de malvavisco. Empieza a llover y la lluvia apaga el fuego. Pica coge cuatro estacas y las clava en cada una de las zarpas de Rasca. Mete un palo bajo el estómago de Rasca y se monta un refugio con el cuerpo del gato. Luego clava otras estacas en la lengua y cola de Rasca, para completar la tienda. Mientras Pica se acomoda en su refugio, una serie de rayos impactan sobre Rasca. (1F06, "Explorador de incógnito") **La última laceración.** Rasca come un bocadillo mientras conduce una nave espacial. Se le hincha el estómago, del que sale Pica lo Alien. Pica se come el último trozo del bocadillo y arroja a Rasca a la cámara estanca, apretando un botón que lo arrojará al espacio. Rasca se pone el traje espacial y un casco poco antes de ser absorbido por el exterior. Pica, en un tanque espacial de pinzas robóticas, persigue a Rasca y lo lleva a Saturno, cortando al gato por la mitad con los anillos del planeta. Rasca ve cómo su pelvis y piernas se alejan flotando y se tras ellas, pero explotan al entrar en contacto con la atmósfera del planeta. Luego, una pinza robótica destroza el casco de Rasca, exponiendo su rostro al vacío espacial. La cabeza y ojos de Rasca se hinchan y la pinza robótica los revienta. La salpicadura de la carne y sangre en el parabrisas del tanque espacial escribe la palabra "Fin". (1F13, "Homer en el espacio exterior") **Aquí está el cortapavos.** Pica y Rasca están ante la Casa de la Moneda en Washington D.C. Se estrechan la mano y entran en el edificio. Pica coge un saco lleno de monedas y lo estrella contra la cabeza de Rasca. Pica arroja a Rasca a una correa transportadora, que convierte al gato en una sábana y le imprime encima billetes de dólares. Unas hojas afiladas cortan los billetes que Pica guarda en dos sacas. Luego mete las sacas en un vehículo blindado y se va a una convención de magnates. Perros uniformados están allí, fumando puros. Pica tiende a uno de ellos una saca y la usa para encender un puro. Un ojo sobre la pirámide del dólar empieza a temblar cuando ve acercarse a la llama. Rasca lanza un grito aterrador. (1F16, "El heredero de Burns") **El planeta de los monos.** Pica mete a Rasca en una

mazmorra medieval. Tres mil años más tarde, unas máquinas futuristas derriban las paredes de ladrillos de la celda, de la que sacan a un demacrado y envejecido Rasca. Sus liberadores son una raza de futuros Picas, de cerebros vibrantes y poderes telequinéticos. Acicalan a Rasca, lo lavan, lo visten con una túnica blanca y lo llevan a un coliseo a la romana. Picas futuristas llenan las gradas. De pronto los cerebros de los Picas se ponen a vibrar y armas destructivas (cuchillos, hachas y otras) se abalanzan sobre Rasca y lo hacen pedazos. Rasca cae convertido en un montón de carne sanguinolenta, mientras los Picas aplauden y sonríen. (1F22, El Bart oscuro) **El último héroe vivo.** Rasca se entrena con pesas y se robustece. Saca los músculos para que lo vea Pica, que intenta pincharlos como si fueran globos. Como no le da resultado, Pica le clava una estaca en el pecho. Rasca sangra mucho y se sienta. Con una sierra, Pica le corta los bíceps y músculos pectorales. (2F01, "El parque de Pica y Rasca") **Cuatro funerales y una boda.** Rasca se casa. Ante el altar, Pica suplanta a su novia con otra hecha de bomba y dinamita. Rasca tiene hijos con su esposa-bomba y van pasando los años. Cuando ya son viejos, ella explota, matando a Rasca. Un barbado y envejecido Pica sale corriendo de la casa, riendo histéricamente. Sufre un infarto y se muere. (2F31, "Ha nacido una estrella") **Seattle sin pellejo.** Rasca pasea con un ramo de flores y leyendo una nota que dice: "Te espero en la Aguja Espacial." Cuando llega, se para sin darse cuenta en una gran "X". Pica le espera en lo alto de la torre. Aunque un cartel prohíbe arrojar peniques desde la torre, Pica arroja uno a Rasca, sin darle. Compra todos los souvenirs de "agujas espaciales" y se las arroja, pero también falla. Frustrado, Pica sierra la parte superior de la torre, que cae sobre Rasca, hundiéndose en uno de los ojos de éste. Rasca sale corriendo y gritando. (3F02, "Bart vende su alma") **Gatito adoptivo.** Rasca está sentado en una mecedora, leyendo una revista, cuando llaman a la puerta. Rasca observa por la mirilla y entreabre ligeramente la puerta. En el umbral hay una cesta. Rasca la ausculta con una escopeta y luego mira en su interior. Ve a un bebé Pica mamando de una botella. Empuña al niño y le sonríe. Pica, con una risa maligna,

rompe la botella en dos y la hunde en el pecho de Rasca, hiriéndole gravemente. Rasca cae al suelo y Pica entra corriendo en la casa. Riendo, sale llevándose la tele de Rasca y dejando un rastro de sangre a su paso. Rasca exclama débilmente: "¿Por qué? ¿Por qué? ¡Mi único hijo!" (3F01, "Hogar, dulce hogar, tralarí tralará") **Esófago ahora.** Rasca come en un restaurante. Pica es el camarero. Cuando Rasca pide, Pica se mete bajo su mesa, recorta el estómago de Rasca, lo estira, lo pone en un plato y coloca una aceituna sobre el ombligo. Después pone un cartel que dice "poco hecho". Pica sirve el estómago a Rasca, que corta un trozo y se lo come. El trozo sale por el agujero que Pica le ha hecho en el estómago, que lo recoge y vuelve a ponerlo en el plato. Este proceso se repite una y otra vez, hasta que Pica mete el filete en una bolsa de llevar y se lo entrega a Rasca, junto con un billete de 100 dólares. Eso le choca tanto a Rasca que le explota la cabeza. (3F03, "Lisa la vegetariana") **Agárrame ese fantasma.** Pica se entera por los periódicos que Rasca ha muerto al cabo de una larga

enfermedad. El fantasma de Rasca se le aparece y Pica intenta apuñalarlo en vano. Entonces absorbe el espíritu de Rasca con una aspiradora y lo suelta en el interior de la nevera. Al rato, cuando la abre, encuentra a Rasca convertido en un bloque de hielo. Lo apuñala con un punzón de hielo y lo hace cubitos de hielo para sus bebidas. En el interior del vaso de Pica, los ojos de un Rasca helado parpadean. (3F16, "El día que murió la violencia") **Buenos gatos y malos ratos.** Rasca aparece en un show televisivo, enjuagándose las lágrimas. Un cartel reza: "Dice que su amigo el ratón le maltrata." Pica está entre bastidores con una botella. Su cartel dice: "Cree que él es la víctima." Pica rompe la botella y sube al escenario. La cámara enfoca a Rasca y leemos: "No sabe que le van a degollar." Cuando Rasca lee el escrito, los

ojos le salen de las órbitas. Rasca se le acerca y el público aplaude. Cuando Rasca va a clavarle la botella rota, el dibujo animado se ve interrumpido por una noticia de última hora. (4F06, "La casa de citas") **Reservoir Cats, con Quentin Tarantino como director invitado.** Luciendo un traje negro y una corbata estrecha, Rasca se encuentra atado a una silla en un garaje a lo Reservoir Dogs. Pica baila alrededor de la silla al son de la canción "Te voy a hacer picadillo" y arroja gasolina a Rasca. Cuando al fin le corta una oreja, Tarantino entra y dice: "Lo que quiero decir con esta película es que la violencia está en todas partes, tío, hasta en los desayunos con cereales…" Pica corta la cabeza de Tarantino y él y Rasca se ponen a bailar a los sones de una guitarra a estilo *Pulp Fiction*. (3G03, Simpsonescalifragilísticoespirali [gruñido aburrido] doso) **Tras el volcán.** Rasca paga a Pica los cinco dólares que cuesta "La visita del volcán". Pica abre el estómago de Rasca en canal, empuña un cabo del intestino y tira de él para que Rasca caiga al volcán. Gritando, Rasca se precipita hacia el volcán, pero el intestino se tensa y lo detiene poco antes de entrar en contacto con la lava. Pero Pica aplica gasolina al cabo del intestino que sujeta hasta que arde y el fuego consume a Rasca. (4F12, "El show de Pica, Rasca y Poochie") **Los tres días del conde.** Pica y Rasca van en un coche. Ven carteles que les advierten de la proximidad de una fábrica de dispositivos pirotécnicos. Cuando ven a Poochie a un lado de la carretera, paran el coche. Poochie les dedica una canción de rap y luego hace un encesta magnífico de baloncesto mientras conduce una bicicleta. Por último se larga en el coche de Pica y Rasca, pasando a toda velocidad por delante de la fábrica de dispositivos pirotécnicos. (4F12, "El show de Pica, Rasca y Poochie") **¡No me chilles, que te oigo!** Vestido de médico, Pica entra en la sala de Tímpanos Castigados, donde yace Rasca con algodón en las orejas. Pica instala el auricular de un estenoscopio en las orejas de Rasca y luego la ata a un alargue muy largo y se va. Coge un taxi y luego un avión hasta una isla en la que van a probar una bomba atómica. Pasa junto a un cartel que dice: "Aujourd'hui: La Bombe Atomique" y enchufa el alargue a un altavoz cuando empieza la cuenta atrás. Cuando la bomba nuclear estalla a lo lejos, la estruendosa explosión, captada por el altavoz, viaja por el alargue, cruza el océano, pasa por delante de Hollywood, entra en el hospital y va a estallar en los oídos de Rasca. La cabeza de éste explota, y el paciente que yace en la cama de al lado se lleva un dedo a los labios para reclamar silencio. (4F18, "Marge no hay más que una").

MAUDE FLANDERS

Identidad:
Temerosa de Dios, esposa del temeroso de Dios, Ned Flanders, madre de sus religiosos hijos Rod y Todd.

Código de vida:
Nada de palabrotas, ni pensamientos crueles, ni pensamientos lujuriosos, ni ideas no-puritanas, ni alcohol ni drogas de ninguna clase, ni preguntas a su marido, ni domingos sin acudir a la iglesia, ni tomar el nombre de Dios en vano.

Hobbies:
Leer La Biblia, citar la Biblia, estudiar la Biblia, destacar pasajes de la Biblia, seguir los dictados de la Biblia, respaldar la Biblia, alabar la Biblia, cultivar ficus.

Libro favorito:
La Biblia.

Admirador secreto:
Homer.

Vergüenza secreta:
Tener un grito más masculino que Ned.

NEDDY NO CREE EN LOS SEGUROS. LOS CONSIDERA UNA ESPECIE DE JUEGO.

EL BART

Cuando una ola de calor se abate sobre Springfield, Bart y Lisa convencen a Homer para que monte una piscina. Homer accede, pero cuando la piscina está instalada todos los niños de Springfield invaden el jardín de los Simpson. Bart intenta una atrevida zambullida desde el tejado de su casa en el árbol, pero pierde el equilibrio, cae y se rompe la pierna.

El yeso de su pierna impide que Bart disfrute de la nueva piscina y se refugia en su habitación, donde queda aislado y a oscuras. Lisa se da cuenta de lo solitario que está y le presta su telescopio para que le ayude a pasar el rato. Usando el telescopio para espiar a los vecinos, Bart ve cómo Ned Flanders cava una fosa en su jardín y le oye murmurar algo sobre la muerte de Maude. Bart deduce que Flanders ha matado a su esposa.

Lisa promete que ayudará a Bart a reunir las pruebas que demuestren que Flanders ha cometido un crimen. Mientras Flanders está fuera, la niña entra en la casa. Bart vigila desde su cuarto, ve que Ned vuelve con un hacha y corre cojeando para avisar a Lisa. Se enfrenta a Flanders y lo acusa de matar a su esposa. Flanders explica que lo único que enterró era la planta favorita de Maude.

MOMENTOS ESTELARES

Una idea de Homer: Para refrescarse, Homer planta una tienda frente al frigorífico abierto y se coloca cajas de alimentos congelados por todo el cuerpo.

"Tenemos que llenar esta cosa con sales y llevarla al Hogar del Jubilado." Otto, advirtiendo a los chicos que no pueden utilizar su piscina desmontable.

"Uh, hola, uh, señora, uh, Bart. ¿Aún no está lista tu piscina?" Jimbo Jones a Marge, mientras espera con docenas de niños en trajes de baño frente a la puerta de los Simpson.

En perfecta armonía: Cuando Bart consigue aceptar que una piscina no es más divertida que "estar en una bañera con una bolsa de basura cubriendo tu yeso", ve a los chicos del barrio realizando un número de ballet estilo Busby Berkeley, con Lisa en el centro, a lo Esther Williams.

Bart: ¡Mira, Lis, he robado cinco trajes de baño! ¡Todos de Martin!
(Martin está cerca, con los brazos cruzados, llevando más y más trajes de baño.)
Martin: ¡No me importa! ¡Llevo diecisiete bañadores!
(Todos los niños se lanzan a por Martin, quitándole sus trajes de baño. En segundos, se queda sin ninguno.)
Martin: También me traje a mí mismo.

El joven Krusty: Durante el verano, el programa de Krusty repite episodios clásicos. El primero, del 6 de febrero de 1961, muestra una discusión sobre acuerdos colectivos sobre basura con George Meany, el presidente de la AFL-CIO.

 "¡Matará a Rod! ¡Y a Tod! Es horrible... en principio."

El trato de Lisa y Bart:

Lisa: Papá, como ya sabes hemos estado bañándonos y nos ha encantado. Los dos estamos de acuerdo en que necesitamos nuestra propia piscina. Ahora, antes de contestar, debes comprender que tu negativa supondría meses y meses de...
Bart/Lisa: ¿Podemostenerunapiscinapapá? ¿Podemostenerunapiscinapapá?

(Bart está en lo alto de su casita del árbol. Nelson le habla desde la piscina.)
Nelson: ¡Eh, Bart, estás enseñando tu epidermis!
Bart: ¿Ah, sí?
(Bart, avergonzado, se mira para ver qué está enseñando y se cae de la casita. Nelson se gira hacia Kearney, en tanto Bart grita mientras cae.)
Nelson: Epidermis quiere decir piel...
(Bart choca contra el suelo.)
Nelson: ...así que, técnicamente, era verdad. Eso lo hace tan divertido, perdona un momento. (Se gira hacia el inconsciente Bart.) ¡Ja, ja!
Milhouse: ¡Eh, Nelson, se ha hecho daño de verdad! ¡Creo que se ha roto la pierna!
Nelson: Entonces, más "¡ja, ja!".

Doctor Hibbert: Lo siento, pero tendré que cortar la pierna.
(Bart y Homer se horrorizan.)
Doctor Hibbert (Riendo.): ¿He dicho "pierna"? Quería decir bañador. Me temo que necesito enyesarte ese hueso roto.
Bart: ¡Oh, me perderé todo el verano!
Homer: No te preocupes, hijo. Cuando consigas un trabajo como el mío, te perderás todos los veranos.

El cerebro de Bart: Bien, parece que estamos solos tú y yo, muchacho.
Bart: ¡Genial! Voy a tener que pasar todo el verano con mi cerebro.

DETALLES QUE QUIZÁ TE HAYAS PERDIDO

En la pared del consultorio del doctor Hibbert (vista a través del telescopio de Bart), hay fotos familiares de hombres blancos.

Las fotos en la pared del cuarto de Bart, mostrando un coche de carreras y un avión, son las mismas usadas por Alfred Hitchcock en *La Ventana Indiscreta*.

Número de niños en la piscina desmontable: 19.

Cartel de la tienda de piscinas: "Piscinas Tiburón. Donde el comprador es nuestro amigo."

En la piscina desmontable, Bart lleva calzoncillos en vez de bañador.

Milhouse nada en la piscina sobreclorada e, instantáneamente, su piel y su pelo se decoloran.

OSCURO

Episodio 1F22,
emitido originalmente el 4.9.94.
Guionista: Dan McGrath.
Director Jim Reardon.
Productor Ejecutivo: David Mirkin.

"Hola, bien venidos a la Línea Caliente del Departamento de Policía de Springfield. Si saben el nombre del delito que se está cometiendo, pulsen el uno. Para elegir entre una lista de delitos, pulsen el dos. Si están siendo asesinados o llaman desde un teléfono público, esperen la señal." El contestador automático de la policía, cuando llama Bart.

Homenaje cinematográfico:

Muchos elementos del argumento, incluida la música, parodian *La Ventana Indiscreta* de Hitchcock.

(Los niños se aglomeran en torno a Lisa en la piscina de los Simpson.)
Niño Inglés: *Lisa, por favor, ven un fin de semana al campo con mi familia. Cazan, se divierten y siempre tienen deliciosos malentendidos románticos.*
Cerebro de Lisa: *Sólo está aprovechándose de ti porque tienes piscina.*
Lisa: *¡Cállate, cerebro! ¡Ahora tengo amigos, ya no te necesito!*

(Homer y Marge se bañan desnudos en la piscina.)
Marge: *Una idea deliciosa, Homey. Ven aquí y bésame.*
(Un helicóptero desciende y un foco los ilumina. Gritan e intentan taparse. Es el helicóptero de la policía de Springfield.)
Jefe Wiggum (A través de un megáfono.): *No se asusten. Sigan bañándose desnudos. ¡Oh, vamos, continúen! ¡Vamos! ¡Oh, está bien, Lou, abre fuego!*

Los Simpson van a comprar la piscina:

Marge: *¿Es cierto que hay que esperar al menos una hora después de comer antes de bañarse?*
Vendedor de piscinas: *Mire, doña preguntona, en realidad éste no es mi trabajo... Yo toco el piano.*

Bart, testigo:

(A través de su telescopio, Bart espía a Flanders excavando una tumba en su jardín trasero.)
Bart: *¡Oh, oh, no! No puede ser lo que parece. Tiene que haber una explicación.*
Flanders: *Ojalá hubiera otra explicación, pero no la hay... ¡Soy un asesino! ¡Soy un asesino!*
Bart: *Entonces, es un falso Ned Flanders.*
Flanders: *Soy un asesinito.*
Bart: *Si no es Flanders, se lo conoce al dedillo.*

LAS JUDÍAS NI SON UNA FRUTA
NI HACEN MÚSICA
LAS JUDÍAS NI SON UNA FRUTA
NI HACEN MÚSICA
LAS JUDÍAS NI SON UNA FRUTA
NI HACEN MÚSICA

ALLISON TAYLOR

Descripción:
Una alumna nueva e inteligente, de siete años, de la Escuela Primaria de Springfield.

Temperamento:
Tranquilo y controlado, incluso después de ver que alguien ha sustituido su diorama por un corazón de vaca.

Juego favorito:
Los anagramas.

Talento:
Derrotar a Lisa en todo lo que ella domina.

Capacidad pulmonar:
Mejor que la de Lisa.

EN REALIDAD, ME ALEGRA HABER PERDIDO. AHORA SÉ QUE PERDER NO ES EL FIN DEL MUNDO.

LA RIVAL DE LISA

Episodio 1F17, emitido originalmente el 11.9.94. Guionista: Mike Scully. Director: Mark Kirkland.

A la clase de Lisa llega una nueva alumna, Allison Taylor. Es inteligente y tan buena saxofonista como ella. Luchando por un puesto en la orquesta de la escuela, ambas improvisan complicados solos intentando destacar una por encima de la otra. El esfuerzo puede con Lisa y Allison se gana el puesto.

Entretanto, Homer roba 50 kgs. de azúcar de un camión volcado e intenta venderlos puerta a puerta. Sus esfuerzos son inútiles, pero Marge insiste en que se desprenda de ellos. Homer se niega, pero la naturaleza interviene en forma de tormenta repentina y el azúcar se disuelve. Lisa se siente cada vez más furiosa con Allison y accede a la propuesta de Bart de sabotear su participación en el concurso de la escuela, reemplazando su elaborado diorama sobre El Corazón Delator, de Poe, por una caja que contiene el corazón de una vaca.

No obstante, Lisa se siente culpable y restituye el diorama original de Allison. Sorprendentemente, las dos pierden ante Ralph Wiggum, que gana el premio por sus muñecos articulados. Lisa y Allison sellan sus diferencias y se hacen amigas.

  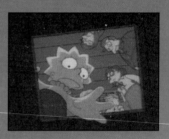

MOMENTOS ESTELARES

"No quiero vivir una vida monótona como tú. ¡Lo quiero todo! ¡Los terribles bajones, las mareantes subidas, los deliciosos medios! Sé que puedo ofender a esos puritanos con mis grandes progresos y mi olor almizcleño... ¡Oh!, y que nunca seré el preferido de los llamados "Padres de la Ciudad", que chasquearán sus lenguas, se mesarán las barbas y se preguntarán: '¿Qué podemos hacer con Homer Simpson?'."

"Está bien, Marge, he aprendido la lección. Una montaña de azúcar es demasiado para un solo hombre. He comprendido por qué Dios nos la ofrece en pequeños sobrecitos y por qué vive en una plantación de Hawai."

"¡Ah, el Concurso de Dioramas! ¡Mi actividad escolar favorita, incluso por encima de Los Exámenes Orales de los Martes."

Bart: ¡Eh, ya lo tengo!... ¿Y si buscamos algún sucio secreto de Allison? ¿Recuerdas cuando conseguí que la foto de Milhouse apareciera en Los Más Buscados de América? (La escena cambia a dos agentes del FBI conduciendo. Uno mira a través de unos prismáticos.)
FBI 1: Ahí está, en los columpios.
FBI 2: Intenta atraparlo vivo.
(El coche embiste la cerca y los niños salen corriendo y gritando.)
Milhouse: ¡Oh, no! ¡Otra vez no!

Marge: Créeme, cariño. Ella tiene más miedo de ti, que tú de ella...
Lisa: Piensas en los osos, mamá.

Señorita Hoover: Una pregunta extra para subir la nota. ¿Qué buscaba realmente Cristóbal Colón cuando descubrió América?
Lisa (Levantando la mano.): ¡Yo! ¡Yo!
Hoover: ¿Otro además de Lisa, para variar?
Ralph: ¡Oh! ¡Eh! ¡Eh!
Hoover: Ralph, será mejor que no hables de tu gato. (Ralph baja la mano entristecido.)
Hoover: ¡Oh, está bien, Li...!
Allison: Colón buscaba una ruta hacia las Indias.
Hoover: ¡Exacto, Allison! ¡Y sólo es tu primer día de clase!

(Allison y Lisa intentan tocar mejor que su rival con el saxo y mantener más tiempo una nota. Lisa se pone roja y se desmaya. Despierta.)
Lisa: ¿Qué ha pasado?... ¡Oh, sólo era un sueño!
Señor Largo: Por poco, Lisa, pero lo conseguiste.
Lisa: ¿Ser primer saxo de la orquesta?
Señor Largo: No, recuperar la consciencia. El primer saxo es Allison. Y créeme, no es un sueño.

(Homer y Bart ante el camión que transporta azúcar.)
Homer: ¡Nos ha tocado el gordo! ¡Oro blanco! ¡El edulcorante del té tejano!
(Homer empieza a cargar el azúcar en su camioneta.)
Bart: Papá, ¿esto no es robar?
Homer: Lee los estatutos de la ciudad, hijo. "Si la comida se cae al suelo no se venderá, sino que se le dará al idiota del pueblo." Y como no lo veo por aquí, empieza a cargar.

Lisa: ¿Por qué sigo en segundo grado en lugar de saltarme clases?
Marge: No lo sé, cariño. Ésa es una decisión de la escuela.
Lisa: ¿Has hablado con alguien de la escuela? ¿Has hecho alguna llamada intercediendo por mí? Quizá podrías ser más "amable" con el director Skinner... ya me entiendes.
Marge: ¡Lisa, soy amable!

Lisa: ¿Allison? Soy Lisa Simpson. ¡Me alegra conocer a alguien que se expresa mejor que la media normal de los ocho años!
Allison: En realidad sólo tengo siete. Me salté un curso porque me aburría.

Lisa: ¡Eh, Ralph! ¿Quieres jugar con Allison y conmigo a los anagramas?
Allison: Tomamos nombres y reordenamos las letras para que describan a esa persona.
Ralph: El aliento de mi gato huele a comida de gato.

DETALLES QUE QUIZÁ TE HAYAS PERDIDO

Bart lee la revista *Chicos Malos*, que tiene en la contracubierta un anuncio de cigarrillos Laramie.

Marge lee *Amor en Tiempos de Escorbuto*.

Al principio del episodio, Bart utiliza un teléfono portátil.

Allison tiene una foto de Murphy Encías Sangrantes en su cuarto.

Cuando Milhouse salta por la catarata y grita "¡Mis gafas!", las vemos rotas y parcheadas con cinta adhesiva.

MIS CALZONCILLOS NO LE INTERESAN A NADIE
MIS CALZONCILLOS NO LE INTERESAN A NADIE
MIS CALZONCILLOS NO LE INTERESAN A NADIE
MIS CALZONCILLOS NO LE INTERESAN A NADIE

OTRO EPISODIO RECOPILATORIO DE LOS SIMPSON

Episodio 2F33, emitido originalmente el 25.9.94. Guionista: Penny Wise (con intervenciones de John Swartzwelder, John Vitti, Frank Mula, David Richardson, Jeff Martin, Bill Oakley y Josh Weinstein, Matt Groening, Sam Simon, Al Jean y Mike Reiss, Jay Kogen y Wallace Wolodarsky, Neil Scovell, David Stern, George Meyer, Conan O'Brien, Robert Cohen, Bill Canterbury y Dan McGrath.) Director: David Silverman.

Una noche, tras una llorosa lectura en la cama de *Los Puentes de Madison*, Marge despierta a Homer para decirle que deberían enseñar a sus hijos lo que es el romanticismo. Al día siguiente, los Simpson hacen memoria: Bart, de sus numerosas llamadas a Moe, y Homer, de sus rosquillas glaseadas. Dándose cuenta de que no la han entendido, Marge les habla de su casi romance con Jacques, el instructor de bolos.

Conmovido por la sinceridad de Marge, Homer relata una escandalosa historia propia: su atracción por Mindy, la ex empleada de la Central Nuclear. Lisa comparte sus dolorosos recuerdos del enamoramiento de Ralph Wiggum. Y Bart recuerda que Laura Powers le rompió el corazón.

Tanta angustia hace que Marge casi desista de enseñarle a sus hijos lo que es el amor. Homer le recuerda que, al menos, a ellos dos les salió bien... mientras los chicos se van a ver el programa de "Pica y Rasca".

NO UTILIZARÉ ABREV.
NO UTILIZARÉ ABREV.
NO UTILIZARÉ ABREV.
NO UTILIZARÉ ABREV.
NO UTILIZARÉ ABREV.
NO UTILIZARÉ ABREV.

MOMENTOS ESTELARES

 "Mamá, el romanticismo ha muerto. Fue adquirido en una OPA hostil por Hallmark y Disney, homogeneizado, y después vendido pedazo a pedazo."

 "Bien, Marge, aunque traumaticemos a los niños, yo también tengo una historia escandalosa que contar."

Episodios de los cuales se emiten extractos:
28

"Bueno, como diría Jerry Lee Lewis: 'Hay que afrontar mucha desaprobación'." Marge animando a su familia cuando su discusión sobre el romanticismo los deja deprimidos.

"El amor aún tiene esperanza. Mirad, quizá no sea un experto en el tema, pero hubo una vez en que acerté." Homer sobre su noviazgo con Marge.

(Marge se sienta en la cama leyendo *Los Puentes de Madison County*, mientras Homer duerme. Una lágrima asoma en sus ojos.)
Marge (Sorbiendo.): Este romance está lleno de sincera pasión. Puedo identificarme con su heroína. Homer, ¿estás despierto? Esto es importante. Hazme alguna señal de que estás despierto.
Homer: (Soñoliento.) ¿Qué? ¿Qué pasa? ¿Se ha escapado la casa? ¿El perro está ardiendo?
Marge: Homie, ¿crees que ya no hay amor entre nosotros?
(Homer eructa de nuevo.)
Marge: ¡Despierta!
Homer: ¡Marge, son las 3 de la mañana y me he pasado todo el día trabajando!
Marge: ¡Son las 9,30 y te has pasado todo el sábado bebiendo cerveza en la piscina infantil de Maggie!

(Bart y Lisa están viendo el corto de Pica y Rasca, "Envíame a la Luna" y riéndose. Entra Marge.)
Marge: ¿Cuántas veces podéis reíros de ver cómo un ratón le pega a un gato?
Bart: Es un episodio nuevo..
Lisa: No, exactamente. Han unido trozos de otros episodios, pero a los ojos de unos jóvenes impresionables parece nuevo.
Bart: ¿De verdad?
Lisa: Ren y Stimpy lo hacen constantemente.
Marge: Sí, es cierto. ¿Y cuándo fue la última vez que oísteis hablar de Ren y Stimpy?

Marge: Tomé la decisión correcta de quedarme con mi Homey y nadie resultó herido.
(Homer gruñe incómodo.)
Marge: Así que si podéis obviar el hecho de que ya tenía marido, ésa es mi idea del romanticismo.
Homer: ¡Marge, quiero que dejes de ver a ese Jacques! Sé amable, pero rompe con él en los próximos dos meses.
Marge: Mmm, vale, Homer.
Homer: ¡Ufff! Estuvo cerca, chicas.

Bart: ¿Qué le pasó a Mindy?
Marge: Sí, ¿qué le pasó?
Homer: Bueno, luchó cuando pudo pero perdió su trabajo.
Marge: Mmm. Bien.

Marge: No todos los romances acaban así, Lisa. Bart, ¿no has tenido una historia de amor que no terminase mal?
Bart: Sí. La única chica que he querido me invitó a su casa del árbol. Tenía algo muy importante que decirme...
(Bart cuenta la historia de Laura Powers del episodio 9F06, "La Chica Nueva del Barrio".)
Bart: Espera, esa historia acabó mal. Gracias por reabrir viejas heridas, mamá.

Marge: ¿Nadie más ha tenido una historia de amor?
Lisa: Sí, yo. Y como las vuestras, es trágica y llena de sentimientos heridos y cicatrices que nunca curarán.

Lisa: A mí no me parece un final feliz. Me parece más bien un relato objetivo de alienación moderna.
Marge: Me rindo. ¿Alguien ha aprendido algo sobre el amor esta noche?
Bart: Yo he aprendido que fastidia a todo el mundo.

Besos selectos de Homer y Marge:
En 7G10, "Homer se va de Juerga", tras dar vueltas por todo el escenario del Salón Zafiro y haber soltado su discurso ante los propietarios; en 7F10, "Un Coche atropella a Bart", en la Taberna de Moe; en 7F02, "Simpson y Dalila", tras cantarle Marge una canción a Homer; en 8F10, "Me casé con Marge", tras decirle a Marge que es tan guapa como la princesa Leia y tan lista como Yoda; en 8F10, "Me casé con Marge", tras cantarle a Marge la canción "Alegras mi Vida"; en 8F18, "Un Tranvía llamado Marge", tras interpretar la función; en 1F08, "Springfield", tras la admisión de Marge de que tiene un problema con el juego.

Selectos ¡Hola! Aquí la Taberna de Moe...":
"Empe Lotas" (7G01); "Está Alrevés" (7G06); "Smith Riau" (7G03); "Donpi Topocho" (7F11); "Homer Seseval" (7F15); "Mis Partes" (7F22); "Estoyca Chondo" (9F06); "Gordon Doncul" (8F08); Soy un cretino con cara de gorila, y un culo gordo y apestoso, y... me encanta besarme el culo. (8F02.)

Selectos "Mmm" de Homer:
"Mmm... chocolate" (9F17); "Mmm... cola invisible" (1F03); "Mmm... rosquillas prohibidas" (1F04); "Mmm... Sacrilegioso" (1F14); "Mmm... Morro" (8F17); "Mmm... glaseado" (1F06); "Mmm... algo" (2F33).

RASCA Y PICA

Identidad:
Un gato y un ratón de una serie de dibujos animados muy popular y violenta. Eternos enemigos.

Hogar:
"El programa de Krusty el Payaso."

Sádico homicida:
Pica.

Víctima perpetua:
Rasca.

Número de veces que Pica ha matado a Rasca:
Infinitas.

Número de veces que Rasca ha matado a Pica:
Cero (casi una).

Hecho sorprendente:
A pesar de todo, siguen siendo buenos amigos.

ROGER MEYERS, SR.

Identidad:
Fundador de Pica y Rasca Internacional; discutido creador de los personajes Pica y Rasca.

Estrella de:
La Historia de Roger Meyers, donde aparece como "genio amable" y "amado por el mundo".

Principales éxitos:
El programa de Pica y Rasca, el musical Rascastasia y el sensacional éxito, Piccochio.

Criticado por:
Un discutido dibujo animado del año 1938, titulado: Los Superhombres Nazis son Nuestros Superiores.

Episodio 2F01, emitido originalmente el 2.10.94. Guionista: John Swartzweider. Director: Wes Archer.

MOMENTOS ESTELARES

Atracciones del Parque de Pica y Rasca: El País de la Tortura, El País de las Explosiones, El País del Gas Mostaza y El País de la Cirugía Innecesaria.

"¡Atención, Marge Simpson, su hijo ha sido arrestado...! ¡Atención, Marge Simpson, también hemos arrestado a su otro hijo más viejo, más calvo y más gordo!". Megafonía en El Parque de Pica y Rasca.

"¡Tienen que escucharme! ¡La Teoría del Caos Elemental nos dice que todos los robots se volverán contra sus amos y provocarán el caos en una orgía de sangre, y puntapiés, y mordiscos con dientes de metal, y dolor, y empujones!"

"¡Mi pelo! ¡Me has cortado el pelo! ¡Dios mío, qué feo soy!" Homer cuando los robots empiezan a perder el control.

"¡Eh, vosotros sois los tipos a los que no les gustaba nuestra actuación! Cuando lleguéis al Infierno, decide a Pica que yo os envío." Un actor disfrazado de Pica tirando a Bart y a Homer de su helicóptero.

"¡Je, je, je! ¡Mira, Marge, no se revuelve! ¡Je, je! Puedo comportarme como un idiota y nadie puede detenerme." Homer provocando a un amish en las últimas vacaciones de los Simpson.

(Lisa entra en el dormitorio de Homer y Marge, empujando un carrito con Bart en él, aparentemente muerto.)
Lisa: ¡Mamá! ¡Papá! ¡Bart está muerto!
(Homer y Marge se asustan. Bart se repone rápidamente.)
Bart: ¡Exacto! ¡Me muero por ir al Parque de Pica y Rasca!
Lisa: El Parque de Pica y Rasca no es sólo para niños, ¿sabéis? Hay una sección que llaman La Isla de los Padres. (Lee el anuncio.) "Baile, bolos, tiendas de moda, cien bares y tabernas, y un centro mundial de dependencia química."
(Homer le quita el anuncio.)
Homer: ¡Glub! ¡Teleciudad! ¡Hamacalandia!
Marge: ¡Oooh! ¡Autochoques!

Lisa: ¿Cuáles son esos personajes?
Bart: Bueno, eres demasiado joven para recordar la serie "Pica, Rasca y sus Amigos". Ésos son algunos de sus amigos: la cabra Contrariada, el tío Hormiga, la Ku Klux Clam...
Lisa: ¡Ah, sí! Eran muy divertidos...

La cena en El Bar de los Aullidos:
Bart: Una hamburguesa de cerebro con extra de pus, por favor.
Marge: ¡Bart!
Homer: Potaje de globos oculares.
Marge: ¡Homer! Acabamos de llegar y ya me estás martirizando con tu vergonzosa conducta. Estás poniendo en peligro nuestras vacaciones.
Bart: Sólo he pedido una hamburguesa con queso, mamá. Aquí tienen nombres asquerosos para todo.
Marge: ¡Oh, ya veo! Está bien, yo quiero entrañas de bebé.
Camarero: Señora, qué desagradable.
Lisa: Eso es ternera, mamá.

Portavoz del parque: No tiene por qué susurrar, señora. Aquí, en El Parque de Pica y Rasca, estamos tan preocupados como usted por la violencia. Por eso siempre intentamos mostrar las consecuencias letales. Así educamos al tiempo que horrorizamos.
Marge: ¿Cuándo muestran las consecuencias? En la tele, ese ratón le sacó los pulmones al gato y los hizo servir de gaita. Pero, en la siguiente escena, él seguía respirando normalmente.
Portavoz del parque: Como en la vida real.

Amnistía de Homer:
Marge: No tengo nada que decir.
Homer: Pero, Marge, era un preso político.
Marge: ¿Cómo te convertiste en preso político?
Homer: Le di un puntapié en el culo a un ratón gigante. ¿Tengo que dibujártelo?

Homenajes cinematográficos:

La familia se ve rodeada de robots enloquecidos en un parque temático, como en Almas de Metal. El comentario de Frink sobre la teoría del caos y la insignia de los helicópteros del parque parodian los de Parque Jurásico. El ataque de los pájaros a la cabina telefónica recuerda al de Los Pájaros de Hitchcock.

DETALLES QUE QUIZÁ TE HAYAS PERDIDO

Tras el "cortocircuito", el coche de la familia Simpson no tiene techo; lleva un misil en el que se lee "Ejército de los EE.UU." empotrado en él; un cartel que dice "Regreso al Hogar" cuelga de la parte trasera; uno de los neumáticos ha sido reemplazado por una rueda de carreta y una señal de tráfico está conectada a él.

La Disco Pica de los 70 tiene un pequeño cartel donde dice: "Inaug. 1980."

El nombre completo del bar donde "siempre es Noche Vieja" es "Comebebe Pásalobien de T.G.I. McPica."

Durante el desfile, un cartel de fondo dice: "Máquinas recreativas a 25 c. Todas 75 ç."

El maletín de Bart se anuncia como "Kit de Viaje del Pequeño Cabroncete".

Las atracciones cerradas incluyen: Decapitación, Baño de Sangre, Mutilación y Puesto de Enfermeras.

En el anuncio de El País del Gas Mostaza, Pica ata a Rasca y lo atiborra con chile.

Bart y Lisa le piden a sus padres que los lleven al Parque de Pica y Rasca, anunciado como "el lugar más violento del mundo". Marge no está de acuerdo, pero acepta ir cuando la familia le promete que no convertirán el viaje en una experiencia vergonzante y desgraciada.

Tras un arduo viaje en coche, los Simpson llegan al parque temático. Marge queda asombrada por la violencia gratuita, pero Homer y ella encuentran un rincón agradable en La Isla de los Padres. No obstante, su tranquilidad se ve interrumpida cuando Bart y Homer son arrestados por atacar a los empleados uniformados del parque.

Marge saca a Homer y a Bart de la cárcel del parque temático. Poco después, robots de Pica y Rasca atacan a los Simpson empuñando armas. Cuando Lisa deduce que la brillante luz del flash de su cámara estropea los circuitos de los robots, los Simpson convierten sus cámaras en armas y disparan fotos contra los robots, que son derrotados en la batalla. Marge admite que la visita familiar al Parque de Pica y Rasca han sido las mejores vacaciones que ha pasado nunca, pero les pide que no vuelvan a hablar del tema.

NO SOY LA REENCARNACIÓN DE SAMMY DAVIS JR.
NO SOY LA REENCARNACIÓN DE SAMMY DAVIS JR.
NO SOY LA REENCARNACIÓN DE SAMMY DAVIS JR.

ACTOR SECUNDARIO BOB ROBERTS

Episodio 2F02, emitido originalmente el 9.10.94. Guionistas: Bill Oakley y Josh Weinstein. Director: Mark Kirkland.

L isa estudia la campaña de reelección del alcalde Quimby para un trabajo escolar. Mientras escucha un programa radiofónico del ultraconservador Birch Barlow, reconoce la voz de uno de los oyentes que llaman al programa: el Actor Secundario Bob. Barlow coincide tanto con los puntos de vista de Bob, que convierte la liberación de éste en su máxima prioridad. Bart se horroriza al ver que su archienemigo manipula a la prensa para conseguir su libertad. El alcalde Quimby hace caso de las numerosas peticiones y le concede un indulto.

Respaldado por los miembros de la elite Republicana de Springfield, Bob anuncia su candidatura a la alcaldía. Se anuncia un debate entre Bob y el alcalde Quimby. Como Quimby toma demasiadas pastillas antigripales antes del debate televisado con Bob, su pobre actuación le da una aplastante victoria a Bob.

En cuanto asume el poder, Bob aprueba la construcción de una nueva autopista que pasará por la casa de los Simpson. Convencidos de que han hecho trampas en las elecciones, Lisa y Bart investigan y descubren que muchos votantes de Bob son difuntos. Lisa engaña a

Bob para que admita que manipuló la elección. Es arrestado y sentenciado a una prisión de mínima seguridad.

MOMENTOS ESTELARES

"Buenos días, amigos de la libertad. Aquí Birch Barlow, el cuarto brazo del Gobierno, el estado n.º 51...". Presentación del programa radiofónico de Birch Barlow.

"¡Eh, ya no soy analfabeto!" El alcalde Quimby cuando Birch Barlow lo acusa de "analfabeto, defraudador de impuestos, maltratar a su esposa y fumar compulsivamente".

"Amigos míos, ¿n-n-no es típico? Otro conservador inteligente, encarcelado injustamente por nuestro sistema liberal de justicia... como el coronel Oliver North, el agente Stacey Koon, y Joe Camel, el personaje de dibujos animados que fuma. ¡Pues se acabó!" Birch Barlow anunciando su nueva cruzada para liberar al Actor Secundario Bob.

Revelado en este episodio: El segundo nombre de Actor Secundario Bob es Underdunk.

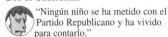 **"Ningún niño se ha metido con el Partido Republicano y ha vivido para contarlo."**

"Quimby. Si tú te presentaras a alcalde, él votaría por ti." Eslogan de la campaña de Quimby.

(Lisa entra en el cuarto de Bart, mientras éste está leyendo comic-books.)
Lisa: ¡Bart, tu mortal enemigo está en la radio!
(Lisa enciende la radio junto a la cama de Bart.)
Doctor Demento: (Por la radio.) ¡Más casas demenciales del doctor Demento! ¡Y ahora, los Funny Five!
(Bart grita y lanza la radio por la ventana.)
Lisa: Me refería a tu otro enemigo mortal, Actor Secundario Bob.
Bart: ¿Bob? ¡Oh, sólo diez años y ya tengo dos enemigos mortales!

El Círculo Interno del Partido Republicano de Springfield: Burns, Birch Barlow, un vampiro humanoide verde, El Abogado (ya apareció en el episodio 7F10, "Un Coche atropella a Bart"), el doctor Hibbert, Ranier Wolfcastle y un hombre con sombrero vaquero y cuchillo.

"No te acerques por Riverdale." Moose a Homer después de que Archie, Jughead, Reggie y él saquen a Homer de su coche y lo tiren al jardín de los Simpson.

"El resultado es: 100% de votos para Actor Secundario Bob y un 1% para Joe Quimby. Y les recordamos que hay un margen de error de un 1%."

Barlow: (Por la radio.) *Amigos, Bob es un prisionero político. Quiero que mis leales radioyentes hagan todo lo posible para sacarlo de la cárcel.*
Moe: *Bien, ya habéis oído. (Saca una caja.) Tomad una granada cada uno.*
Barney: *Moe, creo que se refería a una acción política no violenta.*
Moe: *¡Oh, vaya! ¿De verdad?... Está bien, devolvédmelas. Vamos, devolvédmelas todos. (Furioso.) ¡Ey, ey, ¿quién le ha quitado la anilla a ésta?!*

Birch Barlow: *Alcalde Quimby, usted es muy conocido por ser condescendiente con el crimen. Pero supongamos por un segundo que unos ladrones entrasen en su casa, atasen a su familia en el sótano y le metieran calcetines en la boca. Usted intenta abrir la puerta, pero hay demasiada sangre en el pomo...*
Quimby: *¿Cuál es su pregunta?*
Barlow: *Mi pregunta es sobre el presupuesto, señor.*

Lisa: *No eres lo bastante inteligente como para amañar una elección tú solo, ¿verdad?*
Bart: *¡Tú eras el lacayo de Barlow!*
Lisa: *¡Y tú la Nancy de Ronnie!*
Bart: *¡La Cher de Sonny!*
Lisa: *¡El Ringo de los Beatles!*

BIRCH BARLOW

Profesión:
Presentador del programa radiofónico favorito de los conservadores de Springfield.

Escribió:
El best-séller "Sólo los pavos tienen Alas Izquierdas."

Atractivo:
Sabe dirigirse a Homer y a la gente que es como Homer.

Lamenta profundamente:
Haber promovido la amnistía y la candidatura para alcalde de Actor Secundario Bob Terwilliger.

Le gusta:
Los republicanos, el conservadurismo en todos sus aspectos, los ricos y las rosquillas.

Odia:
Los demócratas, el liberalismo en todas sus formas, el abono de la señora McFearly y los murciélagos en la Biblioteca Pública.

...ASÍ QUE, AMIGOS MÍOS, APLASTEMOS A ESOS TONTÓCRATAS Y SU ESTÚPIDO PROGRAMA DE BIENESTAR SOCIAL.

La sintonía de la campaña del alcalde Quimby

"¡Sin un alcalde Quimby / nuestra ciudad sería un desastre! / ¡No tendríamos un basurero de neumáticos / ni una pista de hielo pequeña! / ¡No tendríamos nuestros patíbulos / ni nuestras estupendas trampas para Bigfoots! / ¡No fue culpa de nuestro alcalde / que el estadio se derrumbase!"

DETALLES QUE QUIZÁ TE HAYAS PERDIDO

Titular del primer ejemplar del *Springfield Shopper* que vemos en este episodio: "El Indulto de Bob: Asunto Prioritario". El subtítulo dice: "Eliminar la ordenanza 'Pollos gordos no'."

El cartel del Centro Comunal de Springfield dice: "Esta noche, debate electoral por la alcaldía. Mañana: Boda masiva de los miembros del culto".

Smithers se topa con Bart y Lisa en la "Paga & Parque & Paga".

La última vez que apareció Larry King fue en el episodio 7F11: "Un Pez, Dos Peces, Pez Fugu, Pez Azul."

Otro titular del *Springfield Shopper* dice: "Llama a Bob Flap para el sondeo electoral", con el subtítulo: "Editorial, ¿por qué no pueden votar las mascotas muertas?"

Advertencia de Marge: "Hola otra vez. Como siempre, debo advertiros que el especial de Halloween de este año da mucho, mucho miedo, y aquellos de vosotros que tengáis niños pequeños deberíais enviarlos a la cama y... ¡oh, bueno! Parece que el episodio da tanto miedo, que el Congreso no quería que se emitiera. En vez de eso, sugirieron el clásico de 1947, protagonizado por Glen Ford, *"Caravana a Oregón'."*

SECUENCIA DE APERTURA

En una lápida del Cementerio de Springfield se lee: "Lápidas Divertidas R.I.P." El cuerpo de Moe cae de un árbol, colgando de una cuerda y abre los ojos. El reverendo Lovejoy quema a Patty y a Selma en una hoguera; ellas utilizan el fuego para encender un cigarrillo. El director Skinner mira cómo Bart corta la cabeza de la señorita Krabappel, el jefe Wiggum y el jardinero Willie con una guillotina. Skinner alza el pulgar en un signo de afirmación antes de perder la suya.

> **Homer:** ¿Qué opinas, Marge? Sólo necesito un título. Estaba pensando en "Sin tele y sin cerveza, Homer... algo".
> **Marge:** (Preocupada.) ¿Se volverá loco?
> **Homer:** ¡No te extrañe!

Homenaje cinematográfico:

El guión parodia *El Resplandor*, la novela de Stephen King llevada al cine por Stanley Kubrick; incluyendo la sangre que surge del ascensor y el maníaco Homer gritando: "¡Ya estoy aquíiiii!"

> **Señor Burns:** ¡Dios mío, han llegado los monos marinos que pedí! ¡Mírelos juguetear y brincar!
> **Smithers:** Señor, son los nuevos vigilantes de la mansión durante el invierno.
> **Burns:** Sí, trabajan duro y juegan duro.

> **Jardinero Willie:** ¡Chico, me has leído el pensamiento! ¡Tienes el "cantador"!
> **Bart:** Quieres decir "resplandor".
> **Willie:** ¡Shhh! ¿Quieres una denuncia por plagio? Mira, chico, si tu padre se vuelve ga-ga, utiliza ese... "brillo" tuyo para llamarme y acudiré corriendo. Pero no me leas la mente entre las cuatro y las cinco. Es mi tiempo libre.

EL RESPLANDOR

Los Simpson son contratados para cuidar la mansión del señor Burns. Antes de marcharse, Burns y Smithers cortan la televisión por cable y esconden toda la cerveza. Privado de dos de sus pasatiempos favoritos, Homer se vuelve loco poco a poco. Amenaza a Marge, pero ella lo encierra. Homer se abre camino con un hacha. Usando un poder telepático llamado "El Resplandor", Bart contacta con el jardinero Willie. Éste acude a la mansión para ayudarlos, pero Homer lo mata en cuanto llega. Persiguiendo a su familia a través de la nieve con el hacha, Homer descubre la minitelevisión de Willie. Su ansia de matar se aplaca.

MOMENTOS ESTELARES

"Esta casa tiene una historia larga y colorista. Fue construida sobre un cementerio indio y escenario de rituales satánicos, quema de brujas y cinco Especiales de Navidad de John Denver."

"¿Sabes qué? Volvamos y matemos a todo el mundo. Te debo una Coca-Cola."

"Soy Mike Wallace. Soy Morley Safer. Y yo soy Ed Bradley. Todos y Andy Rooney, esta noche, en '60 Minutos'." Homer destrozando la puerta del comedor con el hacha, sosteniendo un cronómetro.

"¡Televisión!... ¡Maestra, madre, amante secreta!"

> **"Sin tele y sin cerveza, Homer se vuelve loco."**
> El mensaje escrito en todas las paredes de un cuarto oscuro descubierto por Marge.

DETALLES QUE QUIZÁ TE HAYAS PERDIDO

En la comisaría de policía hay carteles de "Se Busca" de Actor Secundario Bob, Tony el Gordo y Serpiente.

Una gaita y un cuadro de una mujer escocesa adornan la pared del cuarto de Willie.

TERROR V

Episodio 2F03,
emitido originalmente el 30.10.94
Guionistas: El conde Greg Danula, el querido difunto Dan McGrath,
la mano cortada de David Cohen y Masa Kushell.
Director: Envidioso Jim Reardon.

TIEMPO Y CASTIGO

Mientras arregla una tostadora, Homer es absorbido en un vórtice temporal y viaja hasta una jungla prehistórica del pasado. Mata un mosquito sin querer y, por eso, altera el curso de la historia. Cuando Homer vuelve al presente, se horroriza al descubrir que Ned Flanders gobierna el mundo. Vuelve a retroceder y cambia de nuevo la historia. Al regresar, descubre que Patty y Selma han muerto, pero nadie sabe lo que es una rosquilla. Homer sigue viajando del pasado al presente continuamente buscando un mundo normal. Termina en un Universo en el que su familia come con lenguas similares a las de las ranas.

DETALLES QUE QUIZÁ TE HAYAS PERDIDO

Cartel de un Centro de Reeducación: "Donde la elite descubre que su espíritu se ha roto."

La referencia de Homer a sí mismo como el "primer no brasileño en viajar al pasado a través del tiempo" es por Carlos Castaneda, que se inspiraba tomando alucinógenos.

MOMENTOS ESTELARES

Buen consejo:

Homer: *¡Aaah! Bien, que no cunda el pánico. Recuerda el consejo que te dio tu padre en tu boda.*
Un Abe vestido de smoking en la nube de pensamiento de Homer: *"Si alguna vez viajas a través del tiempo no toques nada, porque incluso el más mínimo cambio puede alterar el futuro en formas que ni siquiera puedes imaginar."*
Homer: *Bien. Si me quedo absolutamente quieto y no toco nada, no alteraré el futuro.*
(Zumba un mosquito prehistórico.)
Homer: *¡Bicho estúpido! ¡Te aplastaré!*
(Y lo mata.)

Compañeros de viaje:

(Homer flota en un vórtice temporal, acompañado por relojes con agujas que giran hacia atrás.)
Homer: *Miradme, soy el primer no brasileño que viaja al pasado a través del tiempo.*
(Aparecen Sherman y el señor Peabody.)
Señor Peabody: *Corrección, Homer. Eres el segundo.*
Sherman: *¡Exacto, señor Peabody!*
Peabody: *Tú, calla.*

Homer: *¿Sabes, Marge? Tengo mis problemas, pero estar aquí sentado con los chicos y contigo, en nuestro hogar, en este precioso país libre, hace que me sienta un tipo realmente afortunado.*
Lisa: *¡Papá, has metido la mano en la tostadora!*

(Homer regresa al presente. La casa está transformada en una lujosa mansión.)
Lisa: *¿Cogeremos el nuevo Lexus para ir al funeral de tía Patty y tía Selma?*
Homer: *Mmm. Casa fabulosa, chicos bien educados, cuñadas muertas, coche lujoso... ¡yujuuu! ¡Me ha tocado el gordo! Marge, querida, ¿me pasas una rosquilla?*
Marge: *¿Una qué? ¿Qué es una rosquilla?*
(Homer corre gritando hacia la tostadora temporal.)
(Marge mira por la ventana y ve llover rosquillas del cielo.)
Marge: *Mmm, vuelve a llover.*

PESADILLA EN LA CAFETERÍA

El director Skinner castiga a Bart a la cafetería de la escuela. Cuando los compañeros de Bart empiezan a desaparecer uno a uno, Lisa y él sospechan que Skinner y la cocinera Doris están cocinando niños y sirviéndolos como comida. Cuando los alumnos disminuyen, Bart y Lisa intentan escapar pero son arrinconados por Skinner y Doris, que los empujan lentamente hacia una gigantesca picadora de carne. Bart despierta de su pesadilla para descubrir que su familia y él se han vuelto del revés por culpa de una misteriosa niebla.

MOMENTOS ESTELARES

"Calma, niños. Tengo el presentimiento que Uter anda por aquí. Al fin y al cabo, ¿no hay un pequeño Uter dentro de todos nosotros? De hecho, incluso podríais decir que nos hemos comido a Uter y que lo llevamos en nuestros estómagos. No, borrad eso."

"Calma, jovencito. Sólo conseguirás cansarte y adelgazar. Ahora, vamos por los que quedan libres."
El director Skinner a Martin, mientras lucha con los barrotes de su jaula.

Triple: Willie lleva un hacha clavada en la espalda en los tres episodios.

Director Skinner: *Esta superpoblación de castigados se está haciendo crítica. Es un barril de pólvora que acabará en una explosión de conducta inaceptable.*
Cocinera Doris: *No me culpe a mí, jefe. Por culpa de los últimos recortes de presupuesto, estoy usando carne de tercera.*
Skinner: *¿No sería maravilloso que hubiera una solución común a ambos problemas?*

Señorita Krabappel: *¿Está diciendo que mató a Jimbo, picó su carne y lo sirvió de comida?*
(Skinner se tapa la nariz y asiente.)
Krabappel: *¡Ja!*

DETALLES QUE QUIZÁ TE HAYAS PERDIDO

La carne de tercera de la cocinera Doris se compone principalmente de "animales de circo y despojos".

La palabra "OKTOBERFEST" tiene diéresis en la K, la segunda O, la última T y las dos E.

Una de las posiciones de la Picadora de Alumnos Hamilton Beech es "Empalagoso."

JESSICA LOVEJOY

Descripción:
Hija única y discretamente incorregible de Helen y el Reverendo Lovejoy.

Situación escolar:
Actualmente, suspendida por el claustro de la escuela.

Le gusta:
Provocar problemas, toparse con problemas; chicos a los que les gusta provocar y toparse con problemas.

Odia:
La falta de atención paterna; seguir las reglas.

Némesis:
Sarah, Lisa y llanamente.

Poderes diabólicos:
Puede hacer que los chicos hagan lo que desee.

> RECUERDA, SOY LA DULCE Y PERFECTA HIJA DEL REVERENDO, Y TÚ SÓLO ERES BASURA AMARILLA.

LA NOVIA DE BART

Episodio 2F04, emitido originalmente el 6.11.94. Guionista: Jonathan Collier. Directora: Susan Deitter.

Bart se enamora de Jessica, la hija del Reverendo Lovejoy. Como ella no le hace caso, se enrola en la Escuela Dominical y se sienta a su lado queriendo impresionarla con su buena conducta. No obstante, sus esfuerzos son inútiles. Cuando Skinner atrapa a Bart en una investigación relámpago, Jessica se apiada de él y le invita a cenar.

Durante la cena con los Lovejoy, Bart utiliza la palabra "culo" y lo expulsan de su casa. No obstante, a Jessica le encanta el comportamiento de Bart y se une a él cometiendo actos vandálicos por toda la ciudad. Bart descubre que no es rival para Jessica y se mete en un lío por hacer cosas que ella le sugiere. Al ser la hija del reverendo nadie sospecha de Jessica, ni siquiera cuando roba dinero del cepillo de la iglesia.

Culpan a Bart del robo y lo convierten en un paria. Dispuesta a no permitir que su hermano cargue con la culpa de algo que no hizo, Lisa se dirige a la congregación y le urge a que registre el cuarto de Jessica y encuentran el dinero. Jessica admite su culpabilidad y explica que sólo quería llamar la atención.

MOMENTOS ESTELARES

El que Baila en Calzoncillos, La que Piensa Demasiado: Los nombres de Bart y Lisa, respectivamente, cuando juegan a indios y vaqueros.

"Hola, soy Bart Simpson. Me he sentido increíblemente conmovido por tu lectura. Nunca creí que la palabra de Dios sonase tan plausible." Bart al presentarse a Jessica Lovejoy.

"¡Creo que Jessica y tú sois tan diferentes…! Ella es la dulce y amable hija del reverendo y tú eres el niño de la Cabaña del Diablo."

"El kilt es el traje de diario. En batalla, llevamos un uniforme completo cubierto de lentejuelas. La idea es cegar a tu oponente con el lujo." El jardinero Willie explicando

el atuendo de los guerreros escoceses en el "Festival Escocés".

La diversión de Bart y Jessica: Bart y Jessica pasean juntos bajo un cartel de "No Pasar", comen helado frente a gente obesa ejercitándose en un gimnasio y acampan bajo la estatua de Jebediah Springfield.

"Bueno, Jessica, no creo que debamos seguir saliendo juntos. Me estás convirtiendo en un criminal, mientras que yo sólo quiero ser un gamberro."

"Ella es como un paquete de leche pasada, Lis. Dulce por fuera, venenosa por dentro." Bart hablando de Jessica.

Lisa: Reverendo, ¿no dice la Biblia "No juzgues y no serás juzgado"?
Reverendo Lovejoy: Creo que eso está hacia el final.
Lisa: Uno de nosotros tiene la conciencia culpable. Tras pensarlo mucho, he decidido que estaría mal dar nombres, pero, bajo la mirada de Dios, invito al culpable a dar un paso al frente y confesar y salvarse del tormento de su infierno personal.
Skinner: ¡En Vietnam olí un cigarrillo de marihuana!
Abuelo: ¡Yo cancelé Star Trek!
Doctor Hibbert: ¡Yo dejé las llaves de mi Porsche en las tripas de la señorita Glick!
Lisa: Estoy hablando del que robó el cepillo. ¡Sólo él puede dar un paso al frente y terminar con esta injusticia!
(Lisa hace una pausa, esperando que Jessica confiese.)
Lisa: ¡Oh, al diablo! Fue Jessica Lovejoy.

Bart cena con los Lovejoy:
Señora Lovejoy: Mmm. No sabía que el lanzamiento de cohete fuera un deporte olímpico.
Bart: No quiero ofenderla, señora, pero lo que lo que usted no sabe llenaría un almacén.
(El Reverendo Lovejoy y su esposa se horrorizan.)
Reverendo Lovejoy: ¡Explíquese, jovencito!
Bart: Lo siento, soy muy espontáneo… y algunos lo encuentran encantador. Hablando de encanto, anoche estaba viendo el canal Fox y oí una historia divertida. Ese personaje llamado Martin se sentía… cachondo y estaba oyendo como…
(Corte al Reverendo Lovejoy echando a Bart de una patada.)
Lovejoy: ¡No se te ocurra volver a acercarte a mi hija! ¡Jamás había visto un uso tan gratuito de la palabra "culo"!
Bart: (Luchando por explicarse.) Pero… Pero… Pero… Pero… Pero… Pero… Pero… Pero… Pero… Pero… Pero…
Señora Lovejoy: (Tapándose los oídos.) ¡Que se calle! ¡Que se calle!

Jessica: Eres malo, Bart Simpson.
Bart: ¡No lo soy! Soy…
Jessica: Sí, lo eres. Eres malo… y me gusta.
Bart: Soy malo hasta la médula, cariño.
Jessica: Vamos a divertirnos.
Bart: Pero tu padre dijo…
Jessica: (Burlona.) Le dije al reverendo que me iba a mi cuarto a rezar.
Bart: (Enamorado.) ¡Lista, preciosa y mentirosa!

Bart: Ríndete, Lis. Es una mente maestra criminal… Tiene un C.I. de 180, lee como una universitaria y… (suspira) su pelo huele a cereales rojos.
Lisa: Sí, bueno. Yo tomo cereales rojos para desayunar.

DETALLES QUE QUIZÁ TE HAYAS PERDIDO

En este episodio se utiliza por segunda vez una máscara tipo Aníbal Lecter en un ciudadano de Springfield. (La primera fue en el episodio 9F10, "Marge contra el Monorraíl".)

Cartel en la marquesina de la Iglesia Evangélica de Springfield: "Malas mujeres de la historia: de Jezabel a Janet Reno."

En la Fiesta Escocesa, una mujer del público se desmaya al ver lo que hay debajo del kilt de Willie.

Los Lovejoys tienen una réplica de "La Última Cena", de Leonardo daVinci en la pared de su comedor.

> NO ENVIARÉ MANTECA POR CORREO
> NO ENVIARÉ MANTECA POR CORREO
> NO ENVIARÉ MANTECA POR CORREO

LISA SOBRE HIELO

Episodio 2F05, emitido originalmente el 13.11.94. Guionista: Mike Scully. Director: Bob Anderson.

El Director Skinner pone en marcha un nuevo plan para informar a los padres cuando se produzca un descenso en el aprovechamiento escolar de los niños. Lisa recibe la noticia de que está a punto de suspender en gimnasia. Sin buenos resultados, intenta unirse a algún equipo deportivo. Después de un partido de hockey, Bart se dedica a tirarle basura a Lisa con el bastón. Apu se da cuenta de que Lisa detiene toda la basura y la ficha como portera de su equipo.

Lisa lidera el equipo de Apu, los Timadores del Badulaque, y hace que realicen su mejor temporada. Homer concentra su atención en Lisa, haciendo que Bart se sienta celoso. Estalla el conflicto entre hermano y hermana, y alcanza su máxima virulencia cuando Homer anuncia que los equipos de ambos han de enfrentarse en un partido.

La noticia se extiende como un reguero de pólvora y todos los habitantes de Springfield esperan un sangriento enfrentamiento entre ambos hermanos. El juego llega a su clímax cuando se pita un penalty que Bart debe de lanzar contra Lisa. Cuando se miran, ambos recuerdan los buenos momentos que han pasado juntos. Se quitan los accesorios deportivos, y ambos hermanos se abrazan, dejando el partido en empate.

MOMENTOS ESTELARES

"Así vuestros padres no tendrán que esperar las notas para castigaros." El Director Skinner presentando su nuevo plan de "Advertencias Académicas".

"¿Que voy mal en lengua? ¡Eso no es posible!" Ralph Wiggum recibiendo la primera Alerta Académica.

"¡Bien! ¡Se acabó! ¡Ganamos! ¡Ganamos! Desgraciadamente yo aposté por el otro equipo, así que os quedáis sin pizza." El Jefe Wiggum, entrenador de los Poderosos Cerdos, celebrando la victoria del equipo.

"Lisa, si hay algo que nos ha enseñado la Biblia, y no lo ha hecho, es que las chicas

---

Kearney: ¡Hey, Dolph! Saca tu agenda electrónica y apunta. "Morder a Martin".
(Dolph escribe "Machacar a Martin", y la agenda lo interpreta como "Comerse a Martha".)
Kearney: ¡Bah!
(Kearney le arrebata la agenda electrónica a Dolph y la tira.)

Lisa, en el partido:
Lisa: ¡Hey, Milhouse, atízale si se cierra el paso! ¡Jimbo! ¡Jimbo, dale en la jeta! ¡Mirad! ¡A Ralph Wiggum se le ha desabrochado el casco! ¡Id a por el hueso! ¡Id a por el hueso!
Homer: ¡Jope! ¡Lengua de camionero, Ojo de Lince!

Visita amistosa:
Moe: ¡Hola!
Homer: ¡Moe! ¿Qué haces aquí?
Moe: ¿Cómo que qué? ¿Es que un barman no puede entrar a saludar a su mejor cliente? ¡Eeeh! ¡Hola, Cathy! ¡Vaya! ¡Me gusta mucho lo que te has hecho en el pelo!
Marge: Me has pillado en un mal momento, Moe. ¡Estoy demasiado tensa para fingir que te aprecio!
Moe: Y... ¿Co-co-cómo están las criaturitas? ¿Cómo estáis... de verdad? ¿Alguna lesión gravísima? ¿Algo que, por ejemplo, no sepan aún las autoridades deportivas? (Volviéndose a Bart.) ¡A ver, sube esa rodilla!
Marge: Moe, creo que deberías irte.
Moe: ¡Blanche, mujer...! ¡Tienes que ayudarme! Me juego sesenta y cuatro billetes... ¡Me romperán los pulgares!

Bart: ¡Hola, Reina Lisa!
Lisa: ¡Bart! ¿Qué haces en mi habitación?
Bart: Lisa... han surgido entre nosotros ciertas diferencias... rivalidades. En un principio pensé en resolverlas como personas civilizadas, pero luego, pensé que era mejor arrancarle la cabeza al Señor Conejito Lindo....
Lisa: Pero si es el idolatrado juguete de tu infancia.
Bart: ¿Mío? ¡Señor Conejito Lindo!

---

tienen sus propios deportes: como 'Lucha Libre en el Barro', 'Boxeo en Bikini', etc, etc."

"Perdona, Bart, pero voy a hacerme amigo de Lisa. Por protección... ¡y para fardar!"

"¡Dios mío, Marge! ¡Y esto cuando sólo quedan cuatro segundos! ¡Tu hijo contra el mío! ¡El ganador será colmado de alabanzas, y el perdedor será abucheado hasta que me quede afónico!"

Mensajes contradictorios:
Marge: ¡Os queremos a los dos! ¡No tenéis que competir el uno con el otro! ¡Repito: no tenéis que competir el uno con el otro!
Homer: ¡Eh! ¡Apu ha telefoneado! ¡El viernes jugarán el equipo de Bart, contra el equipo de Lisa! ¡Estaréis en competencia directa! ¡No me seáis blandos el uno con el otro, sólo porque seáis hermanos! ¿Entiendes? ¡Quiero veros luchar por el amor de vuestros padres! ¡Luchad! ¡Luchad! ¡Luchad!

Bart: ¡Corre, ven papá! Ayer nos perdimos el episodio de "Cops", pero hoy podemos ver los dos, si nos damos prisa.
Homer: ¡Ah! ¡Lo siento, Bart! Lisa y yo vamos a ir a tomar un "gelato." Te invitaría a ti también, pero... ¡ya sabes!

DETALLES QUE QUIZÁ TE HAYAS PERDIDO

Al principio del episodio, Homer juega con Maggie a que coja una lata de cerveza.

El logotipo del Dolph's Newton es un gusano saliendo de una manzana.

El eslogan del Centro Juvenil de Springfield es "Creando Esperanzas Irrealistas desde 1966".

En su casa, Apu tiene una foto del Badulaque antiguo. Su primer Badulaque apareció en el episodio 1F10, titulado "Homer y Apu".

Cuando la cabeza de Homer golpea el extractor, le deja una gran abolladura.

En la Pista de Patinaje de Springfield hay varios anuncios. El de Moe dice: "Vuelven los 70, así que... ¡bebamos como entonces!", y otro en el que se puede leer: "Hey, Chicos, el Reno Mentolado dice: ¡Fumad Laramies!"

NO DESARMARÉ COSAS SI NO ESTOY PREPARADO
NO DESARMARÉ COSAS SI NO ESTOY PREPARADO
NO DESARMARÉ COSAS SI NO ESTOY PREPARADO
NO DESARMARÉ COSAS SI NO ESTOY PREPARADO

UTER

Descripción:
Estudiante de intercambio, de la Escuela Elemental de Springfield.

País de origen:
Alemania.

Talento:
Para conseguir, y conservar, un asiento en el autobús escolar, aunque éste vaya abarrotado.

Estilo:
Ropa alpina: pantalones con peto, etc...

Pasión:
Los dulces en general, y los mazapanes Joy Joys (enriquecidos con yodo), en particular.

Cosas que le avergüenzan:
Una vez construyó con chocolate un diorama de Charlie y la Fábrica de Chocolate, para un concurso escolar... pero se lo comió antes de que lo viera el jurado.

¿QUIERES UN POCO DE MI DULCE FAVORITO?

ASHLEY GRANT

Identidad:
Universitaria y feminista militante.

Opina que:
Los chicos son sensibles a los encantos de un vídeo.

Le desagradan:
Las persecuciones sexuales, particularmente de los gordos, grasientos, devoradores de dulces.

Le enfada:
Que le pellizquen el trasero, que le invadan su espacio y que haya interacciones sexistas.

Homer lleva a Marge al Congreso de la Industria del Dulce, dejando a los niños al cuidado de una universitaria feminista, Ashley Grant. Durante el Congreso, Homer roba una exótica gominola que representa a la Venus de Milo. Cuando lleva a Ashley de vuelta a casa, se da cuenta de que la Venus se ha quedado pegada al pantalón de Ashley, y cuando estira la mano para cogerla, ella lo interpreta como un intento de acoso sexual.

En poco tiempo, un grupo de gente se instala a protestar ante la casa de Homer, llamándole "cerdo sexista". Persiguen a Homer a todas partes, y comienzan a hacerle la vida imposible. Homer accede a conceder una entrevista al periodista Godfrey Jones, que altera la historia, convirtiéndola en lo que no es, y la emite por su programa de TV: "Lo Más Bajo." Después de emitir la historia, todos los medios de comunicación caen sobre la casa de los Simpson, controlándoles cada uno de sus movimientos.

A petición de Lisa y Marge, Homer accede a acudir a la televisión pública para declarar su inocencia. Sin embargo, nadie lo ve. El jardinero Willie informa a Homer que, en secreto, graba vídeos de encuentros de parejas en los coches, y le muestra el incidente de Homer con Ashley Grant. La cinta demuestra la inocencia de Homer, y su vida vuelve a la normalidad.

> ¿VES, LISA? ES FÁCIL DOMAR A UN HOMBRE: CADA UNO SIGUE EL VÍDEO QUE LE TOCA.

MOMENTOS ESTELARES

Una universitaria y un vagabundo con cara de mono: Las únicas opciones que tuvo Marge para encontrar un canguro para sus hijos. Eligió a la estudiante.

"Me siento como un niño en algún tipo de tienda." Homer en el Congreso de Dulces.

Agotada: Marge se ha sentado, muy cansada por el peso de los dulces que lleva en los bolsillos de su abrigo, y se dispone a comerse una rama de apio. Un guarda de seguridad se le acerca y le dice: "Si no le echa un poco de azúcar al apio, tendrá que salir de aquí."

Ositos de gominola, ovejas de gominola, fauces de tiburón de gominola... Algunos de los productos de gominolas que se pueden encontrar en el Congreso de los Dulces.

"¡Os veré en el Infierno... dulces chicos!" Homer en el momento de arrojar a sus perseguidores una granada fabricada improvisadamente, con una lata de cola, y una bolsa de peta-zetas.

"¡Homer, tranquilo, no puede llegar muy lejos: ¡no tiene brazos!" Homer, nervioso, buscando la gominola de la Venus de Milo en su casa.

"Ahora no te hagas el sordo, / que lo que has hecho es muy gordo./ Mira el gordo que ha pecado / es muy gordo porque ha pecado. La canción que las chicas que protestan le cantan a Homer.

El turno del oso: El programa de la tele "El Bueno de Ben" es presentado por un oso que lleva un micrófono en un casco, sobre la cabeza. Durante el programa se lanza sobre una mesa de comida, golpea salvajemente a uno de sus cuidadores y es reducido por el equipo de "Control de Ben".

Homer S.: Retrato de un sobador de traseros: Nueva película de la Fox, para la TV, protagonizada por Dennis Franz como Homer.

"¿Quieres decir... que estoy solo? ¡Nunca he estado solo! ¡Oh, no! ¡Solo! ¡Solo! ¡Necesito ayuda! ¡Oh, Dios! ¡Ayúdame! ¡Ayúdame, Dioooos!" Homer después de que Marge le dice que no puede hacer nada para solucionar la situación.

MALO

Episodio 2F06,
emitido originalmente el 27.11.94.
Guionista: Greg Daniels.
Director: Jeff Lynch.

NO CORTARÉ TROZOS DE
JABÓN EN LA ENTRADA
NO CORTARÉ TROZOS DE
JABÓN EN LA ENTRADA
NO CORTARÉ TROZOS DE
JABÓN EN LA ENTRADA

Vendedor de dulces: *Es la gominola más extraordinaria: la Venus de Milo, tallada por artesanos que trabajan con gominola como material exclusivo.*
Marge: *Pues yo juraría que es de gominola.*

"Alguien tenía que llevar a la canguro a casa, y cuando vi que se había sentado sobre la Venus de gominola, alargué la mano y... ¡Oh! ¡Cada vez que me acuerdo de ese dulce... dulce... curioso... caramelo! ¡Ah, si tuviese aquí ahora otro igual!" Homer en la entrevista para Godfrey Jones.

"Alguien tenía que llevar a la canguro a casa, y cuando vi que se había sentado con su dulce cu... *(alterado)***, alargué la mano con su dulce cu...** *(alterado)***. ¡Oh! ¡Cada vez que me acuerdo de ese dulce cu...** *(alterado)***, de ese dulce cu...** *(alterado)***, cu...** *(alterado)***, cu... (alterado), cu... (alterado), de ese dulce... (alterado)."** Tal como salió emitida la entrevista con Homer, en el programa de TV "Lo Más Bajo".

"Ésta es la hora número 57 de nuestra vigilancia en directo de la residencia Simpson. Esta noche, a las 8.00, podrán presenciar los momentos estelares del día de hoy, entre los que se incluyen la llegada del camión de la basura, y cuando Marge Simpson sacó fuera al gato... posiblemente porque estaba siendo acosado... ¡No lo sabemos!"

"Homer... ¿Es todo lo que se te ocurre? ¿Mandarnos al fondo del mar? ¡De aquí no nos movemos!" Marge a Homer.

"Es posible que, como dicen, la Justicia no funcione. Pero mientras todo el mundo grabe a todo el mundo, seguiremos hablando de justicia." Marge después de ver el vídeo doméstico del jardinero Willie, que demuestra la inocencia de Homer.

Homer: *¿Que la toqué? ¡Nooo! ¡Sólo tomé la Venus que llevaba pegada al trasero!*
Chica que protesta: *¡Sí, hombre! ¡Ésa es la excusa más vieja que existe!*

Lisa: *Papá, no entiendo nada. ¿Qué dice ella que le tocaste?*
Homer: *Mira... ¿Recuerdas aquella postal del abuelo, que nos envió desde Florida, con un cocodrilo mordiéndole el trasero a una chica?*
Bart: *¡Ay! ¡Ja, ja! Sí... ¡Era alucinante!*
Homer: *¡Es verdad! ¡A todos nos pareció tronchante! Pero resulta que estábamos equivocados, ese cocodrilo la estaba acosando sexualmente.*
Bart: *Y el perro del anuncio de Coppertone... ¿Entonces?*
Homer: *Ése todavía está por aclarar.*

Godfrey Jones: *Esta noche, en "Lo Más Bajo", entramos de incógnito en una granja sexual para prostitutas sexuales.*
Granjero: *Ya se lo he dicho que yo sólo me dedico al cultivo de sorgo.*
Voz: *¡Aaah! ¿Y dónde están las prostitutas?*
Granjero: *¡Por ahí detrás andan! ¡Digo yo...!*

Ashley: *Hmmm... Homer, pensaba que era usted un animal, aunque su hija me dijera que era decente. ¡Tenía razón ella!*
Homer: *¡Tenéis razón las dos!*

Godfrey Jones: *(Por la TV.) Mañana, en "Lo Más Bajo", un extranjero que nos graba en vídeo cuando menos lo esperamos. ¡Y no es un pendenciero pervertido!*
Homer: *¡Oh! ¡Ese hombre es un maníaco!*
Marge: *¡Willie te salvó de la deshonra, Homer!*
Homer: *¡Sí, pero escucha la música, es un canalla!*
Marge: *¿No te ha demostrado la experiencia que no podemos creer todo lo que oímos?*
Homer: *Marge, amiga mía, yo no he aprendido nada de nada.*

Letra de la canción de Homer: "Bajo el mar":

En el fondo del mar, / en el fondo del mar / no hay chismes de vecinas / sólo hay ricas sardinas / en el fondo del mar.

EL ABUELO CONTRA LA IMPOTENCIA SEXUAL

Episodio 2F07, emitido originalmente el 4.12.94. Guionistas: Bill Oakley y Josh Weinstein. Director: Wes Archer.

¡A PROPÓSITO! ¡ESTA JOVENCITA NO ES MI ESPOSA. Y TE DIRÉ QUE SI ESTOY ACOSTADO CON ELLA ES PORQUE YO ME ENCUENTRO MUY A GUSTO CON MI PARTE FEMENINA!

MOMENTOS ESTELARES

"Marge, es que estoy muy estresado: mi trabajo, los niños, los atascos, los conflictos político-internacionales... pero te prometo que, en cuanto todo eso se pase, tú y yo haremos el amor." Homer discutiendo con Marge su vida sexual.

"Tengo un remedio que devolvería el vigor a lo que llevas dentro de los pantalones."

> **El enfado de Homer:**
> Marge: ¿Homie... ¿De veras piensas ignorar al abuelo durante el resto de tu vida?
> Homer: ¡Claro que no! ¡Es sólo durante el resto de "su" vida! Me dijo que fui un accidente. Él no quería tenerme.

"Señor y señora Erótico Americano": El libro de Paul Harvey, con cassette. Homer y Marge lo compran para ayudarse a mejorar sus relaciones conyugales.

"Dice la leyenda que mi bisabuelo descubrió esta receta cuando trataba de encontrar un sustituto barato del agua bendita." El abuelo explicando los orígenes de su poción amorosa.

"No te ofendas, Homer, pero tu desastrosa desprotección paternal era mucho más divertida que tu desastrosa sobreprotección paternal."

"Tomad-cincuenta-dólares-id-al-cine-después-tomáis-un-taxi-y-os-vais-a-casa-de-vuestras-tías-hasta-que-yo-os-llame-¡Hala!-¡Hala!" Homer a los niños después de beberse la poción del abuelo.

"Prueben, amigos, el magnífico milagro medicinal del patentado tónico revitalizante: Simpson e Hijo. ¡Pongan un poco de frenesí en su botellín con nuestro estimulante, excitante, apasionante, incitante y revitalizante tónico para el esposo y el amante."

Río Frígido, Monte Vano, Lago Flácido: Ésos son los pueblos que el abuelo y Homer planean visitar en su primera gira de ventas.

> (Bart y otros niños del vecindario están jugando en la calle y preguntándose dónde se han metido los mayores.)
> Bart: ¡Está dolorosamente clarísimo! ¡Los adultos están preparando el terreno para una invasión masiva... de extraterrestres!
> Milhouse: ¡No seas bobo! ¡Tú mismo dijiste que era una conspiración del Gobierno! ¿O es que también han podido contigo?
> (Milhouse se lanza sobre Bart, y luchan.)
> Lisa: ¡Hey, hey, hey! ¡Quietos! ¿De dónde sacáis unas conclusiones tan absurdas? ¿No habéis oído hablar del "Razonamiento de Occam"? "La explicación más sencilla es, probablemente, la correcta."
> Bart: ¿Y cuál es la explicación más sencilla?
> Lisa: ¡No lo sé! A lo mejor son vampiros diurnos, y tienen que volver a casa antes de que anochezca.
> Todos: ¡Aaah! ¡Ayy! ¡Vampiros diurnos! ¡Aaay! ¡Vampiros diurnos!

> Homer: Soy un fracasado. He incendiado "notre maison".
> Abuelo: No, yo soy un fracasado, yo he incendiado "notre maison".
> Homer: ¿Sabes qué?
> Abuelo: ¿Qué?
> Homer: ¡Los dos somos unos fracasados!

> **Homer, acostado en la cama, mira la televisión:**
> Anunciante: A continuación la película de 1971: "Slim el Balas, Tío Doobie y el Terror de San Francisco", protagonizada por Troy McClure.
> (Una cariñosa Marge comienza a besar y acariciar a Homer, que mira la tele.)
> Homer: ¡Por favor! ¿Cuantas veces tengo la oportunidad de ver una película de este calibre, en la cama?
> Marge: ¿Te ocurre algo, Homer?
> Homer: No. Es que sólo he visto esta película dos veces. ¡A ti te veo todas las noches desde hace once años, y...! ¡Oh!... ¡Ah!... Pero... Quiero decir que ... ¿Y si retozásemos mañana, cariño?

DETALLES QUE QUIZÁ TE HAYAS PERDIDO

En el exterior de ¡LIBROS! ¡LIBROS! ¡Y LIBROS ADICIONALES! hay un cartel más pequeño que dice: "Hoy Especial Michener: 1,99 $ libro."

Libros que hay en la estantería de la sección "Relaciones Conyugales": "Pasteles Eróticos Judíos", "Cómo seducir a tu asqueroso y perezoso marido", "Reparación de Burdeles, Vol. I", "El Ladrido en el Sexo" y "Pierda peso a través de la práctica del sexo".

Marge y Homer, al ser sorprendidos por los niños mirando libros de sexo, cogen unos libros para disimular: "Tanques del tercer Reich" y "Mapplethorpe".

Homer envía a Bart, Lisa y Maggie fuera de casa, para ir al cine, y ellos terminan entrando en un "Festival de Cine".

La vida sexual de Marge y Homer es casi inexistente y, dándose cuenta de que la pareja no funciona, el abuelo le da un remedio casero que, le garantiza, le devolverá la alegría a su vida conyugal. Homer es escéptico, pero se lo toma de un trago. Inmediatamente corre a casa para hacer el amor con Marge.

A sugerencia de Marge, Homer y el abuelo comienzan a hacer negocios juntos y deciden vender el tónico de pueblo en pueblo. Durante una de sus giras, visitan la granja donde creció Homer, y terminan discutiendo. Homer acusa a su padre de no haberle apoyado nunca. El abuelo replica a Homer que su concepción fue fruto de un accidente. Increíblemente herido, Homer echa al abuelo fuera del coche.

Homer jura prestar a sus hijos la atención que se merecen, pero resulta muy sobreprotector. Bart y Lisa le confiesan que estaban mejor sin tanta atención por su parte. Homer y el abuelo, cada uno por su lado, vuelven a la antigua granja. Homer descubre una vieja foto de su padre vestido de Santa Claus. Y comprende que su padre se preocupaba por él. Accidentalmente prenden fuego a la casa de la granja, y Homer y el abuelo terminan confesándose que ambos son unos "fracasados."

MIS DEBERES NO HAN SIDO ROBADOS POR UN HOMBRE ARMADO
MIS DEBERES NO HAN SIDO ROBADOS POR UN HOMBRE ARMADO

MIEDO A VOLAR

Episodio 2F08, emitido originalmente el 18.12.94. Guionista: David Sacks. Director: Mark Kirkland.

D espués de gastarle una broma a Moe, Homer es expulsado de la taberna, y comienza a buscar otro bar en el que tomarse sus cervezas. Uno de los locales es "La Cajita Negra", donde Homer es confundido con un piloto, y obligado a ponerse a los mandos de un avión... con los nefastos resultados imaginables. Temiendo un escándalo, la compañía aérea ofrece billetes gratis para toda la familia. Sin embargo, la simple idea de volar hace que Marge se vuelva muy ansiosa y, después de un ataque de pánico en el momento de despegar el avión, posponen el viaje.

Marge comienza a actuar de forma extraña, y Lisa convence a Homer de que necesita la ayuda de un profesional. Homer lleva a Marge al consultorio de una psicoanalista llamada doctora Zweig, a pesar de su miedo a que la doctora lo culpe a él de todos los males.

La doctora Zweig ayuda a Marge a revivir su pasado, hasta el extremo de recordar que su padre era un azafato aéreo, y no un piloto, como le habían dicho. La vergüenza de Marge desaparece cuando la doctora Zweig le dice que su padre fue un ejemplo, y abrió el camino para todos los que hoy son azafatos. Marge se cura de su ansiedad.

DOCTORA ZWEIG

Ocupación:
Notable psicoanalista de Springfield. Encuentra las raíces de los temores de las personas. Desvela las causas de la gran ansiedad de las gentes.

Está orgullosa de:
La pared de su consulta llena de diplomas de estudios.

Peculiaridades:
Cree que el conjunto musical The Monkees, hablaba de rebelión, y de levantamiento social y político.

Escuela de pensamiento:
Piensa que la culpa de todo la tienen los maridos.

Le desagrada:
Que los clientes le entreguen talones sin fondos.

SI, SÍ, TODO ES UNA RICA TAPICERÍA.

MOMENTOS ESTELARES

"¡He estado perdiendo el tiempo en ese antro muchos años. Ya sé. Ahora mismo me voy por ahí a buscar otro bar, y me voy a emborrachar como no me he emborrachado en mi vida. ¡Bart, dame mi cartera!"

"¡Traigo buenas noticias: por arriesgar unas vidas, volaremos a donde nos dé la gana!"

"¡Vamos Marge! ¡Quiero quitarme las telarañas de este pueblucho! ¡Quiero explorar el mundo! ¡Quiero ver la tele en otra franja horaria, visitar centros comerciales exóticos, dejar de comer sandwiches, comer bocatas en barras... en 'baguettes' enormes! ¡Quiero vivir, Marge! ¡Déjame vivir, te lo suplico!"

"Mi padre era azafato." Marge enfrentándose a uno de sus demonios personales.

Moe: De momento, retiro tu caricatura de Monte Borrachín. ¡Y saco tu disco favorito de la gramola automática!
Homer: ¡Agh! ¡"Lluvia de Hombres"!
Moe: ¡Ya no lloverán más!

"Marge, ¿qué te pasa? ¿Tienes hambre? ¿Sueño? ¿Gases? ¿Gases? ¿Son gases? ¡Son gases...! ¿Verdad?" Homer intentando averiguar el motivo de la ansiedad de Marge a la hora de despegar.

"¡Quiero bajar! ¡Quiero bajar! ¡Quiero bajar! ¡Quiero bajar! ¡Quiero bajar! ¡Quiero bajar! ¡Quiero bajar!" Marge corriendo a lo largo del pasillo del avión, cuando éste va a despegar.

En el bar La Cajita Negra:
Barman: ¡Lo siento! ¡Hay que ser piloto para beber aquí!
Homer: Sí... yo soy piloto.
Barman: ¿Sí? ¿Y su uniforme?
Homer: ¡Eh...! ¡Lo... lo guardé en el compartimento de equipaje de mano.
Barman: Veo que conoce la profesión. ¡Tenga, uno prestado!

En el Bar Ella-Ella:
Homer: ¡Un momento! ¡Hay no sé qué cosa que no me gusta de este bar...! ¡Toma, claro! ¡Este bar de lesbianas no tiene salida de emergencia! ¡Disfruten de su trampa, señoras!
Mujer: ¿Qué es lo que le pasa a ésa?

En el bar del estilo de "Cheers":
Tipo como Norm: ¡Woody, una cerveza!
Tipo como Woody: Creo que ya ha bebido bastante, señor Peterson. Mi quiropráctico me prohíbe seguir cargando con usted hasta casa.
Tipo como Norm: ¡Vamos, ponme otra cerveza, palurdo descerebrado! ¡O te mato! ¡Os mataré a todos!

RALPH NO QUIERE "MORPH". SI LE PRESIONAS BASTANTE
RALPH NO QUIERE "MORPH". SI LE PRESIONAS BASTANTE
RALPH NO QUIERE "MORPH". SI LE PRESIONAS BASTANTE
RALPH NO QUIERE "MORPH". SI LE PRESIONAS BASTANTE

(Un tipo que se parece a Homer entra en la Taberna de Moe. El tipo lleva bigote, va vestido con traje y lleva sombrero de copa.)
Tipo: ¡Saludos, buen hombre! ¿Tiene la amabilidad de servirme una cerveza?
Moe: ¡Vamos! ¡Lárgate, Homer!
Tipo: ¿Quién es Homer? ¡Yo me llamo Tipo de Incógnito! (Moe le da una paliza y lo arroja a la calle, en el momento en que llega Homer.)
Homer: ¡Mosquis! ¡Cómo se parece a mí este hombre! ¡Huy! ¡Ese perro tiene la cola rizada! ¡Je, je, je! ¡Ricitos! ¡Ricitos!

Doctora Zweig: Ahora... vamos a hablar de su padre.
Marge: Bueno, está bien, le hablaré del padre. "Padre Navidad", así llaman a Santa Claus en Inglaterra. Y conducen por el otro lado de la carretera. ¡Fíjense si están locos! ¡Je, je, je! Siempre dice la gente que Inglaterra es muy pequeño, pero no cabría aquí, ni de chiripa. ¡Ja, ja, ja! ¿Y sabe? ¡Ya estoy curada!
Doctora Zweig: ¡Marge, vuelva aquí, y hábleme de su padre! ¿Cómo se ganaba la vida?

DETALLES QUE QUIZÁ TE HAYAS PERDIDO

La caricatura de Homer en el Monte Borrachín, recuerda a una clásica cubierta de la revista The New Yorker.

Aunque Kelsey Grammer ha prestado su voz en muchas ocasiones al Actor Secundario Bob, durante la secuencia de "Cheers", el personaje de Grammer no habla.

El último vuelo sin incidentes de Marge se produjo en el episodio 8F01, "La familia va a Washington".

El Bar Ella-Ella está situado al otro lado de la calle, frente a la iglesia.

El ejecutivo de las Líneas Aéreas Payaso Loco lleva peluca.

Skinner, en la sala de espera de la doctora Zweig, está leyendo la revista El Mundo del Director.

omer observa que Lenny y Carl actúan de forma extraña. Los sigue, después de salir de trabajar, hasta un templo de aspecto ominoso, donde ellos participan en una extraña ceremonia en la que están Moe, el Jefe Wiggum y otros. Homer se da cuenta de que son miembros de los Canteros, una organización muy exclusiva y secreta. Descubre que el abuelo también es miembro de los Canteros, lo cual le permite ser admitido. Sobrevive a la ceremonia de admisión, a la que es conducido por el Número Uno.

Después de unirse a los Canteros su popularidad aumenta. Sin embargo, utiliza el Sagrado Pergamino de la sociedad, como babero, y es expulsado. Pero cuando sale se dan cuenta de que Homer tiene un antojo de nacimiento, que le hace ser el verdadero líder de los Canteros. El Elegido que estaban esperando ya ha llegado.

El entusiasmo inicial de Homer por su nuevo puesto pronto comienza a decaer, ya que se aburre de que sus discípulos le obedezcan en todo. Homer escucha la sugerencia de Lisa de que utilice su poder para ayudar a los demás. Los Canteros rechazan el proyecto, votan formar una nueva sociedad, a la que llaman: la "Antigua Sociedad Mística de los No Homer", y todo vuelve a ser como anteriormente.

MOMENTOS ESTELARES

"Pero... las piezas que necesito no las tendré hasta dentro de dos... tres semanas. Y eso si las encargase hoy mismo... ¡Cosa que no voy a hacer!" El fontanero de los Simpson hablándoles sobre el escape en el sótano.

"Les habla Arnie de Pie. Un pequeño accidente ha provocado una retención de tráfico que llega desde aquí hasta donde nos alcanza la vista." Arnie Pie, desde su helicóptero, sobrevolando un atasco.

 "Anoche vi cosas raras en aquel sitio, cosas raras, misteriosas, malignas y muy ateas... ¡quiero ingresar!"

"¿Y por qué no me dejan entrar en ese ridículo club de imbéciles?" Homer quejándose a Marge de que le mantienen al margen.

"Homer, un hombre que se hace llamar 'ya sabes quién' te ha invitado a un 'traca-traca' en el 'el ya sabes dónde'. ¡Qué solicitado estás desde que ingresaste en los Canteros!" Marge a Homer en el salón de su casa.

"Soy Ciervo, Comunista, Masón... Presidente de la Alianza Gay-Lesbiana, no sé por qué... ¡Ah! ¡Aquí está! ¡Miembro de los Canteros!"

Los rituales de iniciación de Homer en los Canteros: "Prueba de Fe", "Cruzar el Desierto", "Ojo que no Parpadea", "Naufragio del Hespero" y "Apaleamiento en Trasero Dolorido... con Palas".

"Has ingresado en la Sagrada Orden de los Canteros, que desde tiempos remotos lucha por derribar las rocas de la Ignorancia que obstaculizan la luz de la Sabiduría y la Verdad. Y, ahora... emborrachémonos, y juguemos al ping-pong." Bienvenida del Número Uno a Homer.

Homer: *El caso es que Lenny y Carl se pierden los miércoles, y no me dicen a dónde van. ¡Es como una conspiración!*
Bart: *¿Conspiración? ¿Eh? ¿Crees que podrían estar implicados en el asesinato de Kennedy?*
Homer: *(Pensativo.) Lo creo... Claro... ¡En fin, voy a seguirlos esta noche a ver a dónde van!*
Marge: *¡No quiero que nos lleves otra vez a espiar a la gente! ¡Es tan delictivo! ¿Recuerdas cuando espiaste a Charles Kuralt por si hacía agujeros en nuestro jardín?*
Homer: *¡Algo tenía que hacer!*

Homer: *Daría lo que fuera por ingresar en los Canteros.*
Lisa: *¿Y qué hacen ésos, papá?*
Abuelo: *¡Yo soy miembro!*
Homer: *¿Qué hacen ésos? ¿Que qué hacen ésos? ¡Uhuhuhuy! Ésos no paran de hacer cosas... ¡La cantidad de cosas que hacen! ¡Madre mía!*
Lisa: *O sea, que no sabes lo que hacen.*
Homer: *No, del todo... no.*

Tomando el Juramento:
Homer: *Y juro por el Pergamino Sagrado que si revelo uno solo de los secretos de los Canteros se me hinchará el estómago, y arrancaré de mi cabeza todos los pelos, salvo tres.*
Moe: *Ese juramento, para él, no debía de valer.*

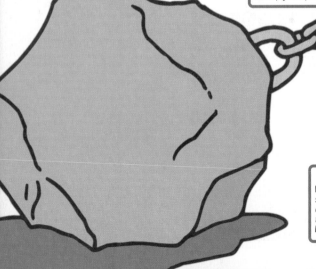

Lisa: *Papá, tú ahora piensas que eres feliz, pero eso no dura eternamente.*
Homer: *¡Más que eternamente!*

Burns, el discípulo:
Lenny: *Aquí no hay nombres, sólo hay números. Carl es el 14 y yo soy el 12. Burnsito es el 29.*
Homer: *¿Le llamas Burnsito al señor Burns?*
Lenny: *¡Y más cosas! ¡Mira! ¡Eh, 29, acércate!*
(Lenny retuerce la nariz a Burns, mientras hace ruidos burlescos.)
El señor Burns: *¡Gracias, señor! ¿Puede repetirlo?*
(Para él mismo.) *"Paciencia, Monty. Ve subiendo peldaños."*

DETALLES QUE QUIZÁ TE HAYAS PERDIDO

"Taburete Econo-Ahorro. Pieza Defectuosa": la etiqueta del taburete que se rompe cuando Homer se sienta sobre él.

Un coche, en un parking, lleva la matrícula: "3MI ISL", es decir Three-Mile Island.

Los Simpson llaman a la "Fontanería La Severa Reprimenda", cuyo eslogan es: "Le dije que no tirara eso por el retrete."

Lista de Venganzas de Homer: Derechos Humanos, Abuelo, Fat-Free Lard, la Gravedad, los Premios Emmy, Darwin, H2WHOA! (el tobogán acuático en el que Homer se atascó en Monte Splashmore, episodio 7F18, "Pinta con Grandeza"), Billy Cristal, Dios, Soloflex, El Chico, Fontanería La Severa Reprimenda, Econo-Ahorro.

Miembros de los Canteros: Lenny, Carl, Homer, Jasper, Barney, Adolf Hitler, Actor Secundario Mel, el Jefe Wiggum, el señor Burns, Smithers, el abuelo, el Director Skinner, Moe, Herman, el doctor Hibbert, el Alcalde Quimby, el jardinero Willie, Steve Guttenberg, Krusty, el señor Van Houten, Kent Brockman, Dewey Largo, Scott Christian, el Asistente del Superintendente Leopold, "El Número Uno", Apu, Homer Glumplich, un pequeño alienígena verde y el chico del Concilio del Huevo.

Los miembros del Consejo Mundial de los Canteros son: George Bush, Jack Nicholson, Orville Reddenbacher, y Míster T.

Cuando Homer va a la bolera con los Canteros, juega en la pista número 13.

En la sede de la primera obra de caridad de los Canteros hay un cartel que dice: "Guardería de los Canteros. Licencia en Trámite."

GRANDE

Episodio 2F09,
emitido originalmente el 8.1.95.
Guionista: John Swartzwelder.
Director: Jim Reardon.

EL NÚMERO UNO

Posición:
Cabeza de los Canteros.

Obsesión:
Apalear traseros.

Estilo vocal:
Voz de mando, dramática y
shakespeariana.

Celebración favorita:
Emborracharse y jugar al ping-pong.

Se toma su posición:
Muy en serio.

Está constantemente
buscando:
Al Elegido.

Número 908:

Es el número de Homer en los
Canteros.

HOY NOS REUNIMOS PARA CELEBRAR LOS 1.500 AÑOS DE LA FUNDACIÓN DE NUESTRA SOCIEDAD, Y EN HONOR DE ESTA CONMEMORACIÓN GLORIOSA... ¡COMEREMOS COSTILLAS!

(Homer saca una pegatina con el dibujo de un martillo, del "kit de miembro" que le entrega Lenny.)
Homer: ¿Qué es esto?
Lenny: *Coloca esa pegatina en el coche, para que no te multen. Y con ésta, los de Primeros Auxilios no te roban mientras te reaniman.*
Carl: *¡Y no vuelvas a molestarte en llamar al 091! Tú llama a este número.*
(Carl le da a Homer una tarjeta en la que pone: "912".)

La canción de los Canteros:

¿Quién controla la corona británica? / ¿Quién prohíbe el sistema métrico? / ¡Nosotros! ¡Nosotros! / ¿Quién mantiene la Atlántida fuera de los mapas? / ¿Quién oculta a los OVNIS? / ¡Nosotros! ¡Nosotros! / ¿Quién quiere retrasar el coche eléctrico? / ¿Quién convirtió a Steve Guttenberg en una estrella? / ¡Nosotros! ¡Nosotros! / ¿Quién roba con guante blanco? / ¿Quién manipula los Oscar? / ¡Nosotros! ¡Nosotros!

Lo que realmente ocurrió en la Firma de la Declaración de la Independencia, según los Canteros:

Padre Fundador 1: *¡Ha nacido una nación! Celebrémoslo como si fuera... ¡Fin de Año de 1799!*
(Los Padres Fundadores comienzan a emborracharse, a escupir, a tirar sillas a las ventanas... El propietario del local se les acerca.)
Propietario del local: *¡Por favor, no destrocen mi establecimiento, señores!*
Padre Fundador 2: *¿Es que no ves, plebeyo, que acabamos de crear la democracia más importante de la Tierra?*
(El Padre Fundador derriba de una patada al propietario del local.)

La Idea de Homer:

Homer: *Hermanos, he aprendido una hermosa lección; ayudando a los demás nos sentimos más felices, y nos hacemos mejores personas. Así que en lugar de jugar al billar y beber cerveza, los Canteros haremos cuanto esté en nuestras manos por ayudar a los desafortunados.*
Moe: *¡Se ha emborrachado de poder! ¡Está igualito que Albert Schweitzer!*

Lisa: *Es posible que te sintieras mejor si hicieras algo por la comunidad.*
Homer: *Hmmmm... Tal vez ayudando a los demás... ¡Apresaré a unos cuantos monos, los vestiré y les haré representar la Guerra Civil! ¡Je, je, je!*
Lisa: *¡Papáaaa! ¡Así no le haces bien a la gente!*
Homer: *¡Ni daño! ¡A no ser que los monos empiecen a dar mordiscos! ¡Cosa que casi es seguro que harán!*

(Marge y los niños se encuentran a Homer presidiendo un grupo de monos, vestidos con uniformes de la Guerra Civil, en la sede de los Canteros.)
Marge: *¡Homer! ¡No puedes pasarte la vida encerrado con esos sucios monos: vamos a terminar llenos de parásitos!*
Homer: *¡Oh! Marge, hijos... ¡echo de menos el club!*
Marge: *¡Oooh! ¡Homie! ¿No te das cuenta? Ahora eres miembro de un club muy elitista...*
Homer: *¿Las Panteras Negras?*
Marge: *Nooo... ¡La familia Simpson! Que consta tan sólo de cinco miembros, y sólo dos de dichos miembros tienen anillos muy especiales.*

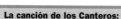

AÑADIR "SÓLO NIÑOS". NO ES
INSULTAR AL DIRECTOR
AÑADIR "SÓLO NIÑOS". NO ES
INSULTAR AL DIRECTOR
AÑADIR "SÓLO NIÑOS". NO ES
INSULTAR AL DIRECTOR

Episodio 2F10, emitido originalmente el 22.1.95. Guionistas: Jennifer Crittenden. Director: Swinton O. Scott III.

LA LANCHA FANTÁSTICA

Identidad:
Lancha parlante de serie de televisión.

Alias:
El barco resuelve misterios.

Especialidad:
Atrapar pescadores furtivos y otras escorias marinas.

Tripulante:
Michael.

Actitud:
Conmovedora.

NO ES PRECISO QUE GRITES, MICHAEL. TE ENTIENDO.

Mientras hojean las fotos del álbum familiar, Lisa se da cuenta de que no hay fotos de Maggie, y pide que se lo expliquen. Homer, para hacerlo, se remonta al nacimiento de Maggie. Homer había recibido su cheque, con el que pagaba todas sus deudas atrasadas. Muy contento, se despide de la Planta Nuclear, tras insultar al señor Burns. Y para redondearlo todo, se pone a trabajar en la bolera, satisfaciendo su más anhelado sueño. Para celebrar todo esto, se lleva a Marge a una romántica velada.

No mucho después, Marge descubre que está embarazada. Sabe perfectamente que la noticia significará el final de la nueva y muy feliz vida de Homer, porque lo que gana en la bolera no sirve para mantener a la familia. Marge mantiene su estado en secreto todo el tiempo que puede, pero Patty y Selma se las apañan para que Homer se entere, extendiendo la noticia por toda la ciudad. Cuando Homer recibe la noticia, queda destrozado.

Comprendiendo que necesita más dinero para su familia, deja el trabajo en la bolera y vuelve a la Planta Nuclear para pedir perdón al señor Burns. Éste le devuelve su empleo, pero Homer pronto vuelve a ser desgraciado con el trabajo, y la única cosa que le da ánimos para seguir adelante es el nacimiento de Maggie. Homer explica a Lisa que no hay fotos de Maggie en el álbum... porque él las tiene todas pegadas en la pared cercana a donde trabaja.

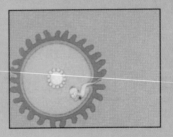

MOMENTOS ESTELARES

"¡Oooh! Debería resistirme, pero me paraliza este ritmo caribeño."
El señor Burns aguantando estoicamente mientras Homer le da palmaditas en la cabeza como si fueran unos bongos.

 "Si las carreras de caballos son el rey de los deportes... no hay duda de que los bolos son, también, un gran deporte."

"Mmm... Bolera fresca..." / "Mmmm... urinario fresco." Homer después de poner spray desodorante en los zapatos que usan los clientes, y de poner pastillas en los aseos de la bolera.

"¡Mamá, dile a papá que cuente la historia bien...!" Lisa después de oír a Homer contar que salió al exterior de la bolera, disparando al aire con su escopeta, como táctica publicitaria para atraer clientes. Marge, muy apesadumbrada, le contesta: "Sí, fue lo que pasó de verdad."

"¡Mosquis! ¿De verdad te dio tan histérica como si fueras una nenaza?"

(Homer, Bart y Lisa miran la TV mientras Marge camina con Maggie en brazos.)
Marge: ¡De acuerdo! ¡Apaga la tele! ¡Es la hora en familia!
Homer: ¡Oooh! Pero, Marge... es "La Lancha Fantástica", "El barco resuelve misterios."
Marge: Homer, prometiste que pasaríamos una noche en familia por semana. Aparte de que un barco respondón es un mal ejemplo.
Bart: ¡Lo ha dicho una mujer!

"Sentimos que tengas que partir."
Eso es lo que pone en la espalda de la cazadora que los clientes de la bolera regalan a Homer como despedida.

"¿Trabajas en la bolera? ¡Mosquis, por fin dejaré de avergonzarme del empleo de mi padre!"

Volviendo de rodillas: Cuando Homer vuelve a la Planta Nuclear le dicen que, en lugar de entrar por la puerta de "Aspirantes", lo haga por la de "Suplicantes." Homer entra a cuatro patas, atravesando un pequeño túnel que desemboca en el despacho de Burns. Cuando éste lo ve, le dice: "De modo que ha vuelto de rodillas... ¿eh?"

Homenaje televisivo:

Hay momentos inspirados en el "Show de Mary Tyler Moore." Homer baila, mientras canta "I´m gonna make it after all!". Y termina haciendo unas florituras y arrojando su bola por el aire, igual que hacía Mary con su sombrero. ¡La bola se estrella contra el suelo, haciendo un agujero en la pista de bolos!

"BAGMAN" NO ES UNA CARRERA QUE SE PUEDA ELEGIR
"BAGMAN" NO ES UNA CARRERA QUE SE PUEDA ELEGIR
"BAGMAN" NO ES UNA CARRERA QUE SE PUEDA ELEGIR

"¡Es maravilloso! ¡Es mágico! ¡Oh, mosquis, ya se aproxima otra boca más!" Homer momentos antes de que nazca Maggie.

"¡No lo olvide: está aquí para siempre!" La placa que Burns y Smithers colocan ante el puesto de trabajo de Homer, después de ser readmitido.

Fotos en el Álbum Familiar de los Simpson:

Bart, cuando era bebé, vestido únicamente con sombrero vaquero y botas, galopa a lomos de Snowball I.

Lisa llora después de que Bart le haya destrozado la construcción de piezas que había hecho.

Varias fotos de Bart durmiendo, Bart enrollado, Bart tendido, Bart acurrucado...

DETALLES QUE QUIZÁ TE HAYAS PERDIDO

Homer tiene manchas de sudor en los sobacos mientras hace ejercicio, en su último día de trabajo.

En todas las escenas retrospectivas Homer tiene tres pelos en la cabeza... hasta que se entera de que Marge está embarazada, y se arranca uno.

El esperma de Homer también tiene tres pelos en lo alto de su cabeza.

A Jacques (al que se presentó en el episodio 7G11, "Jacques, el Rompecorazones") se le ve jugar a los bolos en el "Bowl-A-Rama".

El corte de pelo del doctor Hibbert está inspirado en Arsenio Hall.

EL COMETA DE BART

Episodio 2F11, emitido originalmente el 5.2.95. Guionista: John Swartzwelder. Director: Bob Anderson.

Como castigo por una broma, Bart es obligado a ayudar al director Skinner en su labor de astrónomo aficionado, cada día, a partir de las 4,30 de la madrugada. Mientras colabora con Skinner, Bart descubre un cometa e informa de ello al observatorio. Los astrónomos del observatorio le felicitan por su descubrimiento y le ponen su nombre al cometa. Skinner queda hundido.

Más tarde, está claro que "El Cometa Bart Simpson" lleva una ruta de colisión con Springfield. Los científicos lanzan un misil con explosivos para interceptarlo y hacerlo pedazos, pero el cohete falla el blanco y destruye el puente, que es la única forma de salir de la ciudad.

Los residentes de Springfield se reúnen ante el refugio antiaéreo de Flanders. No obstante, en el pequeño espacio no caben todos. Homer obliga a Flanders a salir del refugio, pero se siente terriblemente culpable y abre la puerta para reunirse con él. Los demás lo imitan. Cuando el cometa entra en la atmósfera, encuentra una espesa capa de polución y empieza a desintegrarse hasta ser inofensivamente pequeño. El cometa choca contra el refugio vacío de Flanders, destruyéndolo.

> ESCRIBIR EN CURSIVA NO SIGNIFICA QUE PIENSE QUE FUNCIONA
> ESCRIBIR EN CURSIVA NO SIGNIFICA QUE PIENSE QUE FUNCIONA

MOMENTOS ESTELARES

 "Te voy a castigar por esto, Bart, y esta vez no me conformaré con encerrarte."

"Mmm, tardará meses en bajar. Maldito sea el que inventó el helio. ¡Maldigo a Pedro Julio César Janssen!" Skinner tras rendirse sin poder atrapar el globo.

"Suena como el pito del Día del Juicio Final. ¡Qué lástima! Yo no esperaba oírlo hasta dentro de tres años." El abuelo, ante la sirena de alarma de la ciudad.

Bart sabotea la ciencia: Cuando el globo meteorológico de Skinner es lanzado, Bart tira de una cuerda revelando su obra: ha transformado el globo en un muñeco de Skinner, con los pantalones bajados y sosteniendo un cartel que dice: "¡Hola, soy Skinner Culo Gordo!"

"Ahora, sin puente y con el aeropuerto, por desgracia, al otro lado del puente una sucesión de ciudadanos trata de superar el amplio socavón con sus coches. Es, sin duda, un silencioso testimonio del espíritu tenaz y temerario de nuestros vecinos y ciudadanos." Arnie Pie en directo informando del puente bombardeado.

 "Repito algo que ya he dicho antes. Sencillamente, la democracia no funciona. Un periodista descubre una serie de cosas que, por una razón o por otra, le es imposible informar. ¿No estaremos amordazando a la libertad de expresión? Relación de personas que son gays..."

La predicción de Homer: "¿Por qué está todo el mundo tan nervioso? Se acerca un cometa... ¿Y qué? Arderá en contacto con la atmósfera, y lo que quedará de él no será mayor que la cabeza de un chihuahua."

"O sea que, resumiendo, necesitaremos risas, reverendos, cotilleos... perfecta la señora Lovejoy..." El Reverendo Lovejoy, repasando la lista de gente que puede quedarse en el refugio y la que tiene que salir.

 "Incendiemos el observatorio para que esto nunca nos vuelva a pasar."

Ironía: Cuando los restos del cometa llegan a la Tierra destrozan el globo meteorológico "Skinner Culo Gordo" en su caída.

(Los Simpson observan el lanzamiento del cohete-misil desde el tejado. Ven cómo el cohete cae del cielo y vuela el único puente por el que se puede salir de la ciudad.)
Lisa: *¡Han hundido el puente! ¡Perdidos!*
Homer: *En momentos como éste, desearía ser un hombre religioso.*
Lovejoy: (Corriendo enloquecido por la calle.) *Todo... todo se acabó, amigos. ¡Es inútil rezar! ¡Aaah!*

Homer, el sabio:
Bart: *Lo que a mí más me alucina es que haya pasado exactamente lo que dijo nuestro querido padre que iba a pasar.*
Lisa: *Sí... llevaba razón.*
Homer: *Sí, hijo, sí, y eso me da mucho miedo.*

(Un grupo de niños con pinta de empollones llama a Bart en la cafetería.)
Base de Datos: *Como el primer alumno del colegio de primaria de Springfield que descubre un cometa, nos sentimos honrados de nombrarte miembro de nuestro selecto grupo. ¡Bien venido a los Superchavales!*
Todos: *¡Bien venido, superchavea!*
Aficionado: *A mí me llaman Aficionado, porque soy radioaficionado, ju, ju... Éstos son Software, Coseno, Libro de Notas, Base de Datos y Lisa.*
(Lisa saluda a Bart pestañeando.)
Aficionado: *A ti te vamos a llamar "Cosmos."*

Ayuda del Congreso:
Congresista 1: *Señorías, hay unanimidad. Será aprobado por lo tanto el decreto para evacuar la ciudad de Springfield, en el grandioso estado de...*
Congresista 2: *Señoría, deseo incluir una cláusula adicional al decreto: 30 millones de dólares del dinero de los contribuyentes para apoyar la obscenidad en el arte.*
Congresista 1: *¿Están todos a favor de la cláusula al decreto Springfield guión obscenidad?*
Todos: *Buh, Buh...*
Congresista 1: *Rechazada.*

DETALLES QUE QUIZÁ TE HAYAS PERDIDO

Titulares del *Springfield Shopper* en este episodio: "Niño descubre cometa" y "El cohete le dará una patada a la cola del cometa".

Un letrero en el costado del cohete-misil lanzado para volar el cometa, dice: "¡Precaución! ¡No apuntar a la cara!"

Montones de piedras son lanzadas contra el coche de Skinner al intentar derribar el globo meteorológico.

Cuando la gente que había estado en el refugio se une a Flanders en la colina, Apu aparece amarillo.

> TENGO POR COSTUMBRE NO GIRAR LA CABEZA, A NO SER QUE ESPERE VER ALGO.

HOMIE, EL PAYASO

Episodio 2F12, emitido originalmente el 12.2.95. Guionista: John Swartzwelder. Director: David Silverman.

Profesión:
Gran Jefe de la mafia en Springfield.

País de origen:
Italia.

Voz:
Tan grave como la de Moe, pero más profunda.

Prenda favorita:
Elegante capa negra.

Diversión favorita:
Números circenses.

Le enfurece:
Las deudas impagadas.

GRAZIE, GRAZIE, LE HABÉIS DADO UNA ALEGRÍA A ESTE VECCHIO ESTEREOTIPO ITALIANO.

MOMENTOS ESTELARES

"¡Ahhh! No hay nada mejor que un cigarrillo... salvo un cigarrillo encendido con un billete de 100 $."

"Si ha de haber una bastarda versión de Krusty, me alegra que seas tú." Lisa a Homer por su nuevo trabajo.

"Ya pertenecen a la noble familia de los ingeniosos Krustyazos. Ahora regresarán a sus ciudades, actuarán en fiestas infantiles, convenciones y en esa serie de chorradas a las que yo no iría ni aunque me llevasen atado. Y ahora, pasen a recoger sus deplora... quiero decir sus diplomas."

El primer trabajo de Homer como Krusty: Tirarse en paracaídas de un avión para presentar la nueva Krustyburger con ketchup, hacer el payaso en la fiesta de cumpleaños de Milhouse, inaugurar un nuevo taller mecánico y presentar los premios regionales ACE.

"¡Ey, Krusty, Krusty!... ¿Recuerdas cuando nos emborrachamos y soltamos unos castores en una tienda de muebles de pino?"

"¿Cómo voy a cobrarle todo el precio al hombre cuyo vicio por leer revistas sucias me mantuvo a flote durante aquel primer y dificultoso año? ¡Ah, por cierto!, aquí tiene el último ejemplar de "Culos Gigantes." Apu a Homer (Disfrazado como Krusty.)

"¡Qué horrible es ser payaso! Los niños te apalean, te muerden los perros, te admiran los ancianos. ¿A quién voy a hacerle de payaso? ¡Si lo mío no es ser payaso! ¡Dejaré la profesión de payaso a los payasos profesionales!"

"Estoy viendo doble: ¡Cuatro Krustys!" Piernas mirando a Homer y a Krusty, uno al lado del otro.

El Fantástico Truco del Girociclo:

Con Homer sobre sus hombros, Krusty conduce la bicicleta hasta el loop. Homer le tapa los ojos y se desvían cayendo sobre la mesa de billar, chocan con las bolas y las meten todas en los agujeros. Saltan hasta el bar, donde Homer toca el tema de El Padrino golpeando su cabeza contra los vasos de cristal colgados. Viendo que la trampilla de la barra está abierta, Krusty coge un sifón, lo agita y lanza un chorro que cierra la trampilla y despeja el camino. Aterrizan en un taburete, que gira hasta que los dos salen despedidos hacia el loop a demasiada velocidad, lo recorren tres veces y vuelan por los aires. Aterrizan de pie, Homer delante de Krusty. Homer se traga la bicicleta y hace sonar el timbre de la misma dos veces.

Crisis de identidad:

Homer: ¡Espere! ¡No puede matarme por ser Krusty! ¡No lo soy! ¡Soy Homer Simpson!
Tony el Gordo: ¿El mismo Homer Simpson que atravesó con su coche la pared de nuestro club?
Homer: Bueno, en realidad me llamo Barney, Barney Gumble.
Piernas: ¿El mismo Barney Gumble que no deja de hacerle fotos a mi hermana?
Homer: En realidad, mi verdadero nombre es... piensa, Krusty... Joe Valachi.
Louie: ¿El mismo Joe Valachi que testificó en el comité del Senado sobre el crimen organizado?
Homer: ¡Benedict Arnold!
Piernas: ¿El mismo Arnold que conspiró para entregar West Point a nuestros enemigos ingleses?
Homer: ¡Oh!

Contable: A ver si lo he entendido: ¿tomaste todo el dinero que ganaste vendiendo franquicias y lo apostaste contra los Globetrotters?
Krusty: (Apesadumbrado.) ¡Oh, pensaba que iban a jugar los Generals! (A la TV.) ¡Está haciendo juegos malabares con el balón! ¡Lánzalo ya, desde ahí no puedes encestar! ¡Esto está amañado! ¡Si han utilizado hasta una escalera...! ¿No lo ves?

Homenaje cinematográfico:

Con el puré de patatas, mientras cena, Homer esculpe una carpa de circo a lo Richard Dreyfuss en *Encuentros en la Tercera Fase.*

Louie: ¡Ey! Es Krusty, no hay duda, ¿Le disparo estilo mafia o tipo pelotón de ejecución?
Tony el Gordo: Lo que tu corazón te dicte.

DETALLES QUE QUIZÁ TE HAYAS PERDIDO

Cartel bajo la puerta principal de la Escuela de Payasos Krusty: "Antes, casa de Willie Nelson."

El merchandising de Krusty que aparece en este episodio incluye un Actor Secundario Mel y un muñeco troll Krusty con los pelos hacia arriba.

Krusty tiene un disco de oro en su despacho: "Kanta con Krusty."

Homer y Krusty pueden distinguirse por el pelo de sus cabezas: Krusty tiene un mechón de pelo verde y Homer los dos pelos de siempre.

Para conseguir más dinero con el que poder llevar su extravagante estilo de vida, Krusty abre una escuela de payasos. Homer ve un anuncio de la misma y, obsesionado, se apunta para aprender los secretos de la profesión del maestro. Tras obtener el título, Homer aparece como Krusty en distintos acontecimientos por todo Springfield.

Los agotadores compromisos de su segundo trabajo como "Krusty el Payaso" destrozan a Homer. Cuando está a punto de abandonar, el jefe Wiggum rompe una multa que iba a ponerle porque cree que Homer es el verdadero Krusty. La gente de Springfield también cree que Homer es Krusty, y éste se aprovecha de ello, hasta que el gángster Tony el Gordo y su banda quieren cobrar las deudas de juego de Krusty.

Homer intenta explicar a los gángsters quién es en realidad, pero no le hacen caso. Su jefe, Don Vittorio, le dice a Homer que le perdonará la vida si hace el número circense del "Girociclo." Homer falla. Cuando aparece el verdadero Krusty para pagar la deuda, Vittorio les ordena que hagan el número juntos. Lo logran, y Vittorio les perdona la vida.

LA PRÓXIMA VEZ, EL DEL ANDAMIO PODRÍA SER YO
LA PRÓXIMA VEZ, EL DEL ANDAMIO PODRÍA SER YO
LA PRÓXIMA VEZ, EL DEL ANDAMIO PODRÍA SER YO

BART CONTRA AUSTRALIA

Episodio 2F13, emitido originalmente el 19.2.95. Guionista: Bill Oakley & Josh Weinstein. Director: Wes Archer.

Lisa le dice a Bart que, en el hemisferio Norte, el agua siempre gira en sentido opuesto a las agujas del reloj. Para demostrar que se equivoca, Bart llama a cobro revertido a un chico de Australia y descubre que, en el hemisferio Sur, el agua gira a favor de las agujas del reloj, lo que demuestra que Lisa tiene razón. No obstante, deja el teléfono descolgado durante seis horas y el padre del chico recibe una factura de 900 $. Tiempo después, Bart recibe una notificación oficial del gobierno australiano informándole que está siendo procesado por fraude en Australia.

Los Simpson son visitados por Evan Conover, subsecretario de la División Internacional de Protocolo, Gamberros y Ratas de EE.UU., que les explica que Bart tendrá que volar a Australia y dar una disculpa pública al gobierno australiano. En Australia, Bart es llevado al Parlamento y se disculpa. No obstante, el Primer Ministro también decreta que Bart debe recibir una patada en el culo por su acto fraudulento.

Homer se siente ofendido. Bart y él huyen, y empieza una persecución. Corren de vuelta a la embajada norteamericana, encontrándose con Marge y Lisa por el camino. El embajador de EE.UU. negocia otro método para solucionar la situación. Bart recibirá una patada en el culo del mismísimo Primer Ministro. No obstante, cuando Bart va a recibir su castigo, se baja los pantalones y enseña su trasero al Primer Ministro. Australianos furiosos asedian la embajada y los Simpson tienen que ser evacuados en helicóptero.

MOMENTOS ESTELARES

"¡No me digas! El agua no obedece normas. Va donde le sale, lo mismo que yo." Bart negando el efecto Coriolis.

"¡¿900 dólares de teléfono?! ¡Tobías! ¿Aceptaste una conferencia de seis horas a cobro revertido desde América?" Un australiano furioso, Brigado Drundidge, investigando por qué su factura telefónica es tan alta.

 "Chicos, por si os llegan rumores, he sido acusado de fraude por Australia."

"Por desgracia, Bart, no podías haber elegido peor momento para tu travesura. Las relaciones entre Norteamérica y Australia están en su peor momento. Estoy seguro de que recordarán que, a finales de los años 80, Estados Unidos vivió un breve romance con la cultura australiana. Por alguna extraña razón, los australianos pensaron que sería una situación permanente, y por supuesto no lo era." Evan Conover explicándole a Bart lo importante de la situación.

"La Bota": Una forma australiana de castigo corporal, administrada por un hombre furioso que lleva una bota enorme. Según Andy, el Primer Ministro australiano: "No es más que una patadita en el culín."

"¡Nos ha traicionado, Conover!" Homer reaccionando ante la noticia de que el Parlamento pretende que Bart reciba una patada en el trasero.

"Pero, ¿cuándo van a aprender? En América hemos dejado de infligir castigos corporales y las cosas nos van mejor. Hay seguridad en las calles, los ancianos se aventuran tranquilamente por los callejones. Y los más tontos son admirados por su habilidad como programadores informáticos. Tomen ejemplo y dejen que sus hijos crezcan salvajes y libres, porque ya saben el dicho: 'Dejen que sus hijos crezcan salvajes y libres'."

"No me pisotees": Las palabras que Bart escribe en su culo antes de enseñárselo al Primer Ministro australiano.

"¿Cómo pudiste escribir con tan aceptable caligrafía en tu propio trasero?"

Acuerdo Final:
Embajador: *¡Conseguido! Hemos alcanzado un compromiso que permitirá que ambos países salven las apariencias.*
Conover: *Van a dejarlo todo en un simple... puntapié.*
Simpsons: *¡¿Qué?!*
Embajador: *El primer ministro sólo quiere darle una patada a través de la verja. Con un zapato corriente.*
Conover: *Y usa mocasines.*

La Gran Escapada:
Homer: *¡Eh! ¿Aterrizaremos en un portaaviones?*
Piloto: *No, señor. El barco más cercano es el U.S.S. Walter Mondale, un barco-lavandería. Los llevaré hasta su casa.*

Bruno: *¿Quién eres tú? ¿Un niño gamberro? Pues te has equivocado conmigo para tus gamberradas, amigo.*
Bart: *Cuánto lo dudo, estando usted en Australia. ¡Eh, cuidado con el dingo, no se coma su bebé!*

DETALLES QUE QUIZÁ TE HAYAS PERDIDO

Lugares a los que llama Bart en el Hemisferio Sur: Chile, Antártida, Nueva Ouagadougou, Burkina Faso, Lugar Indeterminado y Territorio en Litigio.

La llamada de Bart le cuesta 900$ a Brigado Drundridge, la cantidad exacta que la Compañía de Gas Springfield le facturó a los Simpson cuando Bart rompió e incendió la tubería principal de gas en el episodio 4F11, "La fobia de Homer".

Lema de un sello conmemorativo australiano: "30 Años de Electricidad."

Un cartel de la embajada Norteamericana en Australia, dice: "Embajada de los USA. Aseos únicamente para ciudadanos."

Bart recibe una nota de la "Agencia Cobros a Morosos El Furioso Saltarín", de Sidney, Australia.

La estatua del primer Primer Ministro australiano se parece a Serpiente.

Los Simpson viajan en Líneas Aéreas Transhemisféricas.

NO COLGARÉ ROSQUILLAS EN MI PERSONA
NO COLGARÉ ROSQUILLAS EN MI PERSONA
NO COLGARÉ ROSQUILLAS EN MI PERSONA

EVAN CONOVER

Profesión:
Subsecretario de la División Internacional de Protocolo, Gamberros y Ratas.

Experto en:
Historia australiana de los castigos corporales; calzado deportivo.

Puntos fuertes:
Presentaciones; traicionar a norteamericanos ante furiosos intereses extranjeros.

Incompetente en:
Preparar sesiones de diapositivas; diplomacia.

Vergüenza secreta:
El plan B contra Cuba.

Comida favorita:
Manzanas caramelizadas.

BURLARSE DE LA BOTA ES SACRILEGIO.

PROFESORA DE BALLET

Profesión:
Profesora de ballet en la Escuela Primaria de Springfield.

Acento:
Ruso.

Estilo:
Firme, pero cariñoso.

Teoría:
Hace falta más que "fuego en el pecho" para ser el próximo Baryshnikov.

> BALLET ES PARA FUERTES, FIEROS, DECIDIDOS. NUNCA PARA NENAS. VAMOS, QUIERO QUE TE PONGAS ALAS, TÚ ERES UN HADA.

HOMER CONTRA PATTY Y SELMA

Episodio 2F14, emitido originalmente el 26.2.95. Guionista: Brent Forrester. Director: Mark Kirkland.

Homer invierte mucho en calabazas, pero no las vende antes de Halloween y pierde todos sus ahorros. Sin crédito, le niegan un préstamo. Desesperado, Homer le pide ayuda a Patty y Selma, que le dan un cheque y le salvan de la ruina financiera. A cambio, aunque lo tienen atado de pies y manos, les hace prometer que no se lo dirán a Marge.

Entretanto, Bart no consigue llegar a tiempo a la escuela para elegir deporte. La única clase con plazas libres es la de ballet. A pesar de creer que el ballet es para nenazas, Bart descubre una habilidad natural y se enamora del baile. Temiendo que sus compañeros de clase lo ridiculicen, se pone un pasamontañas para su primera actuación en público. Su estilo es muy apreciado, pero cuando Bart se quita la máscara, la admiración pronto se convierte en comentarios insultantes y amenazas por parte de sus compañeros.

Homer echa a Patty y Selma de su casa cuando Marge descubre el secreto. Para librarse de su deuda con las dos hermanas, acepta un segundo trabajo como chófer de limusinas, pero lo echan por no tener el carnet de conducir adecuado. Homer se examina para conseguir un carnet de conducir limusinas, pero Patty y Selma se vengan y lo suspenden. Cuando una encargada descubre a las dos hermanas fumando dentro del edificio de Tráfico, Homer se echa las culpas. Aunque a regañadientes, Patty y Selma perdonan la deuda de Homer a cambio de haber salvado sus trabajos.

MOMENTOS ESTELARES

 "¡Que no cunda el pánico! Recuperaré el dinero vendiendo uno de mis hígados. Me apañaré con uno solo."

"Marge, hicimos un trato. Ellas no vendrían después de las seis, y yo no me comería tu carmín." Homer un segundo antes de limpiarse manchas de carmín de sus dientes.

 "¡Qué día, ¿eh, Milhouse?! El sol brilla, los pájaros cantan, las abejas intentan el sexo con ellos... o a mí me lo parece."

"Hora de abonar el césped. Con un par de sacos, tendré suficiente." Homer cogiendo a Patty y Selma por el cuello y llevándolas así hasta la puerta.

"Mmm... ¿Me equivoco o acaba de engrosarse el ambiente?" Patty cuando Homer entra en el salón.

"¿Lo veis? He empezado con un pequeño arabesque, pero luego me he lanzado y he terminado con un demi-entrechant (repentinamente malcarado.)... ¡aunque no me van esas cosas!"

> ME ACORDARÉ DE TOMAR MI MEDICINA
> ME ACORDARÉ DE TOMAR MI MEDICINA
> ME ACORDARÉ DE TOMAR MI MEDICINA

(Homer, Barney, Moe y el resto de los clientes fuman puros en el bar.)
Homer: Este año he invertido en calabazas. Llevan todo el mes de octubre subiendo, y tengo el presentimiento de que llegarán a su precio máximo en enero. Entonces... ¡bang, venderé mis acciones!
Barney (Brindando.): ¡Por Homer y por el sargento Pepper, que te está creciendo en medio de tu espalda!
Moe: Oye, Barney, hay que quitarles el plástico antes de fumarlos.

"Oiga, ¿por qué no hace usted de Carl Reiner y me deja a mí hacer de jefe Wiggum? ¡Odio a Carl Reiner!" Mel Brooks al jefe Wiggum.

 "Sabemos una cosa de la que no quieres que Marge se entere. Ahora nos perteneces, como Fausto a quién tú ya sabes."

Marge: Lo siento. Homer no pretende ser grosero. Lo que pasa, es que es un hombre complicado.
Homer (Asomándose a la ventana y rompiéndose un plato en la cabeza.): ¡No!
Selma: ¿Cuándo vas a despertar y oler a tu marido, Marge?
Patty: Sí. Has tenido hijos con él, pero una vez plantada la semilla en el sobre se tira a la basura.

Homer: ¡Oh, vaya! No puedo creer que mi primer pasajero sea el rey de la comedia, Mel Brooks. Me encantó la película El Jovencito Frankenstein. Pasé un miedo de muerte.
Mel Brooks: ¡Eh, gracias!
Homer: ¡Oiga! ¿Por qué no hacemos eso del hombre de las mil libras? Yo haré de Carl Reiner, y usted de cómo-se-llame.

Jimbo y Nelson en el ballet de Bart:
Jimbo: Es grácil y no obstante masculino. Por lo tanto, no importa que esto me guste.
Nelson: Me recuerda a esa película, Fama. Y dicho sea de paso, también me recuerda a esa serie de televisión que también se llama Fama.

DETALLES QUE QUIZÁ TE HAYAS PERDIDO

El eslogan del agente de bolsa es: "Nuestras comisiones superan tus pérdidas."

Un cartel anunciando la función de Bart dice: "Representación de Ballet. La 'T' es muda."

Patty y Selma siguen teniendo su lámpara egipcia de recuerdo en forma de pirámide, vista por primera vez en el episodio 7F15, "Director Encantador".

La abreviatura del logo del First Bank de Springfield es "BS".

Titular en un periódico: "EXTRA, EXTRA, BART NOMBRADO MAYOR MÁQUINA SEXUAL DEL MUNDO."

Homer no da su nombre cuando telefonea al casino de Las Vegas para apostar —y perder— 100 $ en la ruleta, pero se siente impelido a decir que mandará un cheque.

Homer: ¡Eso es, ganaré un dinerito haciendo de chófer! ¡Cómo te agradezco que pusieras la tele, Lisa!
Lisa: Yo no la puse, la tendrías conectada.
Homer: No, pero es igual. Apágala.
Lisa: ¡Si está apagada...!

HA NACIDO UNA ESTRELLA

Episodio 2F31, emitido originalmente el 5.3.95. Guionista: Ken Keeler. Directora: Susie Dietter.

 En una asamblea del Ayuntamiento, Marge propone que Springfield mejore su imagen organizando un festival de cine. Su propuesta es aplaudida y se encarga de reunir un jurado distinguido en el que incluye a Jay Sherman, un crítico de Nueva York.

Los Simpson invitan a Sherman a quedarse en su casa. Homer siente celos de Sherman y le pide a Marge estar también en el jurado. A regañadientes, Marge acepta que sustituya a Martin Scorsese. Entretanto, el señor Burns quiere utilizar el festival para sus relaciones públicas y mejorar su imagen. Contrata a un director que glorifique sus logros, pero cuando la película es proyectada en el festival, Burns es abucheado.

Burns soborna a dos miembros del jurado para que voten por su película, provocando un empate. Sherman vota por el artístico film en blanco y negro de Barney, mientras que Homer prefiere un corto titulado *Hombre Golpeado por un Balón de Fútbol*, de Hans Topo. Homer se lo piensa y termina votando la película de Barney, que gana el primer premio. Enfadado, Burns se marcha del festival y presenta su película a los Oscar. Pierde ante el remake de *Hombre Golpeado por un Balón de Fútbol*, protagonizado por George C. Scott.

MOMENTOS ESTELARES

"Oiga, Spielbergo. Schlinder y yo somos almas gemelas. Ambos poseíamos fábricas y fabricábamos munición para los nazis, sólo que la mía funcionaba. ¡Salga y gáneme ese festival!"

Un Burns para Todas las Estaciones: Una película propagandística de Burns sobre sí mismo.

Luces Brillantes, Jamón Cocido: La contribución de Apu al Festival de Cine de Springfield.

Hombre Golpeado por un Balón de Fútbol: Película de Hans Topo, donde vemos a su autor siendo golpeado en la entrepierna por un balón de fútbol y cayendo desmayado.

"Pero, el balón... ¡le dio en los mismísimos! ¡Tiene tantas lecturas eso!" Homer emocionado ante la película de Topo.

Picahantes: El sensible documental de Barney Gumble sobre su alcoholismo.

Bart vende un Mapa de las Estrellas de Cine a una familia de turistas japoneses:

(El padre llama a la puerta de una casa destartalada. Aparece Moe en calzoncillos.)
Padre: *Peldón, ¿usted sel Dlew Balymole?*
Moe: *¡Lárguense, estoy con resaca!*
Madre: *Peldón, señolita Lesaca.*
Moe: *¿Qué?*

Lisa: *A mí me gusta. Es listo, es sensible y por lo que veo, no le obsesiona su aspecto físico.*
Homer: *Me silban los oídos.*
Lisa: *Eeeh... No hablaba de ti, papá.*
Homer: *No, me pitan de verdad. Quería vérmelos por dentro y prendí fuego a un bastoncillo.*

Marge: *Creo que deberíamos celebrar un Festival de Cine y repartir premios.*
Wiggum: *¿Podrían presentarse películas propias?*
Marge: *¡Sí!*
Wiggum: *¡Por fin una excusa para usar maquillaje!*

Smithers: *Por medio de una biografía podríamos mostrar cómo es usted: virtuoso, heroico, casadero...*
Burns: *¡Ha olvidado simpático!* (Golpea a Smithers con su bastón.) *Pero me gusta la idea de la biografía. Una elegante producción de Hollywood que ilustre mi cruel ascenso al poder, como en Bugsy o Armas de Mujer... ¡Póngame con Steven Spielberg!*
Smithers: *No está disponible.*
Burns: *¡Pues con su equivalente mexicano no sindicado!*

Marge: *Hola, soy Marge Simpson. Y éste es mi esposo, Homer.*
Jay Sherman: *¡Oh, encantado de conocerte! Vi tu pelo desde el avión. Y tú debes de ser el hombre que no sabía si tenía un grano o una espinilla.*
Homer: *Era una gominola.*

Jay Sherman: *¿Cómo pueden votar a esa película?*
Krusty (Tranquilo.): *Digamos que nos ha impresionado...* (Se exalta.) *¡Con una casa más grande!* (Para sí mismo.) *¡Ups! He dicho la parte de voz alta en bajo y la parte de voz baja en alto.*

Jay: *Y si alguna vez queréis ir a mi programa...*
Bart: *No, no creo que vayamos.*

Rainier Wolfcastle hablando de McBain: "Hagamos el Tonto."

McBain: *La película soy yo delante de un muro de ladrillos durante hora y media. Ha costado 80 millones de dólares.*
Jay: *¿Cómo puedes dormir por las noches?*
McBain: *Sobre una pila de billetes y con muchas mujeres hermosas.*

Número musical de Moe en su película, "El Moe de Mario Telodiré":

Un trago te serviré,/ págalo, págalo,/ si no pagas, déjalo/ que yo me lo beberé.

(Bart se sienta en el salón para ver la tele.)
Locutor: *A continuación, "Los Picapiedra conocen a Los Supersónicos".*
Bart: *Oh, oh. Eso huele a otro cruce barato de dibujos animados.*
(Entran Homer y Jay.)
Homer: *Bart Simpson, te presento a Jay Sherman, el crítico.*
Bart: *¡Ey, tío, me encanta tu programa! Creo que todos los niños deberían verlo.* (Siente un escalofrío.) *¡Egs! De repente, me siento muy sucio.*

DETALLES QUE QUIZÁ TE HAYAS PERDIDO

Krusty actúa en "Amanecer en Campobello".

En este episodio, un titular de *El Comprador de Springfield* habla del señor Burns: "Anciano incontinente nombrado Miss América Adolescente." La incontinencia de Burns es mencionada en el episodio 8F23: "Hermano, ¿me prestas dos monedas?"

El avión de Nueva York tiene graffitis como un vagón de metro neoyorquino.

La barriga de Jay Sherman gruñe como un perro disputándole la comida a la de Homer.

Dos de los guionistas de la película de Burns se llaman Lowell Burns y Babaloo Smithers.

ANCIANO LOCO

Identidad:
Loco anónimo, artista.

Edad:
Mucha.

Estado mental:
Demente.

Actividad favorita:
Bajarse los pantalones y bailar a la menor oportunidad.

Logros pasados:
Tuvo su propio programa de televisión en el que se bajaba mucho los pantalones y bailaba mucho.

LA VIEJA YEGUA GRIS NO TIENE LO QUE SOLÍA TENER, LO QUE SOLÍA TENER, LO QUE SOLÍA TENER...

LA BODA DE LISA

Episodio 2F15, emitido originalmente el 26.3.95. Guionista: Greg Daniels. Director: Jim Reardon.

HUGH PARKFIELD

Personalidad:
Estudiante brillante; de suaves modales y vegetariano sin humor.

Nación de origen:
Gran Bretaña.

Interés académico:
El medio ambiente.

Grupo favorito:
Los Rolling Stones (debido a sus esfuerzos por conservar los edificios).

Familia:
La mejor.

Paciencia ante idiotas:
Apenas.

Primer gran amor:
Lisa Simpson.

JAMÁS CONOCÍ A NADIE QUE COMPRENDIERA TAN BIEN LA MAGIA DE JIM CARREY.

Los Simpson acuden a la Feria Renacentista de Springfield, donde le leen el futuro a Lisa. La pitonisa le dice que en el año 2010 encontrará su primer amor, el inglés Hugh Parkfield.

Lisa odia a Hugh al principio, pero termina amándolo. Hugh la lleva a su mansión inglesa para que conozca a su rica familia y le pide que se case con él. Lisa acepta. Telefonea a casa para dar las buenas noticias y preparar a su familia ante la visita, recordándole a Marge que se asegure de que Homer no lo estropee todo. Por supuesto, el plan de Homer y Bart para izar la bandera inglesa en el jardín de su casa termina en desastre cuando

ésta, al ondear con el viento, roza el aparato eléctrico antiinsectos y empieza a arder.

Aunque la vida con los Simpson es todo excepto tranquila, Hugh nunca se queja. No obstante, el día de la boda le dice a Lisa que cuando se casen nunca más volverá a ver a su familia. Dolida por lo insensible que se muestra Hugh, Lisa le devuelve el anillo de compromiso y anula la boda… La pitonisa termina su relato diciéndole a Lisa que, aunque está especializada en predecir relaciones que acaban mal, Lisa encontrará su gran amor algún día.

DOWN WITH BUILDINGS
DEMOLITION CO.

MOMENTOS ESTELARES

Shock del Futuro: En el futuro, Lisa se acerca a una máquina que sólo vende polos de soja. En el envoltorio se lee: "Ahora, con inhibidor de arcadas."

"Lisa, ¿¡harás el honor de entregarme tu mano en la sagrada tradición del matrimo…?!" Propuesta de matrimonio de Hugh con letras formadas a base de fuegos artificiales, pero que se estropean antes de poder terminar la frase.

"¡Lisa, cariño! ¿Cómo te va por Inglaterra? Recuerda: ascensor se dice montacargas, kilómetro se dice milla, y botulismo se dice empanada de riñones."

El nombre completo de Hugh: Hugh St. John Alastair Parkfield.

La Energía Atómica en el Futuro: En el año 2010, la Central Nuclear de Springfield está controlada por robots. Carl y Lenny son los directores, y Homer trabaja en el mismo puesto de trabajo y haciendo lo mismo que ahora, pero Milhouse es su supervisor.

"Homer, no te lo tomes a mal, pero he obtenido una orden judicial que te prohíbe organizar la boda."

Hugh: *Es increíble lo mucho que tenemos en común. Ambos estudiamos el medio ambiente, no admitimos bromas sobre nuestra condición de vegetarianos y adoramos a los Rolling Stones.*
Lisa: *Sí. Y no por su música, sino por su incansable afán de proteger edificios históricos.*

Lisa: *Este libro lo necesito yo. Tú tardarías una vida en leerlo.*
Hugh: *Leo más deprisa que tú.*
Lisa: *Mi nivel es curso 78.*
(Hugh abre el libro y lo deja sobre la mesa.)
Hugh: *A verlo…*
(Ambos empiezan a leer con rapidez, sus pupilas se mueven tan rápidas que casi no se ven.)
(Mucho después siguen sentados juntos, leyendo.)
Lisa: *¿Terminaste la página?*
Hugh: *Hace siglos.*
(Lisa gruñe.)
Hugh: *Voy por el diccionario.*
Lisa: *¿Por qué?*
Hugh: *Lo sabrás cuando llegues a la palabra "Estocástico".*
Lisa: *Perteneciente o relativo a una secuencia de observación determinada por el azar.*
(Se miran y se besan apasionadamente. Se han enamorado.)

"Inauguraréis el dormitorio que he construido para invitados. Recordad, si viene el inspector municipal no es más que una jardinera."

Oink, Oink: Homer le da a Hugh los mismos gemelos con forma de cerditos vestidos de novia y novio que su padre le dio a él el día de su boda. Hugh queda momentáneamente aturdido.

"La Fox se ha transformado en un canal de sexo puro tan gradualmente que ni lo había notado."

Hugh: *Lisa, cariño, no te apures. Ya verás cómo me llevaré bien con tu familia. Me has preparado tan concienzudamente para lo peor, que mientras no estén retozando y comiendo en una cochiquera…*
Lisa: *¿Y si lo están?*

DETALLES QUE QUIZÁ TE HAYAS PERDIDO

Hay un póster de los Rolling Stones en la habitación universitaria de Lisa, en el que se lee: "Gira 2.010: Sillas de Ruedas de Acero."

Quimby conduce un taxi para la compañía Otto Taxis, fundada el año 2003.

En el año 2010, Kent Brockman trabaja para la CNNCBS, una subsidiaria de la ABC. Lo vemos en una enorme pantalla situada en el bar de Moe, capaz de recibir 1.500 canales.

El esqueleto de un minero, un cofre del tesoro y una mina abandonada pueden ser vistos en el camino a la cámara subterránea de Martin, bajo la Escuela Primaria de Springfield.

La adolescente Maggie tiene un trofeo de motorismo como parte del decorado de su desastrado cuarto.

Durante todo el episodio se oyen efectos de sonido que recuerdan a los de Los Supersónicos y Star Trek. También la camisa blanca del Homer del futuro se parece a la de George Supersónico.

NO ME PAVONEARÉ COMO SI EL
LUGAR ME PERTENECIERA
NO ME PAVONEARÉ COMO SI EL
LUGAR ME PERTENECIERA
NO ME PAVONEARÉ COMO SI EL
LUGAR ME PERTENECIERA
NO ME PAVONEARÉ COMO SI EL
LUGAR ME PERTENECIERA

Homenaje cinematográfico:

Lisa y Hugh se encuentran en una biblioteca y discuten sobre un libro, parodiando a Ryan O'Neal y Ali McGraw en *Love Story*.

DOS DOCENAS Y UN GALGO

Episodio 2F18, emitido originalmente el 9.4.95. Guionista: Mike Scully. Director: Bob Anderson.

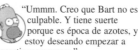

MOMENTOS ESTELARES

 "Ummm. Creo que Bart no es culpable. Y tiene suerte porque es época de azotes, y estoy deseando empezar a repartir mamporros."

"No te apures, en cuanto vean que no tiene dinero lo echarán echando chispas. ¡Si lo sabré yo...!" Homer cuando El Pequeño Ayudante de Santa Claus se mete en el canódromo.

 "Así que era eso lo que le pasaba al granujilla. El pobre echaba de menos el sexo ocasional."

"No nos vendría mal un perrito para que vigile el rebaño de La Flanderosa."

"Lo siento, chicos. No creo que podamos encontrar nunca a vuestros galgos. Puede que el señor Burns os venda uno de los 25 que se llevó anoche." El jefe Wiggum a Bart y Lisa.

Un Sueño de Perros:

Burns: A los pequeños les entusiasmará corretear por mis numerosas hectáreas, persiguiendo a mis numerosos coches y bebiendo en mis numerosos retretes.
Homer: ¡Oh! ¡Y a mí!

Letra de "Sé Mi Traje":

(Cantada con la música de "Sé Nuestra Invitada" de la película de Walt Disney La Bella y La Bestia.)

Sé que cada cual
tiene su afición
Yo cazo para elaborar
un vestuario resultón.
Y lo ven, ya lo ven
el gorila sienta bien
mi chaqueta no se agrieta
es de auténtica jineta.
Éste es mi siamés
imagen doy de marqués
en la casa me engalano
con estilo africano
un calzón de visón
un jersey caparazón
oportuno fez perruno
en la sien.
Abrigos de pluma
los hay de quita y pon.
Ya lo ven.
Ya lo ven.
Ya lo ven.
Mocasines saltarines
con la piel de dos mastines
los cachorros para smoking
van fetén.
Pues bien, preparadlos.
¿Eh que son lindos?
Ya lo ven.
Ya lo ven.
¡Oh sí, yo lo sé muy bien!

Homenaje cinematográfico:

La escena con todos los cachorros viendo la televisión y el argumento general del episodio es parodia de *101 Dálmatas*.

Locutor de TV: *Su televisión por cable atraviesa por dificultades técnicas, pero no se alarme. Resista la tentación de leer o charlar con familiares. Absténgase de intentar relaciones sexuales: Tras años de recibir radiaciones de su televisor, sus genitales están secos e inservibles.*

DETALLES QUE QUIZÁ TE HAYAS PERDIDO

Cartel de la Tienda de Animales de Springfield: "Todos nuestros animales caben por el desagüe."

Cartel del Canódromo de Springfield: "Piensa en ellos como en caballitos."

Homer coloca dos de los cachorros recién nacidos en los bolsillos de un delantal especial para barbacoas con la inscripción: "Guisa estos perritos."

El cuarto de baño del señor Burns tiene teléfono, revistero y un bidé pero, aparentemente, no tiene papel de W.C.

Homer coloca un cartel en el jardín que dice: "Cachorros Gratis... o Mejor Oferta."

En vez de haber 25 cachorros comiendo de sus platos en la cocina, hay 26.

Marge: Muy bien, ¿Quién ha roto el jarrón?
Lisa: ¿Quién ha quitado mis exámenes del refrigerador y los ha destrozado?
Homer: ¿Quién ha esparcido basura por el jardín de los Flanders antes de que lo hiciera yo?
Bart: Por favor, estos actos gratuitos de vandalismo no corresponden a mis connotaciones sociales.

Homer: Vuestra madre y yo hemos pensado que lo mejor es regalarlos.
Bart y Lisa: ¡Noooooo!
Homer: (Rápidamente.) Bueno, lo pensó ella.
Lisa: Así obramos en esta familia cuando alguien se convierte en un estorbo. Nos limitamos a deshacernos de él. (La escena cambia al Abuelo sentado solo en su cuarto, contemplando el teléfono.)
Abuelo: (Descolgando el teléfono.) ¿Oiga? ¿Hay alguien ahí? ¡Ohhh!

Los Simpson están preocupados por la conducta de El Pequeño Ayudante de Santa Claus: cava agujeros en el jardín, parece tener una energía infinita y desobedece las órdenes. El dependiente de una tienda de animales sugiere que le compren juguetes nuevos. Mientras vuelven a casa, El Pequeño Ayudante de Santa Claus se escapa del coche. Los Simpson consiguen encontrarle al fin en el canódromo, pero está con un galgo hembra. Marge se lleva los dos perros a casa y, poco después, se encuentra con 25 cachorros.

Pequeños y juguetones al principio, los cachorros pronto vuelven loca a la familia. A pesar de las protestas de Bart y Lisa, Homer y Marge deciden deshacerse de ellos y ponen un cartel en el jardín ofreciendo cachorros gratis. El señor Burns aparece y los pide todos, pero Marge sospecha algo raro y se niega a dárselos. Burns termina robando los cachorros con la ayuda de Smithers.

Bart y Lisa se introducen en la propiedad de Burns, y descubren que su plan es hacerse un smoking con la piel de los cachorros. Huyen con todos ellos por el conducto de la ropa sucia, pero Burns los intercepta. Conscientes de que Burns le tiene un cariño especial a uno de los cachorros, Bart y Lisa frustran su intento de separarlo del grupo. Burns comprende lo especiales que son todos los cachorros y no los sacrifica, los educa como galgos de carreras y gana 10 millones de dólares con ellos.

EL BUEN HUMOR DEL HOMBRE
SÓLO PUEDE SER SACADO DE
QUICIO
EL BUEN HUMOR DEL HOMBRE
SÓLO PUEDE SER SACADO DE
QUICIO

Profesión:
Dependiente de la tienda de animales de Springfield.

Talento especial:
Dice ser capaz de conseguir una fusión mental canina/humana, un poder psíquico increíblemente raro que sólo poseen tres dependientes más de la tienda y él.

Defecto ético:
Tiende a abusar de su habilidad para conectar con la mente de los perros, aprovechándola para vender productos como collares de cuero importados, lentes azules de contacto para perros y collares de entrenamiento que lanzan descargas de 200 voltios.

Posición social:
Su talento sólo le permite ser dependiente de la tienda de animales porque su técnica sólo funciona con familias crédulas.

SEÑORA, LE DIRÉ LO MISMO QUE A TODO EL MUNDO: LAMENTO QUE SE HAYA QUEDADO CIEGO, PERO VAYAN A QUEJARSE A HARTZ MOUNTAIN, NO A MÍ.

Episodio 2F19, emitido originalmente el 16.4.95. Guionista: Jennifer Crittenden. Director: Swinton O. Scott III.

Posición:
Guardaespaldas del inspector Chalmers.

Peso:
Enorme.

Conocido por:
Presentar a otra gente.

Actitud:
Maligna.

Estilo vocal:
Intimidatorio.

Los niños no saben:
Que ladra mucho, pero muerde poco.

HOLA Y ESCUCHADME BIEN, PEQUEÑOS MONSTRUOS. SE ACABÓ LA JUERGA. VAIS A CERRAR VUESTRAS MALOLIENTES BOCAZAS Y A COMPORTAROS. A ESTE SUSTITUTO NO LE TOMARÉIS EL PELO... ¡MARGE SIMPSON!

MOMENTOS ESTELARES

Revelado en este episodio:
Jimbo vive en una casa decorada con elegancia y disfruta con los seriales de la tele.

Moe pasa lista:
Moe: *A ver si os calláis. ¿Ha venido Mary Cali?* (Todos los niños ríen más fuerte.)
Moe: *Está bien, vale, vale. ¿Mary Teta Sio?* (Los niños siguen tronchándose.)
Moe: *Pero, ¿de qué os reís? ¿Qué pasa? ¡Ah, ya entiendo! Claro, ya lo entiendo. Os reís de mis orejas, ¿eh? ¿Son grandes? Bueno, pues no lo puedo evitar.*

"Ya llegamos. El campo de batalla está a 800 m. En marcha el sistema de frenado." El Director Skinner en un autobús escolar lleno de niños durante una salida. Los alumnos sacan sus abrigos por la ventana para que hagan de paracaídas.

"Estoy preocupada por los niños, Homie. Lisa está totalmente obsesionada. ¡Fíjate!, esta mañana la sorprendí diseccionando su impermeable."

"Lisa, si no te gusta tu trabajo no hagas huelga. Sigue yendo todos los días y sigue haciéndolo a medias. Eso es el estilo americano."

"Reemplazar profesores por cyborgs super-inteligentes. En el caso de que aún no hayan sido inventados, sustituirlos por vecinos." Ned Flanders, leyendo el Plan de Emergencia del Consejo Escolar de Springfield, en caso de huelga prolongada.

(La señorita Krabappel y el director Skinner se sientan uno frente al otro en la cafetería.)
Señorita Krabappel: *Seymour, ya estamos todos un poco hartos. Tienes que invertir dinero en el colegio. Has recortado todos los gastos: sueldos, material, comida... Mmm, digas lo que digas, esto sabe a periódico.*
Director Skinner: *¿Y qué? El papel de periódico molido aporta tosquedad, es esencial. Sin embargo, no has notado las colchonetas.*
(La cocinera Doris pone un trozo de colchoneta vieja en una picadora de carne.)
Doris: *Las colchonetas viejas tienen muy poca carne.*

Director Skinner: *¿5 dólares por niño? ¡El año pasado era gratis!*
Taquillera: *Mmm, nuevo dueño.*
(Señala un cartel donde se lee: Parque Histórico. Lo siento, pero hemos de sacar beneficios.)
Skinner: *Pero nosotros no tenemos tanto dinero, y no creo que ningún colegio pueda...*
(Aparece un nuevo autobús escolar, el de la Escuela Primaria de Shelbyville. Los alumnos, seguidos por un director vestido de forma impecable, bajan del autobús y se acercan a la taquilla.)
Director de la Escuela de Shelbyville: *Esto para las entradas y esto para usted, a ver si nos puede hacer un poquito de educación extra, ¿eh?*
Taquillera: *Sí, señor Valiant.*
Skinner: *Este tío se cree la pera desde que arrasó en los premios "Dire". Estaban amañados.*

Bart: *Oh, creo que éste es tu almuerzo.*
(Le enseña a Lisa una nota escrita a mano que hay dentro de su fiambrera: "Estoy muy orgullosa de ti. Te quiere. Mamá".)
Lisa: *Ya suponía que esto no era para mí.*
(Le muestra a Bart otra nota: "Por lo que más quieras. Pórtate bien".)

Lisa: *Imposible que ingrese en una universidad de la Ivy League. A este paso no me admitirán ni en Vassar.*
Homer: *¡Estoy cansado de oírte despreciar a los vasos, jovencita despanpringá!*

"¿Relajarme? No, no puedo relajarme, ni rendirme, ni ceder, ni... ni... ¡Sólo me salen dos sinónimos! ¡Ay, Dios mío! ¡He perdido la perspicacia!"

"¡Ey, están intentando aprender gratis!" Un soldado, en la recreación de una batalla de la Guerra Civil norteamericana, al darse cuenta que la clase de la Escuela Primaria de Springfield mira por encima del muro al negarse el Director Skinner a pagar la entrada.

DETALLES QUE QUIZÁ TE HAYAS PERDIDO

Videojuegos en el salón de Springfield: Larry el Ladrón, Pérdida de Tiempo, Arma Blanca 2: El Navajazo y Escape de la Fila de la Muerte.

Carteles que llevan los maestros en huelga: "¡2+2, Aumentos para Hoy!", "¡B es de Aumento!" y "¡Dame dame, dame!"

"Toque la bocina si le gustan las galletas." Cartel llevado por la señorita Krabappel para hacer creer que los automovilistas que pasan apoyan la huelga.

El Kit de Preparación por Huelga de Lisa incluye: un libro de matemáticas, una foto de la Escuela Primaria de Springfield, una cassette con la voz de la señorita Hoover y Palitos de Pescado "estilo comedor escolar".

El director Skinner recorta los fondos para el material escolar, la comida de la cafetería y los sueldos de los profesores. Por el recorte, la señorita Krabappel consigue el apoyo de los demás profesores y advierte a Skinner que la huelga es inminente. Aprovechándose de la discordia, Bart manipula ambos bandos para que la escuela cierre.

Bart tiene éxito y los profesores van a la huelga. De repente, los alumnos tienen demasiado tiempo libre. Lisa experimenta síntomas de regresión. Incluso Bart muestra señales de comportarse de forma extraña. Marge quiere que la escuela vuelva a funcionar y organiza una reunión del Consejo Escolar. No obstante, ambas partes se niegan a resolver sus diferencias. Sin otra elección, el Consejo Escolar sustituye a los profesores huelguistas por vecinos vulgares y corrientes.

Marge se encarga de la clase de Bart. Cuando Jimbo y Kearney golpean a Bart para robarle, éste urde una estrategia para que Skinner y Krabappel alcancen un acuerdo reuniéndolos en el despacho del director y cerrando la puerta con llave. La escuela se reabre tras la reconciliación de Skinner y Krabappel, decidiendo alquilar los armarios de las clases para los presos comunes y así conseguir suficiente dinero con el que aumentar los sueldos de los profesores.

NO FISCALIZARÉ A LOS ALUMNOS VETERANOS
NO FISCALIZARÉ A LOS ALUMNOS VETERANOS
NO FISCALIZARÉ A LOS ALUMNOS VETERANOS

ALREDEDOR DE SPRINGFIELD

Episodio 2F32, emitido originalmente el 30.4.95. Guionistas: Joshua Sternin y Jeffrey Ventimilia. Argumentistas: Mike Reiss y Al Jean. Director: Steven Dean Moore.

Bart se traga un cereal Krusty metálico con borde de sierra y es llevado al hospital donde le extirpan el apéndice. Mientras visita a Bart, Lisa descubre que Murphy Encías Sangrantes también está ingresado en el hospital. Encías Sangrantes le cuenta su carrera en el mundo del espectáculo y le da su preciado saxo a Lisa para que lo toque en la próxima función de la escuela.

Tras el recital, Lisa descubre que Encías Sangrantes ha muerto. Deprimida, acude al entierro y se enfurece al descubrir que nadie en la ciudad lo conocía a él o a su música.

Entretanto, Lionel Hutz se ofrece a Bart para presentar una demanda contra Cereales Krusty. Bart pide 100.000 $ pero, tras pagar la factura del abogado, sólo le quedan 500. Cuando Lisa le pide a un disk-jockey local que le haga un homenaje a Encías Sangrantes, descubre que su único LP es muy raro y cuesta 500 $. Bart se gasta el dinero de la indemnización en comprar el LP para su hermana. Mientras suena el disco en la radio local, que sólo tiene un alcance de 7 m, un rayo cae sobre la antena de la emisora y retransmite la música por todo Springfield.

MOMENTOS ESTELARES

"Mmm, ¿el que cavó la fosa al otro Washington?" Bart respondiendo a la pregunta: ¿Quién es George Washington Carver?

"No se hará responsable a ningún profesor si Bart Simpson se muere. Y tampoco si Milhouse es devorado por la serpiente del colegio."

"¡Bonjour! ¡Que sois unos chimpancés comequesitos!" El jardinero Willie, enseñando francés debido a los cortes presupuestarios de la escuela.

"¡Vaya por Dios! Probaré a abrir la otra llave. Aquí huele a gas, un delicioso gas. Buenas noches, gas." El doctor Nick Riviera preparándose para anestesiar y operar a Bart.

"Hola, soy el doctor Mofletes, estoy haciendo mi ronda y ya voy de culo." Bart molestando a Lisa y a Murphy Encías Sangrantes.

"Últimas noticias: Krusty el Payaso ha dado hoy una rueda de prensa para defenderse de la acusación de falta de seguridad de sus productos, de que su parque temático sea una trampa mortal y de que haya comercializado vídeos de la noche nupcial de Tonya Harding."

> EL GAS NERVIOSO NO ES UN JUGUETE
> EL GAS NERVIOSO NO ES UN JUGUETE
> EL GAS NERVIOSO NO ES UN JUGUETE

"Lo que quiero decir es que lo único que tenemos que hacer es ir a la perrera y traernos otro músico de jazz." Homer a Lisa tras la muerte de Murphy Encías Sangrantes.

"Sí, señora, está pagando los estudios de mis hijos." Un vendedor de frankfurts a Marge, explicando por qué aparece allá donde va Homer.

DETALLES QUE QUIZÁ TE HAYAS PERDIDO

Los abogados Robert Chaporo y Albert Dershman (que puede tener a la vez tres bolas de billar en la boca) parodian a los abogados reales Robert Shapiro y Alan Dershowitz.

La adicción al Percodán de Krusty fue mencionada por última vez en el episodio 9F07, "El Señor Quitanieves." La adicción es otra similitud entre Krusty y Jerry Lewis.

Un cartel fuera de la Escuela Primaria de Springfield dice: "Esta noche, recital del colegio, Agotadas las localidades. Mañana, Barbra Streisand, Entradas aún a la venta."

El cartel bajo el logo KJAZZ dice: "152 norteamericanos no pueden equivocarse."

Homer lleva un tatuaje en su brazo que dice: "Starland Vocal Band."

Murphy Encías Sangrantes: *Más tarde publiqué mi único álbum, "Saxo en la Playa", pero derroché todo el dinero en una adicción que me costaba 1.500 dólares diarios.*
(La escena cambia a Encías Sangrantes en la sección de objetos de regalo de unos almacenes.)
Murphy: *Quiero otro huevo Faberge, por favor.*
Vendedor: *Señor, ¿no tiene ya suficientes?*
Murphy: *¡Yo le diré cuántos son suficientes!*

Murphy: *Bueno, realmente yo no tengo familia. Sólo un hermano pequeño que estudió medicina. Recuerdo que se reía siempre en los momentos más inoportunos.*
Doctor Hibbert: *¡Ja, ja! Vaya, yo tengo un hermano mayor al que no veo nunca. Creo que es músico de jazz o algo así. En fin, adiós.*

Murphy Encías Sangrantes en la serie de Bill Cosby:
Cliff: *Chicos, os presento al abuelo Murphy.*
Rudy: *Papá, pero si ya tenemos tres abuelos.*
Cliff: *No importa, éste es un gran músico de jazz.*
Rudy: *Todos son músicos de jazz.*
Cliff: *Verás, mis hijos están acostumbrados a la música rap, y naturalmente les ha afectado al cerebro, con sus brincos y sus broncas. Con sus rimas y sus ripias, así que no saben lo que es el jazz. No tienen ni idea, ¿entiendes?, el jazz se parece a un gran postre de gelatina. No, mayormente es más bien como una película de Kodak. No en realidad lo que se parece es a la nueva Coca-Cola. Existirá para siempre. Ja, ja.*

Lisa: *Te recordamos, Encías Sangrantes.*
(Las nubes del cielo se juntan y forman el busto de Murphy Encías Sangrantes.)
Murphy: *Has hecho feliz a un viejo músico de jazz.*
(Tras Encías Sangrantes se ve la forma de Mufasa, el personaje de El Rey León.)
Mufasa: *Debes vengar mi muerte, Kimba, quiero decir Simba.*
(Darth Vader aparece en la nube, tras Mufasa y Encías Sangrantes.)
Darth Vader: *Luke, soy tu padre.*
(James Earl Jones aparece en la nube, tras los otros tres.)
James Earl Jones: *Esto es la CNN.*
Murphy: *¿Queréis callaros, tíos? Me estoy despidiendo de mi amiga Lisa.*
Todos: *Oh, perdón.*

(Lisa y Encías Sangrantes terminan su dueto sobre los títulos de crédito finales.)
Lisa: *¡Otra vez!*
Murphy: *¡Oh, vamos, Lisa! Tengo una cita con Billie Holliday.*

COCINERA DORIS

Profesión:
Con labios superpintados y cola de caballo, es la cocinera jefe de la cafetería de la Escuela Primaria de Springfield.

Preocupación principal:
Darle a los niños del colegio las proteínas y el hierro que necesitan con un presupuesto ínfimo.

Formas que añade a la nutrición de las comidas:
Restos de comida picados con testículos de caballo.

Siempre:
Ofrece algo.

Mayor vicio:
Fuma cigarrillos y no siempre se fija dónde va a parar la ceniza.

Secreto oscuro:
Una vez sirvió a Jimbo Jones y a Uter como entrantes.

¿POR QUÉ LOS NIÑOS NUNCA QUIEREN SEGUNDOS PLATOS?

JERICHO

Identidad:
Siniestro criminal con debilidad por la ropa de marca falsificada.

Actúa:
En un círculo de falsificadores de tejanos de marca.

Le gusta:
Probar la mercancía antes de comprarla.

Debilidad:
Le falta paciencia.

También lleva:
Un medallón y un sombrerito de pescador.

¡SON FABULOSOS!

SPRINGFIELD CONNECTION

Episodio 2F21, emitido originalmente el 7.5.95. Guionista: Jonathan Collier. Director: Mark Kirkland.

Mientras pasea por las calles de Springfield con Marge, Homer se encuentra un trilero que juega con tres cartas. Apuesta 20 $ y pierde. Marge se enfrenta al trilero que intenta huir, pero lo alcanza y lo inmoviliza. Disfrutando del subidón de adrenalina de su acto policial, decide entrar en la Academia de Policía de Springfield.

Pronto, Marge comprende que su nuevo trabajo es menos satisfactorio de lo que esperaba. Su nueva carrera afecta a su vida social: la gente la mira como una policía, incluso cuando no está de servicio. Un día, mientras está trabajando, ve que Ho-

mer aparca en un espacio reservado a los minusválidos. Le advierte que cambie el coche de lugar, pero Homer la desafía y se burla de ella. Marge lo arresta y le coloca las esposas.

Homer es liberado y, más tarde, mientras juega al póker en casa con sus amigos, descubre que Herman vende tejanos de imitación en el garaje de los Simpson y amenaza con descubrirlo. Mientras los matones de Herman se apoderan de Homer, Marge llega y lo rescata. Después, descubre que Wiggum y sus hombres han confiscado los tejanos falsos para quedarse con ellos. Enfadada por la corrupción de la policía, Marge dimite.

MOMENTOS ESTELARES

"Rayos láser, bolas de espejo, John Williams debe de estar removiéndose en su tumba." Homer escuchando el tema de *La Guerra de las Galaxias* a cargo de la Orquesta Semiclásica de Springfield.

"¿Cómo se atreve a abusar de personas estúpidas y codiciosas?" Marge a Serpiente cuando le estafa 20 $ a Homer.

"¡Qué extraño! Las sardinas naturales ya no me atraen. Mmm, creo que voy a pasarme a las picantes."

"Marge, el que seas poli te convierte en el hombre y, por lo tanto, a mí en la mujer. Y no tengo ningún interés en ello, aparte de utilizar ocasionalmente la ropa interior, que como ya acordamos es mera cuestión de comodidad."

"¡Jope, mamá! Nunca te hubiera imaginado como una figura de autoridad."

"¡Oh!, últimamente mis raíces no permanecen de color castaño por sí solas, agente Simpson." Moe explicando su presencia en el salón de belleza a una Marge fuera de servicio.

"¡Mosquis! Cuando Marge me dijo que iba a ingresar en la academia de policía pensé que sería tan divertido y excitante como aquella película, *Robocop*, pero ha

resultado tan desquiciante como en *Loca Academia de Policía*."

"¡Demasiado tarde, Marge! Vende los vaqueros y vive como una reina." Homer cuando es cogido como rehén.

"Después de llevar años comprando pantalones para un marido y dos niños de traseros inquietos, sé distinguir las costuras chapuceras de unos vaqueros."

Homer: ¡Cuidado, que estas calles son peligrosas para tipos de clase alti-medi-baja como nosotros! ¡Evita el contacto visual, vigila tu monedero y sospecha de todo el mundo!
Serpiente: Sólo son tres cartas.
Homer: ¡Yujuu! ¡Dinero fácil!

Jefe Wiggum: Esposadlo, vamos a ponerlo a buen recaudo.
Serpiente: ¡Je, je! Volveré a estar en la calle antes de 24 horas.
Wiggum: ¡A ver si son 12!

(Homer está rociando los huevos con un frasco.)
Marge: Homer, dame mi spray lacrimógeno.
Homer: ¡Oh, Marge! Un chorrito y te pones en México.
(Homer empieza a comer los huevos.)
Homer: ¡Oh, ze de queda da dengua baralidada!

Agente Marge: He recibido un aviso de disputa doméstica desde esta dirección.
Skinner: Será porque hay una disputa. Poseemos una almohada de baño inflable de la que disfrutamos mi madre y yo. Ella asegura que la tocaba a ella y yo mantenía que se equivocaba. Más tarde, mientras iba al baño, mejor dicho mientras me bañaba, observo horrorizado que alguien ha acuchillado la almohada. Por eso discutimos.

Homer: Herman, he venido para saber qué es eso tan gracioso. ¡Ah, una red de falsificación de vaqueros en mi propia choza del coche! Ahora mismo se lo cuento a todos. Espera aquí.
(Homer camina hasta la puerta.)
Herman: No tan deprisa.
Homer: De acuerdo.
Herman: Yo que tú me pararía del todo.
Homer: Herman, ¿cómo has podido? Todos hemos pensado falsificar vaqueros alguna vez, pero... ¿y las víctimas, esos esforzados diseñadores como Calvin Klein, Gloria Vanderbilt o Antonio Levy-Straus, gente que a pesar de ver un mercado sobresaturado dijeron: "Yo también compito"?

DETALLES QUE QUIZÁ TE HAYAS PERDIDO

Cartel en el Parque Jebediah de Springfield:
8.00 Fumigación de árboles frutales
8.15 Orquesta Semiclásica
8.30 Fumigación: Segundo pase

Revistas que Marge se encuentra en el quiosco:
Esponjas y Aspiradoras, Cebo de Osos, Saltando Montañas, Tirándose sobre el Público, Saltador Explosivo, Ciclocross en las Alturas y Comedor de Cristales.

NO ME BURLARÉ DE LA SEÑORITA CARABOBA
NO ME BURLARÉ DE LA SEÑORITA CARABOBA
NO ME BURLARÉ DE LA SEÑORITA CARABOBA

EL LIMONERO DE TROYA

Episodio 2F22, emitido originalmente el 14.5.95. Guionista: Brent Forrester. Director: Jim Reardon.

SHELBY

Tras escribir su nombre en el cemento fresco de una acera, Bart recibe una bronca de Marge, que le dice que hay que respetar la ciudad. Bart se lo toma en serio y, cuando el limonero de Springfield es robado por los niños de Shelbyville, jura que lo recuperará.

Bart lidera una expedición de amigos a Shelbyville. Con una peluca negra y una cicatriz falsa, se infiltra en la pandilla de Shelbyville, pero no consigue ninguna información útil. Por fin, el grupo de Springfield sigue un rastro de limones hasta el depósito de la grúa municipal.

Homer utiliza la caravana de Flanders, y pide ayuda a otros padres para encontrar a los niños. Cuando padres e hijos se encuentran, Homer los lleva hasta el depósito de la grúa donde pide que les devuelvan el árbol. No obstante, el propietario del terreno se niega y el grupo de Homer se retira. Siguiendo el plan de Bart –inspirado en el Caballo de Troya–, aparcan la caravana ilegalmente frente al hospital y la grúa se la lleva al depósito. Al anochecer, los habitantes de Springfield salen de la furgoneta y se apoderan del árbol. Perseguidos por los habitantes de Shelbyville consiguen escapar por poco y vuelven a su ciudad con el limonero.

LA PRIMERA ENMIENDA NO INCLUYE LOS ERUPTOS

MOMENTOS ESTELARES

"Bart, deberías respetar tus raíces en este pueblo, forma parte de nosotros, parte de nosotros, parte de nosotros. Perdonad que lo repita, pero os ayudará a recordarlo."

"Ese limonero es parte de nuestro pueblo y, como niños, el eje de nuestra economía. Lo recuperaremos o el río se atascará con nuestros muertos."

"Amigos, escuchen. He telefoneado al jefe de policía de Shelbyville. Dice que no ha visto a nuestros hijitos, pero que si aparecen en la morgue nos enviará un fax."

"Bien, éste es el plan. Yo soy el líder. Milhouse, mi leal brazo derecho. Nelson, el tipo duro. Martin, el tipo blando. Y Todd, el tipo callado y religioso que acaba perdiendo el juicio."

"Éste es el día más negro de la historia de Springfield. Si alguien me necesita estaré duchándome." Homer en la furgoneta de Flanders, mientras se marchan sin haber podido recuperar el limonero.

El Nacimiento de Springfield:

Jebediah Springfield: *Amigos, terminó la búsqueda. En este lugar levantaremos un poblado donde oraremos con libertad, gobernaremos con justicia y cultivaremos cáñamo para fabricar cuerdas y vestidos.*
Shelbyville Manhattan: *Sí, y nos casaremos con nuestras primas.*
Springfield: *Y dónde...¿qué estás diciendo, Shelby? ¿Por qué vamos a querer casarnos con nuestras primas?*
Shelbyville: *Porque están muy buenas. Pensaba que ése era el objetivo de todo el viaje.*
Springfield: *Desde luego que no.*
Shelbyville: *Pues yo no viviré en un pueblo que niega a los hombres el derecho de casarse con sus primas.*
Springfield: *Entonces, que cada cual funde su pueblo. ¿Quién desea llevar una vida basada en la castidad, la abstinencia y una gachas insípidas a las que llamaremos "Resalada"?*

Marge: *Este pueblo forma parte de vosotros. Este símbolo es el de los isótopos de Springfield. Cuando llevas esta gorra, estás llevando a Springfield. Cuando comes un pez de nuestro río, estás comiendo a Springfield. Cuando bebes una limonada hecha con nuestros limones, estás bebiéndote a Springfield.*
Bart: *Mamá... cuando echas un sermón, estás aburriendo a Springfield.*

DETALLES QUE QUIZÁ TE HAYAS PERDIDO

La primera vez que vemos el limonero, Martin, Todd y Base de Datos están bailando a su alrededor.

Base de Datos (de los Superchavales) fue visto por última vez en el episodio 2F19, "Disolución del Consejo Escolar". Durante todas las persecuciones del episodio, siempre va el último.

En una expendedora automática del periódico *Shelbyville Daily* se lee: "Una vez a la semana, todas las semanas".

La hierba en Shelbyville y Springfield tiene diferentes tonos de verde.

Milhouse lleva zapatos rojos con su traje de camuflaje.

Los de Shelbyville beben Cerveza Fudd (presentada en el episodio 8F19, "Coronel Homer"), compran en el Speed-E-Mart, y acuden a la Taberna de Joe (que es exactamente igual a la de Moe). Su Escuela Primaria es atendida por una jardinera escocesa muy parecida a Willie.

(Marge limpia el salón, mientras Bart sale por la puerta delantera llevando una mochila.)
Marge: *¿Adónde vas?*
Bart: *Mamá, no te lo vas a creer, pero el otro día dijiste algo que me caló muy hondo, y ahora voy a darle una lección a otros chicos.*
Marge: *Me tomaré esa frase al pie de la letra.*
(Bart sale corriendo.)
Bart: *(Desde fuera.) ¡Muerte a Shelbyville!*
Homer: *Sí, Bart convertido en tutor... ¡Tutorea hijo! ¡Tutorea!*

(Milhouse es emboscado por un chico de Shelbyville de pelo azulado.)
Milhouse: *¿Éste es el definitivo final de Milhouse?*
Chico de pelo azulado: *Pero si yo soy Milhouse.*
Milhouse: *¡Anda, pensaba que yo era el único!*
Chico de pelo azulado: *Siento algo que me duele aquí dentro.*
(Los dos se abrazan.)
Milhouse: *Sí, parecido a lo que sienten las palomas cuando lloran.*

Arenga de Homer:

Homer: *Ese árbol lleva en Springfield desde el día en que fue fundada. Devuélvednoslo o nos lo llevaremos de aquí por la fuerza.*
Encargado del depósito: *¿Que se lo llevarán por la fuerza? Debe ser más estúpido de lo que aparenta.*
Homer: *Tan estúpido como un zorro.*

(Mientras los padres y los hijos de Springfield se marchan con el limonero, Bart y Homer se burlan del encargado del depósito municipal.)
Bart: *¡Multiplícate por cero, Shelbyville!*
Homer y Bart: *¡Multiplícate por cero!*
Ned: *Sí, y ya puestos divídete por 2.*

¡FIJAOS EN EL BEBÉ TIRILLAS! ¡ERES ESTÚPIDO, ESTÚPIDO BEBÉ TIRILLAS!

SHELBY

Le gusta:
Provocar, amenazar, ordenar a sus sicarios, actuar como su padre.

Ciudad de residencia:
Shelbyville.

Hobbies:
Su monopatín, la horticultura cítrica.

Mejores amigos:
Seis chicos y un perro con muy malas pulgas.

Estilo:
Lleva su gorra de béisbol girada hacia atrás.

¿QUIÉN DISPARÓ AL SEÑOR BURNS?

ientras el jardinero Willie hace un agujero en el sótano de la escuela para enterrar a su jerbo muerto, encuentra petróleo. El imparable chorro hace creer a todo el mundo que la escuela es rica. El señor Burns desea hacerse con el petróleo para proteger sus intereses, pero el Director Skinner rechaza su oferta.

Burns toma el asunto en sus propias manos. Construye su propia torre de extracción, que entra diagonalmente en el depósito que hay bajo la escuela. Cuando, por la torre de Burns, brota el chorro, alcanza la casa del árbol de Bart, destrozándole e hiriendo a su perro, y deja a la escuela privada sin los millones de dólares que podía haber ganado. La gente de Springfield jura vengarse de Burns.

Pero Burns tiene su propio y diabólico plan: bloquear toda la energía proveniente del sol. Todos están muy enfadados, incluso Smithers, que ha sido despedido por insubordinación. Sorprendiendo a todos, Burns se presenta a la reunión en el Ayuntamiento y pone en marcha su plan, oprimiendo un botón de su mando a distancia, que bloquea la llegada de los rayos de sol. Cuando Burns camina muy feliz por la calle, un misterioso asaltante le dispara.

MOMENTOS ESTELARES

"¿Por qué será que cuando oí la palabra 'colegio' y la palabra 'explosión', las asocié inmediatamente con la palabra 'Skinner'?" Chalmers gritando a Skinner.

"¿Una institución no lucrativa con petróleo? ¡No lo puedo consentir! ¡Un pozo petrolífero no puede estar en manos de la señorita Pepis o de un progre memo!"

"Hola, Lenny, Carl, Guillermo… hola… eh… eh… eh…" Burns en el ascensor intentando recordar el nombre de Homer, que lo lleva apuntado en un cartel, y en el casco.

"Le ajustaré las cuentas a quien te hizo esto, Ayudante de Santa Claus. ¡Te lo juro!" Bart al Ayudante de Santa Claus después de que el perro ha sido herido por el chorro de petróleo de Burns.

"¡Aaargh! ¡Yo mato a ese señor Burns…! ¡Oh, sí! ¡Y le voy a dar una paliza a ese Smithers!" El jardinero Willie después de perder su trabajo.

"Sí, y a mí me gustaría darle su merecido!" Lisa a Tito Puente, refiriéndose al señor Burns.

"Pero, señor, morirían plantas y árboles, los búhos nos ensordecerían, el reloj de sol quedaría inservible… Señor, desvíncúleme de ese proyecto, es desmesuradamente… cruel." Smithers negándose a participar en el plan de Burns de tapar el sol.

"¡Cuán fácil es amenazar! Pero… ¿quién es el valiente que me detiene?" Burns enfrentándose a la airada multitud de la reunión en el Ayuntamiento.

"Después de todos estos años, la vida me empieza a sonreír. ¡Ja, ja, ja! ¡En fin, habrá que celebrarlo! Y tú… ¿qué es lo que te hace tan feliz? (Jadea.) Comprendo… ¡Será mejor que lo sueltes! ¡He dicho que lo sueltes!" Las últimas palabras de Burns antes de que le disparen.

> *Skinner: Señor Burns, ha sido muy ingenuo al pensar que confundiría al hombre de 104 años mas notable de la ciudad, con uno de mis alumnos de primaria.*
> *Burns: Tengo un monopolio que mantener… ¡y quiero ese pozo! Poseo la Compañía Eléctrica, y la del agua, y el hotel de la Avenida Baltic.*
> *Skinner: Ese hotel es un antro, y su monopolio, patético. El petróleo del cole no se vende, y menos a un granuja sin escrúpulos como usted.*

> *Barney: Este humo no es como la cerveza, sí produce mareo y náuseas… ¡Pero, y la sensación artificial de bienestar?*
> *Moe: ¡Eh! ¡Si os estáis emborrachando con el humo, tendré que cobrároslo!*

> *(Burns controla la construcción del pozo petrolífero a través de los prismáticos.)*
> *Señor Burns: ¡Eso es! ¡Seguid enredando con vuestros trastos y artilugios! ¡Será un monumento a la futilidad, cuando mi plan haya concluido!*
> *Smithers: Señor… eh… Lo que voy a decirle es contrario a mis principios de adulación, pero desearía que lo reconsiderara; no está luchando contra una empresa, sino contra un colegio! ¡La gente no lo permitirá!*
> *Señor Burns: ¡Bobadas! ¡Será como quitarle una golosina a un bebé!*
> *(A través de los prismáticos, Burns ve a un bebé en un parquecito, chupando un caramelo.)*
> *Burns: ¡Vaya! ¡Un bastón de caramelo! ¡Vamos a probar!*

> *Controlador de toxinas: ¡Todos fuera! Mientras Burns siga extrayendo petróleo, se prohíbe la entrada.*
> *Moe: ¡Maldito Burns! ¡Deje que me lleve una cosa!*
> *(Moe empuña su rifle.)*
> *Barney: ¡Y yo!*
> *(Barney saca una pequeña pistola.)*

> *El señor Burns entra en la reunión del Ayuntamiento:*
> *Capitán McCallister: ¡Aaarg! Burns, sus viles artimañas le van a llevar de viaje de ida al camposanto…*
> *Ned: ¿Qué opina el Actor Secundario Mel?*
> *Actor Secundario Mel: Yo me ocuparé de que el señor Burns sufra las demoníacas maquinaciones del sombrío tirano del infierno…*
> *Otto: ¡Ahí le duele!*

DETALLES QUE QUIZÁ TE HAYAS PERDIDO

Burns lee los titulares del *Springfield Shopper*: "Asqueroso colegio, asquerosamente rico."

En un cartel en el pueblo, se puede leer: "COMPAÑÍA DE CONSTRUCCIÓN BURNS. Construyendo un mañana mejor para él."

Hay numerosas referencias a las 3 horas: Cuando Bart escribe su castigo, el reloj de la pared marca las 3; la TV de la Taberna de Moe dice que el programa "Pardon My Zinger" se emitirá el fin de semana a las 3; Burns dice que el sol se pondrá a las 3; y cuando Burns cae sobre el reloj de sol, la torre da tres campanadas.

Otro titular del *Springfield Shopper* pone: "BURNS PLANEA PONER FIN A LA LUZ DEL SOL. Hoy, Reunión en el Ayuntamiento."

En el comedor de los Simpson hay un cuadro de la Planta Nuclear de Springfield.

En la TV de la Taberna de Moe se está programando "Teatro de la Ciencia y El Misterio 3.000".

Los brazos del señor Burns se extienden hacia el sur y el oeste, cuando cae sobre el reloj de sol de la plaza.

ESTO NO ES UNA PISTA… ¿O SÍ?
ESTO NO ES UNA PISTA… ¿O SÍ?
ESTO NO ES UNA PISTA… ¿O SÍ?
ESTO NO ES UNA PISTA… ¿O SÍ?
ESTO NO ES UNA PISTA… ¿O SÍ?
ESTO NO ES UNA PISTA… ¿O SÍ?

(PRIMERA PARTE)

Episodio 2F16,
emitido originalmente el 21.5.95.
Guionistas: Bill Oakley y Josh Weinstein.
Director: Jeffrey Lynch.

PRINCIPALES SOSPECHOSOS

Jardinero Willie:
Burns ocasiona que lo despidan de la Escuela Elemental de Springfield.

Moe:
Burns le hace perder el bar.

Abuelo:
Burns destruye su habitación en el Castillo del Jubilado de Springfield.

Barney:
Burns le ocasiona la pérdida de la Taberna de Moe.

Lisa:
Burns le arruina su programa de música en la escuela.

Director Skinner:
Burns deja a la escuela sin seguridad financiera.

Tito Puente:
Burns le priva a la escuela de su presencia.

Homer:
Burns no consigue recordar su nombre.

Bart:
Burns ha herido a su perro.

Smithers: *Señor, no hay duda de que ha vencido a sus enemigos: la escuela, la taberna, el ancianatorio... ¡Se sentirá orgulloso!*
Burns: *No, mientras mi mayor competidor siga proporcionando luz, calor y energía gratis a mis clientes. Ese enemigo al que yo llamo... ¡el Sol!*
(Burns manipula unos botones de su mesa, haciendo que emerja del suelo una maqueta a escala de Springfield.)
Burns: *Desde siempre el hombre ha anhelado destruir al sol. Yo haré algo muy parecido: ¡bloquearlo!*
Smithers: *¡Dios Santo!*

Abuelo: *¡Eh! ¡Que se va la lámpara!*
Bart: *Es mi perro, abuelo...*
Abuelo: *Adiós lámpara. ¡Y tú no murmures y ayuda a tu abuelo a hacer la maleta!*
(Bart abre una caja de puros, en la que hay una pistola.)
Bart: *¡Uauh!*
Abuelo: *Es mi vieja Smith'n'Wesson. Si vas a jugar, ten cuidado, está cargada.*
(Marge aparece en la puerta, y grita.)
Marge: *¡Bart suelta esa cosa! ¡Las armas son peligrosas! ¡En esta casa no quiero ni una!*
Abuelo: *¿Cómo va a haber una casa sin armas? ¿Y si entra un oso por la puerta?*
Marge: *La enterraré en el jardín para que no caiga en manos de una criatura.*
Abuelo: *(A Bart.) ¿Ves? ¡Debiste disparar al aire! ¡Habría salido escopetada!*

Yo soy Homer Simpson:

Burns: *¿Quién es usted?*
Homer: *(Rugiendo.) ¡Homer!*
Burns: *¿Quién?*
Homer: *¡Me llamo Homer Simpson!*
Burns: *¿Qué está diciendo?*
Homer: *¡Homer!*
Burns: *¿Quiere hablar más claro?*
Homer: *¡Me llamo Homer Simpson!*
Burns: *¡No entiendo una palabra de lo que dice!*
Homer: *¡Me llamo Homer Simpson!*
Burns: *¡Está gritando incoherencias! ¡Como si...!*
(Entran unos guardas jurados, apresan a Homer y se lo llevan a rastras.)
Homer: *¡Es usted hombre muerto, señor Burns! ¡Hombre muerto!*

Patty: *Al señor Burns le han disparado.*
Wiggum: *¡Un momento! ¡Éste no es el señor Burns; es una máscara!*
(Wiggum intenta quitarle la piel de la cara a Burns.)
Wiggum: *¡Pues no... es Burns! Es que... su piel... parece de máscara.*
Marge: *Temo que nunca sabremos quién lo hizo, todos los vecinos somos sospechosos.*
(Todos se miran con suspicacia entre sí. Hibbert se ríe.)
Hibbert: *¡Ja, ja, ja! Me siento incapaz de resolver el misterio. ¿Y usted?*
(Hibbert se gira apuntando con el dedo a la cámara, pero en realidad está señalando a Wiggum.)
Wiggum: *Bueno... yo haré lo que pueda. Para eso me pagan...*

QUIEN DOBLA A QUIEN

CARLOS REVILLA

Homer

MARGARITA DE FRANCIA

Marge
Patti
Selma

SARA VIVAS

Bart

ISACHA MENGIBAR

Lisa

EVA DÍEZ

Milhouse

DAVID GARCÍA

Brockman
Hibbert

LUIS MARÍN

Willie
Barney

JUAN PERUCHO

Moe
Wiggum

CARLOS DEL PINO

Quimby
Flanders

JAVIER GARCÍA

Apu

JOSÉ PADILLA

Skinner

CELIA BALLESTER

Doris
Krabappel

ROBERTO CUENCA

Chalmers

CLAUDIO SERRANO

Otto

ÁNGEL EGIDO

Abuelo

Smithers

ANTONIO ESQUIVIAS

Mel

ABRAHAM AGUILAR

Kurt

CHELO VIVARES

Nelson

Martin

Todd

PEDRO SEMPSON

Burns

ALEJANDRO SAUDINOS

Jimbo

LAURA PALACIOS

Maude

JUAN ARROYO

Lou

Carl

Lovejoy

Lenny

DOCTOR COLOSSUS

Personaje:
Maestro de la supervillanía en los dibujos animados.

Acento:
Germánico.

Conducta:
Arrogante, pero fácilmente humillable.

Su mayor ventaja y desventaja:
Sus sorprendentes Botas-Colossus.

¡BAH! ¡ES UN BURDO AFICIONADO, COMPARADO CON EL... DOCTOR COLOSSUS! ¡JA, JA, JA, JA!

¿QUIÉN DISPARÓ AL SEÑOR

Smithers se despierta por la mañana, con una considerable resaca. Recuerda todos los hechos que condujeron al disparo contra el señor Burns, en el exterior del Ayuntamiento, y piensa que fue él quien apretó el gatillo, mientras estaba borracho. Angustiado por su culpabilidad, Smithers se confiesa a un sacerdote. Pero el confesonario es una trampa de la policía, y Smithers es detenido.

Poco después, Smithers recuerda que estaba en casa viendo la TV a la hora del disparo, por lo que es inocente. La policía lo deja libre. Mientras tanto, Lisa entrega al Jefe Wiggum una lista de posibles sospechosos. La policía registra el coche de Homer y encuentra una pistola con sus huellas dacti-

lares. Homer se convierte en el principal sospechoso. Cuando Burns recupera el conocimiento musita el nombre de Homer, por lo que lo arrestan.

La furgoneta en la que transportan a Homer sufre un accidente, quedando la puerta abierta, y éste escapa. Va al hospital, y poseído por una rabia demencial, avanza sobre Burns. En aquel momento, Lisa anuncia que ha solucionado el misterio. Sin embargo, el señor Burns, que ha recuperado la cordura, revela la verdad: después de luchar por intentar robarle una piruleta a Maggie, en las proximidades del Ayuntamiento, la pistola cayó en manos del bebé y se disparó accidentalmente.

MOMENTOS ESTELARES

"Patrulla Fórmula 1": Smithers se imagina un programa de la TV de 1965..., en el que él y el señor Burns interpretan a unos detectives en una mortal pista de carreras.

"Docenas de personas mueren a tiros diariamente en Springfield, pero hasta ahora ninguna era importante. Les habla Kent Brockman. A las 3 de la tarde del viernes, el cacique local, Montgomery Burns, fue herido de bala tras un duro enfrentamiento en el Ayuntamiento. Fue llevado urgentemente a un hospital cercano en donde se declaró su defunción. Más tarde, trasladado a un hospital mejor, los médicos calificaron su estado de 'vivo.'"

"¡Niños, niños, niños! Por lo que a mí respecta, ambos sois asesinos en potencia."

Inocente: Actor Secundario Mel apunta que Smithers no pudo haber disparado contra el señor Burns, porque estaba a las 3 en su casa, viendo su programa favorito de televisión, "Perdona Mi Insulto". De lo que sí es culpable Smithers es de haber disparado en la pierna de madera de Jaspers (la izquierda.)

"Diez Relatos Triviales", de Agatha Christie: Es el libro de cabecera del Jefe Wiggum para resolver crímenes.

"Acepté el apellido de tu padre con todo lo que ello significa, incluido el ADN."

"En cuanto toca una moneda, el Gobierno registra su ADN.

BURNS? (SEGUNDA PARTE)

Episodio 2F20,
emitido originalmente el 17.5.95.
Guionistas: Bill Oakley y Josh Weinstein.
Director: Wes Archer.
Productores ejecutivos: Bill Oakley y Josh Weinstein.

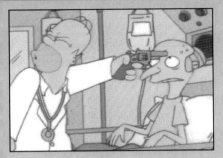

NO ME QUEJARÉ DE LA
SOLUCIÓN, CUANDO LA SEPA
NO ME QUEJARÉ DE LA
SOLUCIÓN, CUANDO LA SEPA
NO ME QUEJARÉ DE LA
SOLUCIÓN, CUANDO LA SEPA

Para eso las ponen en circulación." El experto en ADN al Jefe Wiggum.

Foto de archivo del sospechoso: En la foto de Homer, en la que está contusionado, lleva una camiseta con la inscripción "Haig en el 88".

 "Debemos mantenernos muy unidos, si queremos que ese horrible Homer sea conducido ante la Justicia."

 "¡Cuidado cuando lo capturemos! ¡No cobraremos recompensa si no entregamos el 51 por ciento del cadáver!"

"Espero que todos los sospechosos sean igual de divertidos." El Jefe Wiggum después de interrogar a Tito Puente.

"La que me disparó fue... ¡Aaaah!... ¡Maggie Simpson!" El señor Burns revelando la identidad de su misterioso asaltante.

Smithers: *Padre, no soy católico pero... ¡Bueno! Una vez desfilé en la cabalgata de San Patricio. El caso es que... tengo un pecado... bastante grave que confesar. ¡Soy yo quien disparó contra el señor Burns!*
Jefe Wiggum: *(Apareciendo por la ventana del confesionario.) ¡Eso es lo que quería oír! ¡Jo, esto si es un chollo!*

Jefe Wiggum: *¡Hey! ¿Qué me dices del profesor de jazz que fue despedido? Ese tal señor Samba... o señor Mambo... ¿Cómo era?*
Lisa: *¿Tito Puente?*
Jefe Wiggum: *Sí.*
Lisa: *El juró que se vengaría, ¡je, je!, pero no me lo imagino cometiendo un delito. Su mundo es el espectáculo. ¡Es una celebridad!*
Jefe Wiggum: *¡A la caza, muchachos!*

El Doctor Colossus es liberado:

Wiggum: *¡Vale, Colossus! Puede marcharse. No vaya a la Montaña de la Muerte.*
Doctor Colossus: *Tengo allí todas mis cosas.*

DETALLES QUE QUIZÁ TE HAYAS PERDIDO

El whisky de Smithers es marca: "La Elección del Vagabundo. Whisky enriquecido."

El cartel de la iglesia dice: "Catedral del Centro. El arzobispo lleva encima menos de 20 dólares."

Tito Puente es interrogado en el club Chez Guevara, llamado así en honor del revolucionario argentino.

La pintada de "El Barto" aparece en la parte delantera de la Comisaría de Policía.

Cuando Lisa dice: "No creo que en esta familia, nadie sea capaz de asesinar a nadie", Maggie abre los ojos y mira a Snowball II.

La tabla de sospechosos de Lisa:
Moe: Perdió su Taberna.
Barney: Perdió la Taberna de Moe.
Director Skinner: Perdió los beneficios del petróleo.
Jardinero Willie: Perdió su cubo de fregar de cristal.

El número de la habitación del señor Burns en el hospital es el 2F20, que es el número de código de producción de este episodio.

Algunos nombres en el ordenador del ADN: Burns, Smithers, Flanders, Szyslak, Oakley, Nahasapeemapetilan, Hutz, Wolfcastle, Kopowski, Nixon, Puente, Prince, Moleman, Brokaw, McCartney, Starr, Harrison, Weinstein, Frink, Lovejoy, Reiss, Quimby, Krustofski, Terwilliger, Simpson, Hapablap, Borgnine y Murphy.

Homenajes cinematográficos:

Durante el interrogatorio del jardinero Willie, éste lleva un falda, y cruza las piernas igual que Sharon Stone en *Instinto Básico*.

La escapada de Homer por el pasillo de recogida del Krustyburger, parodia a la del protagonista de la película *El Fugitivo*.

(Lou y Eddie interrogan a Moe, mientras está conectado a un detector de mentiras.)
Eddie: *¿Guarda rencor a Montgomery Burns?*
Moe: *No. (Suena el detector.) Bueno... sí... quizás un poco... pero no le disparé. (Suena un alegre tintineo.)*
Eddie: *No miente. De acuerdo, puede irse.*
Moe: *Mejor, porque voy a cenar con una chavala... (Bocina.) Bueno, no... con... con unos amigos... (Bocina.) Ceno yo solo... (Bocina.) Veré la tele solo... (Bocina.) ¡Está bien! Me sentaré en casa a hojear los catálogos de Victoria Secret. (Bocina.) (Moe se queda sorprendido.) Los de Sears... (Tintineo.) ¿Quiere desconectar esto de una vez? ¡No merezco ser odiado de esta forma! (Bocina.)*

Jefe Wiggum: *La bala coincide con la que sacaron a Burns. ¡Homer Simpson, queda detenido por intento de asesinato!*
Homer: *¡Ooooh!*
Jefe Wiggum: *Sí, eso es lo que dicen todos. Todos dicen "Ooooh."*

Kent Brockman: *¿Cómo se siente al haber sido acusado del asesinato de su jefe y mentor?*
Smithers: *Deprimido. Tanto como Madonna, cuando se falló la convención Tailhook.*

Homenaje a clásicos de TV:

Cuando el Jefe Wiggum se toma la leche, y se le produce un sueño, está inspirado en "Twin Peaks".

"Dallas" es homenajeado dos veces; con el episodio de 1979, "¿Quién disparó a J.R.?"; y con la inicial escena de la ducha de la premiere de 1986.

Marge: *Entonces, Homer a salvo y usted recuperado, creo que podemos volver a la normalidad. Si Maggie supiera hablar, estoy segura de que le pediría disculpas.*
El señor Burns: *Me temo que eso no es suficiente. Agente, ¡detenga al bebé!*
Jefe Wiggum: *¡Pero venga, abuelo! ¡Ningún Jurado del mundo condenaría a un bebé! Mmmm... Quizás en Texas...*

El "Slanderous Mambo" de Tito Puente:

Las heridas duran un instante / pero con una canción insultante / haré que Burns pierda el tino. / Me desquitaré de ese blandengue / en la pista de merengue / con este vengativo ritmo latino. / Burns. / Con el corazón de perro. / ¡Señor Burns! / El diablo con dinero. / Quizá no le sorprendamos / pero todos lo odiamos. / Por favor, muérase... / ...y púdrase... / ...en el infierno... / ...asqueroso millonario... / ...viejo sanguinario. / ¡Adiós, viejo!

EL HOMBRE RADIACTIVO

Episodio 2F17, emitido originalmente el 24.9.95. Guionista: John Swartzwelder. Director: Susie Dietter.

Ocupación:
Superpagado actor que interpreta al héroe de acción McBain.

País de origen:
Cualquier lugar donde se hable alemán.

Mayor éxito en su carrera:
Interpretar a El Hombre Radiactivo.

Le desagrada:
Los holgazanes, y ser colocado en el camino de una inundación de ácido sulfúrico.

Su mayor misterio:
Cómo una persona con poderoso acento alemán puede interpretar a un irlandés.

Conduce:
Un Humvee.

¡VENGA, VÁMONOS!

MOMENTOS ESTELARES

En el rodaje:

Milhouse: *¡Uh...! ¡No serán rayos-X de verdad? ¿Verdad?*
Director: *¡Buena pregunta! ¡Lo comprobarán! Y, ahora... ¡Rayos-X a toda potencia! Y... ¡Acción!.*

Bart: *Tenías razón, George Burns. El mundo del espectáculo es una Diosa Ramera.*
Lisa: *¡Anímate, Bart! Milhouse necesitará un fiel amigo, alguien que le diga que es genial, alguien que le dé masajes, y alguien para arrojar botellas de whisky cuando esté con la depre.*
Bart: *¡Es verdad, Lis! Le haré la pelota de la misma forma que los creyentes le hacen la pelota a Dios.*

"**¡Esperen! ¡Creo que es el sitio ideal! ¡Un anuncio pequeñito y sin corregir las faltas.**" Uno de los productores, después de ver un pequeño anuncio en la revista *Variety*, que dice: "Rueden en Springfiled."

Se desvela en el episodio: Moe le confiesa a Barney que él fue uno de los "Pequeños Bribones" originales... hasta que mató a "Alfalfa" por robarle una escena en la que tenía que mirar por un tubo de escape.

"**¡Enhorabuena, Bart Simpson... eres nuestro nuevo Fisión Boy! Es lo que te diría si no te faltasen dos centímetros de altura. ¡Otro!**" El director de *El Hombre Radiactivo*, destrozando el corazón de Bart.

"¡Milhouse, guapete! Lionel Hutz, agente, guardaespaldas, biógrafo no-autorizado, traficante... y... aparta-panes."

"**Bien, atención todo el mundo! Ésta es la escena más difícil y más cara. Sólo tenemos una oportunidad de rodarla... y ha de quedar bien. Fisión Boy desatará a El Hombre Radiactivo, y lo llevará a un lugar seguro, momentos antes de que sea golpeado por una barrera de doce metros de ácido sulfúrico, que lo arrasará todo a su paso. ¡El ácido es de verdad! ¡De modo que quiero verlos a todos con gafas!**" El director explicando la escena del millón de dólares.

"¡Pero Milhouse, si no han conseguido nada! ¡Los infartos y el hambre siguen siendo una plaga! ¡Esos altruistas son una panda de tristes fracasados! Todos y cada uno de ellos. Por el contrario, ahí están los Stallone, los Schwarzenegger y, en menor medida, los Van Damme."

El ejecutivo mayor: *¿Pero por qué Rainier Wolfcastle tiene que ser el protagonista? Yo opino que deberíamos contratar a Dick Richter. ¡Los niños quieren ver al auténtico Hombre Radiactivo!*
Productor: *¡Se lo he dicho: además de tener setenta y tres años, está muerto!*

(Visitando el rodaje, Homer se encuentra con tres chicos de aspecto perezoso, apoyados en un camión.)
Homer: *¿Trabajan en la película?*
Miembro del equipo: *¿Insinúa que no trabajamos?*
Homer: *¡Oh, yo siempre quise ser camionero, holgazán y mal educado! ¿Puedo relajarme con ustedes?*

Director: *Tenemos que repetir la escena de "Rayos y Retruécanos", Milhouse.*
Milhouse: *¡Pero si ésa ya la rodamos! ¡Nos llevó siete horas, pero la rodamos! ¡Está rodada!*
Director: *Sí, pero hay que repetirla desde diferentes ángulos. Desde aquí... ¿Lo ves? ¡Y otra, y otra, y otra!*

Plataformas en los zapatos, un Chihuahua, traje con rayas verticales...
Algunos de los trucos que usa Bart, para parecer más alto y conseguir el papel de Fisión Boy.

DETALLES QUE QUIZÁ TE HAYAS PERDIDO

"¡ZUFF!", "¡PAN!", "¡SNUH!", "¡BORT!", "¡POO!", "¡NEWT!", "¡MINT!" y "¡ZAK!", son algunos de los "efectos especiales" que se utilizaban en la vieja serie de TV de los años setenta. "Bort" era el nombre de una matrícula nueva que aparece en el episodio 2F01 "La Tierra de Rasca y Pica", y "Snuh" era el acrónimo de una organización que fundó Marge: "Springfieldianos No-violentos Unidos en Hermandad", en el episodio 7F09, "Rasca y Pica y Marge."

Los cómics que hay en el expositor de la "Mazmorra del Android" son: "Chica Gata", "Chicomurciélago", "Chicopájaro", "El señor Pantalones Smarty", "Niño Perro", "Niño Serpiente", "Batchick", "Hombre Árbol", "Señor Hop", "Nick", "El Petimetre radiación", "La Abeja Humana", "Chica Iguana", "Señor Sorprendente", "Persona Poder" y "El Perro de las Estrellas".

Los productores de Hollywood eligen Springfield como escenario para rodar la película de alto presupuesto: *El Hombre Radiactivo*, basada en la popular serie de cómics, y con Rainier Wolfcastle, intérprete de las populares películas de McBain, en el papel principal. Montan sesiones de casting en el pueblo para elegir al compañero inseparable de El Hombre Radiactivo, el Fisión Boy. Bart realiza una brillante interpretación, pero pierde frente a Milhouse, porque es demasiado bajo.

Cuando comienza el rodaje, los estamentos oficiales de la ciudad y los tenderos asaltan a la gente de la productora con infinidad de disparatados y carísimos impuestos, y elevando los precios de todo tipo de cosas. Milhouse se escapa, incapaz de soportar el aumento de la tensión en el rodaje, y las muchas exigencias que le hacen. Se organiza una cacería del hombre.

Bart encuentra a Milhouse escondido en la casa del árbol. Milhouse dice que el estrellato es una farsa y un engaño. A pesar de que Mickey Rooney intenta convencerle de que vuelva a la película, Milhouse no accede a volver a rodar. Sin su coestrella, y con el presupuesto agotado, la productora suspende el rodaje.

"EMBRUJADA" NO PROMUEVE EL SATANISMO
"EMBRUJADA" NO PROMUEVE EL SATANISMO
"EMBRUJADA" NO PROM... SATANISMO

BART VENDE SU ALMA

Episodio 3F02, emitido originalmente el 8.10.95. Guionista: Greg Daniels. Director: Wesley Archer.

NANA VAN HOUTEN

Residencia:
Un apartamento de un solo dormitorio en la calle 257th.

Familia:
Hijo, Kirk; nuera, Luanne; y nieto, Milhouse.

Habilidades:
Puede despertarse con un parpadeo sobre la puerta de su casa, en mitad de la noche.

Le gusta:
El hecho de que su familia venga a visitarla, ya que ella es demasiado mayor para ir a comer al "Tío Moe."

Para demostrar que no hay ninguna cosa que sea el alma, Bart vende la suya a Milhouse por 5 dólares. Poco después, los animales de Bart actúan hostilmente contra él, y el chico comienza a pensar que "Rasca y Pica" no son nada divertidos. Después de observar los cambios en Bart, Lisa comienza a sospechar que ha perdido su alma.

Bart trata de volver a comprársela a Milhouse, pero éste le pide 50 dólares. En la inauguración del nuevo restaurante familiar de Moe, Lisa provoca a Bart con una oración bendiciendo la mesa.

Bart salta, y se va corriendo del restaurante, para hacer un último intento por recuperar su alma.

Bart sigue la pista a Milhouse hasta el apartamento de su abuela, donde se entera de que su amigo ha cambiado su alma por unas chapas de Alf, en La Mazmorra del Androide. Bart corre a la tienda de cómics, y se entera de que el propietario la ha vendido a una persona que desea permanecer en el anonimato. Mientras Bart reza pidiendo su alma, Lisa se la entrega, ya que fue ella quien se la compró al vendedor de cómics la noche anterior.

MOMENTOS ESTELARES

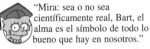

"En el Jardín del Edén": El conocido anatema del rock "In-A-Gadda-Da-Vida", que Bart reparte, como si fuera un himno religioso, en la iglesia.

"¡Pero, venga, Milhouse! ¡Si eso del alma es un cuento! ¡Eso se lo han inventado para asustar a los niños, como el Hombre del Saco o Michael Jackson!"

"¡Qué aliento tan... sin aliento!"
Jimbo comentando la incapacidad de Bart de poner vaho en el cristal de la nevera-expositora de helados del Badulaque.

"Mira: sea o no sea científicamente real, Bart, el alma es el símbolo de todo lo bueno que hay en nosotros."

"Un cocodrilo con gafas de sol... ¡Ja, ja! ¡Es lo que me faltaba por ver!"
Marge observando todas las cosas que cubren las paredes del "Rancho Familiar del Tío Moe".

Milhouse: ¡Aquí, más o menos! (Señalándose el pecho.) Y cuando estornudas, es el alma que intenta escapar. Si dices "Jesús", vuelve otra vez a su sitio. Y cuando te mueres coge impulso y sale volando.
Bart: ¡Ya, ya! ¿Y si te mueres en un submarino en el fondo del mar?
Milhouse: ¡Oooh! ¡Sabe nadar! ¡Y hasta tiene ruedas! Y si te mueres en el desierto, y tiene que ir rodando hasta un cementerio.
Bart: ¡Un tío con gafas tan gordas, no puede ser tan estúpido! ¡Oye, tú no tienes alma, yo no tengo alma, porque el alma es algo que no existe!
Milhouse: Vale, pues si es verdad que estás tan seguro, supongo que no te importaría venderme tu alma.
Bart: ¿Cuánto tienes ahí?
Milhouse: ¡Cinco pavos!
Bart: ¡Hecho!

"Si les gusta la buena comida, grata diversión y un montón de trastos raros por las paredes, vengan al 'Rancho Familiar del Tío Moe'. El tío Moe les sirve buena comida casera, a la antigua usanza, frita a la perfección. ¡Es 'Moechísimo' más rica! Traigan a su familia: mamá, papá, niños... no, ancianos, no. No los cubre mi seguro. Y recuerden que todo es simpatía, si no estoy sonriendo, cuando le dé la cuenta... ¡Invita la casa! Tío Moe."

"¡Hombre, colega, no has sonreído: ¡Invita la casa! Venga Shoshana, que nos abrimos. ¡Ja, ja, ja!" Snake recordando a Moe su promesa.

La niña pequeña: El batido está muy frío... me duelen los dientes.
Moe: ¡Ah! Te duelen "loz dientez", te duelen "loz dientez".". ¡Y a mí qué me importa! ¡Te diré dónde puedes meterte el puñetero batido!

Reverendo Lovejoy: Sé que uno de vosotros es responsable de esto. Repetid conmigo: si oculto la verdad iré derecho al infierno donde no comeré más que carbón al rojo vivo, y no beberé más que chocolate ardiendo...
Ralph: (Asustado.) ...en donde los demonios me darán empujones...
Bart: (Indiferente.) ...a mi alma la harán picadillo un montón de asesinos y madres solteras...
Milhouse: (Nervioso.) ...mi alma será arrancada por voraces cuervos...
(Un cuervo, en el exterior de la ventana, asusta a Milhouse.)
Milhouse: ¡Fue Bart! ¡Fue Bart quien lo hizo!

NO SOY UNA MALA Y CRUEL
MÁQUINA DE ESCUPIR
NO SOY UNA MALA Y CRUEL
MÁQUINA DE ESCUPIR
NO SOY UNA MALA Y CRUEL
MÁQUINA DE ESCUPIR
NO SOY UNA MALA Y CRUEL
MÁQUINA DE ESCUPIR

Las sugerencias de Homer para el nombre del nuevo restaurante de Moe:

"El Wok mágico del Presidente Moe" y "La Olla a Presión del Presidente Moe".

Bart: ¡Lisa! ¿La compraste tú?
Lisa: Con todo lo que había en mi hucha.
Bart: Pero si en tu hucha no había nada...
Lisa: No en la hucha que tú conoces...
Bart: ¡Ooooh! ¡Lisa! ¡Gracias!

Moe: Últimamente todo el mundo va a restaurantes familiares. ¡Ay! Está pasando la moda de ir a los antros inmundos.
Carl: ¿No pensarás deshacerte de la inmundicia, Moe?
Moe: Pues... no sé... no sé.
Carl: ¡Moe! ¡Pero es la inmundicia!
Moe: Síii... Restaurante familiar... Ahí es donde está la pasta! Podría transformar esto en un local en el que no avergonzara entrar con la familia.

DETALLES QUE QUIZÁ TE HAYAS PERDIDO

En el cartel exterior de la iglesia, se puede leer: "Sin zapatos y sin camisa, sin salvación."

En la freidora que compra Moe a la marina, hay una inscripción que dice: "USS Missouri", y va destinada a "C. Deck. Mess."

Algunos de los restaurantes familiares que se encuentran en Springfield y sus alrededores: "Laboratorio de los Espaghetti", "El Tres Carrillos", "La Festivalera Chuleta Americana del Profesor V. J. Cornucopia" y "El Depósito de Quesos Tejanos."

Uno de los Platos Especiales de Moe son los "Dedos de Pizza del Sudoeste."

Cuando el Jefe Wiggum ilumina a Bart con su linterna, las pupilas de los ojos del chico se convierten en pupilas de gato.

¿QUIÉN PUEDE SER A ESTAS HORAS? MARCA EL CERO Y EL NUEVE Y, EN CUANTO OS DÉ UN AVISO... ¡MARCAS EL UNO!

HOGAR, DULCE HOGAR, TRALARÍ, TRALARÁ

Episodio 3F01, emitido originalmente el 1.10.95. Guionista: Jon Vitti. Director: Susie Dietter.

Descripción:
Anciana madre de Seymour Skinner.

Nombre:
Agnes.

Dependencias:
Una (Seymour).

Castigo favorito:
Esconder las llaves del coche de Seymour, mientras éste habla con alguna chica por teléfono.

Último descubrimiento:
El Superintendente Chalmers.

Argumentos tácticos:
Los chirridos.

Su vergüenza:
Pelearse con su hijo por la almohada hinchable del baño.

SEYMOUR: ¿QUIERES QUE TE AVISE CUANDO SEAN LAS SIETE EN PUNTO?

Homer sorprende a Marge con dos entradas de tres horas para un tratamiento en un balneario. Convencen al abuelo de que se quede con los niños, mientras ellos están fuera. En el colegio, a Bart le descubren piojos en la cabeza. A Lisa le falta un zapato y también tiene parásitos. Dan la impresión de que son unos niños desatendidos. El Director Skinner llama al Servicio de Protección al Menor, que se los lleva y los pone al cuidado de los Flanders.

Horrorizados porque los Flanders se vayan a hacer cargo de sus hijos, Marge y Homer acuden al Palacio de Justicia, donde la jueza los condena a recibir clases de cuidados de niños, si quieren recuperar a sus hijos.

Cuando Ned se da cuenta de que ninguno de los hijos de los Simpson está bautizado, los lleva al río Springfield, para celebrar él mismo la ceremonia del bautismo. Homer se da cuenta de los planes de Ned, cuando acaban de terminar el curso, y corren hacia el río para intentar que no se lleve a cabo. Llegan a tiempo de impedirlo, y toda la familia queda reunida de nuevo.

MOMENTOS ESTELARES

Chicas cantando: ¡Chincha y rabia! ¡Chincha y rabia! ¡Tienes titís! ¡Tienes titís!
Lisa: ¡No tengo!
Skinner: ¡Lisa Simpson! Preséntese en el despacho del director para la inspección de parásitos capilares.

Las cosas que el Servicio de Protección al Menor encuentran mal en casa de los Simpson: El fregadero hasta arriba, la basura sin sacar, el cuarto de estar es un desastre, pilas de periódicos viejos de ... ¡hace 20 años! Un anciano desaliñado y desnutrido que está durmiendo entre desechos, y que parece confuso y deshidratado. Un bebé bebiendo agua en el plato del perro, con un cartel que indica que es "subnormal". Papel higiénico colgado indebidamente y a desmano... y perros apareándose sobre la mesa del comedor.

"La única droga a la que soy adicta, se llama amor: amor por mi hijo y mis hijas. ¡Sí, lo único que necesito es un poco de amor!"

"¡Anda, cariño! Trabajas como una mula para esta familia. Si alguien merece que le envuelvan en algas y la entierren en barro, eres tú!"

La agente de Protección al Menor, cuando a Lisa se le cae un diente de leche: "No te preocupes, hijita: el Municipio te proporcionará una dentadura."

Bart: ¡Jo, papá! ¡Te has bautizado por mí! ¿Cómo te sientes?
Homer: ¡Oh, Bartholomew! ¡Me siento como san Agustín de Hipponatas al ser convertido por Ambrosio de Milán!
Flanders: ¡Oh, Homer... qué acabas de decir!
Homer: ¡Que cierres el pico, Flanders!

"¡Madre del Amor Hermoso! Algo huele a podrido en los Simpson."

"He salido a bautizar": El cartel que Homer y Marge se encuentran en la puerta de los Flanders.

"¡Hola, maltrataditos! ¡Bien venidos a vuestro nuevo hogar!"

Krabappel: ¡Ooooh! ¡Piojos! ¿Cómo es posible que un niño tenga piojos en estos tiempos?
(Vemos un flashback en el que Bart tiene un mono jugueteando sobre su cabeza mientras está sentado en el sofá con Milhouse, cerca de un gran cesto de mimbre.)
Milhouse: Compramos esto en una tienda de decoración, y él estaba desmayado dentro.
(Termina el flashback.)
Bart: ¿Eh? ¿Y por qué yo tengo piojos y a Milhouse no le ha pasado nada?
(Milhouse está muy pálido, sus ojos están entreabiertos, y sufre estremecimientos.)
Milhouse: Qué...f-frío... Tengo...frío... m-m-mucho... frío...

Homer: ¡Que no cunda el pánico! ¡Para encontrar a Flanders, debo empezar a pensar como Flanders!
El cerebro de Homer: ¡Soy un mojigato cuatro ojos, y me pongo el mismo estúpido suéter todos los días!
Homer: ¡El río Springfield!

La Casa de los Flanders:

Bart: ¡Huuuy! ¡Cómo odio esta casa!
Lisa: Sí, se parece a la nuestra, pero todo tiene un siniestro toque de "La Casa de la Pradera".
(Ned entra portando una bandeja.)
Ned: ¡Eh, niños! Nachos al estilo Flanders. Son de pepino con quesito fresquito.

Un trabajo mal hecho:

Homer: Te dejamos a los niños tres horas... ¡y nos quita el Ayuntamiento!
Abuelo: ¡Sí, ya: quejas, quejas, quejas!

Ante el Palacio de Justicia, hay una estatua ecuestre del escritor y productor de "Los Simpson", John Swartzwelder.
Los titulares de los viejos periódicos que Marge da a Lisa dicen: "América ama a Ted Kennedy", "40 personas pisoteadas en un concierto de Poco".

El escudo del Estado en el que se halla Springfield, aparece representado en el episodio 8F01, "La Familia va a Washington".

La ambulancia del Servicio de Protección al Menor, atropella a un triciclo cuando corre hacia la casa de los Simpson.
Homer tiene un aspecto lustroso cuando está en la sauna.

Jugando a la "Batalla" de preguntas sobre la Biblia:

Flanders: No, Bart y Lisa tienen que acertar alguna. ¡Vamos! Es muy facilita...
Lisa: ¡Yo me doy!
Flanders: ¡Una pista! Cabeza de león que echa fuego por la boca... cola de serpiente. ¡No tiene más remedio que ser...!
Bart: ¿Jesús?
Flanders: ¡Jes...! ¡Jes...! ¡Es que no sabéis nada? ¡El dragón de Rehaboom! ¡El pozo de Zohassadar! ¡La boda de Beth Chadruharazzeb!
Maude: Sí, son cosas que se van aprendiendo desde el bautismo.
Lisa: Hhhmmm... Es que.... verá... no estamos bautizados.

NADIE QUIERE ESCUCHAR EL RUIDO DE MIS SOBACOS
NADIE QUIERE ESCUCHAR EL RUIDO DE MIS SOBACOS
NADIE QUIERE ESCUCHAR EL RUIDO DE MIS SOBACOS

LISA, LA VEGETARIANA

Episodio 3F03, emitido originalmente el 15.10.95. Guionista: David S. Cohen. Director: Mark Kirkland.

D espués de jugar con una ovejita en un corral de cachorros, Lisa se convierte en vegetariana. Sin embargo, su nuevo estilo de vida es muy atacado. En el colegio el Director Skinner se da cuenta de las ideas de Lisa y les proyecta a los alumnos una vieja película que les invita a consumir carne. Mientras tanto, Homer se siente insultado cuando no le invitan a una barbacoa de la familia Flanders, y planea organizar una.

Lisa prepara gazpacho, como alternativa a la carne a la brasa, pero todos los que han acudido a la barbacoa se ríen de ella. Cuando, muy orgulloso, Homer les presenta un lechón asado a los felices participantes, Lisa se venga. Se lleva a rastras el grill del lechón, y lo tira por una pendiente inclinada.

Las discusiones entre Homer y Lisa son muy frecuentes. La tensión crece hasta que Lisa se va de casa. Creyendo que no puede enfrentarse al ejército de comsumidores de carne, se va al Badulaque y le da un bocado a un frankfurt. Apu le informa que la salchicha, en realidad, está hecha con tofu. La lleva a la terraza superior de la tienda y le presenta a Paul y Linda McCartney, que le explican cómo ser una buena vegetariana: respetando las libres elecciones de los demás.

Lisa pide disculpas a Homer por arruinar su barbacoa, y los dos hacen las paces.

MOMENTOS ESTELARES

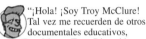

"¡Sí! ¡Relleno de miga de bollo!" La cocinera Doris después de servir a Lisa el menú alternativo vegetariano... un frankfurt de pan.

"Nunca me había dado cuenta, pero los episodios de 'Rasca y Pica' llevan el mensaje de que la violencia contra los animales es graciosa."

"¡Con ensaladas no conquistas a nadie!" Homer explicando a Lisa, por qué debe de servir carne en la barbacoa. El razonamiento termina con un bailongo, en plan conga, de Homer, Bart y Marge.

> **Ned presenta a Homer a sus primos:**
>
> **Ned:** *Mira, José Flanders.*
> **José Flanders:** *Encantado, encantadete.*
> **Ned:** *Y éste es Lord Thistlewick Flanders.*
> **Lord Thistlewick Flanders:** *Encantado...*
> (Ned le da un ligero codazo. El Lord se lo piensa y termina accediendo.)
> **Lord Thistlewick Flanders:** *Encantado... encantadete...*

"No te pongas como una vaca, hombre" Eslogan vegetariano que lleva Apu en su camiseta y que enseña a Lisa.

"¡Hola! ¡Soy Troy McClure! Tal vez me recuerden de otros documentales educativos, como 'Dos Menos Tres: Diversión negativa' y 'Bengalas: el silencioso asesino'."

"No te engañes, Jimmy. Si una vaca tuviera la oportunidad, te comería a ti, y a los seres que tú más quieres." Troy McClure presentador del documental: "El Consejo de la Carne, presenta: La carne y tú: compañeros en libertad."

"¡Espera, papá! ¡Una buena noticia! No tienen por qué comer carne, he preparado gazpacho para el que quiera!"

"¡Marge! Dile a Bart que quiero beberme un buen vaso de sirope, como hago todas las mañanas." Homer a la hora del desayuno.

"... Aprendí hace mucho tiempo a tolerar a los demás, y a no imponerles mis creencias. Puedes ejercer tu influencia, sin necesidad de importunar a nadie. Como la canción de Paul: *Vive y Deja Vivir.*"

(A la hora de comer, Lisa mira su chuleta de cordero. Sobre la cabeza de Lisa aparece una nube en la que vemos a la tierna ovejita del zoo de cachorros.)
Cordero: (Con voz temblorosa.) *P-por f-favor, Lisaaaa... ¡Tú m-me dijiste que me queríiiiias...! ¡Q-que me queríiiiiiaaaaas...!*
Marge: *¿Qué pasa, Lisa? Tienes que comer dos más.*
Lisa: *¡No puedo comerme a un pobre corderito!*
Homer: *¡Lisa! ¡No digas esas cosas! Esto es cordero, no "un cordera".*
Lisa: *¿Qué diferencia hay entre este cordero y el que me besó?*
Bart: *¡Que a éste ya lo han pasado por la plancha!*

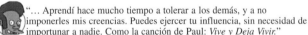

LA HABITACIÓN DE LOS CHICOS NO ES UN PARQUE ACUÁTICO
LA HABITACIÓN DE LOS CHICOS NO ES UN PARQUE ACUÁTICO
LA HABITACIÓN DE LOS CHICOS NO ES UN PARQUE ACUÁTICO
LA HABITACIÓN DE LOS CHICOS NO ES UN PARQUE ACUÁTICO
LA HABITACIÓN DE LOS CHICOS NO ES UN PARQUE ACUÁTICO

(Lisa se lleva a empujones el grill, donde Homer está preparando un lechón, y lo empuja colina abajo. Homer y Bart salen corriendo, tras él, para atraparlo.)
Homer: *¡Apenas si se ha ensuciado! ¡Todavía se podría comer!*
(El grill tropieza en la barandilla de un puente, y el lechón cae al río.)
Homer: *¡Apenas si se ha mojado! ¡Todavía se podría comer!*
(El cerdo es llevado por la corriente hasta el desagüe de una presa, donde se obtura, hasta que la presión del agua lo hace salir disparado.)
Homer: *¡Apenas si ha volado! ¡Todavía se podría comer!*
Bart: *¡Dile Adiós!*
Homer: *¡Adiós!*

DETALLES QUE QUIZÁ TE HAYAS PERDIDO

El Consejo de la Carne, presenta: "La carne y tú: compañeros en la libertad." Es el número 3F03 de la serie: "La Resistencia es lo más inútil." (Es el mismo número de episodio que este que estamos viendo.)

El Reverendo Lovejoy se toma un botellín de cerveza en la barbacoa de Homer.

La única persona que prueba el gazpacho en la barbacoa es Ayudante de Santa Claus.

Un cartel en el Krustyburger, que Lisa lee al pasar, dice: "Prueben nuestro pollo con sabor a buey."

Una valla publicitaria representa a una doctora muy seria, con el cartel de: "No Coman Vaca." Luego se cambian las cortinillas del cartel y vemos a la misma doctora, muy sonriente, sentada a la mesa, con un nuevo cartel que dice: "Coman ciervo."

¡QUÉ TONTO SOY, SEÑOR MCCLURE! CON ESTA PREGUNTA HE DEMOSTRADO QUE SOY UN TONTO DE PRIMERA.

LA CASA-ÁRBOL DEL

Krusty, como un jinete sin cabeza, galopa cruzando un bosque al anochecer. Agita su cabeza en la mano y la arroja, sonriendo, hacia la cámara. Choca contra ésta, y la sangre que salpica forma las palabras: "Los Simpson. Especial Halloween VI."

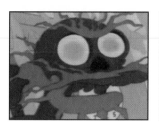

EL ATAQUE DE LOS ADEFESIOS DE 15 METROS

Una extraña perturbación iónica trae a la vida a los muñecos publicitarios de algunas conocidas marcas. Los muñecos, incluyendo a Lard Lad, al profesor Peanut, y al Cow-boy de Duff, comienzan a destrozar Springfield. Lisa descubre el copyright de una agencia de publicidad, en una huella dejada por uno de los gigantescos muñecos, y va a la agencia creadora de ellos. El director de la agencia teoriza sobre que si la gente no mira a los monstruos éstos perderán sus poderes y morirán. Con la ayuda de Paul Anka, Lisa difunde el mensaje de no mirar a los monstruos que pronto caen sin vida.

MOMENTOS ESTELARES

"**¡Ah! La milla milagrosa, en donde las tienduchas tienen sombrero de neón y no hay una sola iglesia o librería que ofenda a la vista.**" Homer conduciendo su coche por la calle comercial de Springfield.

"**Bueno... la conseguí legalmente. De eso puedes estar segura.**" Homer explicándole a Marge la gigantesca rosquilla que tiene en el comedor.

 "Buenos días a todos. El pánico se apodera de Springfield, mientras mascotas gigantes provocan el caos por toda la ciudad. Si forma parte de una atrevida campaña publicitaria... ¿Qué producto puede justificar semejante carnicería?"

"**¡Ahí va! ¡Otra secuela del consumo de ácidos!**" Otto después de ver a la mascota de "Realty, el Diablo Rojo" cogiendo el autobús escolar.

"**¿Bien? ¿Sí? ¡Aah! ¡Je, je! Si buscas tu rosquilla gigante la tiene... este.... Flanders. ¡Ve a destruir su casa!**" Homer a Lard Lad, cuando llama a su puerta. Después de cerrarla, Homer dice: "¡Ha recobrado vida! ¡Mejor para él!"

DETALLES QUE QUIZÁ TE HAYAS PERDIDO

En los títulos iniciales, Matt Groening es identificado como Matt "Señor Canguelo de los USA" Groening.

El profesor Peanut es una parodia de la mascota de los cacahuetes Planters: míster Peanut.

En un poster en la agencia de publicidad se puede leer: "50 millones de fumadores de cigarrillos no pueden estar equivocados."

Una mascota en una alfombra voladora destruye el lugar de nacimiento de Norman Vincent Peale, autor de *El Poder del Pensamiento Positivo.*

El "Hmmm... ralladuras" de Homer también se escucha en el episodio 8F02, "La Casa-Árbol del Terror II".

El muñeco con smoking y sombrero de copa, está inspirado en Western Exterminator Co., de Los Ángeles.

Letra de la canción "Just Don't Look":

Paul Anka: *Para los monstruos detener, / esto es lo que debéis hacer. / Esto Paul Anka os asegura.*
Lisa: *Aunque tenéis mala cura.*
Paul Anka, Lisa y la gente del pueblo: *¡A los monstruos no mirar! / ¡A los monstruos no mirar! / ¡A los monstruos no mirar! / ¡A los monstruos no mirar!*

(Wiggum se enfrenta a un hombre increíblemente alto, vestido con uniforme de baloncesto y le dispara. El hombre cae muerto.)
Jefe Wiggum: *No son tan peligrosos.*
Lou: *¡Eh, jefe! No era un monstruo, éste era del equipo de baloncesto de la universidad.*
Jefe Wiggum: *¡Hep! De todas formas, se estaba convirtiendo en un monstruo.*

TERROR VI

Episodio 3F04,
emitido originalmente el 30.10.95.
Guionistas: John Swartzwelder, Steve Tompkins, David S. Cohen.
Director: Bob Anderson.

PESADILLA EN BULEVAR EVERGREEN

Bart sufre una pesadilla en la que es aterrorizado por el jardinero Willie. Poco después Martin se duerme en clase, sufre un ataque y muere. Marge revela a los niños que Willie murió quemado vivo, en un accidente, durante una reunión de padres y profesores. Aunque pedía ayuda, los padres siguieron discutiendo sobre los menús escolares, y le dejaron morir. Willie juró hacer pagar a los padres por su muerte, con la sangre de sus dormidos hijos. Bart y Lisa temen que, si se duermen, Willie los matará. Después de intentar permanecer despiertos, Bart se desliza en el sueño con Willie. Lisa también se duerme. Willie como una gaita-araña los captura y se dispone a acabar con ellos. Entonces aparece Maggie y utiliza su chupete para cerrar la salida del aire de la gaita. Willie explota. Bart y Lisa se despiertan seguros de haberse librado de Willie para siempre.

DETALLES QUE QUIZÁ TE HAYAS PERDIDO

Muchos de los elementos del primer sueño de Bart (los escenarios, la música y el desarrollo de los personajes) parodian los dibujos animados de Tex Avery.

El Secreto Revelado:

Lisa: *Mamá, Papá... ¡Martin se ha muerto hoy en el colegio!*
Marge: *¡Aaaah! No sé qué tiene que ver esto con el encargado de mantenimiento.*
Bart: *Mmmm... Nosotros no hemos mencionado a Willie para nada, mamá.*
Marge: *Niños, es hora de que conozcáis la historia y olvidéis vuestros temores. Es una historia de muerte y venganza desde ultratumba.*

Los dos centavos del abuelo:

Lisa: *Bart,... ¿sabes lo que eso significa? ¡La próxima vez que nos durmamos, podríamos morir!*
Abuelo: *¡Bien venidos a mi mundo!*

MOMENTOS ESTELARES

"¡Encantado de rastrillarte! ¡Ja, ja, ja, ja, ja!" El jardinero Willie persiguiendo a Bart con un rastrillo en la pesadilla de Bart.

"No he podido evitar espiar vuestra conversación. No hay ningún misterio en torno a nuestro Willie. Solo desapareció. Y ahora dejemos la curiosidad por este siniestro encubrimiento."

"Willie, por favor, el señor Van Houten tiene la palabra." El Director Skinner, a Willie, cuando éste entra envuelto en llamas, gritando y pidiendo socorro, en una reunión de padres y profesores.

"¡Adiós, Lis! Espero que te reencarnes en alguien capaz de estar despierto quince minutos." Bart a su hermana durante la pesadilla en la que Willie se transforma en araña.

HOMER³

Tratando desesperadamente de esconderse de una visita de Patty y Selma, Homer tropieza accidentalmente con la tercera dimensión, y se vuelve tridimensional. Pide ayuda. En poco tiempo la casa de los Simpson está llena de preocupados amigos. Sin querer, Homer crea un vórtice que se traga todo lo que hay. Cuando está a punto de ser engullido la dimensión se colapsa, catapultando a Homer a nuestro mundo: la más aterradora de las dimensiones.

MOMENTOS ESTELARES

"¿Qué es esto? ¡Que raro! Parece una de esas cosas del programa de 'La Línea del Crepúsculo' ese..." Homer cuando su mano se hunde con facilidad en la pared.

"Mmmm... pescaditos sin manufacturar." Homer mirando una piscina que refleja, y viendo unos preciosos peces dorados nadando en ella.

¡A ver si aprendes, maldita dimensión! El Jefe Wiggum disparando su arma contra la puerta interdimensional.

"Tuvimos algunos problemillas cuando el Universo se replegó sobre sí mismo, pero papá aún parecía optimista."

"¡Ooooh, pasteles eróticos!" Homer encontrando una tienda en el viejo universo nuevo.

Homenaje a un clásico televisivo:

Todo el subepisodio está basado en "La Niña Perdida", de la serie "La Zona Crepuscular".

Marge: *¿Homer? ¿Dónde estás?*
Homer: *(Desde el más allá.) Estoy en un sitio que no sé donde estoy.*
Marge: *¿Ves toallas? Si las ves, te has metido en el armario de la ropa blanca.*
Homer: *(Desde el más allá.) Un segundo... (Pausa.) No. Es un sitio en el que no he estado nunca.*
Selma: *¡Ah! La ducha... ¡Je, je, je!*

Homer: *Pues... esto es como... ¿Ha visto alguien la película Tron?*
Doctor Hibbert: *No.*
Lisa: *No.*
Jefe Wiggum: *No.*
Marge: *No.*
Bart: *No.*
Patty: *No.*
Jefe Wiggum: *No.*
Flanders: *No.*
Selma: *No.*
Profesor Frink: *No.*
Reverendo Lovejoy: *No.*
Jefe Wiggum: *¡Sí! ¡Mejor dicho: no! ¡Je! ¡Que no!*

Selma: *¡Menudo pasatiempo familiar os traemos!*
Patty: *Una funda de almohada llena de moluscos de nuestra visita a la Bahía del Azufre.*
Selma: *Los limpiaremos y clasificaremos.*
Patty: *Y les sacaremos los cangrejos ermitaños. ¡Un destornillador!*

DETALLES QUE QUIZÁ TE HAYAS PERDIDO

El saludo de Patty a Marge -"¿Qué te cuentas, Marge?"- es una alusión a sus modales masculinos. Otra referencia similar se hacía en el episodio 1F03 "Marge se da a la fuga", en el que Patty rechaza unirse a Marge en el ballet, refiriéndose a él como "esa cosa de chicas".

La referencia de Homer a "aquel tipo de la silla de ruedas", alude al doctor Stephen Hawking, el científico que va en silla de ruedas, y que escribió la "Breve Historia del Tiempo".

HOMER TAMAÑO KING-SIZE

Episodio 3F05, emitido originalmente el 5.11.95. Guionista: Dan Greaney. Director: Jim Reardon.

Ocupación:
Médico de Springfield, competencia directa del doctor Hibbert.

Diplomas:
Colegio Médico "Arriba Hollywood", Escuela Club Med, Escuela Clínica por Correspondencia Mayo.

Ubicación de su consulta:
En el Centro Comercial de Springfield, entre una tienda de chicles y el "No Puedo Creer que sea una Firma de Abogados".

Tratamientos patentados:
Un proceso lento y constante de engullimiento, combinado con horizontalidad perpetua, para ganar peso. Y Electromicidios Intramusculares para calmar los estados de irritación de los ancianos.

Problemas éticos:
Usa cadáveres que consigue en caminos vecinales, y usa cuchillos de plástico de restaurantes para efectuar sus operaciones.

¡EL JUEZ! ¡ME PONE ENFERMO ESE TIPO! ¡NOS VEREMOS EN LA SALA DE OPERACIONES!

omer decide que quiere trabajar en casa, y descubre la forma de conseguirlo: alcanzando los 135 kilos y siendo declarado oficialmente incapacitado. La Planta Nuclear instala un puesto de trabajo monitorizado para Homer en su casa.

Buscando algunas interrupciones en su jornada laboral, Homer usa un pájaro de juguete para que sustituya a sus dedos sobre el teclado, mientras él se va al cine. No le dejan entrar debido a su tamaño, y vuelve a casa para encontrarse con que el pájaro ha fallado, y que el núcleo del reactor está a punto de estallar.

Homer secuestra una furgoneta de reparto de helados, y se dirige a la Planta. Sube por una débil escalerilla metálica, para conseguir llegar a la llave manual que permita soltar los gases y evitar la explosión. pero el pasadizo metálico se rompe, debido al peso de Homer. Cuando la compuerta del tanque se rompe, Homer cae sobre ella y su cuerpo tapona la salida. Para recompensar a Homer por salvar la Planta Nuclear, el señor Burns accede a pagarle una liposucción para que vuelva a recuperar su tamaño normal.

MOMENTOS ESTELARES

Burns, liderando los ejercicios de la Planta: "¡Canilla izquierda! ¡Inhalen! ¡Canilla derecha! ¡Exhalen! ¡Quiero ver más Teddy Roosevelt y menos Franklin Roosevelt!

Homer, informándose sobre posibles incapacidades: "¿Síndrome del Túnel Carpiano? No. ¿Pulmones de leñador? No. ¿Trastorno del malabarista? No. ¿Pelvis dolorosa y quebradiza? No. ¡Oh! ¡Nunca me incapacitarán! ¡Es un rollo esto de estar tan sano! ¡Ah! Mira... Hiper-Obesidad. Si pesa más de 135 kilos está incapacitado para el trabajo."

"¡Últimas noticias! Arnie de Pie desde el cielo. Esta mañana el tráfico no podía ser peor. Tras un incendio en el Laboratorio de Pruebas del Ejército, un grupo de chimpancés infectados, fugados de él, recorren la autopista. A pesar del agobiante calor, no abra las ventanillas: los monos parecen confusos e irritables."

"Me lavo con un trapo atado a un palo." Bart, en su fantasía sobre ser "obeso y vivir de las ayudas del Gobierno, como papá".

"Pero... yo te aseguro que el flacucho y enclenque Homer que conocías, murió. ¡Ahora soy una máquina potente y enorme!"

Jimbo, hablando de Homer: "He oído que en su trasero tiene un congresista para él sólo!"

Homer: ¡Hey! ¿Dónde está Charlie? ¿Cómo pudo escaquearse?
Carl: ¡Oh! ¡Está en casa! ¡Está de baja!
Lenny: Sí, sufrió un accidente y lo mandaron a trabajar a casa. ¡Algo así como un premio a la estupidez!
Homer: Estupidez... ¿Eh?

Grabación que escucha Homer por teléfono cuando llama a la Central: Los dedos que ha utilizado para marcar son demasiado gordos. Para obtener un teclado especial, por favor, presione las teclas con la palma de la mano.

"Homer: su rápida reacción y arrojo han convertido un posible Chernobyl en una mera central de Pennsylvania. ¡Bravo!

Doctor Nick: Clara predilección por los grupos de alimentos prohibidos: como grupo de helados, grupo de congelados, grupo de chocolatásticos...
Homer: ¿Qué puedo hacer para acelerar el proceso, Doctor?
Doctor Nick: ¡Sean imaginativos! En lugar de hacer un bocadillo con pan, hágaselo con bizcocho, en vez de mascar chicle, masque panceta.
Bart: Y cepíllate los dientes con batidos.
Doctor Nick: ¡Eeeh! ¡Vos también estudio en la Facultad de "Arriba Hollywood"! Este... Y recuerde, si tiene dudas sobre algún tipo de alimento, restriéguelo en un trozo de papel. ¡Si el papel se vuelve transparente, es que es ideal para ganar peso!

Marge: ¡Oooh! ¿Has perdido el juicio? ¿Has pensado en tu salud, en tu físico?
Homer: ¡Ooh! O sea que es eso... Marge. El físico. ¿Cómo puedes ser tan superficial?
Marge: ¡Oh, por favor, yo te querría igual aunque pesaras cuatrocientos cincuenta kilos...!
Homer: ¡Estupendo, adiós!

Vendedor: Bien, señor, a muchos de nuestros clientes los pantalones les producen claustrofobia, así que puedo ofrecerle un montón de alternativas, como: ponchos, caftanes, capas, monos, unisábanas, rollos corporales de muselina, túnicas académicas...
Homer: No quisiera parecer un bicho raro, me quedaré con el caftán.

Homer: ¡Merezco un poco de respeto! ¡Debería darles vergüenza! ¡Yo sólo he venido al cine, sin meterme con nadie!
Gerente: Señor, si se calma, le regalaré una bolsa de basura llena de palomitas.

El señor Burns: Es un honor inaugurar esta terminal de trabajo, que permitirá a nuestro inspector de seguridad operar desde su hogar. Le doy mi enhorabuena, señor... este... ¿Cómo se llama este gasterópodo?
Smithers: Simpson, señor. Es uno de los calienta-sillas del sector G.
Burns: Sí, Simpson.

DETALLES QUE QUIZÁ TE HAYAS PERDIDO

En la marquesina del cine Azteca se puede leer: Pauly Shore y Faye Dunaway en: ¡Toca el claxon, si no te comes una rosca!

¡Jamón Va!, Relleno de Muchos Tipos, Grasa, Arroz con Queso y el Relleno Campestre "Apriete y Trague", son algunos de los productos que Homer compra en la charcutería.

Hay unos esqueletos prehistóricos de Rasca y Pica, enterrados junto a la tubería de evacuación de gases.

Hay dos grupos de alimentos en el diagrama de la Pirámide Alimenticia, que el doctor Riviera no menciona: Grasientos y Dulces, y Grupo Vacío de Calorías.

LOS INDIOS BURNS NO SON
NUESTRA HERENCIA CULTURAL
LOS INDIOS BURNS NO SON
NUESTRA HERENCIA CULTURAL
LOS INDIOS BURNS NO SON
NUESTRA HERENCIA CULTURAL

MADRE SIMPSON

Episodio 3F06, emitido originalmente el 19.11.95. Guionista: Richard Appel. Director: David Silverman.

Homer simula su propia muerte, para poder disfrutar de un sábado libre, en casa, mientras sus compañeros de trabajo recogen basura. Después de recibir varios pésames, Marge comprende de lo que ha hecho Homer, y le ordena que lo arregle. En los Archivos Municipales, Homer consulta su ficha en la pantalla del ordenador y descubre que su madre sigue viva. Visita el panteón familiar... y encuentra a su madre, que había ido a rendir el último homenaje a Homer.

Madre Simpson cuenta como hace 25 años, cansada de la vida gris junto a Abe, se unió a un grupo de estudiantes que protestaban contra la guerra bacteriológica. Descubierta mientras realizaban un sabotaje contra el laboratorio de Burns, se vio obligada a abandonar a su familia, y pasar a la clandestinidad. Ahora, 25 años después, ha arriesgado su libertad para volver a Springfield. Pero el señor Burns la ve en la oficina de Correos y la reconoce.

Agentes del FBI comienzan una minuciosa búsqueda de la madre desaparecida, mientras el abuelo explica por qué le dijo a Homer que su madre había muerto, antes que confesarle la verdad. El FBI está decidido a capturarla y rodean la casa de los Simpson. Pero Madre Simpson ya ha escapado gracias a una llamada anónima del Jefe Wiggum, para devolverle un antiguo favor.

Voz de Bill Gannon: *¿Cómo es posible, Joe?*
Voz de Joe Friday: *¿A qué te refieres?*
Voz de Bill Gannon: *A cómo puede una joven tan guapa hipotecarse por un puñado de ideales desaliñados y promesas de pelo grasiento.*
Voz de Joe Friday: *Tras la guerra en el Sudeste Asiático, pensaría que el fin justifica los medios.*
Voz de Bill Gannon: *¿Sabes, Joe? No ha vuelto a ser el mismo desde que tu hijo se volvió loco en Vietnam.*
Voz de Joe Friday: *¡Ni lo seré jamás!*

MOMENTOS ESTELARES

"¡No sé cómo estoy desperdiciando un sábado recogiendo basura! ¡Y la mitad de estas botellas no son mías!" Lenny recogiendo basura del lateral de la autopista, para una campaña del señor Burns.

 "Cuando te pregunté si el pelele era para fingir tu propia muerte, me dijiste que no."

"Homer J. Simpson. Somos afortunados de haberlo perdido." La lápida que traen Patty y Selma.

El hombre del tendido eléctrico a Marge: "¡No, no! ¡Ningún error! ¡Su contrato de electricidad está a nombre de un fallecido! ¡No tendrán suministro hasta que encuentre: o un empleo o un generador! Y...¡le acompaño en el sentimiento!"

"¡Maldito seas, Walt Whitman! ¡Te odio, te odio! ¡De todo Walt-Whitman-*Hojas-de-Hierba*...! ¡Unas narices!" Homer después de descubrir que la tumba que pensaba era de su madre es, en realidad, de Walt Whitman.

"Es tan extraño... ¡Parece algo sacado de Dickens o de 'Melrose Place'."

Los cantantes de protesta de los sesenta cantan contra el Laboratorio de Armas Bacteriológicas del señor Burns: "Ántrax, gangrena: a la estratosfera! ¡A los Laboratorios, aquí no hay quien los quiera!"

"Sólo uno de los miembros de los Siete de Springfield fue identificado: parece que se trata de una mujer de treinta y pocos, de complexión amarilla. Puede ser extremadamente amable. Para el canal Seis de Noticias, Kenny Brockelstein."

 "Con la ayuda de mis amigos de la resistencia: uno me contrató para promocionar sus batidos dietéticos, supervisé el libro de cocina de otro, investigué la economía de los clientes de un concesionario."

Homer representando su muerte violenta:
Carl: *¡Oh, no! ¡Ha caído a la cascada!*
Lenny: *¡Menos mal, se ha enganchado en una rama!*
Carl: *¡Oh, no! ¡La rama se ha roto!*
Lenny: *¡Menos mal, se sujetará a esas piedras afiladas!*
Carl: *¡Oh, no! ¡Las piedras le están quebrando los miembros!*
Lenny: *¡Menos mal, esos castores han acudido en su ayuda!*
Carl: *¡Oh, no! ¡Le muerden y le roban los pantalones!*
Smithers: *¡Ay, Dios! ¡Le absorberá la turbina!*
Señor Burns: *Smithers... ¿Quién era el cadáver?*
Smithers: *Homer Simpson, señor. (Lloriquea.) Uno de los hombres más trabajadores que han honrado el sector G-7. (Recupera la compostura.) ¡Voy a tacharlo!*

Homer: *¡Oiga usted! ¡Me llamo Homer Simpson! ¡Se ha creído usted que estoy muerto, pero no! ¡Quiero que lo solucione sin andarse con papeleos burocráticos, ni zarandajas!*
Funcionario Municipal: *¡De acuerdo, señor Simpson! Introduzco aquí ese dato... ¡y todo en orden!*
Homer: *¡No me gusta esa actitud suya...! ¡Dictador de Ventanilla! ¿Qué es lo que pone en ese archivo secreto del Gobierno? ¡Tengo derecho a leerlo!*
Funcionario Municipal: *¡Desde luego!*

Homer: *Creí que habías muerto.*
Madre Simpson: *¡Yo creía que tú habías muerto!*
Sepulturero: *¡Pero bueno! ¿Es que en este dichoso cementerio no hay un solo muerto?*
Hans Moleman: *Yo no quería causar molestias... pero ya que usted lo dice...*

DETALLES QUE QUIZÁ TE HAYAS PERDIDO

Entre la basura arrojada en el lateral de la autopista hay: una taza de váter, una rana muerta y una parte de una de las camisas de fuerza Emocionalmente Interesantes, del Nuevo Asilo Bedlam. (El Nuevo Bedlam fue visto por última vez en el episodio 7F24: "Papá, Loco de Atar.")

Mientras quitan la basura, Lenny coge un nido de pájaro de un árbol y lo tira, con huevos y todo.

Carteles de protesta: "Haz el amor, no gérmenes", "El Ántrax no mola", "Paz, no varicela", "Sacad a EE.UU. del pus"

"Neumonía de Primera" y "Gripe Boogie-Woogie" son algunos de los virus del Laboratorio de Armas Bacteriológicas del señor Burns.

Cuando era un niño, Homer dormía con un muñeco que representaba a un cocinero.

Cartel: "Laboratorio de Armas Bacteriológicas. Cuando la Bomba-H no es suficiente."

Cartel: "Archivo general de Springfield. Los archivos buenos, no. Sólo los históricos."

Identidad:
Madre de Homer, hace mucho tiempo desaparecida. Se la creía muerta.

Razones de su desaparición:
Fue vista por el señor Burns el día en que ella participaba en la protesta y destrucción del Laboratorio de Armas Bacteriológicas, propiedad de Burns, a finales de los años 60.

Otros nombres:
Mona Simpson, Mona Stevens, Martha Stewart, Penelope Olsen, Muddie Mae Suggins.

Canta:
Temas folk de los años sesenta, a la guitarra.

ÉSE ERA EL ENEMIGO: MONTGOMERY BURNS. ERA NECESARIA UNA ACCIÓN DRÁSTICA PARA DETENER SU MAQUINARIA DE GUERRA.

Graduación:
Coronel de las Fuerzas Aéreas de Estados Unidos.

Su más valioso privilegio:
Tener su propio lavabo privado.

Su mayor deshonra:
Que alguien le deje fuera de su lavabo privado.

Sentido del humor:
No muy grande. Usa metáforas de "El Mundo, Según Garp".

Nivel de tolerancia:
Para aquellos que son diferentes de él: bajo.

Miedos:
El Instituto Smithsoniano.

¡SI NO ABRE INMEDIATAMENTE, LO DEJARÉ COMO UN PAÑUELO DE PAPEL EN UNA FIESTA DE MOCOS!

EL ÚLTIMO RESPLANDOR DEL ACTOR SECUNDARIO BOB

Episodio 3F08, emitido originalmente el 26.11.95. Guionista: Spike Ferensten. Director: Dominic Polcino.

Mientras está cumpliendo condena en una prisión de mínima seguridad, el Actor Secundario Bob se obsesiona con los nefastos efectos de la televisión sobre la sociedad. Cuando está realizando trabajos de limpieza en una Base Aérea, se fuga y consigue llegar a un hangar en el que almacenan material nuclear. Mientras tanto, los Simpson se dirigen a la Base Aérea para ver un espectáculo de aviación.

Durante el espectáculo, Bob aparece en una gigantesca pantalla de TV, amenazando con hacer detonar la bomba, si no se desmantelan todas las televisiones de Springfield. En la confusión provocada por el pánico, Bart y Lisa quedan separados de sus padres. En respuesta al chantaje de Bob, el Alcalde Quimby hace desmontar todas las televisiones, pero Krusty, sabiendo que puede alcanzar el 100% de audiencia, comienza a emitir desde un refugio de la Defensa Civil. Enfadado, Bob quiere hacer estallar la bomba, pero está caducada y no explota.

Rodeado por las fuerzas militares, Bob secuestra a Bart y vuela en el aparato original de los Hermanos Wright (cedido para el espectáculo por el instituto Smithsoniano) hacia el refugio desde el que emite Krusty. Bob está dispuesto a ser un kamikaze. El viejo aparato se estrella contra el suelo, poco antes de alcanzar el refugio, y Bob es rápidamente arrestado.

COL. HAPABLAP

MOMENTOS ESTELARES

 "La cometa común se empleaba antiguamente como método para secar... cuerdas mojadas."

"¡Llévame a la Luna!": La canción que está silbando el Actor Secundario Bob mientras mete la bomba en el interior del dirigible.

"Ya sé que es irónico que aparezca yo por televisión, para censurarla. ¡Así que: ahórrense el comentario!"

"¿Creen que merecería la pena vivir en un mundo sin televisión? ¡Los supervivientes envidiarían a los muertos!"

"Y mientras mi último boletín llega a su fin, recuerdo algunos acontecimientos que me acercaron a ustedes: El colapso de la Unión Soviética, la guerra de los fabricantes de helados, perros que poseían tarjeta de crédito, y otros que no fueron tan alegres. ¡Señores... adiós! Y, esto... podrán leerme en mi columna de la revista PC World."

Bob aparece en la Pantalla Gigante de Televisión en el Espectáculo Aéreo:

Actor Secundario Bob: ¡Hola, Springfield! Lamento apartar su atención de esas cosas ruidosas y brillantes, pero... hay algo que últimamente me preocupa: la televisión. ¿No sería mucho más plena nuestra vida si nos deshiciéramos de la televisión?
Moe: ¿Qué?
Doctor Hibbert: ¡Oigh! ¿No se referirá a la televisión por cable?

La remota Llanura de Alkali, de las tierras baldías de Springfield: La localización del refugio de la Defensa Civil desde el que está emitiendo Krusty.

"¡Niños, Rasca y Pica no pueden estar hoy, pero tenemos algo mejor en su lugar. ¡Os presento a Escorpión y Batería! ¡Pican! ¡Da luz! ¡Pican, pican! ¡Da luz! ¡La-ra...! ¡Y bueno, ya sabéis lo que quiero decir!" Krusty juguetendo con un escorpión y una oxidada batería, transmitiendo su programa desde el refugio de la Defensa Civil.

 "¡Qué irónico! Mi cruzada contra la televisión ha terminado de forma tan tópica, que podría haber sido vomitada por el ordenador portátil del guionista más holgazán!"

El Abuelo y Bart observando el avión de los hermanos Wright:

Bart: ¡Buaf! ¡Fíjate qué antigualla!
Abuelo: ¡Aaay! ¡Pero... bueno! ¡Eres un ignorante! ¡Es el avión de los Hermanos Wright! Kitty Hawk, 1903. Lindbergh recorrió 25 kilómetros con un dedal de aceite de maíz. ¡El sólo ganó la Guerra Civil! ¡Para que te enteres!
Bart: ¿Cómo sabes tanto de Historia de América?
Abuelo: He ido encajándola, por medio de los sobres de azúcar.

Jefe Wiggum: ¡Hey! ¿Dónde están el Actor Secundario Bob y ese tipo que arranca la cara a la gente?
Prisionero de aspecto normal: ¡Estoy aquí, jefe!
Jefe Wiggum: Entonces... ¿dónde está Bob?
Otro prisionero: ¡Se ha fugado!
Wiggum: ¡Vaya...! Bueno, si pregunta alguien, que... le he dado una paliza. ¿Vale?

DETALLES QUE QUIZÁ TE HAYAS PERDIDO

Frink aparece en el subterráneo de la "habitación de guerra" con un peinado diferente, llevando gafas de sol y sentado en lo que parece ser una silla de ruedas.

Los "representantes de la televisión" son Kent Brockman, Krusty el Payaso, el Abejorro, alguien parecido al doctor Who y alguien que se parece a Urkel.

El anuncio para el espectáculo Aéreo muestra un avión F-14, con unas gigantescas ruedas de camión.

Cartel: FUERZAS AÉREAS DE EE.UU. (No afiliada a U.S. Air.)

Las revistas que hay en la "habitación de la guerra" de las Fuerzas Aéreas son: "La Abuelita Divertida", "Semana del Carrillo" y "Entusiastas de las Tetas Americanas".

La pantalla gigante de televisión en la que se puede ver el espectáculo aéreo es de marca "Tyranno-Vision".

Homenajes cinematográficos:

El Coronel Hapablap le pregunta al Actor Secundario Bob: "¿Cuál es su principal avería?", al estilo del Sargento Drill (también intepretado por R. Lee Ermey), en La Chaqueta Metálica.

La subterránea "habitación de la Guerra" donde Quimby decide qué hacer, es una parodia de: ¿Teléfono Rojo? ¡Volamos hacia Moscú!

LOS ZAPATOS CON PLATAFORMA SON MALSANOS PARA LOS NIÑOS Y OTROS
LOS ZAPATOS CON PLATAFORMA SON MALSANOS PARA LOS NIÑOS Y OTROS

ESPECTACULAR EPISODIO NÚMERO 138

Episodio 3F31, emitido originalmente el 3.12.95. Guionista: Penny Wise. Director: Pound Foolish.

MATT GROENING

Trabajo:
Belicoso creador de "Los Simpson",
y de otros cómics como
"Maldición", "Johnny Reb" y
"Historias Reales de Asesinatos".

Aspecto físico:
Calvo, con cicatriz y un parche en
un ojo.

Demencia:
La ira.

Acento:
Sureño.

Bebida:
Tequila (en su despacho).

Troy McClure, estrella de la televisión, el cine y todo tipo de medios audiovisuales, presenta esta retrospectiva desde el Auditorio Cívico de Springfield. El programa comienza con una breve historia de "los Simpson." El creador de la serie, Matt Groening, es presentado como un anciano alcohólico sureño patriota, antiguo creador de cómics. Se pueden ver los primeros cortometrajes de "Los Simpson" emitidos dentro del Tracey Ullman Show.

Troy contesta a algunas cartas de los telespectadores, programando escenas nunca antes emitidas de los episodios: 9F19 "Krusty es Kancelado", 1F08 "$pringfield", 3F06 "Madre Simpson", 1F04 "La Casa-Árbol del terror", 1F10 "Homer y Apu" y 1F16 "El Heredero de Burns".

A continuación se programan varios finales alternativos a "¿Quién disparó al señor Burns?", con un montaje de Barney, Tito Puente, Moe, Apu, y Ayudante de Santa Claus, disparando a Burns. También se emite un doblaje diferente del final emitido.

Troy cierra el programa diciendo: "Sí, 'Los Simpson' han recorrido un largo camino desde que un viejo borracho los creara para saldar sus deudas de juego. ¿Quién sabe qué aventuras vivirán a partir de ahora, y hasta que la serie deje de ser rentable?"

MOMENTOS ESTELARES

"Hola, soy Troy McClure. Me recordarán de otros Especiales de la Fox, como 'Cirugía plástica alienígena' o 'Las Cinco Fabulosas Semanas del Show de Chevy Chase'. Hoy rendimos homenaje a una familia de dibujos animados, popular y no-prehistórica."

Escena tomada del episodio 3F06: "Madre Simpson."

Homer: Hhhmmm...
Madre Simpson: ¡Homer, hijo! ¡No tienes que atiborrarte de caramelos de hace 25 años, para hacerme feliz!
Homer: (Engullendo.) Pero no te hace infeliz... ¿No? ¡Eeeh! ¡Barritas del espacio! ¡Oooh, si las hubiera tenido en mi aventura espacial! ¡Sabes que fui enviado al espacio hace dos años, mamá?
Madre Simpson: ¡Pues claro! Lo leí en los periódicos. ¡Salió en todos los medios! ¿Sigues trabajando para la NASA?
Homer: No, ahora trabajo en la Central Nuclear.
Madre Simpson: ¡Oh, Homer!
Homer: Pero te alegrará saber que no muevo ni un dedo. ¡La verdad es que la estoy boicoteando desde dentro!

"NRA4EVER": El mensaje que aparece en la caja registradora, cuando pasan a Maggie por el lector de códigos de barras, en la presentación de cada episodio. O como dice Troy, también conocido como McClure: "Uno de los cientos de mensajes de extrema derecha, insertados en todas las producciones del dibujante Matt Groening."

19 de abril de 1987: Fecha en la que el mundo conoció por primera vez a "Los Simpson", como un corto dentro del Tracey Ullman Show".

"Smithers, por intentar asesinarme, le voy a rebajar un 5 por ciento el sueldo."

El Capitán Chiflado: Según Troy es el nombre original de Homer, en "Los Simpson."

"¿Qué personajes populares de 'Los Simpson' han fallecido este año? Si han contestado Murphy 'Encías Sangrantes' y el doctor Marvin Monroe, se equivocan. ¡Nunca fueron populares!" El presentador contestando a la segunda pregunta formulada sobre "Los Simpson."

Las soluciones a "¿Quién disparó al señor Burns?", que nunca llegaron a emitirse: Barney le dispara. Tito Puente le dispara. Moe le dispara. Apu le dispara. Ayudante de Santa Claus le dispara.

Una escena nunca emitida de "Krusty es Kancelado":

Ejecutivo 1 de la cadena de TV: Somos de la cadena de TV. ¡Lo sentimos mucho, tío, tu programa ha sido cancelado!
Krusty: ¡Oh, sabía que ocurriría! ¡Ojalá me sustituyan por un programa tele-educativo y optimista, como intenté que fuera el mío!
Ejecutivo 2 de la cadena de TV: Será por un espacio publicitario que tratará sobre las hemorroides.
Krusty: ¿Puedo interpretar al Sufridor número 1? ¡Uuuh! ¡Cómo me duele! ¡AAAh! ¿Es que no existe un remedio?
Ejecutivo 1 de la cadena de TV: ¡No es creíble!
Krusty: ¡Bueno, pues uno de los que se han curado! ¡Aaah! ¡Esto está mejor! ¡Puedo volver a montar en bici!
Ejecutivo 2 de la cadena de TV: ¡Lo siento!

Cortometrajes (o partes de ellos) que se emiten, o que fueron emitidos en el Tracey Ullman Show:

MG01 "¡Buenas noches!", MG16 "El Crimen Perfecto", MG13 "Patrulla Espacial", MG20' "La Tercera Guerra Mundial" y MG44 "La Hora del baño".

Escena nunca vista del episodio 1F04: "La Casa-Árbol del Terror":

Bart: ¿Por un Fórmula 1? ¡Ya lo creo que vendería mi alma!
(Aparece el Diablo Flanders.)
El Diablo Flanders: ¡Je, je, je! ¡Eso puede arreglarse!
Bart: ¡Cambié de idea, perdone!
(El Diablo Flanders se desvanece.)
Bart: ¡Mosquis!
Marge: ¡Bart, no molestes a Satanás!

Un trozo del diálogo no emitido de "¿Quién disparó al señor Burns?":

Burns: La persona que me disparó fue... ¡Aaah! ¡Aaah! ¡Aaaah!... Waylon Smithers.
Smithers: ¡Nooooo! ¡Un momento! ¡Síii!

DETALLES QUE QUIZÁ TE HAYAS PERDIDO

Matt es representado como un viejo calvo, con un parche sobre el ojo. Y un póster de "Vida en el infierno" en la pared de su despacho.

Sam Simon, con sus grotescas uñas y su aspecto descarnado, recuerda a Howard Hughes en sus momentos más excéntricos.

En la nota que aparece dentro de la cabeza de Homer, cuando es usada como bola de bolera, se puede leer: "Te debo un cerebro. Firmado: Dios."

En el cartel del Auditorio Cívico de Springfield, se puede leer: "Esta Noche Gala Espectacular. Mañana: Promoción de Estilos de Vida Alternativos para Ancianos."

¡FUERA DE MI ESTUDIO!

DETECTIVE DON BRODKA

Trabajo:
Jefe de Seguridad de los almacenes Try-N-Save.

Aspecto:
Rudo.

Modus Operandi:
Llevarse a los niños que atrapa robando, para intimidarlos llamando a sus padres.

Vicio principal:
Fumar.

Principal área de confusión:
Tiende a confundir los Mandamientos.

Comida favorita:
Paquetes de galletas con cremas.

> SI QUISIERA PASAR EL RATO, ESTARÍA EN MI CASA BEBIENDO CERVEZA Y FUMANDO CIGARRILLOS.

MARGE, NO SEAS ORGULLOSA

Episodio 3F07, emitido originalmente el 17.12.95. Guionista: Mike Scully. Director: Steven Dean Moore.

Bart observa un anuncio por la televisión de un nuevo videojuego ultraviolento, "Bonestorm", y quiere conseguirlo. Pero fallan todos sus intentos para que se lo regalen, o para alquilarlo. El Jefe de Seguridad de unos grandes almacenes atrapa a Bart, después de que éste haya robado el videojuego.

Brodka lleva a Bart a su despacho, en una sombría zona de los grandes almacenes, y allí le dice que no vuelva a poner los pies en la tienda. Al día siguiente, Marge decide llevar a toda la familia a los almacenes, para hacer su tradicional foto navideña

anual, y Bart se resiste a ir para evitar ser detenido. Pero, a pesar de todo, Brodka lo descubre y le muestra a unos incrédulos Marge y Homer la cinta de vídeo en la que se ve a Bart robando el videojuego.

Desde ese momento, Bart observa que Marge comienza a tratarlo de otra forma, y teme haber perdido el amor de su madre. Va de nuevo a los grandes almacenes, y vuelve a casa con un regalo bajo su cazadora. Cuando Marge lo descubre, ve que se trata de un marco, con una foto de Bart y un ticket que dice: "Pagado."

MOMENTOS ESTELARES

"¡Ésta es una Navidad de Krusty! Ofrecida por I.L.G. expendedora de los productos químicos de su cuerpo después de su muerte, y por Magdalenas Riquiña, filial de I.L.G."
Anuncio de televisión, presentando el último Programa Especial de Krusty.

"¡Hora de arroparte! ¡El tren del sueño ya partió, hacia Mamá Patito, Bart se quedó en la estación… le pesaba el culito!"

Sensación-House: La contraseña para acceder al videojuego de Milhouse es "Sensacion-House".

"¡Hola! Soy Troy McClure, quizá me recuerden de otros vídeos de servicio público, como "Conductores Sobrios", "Los Repelentes Salvavidas" y "Las Falsas Alarmas Reducen las Precauciones". Hoy estoy aquí para hablarles sobre pequeños hurtos, y así cumplir mi acuerdo judicial con los limpiabotas de Beverly Hills."

"¡Robando! ¿Como pudiste? ¿No has aprendido nada del tipo que nos echa sermones en la iglesia? ¿El Capitán… No-Sé-Cuántos? ¡Vivimos en una sociedad de leyes! ¿Por qué crees que te llevé a ver 'La Loca Academia de Policía'? ¿Por diversión? ¿Es que oíste que se riera alguien? ¡Ni tú!"

"¡He pensado el castigo para el niño! Primero: está castigado. nada de salir, nada de ir al colegio. Segundo: ¡Nada de postre! Es más, nada de repetir postre. Y tercero: se le prohíbe robar durante tres meses."

"¡Mmm! ¡Cómo te quiero! ¡Mi pequeño Bartito!" Marge después de que Bart le entregue una foto de él mismo, con un ticket que dice: "Pagado."

Detective Brodka: Te crees muy listo… ¿Verdad?
Bart: No.
Detective Brodka: Conmigo no te hagas el listo.

Bart mira la vitrina de los videojuegos, y ve cómo algunos personajes cobran vida.
Luigi: ¡Adelante, Bart, coge un "Bonestorm"!
Mario: ¡Estos almacenes son riquííísimos, nunca lo van a notar!
Donkey Kong: ¡Sííí! Y si tanto lo deseas, es por culpa de su publicidad.
Lee Carvallho: No te lo lleves. ¿Acaso ese juego va a mejorar tu voz?
Sonic, el Erizo: Di que sí, ¡llévatelo, llévatelo, llévatelo… ¡Llévatelo!

El Salvaje Santa Claus: (En la TV.) Decid que os compren el "Bonestorm"… o idos al Infierno.
(Bart sale corriendo del salón y entra a la carrera en la cocina.)
Bart: ¡Un "Bonestorm"… o vete al Infierno!
Marge: ¡Baaart!
Homer: Jovencito, en esta casa acostumbramos a decir "Por favor."
Bart: ¡Es el mejor videojuego que existe!
Marge: Lo siento, cariño, pero esos juegos cuestan hasta la friolera de 70 dólares, y te distraen de tus deberes… ¡y son violentos!
Bart: Mamá, todos esos argumentos no conducen a comprar mi juego.
Homer: ¡Sé cómo te sientes, Bart! Cuando tenía tu edad, quería un juego eléctrico de fútbol más que nada en el mundo. El día que me lo compraron mis padres, fue el día más feliz de mi vida.

DETALLES QUE QUIZÁ TE HAYAS PERDIDO

Los calcetines de los chicos del reformatorio, que están en la chimenea, llevan su número de preso, en lugar de su nombre.

El Detective Don Brodka lleva un tatuaje del USMC (el Cuerpo de Marines de Estados Unidos) en su brazo izquierdo.

El Detective Don Brodka dice que Bart ha quebrantado el Undécimo Mandamiento: "No se debe robar." En realidad es el Octavo Mandamiento. (Como quedaba revelado en el episodio 7F13, "Homer contra Lisa y el Octavo Mandamiento".)

Brodka tiene un Certificado de la "Escuela de Seguridad Try-N-Save" colgando en la pared.

El Cartel que hay en los almacenes Try-N-Save dice: "En Honor a Nuestro Salvador, Abriremos en Navidad."

Un cartel en el Reformatorio dice: "Hogar de las Palizas con Pastillas de Jabón."

Cartel en los almacenes Try-N-Save: "Leños Eternos. 2,99 $ cada uno" y "Motín de las Sillas Plegables, 9,99 $".

Rica madre de aspecto urbano: Gavin… ¿no tienes tú ya este juego?
Niño malcriado: ¡No, Mamá! ¿Eres idiota? Tengo Bloodstorm, Bonesquad, y Bloodstorm II… ¡estúpida!
Rica madre de aspecto urbano: ¡Ay, perdona, cielo! Pues coge un Bonestorm.
Niño malcriado: ¡Dos! Para no compartirlo con Caitlin.

NO VOLVERÉ A HABLAR DEL PIANISTA DE TREINTA CENTÍMETROS
NO VOLVERÉ A HABLAR DEL PIANISTA DE TREINTA CENTÍMETROS

EQUIPO HOMER

Episodio 3F10, emitido originalmente el 6.1.96. Guionista: Mike Scully. Director: Mark Kirkland.

Incapaz de conseguir los 500 dólares necesarios para inscribirse en la Liga de Bolos, Homer se los pide a un anestesiado señor Burns, que le da un cheque. Mientras tanto, en la Escuela Elemental de Springfield, Bart y su camiseta de "Abajo Con Los Deberes" provoca una revuelta estudiantil, que termina con la imposición de la obligatoriedad de llevar uniforme escolar.

El equipo de bolos de Homer, los Pin Pals, comienzan a ganar, después de que Homer se dedique a gritar rimas a sus compañeros, animándolos. El señor Burns se recobra de su estado y decide cancelar el cheque que le dio a Homer. Pero cuando va a la bolera desea incorporarse al equipo, como cuarto miembro, aunque sus escasas fuerzas hacen que difícilmente la bola llegue hasta los bolos.

Los Pin Pals tienen que disputar la final contra los "Santos Boleadores." A dos bolos de la victoria le llega el turno al señor Burns. Otto sigue peleándose con la máquina tragaperras y, al derribarla, las vibraciones provocan que caiga el bolo, y los Pin Pals ganan el trofeo. En la escuela, los uniformes han dejado a los chicos en un estado de tranquilidad casi hipnótica, pero una lluvia hace que se decoloren los uniformes, y broten los colores sicodélicos. Los chicos se vuelven salvajes.

MOMENTOS ESTELARES

"¡Abajo con los deberes!" Una de las pegatinas de la revista satírica *Loca*, que Bart se pega en la camiseta, y que provoca la rebelión en la Escuela Elemental de Springfield, y que genera que todos deban de llevar uniforme.

 "Vas por la vida tratando de ser amable con los demás, aguantándote las ganas de partirles la cara... ¿Y para qué? ¡Para que un lechuguino te trate como si fueras un puñado de tierra! ¡Yo valgo más que la tierra! Bueno... que la mayoría de las tierras. No la tierra que venden en los viveros elegantes, cargada de nutrientes... ¡Con ésa no hay quien compita!"

"Sí, ya sé que diréis que es un tópico injusto, pero la gente mayor no sirve para todo." Moe ante la propuesta del señor Burns de unirse al equipo de bolos.

NO ESTOY DIPLOMADO PARA
RETIRAR AMIANTO
NO ESTOY DIPLOMADO PARA
RETIRAR AMIANTO
NO ESTOY DIPLOMADO PARA
RETIRAR AMIANTO

 "¡Ooh! Perdí una uña. Es lo que pasa con la lepra..."

"¡Ooooh... augh!" Nelson olvidando que anteriormente siempre hacía la burla.

 "Pues yo ya estoy harto de ser un aspirante! ¡Quiero ser jugador de Liga!"

"¡Vamos, Moe! ¡Vamos, Moe! ¡No hagas a Homer gritar 'Hough'!" Homer, Apu y Otto dándole ánimos a Moe.

"Pasé tres años en un campo de prisioneros. Obligado a subsistir a base de pescado, verduras, gambas, leche de coco y... cuatro clases de arroz. ¡Casi me volví loco tratando de encontrar esto en Estados Unidos, pero aquí no aciertan con las especias!"

"Noticia: empezando la lista de los 'peor vestidos': esos tíos."

Bart: *¡Ahí va! ¡La Edición Especial de la revista Loca! ¡Sólo se publican dieciséis al año!*
Milhouse: *¡Y mira! ¡La han vuelto a tomar con ese tal Spiro Agnew! ¡Debe trabajar ahí, o algo así!*

(Cuando Burns está anestesiado, Homer entra en su despacho, y el señor Burns le confunde con Poppy Fresco, el Chico de las Rosquillas Caseras.)
Homer: *Señor Burns, me preguntaba si usted querría esponsorizar mi equipo de bolos... ¡serían quinientos dólares!*
Burns: *¡Por supuesto Poppy Fresco, sí! ¡Debo mi robusta constitución a tus paquetes de bollería!*

Homer: *¡Vamos, Otto, rico! / ¡A jugarte el tipo! / ¡Si haces este tanto, / ganará tu equipo!*
Homer / Apu / Moe: *¡Vamos, Otto, rico! / ¡A jugarte el tipo!*
Apu: *¡No te costará nada / la leche merengada!*
Moe: *¡Si tiras con destreza / gratis la cerveza!*
Homer: *¡Domo arigato / el señor Oato!*

Marge: *No, no te doy quinientos dólares, a cambio de sexo.*
Homer: *¡Oh, vamos Marge! Tú consigues algo a cambio, y yo consigo mi inscripción en la bolera. ¡Los dos ganamos algo!*
Marge: *¡No me hace! Además no tengo tanto dinero para gastar en sexo. ¡Podrías convencer a alguien para que os esponsorice! ¡Al señor Burns!*
Homer: *¡Burns no da dinero ni a su padre! ¡Precisamente el jueves le pedí mil quinientos dólares!*
Marge: *¿Para qué?*
Homer: *¿Vas a someterme a un tercer grado?*

Bart: *¡Ma-a-má! El tirachinas no cabe en estos bolsillos, y el pantalón corto no deja nada a la imaginación. ¡Es un uniforme chingao!*
Marge: *¡Bart! ¿Dónde has aprendido a hablar así?*
Homer: *Sí, Moe, su equipo la chingó bien pronto. ¿Qué chingaos? ¡He visto equipos chungos, pero el suyo es la pandilla de chungos más chunga que jamás he chingao!*

Burns: *¡Espere un momento! ¿Yo he entregado un talón para bolos?*
Smithers: *Eh... Se referirá a su bolo alimenticio.*
Burns: *¡Ah, sí! La purga... ¡Es muy importante!*
Smithers: *Sí, señor. ¿Recuerda el mes que no la hizo?*

A la querida memoria de Doris Grau:

Este episodio fue dedicado a Grau, la voz de la cocinera Doris, que murió en diciembre de 1995.

DETALLES QUE QUIZÁ TE HAYAS PERDIDO

Al, el tío de Barney, ya fue visto en el episodio 2F10, "Y con Maggie, Tres".

Homer robó el Óscar perteneciente al doctor Haing S. Ngor, que lo ganó como Actor Secundario en 1984, por *Los Gritos del Silencio*. Homer tachó el nombre de Ngor, y escribió el suyo.

¡HEY, SALVATORE! ¡PONLE A ESTE HORRIBLE CHICO UNA BANDEJA DE COSA ROJA!

DISCO STU

Identidad:
Anclada en los años setenta.

Pelo:
Afro.

Actitud:
Como si Arnold Horshack y Arthur Fonzarelli se encontrasen.

Ropa:
Tachuelada.

Habla de sí mismo:
En tercera persona.

¡HEY! ¡DISCO STU NO HACE PROPAGANDA!

DOS MALOS VECINOS

Episodio 3F09, emitido originalmente el 14.1.96. Guionista: Ken Keeler. Director: Wes Archer.

MOMENTOS ESTELARES

Marge: *¿Podemos deshacernos de esta camiseta del "Ayatolah"? ¡Jomeini ya murió hace años!*
Homer: *Pero, Marge, puede haber otros ayatolahs: Ayatolah Nakhbadeh, Ayatolah Zahedi... En estos momentos el Ayatolah Razmara y sus fanáticos están consolidando su poder.*

(Removiendo entre los trastos del desván, Homer encuentra una cazadora vaquera que lleva grabado en la espalda, con chinchetas metálicas, las palabras "Disco Stu".)
Marge: *¿Quién es Disco Stu?*
Homer: *Bueno quise poner Estupendo, pero me faltó espacio. Aunque no me negarás que Disco Stu fue algo estupendo.*

"¡Eso no es nada! Cuando yo era niño, los presidentes nos arreaban hasta hartarse. Grover Cleveland me azotó en dos ocasiones no consecutivas."

"¡Lástima que hayan comenzado tan mal! ¡Es como cuando aquel asunto de Noriega! Sin embargo, ahora él y George son íntimos amigos." Bárbara Bush hablando sobre el odio que se tienen Homer y George.

"¡Sí, sí, su historia concuerda!" Homer después de buscar "Bush, George", en la Enciclopedia.

Homer: *(Cantando el tema de "Big Spender".) ¡Derrochantes! / Venta ambulante, / mirad qué tirantes / ¡Derrochantes!*
Público: *¡No hay quien se aguante!*
Homer: *(Terminando.) ¡Heeeeey! ¡Gastad toda la pasta aquí!*
(El público grita y aplaude.)
Homer: *¡Gracias, vecinos, gracias! ¡Y ahora vamos a pasar a este otro stand. (Con la música de "Stayin Alive".) ¡Ah! ¡Ah! ¡Ah! ¡Ah! ¡Otro stand! ¡Otro stand! ¡Ah! ¡Ah! ¡Ah! ¡Ah! ¡Otro staaaaand!*

Lisa: *Precisamente, éste es uno de los nueve estados en los que el señor Bush afirma residir. Yo no votaría por él, pero es agradable tener una celebridad en el barrio.*
Homer: *¡Un momento! Si Lisa no votó por él, y yo no voté por él...*
Marge: *¡Tú no votaste por nadie!*
Homer: *¡Voté a favor de que el champú siguiera vendiéndose en frascos de cristal! ¡Aunque luego me sintiera desencantado!*

Flanders: *¡Hola, holita, presidente Bush! ¿O debería decir presidente Bush? ¡Soy Ned Flanders, mi mujer Maude, Rod y Todd!*
George Bush: *¡Hola, holita, igualmente Ned! Es mi esposa Bárbara, llámenla Bar. ¿Una limonadita?*
Flanders: *¡Encantadito!*
George Bush: *¡De acuerdo!*
Flanders: *Gracias, gracitas. ¡Hmmm! ¡Genialiciosa!*
George Bush: *¡Estupentástico!*
George Bush y Flanders: *¡Fresca y rica la parte agridulce!*

"Primero invade mi territorio, me quita mis amigos, luego se reirá de mi forma de andar, probablemente. Y ahora me arrebata el derecho a criar a un hijo desobediente y respondón. ¡Pues no, Ea!"

"¡Eheem! A Disco Stu le gusta la música disco." Disco Stu contrariado porque Homer haya dejado de cantar.

"Hmmm... una "Krusty" burger. ¡Suena poco apetecible! ¿Y qué clase de guiso tienen hoy?" George Bush haciendo su pedido desde el coche.

Homer: *¡La gran Evergreen Terrace, la calle más distinguida de la zona más elegante de la urbanización!*
Bart: *Si tanto te gusta... ¿Por qué la ensucias constantemente?*
Homer: *¡Porque resulta más fácil!*

Gerald Ford: *Oiga, Homer... ¿Le gusta el fútbol?*
Homer: *¿Que si me gusta?*
Gerald Ford: *¿Le gustan los nachos?*
Homer: *Sí, señor Ford.*
Gerald Ford: *Entonces... ¿por qué no viene a casa a ver el partido y nos tomamos unos nachos, y luego unas birras?*
Homer: *¡Uuuh!*
(Homer y Gerald Ford cruzan la calle juntos.)
Homer: *Jerry, creo que usted y yo nos vamos a llevar...*
(Homer y Ford tropiezan en el bordillo.)
Homer y Ford: *¡Oough!*

DETALLES QUE QUIZÁ TE HAYAS PERDIDO

Homer come "Chippos", unos aperitivos que, en su bolsa, tienen un hipopótamo antropomórfico.

En el rastrillo del barrio, los Simpson venden las viejas camisetas de "Yo no lo hice" que se vieron en el episodio 1F11 "Bart se hace famoso", el teléfono de Mary Worth que se veía en el 1F21 "El amante de Madame Bouvier", una copia del disco "Mejores que Jesús" de los "Sol-Fa-Mi-Das", que se veía en el 9F21 "El Cuarteto Vocal de Homer", el "Tónico Revitalizador de Simpson e Hijo" del episodio 2F07 "El abuelo contra la impotencia sexual", la cabeza del indio Olmec del 7F22 "Sangrienta Enemistad", y un cuadro de Ringo Starr del episodio 7F18 "Pinta con grandeza".

Gorbachev es mencionado en el episodio 1F08, titulado "Springfield", cuando Krusty teoriza sobre que las manchas de su cabeza son síntomas de herpes.

Gorbachev trae a los Bush una cafetera como regalo para el hogar.

En el mercadillo que celebran todos los Simpson y sus vecinos de Evergreen Terrace, Homer descubre sus habilidades para captar la atención del público, y les hace divertirse. Pero su repentina popularidad se ve eclipsada por la llegada del ex presidente George Bush y su esposa, Bárbara, que compran la casa que hay al otro lado de la calle, frente a la de los Simpson.

Bart hace frecuentes visitas a casa de los Bush, convirtiéndose en una pesadilla para George, al que desagrada profundamente. Un día, accidentalmente, Bart conecta el motor de un fueraborda en el garaje de los Bush, y destroza los folios originales de las Memorias de George. Bush se pone a Bart sobre las rodillas, y le propina unos azotes, lo que provoca un enfrentamiento de Homer con su nuevo vecino. Cada uno jura crearle problemas al otro.

Homer lanza fuegos artificiales sobre la casa de Bush y le coloca, con pegamento, una peluca de colorines. George se venga poniendo una pancarta con unas caricaturas malas de sus vecinos, y destrozándoles el jardín con su coche. La guerra alcanza su punto máximo en las alcantarillas, bajo la calle, cuando Homer y Bart se disponen a soltar una nube de langostas. Al darse cuenta de que viviendo en ese vecindario, aflora lo peor de Bush, Bárbara comunica a Marge que venden la casa.

ESCENAS DE LA LUCHA DE CLASES EN SPRINGFIELD

Episodio 3F11, emitido originalmente el 4.2.96. Guionista: Jennifer Crittenden. Director: Susie Dietter.

Marge consigue un vestido de Chanel por 90 dólares, en unos grandes almacenes de rebajas. Sin ningún lugar especial en el que lucirlo, lo lleva mientras pasea por la ciudad. Y se encuentra con una antigua compañera de clase, Evelyn, que la lleva al Country Club y la presenta a la alta sociedad de Springfield.

La visita de Marge al club es un éxito, y la invitan a volver. Incluso Homer es invitado a jugar al golf con el señor Burns. Homer descubre que Smithers, que actúa de caddy para Burns,

hace trampas a favor de su jefe. Burns promete a Homer que apoyará el ingreso de Marge en el club, si Homer mantiene el secreto.

Marge, accidentalmente, estropea su vestido, y tiene que comprar otro para estar radiante el día de su admisión como socia del club. La tarde de la fiesta, ella comprende que su deseo de escalar socialmente le ha cambiado su forma de ser, y que era feliz siendo como era. Y decide renunciar a sus ambiciones de ascenso social.

EVELYN PETERS

Principal actividad:
Su vida social.

Ocupación:
Pasar el tiempo chismorreando con sus amigas miembros del club, y actuar como árbitro de la sociedad de Springfield.

Vehículo:
Una furgoneta Mercedes.

Incapaz de:
Hacer el más mínimo trabajo doméstico.

Vergüenza oculta:
Haberse graduado en la universidad de Springfield, en lugar de hacerlo en una cara universidad privada.

Sus mayores misterios:
Saber por qué en el Badulaque han puesto surtidores de gasolina de autoservicio, y de dónde proviene su dinero.

> YO NO COMO NADA QUE NO ME HAYA LLEGADO EL DÍA ANTERIOR DE VERMONT O DE WASHINGTON.

MOMENTOS ESTELARES

 "¡Vaya, nadie diría que eres la misma chica del 'Insti' de la que yo no sabía nada."

"Eso es el problema con las primeras impresiones: que sólo puedes tener una." Sue-Sue, socia del Country Club, al conocer a Marge.

 "¡Vamos al coche, nos sentaremos hasta que vuestra madre termine de adaptarse!"

"Me gusta tu dos piezas. El chaleco dice "Almorcemos", y los pantaloncitos "Tú pagas." Roberta a propósito de los arreglos que Marge se ha hecho en su traje.

¿Quién es Homer Simpson?

Burns: Hmmm... ¿Quién es ese golfista de lavabos, Smithers?

Smithers: Homer Simpson, señor. Uno de los tragaldabas del Sector 7-G.

Burns: No hay duda de que tiene un buen golpe. Tal vez haya encontrado, al fin, un jugador merecedor de un duelo con Monty Burns... ¿Eh?

Smithers: ¡Je! Su golpe no puede compararse con el de usted. Jamás lo he visto perder... excepto aquella vez que dejó ganar a Nixon. ¡Qué amable fue usted!

Burns: ¡Oh! El pobre se pasó todo el rato diciéndome: "¡Eeeeh... no puedo ir a prisión, Monty! ¡Brrr... me comerán vivo!" Es probable que ese Homer Nixon sea pariente suyo.

Smithers: No lo creo, señor. No coincide ni nombre, ni apellido.

Lisa: ¡Vamos, mamá! Nunca te permites ningún capricho...

Marge: ¡Claro que sí! Me tomé una taza de Sanka, hace tres días tan sólo... Desde luego es una ganga.

Lisa: ¡Cómpratelo! ¿Es que todo lo tienes que racionalizar?

Marge: Hmmm.... ¡De acuerdo! ¡Voy a comprarlo! Es bueno para la economía del país...

 "Para una vez que pueden llamarme 'Señor'... sin añadir: 'está montando una escena'."

"Sí, se ha metido en un profundo 'OOH'." Burns después de que la pelota de Homer va a aparar a uno de los bancos de arena.

"¡Oh, Homie! Me gusta tu humanidad desenfadada. Me gusta que Lisa diga lo que piensa. Me gusta que Bart... ¡Me gusta Bart!" Marge aceptando a la familia tal y como son.

Evelyn: Marge, tu familia se está adaptando a la perfección. Me encantaría apadrinar vuestro ingreso. Presentad la solicitud en el baile del sábado.

Marge: ¡Ooooh! ¡No sabes cómo me alegran tus palabras! ¡Más que unas campanillas!

Sue-Sue: ¡Campanillas! ¿Dónde las colgarás exactamente? ¿En ese reformado vestido de Chanel?

Evelyn: ¡Oh, no te preocupes, Marge! Su concepto del ingenio consiste en pronunciar una incisiva observación en tono de humor, en el momento más oportuno. Estarás deslumbrante en el baile. Y estoy segura de que estrenarás un precioso vestido.

Bart / Lisa / Homer: ¡Bien! ¡Vamos a comprarnos otra tele!

Bart: ¡Con imagen de alta definición! ¡Tienen teles con forma de cafetera de los cincuenta!

Lisa: No, mejor la Compañía Ecologista, tienen teles fabricadas por los indios Hopi.

Marge: No podemos permitirnos el lujo de comprar en tiendas tan filosóficas. ¡Sólo es un televisor! ¡Iremos al Comercial de Descuento de Ogdenville.

Vendedor: Oiga, señor, no quiero mentirle. ¡Todas son de alta calidad! Pero si le gusta ver la tele, es decir, verla de verdad, le interesa una "Carnivalé", que viene con dos alargadores, una asa incorporada y refuerzo exterior para evitar la pérdida de piezas.

Homer: ¡Vendida! Envuélvala, que yo iré aflojando la pasta.

(Marge y Lisa comienzan a mirar vestidos del almacén, mientras Cletus hace lo mismo.)

Marge: Cariño, no creo que esta ropa sea para nosotras...

Lisa: ¿Y para quién es?

Cletus: ¡Hey! Mira Brandine, qué camiseta para ir al tajo.

(Cletus levanta una media camiseta de tirantes, calada, con las palabras "Chica con Clase" bordadas en su parte delantera.)

Brandine: ¡Ay, Cletus! ¿Y qué hago con la blusa que me han regalado en la mantequería?

Burns: ¡Oh, déjese de cavilaciones! Ahora no está eligiendo un menú. ¡Madera!

Homer: Mmmm... Un buen bocata de madera...

Evelyn: Pero esta Marge... ¿Dónde se habrá metido? ¡Se está perdiendo su propia iniciación!

Socia: Espero que no se tomará muy en serio mi intento de destruirla.

DETALLES QUE QUIZÁ TE HAYAS PERDIDO

Ogdenville, el pueblo situado en las proximidades de Springfield es mencionado también en el episodio 9F10 "Marge, contra el monorraíl".

Los Simpson compran su televisión en "Electrodomésticos", cuyo eslogan es: la Tienda de Mercado Sumergido.

Apu vende Mini-mutantes-espaciales, junto a su caja registradora.

Marge y Lisa van de compras al "Mercado de la Moda de Ocasión". En un cartel en el exterior se lee: "Ojee en nuestro barril de sujetadores".

En la leyenda que figura bajo el cartel del Springfield Glen Country Club, se puede leer: "Orgulloso Hogar de los Aficionados al Bebercio." También puede verse la figura de un pato con un palo de golf enrollado al cuello.

Homer lee: Los nuevos caddies, nosotros mismos: Un libro por y para golfistas.

BART, EL ESQUIROL

Episodio 3F12, emitido originalmente el 11.2.96. Guionista: John Swartwelder. Director Jim Reardon.

Bart abre una cuenta bancaria para ingresar su parte de la herencia de una tía lejana. Planea conseguir el autógrafo de Krusty, el Payaso, metiendo un cheque de 25 centavos en el bolsillo trasero del payaso y esperando que el banco se lo devuelva una vez endosado. No obstante, cuando Bart recibe el cheque tiene un sello en vez de la firma. Desalentado, Bart lleva el cheque al banco, donde rastrean el endoso y acusan a Krusty de ser uno de los mayores defraudadores de impuestos de la historia.

Hacienda controla los bienes de Krusty y su programa, reduciendo su estilo de vida al de un ciudadano normal. Una noche, frente a toda la ciudad, un deprimido Krusty pilota su avión hacia una montaña. Es declarado muerto.

Se organiza un entierro para Krusty en el que Bob Newhart da su pésame. Poco después, Bart ve a un hombre que reconoce como Krusty. Con la ayuda de Lisa, busca y encuentra a Krusty, que vive bajo el nombre de Rory B. Bellows. Bart convence a Krusty de que se merece el respeto que tuvo antes y le anima a dejar su actual identidad y volver a la vida pública. Krusty elimina su seudónimo para cobrar el seguro de vida... y usa el dinero para liquidar su deuda con Hacienda.

MOMENTOS ESTELARES

"Sí, con esto tendremos bastante para el maratón de 'Dr. Who'." Un fan de los cómic-books llevándose una carretilla llena de tacos del expendedor automático.

"Si quiere los 25 centavos, tendrá que endosar el cheque firmándolo por detrás. Entonces, cuando me lo envíen con mi extracto mensual, tendré el cheque con su firma. Sin jaleos, ni empujones."

"Corporación Costera de las Islas Caimán": El sello en la parte trasera del cheque de Bart endosado por Krusty.

"Hacienda presenta El Programa de Entretenimiento relacionado con el payaso Herschel Krustofski": El título del nuevo programa de Krusty.

"No dejes que la muerte de Krusty te hunda, muchacho. La gente siempre acaba muriéndose. Es así de simple. Es más, mañana podrías amanecer muerto. Buenas noches."

"Lo siento, no puedo dar información sobre las cuentas secretas ilegales de los clientes. ¡Oh, rayos! Ni siquiera debería haber reconocido que es un cliente. ¡Oh, rayos! No debí decir que era secreta. ¡Oh, rayos! Tampoco debí reconocer que era ilegal. ¡Aaah, hoy hace demasiado calor!" El representante de la Corporación de Krusty en las Islas Caimán.

"Bien, chicos, se acabó el espectáculo. Ya no hay nada que ver... ¡Dios mío, un horrible accidente aéreo! ¡Eh, que todo el mundo coja un recuerdo de esos restos llameantes! ¡Vamos, acercaos, acercaos! ¡Vamos, no seáis tímidos!"

"Hola, soy Troy McClure. Quizá me recuerden de otros funerales como el de 'André el Gigante: Apenas te conocemos' y el de 'Shemp Howard: Hoy nos despedimos de un idiota'."

Marge: ¿En qué os gastaréis el dinero, chicos?
Bart: Hay una oferta especial de tacos en el Tacomat. Cien tacos por cien dólares. La aprovecharé.
Lisa: Yo haré un donativo a la Corporación por la Televisión Pública.
Marge: ¡Tacos! ¡Televisión Pública! No quiero tener hijos que tiren así su dinero. Los dos vendréis conmigo y meteréis ese dinero en el banco.

(Bart ante la ventanilla del cajero. Está cerrada.)
Cajero: Lo siento, el banco está... ¡Oh, niño! Tenía ganas de decírtelo. Resulta que Krusty es uno de los mayores defraudadores de Hacienda en la historia y lo han cogido gracias a ti.
(Bart se horroriza.)
Cajero: Algunos dirán que eres un héroe, chico, pero yo no. Krusty me encanta.

Revelado en este episodio:

El verdadero nombre de Jimbo Jones es "Corky". La madre del director Skinner se llama Agnes.

Krusty: ¡Oh, no puedo ir a la cárcel! ¡Mi estilo de vida es ostentoso! ¡Estoy acostumbrado a lo mejor!
Inspector de Hacienda: Esto es América, Krusty. No enviamos a los famosos a la cárcel. Sólo nos quedaremos con tu sueldo.
Krusty: ¿Que os ganaréis mi cerdo?
Inspector de Hacienda: Sin bromas, Krusty, por favor.
Krusty: ¿Quién hace bromas? ¡Ahhh, no sé de qué hablan, todo me parece una locura!
2.º Inspector de Hacienda: Simplemente significa que nos quedaremos parte de tu sueldo hasta que pagues la deuda. Digamos un 75 % durante cuarenta años.
Krusty: Pero... ¡no viviré tanto!
Inspector de Hacienda: Entonces, pongamos un 95 %.

DETALLES QUE QUIZÁ TE HAYAS PERDIDO

Bart le dice a Jimbo que su cheque es por el pago de "Servicios Prestados".

Bart elige el talonario de cheques Hindenburg. Oficialmente, son conocidos como Estilo n.º 9. "¡Oh, la Humanidad...!"

Un cartel en un autobús que pierde Krusty, dice: "¿Te estás perdiendo 'Loco por Ti'?... Los domingos a las 8 en la NBC."

En el edificio de Hacienda, un cartel indica Autentificación de Testamentos; y otro, Comedor.

Entre los asistentes al funeral de Krusty se encuentran: Don King (puede que sea Lucius Sweet), David Crosby, la rana Gustavo y Rainier Wolfcastle.

Un mensaje en una corona del funeral de Krusty dice: "Krusty, nunca podré sustituirte. Laffs, 369-3084."

LISA, LA ICONOCLASTA

Episodio 3F13, emitido originalmente el 18.2.96. Guionista: Jonathan Collier. Director: Mike B. Anderson.

Se acerca el bicentenario de Springfield. Homer gana el papel de pregonero en el desfile de la ciudad. En la escuela, Lisa escribe un trabajo sobre el fundador de la ciudad, Jebediah Springfield, y en su investigación descubre que fue un pirata asesino con la lengua de plata.

Debido a esas acusaciones, Hollis Hurlbut, el presidente de la Sociedad Histórica de Springfield, expulsa a Lisa y los demás ciudadanos le hacen el vacío. Homer y ella convencen a las autoridades para exhumar el cadáver de Jebediah y demostrar que tenía una lengua de plata. No obstante, cuando lo exhuman, no encuentran su lengua.

Lisa deduce que Hurlbut la ha robado y se enfrenta a él. Hurlbut confiesa, pero explica que sólo quería proteger la imagen del héroe de la ciudad. Lisa comprende que el mito de Jebediah es más importante que los hechos históricos y decide no decírselo al público. Termina abriendo el desfile, mientras Homer hace sonar la campana.

MOMENTOS ESTELARES

"1796. Una decidida banda de pioneros abandona Maryland al malinterpretar un pasaje de la Biblia. Su destino: Nueva Sodoma. Ésta es su historia." El narrador de *El Joven Jebediah Springfield*, una producción de "Alquiler Films".

"Espero que nos muestren la época en que les daban armas a los indios a cambio de maíz, y entonces los indios los mataban con ellas y se llevaban el maíz." Bart

"Un espíritu noble engrandece al más pequeño de los hombres." Jebediah Springfield explicando cómo conseguir la grandeza.

"Homer, sabes que tolero la mayoría de prejuicios que puedas conocer, pero tu heroefobia me pone enfermo. Tu hija y tú ya no sois bien venidos a mi bar." Moe

";No, no, no, no, no, no, no! ¡Llévese eso! Como inmigrante semilegal, su póster podría ponerme en un apuro tan caliente como los pastelitos que llevan ese nombre." Apu

> **Letra del "Tema Final de Jebediah Springfield":**
>
> *Éste es el equipo de Jebediah Springfield. / Azotad a los caballos, que avancen las carretas. / Que la gente engrandezca América. / Que un hombre engrandezca su alma, su alma, su aaaaalma.*

> *Lisa: En realidad, Jebediah fue un malvado pirata llamado Hans Sprungfeld. Un turco le arrancó la lengua en una taberna durante una pelea.*
> *Homer: Sin lengua, ¿eh? ¿Y cómo hablaba, y comía, y reía y amaba?*
> *Lisa: Llevaba una prótesis hecha de plata.*
> *Homer: Sí, eso funcionaría.*

> *Quimby: Felicidades, Ned, eres nuestro nuevo pregonero. Quizá tu voz nasal y chirriante resuene en nuestras calles y nuestros cerebros.*
> *Flanders: Gracias, alcalde. No les defraudaré. ¡Escuchadme, me declaro a mí mismo emocionado por el Día del Bicentenario de Springfield!*
> *Homer: ¡Apestosito Flanders! ¡Dame eso! ¡Escuchadme! ¡Todos dirán que el pregonero de vuestra ciudad es un idiota! ¡Elegid a Homer Simpson y él sacudirá vuestro mundo!*
> *Wiggum: ¡Dios mío, es fabuloso!*
> *Skinner: ¡Ha engrandecido el papel con esa magistral actuación!*

"¡Eso es absurdo!... ¡Vete, estás expulsada de esta Sociedad Histórica! ¡Tú y tus hijos, y los hijos de tus hijos! (Pausa.) Durante tres meses." Hollis Hurlbut, presidente de la Sociedad Histórica de Springfield, respondiendo a la reclamación de Lisa.

"Bien, ya está aclarado. No tiene lengua de plata, ¿verdad, Bonesy?" Wiggum antes de agarrar el cráneo de Springfield y manipularlo como el muñeco de un ventrílocuo.

"También tuvimos desertores en la Revolución. Nos llamábamos 'kentuckianos'." George Washington convenciendo a Lisa de que siga luchando por la verdad.

> *Homer: ¡¡¡Exhumarlo!!! ¡Exhumar el cadáver! ¡Si realmente amáis a Jebediah Springfield, sacad sus huesos de la tumba para demostrar que mi hija se equivoca! ¡Abrid la tumba! ¡Sacadle la lengua!*
> *Quimby: ¿No podemos tener una reunión que no termine desenterrando un cadáver?*

> *Señorita Hoover: Lisa, tienes un suspenso en tu trabajo, "Jebediah Springfield, un superfraude".*
> *Lisa: ¡Pero todo es verdad!*
> *Señorita Hoover: Esto no es más que la venganza de una empollona contra los hombres. Son las mujeres como tú las que nos impiden a las demás encontrar un buen marido.*

DETALLES QUE QUIZÁ TE HAYAS PERDIDO

En *El Joven Jebediah Springfield*, uno de los colonos empuja el falso búfalo para que "Jebediah Springfield" lo dome.

Este episodio contiene la primera referencia a la vida adulta de Kearney, cuando habla sobre sus recuerdos del bicentenario del 76. En episodios posteriores, se descubre que tiene un hijo (4F04, "Divorcio a la americana"), que tiene un coche (4F01, "El amor de Lisa") y que tiene edad para beber (3F24, "El viaje misterioso de nuestro Homer").

Homer lee un ejemplar de *Springfield Shopper* con el titular: "Desfile para distraer a los Ciudadanos Tristes."

En las cartas escritas a mano que pasan rápidamente por la pantalla al final del episodio se lee: "El Joven Jebediah Springfield." Alquiler Films.

> ÉSTE ES SU PÍFANO, CON EL QUE HACÍA SONAR LA DULCE NOTA DE LA LIBERTAD. SU HACHA, CON LA QUE ROMPIÓ LAS CADENAS DE LA OPRESIÓN. Y ÉSTE ES SU ORINAL.

Profesión:
Presidente de la Sociedad Histórica de Springfield, "en la que los muertos siguen vivos (metafóricamente)".

Comida ideal:
Escarola recién cortada y pasteles para microondas.

Enfermedad:
Jebeditis, pero la niega.

Talento oculto:
El truco "Cómo-Quitar-La-Lengua-De-Plata-De-La-Boca-De-Un-Cadáver."

Vergüenza oculta:
Esconder el polvo bajo las faldas de aros de sus maniquíes.

HOMER, EL SMITHERS

Episodio 3F14, emitido originalmente el 25.2.96. Guionista: John Swartzwelder. Director: Steve Moore.

SMITHERS

Profesión:
Pelota profesional del señor Burns.

Deberes:
Preparar el zumo del señor Burns por las mañanas; acostarlo por la noche; humedecer sus globos oculares; quitarle la piel muerta; mentir al Congreso y otros 2.975 trabajos.

Vocación:
Ser el sobrio yin del furioso yang del señor Burns.

Vergüenza secreta:
Un salvapantallas en su ordenador que muestra al señor Burns desnudo.

Logro que más le enorgullece:
Poseer la mayor colección del mundo de Malibu Stacy.

NUNCA HE CONTRADICHO AL SEÑOR BURNS, PERO LA VISIÓN ULTRACONSERVADORA DE ACTOR SECUNDARIO BOB... ER, ENTRA EN CONFLICTO CON MI ESTILO DE VIDA.

Smithers está sometido a tanta presión en su trabajo que el señor Burns insiste para que se tome unas vacaciones. Para asegurarse de que su sustituto no lo haga mejor que él, Smithers elige a Homer para cuidar de Burns. Homer, por supuesto, no es capaz de hacer uno solo de los trabajos de Smithers. Cuando Burns le critica demasiado a menudo, Homer le da un puñetazo.

Homer intenta disculparse pero Burns lo echa, temiendo que vuelva a golpearlo. Sin nadie que lo ayude, Burns intenta hacer las cosas por sí mismo. Cuando Smithers vuelve de sus vacaciones, Burns ya no lo necesita y lo despide.

Homer le ofrece ayuda a Smithers para que recupere su trabajo. Ingenian un plan en el que Smithers salvará a Burns de una llamada telefónica de su madre. No obstante, Homer estropea el plan y Smithers se pelea con él. Durante la refriega, empujan accidentalmente a Burns por la ventana. Confinado en la cama, vuelve a depender de Smithers para que le solvente sus más mínimas necesidades.

MOMENTOS ESTELARES

 "Debiste ver el brillo asesino en sus ojos, Smithers. Y su aliento apestaba a cerveza y a galletitas saladas."

"Creo que Smithers me ha elegido debido a mis habilidades motivacionales. Todo el mundo dice que cuando yo estoy cerca, trabajan mucho más."

 "Tus nuevos deberes incluyen contestar las llamadas del señor Burns, preparar su declaración de impuestos negativa, humedecer sus globos oculares, ayudarle a masticar y a tragar, mentirle al Congreso y un poco de mecanografía."

"Ha recibido varios mensajes: 'Tiene 30 minutos para mover su coche', 'Tiene 10 minutos para mover su coche', 'La grúa se ha llevado su coche', 'Su coche ha sido prensado y convertido en un cubo', 'Tiene 30 minutos para mover su cubo'."

"¿Ros-quillas? ¡Ya le he dicho que no me gusta la cocina extranjera!"

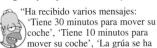 **"Todo va bien, Smithers. Ese tipo, Simpson, parece volverse más tonto cada minuto que pasa. Nunca he visto nada igual... ¡que disfrute de sus vacaciones!"**
Burns hablando con Smithers por teléfono.

"!Tengo a Bobo, aún calentito de la secadora! ¡Cuidado no se queme usted mismo el ojo!"
Smithers de vuelta con el señor Burns.

Burns: ¡Recupérate, hombre! Me atrevería a decir que necesitas unas largas vacaciones.
Smithers: ¡No! ¡No me obligue a tomar unas vacaciones! ¡Sin usted, me marcharé y me moriré!
Burns: Estoy dispuesto a correr el riesgo.

Smithers: El señor Burns no resiste hablar con su madre. Nunca le perdonará que tuviera un lío con el presidente Taft.
Homer: ¡Je, je, je! ¡Taft, viejo pícaro!

Burns: ¡De verdad, Smithers, estaré bien! Le aseguro que su sustituto podrá encargarse de todo. A propósito, ¿quién es?
Smithers: Er, Homer Simpson. Uno de sus donantes de órganos del Sector 7G. En cierto modo, todos los recientes acontecimientos de su vida han girado en torno a él.

Burns: ¡Dios Santo, Smithers! Tiene un aspecto horrible. Creí haberle dicho que se tomara unas vacaciones.
Homer: Smithers ya se ha marchado, señor. Soy su sustituto, Homer Simpson.
Burns: ¡Ah, sí, Simpson! Quiero comer. Un solo copo de avena, alguna tostada y un huevo de Dodó.
Homer: Creí que el Dodó era un pájaro extinguido...
Burns: ¡Hágamelo! Y conteste el teléfono, e instale un sistema de ordenadores y déle la vuelta a mi oficina para que pueda ver las colinas por la ventana.

(Smithers llama a Burns desde un nightclub en el que bailan parejas del mismo sexo.)
Smithers: ¡48 timbrazos, señor Burns! ¿Está bien? ¿Qué hace Simpson?
Burns: Sólo distrae con su incompetencia. Es horrible en todo. Un completo imbécil. Pero ahora no puedo hablar libremente.

Homer: Señor Burns, ¿hay algo que pueda hacer por usted?
Burns: No, Homer. Ha hecho por mí más de lo que ha hecho nadie. Su brutal ataque me ha obligado a valerme por mí mismo. Ahora comprendo que recibir puñetazos o patadas es normal para hombres vulgares como usted, pero no para mí. Quiero agradecérselo.

Las críticas del señor Burns a Homer:

"¡60 vatios! ¿Qué se cree que es esto? ¿Un salón de masajes?"
"¡Le dije que quería mi gorro de domir almidonado!"
"¡¿Llama a esto un aviso?!"
"¡¿Llama a esto una devolución de impuestos?!"
"¡¿Llama a esto un superordenador?!"
"¡Usted es la parodia de una broma de ayudante!"

Nuevos trabajos de Smithers:

Transportista de piano, Transportista de piano limpio y ordenado.
Anunciante, Piloto de carreras, Vigilante de Barney, Taberna de Moe...

DETALLES QUE QUIZÁ TE HAYAS PERDIDO

Smithers utiliza un ordenador Macintosh OS.

Uno de los corredores del Circuito de Springfield está patrocinado por Pornografía Amalgamada.

Burns lanza por la ventana jirones de informes sobre el medio ambiente.

Smithers trae piñas como recuerdo de sus vacaciones.

Mientras imita a la madre de Burns, Homer llama a Burns "Montel"

UN PEZ LLAMADO SELMA

Episodio 3F15, emitido originalmente el 24.3.96. Guionista: Jack Barth. Director: Mark Kirkland.

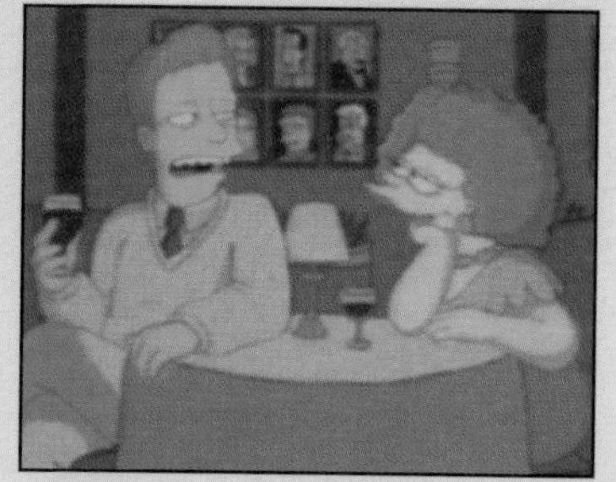

Troy McClure le propone a Selma que le apruebe la revisión óptica para el carnet de conducir a cambio de invitarla a cenar. Al final de la cita son descubiertos por un grupo de paparazzi que les saca fotos. Al día siguiente, su publicación en El Comprador de Springfield borra instantáneamente la imagen de fetiche gay de McClure. Su olvidado agente, MacArthur Parker, renueva el contacto con él y le dice que, de seguir así, podrá volver a trabajar.

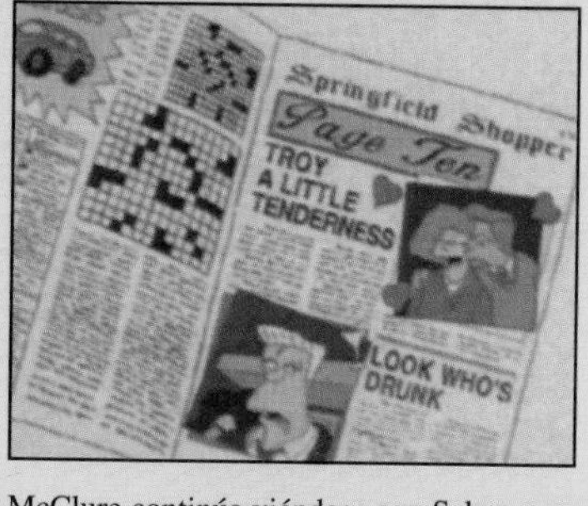
Springfield Shopper
Page Ten
TROY A LITTLE TENDERNESS
LOOK WHO'S DRUNK

McClure continúa viéndose con Selma y su popularidad continúa aumentando. Para mantener su imagen, se declara. Antes de la boda, McClure admite a Homer que sólo se casa con Selma por la buena publicidad. Homer espera que termine la boda para contarle a Marge la verdad acerca del matrimonio.

Marge y Patty se lo dicen a Selma, pero no quiere creerlas. No obstante, al volver a casa, Selma le pregunta a Troy si su matrimonio es una farsa. Él lo admite, pero la convence de que puede ser divertido. Selma acepta seguir con él, hasta que Troy dice que para seguir teniendo éxito deben tener un hijo. Selma decide no tener un hijo de un matrimonio sin amor y se marcha con Jub-Jub, su iguana.

MOMENTOS ESTELARES

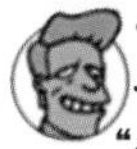

"Hola, soy Troy McClure. Quizá me recuerden de *La Mayor Historia Jamás Bailada* y *Vinieron a Robar el Carnegie Hall.*"

"¿Sabe qué le digo? Vaya mañana a Tráfico e intente pasar la revisión óptica. Romperé la multa, pero sigo exigiéndole el soborno." El jefe Wiggum dejando que Troy McClure se marche sin multarlo.

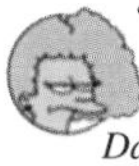

"¡Eres Troy McClure! Te recuerdo de películas como *Caballero Con Espada* y *Dale mis Recuerdos a Broadway.* Las estrellas como tú no necesitan gafas."

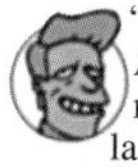

"¿Hola? ¿Selma Bouvier? Aquí Troy McClure. Quizá me recuerdes de citas como la cena de anoche."

El Apabuloso Fabarato del profesor Horacio Hufnagel: Troy McClure rechaza un papel secundario en *McBain 4: Descarga Letal.* Planea dirigir e interpretar el film para la 20º Century Fox.

"¡Oh, hermosa princesa! ¿Quieres hacerme el honor de casarte conmigo?" Troy a Miss Piggy en la pantalla y el verdadero Troy a Selma.

"Esta noche: Troy McClure, el hombre de los 70, por fin ha encontrado a la mujer de sus sueños. Podemos recorda... ¿mujer? Oh, bueno. Podemos recordar a Troy de películas como *El Veredicto fue un Fraude* y *Leproso en el Patio Trasero.*" El presentador de un programa de variedades, anunciando la noticia del romance de Troy y Selma.

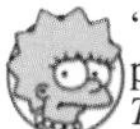

"Hola. Te recuerdo de películas como *Lucha de Toallas en el Vestuario* y *La Ceguera de Larry Driscoll.*"

La Verdad:

Selma: *¿Este matrimonio es una farsa?*
Troy: *Claro, nena. ¿Algún problema?*

Marge: *Una boda maravillosa. Nunca había visto a Selma tan feliz.*
Homer: *Eso me recuerda que... Troy dijo algo interesante anoche, en el bar. Parece que no ama a Selma y que la boda sólo es una farsa para mejorar su carrera. Bueno, basta de charla. Achuchémonos.*

La cena de "Agradecimiento":

Selma: *¿En qué trabajas ahora?*
Troy: *Últimamente estoy leyendo muchos guiones. Ya sabes, es mucho más barato que hacer una película.*

Parker: *¿Has oído hablar de "El Planeta de los Simios"?*
Troy: *¿De la película o del planeta?*
Parker: *Del nuevo musical multimillonario. ¡Y tú harás de humano!*
Troy: *¡Chico, nací para ese papel!*

Parker: *Creo que quieren que hagas de compañero de McBain en... prepárate, ¡la nueva película de McBain!*
Troy: *¿El compañero de McBain? ¡Maldición, me muero en la película!*

Letra de "Dr. Zaius, Dr. Zaius":

¡Dr. Zaius, dr. Zaius! ¡Dr. Zaius, dr. Zaius! ¡Dr. Zaius, dr. Zaius! ¡Oh, dr. Zaius! ¡Dr. Zaius, D r. Zaius!
Troy: *¿Qué me ocurre?*
Zaius: *Creo que estás loco.*
Troy: *Quiero una segunda opinión.*
Zaius: *También eres holgazán.*
Coro.
Troy: *¿Podré tocar el piano?*
Zaius: *Claro que puedes.*
Troy: *Bien, antes no podía.*
Coro.

DETALLES QUE QUIZÁ TE HAYAS PERDIDO

En la página de sociedad de *Springfield Shopper* aparece una foto de Rainier Wolfcastle con el pie "Mira quién está borracho".

Entre las fotos de los actores que hay en la pared del Pimento Grove están las de Conan O'Brien y Birch Barlow (ambos vistos en 2F17, "El Hombre Radiactivo").

Cuando recibe la llamada de MacArthur Parker, Troy está leyendo un libro titulado *Reparación de Sillones.*

En casa de Troy McClure se ven pósters de las siguientes películas: *Astroasalto en Géminis 3, Incidente a Mediodía* y *Mi querida Beefeater.*

Una pancarta en el Afrodita Inn da la bienvenida al "Señor y Señora McClure" y a "Cher y el Ganador del Concurso".

TROY MCCLURE

Profesión:
Ídolo de viejas películas de serie B y actual presentador de anuncios, funerales, entregas de premios, telemaratones, vídeos de Hazlo-Tú-Mismo, programas especiales y películas educativas relacionadas con Springfield.

Coche:
Delorean.

Casa:
Mansión decrépita de principios de los 70. En venta.

Restaurantes favoritos:
Pimento Grove, Ugli.

Vergüenza secreta:
Sus gafas graduadas le hacen parecer un idiota. Y el asunto del sexo.

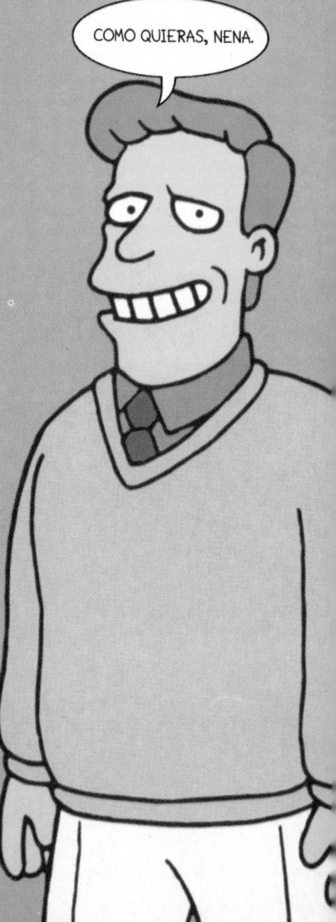
COMO QUIERAS, NENA.

EL DÍA QUE MURIÓ LA VIOLENCIA

Episodio 3F16, emitido originalmente el 17.3.96. Guionista: John Swartzwelder. Director: Wesley Archer.

CHESTER J.
LAMPWICK

Identidad:
Vagabundo en Bumtown, el barrio pobre de Springfield.

Comportamiento:
Amargado.

Reclama:
Haber inventado al ratón Pica y todo el concepto de los dibujos animados violentos.

Metas:
Vivir en una casa de oro puro; tener millones de dólares; un coche de carreras; estar sano.

Comida favorita:
Hígado con cebolla.

Comida favorita para lanzar:
Tomates.

Mientras presencia el desfile de Pica y Rasca, Bart conoce a Chester J. Lampwick, quien dice que Roger Meyers le robó el personaje de Pica. Como prueba, Chester enseña a Milhouse y a Bart una vieja película de Pica de 1919, pero el calor del proyector funde el film.

Bart y Chester visitan a Roger Meyers, Jr., en los Estudios Pica y Rasca, donde Chester le reclama a Meyers 800 millones de dólares por daños y perjuicios. Cuando Meyers los echa del estudio, contratan a Lionel Hutz para que presente una demanda. Cuando Chester está a punto de perderla, Bart saca un antiguo dibujo de Pica, hecho a lápiz y tinta, y demuestra que es anterior al primer dibujo animado de Meyers. El juez dicta sentencia favorable a Chester y los Estudios Pica y Rasca tienen que cerrar.

Obligados desde entonces a ver series de dibujos animados aburridas, Bart y Lisa intentan sin éxito que Meyers y Chester hagan un pacto. Mientras, Lester y Eliza, dos niños con un increíble parecido a Bart y Lisa, terminan con la situación al acusar al Servicio Postal de los EE.UU. de plagiar otro personaje de Roger Meyers, Jr. Tras cobrar una indemnización del Gobierno, los Estudios Pica y Rasca vuelven a abrir y a producir dibujos animados.

DEDICATED TO:

LESTER and ELIZA
FOR MAKING ALL THIS POSSIBLE

ANTES DE MÍ, LOS ANIMALES SÓLO TOCABAN EL UKELELE EN LOS DIBUJOS ANIMADOS. YO CAMBIÉ TODO ESO.

MOMENTOS ESTELARES

"Me robó el personaje en 1928. Cuando me quejé, sus matones me sacaron del despacho y me tiraron un yunque. Por suerte, en aquel momento tenía el paraguas abierto." Chester cuando creó a Pica.

El primer Pica: El corto de Lampwick, "Pica, el Ratón Afortunado en: Locura en Manhattan", vemos a Pica golpeando la cabeza de un irlandés con una bombilla y metiendo su barba en un escurridor de ropa. Después corta la cabeza de Teddy Roosevelt con un hacha. Cubierto de sangre, le guiña un ojo a la cámara.

"Es un buen hombre. Cada Navidad va a una perrera, saca un perro y un gato, y se los da a una familia hambrienta." Bart hablando de Roger Meyers, Jr.

 "¡Cuidado, Pica! ¡Es irlandés!"

Otros miembros de la familia Pica y Rasca: El oso Morro, la cabra Contrariada, el zorro Flatulento, el esqueleto del Tío Rico y el perro Cena.

Bart: ¿Tú inventaste a Pica? ¿El Pica de "Pica y Rasca"?
Chester: Claro. De hecho, inventé todo el concepto de los dibujos animados violentos. Antes de mí, los animales sólo tocaban el ukelele en los dibujos animados. Yo cambié todo eso.
Bart: Bueno, no te llamaré mentiroso, pero... (pausa) pero no encuentro una forma de terminar la frase.

El corto "La Posible Enmienda":

(En la televisión, un niño encuentra una enmienda sentada frente al Congreso.)
Niño: ¡Ey!, ¿quién ha dejado esta basura en las escaleras del Congreso?
Enmienda: No soy basura... (Empieza a cantar.) ¡Soy una enmienda. / Sí, una enmienda. / Sí, una posible enmienda. / Y estoy esperando que me aprueben. / Hay un montón de quemabanderas que tienen demasiada libertad. / Y quiero que sea legal que los policías les den una paliza. / Porque la libertad tiene un límite. / Espero y deseo que lo haya. / Porque esos malditos liberales han ido demasiado lejos.
Niño: ¿Por qué no se hace una ley contra la quema de banderas?
Enmienda: Porque esa ley sería anticonstitucional. Pero si cambiamos la Constitución...
Niño: ...podremos hacer todas las leyes que queramos!
Enmienda: ¡Ahora lo has entendido!

(Bart y Lisa están sentados en el sofá, mirando la tele y quejándose.)
Bart: ¿Qué diablos es esto?
Lisa: Un corto espantoso de los 70, dirigido a la Generación del Yo.
Bart: Necesitamos otro Vietnam, a ver si se extinguen del todo.

(De nuevo en la tele, el niño y la enmienda siguen hablando.)
Niño: Pero ¿y si deciden que no eres lo bastante buena para estar en la Constitución?
Enmienda: ¡Entonces, aplastaré a la oposición. / Y haré que Ted Kennedy lo pague. / Si contraataca / diré que es gay.
Congresista: ¡Buenas noticias, enmienda! ¡Te han aprobado! / ¡Ya estás en la Constitución!
Enmienda: ¡Bien! ¡Puertas abiertas, chicos!

(Enmiendas enloquecidas corren por las calles de la capital, disparando sus armas.)

 "La animación está basada en el plagio. Si alguien no hubiera plagiado 'Los Honeymooners' no habríamos tenido 'Los Picapiedra'. Si alguien no hubiera copiado 'Sargento Bilko', no tendríamos 'Don Gato'. ¿'Huckleberry Hound', 'el jefe Wiggum' y 'Yogi'?... ¡Ja, son 'Andy Griffith', 'Edward G. Robinson' y 'Art Carney'."

Marge: ¡Bart, Lisa, son las once de la noche! ¿Dónde creéis que vais?
Bart: Al centro.
Lisa: Tenemos que reservar sitio para el desfile de Pica y Rasca.
Marge: No quiero que mis hijos se sienten solos, de noche, en una calle fría y peligrosa. Homer, ve con ellos.
Homer: ¡Ohhh! ¿Por qué no se llevan la pistola y en paz?

DETALLES QUE QUIZÁ TE HAYAS PERDIDO

Charlie Chaplin es una de las personas que viven en Bumtown.

Bumtown tiene un "Club 4-H" con el nombre de Moe pintado en una pared del edificio.

La cabeza olmeca que el señor Burns les dio a los Simpson en el episodio 7F22, "Sangrienta Enemistad", sigue en el sótano.

Roger Meyers se hospeda en El Peor Hotel del Oeste. Su marquesina recomienda: "Alquile Nuestra Sábana."

Lester y Eliza son muy parecidos a Bart y Lisa, como se vio en los cortos que se emitieron dentro del Tracey Ullman Show entre 1987 y 1989.

BART EN LA CARRETERA

Episodio 3F17, emitido originalmente el 31.5.96. Guionista: Richard Appel. Director: Swinton Scott.

El director Skinner cierra la escuela un día antes de las vacaciones de primavera y se inventa El Día de Vete a Trabajar con tus Padres para mantener a los alumnos ocupados. Bart pasa su tiempo con Patty y Selma en Tráfico. Mientras las hermanas están distraídas, se hace su propio carnet de conducir y lo utiliza para poder entrar en un cine para adultos. Bart, Milhouse y Nelson se encuentran con Martin, que ha ganado 600 $ vendiendo cosas en el trabajo de su padre. Los chicos alquilan un coche con el dinero y el falso carnet. Entretanto, Lisa acompaña a Homer a la Central Nuclear y pasa el día con él.

Bart, Milhouse, Nelson y Martin les dicen a sus padres que tienen que asistir a un Concurso Nacional de Gramática, en Canadá, y preparan un viaje en el coche alquilado por Bart. Fiándose de una guía antigua eligen Knoxville, Tennessee, como destino de sus vacaciones de primavera para ver una Feria Mundial que se celebró hace 14 años. En Knoxville les destrozan el coche, y se encuentran sin dinero y sin transporte.

Bart llama a Lisa, que se ha pasado todas las vacaciones en el trabajo de Homer, para pedirle consejo. Lisa hace que Homer prometa no enfadarse antes de explicarle el problema de Bart. Homer hace un pedido de equipo para la Central Nuclear a Knoxville y dice que lo envíen por correo. Los chicos vuelven escondidos dentro de la caja.

MOMENTOS ESTELARES

"¡Estupendo! ¡Ya no tendré que sentarme en el suelo del autocine!" Nelson tras hacerse la foto para su carnet de conducir.

> **Lisa:** *Bart alquiló un coche con un carnet de conducir falso, y se fue de viaje con Milhouse, Nelson y Martin hasta Knoxville, y aplastaron el coche, y se quedaron sin dinero, y no pueden volver a casa, y Bart está trabajando en Correos, y quieren enviarlo a Hong Kong.*
> **Homer:** *(Extrañamente calmado.) Sí, un verdadero lío. ¿Me perdonas un momento?*
> *(Homer se pone la capucha de un traje antirradiación y grita tacos inaudibles.)*
> **Homer:** *Bien, ya tengo la solución. Enviaré a Bart el dinero para que vuelva a casa, y después lo asesinaré.*

"En ese título hay dos palabras equivocadas." Nelson tras ver la película *El Almuerzo Desnudo*.

 "Sí, El Día de Vete a Trabajar con tus Padres. Mañana aprenderéis trabajando y aplicando vuestros conocimientos de quebrados y gimnasia en problemas de la vida real."

"Tal como yo lo veo, si los pastelitos están más de un año en la máquina automática, puedes comértelos gratis." Homer, enseñándole a Lisa cómo conseguir pastelitos de la máquina expendedora.

"Simpson, ¿te gustaría llevar 500 Big Macs a la isla de Marlon Brando?" El propietario del Servicio de Correos de Knoxville a Bart.

 "¡Papá, se lo contaste todo a todo el mundo! ¡Incluso Moe sabe que vomité encima del dentista!"

> **Nelson:** *¿Dónde estamos?*
> **Bart:** *En Branson, Missouri. Mi padre dice que es como Las Vegas si gobernase Ned Flanders.*

"Es muy tranquilo y le gustan los rompezabezas." Lisa describiendo a Langdon Alger, el chico que le gusta.

> **Patty:** *Algunos días no dejamos que la cola avance.*
> **Selma:** *Los llamamos "días laborales".*

 "Bueno, ya sé que están muy trillados, pero podríamos ver Los Puentes de Madison County."

> ***¡Hola! Aquí la Taberna de Moe...***
> **Homer:** *Quisiera hablar con el señor Moco, de nombre Un.*
> **Moe:** *¿Un Moco?*
> **Homer:** *¿Qué? ¿Cómo se atreve? ¡Como le pille, le meteré una bandera en el culo y lo enviaré por Correo a Irán!*

> *(En el coche, Bart les da unos sobres a Milhouse, Martin y Nelson.)*
> **Bart:** *Caballeros, pensando en nuestro viaje, me he tomado la libertad de preparar una sólida y plausible coartada para nuestros padres.*
> *(En casa de los Van Houtten, Milhouse habla con sus padres.)*
> **Milhouse:** *He sido seleccionado para representar a la escuela en el Concurso Nacional de Gramática del Hotel Sheraton, Canadá.*
> *(En casa de los Prince, Martin habla con sus padres.)*
> **Martin:** *He sido seleccionado para representar a la escuela en el Concurso Nacional de Gramática del Hotel Sheraton, Canadá.*
> *(Nelson sale de su casa, gritando por encima del hombro.)*
> **Nelson:** *Me largo una semana. Hasta luego.*

> *(Bart y los chicos junto a una familia que viaja en una caravana.)*
> **Padre:** *¡Si no os estáis quietos, doy media vuelta y os quedáis sin Cabo Cañaveral!*
> *(Nelson sale del coche y golpea furtivamente al padre en la nuca.)*
> **Padre:** *¡Se acabó! ¡Nos volvemos a Winnipeg!*
> *(La caravana sale de la carretera y da media vuelta.)*

DETALLES QUE QUIZÁ TE HAYAS PERDIDO

El director Skinner se refiere a sí mismo como "El Director", incluso hablando con un empleado de una compañía aérea.

En el carnet de conducir de Bart su fecha de nacimiento es el 11 de febrero de 1970, y dice que mide un metro veinte de altura, que pesa 42 kilos y que sus ojos son AZ (seguramente, azules).

La canción que Bart y los demás escuchan en el coche es "Radar Love" (1975), de Golden Earning.

Algunos de los espectáculos de Branson son: "Waylon Jennings y Señora", "El Fantasma de la Pera", "Viva la Raza Blanca", "Fent Dixon y su grupo del Segundo Advenimiento", "Lurleen Lumpkin y Pip Diddler", "Alabamanía" y "Esto es Espectáculo".

La pancarta de la marquesina que anuncia la actuación de Andy Williams dice: "¡Uauh! ¡Y sigue triunfando! *Look Magazine*." (La revista *Look* cerró hace más de 20 años.)

CLETUS

Identidad:
Paleto de pueblo.

Habla:
Con fuerte acento sureño.

Esposa:
Brandine.

Hijos:
26 hijos.

Perro:
Geech (un sabueso).

Le encantan:
Los estereotipos.

¡OYE, MAMÁ, MIRA ESA NIÑA CON LOS PELOS DE PUNTA!

HOMBRE MUY ALTO

Identidad:
Quizás el residente más alto de Springfield.

Coche elegido:
Un Volkswagen Escarabajo.

Aborrece:
Que se burlen de él, sobre todo los niños abusones.

Adversario del momento:
Nelson Muntz.

¿ENCUENTRAS CÓMICO MI ASPECTO CUANDO CONDUZCO UN AUTOMÓVIL?

Mientras Bart y Milhouse se preguntan si alguna vez le ocurrirá algo interesante a alguien de Springfield, una serie de sucesos relaciona acontecimientos en la vida de padres, amantes, amigos, parientes, hombres de negocios y niños.

En el Badulaque, Sanjay convence a Apu de que cierre la tienda cinco minutos para divertirse salvajemente. Marge intenta quitarle a Lisa un chicle del pelo. El aguijón de una abeja manda a Smithers al hospital. Moe se alegra cuando Barney paga 2.000 $ de su cuenta del bar... hasta que llega Serpiente y le roba el dinero.

Mientras, el director Skinner invita al superintendente Chalmers a cenar en su casa, preparando Krustyburguers, cuando arde el horno y se prende fuego a la cocina. Homer, accidentalmente, encierra a Maggie en una caja. El jefe Wiggum y Lou discuten sobre la diferencia entre las Krustyburguers y las McDonalds. Los verdaderos problemas de Bumblebee se entremezclan con los de su serie de televisión. El perro del reverendo Lovejoy ensucia el patio de Flanders, mientras Marge hace experimentos intentando quitarle el chicle a Lisa.

La historia continúa. Milhouse atrapa a su padre dentro de una pesadilla a lo *Pulp Fiction* en el almacén de artículos militares de Herman. Cletus, el paleto de mandíbula caída, rescata un par de botas para dárselas a su esposa, Brandine. Wiggum, Serpiente y el señor Van Houten son tomados como rehenes en su almacén por Herman. Un peluquero le hace a Lisa un peinado moderno. Un hombre alto se venga de Nelson, obligándole a caminar por la calle con los pantalones bajados hasta los tobillos.

MOMENTOS ESTELARES

"¡Oh! ¡Adiós al préstamo para estudiantes!" Serpiente al ver vacía la caja registradora de Herman.

"¡Smithers, memo del demonio! ¡Mete ahora mismo tu pezuña en ese pedal! ¡Y si eres capaz de hacer funcionar tu podrido cerebro, mete tu segundo zapato en el chisme correcto! ¡Y ahora, mueve esas patitas de pollo, zopenco aletargado!"

"Ya son las once. Vamos, necesito azúcar."

"¡Venga, chico! Aquí es... aquí mismo. Buen chico. Buen chico. Haz tus asquerosas y pecaminosas necesidades". El Reverendo Lovejoy a su perro, en el patio de Flanders.

Lo que Marge utiliza para intentar quitarle el chicle al pelo de Lisa: Aceite de oliva, zumo de limón, salsa tártara, sirope de chocolate, salsa, grasa de cerdo, estiércol, mantequilla de cacahuete y mayonesa.

"¡Eh, mirad todos! ¡Éste es el niño que se reía de todo el mundo! ¡Riámonos de él!" El Hombre Alto, mientras obliga a Nelson a caminar por la calle con los pantalones bajados hasta los tobillos.

(Cletus se presenta a Brandine con un par de botas viejas.)
Cletus: *Eh, Brandine, podrías ponértelas para tu entrevista de trabajo.*
Brandine: *¿Y además bailar en topless todo el camino? Será mejor que las dejes donde las hayas encontrado.*

SPRINGFIELD

Episodio 3F18, emitido originalmente el 14.4.96.
Guionistas: Richard Appel, David S. Cohen, John Collier, Jennifer Crittenden, Greg Daniels, Brent Forrester, Rachel Pulido, Steve Tompkins, Josh Weinstein y Matt Groening.
Supervisión de guiones: Greg Daniels.
Director: Jim Reardon.

Homenaje cinematográfico:

El título del episodio está tomado de la película *32 Cortos sobre Glenn Gould*. La discusión sobre los McDonalds y las apariciones de Hermann parodian a *Pulp Fiction*.

Letra de la canción "Skinner y el Superintendente":

Skinner y sus tontas explicaciones. / El Superintendente va a necesitar su medicina. / cuando oiga las estúpidas lamentaciones de Skinner. / Esta noche, amigos, habrá un problema en la ciudad.

Letra de la canción "La Estupidez del profesor John Frink":

Profesor Fink, profesor Fink. / Te hará reír. / te hará pensar. / Le gusta correr y además está lo de... esa persona...

Letra de la canción: "Cletus, el Paleto de la Mandíbula Caída":

Algunos nunca se comerían una mofeta / pero algunos sí lo harían / como Cletus, el paleto de la mandíbula caída.

DETALLES QUE QUIZÁ TE HAYAS PERDIDO

Para tener una cuenta pendiente de 14.000 millones de dólares en la Taberna de Moe, Barney hubiera necesitado beber 10 cervezas diarias, a 2 $ cada una, durante 1.950 millones de años.

El proceso de pasteurización de Homer para imitar el queso de la lata se llama Quésealo tú Mismo.

En este episodio aparece por tercera vez Capital City, vista por última vez en el 9F19 "Krusty es Kancelado":

El nombre de la peluquería a la que acude Lisa es Tijereteando Pelos Largos.

Hay más de 2.000 restaurantes McDonalds en el estado donde se encuentra Springfield, pero ninguno en la propia Springfield.

Cuando Homer mete a Maggie en la máquina empaquetadora, ella lleva un artículo en la mano donde puede leerse: "Padre gorrón gorroneó a su padre".

El chihuahua que aparece en este episodio pudo verse en el 2F11, "El Cometa de Bart", y en el 2F17, "El Hombre Radiactivo".

Éste es uno de los cuatro episodios de los Simpson en emitirse con el título muy visible en pantalla. Los otros fueron: el 7G07, "La Cabeza Chiflada", el 7F10, "Un Coche Atropella a Bart" y el 3F31, "Espectacular Episodio n.º 138".

Skinner: Oh, bueno, fue maravilloso. Lo pasamos muy bien, estoy agotado.
Chalmers: Sí, debería... ¡Dios Santo, ¿qué está ocurriendo aquí?!
Skinner: ¿Una aurora boreal?
Chalmers: ¿Una aurora boreal? ¿En esta época del año, a esta hora del día, en esta parte del país y centrada en su cocina?
Skinner: Sí.
Chalmers: ¿Puedo verla?
Skinner: No.
Agnes Skinner (Desde el piso superior.): ¡Seymour, la casa está ardiendo!
Skinner: No, mamá. Es la aurora boreal.

(Smithers y Burns viajan en un tándem: Burns lee una revista con los pies apoyados en la espalda de Smithers. Éste deja de pedalear.)
Señor Burns: Smithers, ¿qué significa este frenazo?
Smithers: Uh, tengo una abeja en el ojo, señor.
Burns: ¿Y?
Smithers: Soy alérgico a las picaduras de abeja. Podría... eh, matarme.
Burns: ¡Pero estamos parando porque se acaba la inercia!
Smithers: Uh, quizá pueda usted pedalear un ratito, señor.
Burns: Imposible. Si quieres, puedo intentar espantarla.
Smithers: Eh, ¿en serio? eso sería... ¡Ooooooh! (Se desploma sobre el manillar.)

El doctor Nick se enfrenta al Comité Médico de Quejas:

Doctor Nick: ¡Hola a todos!
El Comité: ¡Hola, doctor Nick!
Presidente del Comité: Doctor Nick, este comité ha recibido algunas quejas contra usted. De los 160 casos más graves, el más preocupante es realizar intervenciones quirúrgicas importantes con los cubiertos de un restaurante especializado en pescado.
Doctor Nick: ¡Pero si los limpié con mi servilleta!
Presidente: ...cubierto de cadáveres...
Doctor Nick: ¡Eso fue antes, cuando conduje una moto acuática!

Sanjay: Ojalá vinieras a mi fiesta, Apu. ¡Podrías divertirte un poco!
Apu: Servir a mis clientes es suficiente diversión para mí. (A Bart y Milhouse, que salen de la tienda.): Muchas gracias. Vuelvan pronto. (A Sanjay.): ¿Lo ves? ¡Es muy divertido!
Sanjay: ¡Oh, te garantizo una juerga de proporciones titánicas! ¡O vienes o te doy una paliza!
Apu: Bueno, no me gusta dejar la tienda, pero...
(Apu llega junto al cartel de "Vuelvo dentro de 5 Minutos".)
Apu: ...¡durante los próximos 5 minutos, me divertiré tanto como si hubiera hecho una venta de 19,95$!

EL TEMIBLE ABE SIMPSON Y SU NIETO GRUÑÓN EN: "LA MALDICIÓN DEL DIABÓLICO PEZ VOLADOR"

Episodio 3F19, emitido originalmente el 28.4.96. Guionista: John Collier. Director: Jeff Lynch.

Descripción:
La combatiente patrulla de la combatiente compañía del combatiente tercer batallón del ejército.

Comandante:
Sargento Abraham Simpson.

Integrantes:
Iggy Wiggum, Sheldon Skinner y Arnie Gumble. También estuvieron Griff, Asa, Ox, Etch y un pesado llamado Montgomery Burns.

Guerra en la que combatieron:
Segunda Guerra Mundial.

Mayor éxito:
Liberar inapreciables obras de arte de los alemanes derrotados.

Mayor desgracia:
El desfile del Día de los Veteranos de 1979, que terminó con cinco bajas.

Prueba de ingreso:
El tatuaje de un pez sacando bíceps con la inscripción "Diabólico Pez Volador" alrededor de él.

 ras acudir al Día de los Abuelos en la Escuela y avergonzar a Bart frente a toda su clase, el Abuelo descubre que ha muerto un viejo compañero del ejército. Ahora, el señor Burns —que sirvió en la misma unidad— o él heredarán una fortuna... dependiendo que cuál sobreviva al otro. Tras el funeral, Burns planea asesinar al abuelo.

Tras sobrevivir a tres intentos de acabar con su vida, el Abuelo se refugia en casa de los Simpson y le cuenta a Bart la historia de su viejo pelotón, el Diabólico Pez Volador: en la guerra, los miembros del pelotón hicieron un pacto para decidir cuál de ellos sería el propietario de las valiosísimas obras de arte que robaron a los nazis. Cada uno recibió una llave de una caja fuerte especial. Cuando uno de ellos muere, su llave se añade a la cerradura de seguridad de la caja. El último será el dueño del tesoro. Bart se niega a creer al Abuelo, hasta que Burns intenta robarle su llave obligándolo a caminar por una plataforma mecánica. Bart consigue apoderarse de las llaves de ambos.

Bart y el abuelo se disponen a recuperar el botín del fondo del Lago Springfield. Pero en cuanto recuperan la caja fuerte con las obras de arte, Burns se la roba. Bart y el Abuelo lo persiguen, y éste se pelea con Burns hasta que le llegan los representantes del Departamento de Estado, que le devuelven las pinturas a su legítimo heredero. Aunque el abuelo pierde su oportunidad de heredar una fortuna, Bart se siente orgulloso de él.

MOMENTOS ESTELARES

 "¿De segunda clase? ¿Y la Seguridad Social? ¿Y los pases de autobús? ¿Y las placas de alerta médica? ¿Y los calzoncillos hasta el sobaco? ¿Y todas las demás ventajas? ¡Oh, en mi opinión, los viejos lo tienen de miedo!"

"Oye, si vas a quedarte en mi cuarto, al menos podrías dejar de decir tonterías". Bart sin creerse la historia del tesoro del Abuelo.

"Intenté llegar a un acuerdo contigo, Simpson, pero tenías que ser el pequeño Johnny el Longevo. Ahora, dame tu llave del tesoro del Pez Volador."

Prioridades:
Bart: Siento haberte costado una fortuna, Abuelo.
Abuelo: ¡La fortuna no importa, hijo! Lo importante es que estás a salvo. ¡Ahora, vayamos a por esa fortuna!

El legítimo propietario:
Von Wortzenburger: ¡Ja, ja, ja! Mach schnell mit der arte, ¿eh? Quiero volver al Centro de Danza de Stuttgart a tiempo de ver a los Kraftwerk. ¡Eh, cuidado con mi compact-disc automático, idiota!
Abuelo: Creo que se lo merece más que yo... Al menos te he demostrado que no siempre he sido un viejo patético.
Bart: Nunca lo fuiste, Abuelo.
Abuelo: ¡Oh, te abrazaría! Pero sé que te daría vergüenza.
Bart: No me la daría. No me importa que sepan que quiero a mi Abuelo.
Von Wortzenburger: ¡Eh, tíos! ¡Alquilad una habitación!

 "Os agradecería que dejaseis de babear mi Botticelli." Burns reclamando el cuadro.

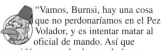 "Vamos, Burnsi, hay una cosa que no perdonaríamos en el Pez Volador, y es intentar matar al oficial de mando. Así que considérate expulsado con deshonor. Estás expulsado de mi unidad. Expulsado del frente. Y eso significa que las pinturas son mías. Cabo, estás despedido."

Bart: ¿Eh, Abuelo, ¿crees que podría haber pertenecido al Diabólico Pez Volador?!
Abuelo: Eres un chico con agallas, con una actitud provocadora y una educación de cuarto grado. Podrías haber sido sargento.

Abuelo: ¡Dejadme entrar! ¡Alguien intenta matarte! ¡Santo McGillicudy, abridme la puerta!
Homer: ¿Quién eres?

El Abuelo habla en la clase de Bart:
Abuelo: Mi historia empieza el 19 decena dos. Teníamos que decir "decena" porque el Kaiser nos había robado la palabra "veinte". Lo perseguí para que nos la devolviera, pero tras decena-seis millas tuve que rendirme.
(Los niños se ríen.)
Martin: ¿Decena? Lo dudo.
Abuelo: ¿Qué murmuras, gordinflas? ¡Demasiados pasteles, ése es tu problema!
(Martin se queda asombrado. Los niños se ríen de él.)
Ahora, me gustaría hacer una digresión en mi discurso preparado para hablar de cómo inventé el "Terlet".
Señorita Krabappel: ¿"Terlet"? ¡Ja!
Abuelo: ¡Basta de interrumpirme! Me pasé tres años en ese "Terlet".

Loco por ir:
Homer: ¿Dónde vais vosotros dos a estas horas?
Bart: En busca de un tesoro.
Homer: ¡Oh! ¿Puedo ir?
Abuelo: Sólo si estás dispuesto a afrontar el peligro, someter tu hombría a una prueba definitiva y tomar...
Homer: Paso.

DETALLES QUE QUIZÁ TE HAYAS PERDIDO

La pancarta del Día de los Abuelos dice: "Una distracción barata para nuestros ancianos."

Cuando el Abuelo llega a la casa de los Simpson, Homer está jugando con una ratonera china.

En el lago Springfield vemos practicando a una escuela de peces de tres ojos.

Aunque la patrulla del Abuelo se llamó "El Diabólico Pez Volador", en el material y el monumento del cementerio puede leerse El Pez Luchador.

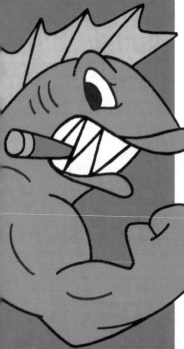

MUCHO APU Y POCAS NUECES

Episodio 3F20, emitido originalmente el 5.5.96. Guionista: David S. Cohen. Directora: Susie Dietter.

Después de que un oso merodee por Springfield, el alcalde Quimby sube los impuestos para crear una Patrulla Antioso, lo que hace enfadar a sus habitantes. Para distraerlos, culpa de los impuestos a los inmigrantes ilegales y promueve la Propuesta 24, en la que pide que los inmigrantes ilegales de Springfield sean deportados.

Apu se preocupa, ya que su visado expiró tras graduarse en un instituto norteamericano. Para evitar que lo deporten compra una nueva identidad a Tony el Gordo, pero se da cuenta de que está traicionando su herencia hindú.

Lisa le dice a Apu que cumple los requisitos para optar a la ciudadanía norteamericana. Apu pasa su prueba, pero la Propuesta 24 se aprueba.

MOMENTOS ESTELARES

 "Aquí Kent Brockman, con un informe especial desde el Noticicóptero del Canal 6. Un enorme animal parecido a un oso, por lo que debe de ser un oso, ha bajado de las colinas en busca de alimento y, quizá, de empleo. Por favor, mantengan la calma. Quédense en sus casas."

 "¡Estamos aquí! ¡Estamos hartos! ¡No queremos más osos! ¡Estamos aquí! ¡Estamos hartos! ¡No queremos más osos!"

> **Homer:** ¡Estoy harto de los constantes ataques de osos! ¡Esto parece un maldito país de osos!
> **Ned:** Sé realista, Homer. He vivido aquí desde hace 30 años y éste es el primer y único oso que he visto.
> **Homer:** ¡Oye, si quieres que los osos salvajes devoren a tus hijas y se coman tus salmones, es asunto tuyo! ¡Pero yo no pienso permitirlo! ¿Quién está conmigo?

> **Quimby:** ¿Esos idiotas son cada vez más tontos o sólo gritan más?
> **Ayudante:** Más tontos, señor. No quieren prescindir de la patrulla, pero tampoco quieren pagar más impuestos.

"En una semana, la ciudad votará un referéndum especial para deportar o no a todos los inmigrantes ilegales de Springfield. ¡Se llamará Propuesta 24!" Quimby, creando una ley ilegal.

 "¡Oh, Dios mío! La Propuesta 24 es divertida y sólo busca cabezas de turco, nunca pensé que pudiera afectar a alguien conocido. ¿Sabes qué, Apu? Voy a echarte de menos, en serio."

 "Uauh, uauh, uauh, uauh, uauh, uauh, uauh. Más modales, ahora eres norteamericano. Recuerda: naciste en Green Bay, Wisconsin. Tus padres fueron Herb y Judy Nahasapeemapetilon. Y si no quieres levantar sospechas, te sugiero que actúes como un norteamericano."

"No puedo renegar de mis raíces, ni seguir con esta charada. Sólo lo hice porque adoro este país donde tengo libertad para decir lo que quiera, pensar como quiera y cargarme a quien quiera."

"Uauh. Debes amar a este país más de lo que yo amo una cerveza fría en una calurosa mañana de Navidad. ¡Maldición, Apu, no dejaré que te den la patada!" Homer cambiando de opinión sobre la Propuesta 24.

"Antes me enveneno. Yo me llamo Selma Bouvier Terwilliger Hutz McClure. Dios sabe que es bastante largo sin añadir Nahasapeetapete... lo que sea. A partir de ahora sólo me casaré por amor. Y puede que una vez más por dinero."

"Bien, gente, aquí están las órdenes de deportación. Primero, iremos a por los marginados; después, a por los pobres; y después, a por las masas que piden libertad." Wiggum aleccionando a sus hombres.

> **Marge:** Pero, Apu, la votación de la Propuesta 24 es el martes. Tendrías que pasar la prueba antes.
> **Apu:** Oh, no. No hay tiempo suficiente para aprender 200 años de historia norteamericana.
> **Homer:** ¡Oh, no es tan difícil! Vamos, Apu, yo seré tu tutor.

> **Nelson:** ¡Eh, niño alemán! ¡Vuélvete a Alemania!
> **Uter:** ¡Oh, no merezco esto! ¡Estoy aquí legalmente por un intercambio de estudiantes!
> **Skinner:** Jovencito, lo único que hemos intercambiado por ti es nuestra dignidad nacional.

DETALLES QUE QUIZÁ TE HAYAS PERDIDO

Carteles que Barney, Moe y Homer pintan en la Sede del Sí a la 24 (el bar): "¡Sí a la 24!", ¡Estados Unidos para los Estadounidosos!" y "¡Homer dice: 'largaos'!"

Carteles que llevan los manifestantes frente al Badulaque: "El único extranjero bueno es Rod Steward", "Compra Americano" y "Que los euroasiáticos vuelvan a Eurasia".

Apu se queda dormido en la mesa de la cocina, frente al libro abierto de Homer. Cuando se despierta, está cerrado.

Cartel del edificio del Servicio de Inmigración y Naturalización: "Estados Unidos: 131 Años sin una Guerra Civil."

El doctor Nick escribe una chuleta en su brazo para pasar su examen de ciudadanía.

Los personajes que hacen el examen de ciudadanía son: Akira, Apu, Luigi, Bumblebee Man, el doctor Nick y Moe.

Identidad:
El oso que empieza la controversia sobre la inmigración en Springfield.

Color:
Marrón.

Ojos:
Curiosos.

Garras:
Significativas.

Dieta:
Basura, buzones de correos.

Tiende a:
Vagar por los barrios residenciales.

Profesión:
Dirige La Cabalgata de lo Transmundano de Hullabalooza, un circo ambulante de monstruos.

Cree:
Que nada es más importante que la salud y el bienestar de sus monstruos.

Aborrece:
Los monstruos de vientre amarillo que intentan dimitir.

Lo que utiliza en vez de mesa de despacho:
La capota de su coche.

HE ESTADO BUSCANDO UN GORDO PARA DISPARARLE CON UN CAÑÓN. ME GUSTARÍA MUCHO QUE TÚ FUERAS ESE GORDO.

HOMERPALOOZA

Episodio 3F21, emitido originalmente el 19.5.96. Guionista: Brent Forrester. Director: Wes Archer.

Mientras lleva a Bart y a Lisa a la escuela, Homer descubre que sus hijos lo consideran un "carroza". Para demostrarles que se equivocan, compra entradas del Festival de Música de Hullabalooza para Bart, Lisa y él mismo.

Mientras toca un conjunto de rock, Homer intenta sin éxito encajar en el ambiente. Arrastrado a la fuerza fuera de la multitud, un proyectil en forma de cerdo vuela y le da de lleno en el estómago. La constitución abdominal de Homer le ayuda a resistir al impacto. Cuando reconocen su talento, se une al circo de monstruos Hullabalooza con un número en el que detiene una bala de cañón con el estómago.

Cuando éste empieza a hacer ruidos extraños, un veterinario le advierte que no siga haciendo su número. No obstante, Homer está dispuesto a seguir con su nueva carrera en el mundo del rock and roll. La siguiente actuación es en Springfield, donde la familia de Homer asiste al espectáculo. Homer sale al escenario pero, cuando el cañón dispara se aparta, explicándole a su familia que para él son más importantes que tener un trabajo "molón".

MOMENTOS ESTELARES

 "¿Nadie conoce al grupo Grand Funk? ¿Ni las canciones salvajes de Mark Farner? ¿Ni el bajo de Mel Shocker? ¿Ni la batería competente de Don Brewer? ¡Oh, cielos!"

 "¡Papá! ¡A nadie le importa tu estúpida banda de dinosaurios! ¡Tienes el peor y más lamentable gusto musical que conozco!"

 "Eso está bien para ti, Marge. Pero a mí me gustaba el rock and roll todas las noches y las fiestas todos los días. Y el otro día me acordé. Ahora tengo suerte si consigo media hora a la semana para divertirme. ¡Tengo que acabar con esta rutina y recuperar la marcha!"

"Huele como la chaqueta de Otto." Lisa comentando el extraño olor que detectan Bart y ella en la multitud, durante el concierto de Cypress Hill.

La Cabalgata de lo Transmundano: El nombre del circo de monstruos Hullabalooza.

"Mis hijos creen que eres el mejor, ¿sabes? Gracias a tu música siniestra, por fin han dejado de soñar en un futuro que seguramente no podría darles". Homer a Billy Corgan, cantante de los Smashing Pumpkins.

"Homer, lo más importante para mí es la salud y el bienestar de mis monstruos. Te mandaré a un veterinario". El director del circo de monstruos a Homer.

 "¡Uauh, es como Woodstock, sólo que con anuncios por todos lados y toneladas de guardias de seguridad!"

El veterinario al examinar a Homer: "¡Dios mío! Esas balas de cañón prácticamente han demolido su estómago. A partir de ahora, nada de balas de cañón, nada de comida muy especiada y, cuando se tumbe en una hamaca, por favor, conserve la cerveza en su cabeza o en sus genitales."

Homer: ¿Dónde puedo encontrar lo último de Bread?
Dependiente: En las antigüedades.
Homer: ¿Antigüedades? (Busca en la sección.) Pero, si aquí tienen a los mejores grupos. ¿Styx? Acabo de verlos en el programa del Rey del Biscuit Harinoso. Aquí están algunos de los grupos de nombres raros: Sonic Youth, Nine Inch Nails, Hullabalooza...
Dependiente: Hullabalooza es un festival de música... el mayor festival de música de todos los tiempos.

Flashback de Homer:
Abe: ¿Qué diablos hacéis vosotros dos?
Barney: Se llama rocanrolear.
Homer: No lo entenderías, papá. No estás "en la onda".
Abe: Solía estar "en la onda". Pero "la onda" cambió. Y esta nueva onda me parece muy rara y hasta me asusta. A vosotros os pasará lo mismo.
Homer: Ni hablar, tío... ¡siempre rockanrolearemos!

Bart: ¿Papá, ¿llevas calzoncillos largos o cortos?
Homer: No.
Bart: ¿Qué religión practicas?
Homer: Ya sabes, esa con todas las reglas bienintencionadas que nunca funcionan en la vida real... er, Cristianismo.

DETALLES QUE QUIZÁ TE HAYAS PERDIDO

La tienda de discos que visita Homer se llama "Notas Suicidas". Antes se llamaba "Buenas Vibraciones".

La caja de las antigüedades en "Notas Suicidas" está hecha de madera contrachapada.

Un adolescente lleva una camiseta con una versión de El Grito, de Munch; otro lleva una de "El Culo Genial".

Hullabalooza anuncia un "Piercing de nariz gratis con cada entrada".

Dos urnas del anuncio de Hullabalooza: "Censo para no votar" y "Salto contra el Racismo".

El vendedor adolescente de la tienda de discos Notas Suicidas lee la revista Mondo Ceñudo.

La entrada de Homer parodia la famosa ilustración "Keep on Truckin" del historietista Robert Crumb.

Homer: Buen concierto, ¿verdad?
Chico amargado: ¡Buen intento, pasma!
Chico: ¿Dónde está la pasma?
Chica 2: ¿Quién?
Otro chico: Ese tipo gordo jamaicano.
Homer: ¿Qué he dicho? ¿Qué sucede?
Chico 2: ¡Eh, pasma, sólo intentábamos pasarlo bien! ¿Por qué quieres destrozarnos?
Chica amargada: No cometas tu odioso crimen aquí ¡Odia el crimen!

Marge: No tienes que unirte a un circo de monstruos sólo porque se te ha presentado la oportunidad.
Homer: ¿Sabes, Marge? En el fondo, tú y yo somos muy distintos.

VERANO DEL 42

Episodio 3F22, emitido originalmente el 19.5.96. Guionista: Dan Greaney. Director: Mark Kirkland.

A l final de curso, Lisa descubre lo impopular que es cuando nadie firma su libro escolar del año. Mientras la familia hace las maletas para pasar las vacaciones de verano en la casa que Flanders tiene en la playa, ella decide cambiar de vida.

Al llegar a la Pequeña Pwagmattasquarmsettport, Lisa compra ropa típica de la generación-X. Evitando el peligro que supondría su vocabulario y su intelecto superiores, logra hacerse amiga de un grupo de la playa.

Celoso de la recién adquirida popularidad de Lisa, Bart planea su venganza. Les muestra el libro de Lisa a los chicos de la playa, demostrándoles que es una empollona por todo lo que ha hecho en la Escuela. Lisa se enfurece con Bart, pensando que su revelación hará que pierda a sus amigos. No obstante, al llegar a casa de la feria los encuentra a punto de decorar el coche de los Simpson con cientos de conchas marinas en su honor. Le explican que ella les gusta por lo que es. Para reconciliarse con Lisa, Bart ha hecho que le firmen el libro.

MOMENTOS ESTELARES

"Retrospecticus": El nombre del Libro Escolar del Año de la Escuela Elemental de Springfield. Editora: Lisa Simpson.

"No lo entiendo. Todo sobresalientes, no falto nunca, viajes al lavabo cronometrados... ¡debería ser la chica más popular de la escuela!" Lisa extrañada de que nadie haya firmado su libro escolar.

"Hola, señor Campo Marrón, ¿qué tiene para mí?" Flanders poniéndose los guantes para revisar el pozo séptico de los Simpson.

"¿Amigos? Éstos son mis únicos amigos. Empollones como Gore Vidal. Y hasta él ha besado a más chicos de los que yo besaré en toda mi vida."

"Me mola, ya sabéis, todo eso. Me mola, ya sabéis, todo eso." Lisa, ensayando cómo presentarse a sus potenciales amigos.

"¡Oh, capitán del equipo de rugby! ¡Es un sueño! No me esperes levantada, Marge." Homer jugando a un juego de mesa, Tu Cita Soñada, con Marge, Bart y Milhouse.

"Um... quiero una de esas revistas porno... una caja grande de condones... una botella de Old Harper... un par de paquetes de salvaslips... yunpardefuegosartificialesilegales... y uno de esos enemas desechables. Que sean dos." Homer intentando comprar furtivamente fuegos artificiales para el 4 de julio.

La Celebración de Homer: Tras regañar a Bart por no tener cerillas ni mechero, Homer enciende su M-320 en el horno. La mayoría de la mecha arde, dejando a Homer poco margen. Desesperado, lo tira al lavaplatos, haciendo que rezume una masa negra. Se aleja, silbando, con las manos en la espalda. Después, vemos a Marge secando platos destrozados.

"¡Oh, es el peor 4 de julio de mi vida! ¡Odio América!"

(Bart se sienta en el porche con Milhouse mientras Marge friega la cocina, con la puerta abierta. Más allá, en la playa, Lisa se sienta con sus amigos.)
Marge: Deja a Lisa en paz con sus nuevos amigos.
Bart: ¡Tendrían que ser amigos míos! Los ha conseguido imitándome.
Lisa: ¡No fastidies, tío!
(Los nuevos amigos de Lisa se ríen.)
Bart: ¿Lo ves? ¡Esa expresión es mía!
Marge: Oh, no la empleas desde que tenías cuatro años. Déjasela a Lisa.
Bart: ¡Es una cuestión de principios! ¡Tiene que aprender!
Marge: ¡No! ¡No muevas el culo, amigo!
Lisa: ¡Ay, caramba!
(Los nuevos amigos de Lisa vuelven a reírse.)

"Nos enseñaste cosas guapas sobre la naturaleza y por qué no debemos beber agua del mar." Dean a Lisa, explicando por qué les cae bien, a pesar de que sea una "empollona".

"¡Ey! ¡Se parece a ti, Cuatro Ojos!" Homer señalando a un personaje de Tu Cita Soñada que se parece a Milhouse.

De vacaciones:
Homer: Adiós, trabajo.
Bart: Adiós, cepillo de dientes.
Lisa: Adiós, Lisa Simpson.

Bart: ¿Dónde diablos vamos?
Marge: A la Pequeña Pwagmattasquarmsettport. La llaman el ombligo de América.
Bart: Creí que el ombligo de América era Springfield.
Marge: No. Springfield es el culo de América. Al menos, según Newsweek.

DETALLES QUE QUIZÁ TE HAYAS PERDIDO

La lista de méritos bajo la foto de Lisa, en el libro escolar, incluyen: Superéxito escolar, Récord de manos levantadas en un solo semestre (763), Hermana del alumno más popular, Saber deletrear Abeja Reina, Club de la Cámara y Taquilla más ordenada.

En la Pequeña Pwagmattasquarmsettport, hay un colmado llamado "Prepárate para lo Peor", y un quiosco llamado "Se aceptan primos".

El episodio presenta por segunda vez a alguien que ha sido rociado en la cara con una pistola de agua, promocionada como "atomiza la cabeza del payaso, destroza los globos". Lisa remojó a Bart, mientras Nelson remojaba a Martin, en el 9F02, "Lisa, la Reina de la Belleza".

En el cuarto trasero de la tienda hay un explosivo etiquetado como "Para pasárselo bomba".

Lisa, furiosa, durante el desayuno:
Bart: Creo que enseñarles tu libro fue muy duro, pero te enseñó una lección. Lo importante es ser tú mismo.
Lisa: Sé perfectamente quién soy. Soy la hermana de un podrido, celoso y malvado traidor. ¡Me has quitado mis únicos amigos! ¡Has arruinado mi vida!

Lisa: Mi hermano siempre va a bibliotecas. Normalmente, lo espero fuera.
Erin: ¡Oh! ¡También te gusta esperar?
Lisa: Bueno, es mejor que leer.
Erin: Sí, leer apesta.

ERIN

Descripción:
Niña con problemas para expresarse, que veranea en la Pequeña Pwagmattasquarmsettport con su familia.

Actividad favorita:
Holgazanear.

Aborrece:
Que su madre invite a sus amigos y a ella una jarra de Tang y cereales Krispies.

Sospecha:
Que los policías de la Pequeña Pwagmattasquarmsettport están confiscando los monopatines para usarlos en comisaría.

Mayor tesoro:
Collares hechos con seda dental sabor canela.

Programa favorito de TV:
Los Vigilantes de la Playa.

PUEDO OÍRLO PERFECTAMENTE HACIENDO ESO.

MERCHANDISING, SU NOMBRE ES KRUSTY...

La taza de Krusty. Una taza con la forma de un sonriente Krusty y la inscripción "¿A quién quieres?" (7G12)

Muñecos Krusty. Los típicos muñecos de Krusty en las dos versiones: los que hablan y los mudos. (7G12, 7F04, 7F05, 9F04 y 2F12)

El despertador de Krusty. Un reloj despertador con la forma de la cara de Krusty. (7G12)

Tapa-lápices Krusty. Minicabezas de Krusty para colocar en la parte de la goma de borrar del lápiz y decorarlo. (7G12)

Chupetes Krusty. Un chupete con la cabeza de Krusty en su parte frontal. (7G12)

Globos Krusty. La cabeza de Krusty, incluyendo su pelo, en un globo. (7G12)

Vestido de Krusty. En una caja con la imagen de un sonriente Krusty. (7G12)

Fiambreras Krusty. Una fiambrera con un dibujo de Krusty el Payaso, en la tapa. (7G01, 7G12, 2F12 y 4F09)

Camisetas Krusty. Una camiseta con la frase "Yo quiero a Krusty". (7G12)

Mochilas Krusty. Con una imagen de Krusty en la parte frontal de la mochila. (7G12)

Biberones Krusty. Unos biberones con un sonriente dibujo de Krusty. (7G12)

Banderas Krusty. Unas banderas deportivas con la frase "Yo amo a Krusty". (7G12)

Toallas Krusty. Toallas de playa con la imagen de Krusty. (7G12)

Colchas de Krusty. Unas colchas de cama, con una gigantesca imagen de Krusty. (7G12)

Muñecos hinchables de Krusty. Unos muñecos "tentempié" hinchables de Krusty, que recuperan su posición cuando los golpeas. (7G12)

Lámparas Krusty. Unas lámparas con el cuerpo de Krusty en la base, y la pantalla en su cabeza. (7G12)

Teléfonos Krusty. Un teléfono con la forma de Krusty sujetando el auricular. (7G12)

Reloj de Pared Krusty. Un reloj de pared con la forma de Krusty. Los brazos del payaso sirven de manecillas del reloj. (7G12)

Zapatillas Krusty. Unas zapatillas que representan la cara de Krusty. (7G12)

Sillas infantiles Krusty. Unas sillas para niños que tienen una imagen de la cabeza de Krusty en su parte superior. (7G12)

Tambor de juguete Gigante Krusty. Un gran tambor de juguete, con la cara de Krusty en el lateral. (7G12)

Papelera Krusty. Una papelera con el letrero: "El Show de Krusty, el Payaso." (8F22)

Pegatinas de coche Krusty. Una pegatina de coche que dice "Yo Amo a Krusty." (8F22)

Walkie-Talkies Krusty. Unos walkie-talkies con la forma de Krusty. (8F04, 8F22, 3F12)

Póster de Krusty. Un póster en la consulta de la enfermera, con el eslogan: "¡Da un giro... cepíllate!", con una imagen de Krusty con un cepillo de dientes. (7F03)

Póster de Krusty. Un póster de la Campaña de Alfabetización de Krusty, en el que se lee: "¡Da un giro, lee un libro!" (7G12, 7F19, 8F12, 8F17)

Cereales Frosty Krusty. Los cereales favoritos de Bart para el desayuno. (7G02, 7F24)

Cereales Frosty Krusty chocolateados. Los segundos cereales favoritos de Bart. Tiene un eslogan que dice: "¡Sólo el azúcar tiene más azúcar!" (8F02, 8F03)

Jamón Marca Krusty. El jamón premiado por salvar a Springfield de una catástrofe nuclear. (8F04)

Colonia No-Tóxica de Krusty. Se advierte en la etiqueta que es "La Colonia de los Más Atractivos", y también "Úsese en zonas bien ventiladas. Puede manchar las tapicerías. Su uso continuado puede causar quemaduras químicas." (8F05)

Ácido Sulfúrico Krusty. En unos vagones cisterna de tren, se anuncia que transportan ese producto. (8F23)

Póster de Krusty. Un póster que dice:

"¡Da un giro… lávate!", adorna la pared del aula de Lisa. (8F24)

Sello de Homologación de los Productos Krusty. El sello que identifica los productos que han superado los altos niveles de exigencia de Krusty, el Payaso. (8F24)

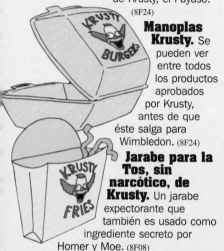

Manoplas Krusty. Se pueden ver entre todos los productos aprobados por Krusty, antes de que éste salga para Wimbledon. (8F24)

Jarabe para la Tos, sin narcótico, de Krusty. Un jarabe expectorante que también es usado como ingrediente secreto por Homer y Moe. (8F08)

Sandalias Flip-Flop de Krusty. Sandalias que representan la cara de Krusty. (3F12)

Pijamas Krusty. Pijamas que representan la muy repetida cara de Krusty. (3F12)

Barritas Krusty Klump. La barra de chocolate de Krusty, con y sin almendras. (2F06)

"Corónate con Krusty." El álbum dorado de Krusty. (2F12)

El Sistema Quita-Bigotes, para la Señora Krusty. Un producto de higiene femenina. (2F12)

Monopoly Krusty. Una copia no-autorizada del famoso juego de mesa. (2F12)

Canasta de Minibaloncesto Krusty. Una canasta de Minibaloncesto con la imagen de Krusty en el tablero. (2F12)

Disco volante de Krusty. Un disco volante con la imagen de Krusty. (2F12)

El muñeco Krusty Troll. Un muñeco de Krusty con largos cabellos, con aspecto del payaso de blanco. (2F12)

Juego de Dardos Krusty. Un juego de dardos con la cara de Krusty en la diana. (2F12)

Farola Krusty. Un pequeño souvenir con Krusty agarrado a una farola. (2F12)

Caja Sorpresa de Krusty. El tradicional juguete infantil, de la caja que, al abrirse, deja libre un muelle con la cabeza de Krusty.

Cañón de juguete Krusty. Un cañón que dispara a un delgado Actor Secundario Mel. (8F24, 3F12)

Muñeco de Krusty con un cuchillo en la cabeza. Un muñeco con una cabeza atravesada por un cuchillo. (8F24)

Cepillo de Dientes Eléctrico de Krusty. El cepillo de dientes eléctrico. (8F24)

Muñeco Krusty Bomba. Un muñeco que representa a Krusty con una bomba. (8F24)

Dispensador Krusty. Una cabeza dispensadora de Krusty, probablemente no autorizada. (8F24)

Reloj de pared Lengua-Krusty. Otro reloj de pared pero, en esta ocasión, la lengua hace de péndulo. (8F24)

Kampamento Krusty. Un campamento de verano de Krusty, con un cartel en un tótem que lo anuncia

¡BACTERIAS COMEDORAS DE CARNE EN CADA CAJA!

como "El Lugar Más Krusty del mundo." (8F24)

Sucedáneo de Gachas Krusty. La comida que se sirve en el Kampamento Krusty. (8F24)

Krustyburguer. La cadena de hamburguesas de Krusty cuyo producto más conocido, la Krustyburguer, es anunciada como el "Bocadillo Oficial de las Olimpiadas de 1984." (7F21, 9F08, 1F06, 1F12, 2F12, 2F20, 3F03, 3F09, 3F14, 3F12, 3F18)

Colección de cromos de Krusty. Con ocho series diferentes. Representan a Krusty visitando a parientes, y posando en diferentes posturas. (1F04)

Prueba Doméstica de Embarazo de Krusty. En su prospecto se anuncia que puede causar "malformaciones de nacimiento". (9F13)

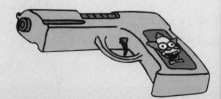

Krusty O's. Los cereales de Krusty, con "bacterias comedoras de carne en cada caja". (2F32)

Línea Caliente Krusty. Su anuncio apareció en las cajas de cereales. Los que llamen al 1-909-0-U-KLOWN, tendrán un mensaje diario de Krusty, el Payaso. (7F24)

LA CASA-ÁRBOL DEL

LA SECUENCIA INICIAL

Homer enciende una lámpara hecha con una calabaza ahuecada, y la llama prende de golpe, quemándole la mano. Luego todo su cuerpo se incendia y corre de un lado a otro, como un loco.

LA COSA Y YO

Bart y Lisa investigan unos ruidos muy raros que proceden del desván. Descubren una jaula vacía de barrotes de acero. Como explicación, Homer y Marge confiesan que Bart tiene un hermano gemelo muy malo llamado Hugo, que separaron de Bart cuando nacieron y que mantienen encerrado en el desván. Todos salen de la casa para buscar al gemelo, menos Bart, que no sabe que Hugo sigue dentro de la casa. Armado con un cuchillo de cocina, Hugo encuentra a Bart y le revela su plan para volver a conectar sus cuerpos quirúrgicamente. El doctor Hibbert llega justo a tiempo de salvar a Bart y deja a Hugo sin sentido. Luego nota que la cicatriz quirúrgica de Hugo no está en el lado izquierdo, y por tanto no es el gemelo malvado, sino que es Bart quien encarna el mal.

MOMENTOS ESTELARES

"Vale, iré a darle de comer." Homer subiendo la escalera con un cubo de cabezas de pescado, tras decir a los chicos que arriba no hay nadie.

"¿Habéis subido al desván? Me habéis decepcionado y... aterrorizado." Marge a los chicos.

"El nacimiento de hermanos gemelos suele ser una bendición, pero en este caso uno de ellos era un demonio." El doctor Hibbert tras ayudar al nacimiento de Bart y Hugo.

"Creo que daré el biberón a ése." Marge al observar que uno de los niños siameses estaba atormentando al otro.

Homer mete la pata:

Lisa: *¿Qué hay arriba?*
Bart: *¿Es un monstruo?*
Lisa: *Queremos saberlo.*
Bart: *Sí, ¿cuál es el secreto?*
Homer: *Ya vale de preguntas. Me mato a trabajar para sacar adelante cuatro niños y ahora me salís...*
(Marge le mira.)
Homer: *¿Qué?*
Marge: *Tres. Tenemos tres chicos, Homer.*

La sensibilidad del doctor Julius Hibbert:

Doctor Hibbert: *Sí, recuerdo el nacimiento de Bart. No se olvida a... ¡unos hermanos siameses!*
Lisa: *Creo que prefieren que los llamen "hermanos conjuntos".*
Doctor Hibbert: *Y a los patanes les gusta que les llamen "hijos de la tierra", pero siguen siendo patanes.*

Doctor Hibbert: *¿Qué podíamos hacer con el pobre Hugo? Era tan malo que era un caso perdido. Hicimos lo humanamente posible.*
Homer: *Le atamos en el desván y le dimos de comer un cubo de cabezas de pescado por semana.*
Marge: *Eso salvó nuestro matrimonio.*

Homer: *Buscaremos en cualquier sitio donde pueda meterse un enano follonero y retorcido.*
Lisa: *¿Por qué ministerio empezamos?*

Bart: *¡Estás loco!*
Hugo: *¿De veras? Todos estamos un poco locos. Yo perdí el juicio cuando nos separaron. Por eso quiero que vuelvan a cosernos juntos.*

Doctor Hibbert: *Es curioso, pero siempre es el gemelo izquierdo el malo. Según mi teoría... ¡Hey, un momento! La cicatriz de Hugo está en el lado derecho, y por tanto no puede ser el malvado. ¡Eso significa que tiene que serlo... Bart!*
(Todos se vuelven hacia Bart.)
Bart: *Bueno, tampoco hay que ponerse así.*

(La familia se dispone a comer en compañía del doctor Hibbert. Hugo ocupa el sitio de Bart.)
Doctor Hibbert: *¿Un muslo de pollo, Hugo?*
(Hugo coge el muslo y se lo zampa. Luego empieza a mascar su servilleta.)
Lisa: *Mamá, Hugo se está comiendo la servilleta.*
(Bart se asoma por el hueco del respiradero.)
Bart: *¿Queda algo del pavo?*
Marge: *Acábate las cabezas de pescado y luego veremos.*

DETALLES QUE QUIZÁ TE HAYAS PERDIDO

En el desván: el teléfono de Mary Worth que Bart cambió por sus "Pica y Rasca" estropeados (1F21, "El amante de lady Bouvier") y la camiseta de "Yo no fui" (1F11, "Bart se hace famoso"), uno de los retratos de Ringo Starr de Marge (7F18, "Pinta con grandeza"), varias cajas de la muñeca de Lisa Corazón de León (1F12, "Lisa contra Stacy Malibú"), una brocha de afeitar (9F21, "El cuarteto vocal de Homer") y la guitarra eléctrica de Bart (8F21, "El Otto-Show").

La autobiografía de Homer se titula: *Yo, que apenas me conocía.*

TERROR VII

Episodio 4F02,
emitido originalmente el 27.10.96.
Guionistas: Ken Keeler, Dan Greaney y David S. Cohen.
Material adicional de: Jacqueline Atkins.
Director: Mike Anderson.
Productores ejecutivos: Bill Oakley y Josh Weinstein.

LA TARRINA DEL GÉNESIS

Lisa hace un experimento para un concurso científico con un diente de leche que se le ha caído. Coloca el diente dentro de una tarrina de margarina y vierte soda encima. Bart la sacude con electricidad estática. Al día siguiente, Lisa examina el diente con un microscopio y descubre evidencias de una sociedad diminuta. Bart confunde la miniciudad con una maqueta y la aplasta con un dedo. Por la noche, la ciudad diminuta lleva a cabo una represalia, enviando naves espaciales que atacan a Bart en su cama. Mientras, una serie de anillos energéticos encogen a Lisa a un tamaño microscópico y la arrojan a la ciudad diminuta. Sus habitantes la toman por Dios. Lisa explica que "El Oscuro" es su hermano. Más tarde, Bart presenta la tarrina de margarina en el concurso científico y se lleva el primer premio.

DETALLES QUE QUIZÁ TE HAYAS PERDIDO

La historia está inspirada en un episodio de "Dimensión desconocida", en que unos alienígenas aterrizan en un asteroide para reparar su nave y uno de ellos se topa con una civilización en miniatura, que le vuelven un hombre muy poderoso.

Lisa está descalza al final del segmento, aunque llevara zapatillas cuando fue absorbida por el Mundo de la Tarrina.

MOMENTOS ESTELARES

"Uno de ellos está clavando algo en la puerta de la catedral. ¡Oh, he creado luteranos!" Lisa observando la sociedad minúscula en la tarrina de margarina que ha cobrado vida.

"¡Señor director, espere! ¡He creado el universo! ¡Déme el cheque-regalo!"

"¿Encogerte? Para eso necesitamos una suerte de re-bigulador, que es un concepto tan ridículo que me entran ganas de reír a carcajadas, jua, jua, jua, pero no de ti, diosa entre las diosas, cuya ira justa caerá sobre jua, jua, jua, me duele de tanto reírme." El científico frinquiano del Mundo de la Tarrina en respuesta a Lisa.

Lisa: ¡Gente diminuta! ¡Dios mío, he creado gente!
Marge: (Desde abajo.) ¡Lisa, el desayuno! ¡Hay gofres!
Lisa: ¡Oh, gofres!
(Sale corriendo.)

Bart: ¡Tus microtíos me atacaron!
Lisa: Es que tú destruiste su mundo.
Bart: No podrás protegerlos siempre. A la que bajes la guardia, ¡splassh!, de cabeza al váter y tiro de la cadena.

CIUDADANO KANG

Los alienígenas Kan y Kodos preguntan a Homer quiénes mandan en la Tierra. Homer menciona a Bill Clinton como presidente, pero advierte que Bob Dole podría reemplazarle si gana las elecciones. Los alienígenas raptan a los dos y los dejan en un estado de muerte aparente, y luego se metamorfosean convirtiéndose en duplicados de ambos. Homer se dispone a desenmascarar el malévolo plan, pero el Servicio Secreto le mantiene a raya. Entonces, desesperado, se arroja sobre los dos falsos candidatos y les arranca la piel a tiras, descubriendo la verdadera identidad de Kan y Kodos. Pero los alienígenas señalan que en un sistema democrático hay que votar por uno de los dos candidatos, y así se aseguran que uno de ellos ganará las elecciones.

MOMENTOS ESTELARES

"¡Cielo santo! ¡Naves espaciales! ¡No me comáis! ¡Tengo mujer e hijos! ¡Coméoslos a ellos!"
Joe El Farfullero: Lo que Homer llama Bob Dole.

"Uhh, Bob Dole no necesita esto." Dole tras ser abducido por Kang y Kodos.

"¡Oh, no! Alienígenas, bioduplicación, conspiraciones. ¡Cielos! ¡Lyndon LaRouche estaba en lo cierto!" Homer al ver que Kang y Kodos bioduplican a Clinton y Dole.

"Nos limitamos a intercambiar cadenas proteínicas. Si sabes de una manera más sencilla, háznoslo saber." Dole-Kang cuando le dicen que la gente se sorprende que estreche constantemente la mano de Clinton.

"¡Esos candidatos me provocan vómitos de terror! Tengo que detenerlos."

Homer Simpson y su abductor:
Homer: Supongo que quieren ponerme a prueba. Pues venga, acabemos cuanto antes.
(Se baja los pantalones y se inclina hacia adelante.)
Kang: ¡Alto! La prueba no va por ahí ni mucho menos.

Kent Brockman: Senador Dole, ¿por qué iban a votarle a usted en vez de al presidente Clinton?
Dole-Kang: Da igual por quién voten de los dos. ¡Su planeta está perdido! ¡Perdido!
Brockman: Bueno, ha sido una respuesta franca por parte del senador Bob Dole.

(La familia mira a Kent Brockman en la tele.)
Kent Brockman: Les habla Kent Brockman con "Campaña 96. América se la juega a cara o cruz." En su aparición matutina, Bill Clinton ha hecho una serie de observaciones oscuras, cuyo mensaje se nos escapa.
(La escena se corta para mostrar a Clinton hablando.)
Clinton-Kodos: Soy Clin-Ton. Como amo y señor, todos se arrodillarán en mi presencia y obedecerán mis órdenes brutales. Fin de la comunicación.
Marge: Hum, ya está Slick Willie con su labia melosa.

Dole-Kang: Engañar a los terrestres es más fácil de lo esperado.
Clinton-Kodos: Sí, se dan por contentos con chistes fáciles, acompañados de algún que otro solo de trompeta y un beso infantil.

(Ante una gran muchedumbre, Homer descubre la verdadera identidad de los candidatos.)
Kodos: Sí, somos alienígenas. ¿Y qué vais a hacer? ¡Éste es un sistema de dos partidos! ¡Tenéis que votar por uno de los dos.
(La multitud murmura.)
Uno de la multitud: Yo voy a votar por un sistema de tres partidos.
Kang: Vale, así tirarás el voto. ¡Jua, jua, jua, jua, jua!

DETALLES QUE QUIZÁ TE HAYAS PERDIDO

El debate presidencial de Kang y Kodos cobra 5 dólares a cada asistente.

Bob Dole empuña un lápiz con su mano "mala" cuando es elevado hasta la nave espacial Rigeliana.

La única persona que no aplaude en el debate es Lisa.

HANK SCORPIO

Ocupación:
Presidente de la Globex Corporation.

Intereses:
Dominar el mundo; pasarlo pipa.

Aversiones:
Que le llamen "jefe"; las paredes.

Némesis:
James Bont.

Ha inventado:
Llevar tejanos con chaqueta deportiva.

Posesión más preciada:
El dispositivo del fin del mundo.

> NO HAGA ESO. EL CULO ME SIRVE PARA SENTARME, NO PARA QUE ME LO BESEN.

SÓLO SE MUDA DOS VECES

Episodio 3F23, emitido originalmente el 3.11.96. Guionista: John Swartzwelder. Director: Mike Anderson.

Los Simpson se mudan a Cypress Creek, donde Homer ha aceptado un trabajo en la Globex Corporation. A Homer le impresiona la actitud realista y amistosa de su jefe, pero al resto de la familia le cuesta habituarse a su nueva vida. Marge se aburre en una casa que se mantiene por sí sola. Bart se ve obligado a seguir unas clases de recuperación, y a Lisa le producen alergia todas las plantas de la zona.

Homer no se percata de que su jefe, Hank Scorpio, es un terrorista y Globex la fachada para robar a escala internacional. Homer se gana la confianza de su jefe y llega a ser un competente director, pero cuando se entera de que su familia no es feliz, se ve ante la disyuntiva de elegir entre Cypress Creek y Springfield.

Cuando los barracones de la Globex sufren un asedio, Simpson dimite. Los Simpson regresan a Springfield y Hank Scorpio toma el control de la costa Este. En agradecimiento por los servicios prestados, Hank regala a Homer sus Broncos de Denver.

MOMENTOS ESTELARES

Homer, anunciando su nuevo trabajo a la familia: "¡Marge! ¡Tengo un nuevo trabajo! Con la Globex Corporation. Ganaré más dinero. Y mi jefe ganará aún más. Nos pagarán la mudanza y nos darán una casa nueva y..."

"Aquí tenemos raíces, Homer. Tenemos amigos, familiares, pases de biblioteca... El abogado de Bart vive aquí." Marge, oponiéndose a la mudanza.

Otro sueño de siempre: Homer quería ser el dueño de los Cowboys de Dallas.

"Homer, no quiero irme de Springfield. Me he acostumbrado a esta feliz rutina y no estoy dispuesta a abandonarla."

Nueva dirección de los Simpson: 15201 Maple Systems Road.

"No me llames así. No me gusta lo que me eleva sobre la gente. Soy como tú. Bueno, llego más tarde a trabajar, gano mucho más y me voy más tiempo de vacaciones, pero no me gusta que me llamen 'jefe'."

Comodidades de la nueva casa: Horno autolimpiable, autovac, mecedora de cunas automática, regaderas automáticas.

Hank Scorpio, presentando a Homer a su equipo: "Estos hombres, Homer, serán tus ojos y tus oídos, y de ser necesario se colarían por cualquier otra parte de tu cuerpo. Tu trabajo consistirá en dirigirlos y motivarlos. Pon a su disposición tus años de experiencia."

"Suena fresco. Encajará bien en esta escuela." Uno de los nuevos compañeros de Bart criticando la música de sobaco de Bart.

"El señor Scorpio dice que la productividad ha subido un 2%, y ello se debe a mis técnicas de motivación, como las rosquillas y la posibilidad de conseguir más rosquillas."

"Cuando vuelvas a casa, te encontrarás con una sorpresa." Hank agradeciendo a Homer el que haya frustrado la escapatoria de James Bont.

"Homer, si cuando te vas te entran ganas de matar a alguien, me harías un gran favor."

Diagnóstico:

Señor Doyle: Así que no sabes escribir en cursiva.
Bart: Hombre, pues, algo sí, ¿no?
Señor Doyle: Letra cursiva. Caligrafía. ¿Sabes las tablas de multiplicar? ¿Sabes dividir?
Bart: Sí que sé.
Señor Doyle: ¿Sabes, Bart? Creo que te convienen unas clases de recuperación, y también ver por la tele un buen programa didáctico.

El trastorno de Bart:

Bart: Oiga, señorita. Sé más de lo que aparento.
Profa: ¿Que sabes más que quién?

Videoconferencia de Scorpio a la ONU:

Hank: Buenas tardes, caballeros. Les habla Scorpio. Tengo el artefacto del fin del mundo. Tienen 72 horas para entregarme el oro o atenerse a las consecuencias. Y para probarles que no es un farol, miren esto...
Miembro 1 de la ONU: ¡Cielos! ¡El puente de la calle 59!
Miembro 2 de la ONU: Igual se cayó él solo.
Miembro 1 de la ONU: No podemos correr ese riesgo.
Miembro 2 de la ONU: Siempre dices lo mismo. ¡Sí que podemos!

DETALLES QUE QUIZÁ TE HAYAS PERDIDO

La mayoría de los estudiantes de la Escuela Primaria de Cypress Creek se parecen a los estudiantes de la Escuela Primaria de Springfield.

La lijadora y la bandeja televisiva que Homer adquiere a Flanders aparecieron en el 1F03 "Marge se da a la fuga" y 9F08, "La primera palabra de Lisa", respectivamente.

La dirección de Internet de la Escuela Primaria de Cypress es http://www.studynet. edu.

Homer compró el sombrero de Tom Landry autografiado en una tienda llamada "La Zona Pagana".

Homer se siente decepcionado con el regalo de los Broncos de Denver que le hace Scorpio, pese a pedir ser John Elway cuando la familia tiene que decidirse por una nueva identidad, como parte del programa de traslado del episodio 9F22, "El cabo del miedo".

> NO APRENDÍ TODO LO QUE TENÍA QUE SABER EN PÁRVULOS
> NO APRENDÍ TODO LO QUE TENÍA QUE SABER EN PÁRVUL
> NO APRENDÍ TODO LO QUE TENÍA QUE SABER EN PÁRV

MÁS DURA SERÁ LA CAÍDA

Episodio 4F03, emitido originalmente el 10.11.96. Guionista: John Collier. Director: Mark Kirkland.

LUCIUS SWEET

Ocupación:
Manager de boxeo / promotor.

Mejor pupilo:
Drederick Tatum, que fue encarcelado por tirar a su madre por la escalera.

Pelo:
Electrizado y de rizos apretados.

Reputación:
Turbia.

Alma:
Por descubrir.

En la escuela, Jimbo, Dolph y Kearney dan una paliza a Bart, a quien roban su cinturón de alta tecnología. Homer toma cartas en el asunto y se enfrenta a los padres de los bravucones en el bar de Moe. Pero el propio Homer se ve agredido y apaleado, aunque encaja todos los golpes. Impresionado por el aguante de Homer, Moe le convence para que se haga boxeador, proponiéndose él como su manager.

La habilidad de Homer para encajar golpes es su única estrategia. Sus oponentes acaban derrengados de tanto soltarle puñetazos. Homer gana sus primeros encuentros. Su ascenso llama la atención del promotor Lucius Sweet, que quiere que Homer se enfrente a su pupilo, el campeón de los pesos pesados, Drederick Tatum. Moe acepta el desafío.

Antes de la pelea, Moe promete a Sweet que Homer aguantará tres rounds. También promete a Marge que arrojará la toalla tan pronto como Homer corra peligro. Cuando empieza la pelea, queda claro que Homer no aguantará tres asaltos. Justo antes de ser noqueado en el primer round Moe interviene, salvándole por los pelos.

MOMENTOS ESTELARES

"Hijo, sólo una cosa entienden esos gamberros: que los delates. Así que delátalos a todos los profesores y adultos que encuentres. Venir a mí ha sido un buen comienzo."

"Brújula, cerillas, silbato, sierra, botón de alarma, cepo de ardillas, detector de mentiras en miniatura... ¡y hasta tiene intermitentes!" Bart, mostrando a Milhouse las características de su artefacto sujetapantalones.

"Me llamaban 'Kid el Bueno'. Luego 'Kid el Aceptable'. Después 'Kid el Truculento'. Y por último 'Kid Moe'." Moe resumiendo su carrera boxística a Homer.

"Tienes 38 años, no sabes boxear y no haces ejercicio desde que eras un crío. Antes de que sigas adelante tendrías que ver a un médico." Marge cuando Homer le dice que quiere ser boxeador.

"Bueno, los fans están hartos de combates que terminan antes de que se emborrachen. Necesito a un tipo que aguante tres asaltos en vertical." Lucius, interesado en que Homer se enfrente a Tatum.

"¿Quién es ese Drederick Tatum? ¿Otro don nadie?" Homer interesándose por su nuevo contrincante.

"La sociedad encerró a Drederick Tatum por su brutal comportamiento. Pero ha pagado su deuda, y ahora va a vengarse... de Homer Simpson." Locutor de la tele anunciando el encuentro entre Tatum y Simpson.

"Creo que es un buen hombre, me gusta, no tengo nada contra él, pero tengan la seguridad de que voy a dejar huérfanos a sus hijos." Drederick Tatum acerca de Homer Simpson.

"Sólo una cosa: ¡Idos a paseo!" Kent Brockman cuando la multitud le abuchea.

Tatum entra en el ring contoneándose con la música de un rap y una bata que dice **"Mr. Armageddon."**

Homer entra en el cuadrilátero a los compases de "¿Por qué no podemos ser amigos?", con una bata que dice: **"Oponente."**

Hibbert: Tiene usted una condición genética especial que yo llamaría "Síndrome de Homer Simpson".
Homer: ¡No me diga!
Hibbert: No se preocupe, es bueno. Su cerebro dispone de una capa de fluido a manera de almohadilla. Es como si llevara dentro de un casco de rugby. Podría estar recibiendo palos durante una hora y usted ni enterarse.

San Moe:

Homer: ¿Es usted un ángel?
Moe: Sí, señor. ¿A que se nota en el corte de los pantalones?

Tío del cómic: Buenas. Venía a devolverle su supercinturón.
Vendedor: Vale. ¿Tiene el recibo?
Tío del cómic: No, no tengo recibo. Lo gané en una rifa en una convención de Star Trek, aunque no sé a qué cuento venía, porque los de Star Trek no lo necesitaban para nada.
Vendedor: ¡Vaya, un fan gordito y sarcástico de Star Trek! Debes de ser un diablo con las mujeres.
Tío del cómic: Bueno, yo, uh, ah...
Vendedor: Siento dejarte en la estacada, Casanova, pero sin recibo no hay dinero.
Bart: Le doy cuatro pavos por él.
Tío del cómic: Huuuuh. Muy bien. Debo volver corriendo a mi tienda de cómics, donde suelto insultos en vez de recibirlos.

DETALLES QUE QUIZÁ TE HAYAS PERDIDO

Los padres de Jimbo, Dolph y Kearney salen juntos de juerga.

Un letrero en el exterior del coliseo de Springfield dice: "Prohibido boxear en paños menores."

Homer boxea bajo los auspicios de la ASSBOX (Asociación de Springfield de Boxeador Amateurs y Profesionales).

LA ASSBOX incluye a los boxeadores: Switchyard Cicatrices, Bob el Quebrantahuesos, Manny el Gorrón, Alí Tedén.

A medida que Homer avanza en su carrera como boxeador, su gusto en el lavado de coches se hace más refinado: pasa de Lavado Premium a Lavado Ultra Deluxe, sigue a Lavado Super Premium y llega a Lavado Mega Magnate.

Drederick Tatum apareció por primera vez en 7F13, "Homer contra Lisa y el Octavo Mandamiento".

> TU CHICO PARECE ALGO BLANDO, MOE. ASÍ PUES, ¿ESTAMOS DE ACUERDO CON EL TRATO?

DE TAL PALO, TAL PALILLO

Episodio 4F05, emitido originalmente el 17.11.96. Guionista: Ian Maxtone-Graham. Director: Jim Reardon.

Historial:

Orfanato hasta los 18 años, vendedor en un puesto de souvenirs; una vez vio un zepelín.

Residencia:

Waynesport, un lugar entre New Haven (Connecticut) y Springfield.

A veces le confunden con:

Un cadáver.

Frases favoritas:

"Hey, calma"; "Hey, tú tranquilo".

Gusta de:

Hacer comparaciones.

GUAU, ESE TÍO TIENE MÁS PASTA QUE UN PLATO DE ESPAGUETIS.

MOMENTOS ESTELARES

"Veinte minutos de mi vida de los más tontos." Homer describiendo a Flanders su viaje al molino de sidra.

Artefacto de Flanders para identificar productos manzaniles: "Si es de un amarillo claro, es zumo de manzana. Si es ácido y oscuro, se trata de sidra. Ahora bien, hay dos excepciones, que presentan cierta dificultad..."

 "Hey, ¿qué tal? Bien venido al pintoresco Waynesport. ¿Quieres una mirada lánguida o prefieres una piedra de mirada lánguida?"

Cómo fue concebido Larry: Burns conoció a Lily, que tenía 21 años, en una reunión de alumnos universitarios. Se la llevó al cine y al museo Peabody, donde dieron rienda suelta a su amor físico, "como era costumbre entonces". Larry fue dado en adopción y los padres de Lily enviaron a su hija a un convento de los mares del Sur.

"Bueno, es un poco tosco, pero hay que tener en cuenta que ha absorbido muchos cócteles." Smithers, enjuiciando a Larry.

¡Es cuestión de principios, Smithers! Nadie le roba a Montgomery Burns, ni el suplemento dominical ni a mi hijo tonto de remate.

Bart: Es un autoestopista, Homer.
Homer: ¡Ah, le llevaremos!
Marge: ¡No! ¿Y si está loco?
Homer: ¿Y si no lo está? Entonces pareceríamos idiotas.

Burn: ¿Eres qué? ¿Vendes bombillas? ¿Te preocupan las ballenas? ¿Eres un fan de Cristo? ¡Vamos, dilo!
Larry: Señor Burns... Soy su hijo. Ah, y he pisado uno de sus pavos reales. ¿Tiene un papel para limpiarme?

(Larry muestra a los Simpson una vieja foto de Monty Burns.)
Larry: Hey, estoy buscando a este tío. ¿Sabe alguien quién es?
Bart: Sí que le conocemos. Es el señor Burns.
Lisa: Quiso matar a nuestros perritos.
Marge: Me acosó sexualmente.
Abuelo: Me quitó la novia.
Homer: Se burla de mi gordura.
Larry: O sea que ha habido un ligero roce. ¿Saben su dirección?

Dowager: ¡Oh, Monty, éste debe de ser el hijo del que he oído hablar tanto! Larry, tienes que conocer a nuestra hija, la debutante. Se puso de largo en primavera.
Larry: ¡Uah! ¡Vuelve a ponerla de corto, aún no está lista!

Larry: Hey, papá, tenemos compañía. Dile algo amable.
Burns: Bla bla bla bla... Eh, saco de comida, ¿tienes hijos?
Homer: Sí, señor, tengo.
Burns: ¿Y te decepcionan como a mí? ¿Se traen a casa un montón de necios y te obliga a darles conversación?
Homer: ¡Así es! ¿No ha oído hablar de un chico llamado Milhouse? Es un mocoso que...
Burn: Fascinante. Buenas noches.

Conductor: Atención, señores pasajeros. El tren sufrirá un ligero retraso hasta que quiten el sofá-cama que alguien ha tirado a la vía.
Burns: Eso llevará un rato, Smithers. ¿Por qué no se emborracha y da unos cuantos traspiés para distraerme?
Smithers: Haré todo lo que esté en mi pie, digo en mi mano.

Wiggum: ¡No sea tonto, Simpson! ¡Deje que el chico se vaya!
Burns: ¡Las negociaciones han fracasado! ¡Fusiladle!
Larry: ¡Alto! Homer no es un secuestrador. Es mi mejor amigo. Nosotros lo tramamos todo.
Burns: Debí sospechar. Sólo a ti se te ocurriría secuestrarte. ¡Ahora arrodíllate para que pueda sacudirte ante esta chusma boquiabierta! Smithers, quítame el cinturón.
Smithers: Con mucho gusto, señor.

DETALLES QUE QUIZÁ TE HAYAS PERDIDO

Los Simpson visitan el Museo de Sidra del histórico monte Swartzwelder, llamado como John Swartzwelder guionista de los Simpson.

En los jardines de la hacienda de Burns se ven estatuas del señor Burns vestido como un antiguo romano.

La cabeza del jefe olmeca del episodio 7F22, "Sangrienta enemistad", sigue en el sótano de los Simpson.

El señor Burns fue alumno de Yale en 1914.

Disco Stu y un judío hasídico pueden verse bailando en la fiesta en frente del azteca.

Éste es el segundo episodio en el que Homer habla mal de Milhouse a sus espaldas. La primera vez fue en 8F04, "Definición de Homer", cuando Homer le describe como "ese cuatrojos narizotas".

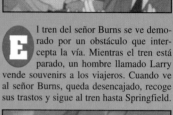

El tren del señor Burns se ve demorado por un obstáculo que intercepta la vía. Mientras el tren está parado, un hombre llamado Larry vende souvenirs a los viajeros. Cuando ve al señor Burns, queda desencajado, recoge sus trastos y sigue al tren hasta Springfield.

Los Simpson ven a Larry haciendo autostop y lo llevan a Springfield. Larry se persona en la hacienda de Burns, a quien se presenta como su hijo. Burns admite el parecido y acepta que Larry es el resultado de un idilio amoroso de su época universitaria.

Al principio, Burns lo acepta gustoso, pero enseguida se cansa, cuando comprueba que es tonto de remate. Larry y Homer hacen muy buenas migas. Juntos maquinan el rapto de Larry para que éste recupere el cariño de su padre. Marge convence a Larry y a Homer de que abandonen el plan, pero cuando éstos se dirigen a casa de Burns para confesarlo todo, se ven perseguidos por la policía y los periodistas. Burns perdona el engaño pero se niega a mantener a Larry a su lado. Antes de irse de Springfield, Larry da una fiesta sonada.

LA CASA DE CITAS

Episodio 4F06, emitido originalmente el 24.11.96. Guionista: Richard Appel. Director: Dominic Polcino.

Lisa y Marge han ido a ayudar a combatir un derramiento de petróleo, dejando a Bart y a Homer en casa. En su ausencia, Bart deteriora un objeto del patio de una casa cercana. Una mujer, Belle, sale de la casa y empuña a Bart de la oreja, llevándole a su domicilio. Dice a Homer que debe castigar a Bart. Homer obliga a Bart a hacer trabajos domésticos en casa de Belle.

La casa de Belle resulta ser la Maison Derrière, casa de mala nota. Cuando Marge y Lisa vuelven, un grupo de ciudadanos se enfrenta a Homer, recriminándole el trabajo de Bart. Marge se une al grupo para que se lleven de Springfield a la Maison Derrière.

En una reunión en el ayuntamiento, Marge convence a la gente de que lo mejor que pueden hacer es derribar la casa. Cuando la gente se dispone a hacerlo, Homer canta una canción que detiene a la multitud. La demolición se detiene. Pero el bulldozer de Marge se desengrana y daña la casa. Para saldar su deuda, Marge se ve obligada a realizar un número de ventrílocuo.

> CREO SABER LO QUE NECESITA SPRINGFIELD, NENA.

MOMENTOS ESTELARES

Marge, a Homer, antes de irse con Lisa a la playa de la Foca: "Y si pasa algo, haz lo que... haz lo que haría yo."

Homer no se entera:
Kent Brockman: Kent Brockman en noticias de última hora. Un buque petrolero ha naufragado, derramando millones de litros de petróleo en la playa de la Foca.
Lisa: ¡Oh, no!
Homer: Tranquila, nena, que petróleo hay todo el que quieras.

Milhouse: ¡No, gracias! ¡Se ha enganchado en esa casa!
Nelson: Dicen que ahí vive una bruja.
Ralph: No, ahí vive Frankenstein.
Milhouse: Vaya chorradas. ¡Eso es un laboratorio secreto donde les quitan el cerebro a los zombis para meterlos en las cabezas de otros zombis para crear una raza de superzombis!
Nelson: ¡Qué pasada!

Homer, el duro:
Mujer: Su hijo ha entrado en mi casa, rompiendo una gárgola de piedra muy valiosa... ¿Viste usted un saco?
Homer: He perdido los pantalones.
Mujer: No voy a denunciarle, pero supongo que le castigará.
Homer: (Riendo.) No le gusta que le castigue, señora, y como soy yo quien tiene que vivir con él...
Bart: Así se habla, Homer.

Belle: Cuando estés en la puerta, recuerda abrirla para los clientes y para echar a los indeseables.
Bart: Entiendo. No vale la pena cerrarla.

"¿Pero dónde se ha metido Bart? Su cena se está enfriando y me la estoy comiendo."

Smithers, explicando su visita a la Maison Derrière: "Verá... mis padres insistieron y tuve que ir, señor."

Bart: ¡Guau, tío! ¿Qué casa es ésta?
Mujer: No me llames "tío". Me llamo Belle y ésta es la Maison Derrière. Algo así como "la casa de atrás".

Skinner: No hay justicia como la de la multitud justiciera.
Lenny: ¡Voy a quemar todos los objetos que pille!
Moe: ¡Yo me llevaré un lavabo a casa!
Encargado Willie: ¡Y yo me llevaré otro!
Ned: Somos una multitud enfurecida, señora. Haga el favor de apartarse para que podamos derribar su casa.

DETALLES QUE QUIZÁ TE HAYAS PERDIDO

En el desorden del comedor vemos una caja de rosquillas, una huevera, una jarra con zumo de naranja, bolsas de papel, un libro, un sobre, un caramelo medio comido, una caja de pizza y la bola de bolos de Homer.

En la lista de Marge de clientes de la Maison Derrière figuran el doctor Hibbert, el jefe Wiggum (dos veces), Skinner, Patty, Cletus, Barney, Smithers y el alcalde Quimby.

La esposa del alcalde Quimby aparece por segunda vez en este episodio. La primera vez fue en 1F11, "Bart se hace famoso".

La princesa Kashmir, que salió en 7G10 "Homer se va de juerga", baila en la Maison Derrière.

La letra de "La primavera de Springfield":

Homer: Pueden cerrar el Moe, pueden cerrar la disco, pueden cerrar la galería, pero como cierren la Maison Derrière estamos perdidos...
Belle: Somos la salsa del filete, somos el dulce de tu pastel, somos la primavera de Springfield.
Bailarina 1: Somos el encaje del camisón.
Bailarina 2: El momento del aterrizaje.
Belle y las bailarinas: Sí, somos la primavera de Springfield.
Belle: Somos ese picante que da gusto a la comida; una hermosa emoción a un precio asequible.
Lovejoy: Lo único que os echamos en cara es vuestra falta de moralidad.
Bailarina 1: Nuestros breves vestidos no están nada mal.
Bailarina 2: ¡A tu padre le gustaban mucho!
Belle y las bailarinas: La aceituna de tu martini, la nata de la fresa, nosotras somos la gracia de la mesa.
Wiggum, Krusty y Skinner: Nos acordamos de nuestra primera visita.
Alcalde Quimby: El servicio fue exquisito.
Señora Quimby: ¡Eso no me lo habías dicho!
Alcalde Quimby: ¡Anda ya, pero si tú trabajabas ahí!
Abuelo y Jasper: ¡Sin eso no nos hubiéramos divertido desde marzo de 1961!
Bart: Cerrarla ahora no estaría bien.
Jimbo, Dolph y Kearney: Sobre todo ahora que la conocemos.
Bailarinas: Somos las mechitas de tu peinado.
Apu: ¡Los brazos de Visnú!
Todos: ¡Que sigan aquí, no queremos perdernos la primavera de Springfield!
Marge: Bueno, yo también tengo una canción. Esperad a oírla antes de tomar una decisión: "La moral, la ética y la tolerancia carnal..." (Marge, defendiendo su causa, cuando su bulldozer se desengrana y se estrella contra la Maison Derrière.)

os Simpson invitan a los Flander, a los Hibbert, a los Lovejoy y a los Van Houten a una fiesta, durante la cual se nota que el matrimonio de Kirk y Luann Van Houten está en crisis. Y en efecto, delante de los invitados, Luann hace saber que quiere el divorcio.

Homer también quiere divorciarse, hasta que Kirk le dice la diferencia que hay entre un casado y un separado. El casado come su plato favorito en compañía de su esposa, mientras que el soltero tiene que engullir unas salchichas frías en una estación de servicio. Cuando Homer llega a casa, en-

cuentra en el lavadero unas salchichas heladas y se asusta.

Homer, en represalia, se mete con Marge, fastidiándola, hasta que ésta se cansa. Homer, entonces, decide pedirle el divorcio, pero en vez de eso lo que le hace es volver a pedirle la mano para casarse con ella otra vez. El Reverendo Lovejoy celebra la ceremonia y los testigos les dan sus parabienes. Inspirado en Homer y Marge, Kirk también le pide a Luann que se vuelva a casar con él, pero ella se niega rotundamente.

KIRK VAN HOUTEN

¿ME PERMITE UN SENTIMIENTO?

"Hey, esto no es el Ritz." Bart a Marge, justificando que esté comiendo en paños menores.

"¡Tío, eso es publicidad engañosa!" Otto delante del Palacio de las Cazuelas de Stoner, la tienda de utensilios de cocina de Springfield.

 "Marge, si ésta fuera mi última comida, le diría al guardián: '¡Póngame la inyección letal!'."

"¿Me permite un sentimiento?" El título de la cinta de demostración de Kirk.

 "¡No quería una boda de pacotilla, como esas de la tele! ¡Ésta es de verdad!"

 "Ahora leeré los votos especiales que Homer ha prometido para la ocasión. Marge, ¿querrás a Homer en la riqueza y en la pobreza —pobreza está subrayado— en la potencia y en la impotencia? ¿En la soledad o planeando estruendosamente sobre los tejados a los mandos de una avioneta de recreo?... Y así, más cosas."

Marge: Qué disgusto. Los Van Houtens se separan en nuestra fiesta.
Homer: Serénate, Marge, que de eso ya hace veinte minutos.

Marge: ¿Te imaginas así la vida de casado, Homer?
Homer: Me hubiera gustado que fuéramos en una camioneta, resolviendo misterios.

AMERICANA

Episodio 4F04,
emitido originalmente el 1.12.96.
Guionista: Steve Tompkins.
Director: Steve Moore.

KIRK VAN HOUTEN

Ocupación:
(Ex) manager de la fábrica de galletas Cracker.

Alma mater:
El instituto Gudger.

Vergüenza secreta:
Su (ex) mujer nació en Shelbyville.

Conexiones:
Jerry, el mejor jugador de la tienda de costura.

Manía:
Ahogar zarigüeyas en la piscina de Casa Nova.

Último ligue de Kirk:

Nombre: *Starla*
Ocupación: *Trabajo temporal en una radio local.*
Conduce: *El coche de Kirk.*
Dice: *"¿Me dejas las llaves del coche, amor? Quiero cambiar de peluca."*

Último ligue de Luann:

Nombre: *Chase aka Pyro.*
Ocupación: *Gladiador americano.*
Conduce: *Una especie de tanque.*
Dice: *"Venga, rómpeme una silla encima."*

¿SABE USTED? YO SOY UNA SUPERESTRELLA DE LA FÁBRICA CRACKER.

Casa Nova:

El apartamento al que se muda Kirk tiene un letrero que dice: "Piso de paso para solteros."

Preparativos de Marge para la fiesta:

Poner tapetes bajo los posavasos.
Cortar una vela para que tenga la misma altura que su compañera.
Limpiar los asientos del váter en el lavaplatos.

Kirk: *Oye, Luann... ¿Te casarías conmigo otra vez?*
Luann: *¡Aahhh! ¡No!*

Luann: *Si estás nervioso, deberías haber visto a Kirk cuando le tiraban huevos los chicos del instituto.*
Kirk: *Sí, debí haberles pedido que también me tiraran tocino. Así hubiera tenido un desayuno decente.*

Kirk: *¿Qué me echáis?*
Ejecutivo de Cracker: *Kirk, las galletas Cracker están pensadas para las familias felices. Los solteros y separados no entran en nuestros cálculos. Es un mercado que no nos interesa.*
Kirk: *¿Me dais la patada después de 20 años? ¿"Adiós y buena suerte"?*
Ejecutivo de Cracker: *No recuerdo haber dicho "buena suerte".*

"¿Se me permite un sentimiento?" La letra de la canción:

¿Se me permite un sentimiento? ¿Me prestas una jarra de amor? ¡El corazón malherido necesita un alivio! Toma mi mano con tu guante de amor.

Kirk: *¿Quieres hablar? ¡Vale, Luann, habla! ¿Por qué no les cuentas una de tus historias de cama? Como por ejemplo lo malo que es estar casado con un perdedor, o por qué llevo un monedero. ¡Eso, un monedero!*
Homer: *¡Calla y que hable ella!*
Luann: *Vale, Kirk, contaré una historia. La de un hombre cuyo suegro le ofreció trabajo como directivo de una fábrica de galletas...*
Homer: *¡Qué plasta!*
Luann: *Un hombre sin sentido práctico ni capacidad de trabajo...*
Homer: *¡Y dale!*
Luann: *Que convirtió a la mejor fábrica de galletas en un chiringuito sin futuro.*

Kirk: *Así son las cosas. Un día tu mujer te prepara tu comida favorita y al siguiente estás papeando un perrito caliente en una gasolinera.*
Homer: *Eso duele, colega, pero es algo que nunca me ocurrirá a mi.*
Kirk: *¿Cómo lo sabes? ¿Qué tenéis de especial vosotros?*
Homer: *Porque Marge y yo tenemos algo que no puede romperse, un matrimonio construido con una sólida base de rutina.*

DETALLES QUE QUIZÁ TE HAYAS PERDIDO

Homer lee la lista de la lotería en la cama.

Según el cartel de la puerta, la Compañía de Galletas Cracker hace unas galletas de lo más cruuuuuujientes.

Plumas cracker, pinturas crackers y esculturas cracker decoran los despachos de los ejecutivos de la empresa Cracker.

Marge se hace la permanente en "El Banco de la Permanente".

El Casino Republicano de Platón está a tiro de escopeta de la Capilla St. Pete.

La escena de boda aparece en 8F10, "Me casé con Marge". El Casino Republicano de Platón aparece en 7F17, "Dinero viejo".

JIMMY EL CERDO

Ocupación:
Delincuente.

Apariencia:
Sin afeitar y cansado.

Último chanchullo:
Timo telefónico a televenta.

Destino:
Se pudrirá en el trullo los próximos 20 años, a pan y agua, soportando duchas heladas y con guardias que le pondrán a caldo cada día.

Dice:
Nada, si no es en presencia de su abogado.

EL AMOR DE LISA

Episodio 4F01, emitido originalmente el 15.12.96. Guionista: Mike Scully. Directora: Susie Dietter.

Homer encuentra en la basura un disco telefónico y se lo lleva a casa para usarlo como platillo para pedir limosna. Mientras, el director Skinner demuestra que Nelson ha destrozado el coche del comisario Chalmers. El castigo de Nelson consiste en ayudar a Willie a limpiar el patio del colegio. Cuando Lisa ve cómo Nelson maltrata a Willie, se enamora de aquél.

Lisa decide hacer de Nelson una buena persona. Se citan en el observatorio, donde se besan. Pero poco después Jimbo, Dolph y Kearney convencen a Nelson para que se una a ellos en un ataque a la casa de Skinner con ensalada de repollo y salsa de mayonesa. A raíz del ataque, Nelson busca refugio en casa de Lisa, a la que intenta convencer de que quieren incriminarle. Pero luego, sin darse cuenta, revela la verdad. Lisa se percata de que sigue siendo un embustero y pierde el interés por él.

A Homer le pillan pidiendo limosna a los vecinos con su disco telefónico y le arrestan, siendo condenado a que pida disculpas. Lo hace, pero aprovecha… para pedir más dinero.

MOMENTOS ESTELARES

"¿Te tomas a broma lo de la letra 'H' robada, eh? Pues te voy a decir una cosa: el comisario Chalmers está en su casa, llorando como un crío. ¿Te sigue pareciendo gracioso?" Skinner, antes de buscar en los cajones y encontrar la "H" que falta de la Honda 79 de Chalmers.

"La verdad, me esperaba algo mejor de Jimmy El Cerdo."

"Amenazadme, pegadme. ¡Bah, sois un hatajo de pringados!" Nelson, pidiendo perdón a los dueños de los objetos que ha robado.

"Hola, amigo. ¿Quieres ser tan feliz como yo? Ahora mismo tienes ese poder dentro de ti. Úsalo. Y envía un dólar al Tío Feliz, 742 Evergreen Terrace, Springfield. ¡No te demores! Tendrás la felicidad eterna a cambio de un dólar." El mensaje que Homer graba en el teléfono automático.

"No reiré como una tonta." Lo que el señor Largo obliga a Lisa a escribir repetidas veces en la pizarra tras la clase de música.

"¿Cómo lo aguanta Bart cada semana?" Lisa, cuando de tanto escribir en la pizarra le da calambre en la mano.

"Nunca conocí a nadie así. Es como un acertijo envuelto en un enigma envuelto en un chaleco. Es feo con ganas, pero no puedo dejar de mirarle. ¡Oh, no! ¡Creo que me he enamorado de Nelson Muntz!"

"Tú también me gustas, Milhouse, pero no así. Te veo más como a una hermana mayor." Lisa, a Milhouse, aclarando lo que siente por él.

"Vale, pero si nos pillan, fui a verte para robarte la bici." Nelson, aceptando ir a casa de Lisa.

"Muchas mujeres te dirán que estás loca al querer cambiar a un hombre… Bueno, no te lo dirán porque no quieren hablar del tema."

"Os echaba de menos, tíos. No volvamos a pelearnos." Nelson, dispuesto a atacar la casa de Skinner.

"Nos veremos en el juicio, Simpson. Ah, y trae las pruebas en tu contra o no podré acusarte de nada."

(Nelson es detenido.)
Skinner: ¿Por qué no te ríes ahora?
Nelson: Porque el poli tiene un aliento que tira de espaldas.

Dolph: Tú lo has querido, tío. Estás soltando vibraciones buenas por todo el valle.
Nelson: Pero si soy muy malo…
Jimbo: ¿De veras? Pruébalo ayudándonos a atacar la casa de Skinner.

Lisa: "¿Cargarte las ballenas?" No lo dirás en serio, ¿verdad?
Nelson: No sé. Algo tengo que cargarme.

DETALLES QUE QUIZÁ TE HAYAS PERDIDO

Hay un laberinto medieval y una gorra de punto gris en el armario de Jimbo.

La tienda de ropas "Wee Monsieur" a la que Lisa lleva a Nelson aparece en el 8F12, "Lisa la oráculo."

Objetos robados por Nelson y guardados en su armario: una bola de cristal, una caja de cigarros puros, un globo terráqueo, un balón de rugby, una raqueta, un mitón, un zapato, un bate de béisbol, un libro y un avión de juguete.

Uno de los objetos que Nelson debe devolver es una langosta en una trampa. Un viejo lobo de mar se encuentra entre los enfurecidos dueños que reclaman sus pertenencias.

Nelson: ¡Espera a que encuentre lo que dejé en su pila para pájaros!
Lisa: Creí que no habías ido a su casa.
Nelson: ¿Eh? Pues sí que fui.
Lisa: Me mentiste.
Nelson: ¡Noooo!
Lisa: ¡Y ahora vuelves a hacerlo!
Nelson: ¡Vale, vale, mentí! Lo siento. Dame un beso.
Lisa: No. No lo entiendes, Nelson. ¡Un beso deshonesto no vale nada!

La letra de la canción de Nelson:

¡Alegraos todos! / ¡El profe ha muerto! / ¡Nos comimos su cabeza! / ¿Qué fue de su cuerpo? / ¡Lo tiramos al váter! / ¡Y va rodando por ahí! / ¡Y va rodando por ahí!

Homenaje cinematográfico:

Partes de este episodio transcurren en un observatorio que se parece mucho al de *Rebelde sin causa*.

EL HURACÁN NEDDY

Episodio 4F07, emitido originalmente el 29.12.96. Guionista: Steve Young. Director: Bob Anderson.

La casa de los Flanders se desmorona a causa de un huracán, y como Ned no la tiene asegurada, se ven obligados a instalarse en el sótano de la iglesia. Allí se entera de que el Leftorium fue saqueado después de la tormenta.

La gente de Springfield se reúne para reconstruir la casa de Ned. Cuando han acabado, Ned inspecciona el trabajo y, no contento con él, amonesta a todos los que han contribuido a levantarla. Al borde de la crisis nerviosa, Ned decide ingresar por su propio pie en un asilo.

El doctor Foster, psiquiatra de la infancia de Ned, le trata y descubre que ha aprendido a suprimir su angustia antes que a emplearla para construir algo positivo. Sirviéndose de Homer como modelo, el doctor Foster enseña a Ned a dar vía libre a su rabia. Una vez curado, Ned vuelve a casa.

MOMENTOS ESTELARES

 "...el Servicio Meteorológico nos ha prevenido ante el paso del huracán Bárbara. Y si ustedes creen que dar a una tormenta destructora un nombre de mujer es machista, es que nunca han visto a las mujeres en un almacén el primer día de rebajas."

"Qué poca cosa queda: ¿Anguilas ennatadas? ¿Huevos en su salsa? ¿Carne acolchada?" Marge haciendo acopios de reservas en el supermercado ante la llegada del huracán.

"Oh, mejor retiro la escena del comedero. ¡Si Jesusito se suelta puede armar una buena!"

"La Universidad de la Somanta Protocalaria de Minnesota": La terapia experimental que ayuda al joven Ned a contener la rabia. Consiste en ocho meses de somantas de palos constantes.

"Querido Dios: soy Marge Simpson. Si detienes al huracán y salvas a mi familia, te estaremos agradecidos para siempre y te recomendaremos a todos nuestros amigos."

"No creemos en reglas. Las dejamos de lado cuando empezamos a vivir como extravagantes beatniks." El padre del joven Ned explicando al doctor Foster por qué Ned es tan tremendo.

"Aquí, en la galería de Springfield, una muchedumbre ha asaltado el Leftorium. Sorprendentemente, todo el mundo coge cosas con las dos manos, con lo que queda demostrado que no son mancos."

"¿Por qué yo, Señor? ¿En qué me he equivocado? ¡Siempre me he portado bien! ¡No bebo ni bailo ni digo juramentos! ¡Siempre he ido de legal! ¡He hecho todo lo que dice la Biblia, incluso aquello en que se contradice a sí misma! ¿Qué más podía hacer?"

"Qué loco estás, Ned." Homer a Flanders, cuando éste sale del asilo.

Ned: Reverendo Lovejoy, con todo lo que nos ha pasado hoy, me siento como Job.
Lovejoy: ¿No crees que te pasas un pelo, Ned? Además, Job era diestro.
Ned: Tengo que saberlo, Reverendo. ¿Es esto un castigo de Dios?
Lovejoy: Respuesta breve: "sí", con un "pero" detrás. Respuesta larga: "No", con un "pero" al final.

Malos vientos:

Homer: No se sabe de un huracán que haya asolado Springfield, Lisa.
Lisa: Se registró el paso de un huracán en 1978, que por cierto se llevó volando el registro donde fue registrado.

Ned: Me metí con mis amigos y vecinos porque quisieron ayudarme. Quiero ingresar en el asilo.
Enfermera: Muy bien. ¿Le muestro su cuarto o prefiere que lo llevemos a rastras y gritando como un demente?
Ned: A rastras y gritando, por favor.

Ned: Tranquilos, tururú tururú tararí tararó... Se han portado bien conmigo... tararó tararó... Debo ser amable... tararí tararú... ¡Maldita sea, gente! ¿Es que no sabéis hacer nada a derechas?
(La multitud contiene un grito.)
Marge: ¡Ned, lo hemos hecho de corazón, con la mejor intención del mundo!
Ned: ¡Mi familia y yo no podemos vivir de buenas intenciones, Marge! ¡Os habéis pasado cantidad, pero no puedo reprochárroslo porque lo habéis hecho con la mejor intención!
Bart: ¡Retira eso, tío!
Ned: ¡Okay, tíííííío! Os voy a enseñar una frase que os será muy útil para cuando lleguéis a adultos: "Hey, tío, dame algo."
(La multitud vuelve a contener un grito.)
Bart: ¡Estoy escandalizado y consternado!

DETALLES QUE QUIZÁ TE HAYAS PERDIDO

Se ve a Apu sobre el tejado del supermercado con una escopeta en 1F09 "Homer el Vigilante".

Todd lleva una camiseta de los surfistas Butthole, que encontró en el cajón de donativos a la iglesia.

Parece que Dean Peterson (del 1F02, "Homer asiste a la Universidad") está presente en la ejecución en la prisión estatal de Springfield.

Ned ingresa por propia iniciativa en el asilo mental de Calmwood.

Sobre el frontispicio de la iglesia de Springfield se puede leer: "Dios da la bienvenida a Sus Víctimas."

Dr. FOSTER

Se jacta de:
Haber resuelto el problema del joven Ned Flanders con sus solas manos.

Vergüenzas secretas:
Sus remedios funcionaban tan bien que vuelven para obsesionarle; deja los zapatos en su cuarto de trabajo.

Expresión favorita:
"¡Dios se apiade de todos nosotros!"

Ayuda profesional:
Libros que aún no han sido desprestigiados.

SEPA QUE UNO DE NUESTROS PACIENTES ES CANÍBAL. A VER SI AVERIGUA DE QUIÉN SE TRATA. CREO QUE SE SORPRENDERÁ GRATAMENTE.

Marge teme que Homer la avergüence en el certamen culinario de chili de Springfield, como lo hiciera el año anterior, cuando retozó desnudo en el interior de una máquina de algodón de azúcar. Homer promete portarse. Tras degustar varios chilis, que descarta por sosos, Homer prueba uno sazonado con potentes pimientos guatemaltecos, y empieza a alucinar.

En su estado, Homer vive una fantasía en la que hay una pirámide y un coyote místico. El coyote le dice que para llegar a ser una persona entera tiene que reunirse con su alma gemela. Cuando Homer regresa a casa tras el certamen culinario, todavía bajo el efecto de la alucinación, Marge le acusa de haber faltado a su promesa.

Al comprender que Marge no es su alma gemela, Homer abandona la casa y camina sin rumbo por la ciudad. De pronto ve un faro a lo lejos y se dice que el vigilante del faro, "el hombre más solitario del mundo", entenderá lo que le pasa. Una vez dentro de la torre, Homer se percata de que la luz la suministra un sistema computerizado automático. Marge se presenta en el faro y le pide perdón por haberle tratado de borracho. Y entonces Homer se da cuenta de que Marge es su alma gemela.

MOMENTOS ESTELARES

"Yo no soy un destripaperiódicos." Bart, respondiendo a la pregunta de Homer, de si había recortado algo del diario.

"Sencillamente me entraron ganas de llenar la casa del olor grato y voluptuoso del tabaco." Marge cuando le preguntan por qué fuma un cigarrillo.

"¡Mírame! ¡Soy una nube rosa y regordeta!" Homer, borracho y desnudo, dentro de una máquina de algodón de azúcar en el certamen culinario de Springfield.

"Oh, claro, si te empeñas en ver el lado malo, acabarás viéndoselo."

"¡Dichoso Homer Simpson! ¡Se cree el papa de Chilitown!" El jefe Wiggum al ver a Homer inspeccionando los platos de chili.

"He añadido un ingrediente extra especial para ti. Los despiadados pimientos de Quetzlzacatenango. Los cultivan en la selva primigenia los internos de un manicomio de Guatemala."

"¡Oye, dame paz interior o limpio el suelo con tu cuerpo!"

Marge: ¡Mira ese estante de especias! ¡Ocho especias! ¡Algunas deben ser dobles! ¿O...ré...ga...no? ¿Qué será eso?
Homer: ¡Marge, que nos perdemos el chili! ¡Déjate de experimentos!
Marge: Homer, me gustan más los experimentos que maquillarme.
Homer: Tú misma. Ya volveré cuando me canse de divertirme.

Helen Lovejoy: Hola, Marge y Hom... ¡Oh, perdón, Homer no está contigo! ¡Estará bebiendo, como de costumbre!
Marge: Gracias por preocuparte, Helen, pero hoy no está bebiendo.
Helen: Qué bien que te haya dicho eso... y te lo hayas creído.
Rev. Lovejoy: Déjalo ya, Helen, que Marge ya tiene bastante encima.

"¡Mira qué discos! ¡Jim Nabors, Glen Campbell, los Doodletown Pipers! Y mira estos otros... ¡valiente basura!" Homer comparando sus discos con los de Marge.

"¡Solo! ¡Estoy solo! ¡Soy una insignificante manchita en un planeta que gira en torno de un sol frío e indiferente!"

"Señora, no tocaría la bocina si no pudiera menear el esqueleto." Smithers pidiéndole baile a Marge.

"¡Cariño, no he bebido! Es que estuve en un extraño mundo de fantasía." Homer excusando su conducta en el certamen culinario de chilis.

E.A.R.L.: El Electronic Automatic Robotic Lighthouse que Homer toma en principio por un ser vivo.

Sylvania 40.000 vatios Energía-derrochadora: El tipo de bombillas que alumbran el faro.

NUESTRO HOMER

Episodio 3F24,
emitido originalmente el 5.1.97.
Guionista: Ken Keeler.
Director: Jim Reardon.

COYOTE

Identidad:
Coyote.

Modo de pensar:
Sabio y místico.

Frecuenta:
Paisajes alucinógenos.

Papel:
Guía espiritual de Homer.

Homer: *Chili de 5 alarmas, ¿eh? (Lo cata.) Uno... dos... Hey, ¿me tomas el pelo?*
Flanders: *Bueno, es sólo un chili de 2 alarmas, dos y medio como mucho. Sólo quería darme importancia delante de los chicos.*
Todd: *¿Te van a meter en la cárcel, papá?*
Flanders: *Ya veremos, hijo, ya veremos.*

(Homer engulle unos pimientos de Wiggum.)
Quimby: *¡Lo veo y no lo creo!*
Doctor Hibbert: *Según la lógica, debería salirle humo de las orejas.*
Krusty: *Eso si tenemos suerte.*

(Bart señala una gorra del certamen culinario que dice: "La hora del chili" y muestra el diseño de un reloj.)
Bart: *Lis, mira, "La hora del chili".*
Lisa: *Ya lo he visto.*
Bart: *Te da rabia porque tú no tienes un reloj en la gorra.*
Lisa: *¿Qué gorra?*
Bart: *La que una idiota como tú debería llevar.*

Coyote: *No temas, Homer. Soy tu guía espiritual.*
Homer: *Hola.*
Coyote: *Debes aprender una lección.*
Homer: *Si te refieres a que no debo engullir pimientos, la lección llega tarde.*

Homer: *¡Hey, Barney, alma gemela! Te invito a una cerveza.*
Barney: *Vale, pero no soy tu alma gemela. Soy uno de tus amiguetes.*
Homer: *¿Y tú, Lenny?*
Lenny: *Soy tu compinche.*
Homer: *¿Carl?*
Carl: *Yo diría que un conocido.*
Larry: *Un colega.*
Sam: *Un simpatizante.*
Bumblebee man: *Un compadre.*
Kearney: *Un asociado.*
Doctor Hibbert: *Un contemporáneo.*
Moe: *Un hombre de bien, pues no te deseo ningún mal.*

(La sombra de Homer se ve junto al faro como si fuera la señal de Batman.)
Bart: *¡Hey, mira! ¿No es papá?*
Lisa: *¡O es papá o Batman vuelve a las andadas!*

Marge: *¡Desperté y al no verte me preocupé mucho!*
Homer: *¿Ah, sí? Pero ¿cómo diste conmigo?*
Marge: *Estaba segura de que te habías ido andando, porque siempre dices que el transporte público es para los perdedores. Y estaba segura de que ibas al oeste, porque era bajada. Y luego a lo lejos vi la luz del faro y recordé lo mucho que te gustaban las luces que parpadean, como la de la plancha.*
Homer: *O la del hombrecito rojo de los semáforos.*
Marge: *Eso...*

Homer: *¿Y si entre nosotros hubiera...*
Marge: *...un entendimiento profundo y místico?*
Homer: *¡Lo hay! ¡Oh, Marge! ¡Somos los mejores! ¡Gracias a ti, coyote espacial!*
Marge: *¿Coyote espacial?*

Homenaje cinematográfico:

La música de *El Bueno, el Feo y el Malo* suena cuando Homer pasea por entre las casetas del festival culinario y cuando se encuentra con el jefe Wiggum en el stand de chili.

Homenaje a un clásico televisivo:

Sustituyendo al hombre del faro con un computer es una parodia de un antiguo episodio de "Dimensión Desconocida", en el que un hombre que mora en una caverna resulta ser una máquina.

DETALLES QUE QUIZÁ TE HAYAS PERDIDO

Marge corta las cortinas de la cocina y luego vuelve a coserlas juntas.

Un vagabundo vende botellas de agua a 3 dólares en la Fiesta del chili.

El cartel del festival del chili dice: "Festival del chili de Springfield. Chupe su cuchara hasta limpiarla después de usarla."

Suena la canción de Janis Ian "A los diecisiete", cuando Homer callejea sin rumbo.

Escritos en el festival de chili: "Chili vegetariano de Apu", "Chili virtual del profesor Frink", "Una de chili de Lenny", "Chili de cinco alarmas", "Chili del bar de Moe", "Chili de lo más familiar", "Chili antipinochet", "Jardín de la Cerveza: para mayores de edad o similares".

Una gárgola malévola empuñando una cuchara adorna la caseta de Wiggum.

Cables de teléfono etiquetados "NSA", "FBI", "ATF", "CIA", "KGB" y "MCI" se pueden ver en el suelo entre el primer y segundo piso de la casa de los Simpson.

LA CLARIDAD ES EL CAMINO A LA PAZ INTERIOR.

SCULLY Y MULDER

Ocupación:

Agentes del FBI, División de Actividades Paranormales.

Nombres de pila:

Dana (Scully) y Fox (Mulder).

Relación:

Platónica (al menos eso dicen).

Letra favorita del alfabeto:

La X.

Comportamiento:

Buscaverdades (Mulder); escéptica (Scull.).

Cómo van a Homer:

Como un paleto que podría perder unos cuantos kilos.

AGENTES MULDER Y SCULLY DEL FBI.

EXPEDIENTE SPRINGFIELD

Episodio 3G01, emitido originalmente el 12.1.97. Guionista: Reid Harrison. Director: Steven Dean Moore.

E n un cuento relatado por Leonard Nimoy, Homer bebe mucho en la Taberna de Moe y vuelve a casa entrada la noche. De pronto oye algo raro y se topa con una criatura fantasmal y resplandeciente de ojos saltones y cuerpo retorcido, que sale del bosque. Al llegar a casa, alborotado y temblando, despierta a Marge para contarle lo sucedido, pero la familia cree que todo es producto de lo mucho que ha bebido.

Al día siguiente, el *Springfield Shopper* publica una historia acerca del encuentro de Homer con un OVNI. La historia llega hasta el despacho del FBI de Washington, donde la leen los agentes Scully y Mulder. Mulder convence a su escéptica com-

pañera para que vayan a investigar. Se trasladan a Springfield para entrevistar a Homer y visitar el lugar. Pero como Homer les merece poca credibilidad y encuentran que la gente de Springfield es muy aburrida, no tardan en marcharse.

Bart y Homer se dirigen al lugar del encuentro para grabar en vídeo al alienígena, que vuelve a aparecérseles. Al siguiente viernes, cientos de ciudadanos acuden para ver al alien. Cuando aparece la criatura, Lisa la alumbra con su linterna, revelando su verdadera identidad. Se trata del señor Burns, que ha estado siguiendo un tratamiento para alterar su longevidad de manos del doctor Riviera.

MOMENTOS ESTELARES

 "¡Lo vi en una película, donde salía un autobús que tenía que circular por una ciudad a toda velocidad, pues si aminoraba, explotaba! Creo que se titulaba 'El autobús que no podía aminorar'."

El horror: Cuando Homer sale de la Taberna de Moe, pasa por un lado tenebroso de la ciudad. Lanza un grito cuando ve un cartel que dice "Ríndete", pero entonces el viento mueve una rama y lee la inscripción entera, que dice: "Ríndete a la verdad, estás gordo." Y lanza otro grito.

"Su meneo es casi hipnótico." Mulder al ver a Homer haciendo jogging en paños menores sobre una rueda de andar.

"Vale, nos han localizado. ¡Devuélvanlo al Mundo Submarino!" Moe asustado de que el FBI descubra la orca en la trastienda de su taberna.

"No querrás beber cerveza, hijo. Eso es para los papás y los niños con falsos carnets de identidad."

Mulder: *Han vuelto a ver otro OVNI en el corazón de América. Creo que tenemos que ir enseguida.*
Scully: *Oye, Mulder, también tenemos ese envío de drogas y armas ilegales que llega esta noche a Nueva Jersey.*
Mulder: *No creo que ese asunto sea de la competencia del FBI.*

"Echa una ojeada, Lisa. ¿A que no ves ninguna camiseta con la inscripción 'Homer es un tarugo'?" Homer empuñando una camiseta que dice "Homer es un tío listo." Luego se entera de que las camisetas con la inscripción "Homer es un tarugo" se agotaron a los 5 minutos.

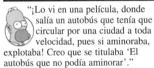 "Toda una vida de trabajo en una planta nuclear me ha proporcionado un color verde brillante. Y me ha dejado tan impotente como un comisario pugilístico de Nevada."

Homenajes cinematográficos:

Milhouse echa unos centavos en el videojuego "Waterworld" de Kevin Costner, para satirizar el fiasco económico que representó dicha película. El episodio también hace referencias a *El Resplandor*, *E. T.* y *Encuentros en la Tercera Fase*.

Mulder: *Mire, Homer, queremos que recree todos sus movimientos de la noche del alien.*
Homer: *Bueno, la noche empezó en el Club Gentleman, donde hablábamos de Wittgenstein mientras jugábamos al backgammon.*
Scully: *Señor Simpson, mentir al FBI es un delito.*
Homer: *Estábamos sentados en el coche de Barney, comiendo mostaza. ¿Le gusta más así?*

Homer: *(Sorbiendo una cerveza Red Tick.) Hum, fuerte, refrescante y algo más que no sabría decir.*
(La escena se traslada a la fábrica de cerveza Red Tick, donde unos perros están nadando en tanques de cerveza.)
Empleado de la fábrica: *Le falta más sabor a perro.*

Lisa: *¡Vale, ha llegado el momento de ver mi programa favorito del viernes!*
Bart: *Lis, ¿has pensado que el viernes es un día más entre el jueves y el sábado y que tu programa favorito nunca es el favorito de la familia?*

Lisa: *Papá, según la revista Joven Escéptico, las probabilidades de que una vida extraterrestre entre en contacto con nosotros es de 1 entre 175 millones.*
Homer: *¿Y qué?*
Lisa: *Pues que los que dicen haberlos visto es gente de baja estofa y con trabajos aburridos. Como tú, papá, je, je.*

DETALLES QUE QUIZÁ TE HAYAS PERDIDO

Los Simpson tienen un ejemplar de la revista "El Mueble" sobre su mesita de café.

Leonard Nimoy ya salió en el episodio 9F10 "Marge contra el Monorraíl".

El alcoholtest de Moe va desde "Achispado" a "Borrachín" a "Apestoso" a "Boris Yeltsin."

El retrato en la pared del despacho del FBI corresponde a J. Edgar Hoover en un vestido de tirantes.

El titular del *Springfield Shopper* dice del encuentro de Homer con un OVNI: "Un reaccionario ve un platillo volante."

El cartel de la delegación del FBI en Springfield: "60 años invadiendo su intimidad."

LA VERDAD NO ESTÁ AHÍ FUERA
LA VERDAD NO ESTÁ AHÍ FUERA
LA VERDAD NO ESTÁ AHÍ FUERA
LA VERDAD NO ESTÁ AHÍ FUERA
LA VERDAD NO ESTÁ AHÍ FUERA
LA VERDAD NO ESTÁ AHÍ FUERA

EL RETORCIDO MUNDO DE MARGE SIMPSON

Episodio 4F08, emitido originalmente el 19.1.97. Guionista: Jennifer Crittenden. Director: Chuck Sheets.

M arge es expulsada del club de Investorettes de Springfield por demasiado conservadora. Para devolverles la pelota, Marge adquiere una gran cantidad de rosquillas para hacer la competencia a sus ex compañeras.

Pero las Investorettes, con su furgoneta, se interponen entre ella y los vendedores. Marge, entonces, decide distribuir rosquillas gratis en un partido de béisbol. Pero la gente, en vez de comérselas, las tira a la cara del señor Burns. Entonces Homer decide ayudar a su mujer y llama a Tony el Gordo.

De pronto, a Marge le llueven los pedidos de rosquillas, mientras que el negocio de las Investorettes se hunde misteriosamente. El negocio de Marge se dispara y Tony el Gordo acapara todos los beneficios. Marge, sin embargo, se enfrenta a él. El Gordo y sus secuaces se dirigen a casa de los Simpson para arreglarles las cuentas, pero se topan con la mafia japonesa, que ha sido enviada por las Investorettes para acabar con Tony el Gordo y sus acólitos.

NO SE ME PERMITE HACER NADA
NO SE ME PERMITE HACER NADA
NO SE ME PERMITE HACER NADA
NO SE ME PERMITE HACER NADA
NO SE ME PERMITE HACER NADA
NO SE ME PERMITE HACER NADA

MOMENTOS ESTELARES

Casa municipal de crepes: Donde Marge se reúne con las Investorettes: Helen Lovejoy, Maude Flanders, Agnes Skinner, Edna Krabappel y Luann van Houten.

"Estas aventuras no me vuelven loca. Son bastante arriesgadas."

"Marge, eres tan popular como una polilla seca. ¿Todas de acuerdo para expulsar a Marge de 'Las Investorettes'?"

> **Las Investorettes traman su próximo movimiento:**
> **Edna:** ¿Qué tal suena OklaSoft? Sería como un anagrama de "La mejor compañía de software de Oklahoma."
> **Maude:** Hagamos cojines. A todo el mundo le encantan los cojines.
> **Agnes:** Los niños de hoy día son gordos. ¿Cómo sacar dinero de esa realidad?

"Hey, fíjate en esa furgoneta. Creo que no tendremos ni que molestarnos." Lenny cuando la furgoneta invade el territorio de Marge.

> **Bart:** Oh, anímate, mami. No puedes comprar publicidad así. Cientos de personas vieron cómo tus rosquillas caían sobre Whitey Ford.
> **Homer:** ¡Rosquillas que no has de comer, déjalas correr!

Hijos de Cletus: Tiffany, Heather, Cody, Dylan, Dermott, Jordan, Taylor, Brittany, Wesley, Rumer, Scout, Cassidy, Zoe, Chloe, Max, Hunter, Kendall, Katlin, Noah, Sasha, Morgan, Kira, Ian, Lauren, Q-Bert, Phil.

"¿Copyright 1968? Hum. Me temo que ese gato murió hace mucho." Marge leyendo un póster que dice "Aguanta, nena" y que muestra a un gato colgando de una cuerda de colgar la ropa a la que se aferra con sus garras delanteras.

"Señoras y señores, ya tenemos ganador de nuestro Pontiac AstroWagon. Se trata del fan que se ocupa el asiento número cero cero cero cero uno, el señor C. Montgomery Burns": El anuncio que provoca la avalancha de rosquillas sobre el señor Burns.

"Ésta es ciudad de rosquillas, guapo." Tony el Gordo cuando él y Louie derriban el carrito de hot dogs de Hans Moleman.

> (Una cola se forma ante la mesa de Marge donde se lee: "Rosquillas a dólar".)
> **Lenny:** Uh, a ver... Quiero una... Uh...
> **Carl:** Hey, apresúrate, que yo también quiero una.
> **Lenny:** Una rosquilla.
> **Marge:** Gracias.
> **Carl:** A ver... Hum, creo que voy a tomar una de...
> **Burns:** Venga, corre... que aún eres joven.

> **Marge:** Serán trescientos dólares.
> **Cletus:** Hey, no, lo creo. Tengo trescientos cupones.
> **Marge:** Debí haber dicho: Uno por cliente.
> **Cletus:** Sí, pero no lo dijo. Conque déme las rosquillas.

> **Marge:** Bueno, creo que Macy y Gimbel han aprendido a convivir.
> **Agnes:** Gimbel se ha ido, Marge. Hace mucho. Tú eres Gimbel.

> **Palabrejas:**
> Falafel = Empanadas.
> Tahini = Salsa aromática.
> Pita = Pan de bolsillo.

> **Homenaje literario/cinematográfico:**
> El discurso de Frank Ormand: "Cuando una joven madre no sabe qué dar de comer a su hijo, tú estarás allí. Cuando un bávaro no está lleno, tú estarás allí" es una parodia del discurso de Tom Joad en *Las uvas de la ira*.

DETALLES QUE QUIZÁ TE HAYAS PERDIDO

En el bombardeo de rosquillas, la cabeza de Homer es la única que recibe de lleno un impacto.

La Casa Municipal de Crepes tiene cuatro clases de almíbares en cada mesa.

El luchador mexicano en el que las Investorettes invierten es "El Bombastico".

El cartel que cuelga del Centro de Convenciones de Springfield dice: "Expo con franquicia, donde puede hacer realidad sus sueños no eróticos."

En el fotomatón de la feria, la foto mala muestra a un payaso triste y la foto buena a un payaso contento.

FRANK ORMAND, EL HOMBRE DE LAS ROSQUILLAS

Ocupación:
Fundador del "Wagon Rosquilla" con franquicia.

Debilidad por:
Estatuillas y mercancías de baratillo que poner en su césped.

Accidentes:
Uno de coche, en donde murió el albacea de su testamento.

Manía:
Los milpiés de la harina de las rosquillas.

Sinónimos de rosquillas:
Nudos paneros, sabrosos salvavidas dorados.

¡FELICIDADES! Y BIEN VENIDOS AL MUNDO DINÁMICO DE LA VENTA DE ROSQUILLAS AL POR MENOR.

LA MONTAÑA DE LA LOCURA

Episodio 4F10, emitido originalmente el 2.2.97. Guionista: John Swartzwelder. Director: Mark Kirkland.

Obligaciones:

Mantener a la montaña Useful cual bonito parque nacional; llevar muestras de hojas para el tablero de anuncios; hacer reír a los niños; rescatar los cuerpos de los aludes.

Pegas:

Recortes de presupuestos; lo aburrido del dichoso monte; la telesilla decrépita; aludes.

Distracciones:

El Festival de Música de la Montaña (14-18 de marzo).

DESDE EL TELESILLA DISFRUTAMOS DE UNA VISTA DE PÁJARO DE LO QUE HAY DEBAJO DEL TELESILLA.

Para incrementar la cooperación en equipo de sus empleados, el señor Burns organiza una suerte de salidas a la montaña. Los trabajadores se agrupan por parejas. Homer resulta la pareja de Burns, mientras Smithers tiene que ir solo. Se trata de encontrar una cabaña en la ladera nevada de la montaña. La última pareja que llegue a la cabaña será despedida.

Burns y Homer son los primeros en llegar, gracias a un trineo que Burns mantenía escondido. Bart y Lisa se encuentran con Smithers y deciden acompañarle. Mientras el resto de los empleados forcejean por alcanzar su objetivo, Homer y Burns se acomodan en la cabaña.

Pero de pronto se produce un alud y la cabaña es sepultada por la nieve. El resto de los empleados confunde la estación de los rangers por la cabaña y se congrega allí. Desesperados por el frío, Homer y Burns llegan a pelearse. En la refriega rompen un tanque de propano, que prende y la cabaña sale disparada como un cohete, emergiendo de la nieve y alcanzando la civilización.

MOMENTOS ESTELARES

Burns, decidiendo qué hacer para distraer a sus empleados: "No, no, algo divertido. Algo que divierta a los hombres. Como un taladro de seguridad, pero ¿qué clase? ¿Una alerta de fusión accidental? ¿Un ataque de zepelines? Ah, creo que lo mejor sería un simulacro de incendio."

"Así que Burns quiere aumentar nuestra colaboración en equipo haciéndonos patear la montaña. Eso significa que tendremos que renunciar a nuestro proyecto de quedarnos descansando en casa."

"Hum. Si puedes aprovecharte de una situación, sería de tontos y de antipatriotas no hacerlo. ¿Por qué tienen que ganar las carreras los más rápidos y las rebajas los más espabilados? ¿Tienen que ganar por los meros dones que les concedió Dios? Pues yo digo que hacer trampas es el don propio del hombre."

"Faltan horas para que lleguen los otros. ¿Y si nos ponemos cómodos?" Burns al llegar a la cabaña con Homer.

"Ah, sí, sentarse, el gran nivelador. Desde el más poderoso de los faraones hasta el misérrimo campesino, todos disfrutan de una buena sentada."

"Hum. Ni libros, ni radio, ni juegos de mesa. ¡Ah, un cómic de Bazooka Joe! ¡Bah, ya lo leí hace 75 años!" El señor Burns intentando distraerse cuando están atrapados bajo la nieve.

Burns maravillado ante su muñeco de nieve: "206 huesos, cincuenta millas de intestino delgado, labios gruesos y llenos. Este tío tiene más de un dios que de un muñeco de nieve."

El Ranger, disponiéndose a salir en busca de Homer y Burns: "Vale, partida de rescate. Antes de partir, vamos a distraer a los niños. Que todo el mundo se ponga guantes. Hemos de rescatar dos cuerpos helados sepultados bajo la nieve."

Homer, rezando mientras la cabaña, impulsada por el propano, desciende por la ladera de la montaña como un cohete. "Oh, Señor, protege a esta casa cohete y a sus moradores."

Smithers: Señor, no puede ser. Me dijo usted que el sorteo estaba amañado y que usted y yo formaríamos pareja.
Burns: Es que últimamente estás de un pesado inaguantable.
Smithers: ¿Por qué siempre discutimos en vacaciones?

DETALLES QUE QUIZÁ TE HAYAS PERDIDO

El lugar elegido para Burns como solaz para sus empleados se llama "Montaña Useful, Reserva Estratégica de Granito".

La "casa cohete" golpea a una inocente ardilla cuando baja de la montaña a toda velocidad.

El señor Burns despide a Lenny en este episodio; la última vez que lo despidió fue en el 1F16, "El Heredero de Burns".

Burns: Mira, Simpson. Una vez que has pasado por esto con una persona, ya no vuelves a querer ver a esa persona nunca más.
Homer: Y que lo digas, espantajo.

Burns: Y como incentivo, el penúltimo en llegar a la cabaña recibirá un trofeo al "Peor Empleado del Mundo".
Homer: Hey, qué divertido.
Burns: Y la última pareja en llegar será despedida.
Homer: Je je... jo jo.
Burns: Y para demostrar que hago juego limpio, Smithers y yo participaremos también. ¿Quién sabe? Puede que sea yo el despedido. (Entre dientes.) Pero me extrañaría.

Después del alud:

Carl: Según el mapa, la cabaña debería estar aquí.
Lenny: Hey, puede que no haya cabaña. Igual es una de esas cosas, hum, metafóricas.
Carl: Ah, claro. Igual la "cabaña" es nuestra parte interior que alienta nuestra voluntad y trabajo en equipo.
Lenny: Ohhh, no. Dijeron que en la cabaña habría bocadillos.

La mente de Burns: Estoy atrapado con un loco. Hay que ver cómo me mira, llenándome de pensamientos paranoicos.
La mente de Homer: Hum, fíjate en sus ojos. Intenta hipnotizarme, pero no a las buenas, como en Las Vegas.
La mente de Burns: (Gasp.) Ya sé lo que trama. Está pensando en matarme para luego hacer creer que rescató mi cuerpo de la intemperie. Pero no se saldrán con la suya. ¡Si le mato yo antes, no podrá matarme!
Burns: Te voy a matar, maldito cobarde.
Homer: ¿Tú y qué ejército?
(Homer imagina el ejército de Burns: un regimiento de muñecos de nieve de cascos alemanes puntiagudos, de bigotes de guías hacia arriba.)
Homer: ¡Atrás! ¡Tengo poderes! ¡Poderes políticos!
(Burns imagina el ejército de Homer, un regimiento que comprende a Abe Lincoln, Teddy Roosevelt, Mao Tse Tung, Mahatma Gandhi y Ramsés.)

SIMPSONESCALIFRAGILISTICOESPIRALI (GRUÑIDO ABURRIDO) DOSO

Episodio 3G03, emitido originalmente el 7.2.97. Guionistas: Al Jean y Mike Reiss. Director: Chuck Sheetz.

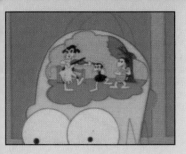

M arge se siente abrumada por sus obligaciones. Cuando el pelo empieza a caérsele en mechones, acude a la consulta del doctor Hibbert, que le aconseja que contrate a una niñera para aliviar su estrés. Tras rechazar a varias candidatas, los Simpson reciben la visita de una mágica extranjera que, aferrada a un paraguas, les cae del cielo.

La niñera, que se llama Shary Bobbins, asegura a los Simpson que hace de todo por los niños, desde contarles historias hasta cambiarles los pañales. Y en efecto, se sirve de sus dones para enseñar a limpiar a Lisa y a Bart. Y además encanta a todo el mundo con sus maneras y carisma. Marge recupera el pelo perdido y los Simpson son más felices que nunca.

Pero hay algo que no puede arreglar Shary: ayudar a los Simpson a enmendar sus malos modales. Decepcionada, Shary se va, convencida de que la familia no tiene arreglo. Cuando sale volando hacia arriba con su paraguas, es absorbida por el motor de un avión a reacción.

NO ESCONDERÉ LAS PROZAC
DEL PROFESOR
NO ESCONDERÉ LAS PROZAC
DEL PROFESOR
NO ESCONDERÉ LAS PROZAC
DEL PROFESOR
NO ESCONDERÉ LAS PROZAC
DEL PROFESOR

MOMENTOS ESTELARES

 "Vuestra madre está muy disgustada... Voy a hablar con ella ahora que ponen los anuncios."

"Espera, Marge. Yo vi a la señora Doubtfire. ¡Éste es un hombre vestido de mujer!"
Homer tirando del pelo a una de las candidatas a niñera.

Bart: A ver, enterada. Se supone que debo hacer mis deberes, pero me encuentras leyendo el Playdude. ¿Qué haces? ¿Qué haces?
Shary Bobbins: Te obligo a leer todos los artículos de esa revista, incluidas las paparruchas de Norman Mailer acerca de la declinación de su libido.
Homer: Jo, qué tía.

La familia cantando a Shary Bobbins:

Homer: En la casa, nunca doy golpe, que por algo soy el padre. Bebo una cerveza que se me sube a la cabeza. A mí me gustan las cosas tal como están.
Lisa: Me voy acostumbrado a que nadie se fije en mí.
Bart: Para irme de aquí tendré que robar un coche.
Marge: La casa está que da pena y de tanto estrés se me cae el pelo...
Bart, Lisa y Marge: Pero nos gustan las cosas tal como son.
Flanders: No son perfectos, pero el Señor dice que ames a tu prójimo..
Homer: Cierra el pico, Flanders.
Flanders: Bueno, vale.
Shary: No digo que las uvas están verdes, pero sois un hatajo de primates y voy a tener que marcharme.

Shary: Oh, señor Burns. Estoy segura de que olvidará todos los problemas de la vida cuando juegue con una cometa.
Señor Burns: Tonterías. Es lo más tonto que... ¡oh, mira cómo vuela! ¡Yepa! Mírame, Smithers, me siento prácticamente superescalifragilisticoespiralidooooo!
(Un rayo alcanza a la cometa, electrocutando a Burns.)
Señor Burns: Siento como una opresión en el pecho.
Smithers: Creo que el corazón vuelve a latirle.
Señor Burns: Ah, me siento revivir. ¡Dios te bendiga, Shary Bobbins!

Krusty: Voy a presentaros a un personaje nunca visto antes en la tele: "El can Chungo." Se trata de un perro entrenado para pescar al vuelo esta pelota colorada.
(El perro salta y muerde la nariz colorada de Krusty.)
Krusty: ¡Augg! ¡Ay! ¡Péguenle un tiro! ¡Péguenle un tiro!

Krusty: ¡Hey, hey, hey! ¡Cuánto me alegro de volver al teatro Apolo!
(Mira a su espalda donde se lee KKK de "Klásica Komedia Krusty.")
Krusty: ¿KKK? No me gusta.
(Risa nerviosa.)

Suena la música y canta la familia:

Lisa: Si quieres ser nuestra niñera, sé dulce y sé buena compañera, y ayúdanos con los deberes y la redacción casera.
Bart: Y no nos des el coñazo.
Lisa: ¡Bart!
Bart: Harto de tanta cursilería.
Lisa: Si Maggie da la lata, ten paciencia.
Bart: Haz que supere el examen.
Lisa: Enséñanos canciones y trucos mágicos.
Homer: Y algo de magia negra...
Marge: ¡Homer!
Lisa: La niñera que queremos es amable y lista.
Homer: Y aceptará una paga reducida.
Lisa: Corre, niñera, que el que no corre, vuela.
Abuelo: ¡Voy pallá!
Bart y Lisa: No hablábamos de ti.

Bart: ¿Una niñera?
Homer: ¿Y cómo voy a poder pagarla?
Lisa: Encontraremos la manera. Mamá se ha sacrificado tanto por nosotros, que es hora de que hagamos algo por ella. Dejaré de comprarme ropa de Malibu Stacy.
Bart: Y yo empezaré a fumar y lo dejaré.
Homer: Bien hecho, hijo. Dejar de fumar es una de las pruebas más duras de la vida. Aquí tienes un dólar.
Lisa: ¡Pero si no ha hecho nada!
Homer: ¿Ah, no? ¿No ha hecho nada? (Pausa.) ¡Hey, un momento, devuélveme el dólar!

Shary canta una canción a Lisa, Bart y Maggie:

Shary Bobbins: Frente a una taberna, caído en el suelo, se encuentra un beodo, con cara de lelo...
(La escena cambia y vemos la Taberna de Moe en un día nevado.)
Barney: Págate una birra, porfa. Me estoy helando. Págate un trago, págate un vino. Con tal de beber, me bebería una copa de aguarrás.
Moe: ¡Largo o te parto el culo!
Barney: He encontrado dos pavos.
Moe: Entonces entra, amigo mío.
(Bart, Lisa y Maggie están casi dormidas.)
Shary: Y dejémoslos en este momento tan enternecedor.
Bart: ¿Puedo echar un trago?
Homer: Espera a tener 15 tacos.

DETALLES QUE QUIZÁ TE HAYAS PERDIDO

Durante el sketch de "Loco por Shoe" del especial Krusty, el público arroja al payaso un zapato, un ladrillo, dos tomates, una botella de vino y un papel arrugado.

Este episodio se burla de la segunda aparición del presidente Gerald Ford, que apareció por última vez en el 3F09, "Dos Malos Vecinos".

Durante la canción "El Trabajo Torpón", Apu limpia un hot dog que tiene polvo, pelo y una tirita, igual que el hot dog por el que le despidieron en 1F10, "Homer y Apu".

En los guiones de los Simpson, el "Ooh" se escribe como (GRUÑIDO ABURRIDO).

SHARY BOBBINS

Identidad:
Niñera mágica de ascendencia británica.

Último patrón:
Lord y Lady Huffington de Sussex.

Modo principal de transporte:
Flotando en un paraguas.

Personalidad:
Magnética.

Filosofía de la niñera:
Cantar mucho; limpiar de cualquier manera para disponer de más tiempo para jugar; los problemas de la vida se disipan cuando juegas con una cometa.

Secreto vergonzoso:
Rompió con su ex novio Groundskeeper Willie cuando éste le puso la vista encima.

HE ESTADO CANTANDO CANCIONES TODO EL DÍA, PERO NO SOY UNA MALDITA MÁQUINA DE DISCOS.

POOCHIE

Intención:
Incrementar el índice de audiencia del show de Pica y Rasca.

Paradigma:
El clásico perro infernal, entre advenedizo y surfista.

Atributos:
Curra más que corre, le gusta posar, es polémico.

Fallos:
No curra tanto como dice, posa demasiado, se pasa de polémico, no se le entiende muy bien.

Fin de Poochie:
Muere en el viaje de vuelta a su planeta.

¡MAJARAS PERDIDOS SOS Y PERCEBES! ¡TAKATÁ!

EL SHOW DE PICA,

Los índices de audiencia del show de "Pica y Rasca" caen en picado y el productor Roger Meyers Jr. se pone a investigar la causa. Cuando Lisa le dice que los protagonistas han perdido impacto, Meyers crea un nuevo personaje, Poochie.

Bart y Lisa convencen a Homer para que se presente a una prueba como voz de Poochie. Homer es elegido y forma equipo con June Bellamy, que hace las voces de Pica y Rasca. Juntos hacen apariciones en público, contestando a las preguntas de los pesados fans.

El debú de Poochie no gusta a los espectadores. Cuando Homer se entera de que van a matar a su personaje, se niega a cooperar y se inventa sus propios diálogos en vez de leer los del guión. Homer cree haber convencido a Meyers para que deje vivir a Poochie, pero en el siguiente episodio es eliminado.

MOMENTOS ESTELARES

Roy: Misterioso quinceañero de tejanos anchos y gafas de sol que vive con los Simpson. Se parece mucho a Poochie y llama a Homer "El señor S".

Hacen una prueba para la voz de Poochie: Lionel Hutz, Jimbo, Kearney, la señorita Hoover, Hans Moleman, Troy McClure, Otto y Homer.

"¡Ruff, ruff! ¡Soy Poochie, el perro roquero!" La frase que repiten los aspirantes a hacer la voz de Poochie.

"Hola, soy Troy McClure. Seguramente me recordarán de los dibujos animados 'El mono de Navidad' y 'El mono de Navidad se va a un campamento de verano'."

"No me río de las desgracias ajenas, pero tengo la impresión de que ningún niño va a derramar una lágrima cuando se carguen a ese cachorro."

"Ahora debo irme. Mi planeta me necesita." Palabras que hacen decir a Poochie para acelerar su partida.

"Ya sabéis, chicos, que cuando un personaje de dibujos animados muere, volvemos a verlo vivo a la semana siguiente. Por eso traigo una declaración jurada que dice que Poochie no volverá jamás de los jamases."

Grupo de Investigación:
Moderador: A ver, niños, ¿a cuántos les gustaría que Pica y Rasca tuvieran que vérselas con problemas de cada día, como os pasa a vosotros?
Todos los niños: ¡Yo!/¡Mí!
Moderador: ¿Y quiénes prefieren lo opuesto, o sea que vivan aventuras con robots y poderes mágicos?
Todos los niños: ¡Yo!/¡Mí!
Moderador: Así pues, ¿queréis una historia realista, que toque de pies en el suelo y muy estrambótica, con cantidad de robots mágicos?

El rap de Poochie:
Me llaman Poochie D. / Y rocanroleo a tope. / Soy mitad Joe Camel y un tercio Fanzarelli. / Soy un hippie a lo Kung-Fu / de Gángster City. / Soy un surfista del rap. / Y me dais pena.

RASCA Y POOCHIE

Episodio 4F12,
emitido originalmente el 9.2.97.
Guionista: David S. Cohen.
Director: Steve Moore.

Sugerencia de Lisa:

Lisa: Hum, perdone, señor. La verdad es que no hay nada malo en el show de Pica y Rasca. Es tan bueno como siempre. Pero después de tantos años, los personajes ya no tienen el impacto de antes.
Roger Meyers Jr.: ¡Eso es! ¡Eso es, pequeña! ¡Has salvado a "Pica y Rasca"!
Abogado: Haga el favor de firmar estos papeles que dicen que no salvó a "Pica y Rasca".

Reunión de trabajo:

Ejecutivo de la cadena: Los ejecutivos de la cadena de televisión queremos un perro con carácter. Que se pique por nada. Un perro currante. Un perro que pose y pasota como pocos.
Krusty: Un perro proactivo, ¿eh?
Ejecutivo de la cadena: Sí, un perro que sea un total paradigma.
Guionista 3: Perdonen. ¿Han dicho "proactivo" y "paradigma"? ¿No son ésas las palabras que dicen los tontos para darse importancia? Dios me libre de acusarles de eso. (Pausa.) Estoy despedido, ¿verdad?
Roger Meyers Jr.: Pues sí. Que el resto de los guionistas se dediquen a buscar el nombre del perro. No sé, algo así como Poochie, sólo que más proactivo.

Homer en la prueba de voz:

Roger Meyers Jr.: Lo siento, pero no tiene usted carácter. No es polémico para nada y no me vale. El siguiente.
Homer: (Duro.) No tengo carácter, ¿eh? No soy polémico, ¿eh? ¡Así te parta un rayo por la mitad, petardo!
Roger Meyers Jr.: ¡Eso es! ¡Ése es el talante de Poochie! ¡Hágalo otra vez!
Homer: ¿Eh? No puedo. No me acuerdo de lo que he dicho.
Roger Meyers Jr.: Entonces no me interesa. El siguiente.
Homer: (Duro.) ¿No le interesa? ¡Buaaa, qué pena! ¡No seré un perro de dibujos animados!
Roger Meyers Jr.: ¡Eso es! ¡El trabajo es suyo!
Homer: ¿Así que ahora me da el trabajo? (Relajándose inmediatamente.) Pues gracias.

Primera sesión de grabación de Homer:

Roger Meyers Jr.: ¿Listos para empezar, chicas?
Homer: Uh, eso creo. ¿Es en directo este episodio?
June Bellamy: No, Homer. Pocos dibujos animados son en directo... Tanta tensión desanimaría a los animadores.

En la reunión de "Conozca las voces de Pica, Rasca y Poochie":

Doug: Hola, pregunta para la señora Bellamy. En el episodio 2F09, cuando Pica toca el esqueleto de Rasca como si fuera un xilófono, da dos veces a la misma costilla pero los sonidos son diferentes. ¿Qué pasa? ¿Es un xilófono mágico o qué? Tendrían que rodar cabezas por ese fallo.
June Bellamy: Uh, bueno, yo...
Homer: Contestaré esa pregunta con otra: ¿Por qué un tío cuya camiseta dice "Genio en el trabajo" pierde el tiempo viendo dibujos animados para niños?
Doug: Retiro la pregunta.
Database: Perdone, señor Simpson, en el CD-ROM de Pica y Rasca, ¿hay alguna manera de escapar de la mazmorra sin recurrir a la llave del brujo?
Homer: ¿De qué diablos estás hablando?

Springfield opina sobre Poochie:

(Varios ciudadanos de Springfield se reúnen en casa de los Simpson para ver el primer episodio del show de "Pica, Rasca y Poochie". Cuando el show termina, la audiencia reacciona.)
Nelson: Aagh. Qué malo.
Homer: Bueno, ¿qué os ha parecido?
(La gente gruñe y se va. Ned Flanders y Lenny se quedan un momento.)
Ned: Homer, creo que es el mejor episodio de los Mosqueperros que he visto nunca.
Carl: Sí, tendrías que sentirte orgulloso. Tienes... uh... tienes una casa muy bonita.

Homer: Poochie es un asco.
Lisa: No es culpa tuya, papá. Lo has hecho bien. Lo que pasa es que es un subproducto puramente comercial. Es difícil quedar bien diciendo una sarta de tonterías.
Bart: Hey, tampoco te pases, Lis.

Tio del cómic: El episodio de anoche de "Pica y Rasca" fue el peor de todos. Conecté con Internet para hacer saber mi desagrado en todo el mundo.
Bart: Sé que no fue muy bueno, ¿pero tú de qué te quejas?
Tio del cómic: Como fan fiel, creo que me deben algo.
Bart: ¿Qué? ¡Te han distraído gratis durante miles de horas! ¿Qué te deben? ¡En todo caso les debes tú a ellos!
Tio del cómic: El peor episodio, oye.

JOHN

Ocupación:
Dueño de una tienda de disparates coleccionables.

Gusto:
Cosas que sean trágicamente ridículas o ridículamente trágicas.

Prenda favorita de vestir:
Camisa de segunda mano de Goodwill, anterior pertenencia de un tal Homer.

Sabe:
Dónde a Kent Brockman le pillaron haciendo trampas en el maratón de Springfield; dónde Lupe Vélez compró el baño en el que se ahogó; que todos los ciervos de Springfield migraron al norte cuando pusieron hierba artificial en el parque.

Cree:
Que las prendas de ante son un milagro.

ESTA POBLACIÓN ES SÓRDIDA, ¿VERDAD? ME PONE ENFERMO, PERO DE UN MODO QUE ME ENCANTA.

LA FOBIA DE HOMER

Episodio 4F11, emitido originalmente el 16.2.97. Guionista: Ron Hauge. Director: Mike Anderson.

MOMENTOS ESTELARES

Herencia Bouvier:

Lisa: *Oh, mami, ¿vas a vender una reliquia familiar para pagar la factura del gas? ¿Qué diría la abuela?*
Marge: *Estaría encantada de saber que sus descedientes disponen de agua calentita y ropa interior seca y limpia.*

En la Tienda:

Marge: *¡Oh, Homer, mira eso! ¡Una guía de televisión de Jackie O.!*
John: *¡Pues tendría que ver sus crucigramas! Donde decían "cola" ella ponía "pito."*
Homer: *Déjenla tranquila. ¡Mataron a su marido!*

"¡Cielosanto! ¡Cielosanto! ¡Cielosanto! ¡He bailado con un gay! ¡Marge, Lisa, prometedme que no se lo contaréis a nadie! ¡Prometedlo!" Homer, cuando Marge le informa que John es un homosexual.

"¡Ohh, mi hijo está perdido! ¡El mundo entero se ha vuelto gay!" Homer, en la fábrica a la que lleva a Bart a ver hombres de verdad. Resulta ser una planta de laminización de acero gay.

"Un montón de tíos juntos en el bosque... parece uno de esos rollos gays." Bart cuando le hablan de la caza.

"El ruido es brutal. Y supongo que los renos deben tener mucho miedo de Santa Claus. ¿No lo tendrías tú?" John planeando sacarles del apuro con su Santa Claus japonés de control remoto.

"¿Puedo salir ahora, señor gay?" Barney desde detrás de un abrevadero.

Descubrimiento:

John: *Hmm. Bueno... aquí está. Es una botella de Johnny Reb de los años 70. Uno de los mejores whiskys que circulan por ahí. Dos libros de estampas verdes, si no me engaño.*
Marge: *Oh, no. Oh, no, no, no, no, no. Es una estatuilla muy antigua.*
John: *No, es... una botella de licor. ¿Ve?*

(Extraños ruidos de Homer despiertan a Marge, que enciende la luz.)
Marge: *Homie, diría que estás comiéndote la almohada. ¿Qué te pasa?*
Homer: *¡Marga, el chico llevaba una camisa hawaiana!*
Marge: *¿Y qué?*
Homer: *Sólo dos clases de hombres llevan esas camisas... O los gays o los amantes a ultranza de los animales. Y no creo que Bart se lleve nada bien con los bichos.*

"Vale, ¿todo el mundo tiene su billete? ¡Pues preparaos que empieza el bingo!" Bart a sus amigos, tras meter bolas numeradas en la secadora y ponerla en marcha.

"No te tocó, ¿verdad? Di, ¿no te tocó?"

"¡Eres lo que no hay!" John a Homer cuando los dos chocan en la sala de estar.

"¡No se admiten devoluciones! ¡Fuerza mayor! ¡Lo dice el reverso de los billetes!" Bart al ver que sus amigos echan a correr cuando se rompe la conducción del gas y se produce un escape.

Álbumes que John mira de la colección de los Simpson:

"Nuevos trovadores navideños", "Baladas de los Boinas Verdes", "Loony Luau", "La boda de Linda Bird Johnson".

Marge se lo deja bien claro a Homer:

Marge: *Homer, ¿no te pareció John un pelín festivo?*
Homer: *Así es, estaba más contento que unas pascuas.*
Marge: *¡Prefiere la compañía de los hombres!*
Homer: *¿Y quién no?*
Marge: *Homer, presta atención: John es un homo...*
Homer: *Vale.*
Marge: *...sexual. (Homer lanza un grito.)*

DETALLES QUE QUIZÁ TE HAYAS PERDIDO

La tienda de John lleva por nombre "Disparates".

Distintivos en la tienda de John dicen "Qualy no puede fallar", "Me va con Dick", "Dole me mola".

Una de las tiendas de la galería se llama "Tenemos de todo pero una sola talla".

El titular de la guía televisa de Jacquie O. dice: "¿Laverne y Shirley: Demasiado para la tele?"

Cuando se presenta a John en este episodio, detrás de él vemos a un flamenco rosa. *Flamencos Rosas* es el título de una de las películas de John Waters.

Un cartel publicitario de la cerveza Fudd (que vimos en 8F19, "El coronel Homer"), cuelga en la tienda de John.

T ras una travesura de Bart en la que se produce un tremendo escape de gas, a los Simpson les cae una factura de 900 dólares. Para pagarla, tratan de vender una reliquia familiar, pero se enteran de que la reliquia en cuestión es una botella de licor. El caso es que la familia traba amistad con John, el dueño de la tienda.

Los Simpson le invitan a casa para que valore sus pertenencias y a Homer le cae muy bien. Pero cuando Marge le hace saber que John es gay, Homer se niega a volver a verle. Poco después Homer nota cambios en el comportamiento de Bart y abriga la sospecha de que pueda ser debido a la influencia de John.

Homer se embarca en una campaña para hacer a Bart "más masculino". En una visita a una planta de laminización, Homer, Moe, Barney y Bart se suman a una expedición de caza y acaban en un parque de renos. Los hombres animan a Homer para que mate a un reno, pero Homer se niega. De pronto, la manada de renos se vuelve agresiva y rodea al grupo. Cuando un reno se precipita sobre Homer, se presenta John con un Santa Claus de control remoto que neutraliza a la manada. Homer da las gracias a John por haberle salvado la vida.

HERMANO DE OTRO SERIAL

Episodio 4F14, emitido originalmente el 23.2.97. Guionista: Ken Keeler. Director: Pete Michels.

Gracias al Reverendo Lovejoy, al Actor secundario Bob le dejan salir de la cárcel. Su hermano, Cecil, le acoge y le encarga supervisar la construcción de la presa hidroeléctrica de Springfield. Bart sospecha que Bob planea uno de sus diabólicos proyectos.

Bart y Lisa siguen a Bob para descubrir lo que trama. Se cuelan en su despacho y descubren una maleta llena de dinero. Poco después Bob les sorprende. Intenta convencerles de su inocencia, pero Bart y Lisa se niegan a creerle. Entonces irrumpe Cecil en la oficina, encañonándolos a todos con una pistola.

Cecil planea hacer volar el dique y desaparecer con los 15 millones de dólares destinados al proyecto. Espera que a Bob le echen la culpa, vengándose así de que le quitara protagonismo junto a Krusty. Cecil encierra a Bart, Lisa y Bob en un cuarto, pero éstos escapan y dan al traste con el plan de Cecil. Bob, pese a ser inocente, acaba en prisión junto con su hermano.

Ocupaciones:
Capataz hidrológico e ingeniero hidrodinámico de Springfield; desfalcador diabólico.

Familia:
Es el benjamín de los dos hermanos Terwilliger.

Educación:
Clases de bufón; cuatro años en el Colegio de Payasos (Princeton.)

Sueño inalcanzable:
Ser el brazo derecho de Krusty.

Sentimientos favoritos:
Mordacidad, sarcasmo.

MOMENTOS ESTELARES

"**Ah, estupendo. Cuando se acerque una moza tendré que animar a la tropa. 'Así se mueve el culo, tía.' 'Olé las domingas guapas'.**" El Actor Secundario Bob, cuando le dicen que supervisará a los trabajadores del dique.

"Bueno, Krusty, como recordarás, cuando intenté incriminarte por robo armado, intenté matar a Selma Bouvier. Vamos a ver, amañé las elecciones para alcalde, intenté hacer saltar por los aires Springfield con un artefacto nuclear e intenté matarte, y a la que tenga un rato libre, me cargo a Bart Simpson."

"Receta cómica infalible: el gag de la empanada sólo tiene gracia cuando la víctima lo lleva con dignidad... como ese tío. ¡Hey, Hal, otra de empanada!"

Lisa: *Es un caso perdido, totalmente perdido.*
Actor Secundario Bob: *Ya veo. Cuando es uno de mis planes, me tomáis por majadero. Pero cuando Cecil intenta mataros, entonces "Es un caso perdido, totalmente perdido".*

Cecil: *Sé de tu pasado criminal, pero eres mi hermano. Y no hay nada como los lazos de sangre.*
Actor Secundario Bob: *No tienes que preocuparte por mí, hermano. Estoy más que acabado.*

Bart: *¡Cómo quieren a Krusty esos convictos! Dentro de esas mentes criminales late el corazón de un adolescente.*
Lisa: *Y viceversa.*

"**¡Te lo repito, Cecil, ya no lo aguanto más! ¡Los trabajadores han convertido el lavabo en un ahumadero! ¡Los monos de trabajo están que dan grima! ¡Y encima un crío psicótico no deja de acosarme!**"

"**Y ahora, para acabar contigo. Puede que tengas un zumbido en las orejas, pero por suerte para ti vas a perder las orejas.**" Cecil dispuesto a acabar con Bob y Bart.

"**¡Oh, tonterías! ¡Yo la pedí primero!**" Cecil disputando a Bob la litera superior de la celda.

Letra de la canción de la prisión de Krusty el Payaso:

Le aticé a un tío en Tahoe / y me dieron tres años. / Mi carísimo abogado me libró con un tecnicismo. / Estoy de visita en la cárcel de Springfield / pues esta noche me vuelvo a casa.

(Cecil y Bob siguen a Cletus hasta la hormigonera, donde hay un perro rígido, cubierto de cemento.)
Cecil: *Verás, el primo Merle y yo estábamos jugando con Geech, nuestro perro, y entonces...*
Primo Merle: *Geech se fue al cielo, señor Terwilliger.*
Bob: *¡Pero qué dices, primo Merle!*
Cecil: *Calma, calma. Ya sabes que el primo Merle no está "muy fino" últimamente.*

Cecil: *Al fin haré lo que Bob no consiguió: ¡matar a Bart Simpson!*
Bart: *¿Arrojándome al dique? ¿No te parece que eso es muy vulgar para un genio como tú?*
Cecil: *Sí, claro, pero si me preguntan no les diré la verdad.*

Homer: *Has sido tú quien ha dado al traste con los planes criminales del Actor Secundario Bob...*
Marge: *Y estamos muy orgullosas de ti.*
Homer: *Debe estar tan frenético, que si pudiera te haría picadillo.*
Marge: *¡Pero por suerte está encerrado!*
Homer: *En una prisión de seguridad.*
Marge: *Para siempre.*
Homer: *A no ser que se fugue.*
Marge: *¡Lo que es imposible!*
Homer: *Pero claro está que no sería la primera vez que se fuga.*

Actor Secundario Bob: *Me has salvado la vida, Bart.*
Bart: *Sí... Supongo que ya no intentarás matarme.*
Actor Secundario Bob: *Eso no se sabe nunca. ¡Es broma! ¡Es broma!*

DETALLES QUE QUIZÁ TE HAYAS PERDIDO

Un cartel en la sala de visitas de la prisión de Springfield reza: "Visite sólo a su CONVICTO, por favor."

Todas las vidrieras de la capilla de la cárcel tienen barrotes.

Un titular del *Springfield Shopper* dice: "El maníaco vivía en el piso de los hermanos."

En Pimento Grove, tras el despacho de Bob, cuelgan retratos de Tom Brokaw y Birch Barlow.

Bart y Lisa buscan pistas en un contenedor de basuras. Otto duerme en un contenedor en 8F21, "El Otto-Show".

Pancartas de la muchedumbre tras la liberación de Bob: "No dejéis salir a Bob", "La estáis cagando", "Que se vaya Bob" y "Crimen sí, criminales no".

HEY, CHICOS, ME VOY A PRESENTAR... ACTOR SECUNDARIO CECIL.

REPARTIDOR DE BOCADILLOS

Ocupación:
Creador y repartidor de bocatas gigantes.

Nacionalidad:
Italiano, pasando por el Bronx.

Indumentaria que le caracteriza:
Lleva un camisa de manga corta deportiva con los colores de la bandera italiana.

Tendencia:
Pone muy poco vinagre, a menos que se lo digas.

> BUENAS NOCHES TENGA, SEÑORITA. LE TRAIGO SU BOCATA GIGANTE EMPAPADO EN VINAGRE. TAL COMO LE GUSTA. SON 225 PAVOS MÁS LA PROPINA.

MI HERMANA, LA CANGURO

Episodio 4F13, emitido originalmente el 2.3.97. Guionista: Dan Greaney. Director: Jim Reardon.

MOMENTOS ESTELARES

 "Paseo por el muelle, antaño centro de una próspera industria de calamares, abandonada hoy día salvo por un puñado de estibadores y comerciantes unidos. Pero los años de decadencia terminarán con la apertura del barrio del Calamar, un paseo de tiendas de auténtica inspiración marina."

"¿Simpson? Oiga, ya hemos estado en su casa para una hermanatomía, un caso agudo de culo áspero y un mordisco leproso. ¿Nos toma por tontos o qué?" La operadora 911 a Lisa.

"¡Esto es un ultraje! ¡Soy dos años y treinta y ocho días mayor que ella! ¡Ésta es la mayor injusticia en la historia del mundo!"

Lisa: *¿Dónde están los dados?*
Todd: *Papi dice que están trucados.*
Rod: *Damos sólo un paso cada vez. Así es menos divertido.*

"Bueno, no pienso irme hasta que me paguen. Cobro 500 por sólo decir 'Hey, hey'."

Oficial de las Fuerzas Aéreas: *Nos informan que una tal Lisa Simpson ha visto un OVNI.*
Lisa: *¡Yo no he visto ningún OVNI!*
Oficial de las Fuerzas Aéreas: *Así es, señorita. No lo ha visto.*

"¡Oh, tu brazo! ¡Tiene más de un codo!" Lisa a Bart, cuando éste se disloca el brazo.

"Mire, hum, debo haberme caído sobre una bala y, o sea, que se me ha metido en la tripa." Snake sangrando por el estómago en el despacho del doctor Nick Riviera.

(Cuando Bart se niega a ir a la cama, Lisa empieza a tirar de él y Bart acaba por dejarse arrastrar.)
Lisa: *¿Por qué me lo pones tan difícil?*
Bart: *Practico la no resistencia ante la violencia.*
Lisa: *¡Qué caro! Mira que atreverte a compararte con Gandhi...*
Bart: *¿Con quién?*

Marge: *Oh, eso sería estupendo, Homer. Las tiendas dan fiestas muy buenas.*
Homer: *¿Te gustan las fiestas? Ahora recuerdo que dan una en el Barrio del Calamar este fin de semana.*
Marge: *No lo recuerdas. Lo has visto en la tele.*
Homer: *Lo importante es que no me lo he inventado.*

(La gente del Barrio del Calamar ve a Lisa encorvada sobre el cuerpo de Bart al pie de la colina.)
Maude Flanders: *¡Ha matado a su hermano!*
Lenny: *¡Y pretende tirar el cuerpo al puerto!*
Otto: *Pues, uh...*
Actor Secundario Mel: *¡Y para colmo planea ahogar a la pequeña, enjaulada en su cuna!*
Lisa: *(Bizqueando ante la luz deslumbradora.) ¿Qué pasa? ¿Dónde estoy?*
Helen Lovejoy: *¡Y está drogada!*

Flanders: *Homer, tengo un problemita. Como ya sabes, Maude y su madre se han ido a visitar Tiro y Sidón, las ciudades gemelas de Tierra Santa. Tienen que haberse equivocado de iglesia y de dios, porque las han hecho prisioneras unos militantes de no sé qué.*
Homer: *Militantes, ¿eh? Yo de ti les daría una buena patada en el culo.*
Flanders: *Bueno, en la embajada me dicen que es un asunto de lo más rutinario, pero tengo que ir a la capital a rellenar unos impresos para que las dejen en libertad. ¿Puedes cuidar de mis chicos por esta noche?*
Homer: *Hombre, me gustaría hacerte ese favor, Flanders... pero a Marge y a mí la han hecho prisionera en Tierra Santa y...*
Lisa: *¡Lo haré yo! ¡Yo haré de canguro!*
Flanders: *Pues no sé, Lisa. Eres muy joven, y los niños son de cuidado. Todd es un verdadero demonio.*
Lisa: *Soy seria y responsable, y además mis padres estarán en la casa de al lado.*
Flanders: *¿Qué dices tú, Homer? ¿Crees que puede hacer de canguro de mis chicos?*
Lisa: *¡Porfa, porfa, porfa!*
Homer: *Eh, tendré que preguntárselo.*

DETALLES QUE QUIZÁ TE HAYAS PERDIDO

Cuando Kent Brockman habla de "comerciantes unidos" que siguen en el muelle de Springfield, la cámara enfoca un momento a una prostituta en shorts y top, que fuma un cigarrillo.

En la marquesina de la iglesia de Springfield se lee: "No hay parking para los feligreses."

Los libros de *Los gemelos de la canguro* que leen son: *Preparado para Lactantes* y *El Niño del Presidente ha Desaparecido.*

Flanders lleva una cinta amarilla sobre su jersey cuando cuenta a Homer que Maude y su madre han sido tomadas como rehenes.

El anuncio de la clínica del doctor Nick dice ser "De toda confianza" y "Tan buena como la del doctor Hibbert".

Lisa muestra interés por hacer de canguro, pero Marge cree que es aún muy joven. Una noche, Flanders necesita urgentemente una canguro y ofrece el trabajo a Lisa. Queda muy satisfecho con ella y Lisa consigue un trabajo fijo. Homer y Marge se quedan tan impresionados que piden a Lisa que haga de canguro de Bart mientras ellos asisten a una gala del Barrio del Calamar.

Bart se siente ultrajado de que lo dejen al cargo de su hermana. Al irse sus padres, Bart da a Maggie un helado rico en cafeína y hace travesuras que sacan de quicio a Lisa. Cuando Bart se niega a ir a la cama, Lisa arremete contra él, y Bart cae por la escalera, dislocándose un brazo.

Para hacer sus heridas más aparatosas y culpar a Lisa, Bart se golpea la cabeza contra una puerta, hasta quedar inconsciente. Lisa se asusta y sube el cuerpo de Bart a una carretilla para llevarlo a la clínica del doctor Nick. Pero Bart cae y baja rodando por la colina, yendo a parar muy cerca de la fiesta. Todo el mundo dice pestes de Lisa, pero al día siguiente le llueven las ofertas para hacer de canguro.

HOMER CONTRA LA ENMIENDA DIECIOCHO

Episodio 4F15, emitido originalmente el 16.3.97. Escritor: John Swartzwelder. Director: Bob Anderson.

Durante el desfile del Día de San Patricio, una furgoneta de cerveza baña con su contenido a la multitud. Bart, sirviéndose de una trompa de caza, se emborracha. Cuando las imágenes de un Bart beodo se transmiten por televisión, un grupo de mujeres irrumpe en el Ayuntamiento exigiendo un bando que prohíba el alcohol. Un funcionario del Ayuntamiento muestra una ley antialcohol que data de hace 200 años, pero que no se ha llevado a la práctica. Basándose en dicha ley, el alcalde Quimby declara ilegal la venta de alcohol.

Incapaz de detener al gángster Tony el Gordo que abastece de alcohol a la taberna clandestina de Moe, el jefe Wiggum es reemplazado por Rex Banner, una suerte de Elliott Ness de Washington, que pone fuera de juego a Tony el Gordo. Cuando

se acaba la reserva de Moe, Homer roba barriles de Duff del vertedero municipal y trama un plan para suministrar cerveza a la taberna clandestina.

Cuando Homer, convertido en el Rey de la Birra, agota las existencias, decide preparar su propio brebaje casero en el sótano. A la larga, Homer se arrepiente de su tráfico de alcohol y se entrega al jefe Wiggum. Homer va a ser catapultado fuera de la ciudad por contrabandista de licor, según estaba previsto en la antigua ley, pero le salva un encendido discurso de Marge. Cuando Banner protesta, se mete sin darse cuenta en la catapulta y sale disparado fuera de la ciudad. Por último, se hace saber que el bando de la prohibición ha sido retirado. Los ciudadanos celebran la noticia emborrachándose.

REX BANNER

Ocupación:
Agente del orden enviado por Washington para atajar el contrabando de alcohol cuando se instaura la prohibición.

Vestimenta:
Chicago, años veinte.

Comportamiento:
Eficiente e intrépido; ha sido comparado a Elliott Ness.

Cómo hay que tomarlo:
Al pie de la letra.

Acepta sobornos:
Nunca.

Fallo garrafal:
No es capaz de identificar a Homer como el Rey de la Birra, aun cuando tiene la evidencia ante sus narices.

OYE, TÍO, TE LO VOY A DECIR MUY CLARO. ¿DE DÓNDE HAS SACADO EL BREBAJE? ¿HAY UN ANTRO CLANDESTINO PASANDO BIRRA A LA CHITA CALLANDO?

MOMENTOS ESTELARES

"Estamos en una tarde gris y levemente lluviosa. Kent O'Brockman en directo desde la calle Mayor, donde hoy todo el mundo se siente un pelín irlandés. Je, je, excepto los gays y los italianos."

"Los desfiles me traen tantas emociones: alegría, entusiasmo, montón de cosas que ver..."

"Duff Zero": La nueva cerveza sin alcohol para contrarrestar la prohibición. Tarda unos 30 minutos en superar a la clásica Duff.

"¿Entiendes, hijo? ¡El dinero está en el contrabando de licor! Y no en tu vandalismo infantil."

"Bueno, le voy a decir en qué se ha convertido esto, jovencito... En una ciudad de locos. Una ciudad arrasada por una ola de cerveza y vómito verde."

"¡Por el alcohol! ¡La causa –y la solución– de todos nuestros problemas!"

"¡Pónganse bien la camisa! ¡Limpien esos zapatos! ¡Quítense la chapa de la boca! ¡Son oficiales de policía!"
Rex Banner tomando control del Departamento de Policía de Springfield.

Moe: *Vale, oídme. Hoy es el día del año que se bebe más. ¿Quiénes son los que van a conducir?*
(Se levantan unas pocas manos.)
Moe: *Pues largo, que sólo quiero a los que me hacen gasto.*

Marge: *¿Qué te ha pasado, Homer? ¿Y qué le ha pasado al coche?*
Homer: *Nada.*
Marge: *Antes no estaba estropeado.*
Homer: *¡Antes, antes! ¡Vives en el pasado.*
Marge: *¡Pues vuelve del pasado!*

Rex Banner: *¿Eres tú el Rey de la Birra?*
Tío del cómic: *Sí, pero sólo de noche. De día soy un afable reportero de un periódico metropolitano.*
Rex Banner: *No te hagas el listo, fofo.*
Tío del cómic: *¿Fofo? (Se mira el estómago.) Oh, sí, fofo.*

Alcalde Quimby: *¿Dicen en serio lo de suprimir el alcohol? Sabe muy bien, hace que las mujeres parezcan más guapas, y vuelve a las personas invulnerables a la crítica.*
Helen Lovejoy: *¿Es que nadie va a pensar en los niños?*
Maude Flanders: *¿Qué clase de ejemplo les estamos dando?*
Alcalde Quimby: *Señoras, por favor. Los padres de la patria, los astronautas y los héroes del campeonato mundial de béisbol se emborrachan o toman coca.*

Pajarería Moe:
El nuevo rótulo de la taberna clandestina de Moe.

DETALLES QUE QUIZÁ TE HAYAS PERDIDO

Moe, el día de San Patricio, lleva a su taberna una jarra que dice "Tintura venenosa".

Tiendas que vemos durante el desfile: "12 días Limpieza en Seco", "Casa de Empeños", "Tienda del Monóculo de Heinrich".

Pancartas de las mujeres que irrumpen en el ayuntamiento: "Llevaos a los hombres, no la cerveza", "¡Prohibición Ya!", "Di No a los Borrachos."

Un letrero de Springfield reza: "¡Springfield, limpio y sobrio durante 75 días!"

Un carro del desfile lleva la pancarta "2000 Años de Polis Irlandeses". Otra dice: "Los novelistas irlandeses borrachos de Springfield."

Cuando Bart sale borracho por televisión, se ve el escrito siguiente: "Niño borracho en directo."

Narrador: *Springfield. Con la imposición de la ley seca, la paz de la ciudad se ha hecho añicos debido a las tabernas clandestinas.*
Homer: *Celebro que tu negocio vuelva a funcionar, Moe.*
Moe: *Sí, he pasado unas horas muy malas.*
Narrador: *¡Los traficantes de alcohol! Gángsters a bordo de camiones que transportan el líquido desde Shelbyville. ¡Y la ley se ve impotente!*

Quimby: *Yo gobierno esta ciudad. Vosotros sois contribuyentes que apenas contribuyen.*
Ayudante de Quimby: *(En voz baja.) Uh, elecciones en noviembre.*
Alcalde Quimby: *¿Cómo? ¿Otra vez? Qué país más estúpido.*

ESCUELA PRIMARIA CONFIDENCIAL

Episodio 4F09, emitido originalmente el 6.4.97. Guionista: Rachel Pulido. Director: Susie Dietter.

MATEMAGO

Identidad:
Animador de fiestas matemáticas.

Viste:
Túnica azul de brujo; sombrero puntiagudo; y gafas de concha de carey.

Instrumentos de trabajo:
Pizarra, tiza.

Secreto vergonzoso:
No sabe dividir bien.

Y AHORA PREPARAOS PARA MARAVILLAROS ANTE LOS SECRETOS DEL UNIVERSO, MIENTRAS HAGO DESAPARECER ESTE RESTO DEL COSMOS.

La señorita Krabappel y Skinner traban conversación en la fiesta de cumpleaños de Martin, interesándose románticamente el uno por el otro. Cuando un lote de ostras malas envía a casi todos los chicos al hospital, menos a Bart, éste, sorprendido, ve cómo la pareja se besa.

El próximo lunes, Skinner y Krabappel se enteran de que Bart va a hacer correr la noticia de su idilio e intentan sobornarlo, pasando a Milhouse el récord de peor alumno del colegio y haciendo de Bart su alcahueto, llevando el correo amoroso de la pareja. Pero Bart se cansa de ese juego, reúne a sus compañeros de clase y abre un armario, en cuyo interior se encuentran Skinner y Krabappel abrazados.

A medida que corre la voz, la historia se va exagerando, dándose a entender que entre la pareja ha habido algo más que un par de besos. El superintendente Chalmers da a Skinner un ultimátum: terminar la relación o irse de la escuela. Skinner se niega y Chalmers despide a los dos. Siguiendo el consejo de Bart, Skinner y Krabappel se encierran en el tejado de la escuela y convocan a los medios informativos. Cuando se presenta la policía, les dicen que la ciudad tiene que respetar su amor. Tras un tenso enfrentamiento, los ciudadanos les acusan de haber hecho el sexo en el armario. Skinner les asegura que no lo ha hecho y la prueba es que sigue siendo virgen. Se aclara el asunto y Skinner y Krabappel son readmitidos en la escuela.

MOMENTOS ESTELARES

 "Como sabes, Bart, tu récord como peor alumno te obligará a hacer un trabajo de lo más tirado y ruidoso."

"Buenos días, estudiantes. Se te saluda, Wendell. Ahí veo a Ralph, que sabe lo que se cuece. Jimbo, ¿qué tal estás hoy? ¡Hey, Juana, Juanita!"

"La única manera de escapar a un incendio mortal es... ¡Bah, la vida es demasiado breve para tomar medidas contra el fuego! ¡Salgamos a recoger flores silvestres!"

"Querida Edna, quiero verte más. ¿Convenimos otra cita secreta? Tuyo para siempre, Director Skinner." La nota que Skinner entrega a Bart para que se la lleve a Krabappel.

 "Alto ahí. ¿La profesora de Bart se llama 'Krabappel'? Yo la estaba llamando 'Crandall'. ¿Por qué no me lo dijeron? ¡Oohh, me he puesto en ridículo!"

Ralph: La señorita Krabappel y el director Skinner estaban en el armario haciendo niños y yo vi a uno de los bebés y el bebé me miró a mí.
Jefe Wiggum: ¿El bebé te miró? Sarah, ponme con el superintendente Chalmers.

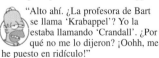 "Por eso me gustan los párvulos, Edna. Se creen todo lo que les dices."

"Salta a la vista que ustedes no tienen experiencia en dar un escándalo." Bart a Skinner y Krabappel.

Skinner: Señorita Krabappel, Bart quiere decirle algo.
Bart: ¡No lo diré!
Skinner: ¡Bart!
Bart: Oh, la quiero, Edna Krabappel.
(La clase suelta una carcajada.)
Sherri y Terri: ¡Bart se va a casar con la profa!
Nelson: ¿Dónde estás matriculado, Simpson?

Skinner: Mmmm. Este postre es de lo más exquisito. ¿Cómo se llama?
Krabappel: Compota de manzana.
Skinner: (Con una risita.) Oh, claro. Es que no voy mucho a restaurantes.
Krabappel: Suelo comer sola. Sopa para uno, ensalada para uno, vino para tres.

Skinner: Esta fiesta es un descanso en mi rutina. Suelo pasar los sábados preparando cuidadosamente la ropa para la semana siguiente, y luego doy un paseo hasta el lavado de coches para ver si Gus está allí...
Krabappel: Sí, en algo hay que entretenerse. Yo colecciono libritos de fósforos de sofisticados clubs nocturnos. Es sorprendente. Basta con escribir una amable carta...
Skinner: ¿Es así como imaginó su vida, Edna?
Krabappel: Sí, pero es que era una niña muy deprimida.
Skinner: (Levantando un vaso.) Brindo por las pobres decisiones.

DETALLES QUE QUIZÁ TE HAYAS PERDIDO

Un letrero en la puerta del "Récords escolares", dice: "Atención: Entrar aquí quedará anotado en tu récord escolar."

La señorita Krabappel prende una vela en forma de Charlie Brown y cuando Skinner y ella han terminado de cenar, la llama ha alcanzado los pantalones de Charlie Brown.

Cartel en el Teatro Azteca: "Película con aire acondicionado."

Lisa tiene una fiambrera en forma de Krusty el Payaso.

En casa de Wiggum vemos una caja abierta de rosquillas.

Sábado, en casa de Martin:

Bart: ¡Eh..., señorita K! ¡Es sábado! Sus poderes nada pueden contra mí.
Señorita Krabappel: Tranquilo. Sólo he venido a divertirme. No me mires como a la profesora.
Bart: Ah, vale.
Señorita Krabappel: ¿Mmmm-mmmmm?
(Bart y la señorita Krabappel se miran el uno al otro y ríen nerviosamente. Trascurre un embarazoso silencio.)
Bart: Perdone.

Krabappel: Bueno, va a ser difícil deciros adiós a todos. Lo hemos pasado muy bien juntos... Nelson, Nelson, Nelson, ¿a cuántos chicos has apalizado este año?
Nelson: No sé. Cincuenta.
Krabappel: Ah, cincuenta. ¡Cómo pasa el tiempo!

LOS DOS CHUCHOS

Episodio 4F16, emitido originalmente el 13.4.97. Guionista: Ron Hauge. Director: Dom Polcino.

 Bart rellena un impreso para obtener una tarjeta de crédito a nombre de Santa. Cuando se la dan, Bart la usa para comprar cosas por catálogo, y entre lo que compra figura un perro collie de Vermont llamado Laddie. El perro está muy bien educado y se gana el cariño de toda la familia.

Pero Bart no puede hacer frente a los pagos y el banco le quita a Laddie. Cuando "los recuperadores" se presentan, Bart, en vez de entregarles al collie, les da a Santa. Poco después siente remordimientos de conciencia. Cansado de Laddie, Bart quiere recuperar a Santa.

Bart entrega a Laddie a la policía y se pone a buscar a Santa. Su búsqueda le lleva a la casa de un ciego llamado el señor Mitchell, Bart intenta secuestrar a su perro, pero Mitchell se encierra en un armario y llama a la policía, que no tarda en presentarse. Laddie parece encariñarse enseguida con Mitchell, pero en realidad está olfateando una bolsa de marijuana que lleva en el bolsillo. Bart se va con Santa, cuando llegan más policías a la casa, con cervezas y música reggae para dar una fiesta.

UN SIMULACRO DE INCENDIO
NO NECESITA FUEGO
UN SIMULACRO DE INCENDIO
NO NECESITA FUEGO
UN SIMULACRO DE INCENDIO
NO NECESITA FUEGO

MOMENTOS ESTELARES

"¿Que has regalado a los dos perros? ¡Ya sabes que no me gusta regalar!"

Revelado en este episodio:
El nombre del niño con una ceja es Gerald.

Bart compra para la familia:
Quince libras de salmón ahumado de Vancouver; un microondas con radio para Marge; una camisa de golf para Homer con su propio logo incorporado; "Pastillas para mantenerse despierto" para Lisa.

"Edición limitada de Collie, especialmente entrenada por Jonas Fong. De ellos, sólo 800 son de raza pura; posiblemente el mejor perro del mundo." El anuncio que llama la atención de Bart.

Santos L. Halper: Nombre en la tarjeta fraudulenta de Bart.

"Sprinkles": Nuevo nombre de Santa, inventado por Mitchell.

"Usted parece una persona responsable que no querrá que una tarjeta de crédito en números rojos estropee sus esperanzas y sueños de tener un coche, un barco o recibir la ayuda social." El representante de Moneybank Credit Services pidiendo a Bart que haga frente a los pagos.

"¡Ha profanado el agua bendita!" Agnes Skinner quejándose de Santa.

"No prometo intentarlo, pero intentaré intentarlo." Bart a Lisa cuando ella le dice que no haga flipar al ciego.

Lisa: ¿Dónde está Santa?
Bart: Lo llevé a una residencia canina. Hasta que el nuevo perro se haga a la casa.

Bart: Cárguelo en mi tarjeta de crédito, buen hombre.
Tio del cómic: Oh, perdone, "Santos", si es que se llama así, pero su tarjeta de crédito falsa no me vale. Y ahora haz como mis pantalones y ábrete.

Lisa: Ah, sabía que tramabas algo.
Bart: Bah, total por un pequeño fraude postal. ¿No crees que ya he recibido bastante castigo?

Marge: Bart dice que le tocó en la rifa de una parroquia, a dos pueblos de aquí.
Lisa: En un concurso de sinceridad, ¿verdad, Bart?
Bart: Uh, así es, si no recuerdo mal.

Bart: ¿Santa? Creo que yo era el único que lo quería de verdad.
Milhouse: Y que lo digas. ¿Recuerdas cuando se comió mi pececito? Tú mentiste y dijiste que yo no tenía ningún pececito. Entonces, ¿cómo es que tenía una pecera? Di, ¿por qué tenía una pecera?

Homer: Llorar no sirve de nada, a no ser que las lágrimas huelan a comida de chucho. Así que puedes seguir llorando y comiendo sus latas de carne hasta que las lágrimas te huelan a comida de chucho y vuelva el perro o puedas ir en su busca.
Bart: Sí, eso haré.
Homer: Casi le convenzo de que se coma las latas.

DETALLES QUE QUIZÁ TE HAYAS PERDIDO

Bart ordena cosas del catálogo de "The Covet House".

Recuperadores: Miembros de la compañía que reclama todos los artículos que Bart compró con su tarjeta.

El número de cuenta de la tarjeta de Bart es 4123 0412 3456 7890. Expira el 3.12.99. Tiene un dibujo que parece una paloma.

Los Simpson llevan a Laddie al parque de perros de Springfield, "donde los perros se olfatean entre ellos y ladran".

La tienda de souvenirs de la parroquia de Springfield lleva el siguiente eslogan: "No se pega al Reverendo."

Cuando abre la jaula de Laddie, Bart lleva una bata con monograma.

Cuando Bart entrega a Santa, éste está mascando una foto de Bart.

Bart: Me colaré en la casa del ciego y me llevaré el perro.
Lisa: Eso no se puede hacer.
Bart: Sí se puede, pero no es nada fácil.

Mitchell: ¿Le estás pidiendo a un ciego que te entregue a su único compañero?
Bart: Sí, porfa.
Mitchell: ¿Sabes qué? Dejemos que decida el perro.

Descripción:
Perro collie bien entrenado en Vermont.

Paquete:
Jaula sin cerrar con tarjeta de felicitación y explicaciones de cómo cuidarlo.

Talentos:
Rescatar bebés; coger y arrojar Frisbees; saltos hacia atrás; husmear narcóticos.

Secreto vergonzoso:
Permite que otros perros le quiten el sitio.

Querido:
Por todos.

 233

LA NIÑA Y EL VIEJO

Episodio 4F17, emitido originalmente el 20.4.97. Guionista: John Swartzwelder. Director: Mark Kirkland.

Ocupación:
Operador del centro de reciclaje.

Secreto poco secreto:
Fuma cannabis.

Lleva:
Corbatas tintadas y sandalias.

Accesorio del pelo:
Cinta roja.

NO HAY QUE TRABAJAR PARA EL COCHE. ¡SIMPLIFICA, TÍO!

MOMENTOS ESTELARES

 "Bah, reciclar no sirve de nada, Lis. Cuando se gaste el Sol, la Tierra estará perdida. Lo único que consigues es consumir productos de baja calidad."

"Seré claro y breve: la familia, la religión, la amistad. Ésos son los tres demonios con que tienes que acabar si quieres triunfar en los negocios. Cuando la oportunidad se presente, que no te pille camino de la maternidad o arrodillado en una de tantas iglesias o sinagogas. ¿Alguna pregunta?"

"¿Así que la Madre Naturaleza nos pide un favor? Tenía que haberlo pensado antes, cuando nos azotaba con sequías e inundaciones. La Naturaleza empezó la guerra de la supervivencia y ahora que pierde quiere dejarlo. ¿Pues sabes lo que le digo? ¡Que se chinche!" El señor Burns cuando Lisa le habla del reciclaje.

"No tenemos que leer periódicos, pues te encienden la sangre."

"Bueno, si acepto colaborar con usted es a condición de que se dedique a hacer cosas buenas y solidarias. Nada malo."

"Hum, papi... el diez por ciento de 120 millones de dólares no son doce mil, sino..." Lisa provocando otro infarto a Homer.

(Un agente inmobiliario muestra a un luchador profesional la casa de Burns, cuando éste y Smithers salen de ella.)
Bret "El Bruto": *Puah. Esa casa huele a viejo.*
Señor Burns: *Ooooh...*
Smithers: *Diga usted que no, que huele a canela en rama.*

(Burns lleva a Lisa a un balcón que da al mar. Bajo ellos hay una red gigante que comprende a seis pequeñas.)
Burns: *Si esta red pesca un pez, un millón de redes como ésta pescarán un millón de peces. Mira...*
(Burns acciona un mando y la red saca peces, calamares, marisco, delfines y una ballena.)
Lisa: *¿Qué es eso?*
Burns: *Lo llamo la Superred de Burns. ¡Deja el océano limpio!*
(Serruchos y pasapurés transforman la pesca en una masa rojiza que viaja por un abrevadero hasta los bidones industriales.)
Lisa (Asustada.): *¡Dios mío!*
Burns: *A nuestro producto lo llamo Estiércol Animal Patentado de Lisa. Es un alimento de muchas proteínas que sirve de pienso. También un aislamiento casero y barato. Y un refrigerante de primera. ¡Y lo mejor de todo, está hecho en un 100% de animales reciclados!*

Holdings Confederados Esclavos:
Una de las muchas acciones anticuadas del portafolio de Burns.

Burns: *¡Lo de menos es tu nombre, idiota! Lo que cuenta es: ¿me ayudarás a recobrar mi fortuna?*
Lisa: *¡Ja! ¡No le ayudaré! ¡Es el peor hombre del mundo!*
Burns: *Sí, ésa es la clase de coraje que busco... ¡Quedas contratada!*

Homenaje televisivo:
El señor Burns persigue a Lisa en una escena que recuerda el principio de "Esa chica."

Burns: *¡Smithers! ¿Por qué no me avisó de esa quiebra del mercado?*
Smithers: *Bueno, verá, señor, es que eso pasó veinticinco años antes de que yo naciera.*
Burns: *¡Siempre encuentra excusas para todo!*

Homenaje cinematográfico:
Lisa recorre Springfield revelando la verdad sobre el centro de reciclaje de Burns a lo Charlton Heston en *Soylent Green.*

DETALLES QUE QUIZÁ TE HAYAS PERDIDO

Homer da a Lisa un libro de Leon Uris para que lo recicle. El libro incluye *Éxodo* y *QB VII.*

Pósters en la pared de la sala de reuniones: "Vivan... los negocios"; "El capitalismo... me coloca."

Una entrada en el diccionario mental de Burns dice: "Perro fiel: el que se desvive en beneficio de otro. LACAYO. Ej.: (SMITHERS.)"

Burns escribe su autobiografía, *¿Saldrá el arco iris?,* durante los acontecimientos que ocurren en el episodio 7F22, "Sangrienta enemistad."

La lista de comestibles de Smithers incluye pomada, verdura y carne para el almuerzo.

La colección Malibu Stacy de Smithers se ve expuesta en estanterías en su piso.

Un titular del *Springfield Shopper* dice: "Viva Burns", y otro debajo concluye: "Hasta que se muera, claro."

Al dar una conferencia en la Escuela Elemental, el señor Burns se entera por Lisa que, conforme a su autobiografía, no es tan rico como se cree. Smithers, sus abogados y sus contables le confirman que sus holdings se han depreciado considerablemente. Entonces Burns invierte todo su dinero en compañías arcaicas y lo pierde. Arruinado, Burns se va a vivir con Smithers.

Un día, cuando Burns está comprando, dos tenderos le oyen farfullar y hablar consigo mismo y consiguen meterle en un asilo de jubilados. Enfadado con el mundo, Burns jura recuperar su fortuna. Cuando Lisa va al asilo para llevar ropa reciclada, Burns recuerda que se enfrentó a él y se dice que se lo tiene merecido por haberse rodeado de gente que le decía amén a todo. Pide a Lisa que le ayude a recuperar su fortuna.

Lisa enseña a Burns el mundo del reciclaje. Burns no tarda en abrir su propia planta de reciclaje, a la que pone el nombre de Lisa. Orgulloso, muestra a la chica cómo captura los animales marinos y los transforma en una pulpa de múltiples utilidades. Lisa se horroriza. Cuando Burns recupera su fortuna, vuelve a comprar la Central Nuclear. Paga a Lisa su parte de beneficios, pero la chica rompe el cheque, provocando en Homer una serie de infartos consecutivos.

MARGE NO HAY MÁS QUE UNA

Episodio 4F18, emitido originalmente el 27.4.97. Guionista: Donick Cary. Director: Steve Moore.

Preocupada porque el Reverendo Lovejoy no da abasto para atender a sus feligreses, Marge se ofrece a ayudarle. Empieza por aconsejar a los miembros de la congregación que están en crisis. Mientras Marge se gana el favor general, Lovejoy se lamenta de ser "un pastor sin rebaño." Homer está preocupado al descubrir su efigie en unas pastillas de jabón japonesas. Llama a la compañía que manufactura el jabón para saber por qué su cara aparece en la caja.

Homer recibe una cinta de vídeo del manufacturador de las pastillas que muestra un curioso anuncio protagonizado por un personaje llamado "Don Limpio". El vídeo también muestra cómo dos compañías fusionaron sus logos para crear a "Don Limpio" que es idéntico a Homer.

Incapaz de ayudar a Ned, Marge pide ayuda a Lovejoy, que da con Ned en una jaula de babuinos del zoo. Al contar lo sucedido en el próximo sermón, Lovejoy, milagrosamente, se gana la atención de sus feligreses.

DON LIMPIO

Ocupación:
No hay polvo que se le resista. Limpia, frota y da esplendor.

Residencia:
Hokkaido, Japón.

Modelo:
Mezcla de una cara de pez con una bombilla.

MOMENTOS ESTELARES

 "Pero... ¿qué es esto?... ¿Por qué... sale mi cara... en una caja japonesa?"

El anuncio de Don Limpio:
(Un ama de casa en su cocina emite un silbido y el Don Limpio de la caja cobra vida.)
Don Limpio: ¡Me encanta cuando me encuentro con algo hecho polvo!
(Don Limpio se lía con los platos sucios, limpiándolos en un santiamén. Don Limpio flota por el salón, saltando por encima de un xilofón de juguete. Luego lo vemos bajo el agua, donde bailan tres mujeres.)
Don Limpio: ¡Dejadme sitio, mujeres, que el mío es el polvo, y cuanto más, mejor. Ayudadme a ahogaros de una vez. (Las mujeres dejan de bailar.)
Dos de las mujeres: ¡Qué hombre más resultón! ¡Apostamos por Don Limpio!
Mujer: ¡Qué poderío! ¡Qué mono!
(Don Limpio sopla polvo mágico sobre las tres mujeres, que le miran tiernamente. Las tres mujeres se convierten acto seguido en monos azules.)
(La escena cambia para enfocar a un periodista que está entrevistando a una vaca de dos cabezas.)
Periodista: ¿Planes para el futuro?
(Don Limpio cae sobre la vaca y la destroza por cabezota. La escena cambia para mostrarnos a Don Limpio caminando por un paisaje naranja.)
Don Limpio: ¡Para lavar mejor, Don Limpio, servidor!

Lovejoy encuentra a Flanders:
(En un flashback de los años setenta, el Reverendo Lovejoy está en su oficina cuando entra Ned Flanders.)
Flanders: Reverendo, uh, me temo que algo ha pasado.
Lovejoy: Pasa y dale a la lengua, que para eso estamos.
Flanders: Bueno, me convencieron para bailar, pero resbalé y mi trasero entró en contacto con el trasero de otro hombre.

 "Mamá se ha pasado. Ha puesto cartón en su mitad de la tele. Alquilé *El hombre sin rostro*... y, efectivamente, no le vi el rostro."

El saludo de los trabajadores de la fábrica de Don Limpio: "¡Buenaaaas! ¿Cómo están ustedes?"

"No me lo agradezcas a mí, sino a Marge Simpson, que me enseñó que ser cura es algo más que vestir sotana." Lovejoy a Ned, tras rescatarlo.

(Marge contesta al teléfono de Lovejoy y habla con Moe.)
Moe: Bueno, yo, quiero hablar con el Reverendo Lovejoy. ¿Quién es usted?
Marge: Verá, yo... soy... pues la asistenta.
Moe: Pues asísteme usted. Tengo muchos problemas... No sé por dónde empezar.
Marge: ¿Por qué no empieza por el principio?
Moe: Vale. He perdido las ganas de vivir.
Marge: Eso es ridículo, Moe. Hay muchas razones por las que vivir.
Moe: ¿De veras? No era eso lo que me decía el Reverendo Lovejoy. Gracias, usted vale mucho.

Sermón del Reverendo Lovejoy, "Conquista del País de los Monos":
"Babuinos a mi izquierda, babuinos a mi derecha, la veloz locomotora se abría camino por un mundo de colmillos inhumanos. Un par de simios enormes me salieron al paso, pero ¡Zas! ¡Bam!, salieron volando cual pelotas peludas. Un tercero se me lanzó encima gritando... y entonces me puse como loco..."

Marge: No deje que una mala experiencia le prive de ayudar a la gente.
Lovejoy: ¿Cómo una? Son dos.

Marge: El Señor sólo pide una hora a la semana.
Homer: En ese caso, haber hecho la semana una hora más larga. Valiente dios.

Marge: Los sermones sobre la "constancia" y la "prudencia" están muy bien, pero la Iglesia tendría que hacer algo más.
Lovejoy: Anda, pues ofrécete voluntaria y hazlo tú.
Marge: Bueno, de acuerdo, me ofrezco.
Lovejoy: Eso sí que no me lo esperaba.

DETALLES QUE QUIZÁ TE HAYAS PERDIDO

Ambulancia, Pájaro, Pito: opciones del púlpito de Lovejoy para despertar a una congregación adormilada por sus sermones.

Detrás de Lenny y haciendo cola para ver a Marge vemos a: Kirk van Houten, Ruth Powers, los Skinner, el doctor Nick, la señorita Hoover y Larry el del bar.

Otros mensajes de la comunidad religiosa de Springfield: "Domingo, el milagro de la vergüenza" y "La asistente asiste".

Homer, Bart y Lisa van al "Happy Sumo" (del episodio 7F11, "Un Pez, Dos Peces, Pez Fugu, Pez Azul") para preguntar a Akira lo de la caja de jabón.

EL ENEMIGO DE HOMER

Episodio: 4F19, emitido originalmente el 4.5.97. Guionista: John Swartzwelder. Director: Jim Reardon.

FRANK GRIMES

Ocupación:
Trabajador recién incorporado a la Planta Nuclear de Springfield.

Bienes más preciados:
Su maletín, su corte de pelo, sus lápices personalizados.

Estudios:
Diploma por correspondencia en física nuclear y una tesis sobre la resolución.

Peor cumpleaños:
A los 18 años, cuando salió volando al explotar el silo de un misil.

Mejor logro:
Aprender a sentir dolor después del accidente.

¡NO LO AGUANTO MÁS! ¡LOS DE LA PLANTA ESTÁN LOCOS! ¡LOCOS DE REMATE!

Un trabajador competente, Frank Grimes, se incorpora a la planta nuclear y coge manía a Homer. Critica la escasa competencia de éste y su actitud apática. Luego llega a declarar que él y Homer son enemigos. Mientras, en una subasta, Bart compra una fábrica abandonada por un dólar. Contrata a Milhouse y los dos pasan los días causando estragos en la fábrica, hasta que ésta se desmorona durante el turno de noche de Milhouse.

Para ganarse el favor de Grimes, Homer le invita a cenar a su casa, pero eso no hace sino reavivar el encono que le tiene Grimes, al comprobar que tiene una bonita casa y una familia que le quiere. Para burlarse de Homer, le reta a montar una planta nuclear de juguete. Pero Homer sale airoso de la prueba y Grimes se muere de rabia. Imitando la conducta de Homer, Frank corre por la fábrica como un loco, hasta electrocutarse. Cuando lo van a enterrar, Homer se duerme, farfullando y gesticulando en el sueño, despertando la risa de los presentes.

MOMENTOS ESTELARES

"Creo que mis duros años de trabajo se han visto por fin recompensados." Bart al ver por primera vez su fábrica abandonada.

"¡Deja de reír, imbécil! ¿No te das cuenta de que te ha faltado un pelo para que te mates?" Frank tras evitar que Homer tome un sorbo de ácido sulfúrico.

 "¿Cómo osas poner perdida mi pared y tirar mi inapreciable ácido? ¿Creías que iba a dejarte salirte con la tuya?"

 "No soy tu amigo, Simpson. No me gustas. De hecho, te odio. ¡No te me acerques! De ahora en adelante... somos enemigos."

 "Buenos días, compañero. Habrá notado que no soy un trabajador modelo. Ya seguiremos hablando luego, en una de las pausas. Afectuosamente, Homer Simpson."

"Me he limitado a copiar la planta en la que trabajamos. Le he añadido unas ventanillas para airearla más y le he puesto una banda de corcho para hacerla más ecológica." Homer describiendo la maqueta de la granja con la que ganó el concurso.

"Me meo en mi asiento. ¡Quiero un aumento! Ahora voy a trabajar sin lavarme las manos, pero no importa porque soy Homer Simpson. No tengo que hacer mi trabajo; ya lo hará otro por mí. ¡Oh! ¡Oh! ¡Oh!" Frank Grimes, furioso, imitando a Homer Simpson.

Grimes: ¡Dios, come como un cerdo!
Lenny: No sé. Los cerdos no mascan. Creo que come como un pato.
Grimes: El caso es que es un animal. ¡Y hoy le he pillado durmiendo en un traje antirradiactivo! ¿Te das cuenta? ¡Colgando como un colgador!
Lenny: Tomó tres cervezas. Eso duerme al más pintado.

Moe: Aunque te parezca mentira, también yo tengo enemigos.
Homer: (meneando la cabeza) Eso sí que no me lo creo.
Moe: De veras. Tengo sus nombres aquí escritos, en lo que llamo mi "lista de enemigos."
Barney: (cogiendo la lista y leyéndola) Jane Fonda, Daniel Schorr, Jack Anderson... ¡Hey, ésta es la lista de enemigos de Richard Nixon! Sólo que has quitado su nombre para poner el tuyo.

Lisa: ¿Puedo bajar a ver lo que hace papá?
Marge: No le molestes, nena. Está haciendo una maqueta para un concurso. Dice que se trata de un montaje sofisticado del que no entenderíamos nada.
(Homer asoma la cabeza en la cocina.)
Homer: Marge, ¿te sobran un par de macarrones gruesos y una vela torcida?

(Homer está en el refectorio, comiendo un bocadillo.)
Homer: Hola, Stretch, ¿qué hay de bueno?
Frank: Me llamo Grimes, uh, Simpson. Frank Grimes. Me tomé la molestia de aprender tu nombre, así que aprende el mío.
Homer: Vale, Grimey.
Frank: Uh, te estás comiendo mi bocadillo dietético.
Homer: ¿Qué?
(Molesto, Frank carraspea y señala a la bolsa que dice "Propiedad de Frank Grimes".)
Homer: Oh, je, je. Vaya, lo siento.
Frank: Lo dice bien claro en la bolsa. En lo sucesivo, fíjate más.
Homer: Vale.
(Homer propina dos mordiscos más al bocadillo y luego lo deja en la bolsa.)

DETALLES QUE QUIZÁ TE HAYAS PERDIDO

A raíz de la explosión del silo, un zapato cae al suelo.

La foto enmarcada de Lenny que Homer tiene en la mesilla dice: "¡Que pases un buen verano, Homer!- Lenny."

Las fotos en que vemos a Homer con Gerald Ford, Homer con Smashing Pumpkins, Homer con David Crosby y Homer en el espacio son del 3F09, "Dos malos vecinos"; 3F21 "Homerpalooza"; 9F21 "El cuarteto vocal de Homer", y 1F13, "Homer en el espacio exterior", respectivamente.

El señor Largo está presente en la subasta.

Hay una sábana firmada en el tablón de anuncios de la Planta Nuclear.

PRODUCTOS SECUNDARIOS DE LOS SIMPSON

Episodio 4F20, emitido originalmente el 11.5.97. Guionistas: David S. Cohen, Dan Greaney, Steve Tompkins.
Historia: Ken Keeler. Director: Neil Affleck.

U n show dirigido por Troy McClure cuenta tres escenas de la vida de los Simpson.

"Jefe Wiggum." El jefe Wiggum es un detective de Nueva Orleans y el director Skinner es "El chico Skinner", su socio. Un peligroso individuo del hampa, conocido como El Padrinito, rapta al hijo de Wiggum, Ralph. Persiguiendo al Padrinito por las calles de Nueva Orleans, Wiggum recupera a su hijo, pero el Padrinito logra escapar.

"El abuelo enmakinado" Cuenta la historia de cómo el alma del abuelo se pierde camino del cielo y va a cobijarse en el interior de la "Máquina del Amor" de la Taberna de Moe. Gracias a los consejos del abuelo, Moe consigue una cita con una morena chabacana llamada Betty. Necesitado de los consejos del abuelo, lleva la máquina al restaurante, escondiéndola en el lavabo de hombres. Betty descubre el plan de Moe, pero se siente halagada porque lo hace para seducirla.

"La familia Simpson, tal cual son." Todo el clan de los Simpson, menos Lisa, participa en esta parodia musical, acompañado del artista invitado Tim Conway, que encarna a un clan de castores y a un grupo de quinceañeros de los años 50.

MOMENTOS ESTELARES

"'Productos secundarios.' ¡No hay palabras que despierten mayores emociones! ¡Hola, soy Troy McClure! Me recordaréis por mis breves apariciones televisivas en 'Curro Jiménez' y 'Barrio Sésamo.'"

Troy McClure explicando el episodio de hoy: "No hace mucho, la Fox hizo una petición a los productores de "Los Simpson": 35 episodios nuevos para llenar una serie de vacíos en la programación. Era una tarea gigantesca, y los productores no pudieron llevarla a cabo. En su lugar, produjeron a todo correr tres productos secundarios, recreando a los populares personajes en situaciones y escenarios nuevos."

La aparición obligatoria de los Simpson:

Wiggum: ¡Vaya, pero si son mis amigos de Springfield, los Simpson! ¿Qué os trae por Nueva Orleans?
Bart: ¡El carnaval, tío! ¡Cuando se trata del carnaval, todo vale!
Lisa: Jefe Wiggum, me muero de ganas por conocer todas sus emocionantes aventuras sexuales en un paraje tan colorido como éste.
Wiggum: Me encantaría contártelas, pero me han raptado a mi hijo. No lo habréis visto, ¿verdad? Blanco, entre 6 y 10 años, pelo ralo.

Tema musical del "abuelo enmakinado":

Yendo de compras, un viejo la palmó, y yendo para el cielo, el camino extravió. Fue a parar a una máquina de discos, y desde entonces le llaman "el abuelo enmakinado." Y hay quien le llama Sócrates y hay quien le llama Alcahueto.

Aparición obligatoria de Homer:

Homer: ¿Eres eso tú, papá?
Abuelo enmakinado: ¡No me vengas con ésas, mequetrefe! Me enteraste desnudo y vendiste mi traje para comprarte una mesa de ping-pong. ¿Qué clase de hijo...?
(Homer desenchufa al abuelo enmakinado.)
Homer: Llámame cuando te encarnes en un karaoke.

Moe: No necesito consejos de una máquina. He escrito un libro sobre el amor, para que lo sepas...
Abuelo: Ya... ¡Sin novedad en el frente!

Jefe Wiggum en la Exposición:

Wiggum: Ah, Nueva Orleans. El sur. La dulce Gumbo... El bueno de... como se llame.
Skinner: Aún no lo entiendo, Clancy. ¿Por qué dejaste tu trabajo de policía para hacer de detective en Nueva Orleans?
Wiggum: Por muchas razones. Una de ellas es que me despidieron.
Skinner: ¿Por corrupción total?
Wiggum: Total, por corrupción.
Skinner: Yo nací y me crié aquí, en las malas calles de Nueva Orleans. Claro que no tardé en marcharme para trabajar en Springfield, pero en mi interior sigo siendo... un chulo de poca monta.
Wiggum: Lo sé y por eso requerí tus servicios, chico. Quiero que hagas correr la voz: ¡he venido a limpiar este antro del crimen!

"El jefe Wiggum regresará... ya mismo." Voz superpuesta del locutor que da paso a una pausa.

"Más vale que me sincere contigo. No se me da muy bien tratar con chicas... y por eso me traje 'La máquina del amor' para ayudarme. Como puedes imaginar, está habitada por el fantasma del padre muerto de mi amigo."

"Inflación, déficit comercial, atrocidades bélicas, ¿cómo vamos a hacer nuestro número musical en un mundo tan problemático?"

DETALLES QUE QUIZÁ TE HAYAS PERDIDO

Cuando Troy McClure presenta el show, vemos fotogramas de películas en la pared. Están "Laverne & Shirley", "Los Rapers" "Fish", "Rhoda" y "Los Jeffersons".

En este episodio Homer queda muy mono, con su careta gigante de gorila.

La frase de Skinner "Se aleja gradualmente, jefe" recuerda a "Se alejan muy poco a poco", que dice en 1F05, "El niño que hay en Bart".

Cuando Kent Brockman presenta a "La familia Simpson tal cual es", dice que es "en directo". El reloj que está a sus espaldas al empezar el show marca las "8:20", hora aproximada en que se ve en el Pacífico y en las regiones del este.

"LISA"

Identidad:
Adolescente delgaducha que hace de Lisa Simpson en "La familia Simpson tal cual es."

Nivel de energía:
Vivaz, a ratos efervescente.

Color del pelo:
Rubia.

Intelecto:
Marginal.

Honores:
Estudiante de algo y reina por un día.

Disfruta:
Animando de una manera deprimente.

¡QUIERO CARAMELOS!

COMANDANTE

Ocupación:
Cacique, Academia Militar de Rommelwood.

Comportamiento:
Rígido.

Actitud:
Sexista y sensata, a usanza militar.

Cree:
Una academia militar es para chicos u hombres, no para chicas.

LA GUERRA SECRETA DE LISA SIMPSON

Episodio 4F21, emitido originalmente el 18.5.97. Guionista: Rich Appel. Director: Mike Anderson.

Cuando Bart y sus compañeros de colegio están de visita en la comisaría de Springfield, Bart se escabulle y descubre una gran cantidad de megáfonos.

Juntándolos, se construye un megáfono gigante, por el que habla. La onda sonora sacude todo Springfield, destrozando cristales y ensordeciendo a la población. Como castigo, Homer y Marge deciden internar a Bart en una escuela militar.

Tras inspeccionar la academia, Lisa decide que ella también quiere ingresar. Pero el comandante de la academia, al enterarse, se escandaliza. Pero aun así, la acepta a regañadientes, alojándola en un barracón para ella sola, lo que da pie a una actitud de resentimiento y a una serie de novatadas. Incluso Bart se niega a hablar con su hermana.

Pero luego Bart se arrepiente y le pide a su hermana que se quede en la academia. Lisa está segura de que no superará una prueba en la que debe recorrer 40 metros agarrada a una cuerda y por encima de unos espinos. Bart la ayuda a escondidas, pero públicamente sigue sin dirigirle la palabra. Lisa trepa por la cuerda, pero a medio camino se para, exhausta. Bart decide romper el pacto de silencio y la anima a seguir adelante. Reconfortada, Lisa se esfuerza y consigue superar la prueba.

> BUENO, EXPLÍQUEMELO OTRA VEZ A VER SI LO ENTIENDO... ¿ES USTED UNA CHICA?

MOMENTOS ESTELARES

"¿Es que nadie de esta ciudad va a tomarse la justicia por su propia mano?"

"Los expertos dicen que en 1964 el hombre habrá establecido doce colonias en la Luna, ideal para las familias en vacaciones." De la película educativa "Luna de la Tierra", proyectada en clase de la señorita Hoover.

"Sueñas toda tu vida con este día, y cuando llega, no sabes qué decir." La señorita Krabappel bebiendo champán con Skinner, cuando se llevan a Bart a la escuela militar.

"Por favor, no me dejéis aquí. ¡Papá, haré lo que queráis! ¡Estudiaré religión! ¡Seré bueno a veces!"

"¡Creías que no podría, pero pude y podré cuantas veces quiera." Lisa tras superar la "eliminatoria".

Jefe Wiggum: Hombre, hay opciones. Por ejemplo, las drogas que modifican la conducta. ¿Qué intimidad tiene usted con Bart?
Homer: Muy poca.

Lisa: No suelo quejarme, pero hoy nos han echado tres películas, dos sesiones de radiopositivas y un rato de lectura. No veo la dificultad de todo ello.
Skinner: Las cosas podrían ser más difíciles, Lisa, pero entonces los estudiantes se estrujarían los sesos en un vano intento por entender la situación.

"Como ha ido a una escuela pública, le supongo familiarizado con las armas de fuego corrientes, así que empezaremos con una levemente más complicada." El instructor de tiro tendiendo a Bart un lanzaminicohetes.

"Y eso es cuanto pasó en mi vida hasta que recibí esta llamada telefónica." El abuelo a Lisa cuando se queda sin saber qué decirle por teléfono.

(Los Simpson, durante su visita, se paran en una clase.)
Cadete Larsen: ¡La verdad es belleza, la belleza es verdad, señor!
Lisa: ¡Una clase de poesía! Eso no lo hacen en nuestra escuela.
Profesor: Pero la verdad puede ser dura e inquietante. ¿Sigues pensando que es hermosa?
Marge: Pues sí que le sacan juego a ese poema.

Marge: Les agradezco que hayan aceptado a Bart a mitad del semestre.
Comandante: Es que nos hemos librado de un par de "majaras" y nos quedan dos literas libres.
Bart: ¿Majaras?

Lisa llama al abuelo desde la academia militar:
Lisa: ¿Estabas ocupado haciendo algo, abuelo?
Abuelo: Me alegro que me hagas esa pregunta, pues allá por 1934, durante la guerra, estaba yo con los míos cuando en esto...

(Cadetes con gabardinas están ante Bart y Lisa haciendo flexiones bajo la lluvia.)
Cadete Larsen: ¿Qué pasa? ¿A las chicas no les gusta hacer flexiones bajo la lluvia?
Lisa: Si respondo a esa pregunta, ¿dejaréis de hacer flexiones?
(Los cadetes forman un corro.)
Cadete Platt: No.

Bart: Pero si lo dejas, es como si un buen desanudador de nudos no desanudara un nudo.
Lisa: ¿Por qué dices eso?
Bart: No sé, miraba los cordones de mis zapatos.

DETALLES QUE QUIZÁ TE HAYAS PERDIDO

Se ven fotos enmarcadas sobre las sillas eléctricas en el "Museo del Crimen" de la estación de policía de Springfield.

El baremo de conversión de peso Tierra/Luna, de la película "Luna de la Tierra" es de 1952, Departamento de la Luna de Estados Unidos.

Bart usa 15 megáfonos para fabricar el supermegáfono.

El lema sobre la puerta de Rommelwood reza: "Tradición de la herencia."

En la clase de inglés en Rommelwood, se lee en la pizarra: "John Keats (civil), 'Oda a una urna griega'."

ÍNDICE

C

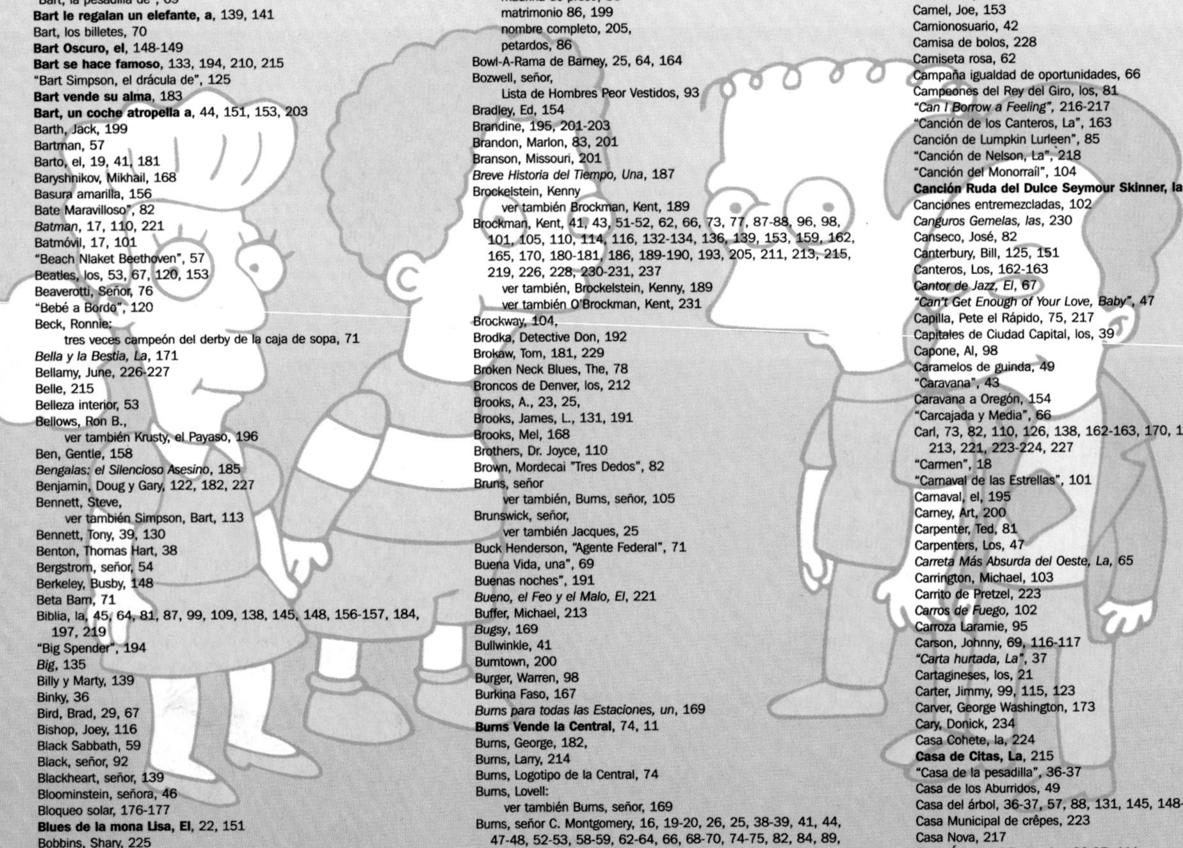

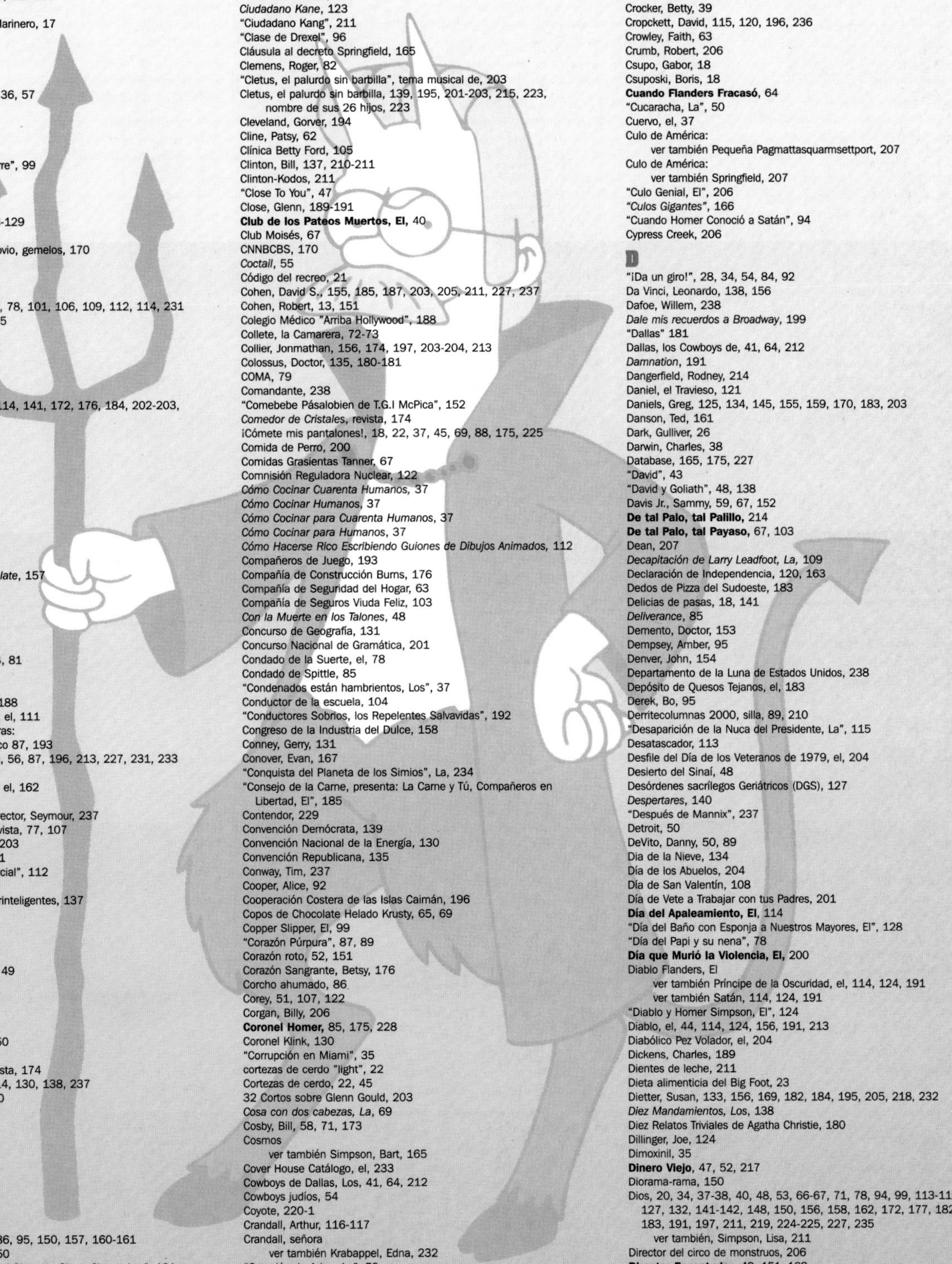

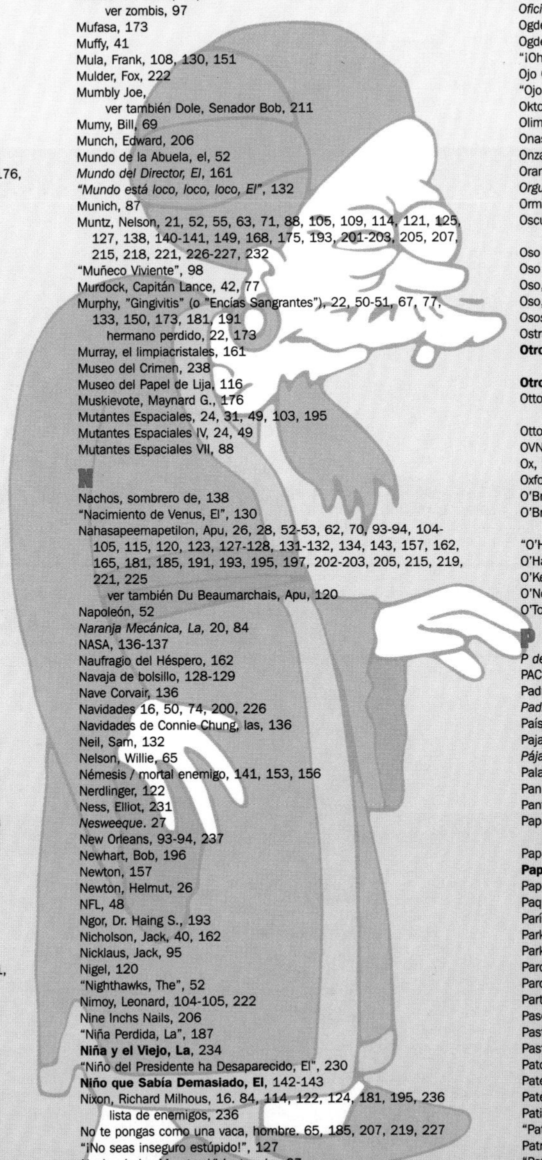

N

O

P

Q

R

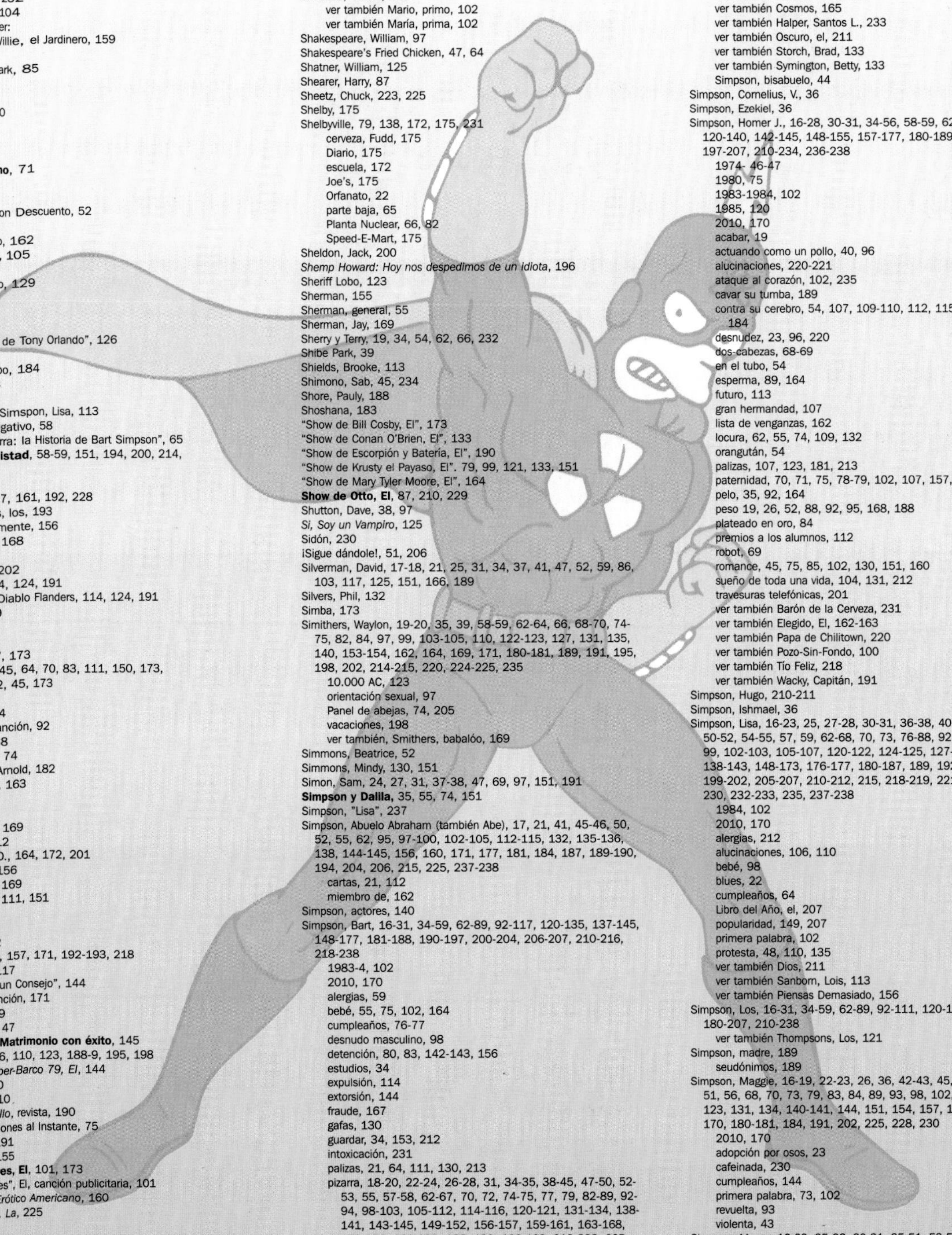

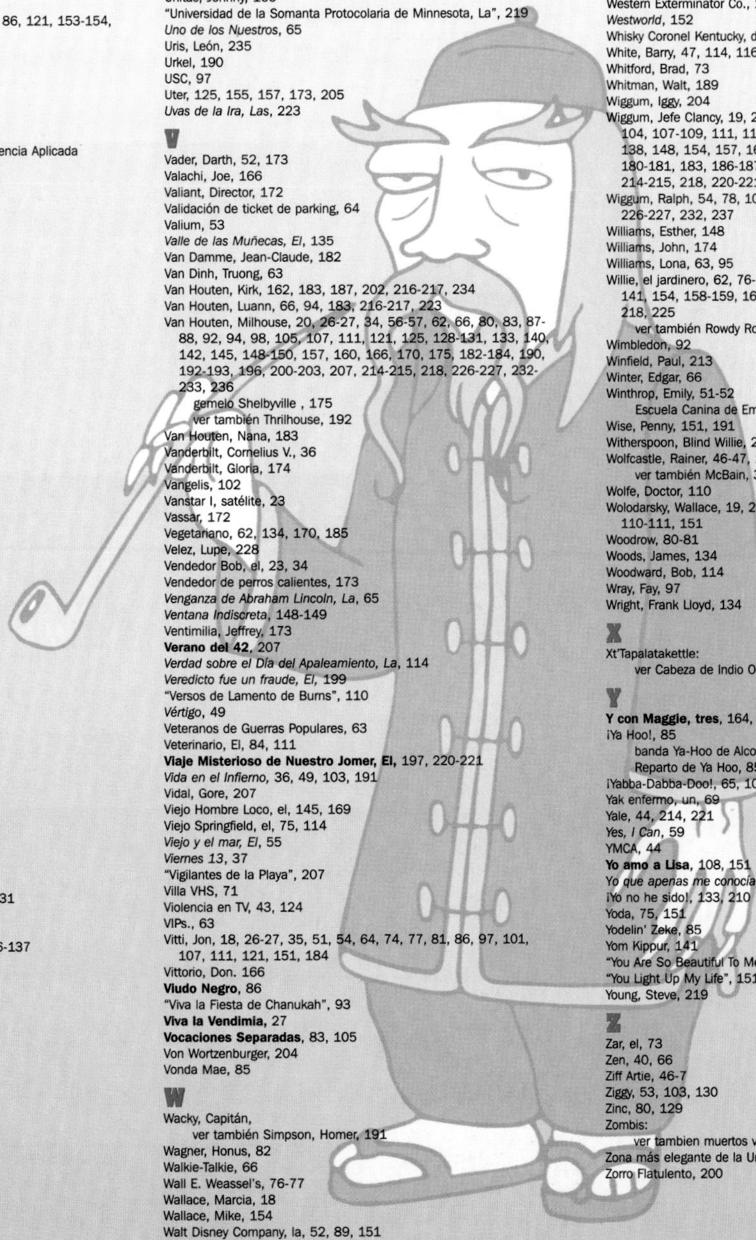

12/08 7 6/08
5/19 (14) 7/17
2/10 8 2/09
12/12 (11) 7/11
4/15 (12) 3/13

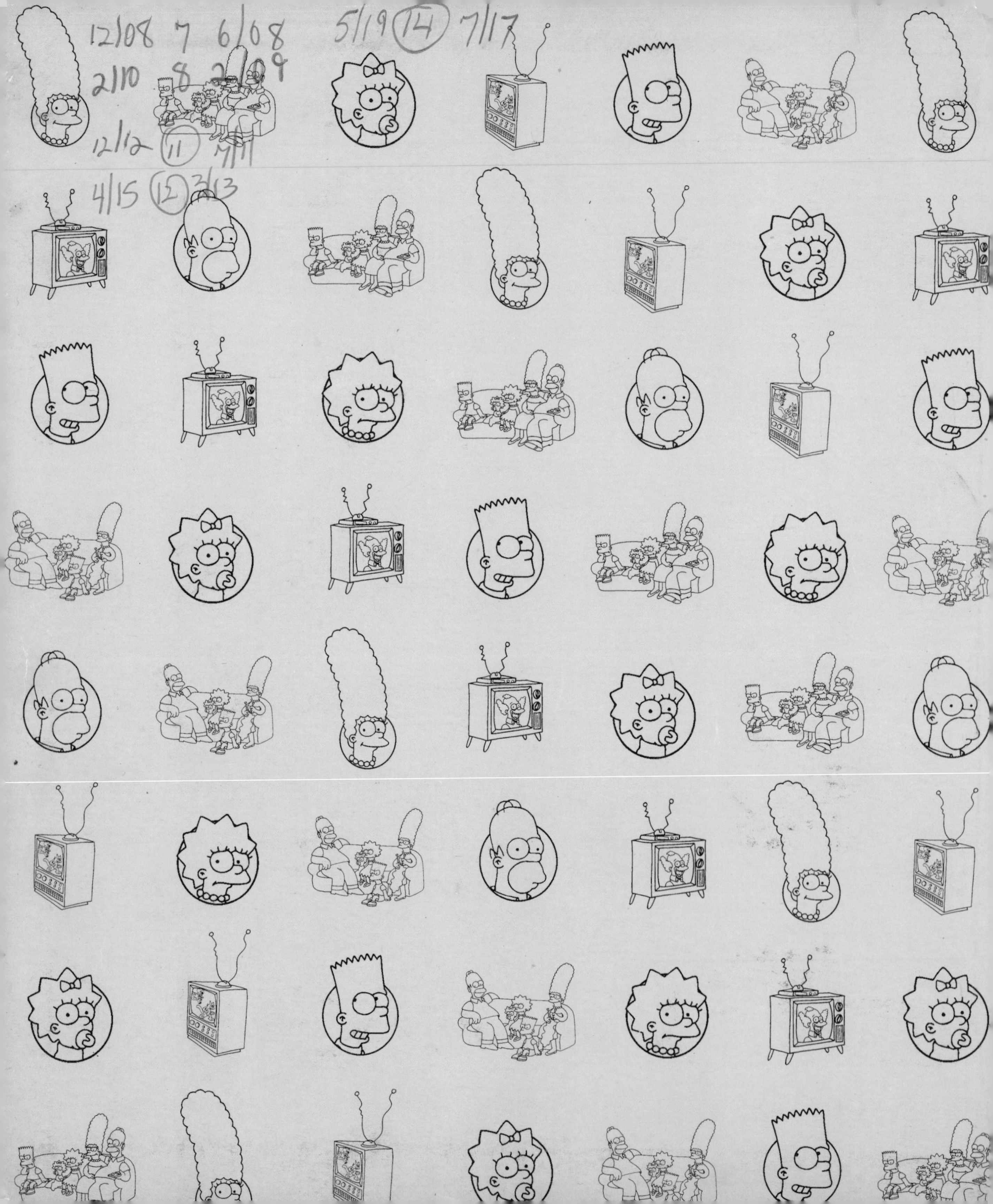